بسم الـلـه الرحمن الرحيم

أحمد الـلـه أولا حمدا كثيرا متواليا وإن كان يتضاءل دون حق جلاله حمد الحامدين وأصلي وأسلم على رسله ثانيا صلاة تستغرق مع سيد البشر سائر المرسلين وأستخيره تعالى ثالثا فيما انبعث عزمي من تحرير كتاب في إحياء علوم الدين وأنتدب لقطع تعجبك رابعا أيها العاذل المتغالي في العذل من بين زمرة الجاحدين المسرف في التقريع

بسم الـلـه الرحمن الرحيم

الحمد لله الذي أحيا علوم الدين فأينعت بعد اضمحلالها وأعيا فهوم الملحدين عن دركها فرجعت بكلالها أحمده وأستكين له من مظالم انقضت الظهور بأثقالها وأعبده وأستعين به لعصام الأمور وعضالها وأشهد أن لا إله إلا الـلـه وحده لا شريك له شهادة وافية بحصول الدرجات وظلالها واقية من حلول الدركات وأهوالها وأشهد أن محمدا عبده ورسوله الذي أطلع به فجر الإيمان من ظلمة القلوب وضلالها وأسمع به وقر الآذان وجلا به رين القلوب بصقالها صلى الـلـه عليه وعلى آله وصحبه وسلم صلاة لا قاطع لاتصالها

وبعد فلما وفق الـلـه تعالى لإكمال الكلام على أحاديث إحياء علوم الدين في سنة إحدى وخمسين تعذر الوقوف على بعض أحاديثه فأخرت تبييضه إلى سنة ستين فظفرت بكثير مما عزب عني علمه ثم شرعت في تبييضه في مصنف متوسط حجمه وأنا مع ذلك متباطىء في إكماله غير متعرض لتركه وإهماله إلى أن ظفرت بأكثر ما كنت لم أقف عليه وتكرر السؤال من جماعة في إكماله فأجبت وبادرت إليه ولكني اختصرته في غاية الاختصار ليسهل تحصيله وحمله في الأسفار فاقتصرت فيه على ذكر طرف الحديث وصحابيه ومخرجه وبيان صحته أو حسنه أو ضعف مخرجه فإن ذلك هو المقصود الأعظم عند أبناء الآخرة بل وعند كثير من المحدثين عند المذاكرة والمناظرة وأبين ما ليس له أصل في كتب الأصول و الـلـه أسأل أن ينفع به إنه خير مسئول

فإن كان الحديث في الصحيحين أو أحدهما اكتفيت بعزوه إليه وإلا عزوته إلى من خرجه من بقية الستة وحيث كان في أحد الستة لم أعزه إلى غيرها إلا لغرض صحيح بأن يكون في كتاب التزم مخرجه الصحة أو يكون أقرب إلى لفظه في الإحياء وحيث كرر المصنف ذكر الحديث فإن كان في باب واحد منه اكتفيت بذكره أول مرة وربما ذكرته فيه ثانيا وثالثا لغرض أو لذهول عن كونه تقدم وإن كرره في باب آخر ذكرته ونبهت على أنه قد تقدم وربما لم أنبه على تقدمه لذهول عنه وحيث عزوت الحديث لمن خرجه من الأئمة فلا أريد ذلك اللفظ بعينه بل قد يكون بلفظه وقد يكون بمعناه أو باختلاف على قاعدة المستخرجات وحيث لم أجد ذلك الحديث ذكرت ما يغنى عنه غالبا وربما لم أذكره وسميته المغني عن حمل الأسفار في الأسفار في تخريج ما في الإحياء من الأخبار

جعله اللـه خالصا لوجهه الكريم ووسيلة إلى النعيم المقيم

والإنكار من بين طبقات المنكرين الغافلين فلقد حل عن لساني عقدة الصمت وطوقني عهدة الكلام وقلادة النطق ما أنت مثابر عليه من العمى عن جلية الحق مع اللجاج في نصرة الباطل وتحسين الجهل والتشغيب على من آثر النزوع قليلا عن مراسم الخلق ومال ميلا يسيرا عن ملازمة الرسم إلى العمل بمقتضى العلم طمعا في نيل ما تعبده الله تعالى به من تزكية النفس وإصلاح القلب وتداركا لبعض ما فرط من إضاعة العمر يائسا عن تمام حاجتك في الحيرة وانحيازا عن غمار من قال فيهم صاحب الشرع صلوات الله عليه وسلامه أشد الناس عذابا يوم القيامة عالم لم ينفعه الله سبحانه بعلمه حديث أشد الناس عذابا يوم القيامة عالم لم ينفعه الله بعلمه رواه الطبراني في الصغير والبيهقي في شعب الإيمان من حديث أبي هريرة بإسناد ضعيف ولعمري إنه لا سبب لإصرارك على التكبر إلا الداء الذي عم الجم الغفير بل شمل الجماهير من القصور عن ملاحظة ذروة هذا الأمر والجهل بأن الأمر إد والخطب جد والآخرة مقبلة والدنيا مدبرة والأجل قريب والسفر بعيد والزاد طفيف والخطر عظيم والطريق سد وما سوى الخالص لوجه الله من العلم والعمل عند الناقد البصير رد وسلوك طريق الآخرة مع كثرة الغوائل من غير دليل ولا رفيق متعب ومكد فأدلة الطريق هم العلماء الذين هم ورثة الأنبياء وقد شغر منهم الزمان ولم يبق إلا المترسمون وقد استحوذ على أكثرهم الشيطان واستغواهم الطغيان وأصبح كل واحد بعاجل حظه مشغوفا فصار يرى المعروف منكرا والمنكر معروفا حتى ظل علم الدين مندرسا ومنار الهدى في أقطار الأرض منطمسا ولقد خيلوا إلى الخلق أن لا علم إلا فتوى حكومة تستعين به القضاة على فصل الخصام عند تهاوش الطغام أو جدل يتدرع به طالب المباهاة إلى الغلبة والإفحام أو سجع مزخرف يتوسل به الواعظ إلى استدراج العوام إذ لم يروا ما سوى هذه الثلاثة مصيدة للحرام وشبكة للحطام

فأما علم طريق الآخرة وما درج عليه السلف الصالح مما سماه الله سبحانه في كتابه فقها وحكمة وعلما وضياء ونورا وهداية ورشدا فقد أصبح من بين الخلق مطويا وصار نسيا منسيا

ولما كان هذا ثلما في الدين ملما وخطبا مدلهما رأيت الاشتغال بتحرير هذا الكتاب مهما إحياء لعلوم الدين وكشفا عن مناهج الأئمة المتقدمين وإيضاحا لمباهي العلوم النافعة عند التبيين والسلف الصالحين

وقد أسسته على أربعة أرباع وهي ربع العبادات وربع العادات وربع المهلكات وربع المنجيات

وصدرت الجملة بكتاب العلم لأنه غاية المهم لأكشف أولا عن العلم الذي تعبد الله على لسان رسوله صلى الله عليه وسلم الأعيان بطلبه إذ قال رسول الله صلى الله عليه وسلم طلب العلم فريضة على كل مسلم حديث طلب العلم فريضة على كل مسلم رواه ابن ماجه من حديث أنس وضعفه أحمد والبيهقي وغيرهما وأميز فيه العلم النافع من الضار إذ قال صلى الله عليه وسلم نعوذ بالله من علم لا ينفع حديث نعوذ بالله من علم لا ينفع رواه ابن ماجه من حديث جابر

بإسناد حسن وأحقق ميل أهل العصر عن شاكلة الصواب وانخداعهم بلامع السراب واقتناعهم من العلوم بالقشر عن اللباب

ويشتمل ربع العبادات على عشرة كتب كتاب العلم وكتاب قواعد العقائد وكتاب أسرار الطهارة وكتاب أسرار الصلاة وكتاب أسرار الزكاة وكتاب أسرار الصيام وكتاب أسرار الحج وكتاب آداب تلاوة القرآن وكتاب الأذكار والدعوات وكتاب ترتيب الأوراد في الأوقات

وأما ربع العادات فيشتمل على عشرة كتب كتاب آداب الأكل وكتاب آداب النكاح وكتاب أحكام الكسب وكتاب الحلال والحرام وكتاب آداب الصحبة والمعاشرة مع أصناف الخلق وكتاب العزلة وكتاب آداب السفر وكتاب السماع والوجد وكتاب الأمر بالمعروف والنهي عن المنكر وكتاب آداب المعيشة وأخلاق النبوة

وأما ربع المهلكات فيشتمل على عشرة كتب كتاب شرح عجائب القلب وكتاب رياضة النفس وكتاب آفات الشهوتين شهوة البطن وشهوة الفرج وكتاب آفات اللسان وكتاب آفات الغضب والحقد والحسد وكتاب ذم الدنيا وكتاب ذم المال والبخل وكتاب ذم الجاه والرياء وكتاب ذم الكبر والعجب وكتاب ذم الغرور

وأما ربع المنجيات فيشتمل على عشرة كتب كتاب التوبة وكتاب الصبر والشكر وكتاب الخوف والرجاء وكتاب الفقر والزهد وكتاب التوحيد والتوكل وكتاب المحبة والشوق والأنس والرضا وكتاب النية والصدق والإخلاص وكتاب المراقبة والمحاسبة وكتاب التفكر وكتاب ذكر الموت

فأما ربع العبادات فأذكر فيه خفايا آدابها ودقائق سننها وأسرار معانيها ما يضطر العالم العامل إليه بل لا يكون من علماء الآخرة من لا يطلع عليه وأكثر ذلك مما أهمل في فن الفقهيات

وأما ربع العادات فأذكر فيه أسرار المعاملات الجارية بين الخلق وأغوارها ودقائق سننها وخفايا الورع في مجاريها وهي مما لا يستغني عنها متدين

وأما ربع المهلكات فأذكر فيه كل خلق مذموم ورد القرآن بإماطته وتزكية النفس عنه وتطهير القلب منه وأذكر من كل واحد من تلك الأخلاق حده وحقيقته ثم أذكر سببه الذي منه يتولد ثم الآفات التي عليها تترتب ثم العلامات التي بها تتعرف ثم طرق المعالجة التي بها منها يتخلص كل ذلك مقرونا بشواهد الآيات والأخبار والآثار

وأما ربع المنجيات فأذكر فيه كل خلق محمود وخصلة مرغوب فيها من خصال المقربين والصديقين التي بها يتقرب العبد من رب العالمين وأذكر في كل خصلة حدها وحقيقتها وسببها الذي به تجتلب وثمرتها التي منها تستفاد وعلامتها التي بها تتعرف وفضيلتها التي لأجلها فيها يرغب مع ما ورد فيها من شواهد الشرع والعقل

ولقد صنف الناس في بعض هذه المعاني كتبا ولكن يتميز هذا الكتاب عنها بخمسة أمور

الأول حل ما عقدوه وكشف ما أجملوه

الثاني ترتيب ما بددوه ونظم ما فرقوه

الثالث إيجاز ما طولوه وضبط ما قرروه

الرابع حذف ما كرروه وإثبات ما حرروه

الخامس تحقيق أمور غامضة اعتاصت على الأفهام لم يتعرض لها في الكتب أصلا إذ الكل وإن تواردوا على منهج واحد فلا مستنكر أن يتفرد كل واحد من السالكين بالتنبيه لأمر يخصه ويغفل عنه رفقاؤه أو لا يغفل عن التنبيه ولكن يسهو عن إيراده في الكتب أو لا يسهو ولكن يصرفه عن كشف الغطاء عنه صارف فهذه خواص هذا الكتاب مع كونه حاويا لمجامع هذه العلوم

وإنما حملني على تأسيس هذا الكتاب على أربعة أرباع أمران أحدهما وهو الباعث الأصلي أن هذا الترتيب في التحقيق والتفهيم كالضرورة لأن العلم الذي يتوجه به إلى الآخرة ينقسم إلى علم المعاملة وعلم المكاشفة وأعني

بعلم المكاشفة ما يطلب منه كشف المعلوم فقط وأعني بعلم المعاملة ما يطلب منه مع الكشف العمل به والمقصود من هذا الكتاب علم المعاملة فقط دون علم المكاشفة التي لا رخصة في إيداعها الكتب وإن كانت هي غاية مقصد الطالبين ومطمع نظر الصديقين وعلم المعاملة طريق إليه ولكن لم يتكلم الأنبياء صلوات الـلـه عليهم مع الخلق إلا في علم الطريق والإرشاد إليه

وأما علم المكاشفة فلم يتكلموا فيه إلا بالرمز والإيماء على سبيل التمثيل والإجمال علما منهم بقصور أفهام الخلق عن الاحتمال والعلماء ورثة الأنبياء فما لهم سبيل إلى العدول عن نهج التأسي والاقتداء ثم إن علم المعاملة ينقسم إلى علم ظاهر أعني العلم بأعمال الجوارح وإلى علم باطن أعنى العلم بأعمال القلوب والجاري على الجوارح إما عادة وإما عبادة والوارد على القلوب التي هي بحكم الاحتجاب عن الحواس من عالم الملكوت إما محمود وإما مذموم فبالواجب انقسم هذا العلم إلى شطرين ظاهر وباطن والشطر الظاهر المتعلق بالجوارح انقسم إلى عادة وعبادة والشطر الباطن المتعلق بأحوال القلب وأخلاق النفس انقسم إلى مذموم ومحمود فكان المجموع أربعة أقسام ولا يشذ نظر في علم المعاملة عن هذه الأقسام

الباعث الثاني

أني رأيت الرغبة من طلبة العلم صادقة في الفقه الذي صلح عند من لا يخاف الـلـه سبحانه وتعالى المتدرع به إلى المباهاة والاستظهار بجاهه ومنزلته في المنافسات وهو مرتب على أربعة أرباع والمتزيي بزي المحبوب محبوب فلم أبعد أن يكون تصوير الكتاب بصورة الفقه تلطفا في استدراج القلوب ولهذا تلطف بعض من رام استمالة قلوب الرؤساء إلى الطب فوضعه على هيئة تقويم النجوم موضوعا في الجداول والرقوم وسماه تقويم الصحة ليكون أنسهم بذلك الجنس جاذبا لهم إلى المطالعة والتلطف في اجتذاب القلوب إلى العلم الذي يفيد حياة الأبد أهم من التلطف في اجتذابها إلى الطب الذي لا يفيد إلا صحة الجسد فثمرة هذا العلم طب القلوب والأرواح المتوصل به إلى حياة تدوم أبد الآباد فأين منه الطب الذي يعالج به الأجساد وهي معرضة بالضرورة للفساد في أقرب الآماد فنسأل الـلـه سبحانه التوفيق للرشاد والسداد إنه كريم جواد

كتاب العلم

وفيه سبعة أبواب الباب الأول في فضل العلم والتعليم والتعلم

الباب الثاني في فرض العين وفرض الكفاية من العلوم وبيان حد الفقه والكلام من علم الدين وبيان علم الآخرة وعلم الدنيا

الباب الثالث فيما تعده العامة من علوم الدين وليس منه وفيه بيان جنس العلم المذموم وقدره

الباب الرابع في آفات المناظرة وسبب اشتغال الناس بالخلاف والجدل
الباب الخامس في آداب المعلم والمتعلم
الباب السادس في آفات العلم والعلماء والعلامات الفارقة بين علماء الدنيا والآخرة
الباب السابع في العقل وفضله وأقسامه وما جاء فيه من الأخبار
الباب الأول في فضل العلم والتعليم والتعلم وشواهده من النقل والعقل فضيلة العلم
شواهدها من القرآن قوله عز وجل شهد اللـه أنه لا إله إلا هو والملائكة وأولو العلم قائما بالقسط فانظر

كيف بدأ سبحانه وتعالى بنفسه وثنى بالملائكة وثلث بأهل العلم وناهيك بهذا شرفا وفضلا وجلاء ونبلا وقال الله تعالى ﴿ يرفع اللـه الذين آمنوا منكم والذين أوتوا العلم درجات ﴾ قال ابن عباس رضي اللـه عنهما للعلماء درجات فوق المؤمنين بسبعمائة درجة ما بين الدرجتين مسيرة خمسمائة عام

وقال عز وجل ﴿ قل هل يستوي الذين يعلمون والذين لا يعلمون ﴾ وقال تعالى ﴿ إنما يخشى اللـه من عباده العلماء ﴾ وقال تعالى ﴿ قل كفى بالله شهيدا بيني وبينكم ومن عنده علم الكتاب ﴾ وقال تعالى ﴿ قال الذي عنده علم من الكتاب أنا آتيك به ﴾ تنبيها على أنه اقتدر بقوة العلم

وقال عز وجل ﴿ وقال الذين أوتوا العلم ويلكم ثواب اللـه خير لمن آمن وعمل صالحا ﴾ بين أن عظم قدر الآخرة يعلم بالعلم

وقال تعالى ﴿ وتلك الأمثال نضربها للناس وما يعقلها إلا العالمون ﴾ وقال تعالى ﴿ ولو ردوه إلى الرسول وإلى أولي الأمر منهم لعلمه الذين يستنبطونه منهم ﴾ رد حكمه في الوقائع إلى استنباطهم وألحق رتبتهم برتبة الأنبياء في كشف حكم اللـه

وقيل في قوله تعالى يا بني آدم قد أنزلنا عليكم لباسا يواري سوءاتكم يعني العلم وريشا يعني اليقين ولباس التقوى يعني الحياء

وقال عز وجل ﴿ ولقد جئناهم بكتاب فصلناه على علم ﴾ وقال تعالى ﴿ فلنقصن عليهم بعلم ﴾ وقال عز وجل ﴿ بل هو آيات بينات في صدور الذين أوتوا العلم ﴾ وقال تعالى ﴿ خلق الإنسان علمه البيان ﴾ وإنما ذكر ذلك في معرض الامتنان

وأما الأخبار فقال رسول اللـه صلى اللـه عليه وسلم من يرد اللـه به خيرا يفقهه في الدين ويلهمه رشده حديث من يرد اللـه به خيرا يفقهه في الدين ويلهمه رشده متفق عليه من حديث معاوية دون قوله ويلهمه رشده وهذه الزيادة عند الطبراني في الكبير وقال صلى اللـه عليه وسلم العلماء ورثة الأنبياء حديث العلماء ورثة الأنبياء أخرجه أبو داود والترمذي وابن ماجه وابن حبان في صحيحه من حديث أبي الدرداء ومعلوم أنه لا رتبة فوق النبوة ولا شرف فوق شرف الوراثة لتلك الرتبة

وقال صلى اللـه عليه وسلم يستغفر للعالم ما في السموات والأرض حديث يستغفر للعالم ما في السموات والأرض هو بعض حديث أبي الدرداء المتقدم وأي منصب يزيد على منصب من تشتغل ملائكة السموات والأرض بالاستغفار له

وقال صلى اللـه عليه وسلم إن الحكمة تزيد الشريف شرفا وترفع المملوك حتى يدرك مدارك الملوك حديث الحكمة تزيد الشريف شرفا الحديث أخرجه أبو نعيم في الحلية وابن عبد البر في بيان العلم وعبد الغني الأزدي في آداب المحدث من حديث أنس بإسناد ضعيف وقد نبه بهذا على ثمراته في الدنيا ومعلوم أن الآخرة خير وأبقى

وقال صلى اللـه عليه وسلم خصلتان لا يكونان في منافق حسن سمت وفقه في الدين حديث خصلتان لا تجتمعان في منافق الحديث أخرجه الترمذي من حديث أبي هريرة وقال حديث غريب ولا تشكن في الحديث لنفاق بعض فقهاء الزمان فإنه ما أراد به الفقه الذي ظننته وسيأتي معنى الفقه

وأدنى درجات الفقيه أن يعلم أن الآخرة خير من الدنيا وهذه المعرفة إذا صدقت وغلبت عليه برىء بها من النفاق والرياء

وقال صلى اللـه عليه وسلم أفضل الناس المؤمن العالم الذي إن احتيج إليه نفع وإن استغنى عنه أغنى نفسه حديث أفضل الناس المؤمن العالم الحديث أخرجه البيهقي في شعب الإيمان موقوفا على أبي الدرداء بإسناد ضعيف ولم أره مرفوعا وقال صلى اللـه عليه وسلم الإيمان عريان ولباسه التقوى وزينته الحياء وثمرته العلم حديث الإيمان عريان الحديث أخرجه الحاكم في تاريخ نيسابور من حديث أبي الدرداء بإسناد ضعيف وقال صلى اللـه عليه وسلم أقرب الناس من درجة النبوة أهل العلم والجهاد أما أهل العلم فدلوا الناس على ما جاءت به الرسل وأما أهل الجهاد فجاهدوا بأسيافهم

على ما جاءت به الرسل حديث أقرب الناس من درجة النبوة أهل العلم والجهاد الحديث أخرجه أبو نعيم في فضل العالم العفيف من حديث ابن عباس بإسناد ضعيف

وقال صلى الله عليه وسلم لموت قبيلة أيسر من موت عالم حديث لموت قبيلة أيسر من موت عالم أخرجه الطبراني وابن عبد البر من حديث أبي الدرداء وأصل الحديث عند أبي الدرداء وقال عليه الصلاة والسلام الناس معادن كمعادن الذهب والفضة فخيارهم في الجاهلية خيارهم في الإسلام إذا فقهوا حديث الناس معادن الحديث متفق عليه من حديث أبي هريرة وقال صلى الله عليه وسلم يوزن يوم القيامة مداد العلماء بدم الشهداء حديث يوزن يوم القيامة مداد العلماء ودماء الشهداء أخرجه ابن عبد البر من حديث أبي الدرداء بسند ضعيف وقال صلى الله عليه وسلم من حفظ على أمتي أربعين حديثا من السنة حتى يؤديها إليهم كنت له شفيعا وشهيدا يوم القيامة حديث من حفظ على أمتي أربعين حديثا من السنة حتى يؤديها إليهم كنت له شفيعا وشهيدا يوم القيامة أخرجه ابن عبد البر في العلم من حديث ابن عمر وضعفه وقال صلى الله عليه وسلم من حمل من أمتي أربعين حديثا لقي الله عز وجل يوم القيامة فقيها عالما حديث من حمل من أمتي أربعين حديثا لقي الله يوم القيامة فقيها عالما أخرجه ابن عبد البر من حديث أنس وضعفه وقال صلى الله عليه وسلم من تفقه في دين الله عز وجل كفاه الله تعالى ما أهمه ورزقه من حيث لا يحتسب حديث من تفقه في دين الله كفاه الله همه الحديث رواه الخطيب في التاريخ من حديث عبد الله بن جزء الزبيدي بإسناد ضعيف وقال صلى الله عليه وسلم أوحى الله عز وجل إلى إبراهيم عليه السلام يا إبراهيم إني عليم أحب كل عليم حديث أوحى الله إلى إبراهيم يا إبراهيم إني عليم أحب كل عليم ذكر ابن عبد البر تعليقا ولم أظفر له بإسناد وقال صلى الله عليه وسلم العالم أمين الله سبحانه في الأرض حديث العالم أمين الله في الأرض أخرجه ابن عبد البر من حديث معاذ بسند ضعيف وقال صلى الله عليه وسلم صنفان من أمتي إذا صلحوا صلح الناس وإذا فسدوا فسد الناس الأمراء والفقهاء حديث صنفان من أمتي إذا صلحوا صلح الناس الحديث أخرجه ابن عبد البر وأبو نعيم من حديث ابن عباس بسند ضعيف وقال صلى الله عليه وسلم إذا أتى علي يوم لا أزداد فيه علما يقربني إلى الله عز وجل فلا بورك لي في طلوع شمس ذلك اليوم حديث إذا أتى علي يوم لا أزداد فيه علما يقربني الحديث أخرجه الطبراني في الأوسط وأبو نعيم في الحلية وابن عبد البر في العلم من حديث عائشة بإسناد ضعيف وقال صلى الله عليه وسلم في تفضيل العلم على العبادة والشهادة فضل العالم على العابد كفضلي على أدنى رجل من أصحابي حديث فضل العالم على العابد كفضلي على أدنى رجل من أصحابي أخرجه الترمذي من حديث أبي أمامة وقال حسن صحيح فانظر كيف جعل العلم مقارنا لدرجة النبوة وكيف حط رتبة العمل المجرد عن العلم وإن كان العابد لا يخلو عن علم بالعبادة التي يواظب عليها ولولاه لم تكن عبادة وقال صلى الله عليه وسلم فضل العالم على العابد كفضل القمر

ليلة البدر على سائر الكواكب حديث فضل العالم على العابد كفضل القمر ليلة البدر على سائر الكواكب أخرجه أبو داود والترمذي والنسائي وابن حبان وهو قطعة من حديث أبي الدرداء المتقدم وقال صلى اللـه عليه وسلم يشفع يوم القيامة ثلاثة الأنبياء ثم العلماء ثم الشهداء حديث يشفع يوم القيامة الأنبياء ثم العلماء ثم الشهداء رواه ابن ماجه من حديث عثمان بن عفان بإسناد ضعيف فأعظم بمرتبة هي تلو النبوة وفوق الشهادة مع ما ورد في فضل الشهادة

وقال رسول اللـه صلى اللـه عليه وسلم ما عبد اللـه تعالى بشيء أفضل من فقه في الدين ولفقيه واحد أشد على الشيطان من ألف عابد ولكل شيء عماد وعماد هذا الدين الفقه حديث ما عبد اللـه بشيء أفضل من فقه في الدين الحديث رواه الطبراني في الأوسط وأبو بكر الآجري في كتاب فضل العلم وأبو نعيم في رياضة المتعلمين من حديث أبي هريرة بإسناد ضعيف وعند الترمذي وابن ماجه من حديث ابن عباس بسند ضعيف فقيه أشد على الشيطان من ألف عابد وقال صلى اللـه عليه وسلم خير دينكم أيسره وخير العبادة الفقه حديث خير دينكم أيسره وأفضل العبادة الفقه أخرجه ابن عبد البر من حديث أنس بسند ضعيف والشطر الأول عند أحمد من حديث محجن ابن الأدرع بإسناد جيد والشطر الثاني عند الطبراني من حديث ابن عمر بسند ضعيف وقال صلى اللـه عليه وسلم فضل المؤمن العالم على

المؤمن العابد بسبعين درجة حديث فضل المؤمن العالم على المؤمن العابد بسبعين درجة أخرجه ابن عدي من حديث أبي هريرة بإسناد ضعيف ولأبي يعلى نحوه من حديث عبد البر بن عوف وقال صلى الله عليه وسلم إنكم أصبحتم في زمن كثير فقهاؤه قليل قراؤه وخطباؤه قليل سائلوه كثير معطوه العمل فيه خير من العلم وسيأتي على الناس زمان قليل فقهاؤه كثير خطباؤه قليل معطوه كثير سائلوه العلم فيه خير من العمل حديث إنكم أصبحتم في زمان كثير فقهاؤه الحديث أخرجه الطبراني من حديث حزام بن حكيم عن عمه وقيل عن أبيه وإسناده ضعيف وقال صلى الله عليه وسلم بين العالم والعابد مائة درجة بين كل درجتين حضر الجواد المضمر سبعين سنة حديث بين العالم والعابد مائة درجة الأصفهاني في الترغيب والترهيب من حديث ابن عمر عن أبيه وقال سبعون درجة بسند ضعيف وكذا رواه صاحب مسند الفردوس من حديث أبي هريرة وقيل يا رسول الله أي الأعمال أفضل فقال العلم بالله عز وجل فقيل أي العلم تريد قال صلى الله عليه وسلم العلم بالله سبحانه فقيل له نسأل عن العمل وتجيب عن العلم فقال صلى الله عليه وسلم إن قليل العمل ينفع مع العلم بالله وإن كثير العمل لا ينفع مع الجهل بالله حديث قيل يا رسول الله أي الأعمال أفضل فقال العلم بالله الحديث أخرجه ابن عبد البر من حديث أنس بسند ضعيف وقال صلى الله عليه وسلم يبعث الله سبحانه العباد يوم القيامة ثم يبعث العلماء ثم يقول يا معشر العلماء إني لم أضع علمي فيكم إلا لعلمي بكم ولم أضع علمي فيكم لأعذبكم اذهبوا فقد غفرت لكم حديث يبعث الله العباد يوم القيامة ثم يبعث العلماء الحديث رواه الطبراني من حديث أبي موسى بسند ضعيف نسأل الله حسن الخاتمة

وأما الآثار فقد قال علي بن أبي طالب رضي الله عنه لكميل يا كميل العلم خير من المال العلم يحرسك وأنت تحرس المال والعلم حاكم والمال محكوم عليه والمال تنقصه النفقة والعلم يزكو بالإنفاق

وقال علي أيضا رضي الله عنه العالم أفضل من الصائم القائم المجاهد وإذا مات العالم ثلم في الإسلام ثلمة لا يسدها إلا خلف منه وقال رضي الله عنه نظما

ما الفخر إلا لأهل العلم إنهم

على الهدى لمن استهدى أدلاء

وقدر كل امرىء ما كان يحسنه

والجاهلون لأهل العلم أعداء

ففز بعلم تعش حيا به أبدا

الناس موتى وأهل العلم أحياء

وقال أبو الأسود ليس شيء أعز من العلم الملوك حكام على الناس والعلماء حكام على الملوك وقال ابن عباس رضي الله عنهما خير سليمان بن داود عليهما السلام بين العلم والمال والملك فاختار العلم فأعطي المال والملك معه وسئل ابن المبارك من الناس فقال العلماء قيل فمن الملوك قال الزهاد قيل فمن السفلة قال الذين يأكلون الدنيا بالدين ولم يجعل غير العالم من الناس لأن الخاصية التي يتميز بها الناس عن سائر البهائم هو العلم فالإنسان إنسان بما هو شريف لأجله وليس ذلك بقوة شخصه فإن الجمل أقوى منه ولا بعظمه فإن الفيل أعظم منه ولا بشجاعته فإن السبع أشجع منه ولا بأكله فإن الثور أوسع بطنا منه ولا ليجامع فإن أخس العصافير أقوى على السفاد منه بل لم يخلق إلا للعلم

وقال بعض العلماء ليت شعري أي شيء أدرك من فاته العلم وأي شيء فاته من أدرك العلم

وقال عليه الصلاة والسلام من أوتي القرآن فرأى أن أحدا أوتي خيرا منه فقد حقر ما عظم الله تعالى وقال فتح الموصلي رحمه الله أليس المريض إذا منع الطعام والشراب والدواء يموت قالوا بلى قال كذلك القلب إذا منع عنه الحكمة والعلم ثلاثة أيام يموت

ولقد صدق فإن غذاء القلب العلم والحكمة وبهما حياته كما أن غذاء الجسد الطعام ومن فقد العلم فقلبه مريض وموته لازم ولكنه لا يشعر به إذ حب الدنيا

وشغله بها أبطل إحساسه كما أن غلبة الخوف قد تبطل ألم الجراح في الحال وإن كان واقعا فإذا حط الموت عنه أعباء الدنيا أحسن بهلاكه وتحسر تحسرا عظيما ثم لا ينفعه وذلك كإحساس الآمن خوفه والمفيق من سكره بما أصابه من الجراحات في حالة السكر أو الخوف فنعوذ بالله من يوم كشف الغطاء فإن الناس نيام فإذا ماتوا انتبهوا وقال الحسن رحمه الله يوزن مداد العلماء بدم الشهداء فيرجح مداد العلماء بدم الشهداء وقال ابن مسعود رضي الله عنه عليكم بالعلم قبل أن يرفع ورفعه موت رواته فوالذي نفسي بيده ليودن رجال قتلوا في سبيل الله شهداء أن يبعثهم الله علماء لما يرون من كرامتهم فإن أحدا لم يولد عالما وإنما العلم بالتعلم وقال ابن عباس رضي الله عنهما تذاكر العلم بعض ليلة أحب إلي من إحيائها وكذلك عن أبي هريرة رضي الله عنه وأحمد بن حنبل رحمه الله وقال الحسن في قوله تعالى ربنا آتنا في الدنيا حسنة وفي الآخرة حسنة إن الحسنة في الدنيا هي العلم والعبادة وفي الآخرة هي الجنة وقيل لبعض الحكماء أي الأشياء تقتني قال الأشياء التي إذا غرقت سفينتك سبحت معك يعني العلم وقيل أراد بغرق السفينة هلاك بدنه بالموت وقال بعضهم من اتخذ الحكمة لجاما اتخذه الناس إماما ومن عرف بالحكمة لاحظته العيون بالوقار وقال الشافعي رحمة الله عليه من شرف العلم أن كل من نسب إليه ولو في شيء حقير فرح ومن رفع عنه حزن وقال عمر رضي الله عنه يا أيها الناس عليكم بالعلم فإن لله سبحانه رداء يحبه فمن طلب بابا من العلم رداه الله عز وجل بردائه فإن أذنب ذنبا استعتبه ثلاث مرات لئلا يسلبه رداءه ذلك وإن تطاول به ذلك الذنب حتى يموت وقال الأحنف رحمه الله كاد العلماء أن يكونوا أربابا وكل عز لم يوطد بعلم فإلى ذل مصيره وقال سالم بن أبي الجعد اشتراني مولاي بثلثمائة درهم وأعتقني فقلت بأي شيء أحترف فاحترفت بالعلم فما تمت لي سنة حتى أتاني أمير المدينة زائرا فلم آذن له وقال الزبير بن أبي بكر كتب إلي أبي بالعراق عليك بالعلم فإنك إن افتقرت كان لك مالا وإن استغنيت كان لك جمالا وحكى ذلك في وصايا لقمان لابنه قال يا بني جالس العلماء وزاحمهم بركبتيك فإن الله سبحانه يحيي القلوب بنور الحكمة كما يحيي الأرض بوابل السماء وقال بعض الحكماء إذا مات العالم بكاه الحوت في الماء والطير في الهواء ويفقد وجهه ولا ينسى ذكره وقال الزهري رحمه الله العلم ذكر ولا تحبه إلا ذكران الرجال فضيلة التعلم أما الآيات فقوله تعالى فلولا نفر من كل فرقة منهم طائفة ليتفقهوا في الدين وقوله عز وجل فاسألوا أهل الذكر إن كنتم لا تعلمون وأما الأخبار فقوله صلى الله عليه وسلم من سلك طريقا يطلب فيه علما سلك الله به طريقا إلى الجنة حديث من سلك طريقا يطلب فيه علما الحديث أخرجه مسلم من حديث أبي هريرة وقال صلى الله عليه وسلم إن الملائكة لتضع أجنحتها لطالب العلم رضاء بما يصنع حديث إن الملائكة لتضع أجنحتها لطالب العلم رضاء بما يصنع أخرجه أحمد وابن حبان والحاكم وصححه من حديث صفوان بن عسال وقال صلى الله عليه وسلم لأن تغدو فتتعلم بابا من العلم خير من أن تصلي مائة ركعة حديث لأن تغدو فتتعلم بابا من الخير خير من

أن تصلي مائة ركعة أخرجه ابن عبد البر من حديث أبي ذر وليس إسناده بذاك والحديث عند ابن ماجه بلفظ آخر وقال صلى الله عليه وسلم باب من العلم يتعلمه الرجل خير له من الدنيا وما فيها حديث باب من العلم يتعلمه الرجل خير له من الدنيا أخرجه ابن حبان في روضة العقلاء وابن عبد البر موقوفا على الحسن البصري ولم أره مرفوعا إلا بلفظ خير له من مائة ركعة رواه الطبراني في الأوسط بسند ضعيف من حديث أبي ذر وقال صلى الله عليه وسلم اطلبوا العلم

ولو بالصين حديث اطلبوا العلم ولو بالصين أخرجه ابن عدي والبيهقي في المدخل والشعب من حديث أنس وقال البيهقي متنه مشهور وأسانيده ضعيفة وقال صلى الـلـه عليه وسلم طلب العلم فريضة على كل مسلم وقال صلى الـلـه عليه وسلم العلم خزائن مفاتيحها السؤال ألا فاسألوا فإنه يؤجر فيه أربعة السائل والعالم والمستمع والمحب لهم حديث العلم خزائن مفاتيحها السؤال الحديث رواه أبو نعيم من حديث علي مرفوعا بإسناد ضعيف وقال صلى الـلـه عليه وسلم لا ينبغي للجاهل أن يسكت على جهله ولا للعالم أن يسكت على علمه حديث لا ينبغي للجاهل أن يسكت على جهله أخرجه الطبراني في الأوسط وابن مردويه في التفسير وابن السني وأبو نعيم في رياضة المتعلمين من حديث جابر بسند ضعيف وفي حديث أبي ذر رضي الـلـه عنه حضور مجلس عالم أفضل من صلاة ألف ركعة وعيادة ألف مريض وشهود ألف جنازة فقيل يا رسول الـلـه ومن قراءة القرآن فقال صلى الـلـه عليه وسلم وهل ينفع القرآن إلا بالعلم حديث أبي ذر حضور مجلس علم أفضل من صلاة ألف ركعة الحديث ذكره ابن الجوزي في الموضوعات من حديث عمر ولم أجده من طريق أبي ذر وقال عليه الصلاة والسلام من جاءه الموت وهو يطلب العلم ليحيي به الإسلام فبينه وبين الأنبياء في الجنة درجة واحدة حديث من جاءه الموت وهو يطلب العلم الحديث أخرجه الدارمي وابن السني في رياضة المتعلمين من حديث الحسن فقيل هو ابن علي وقيل هو ابن يسار البصري مرسلا وأما الآثار فقال ابن عباس رضي الـلـه عنهما ذللت طالبا فعززت مطلوبا

وكذلك قال ابن أبي مليكة رحمه الـلـه ما رأيت مثل ابن عباس إذا رأيته رأيت أحسن الناس وجها وإذا تكلم فأعرب الناس لسانا وإذا أفتى فأكثر الناس علما

وقال ابن المبارك رحمه الـلـه عجبت لمن لم يطلب العلم كيف تدعوه نفسه إلى مكرمة وقال بعض الحكماء إني لا أرحم رجالا كرحمتي لأحد رجلين رجل يطلب العلم ولا يفهم ورجل يفهم العلم ولا يطلبه

وقال أبو الدرداء رضي الـلـه عنه لأن أتعلم مسألة أحب إلي من قيام ليلة

وقال أيضا كن عالما أو متعلما أو مستمعا ولا تكن الرابع فتهلك

وقال عطاء مجلس علم يكفر سبعين مجلسا من مجالس اللهو

وقال عمر رضي الـلـه عنه موت ألف عابد قائم الليل صائم النهار أهون من موت عالم بصير بحلال الـلـه وحرامه

وقال الشافعي رضي الـلـه عنه طلب العلم أفضل من النافلة

وقال ابن عبد الحكم رحمه الـلـه كنت عند مالك أقرأ عليه العلم فدخل الظهر فجمعت الكتب لأصلي فقال يا هذا ما الذي قمت إليه بأفضل مما كنت فيه إذا صحت النية

وقال أبو الدرداء رضي الـلـه عنه من رأى أن الغدو إلى طلب العلم ليس بجهاد فقد نقص في رأيه وعقله

فضيلة التعليم

أما الآيات فقوله عز وجل ﴿ ولينذروا قومهم إذا رجعوا إليهم لعلهم يحذرون ﴾ والمراد هو التعليم والإرشاد وقوله تعالى وإذ أخذ الـلـه ميثاق الذين أوتوا الكتاب ليبيننه للناس ولا يكتمونه وهو إيجاب للتعليم وقوله تعالى ﴿ وإن فريقا منهم ليكتمون الحق وهم يعلمون ﴾ وهو تحريم للكتمان كما قال تعالى في الشهادة ﴿ ومن يكتمها فإنه آثم قلبه ﴾ وقال صلى الـلـه عليه وسلم ما آتى الـلـه عالما علما إلا وأخذ عليه من الميثاق ما أخذ على النبيين أن يبينوه للناس ولا يكتموه حديث ما آتى الـلـه عالما علما إلا أخذ عليه من الميثاق ما أخذ على النبيين أن يبينوه للناس ولا يكتموه أخرجه أبو نعيم في فضل العالم العفيف من حديث ابن مسعود بنحوه وفي الخلعيات نحوه من حديث أبي هريرة وقال تعالى ﴿ ومن أحسن قولا ممن دعا إلى الـلـه وعمل صالحا ﴾ وقال تعالى ﴿ ادع إلى سبيل ربك بالحكمة والموعظة الحسنة ﴾ وقال تعالى ﴿ ويعلمهم الكتاب والحكمة ﴾ وأما الأخبار فقوله صلى الـلـه عليه وسلم لما بعث معاذا رضي الـلـه عنه إلى اليمن لأن يهدي الـلـه بك رجلا واحدا خير لك من الدنيا وما فيها حديث قال لمعاذ حين بعثه إلى اليمن لأن يهدي الـلـه بك رجلا واحدا خير لك الحديث أخرجه أحمد من حديث معاذ وفي الصحيحين من حديث سهل ابن سعد أنه قال ذلك لعلي

وقال صلى الله عليه وسلم من تعلم بابا من العلم ليعلم الناس أعطي ثواب سبعين صديقا حديث من تعلم بابا من العلم ليعلم الناس أعطي ثواب سبعين صديقا رواه أبو منصور الديلمي في مسند الفردوس من حديث ابن مسعود بسند ضعيف وقال عيسى صلى الله عليه وسلم من علم وعمل وعلم فذلك يدعى عظيما في ملكوت السموات

وقال رسول الله صلى الله عليه وسلم إذا كان يوم القيامة يقول الله سبحانه للعابدين والمجاهدين ادخلوا الجنة فيقول العلماء بفضل علمنا تعبدوا وجاهدوا فيقول الله عز وجل أنتم عندي كبعض ملائكتي اشفعوا تشفعوا فيشفعون ثم يدخلون الجنة حديث إذا كان يوم القيامة يقول الله تعالى للعابدين والمجاهدين ادخلوا الجنة الحديث أخرجه أبو العباس الذهبي في العلم من حديث ابن عباس بسند ضعيف وهذا إنما يكون بالعلم المتعدي بالتعليم لا العلم اللازم الذي لا يتعدى

وقال صلى الله عليه وسلم إن الله عز وجل لا ينتزع العلم انتزاعا من الناس بعد أن يؤتيهم إياه ولكن يذهب بذهاب العلماء فكلما ذهب عالم ذهب بما معه من العلم حتى إذا لم يبق إلا رؤساء جهالا إن سئلوا أفتوا بغير علم فيضلون ويضلون حديث إن الله لا ينتزع العلم انتزاعا من الناس الحديث متفق عليه من حديث عبد الله بن عمرو وقال صلى الله عليه وسلم من علم علما فكتمه ألجمه الله يوم القيامة بلجام من نار حديث من علم علما فكتمه ألجم يوم القيامة بلجام من نار رواه أبو داود والترمذي وابن ماجه وابن حبان والحاكم وصححه من حديث أبي هريرة قال الترمذي حديث حسن وقال صلى الله عليه وسلم نعم العطية ونعم الهدية كلمة حكمة تسمعها فتطوى عليها ثم تحملها إلى أخ لك مسلم تعلمه إياها تعدل عبادة سنة حديث نعم العطية ونعم الهدية كلمة حكمة تسمعها الحديث أخرجه الطبراني من حديث ابن عباس نحوه بإسناد ضعيف وقال صلى الله عليه وسلم الدنيا ملعونة ملعون ما فيها إلا ذكر الله سبحانه وما والاه أو معلما أو متعلما حديث الدنيا ملعونة ملعون ما فيها الحديث أخرجه الترمذي وابن ماجه من حديث أبي هريرة قال الترمذي حسن غريب وقال صلى الله عليه وسلم إن الله سبحانه وملائكته وأهل سمواته وأرضه حتى النملة في جحرها حتى الحوت في البحر ليصلون على معلم الناس الخير حديث إن الله وملائكته وأهل السموات وأهل الأرض حتى النملة في جحرها وحتى الحوت في البحر ليصلون على معلم الناس الخير أخرجه الترمذي من حديث أبي أمامة وقال غريب وفي نسخة حسن صحيح وقال صلى الله عليه وسلم ما أفاد المسلم أخاه فائدة أفضل من حديث حسن بلغه فبلغه حديث ما أفاد المسلم أخاه فائدة أفضل من حديث حسن الحديث أخرجه ابن عبد البر من رواية محمد بن المنكدر مرسلا نحوه ولأبي نعيم من حديث عبد الله بن عمرو ما أهدى مسلم لأخيه هدية أفضل من كلمة تزيده هدى أو ترده عن ردى وقال صلى الله عليه وسلم كلمة من الخير يسمعها المؤمن فيعلمها ويعمل بها خير له من عبادة سنة حديث كلمة من الحكمة يسمعها المؤمن فيعمل بها ويعلمها الحديث أخرجه ابن المبارك في الزهد والرقائق من رواية زيد بن أسلم مرسلا نحوه وفي مسند

الفردوس من حديث أبي هريرة بسند ضعيف كلمة حكمة يسمعها الرجل خير له من عبادة سنة وخرج رسول الله صلى الله عليه وسلم ذات يوم فرأى مجلسين أحدهما يدعون الله عز وجل ويرغبون إليه والثاني يعلمون الناس فقال أما هؤلاء فيسألون الله تعالى فإن شاء أعطاهم وإن شاء منعهم وأما هؤلاء فيعلمون الناس وإنما بعثت معلما ثم عدل إليهم وجلس معهم حديث خرج رسول الله صلى الله عليه وسلم ذات يوم على أصحابه فرأى مجلسين أحدهما يدعون الله الحديث أخرجه ابن ماجه من حديث عبد الله بن عمرو بسند ضعيف وقال صلى الله عليه وسلم مثل ما بعثني الله عز وجل به من الهدى والعلم كمثل الغيث الكثير أصاب أرضا فكانت منها بقعة قبلت الماء فأنبتت الكلأ والعشب الكثير وكانت منها بقعة أمسكت الماء فنفع الله عز وجل بها الناس فشربوا منها وسقوا وزرعوا وكانت منها طائفة قيعان لا تمسك ماء ولا تنبت كلأ حديث مثل ما بعثني الله به من العلم والهدى الحديث متفق عليه من حديث أبي موسى اه فالأول ذكره مثلا للمنتفع بعلمه والثاني ذكره مثلا للنافع والثالث للمحروم منهما

وقال صلى الـلـه عليه وسلم إذا مات ابن آدم انقطع عمله إلا من ثلاث علم ينتفع به الحديث حديث إذا مات ابن آدم انقطع عمله إلا من ثلاث الحديث أخرجه مسلم من حديث أبي هريرة وقال صلى الـلـه عليه وسلم الدال على الخير كفاعله حديث الدال على الخير كفاعله أخرجه الترمذي من حديث أنس وقال غريب ورواه مسلم وأبو داود والترمذي وصححه عن أبي مسعود البدري بلفظ من دل على خير فله مثل أجر فاعله وقال صلى الـلـه عليه وسلم لا حسد إلا في اثنتين رجل آتاه الـلـه عز وجل حكمة فهو يقضي بها ويعلمها الناس ورجل آتاه الـلـه مالا فسلطه على هلكته في الخير حديث لا حسد إلا في اثنتين الحديث متفق عليه من حديث ابن مسعود وقال صلى الـلـه عليه وسلم على خلفائي رحمة الـلـه قيل ومن خلفاؤك قال الذين يحيون سنتي ويعلمونها عباد الـلـه حديث على خلفائي رحمة الـلـه الحديث رواه ابن عبد البر في العلم والهروي في ذم الكلام من حديث الحسن فقيل هو ابن علي وقيل ابن يسار البصري فيكون مرسلا ولابن السني وأبي نعيم في رياضة المتعلمين من حديث علي نحوه وأما الآثار فقد قال عمر رضي الـلـه عنه من حدث حديثا فعمل به فله مثل أجر من عمل ذلك العمل

وقال ابن عباس رضي الـلـه عنهما معلم الناس الخير يستغفر له كل شيء حتى الحوت في البحر

وقال بعض العلماء العالم يدخل فيما بين الـلـه وبين خلقه فلينظر كيف يدخل

وروى أن سفيان الثوري رحمه الـلـه قدم عسقلان فمكث لا يسأله إنسان فقال اكروا لي لأخرج من هذا البلد هذا بلد يموت فيه العلم

وإنما قال ذلك حرصا على فضيلة التعليم واستبقاء العلم به وقال عطاء رضي الـلـه عنه دخلت على سعيد بن المسيب وهو يبكي فقلت ما يبكيك قال ليس أحد يسألني عن شيء وقال بعضهم العلماء سرج الأزمنة كل واحد مصباح زمانه يستضيء به أهل عصره

وقال الحسن رحمه الـلـه لولا العلماء لصار الناس مثل البهائم أي أنهم بالتعليم يخرجون الناس من حد البهيمية إلى حد الإنسانية

وقال عكرمة إن لهذا العلم ثمنا قيل وما هو قال أن تضعه فيمن يحسن حمله ولا يضيعه

وقال يحيى بن معاذ العلماء أرحم بأمة محمد صلى الـلـه عليه وسلم من آبائهم وأمهاتهم قيل وكيف ذلك قال لأن آباءهم وأمهاتهم يحفظونهم من نار الدنيا وهم يحفظونهم من نار الآخرة

وقيل أول العلم الصمت ثم الاستماع ثم الحفظ ثم العمل ثم نشره

وقيل علم علمك من يجهل وتعلم ممن يعلم ما تجهل فإنك إذا فعلت ذلك علمت ما جهلت وحفظت ما علمت

وقال معاذ بن جبل في التعليم والتعلم ورأيته أيضا مرفوعا تعلموا العلم فإن تعلمه لله خشية وطلبه عبادة ومدارسته تسبيح والبحث عنه جهاد وتعليمه من لا يعلمه صدقة وبذله لأهله قربة وهو الأنيس في الوحدة والصاحب في الخلوة والدليل على الدين والمصبر على السراء والضراء والوزير عند الأخلاء والقريب عند الغرباء ومنار سبيل الجنة يرفع الـلـه به أقواما فيجعلهم في الخير قادة سادة هداة يقتدى بهم أدلة في الخير تقتص آثارهم وترمق أفعالهم وترغب الملائكة في خلتهم وبأجنحتها تمسحهم وكل رطب ويابس لهم يستغفر حتى حيتان البحر وهوامه وسباع البر وأنعامه والسماء ونجومها حديث معاذ تعلموا العلم فإن تعلمه لله خشية وطلبه عبادة الحديث بطوله رواه أبو الشيخ ابن حبان في كتاب الثواب وابن عبد البر وقال ليس له إسناد قوي لأن العلم حياة القلوب من العمى ونور الأبصار من الظلم وقوة الأبدان من الضعف يبلغ به العبد منازل الأبرار والدرجات العلى والتفكر فيه يعدل بالصيام ومدارسته بالقيام به يطاع الـلـه عز وجل وبه يعبد وبه يوحد وبه يمجد وبه يتورع وبه توصل الأرحام وبه يعرف الحلال والحرام وهو إمام والعمل تابعه يلهمه السعداء ويحرمه الأشقياء نسأل الـلـه تعالى حسن التوفيق

في الشواهد العقلية

اعلم اعلم أن المطلوب من هذا الباب معرفة فضيلة العلم ونفاسته وما لم تفهم الفضيلة في نفسها ولم يتحقق المراد منها لم يمكن أن تعلم وجودها صفة للعلم أو لغيره من الخصال فلقد ضل عن الطريق من طمع أن يعرف أن زيدا حكيم أم لا وهو بعد لم يفهم معنى الحكمة وحقيقتها

والفضيلة مأخوذة من الفضل وهي الزيادة فإذا تشارك شيئان في أمر واختص أحدهما بمزيد يقال فضله وله الفضل عليه مهما كانت زيادته فيما هو كمال ذلك الشيء كما يقال الفرس أفضل من الحمار بمعنى أنه يشاركه في قوة الحمل ويزيد عليه بقوة الكر والفر وشدة العدو وحسن الصورة فلو فرض حمار اختص بسلعة زائدة لم يقل إنه أفضل لأن تلك زيادة في الجسم ونقصان في المعنى وليست من الكمال في شيء والحيوان مطلوب لمعناه وصفاته لا لجسمه فإذا فهمت هذا لم يخف عليك أن العلم فضيلة إن أخذته بالإضافة إلى سائر الأوصاف كما أن للفرس فضيلة إن أخذته بالإضافة إلى سائر الحيوانات بل شدة العدو فضيلة في الفرس وليست فضيلة على الإطلاق والعلم فضيلة في ذاته وعلى الإطلاق من غير إضافة فإنه وصف كمال الـلـه سبحانه وبه شرف الملائكة والأنبياء بل الكيس من الخيل خير من البليد فهي فضيلة على الإطلاق من غير إضافة

واعلم أن الشيء النفيس المرغوب فيه ينقسم إلى ما يطلب لغيره وإلى ما يطلب لذاته وإلى ما يطلب لغيره ولذاته جميعا فما يطلب لذاته أشرف وأفضل مما يطلب لغيره والمطلوب لغيره الدراهم والدنانير فإنهما حجران لا منفعة لهما ولولا أن الـلـه سبحانه وتعالى يسر قضاء الحاجات بهما لكانا والحصباء بمثابة واحدة والذي يطلب لذاته فالسعادة في الآخرة ولذة النظر لوجه الـلـه تعالى

والذي يطلب لذاته ولغيره فكسلامة البدن فإن سلامة الرجل مثلا مطلوبة من حيث إنها سلامة للبدن عن الألم ومطلوبة للمشي بها والتوصل إلى المآرب والحاجات وبهذا الاعتبار إذا نظرت إلى العلم رأيته لذيذا في نفسه فيكون مطلوبا لذاته ووجدته وسيلة إلى دار الآخرة وسعادتها وذريعة إلى القرب من الـلـه تعالى ولا يتوصل إليه إلا به وأعظم الأشياء رتبة في حق الآدمي السعادة الأبدية وأفضل الأشياء ما هو وسيلة إليها ولن يتوصل إليها إلا بالعلم والعمل ولا يتوصل إلى العمل إلا بالعلم بكيفية العمل فأصل السعادة في الدنيا والآخرة هو العلم فهو إذن أفضل الأعمال وكيف لا وقد تعرف فضيلة الشيء أيضا بشرف ثمرته وقد عرفت أن ثمرة العلم القرب من رب العالمين والالتحاق بأفق الملائكة ومقارنة الملأ الأعلى

هذا في الآخرة وأما في الدنيا فالعز والوقار ونفوذ الحكم على الملوك ولزوم الاحترام في الطباع حتى إن أغبياء الترك وأجلاف العرب يصادفون طباعهم مجبولة على التوقير لشيوخهم لاختصاصهم بمزيد علم مستفاد من

التجربة بل البهيمة بطبعها توقر الإنسان لشعورها بتمييز الإنسان بكمال مجاوز لدرجتها هذه فضيلة العلم مطلقا ثم تختلف العلوم كما سيأتي بيانه وتتفاوت لا محالة فضائلها بتفاوتها

وأما فضيلة التعليم والتعلم فظاهرة مما ذكرناه فإن العلم إذا كان أفضل الأمور كان تعلمه طلبا للأفضل فكان تعليمه إفادة للأفضل وبيانه أن مقاصد الخلق مجموعة في الدين والدنيا ولا نظام للدين إلا بنظام الدنيا فإن الدنيا مزرعة الآخرة وهي الآلة الموصلة إلى اللـه عز وجل لمن اتخذها آلة ومنزلا لمن يتخذها مستقرا ووطنا وليس ينتظم أمر الدنيا إلا بأعمال الآدميين

وأعمالهم وحرفهم وصناعاتهم تنحصر في ثلاثة أقسام

أحدها أصول لا قوام للعالم دونها وهي أربعة الزراعة وهي للمطعم والحياكة وهي للملبس

والبناء

_____

وهو للمسكن

والسياسة وهي للتأليف والاجتماع والتعاون على أسباب المعيشة وضبطها

الثاني ما هي مهيئة لكل واحدة من هذه الصناعات وخادمة لها كالحدادة فإنها تخدم الزراعة وجملة من الصناعات بإعداد آلاتها كالحلاجة والغزل فإنها تخدم الحياكة بإعداد عملها

الثالث ما هي متممة للأصول ومزينة كالطحن والخبز للزراعة وكالقصارة والخياطة للحياكة وذلك بالإضافة إلى قوام أمر العالم الأرضي مثل أجزاء الشخص بالإضافة إلى جملته فإنها ثلاثة أضرب أيضا إما أصول كالقلب والكبد والدماغ وإما خادمة لها كالمعدة والعروق والشرايين والأعصاب والأوردة وإما مكملة لها ومزينة كالأظفار والأصابع والحاجبين وأشرف هذه الصناعات أصولها وأشرف أصولها السياسة بالتأليف والاستصلاح ولذلك تستدعى هذه الصناعة من الكمال فيمن يتكفل بها ما لا يستدعيه سائر الصناعات ولذلك يستخدم لا محالة صاحب هذه الصناعة سائر الصناع والسياسة في استصلاح الخلق وإرشادهم إلى الطريق المستقيم المنجي في الدنيا والآخرة على أربع مراتب الأولى وهي العليا سياسة الأنبياء عليهم السلام وحكمهم على الخاصة والعامة جميعا في ظاهرهم وباطنهم

والثانية الخلفاء والملوك والسلاطين وحكمهم على الخاصة والعامة جميعا ولكن على ظاهرهم لا على باطنهم

والثالثة العلماء بالله عز وجل وبدينه الذين هم ورثة الأنبياء وحكمهم على باطن الخاصة فقط ولا يرتفع فهم العامة على الاستفادة منهم ولا تنتهي قوتهم إلى التصرف في ظواهرهم بالإلزام والمنع والشرع

والرابعة الوعاظ وحكمهم على بواطن العوام فقط فأشرف هذه الصناعات الأربع بعد النبوة إفادة العلم وتهذيب نفوس الناس عن الأخلاق المذمومة المهلكة وإرشادهم إلى الأخلاق المحمودة المسعدة وهو المراد بالتعليم وإنما قلنا إن هذا أفضل من سائر الحرف والصناعات لأن شرف الصناعات يعرف بثلاثة أمور إما بالالتفات إلى الغريزة التي بها يتوصل إلى معرفتها كفضل العقول العقلية على اللغوية إذ تدرك الحكمة بالعقل واللغة بالسمع والعقل أشرف من السمع وإما بالنظر إلى عموم النفع كفضل الزراعة على الصياغة وإما بملاحظة المحل الذي فيه التصرف كفضل الصياغة على الدباغة إذ محل أحدهما الذهب ومحل الآخر جلد الميتة وليس يخفى أن العلوم الدينية وهي فقه طريق الآخرة إنما تدرك بكمال العقل وصفاء الذكاء والعقل أشرف صفات الإنسان كما سيأتي بيانه إذ به تقبل أمانة الله وبه يتوصل إلى جوار الله سبحانه

وأما عموم النفع فلا يستراب فيه فإن نفعه وثمرته سعادة الآخرة

وأما شرف المحل فكيف يخفى والمعلم متصرف في قلوب البشر ونفوسهم وأشرف موجود على الأرض جنس الإنس وأشرف جزء من جواهر الإنسان قلبه والمعلم مشتغل بتكميله وتجليته وتطهيره وسياقته إلى القرب من

الله عز وجل فتعليم العلم من وجه عبادة لله تعالى ومن وجه خلافة لله تعالى وهو من أجل خلافة الله فإن الله تعالى قد فتح على قلب العالم العلم الذي هو أخص صفاته فهو كالخازن لأنفس خزائنه ثم هو مأذون له في الإنفاق منه على كل محتاج إليه فأي رتبة أجل من كون العبد واسطة بين ربه سبحانه وبين خلقه في تقريبهم إلى الله زلفى وسياقتهم إلى جنة المأوى جعلنا الله منهم بكرمه وصلى الله على كل عبد مصطفى

الباب الثاني في العلم المحمود والمذموم وأقسامهما وأحكامهما

وفيه بيان ما هو فرض عين وما هو فرض كفاية وبيان أن موقع الكلام والفقه من علم الدين إلى أي حد هو وتفضيل علم الآخرة

بيان العلم الذي هو فرض عين قال رسول الله صلى الله عليه وسلم طلب العلم فريضة على كل مسلم وقال أيضا صلى الله عليه وسلم اطلبوا العلم ولو بالصين واختلف الناس في العلم الذي هو فرض على كل مسلم فتفرقوا فيه أكثر من عشرين فرقة ولا نطيل بنقل التفصيل ولكن حاصله أن كل فريق نزل الوجوب على العلم الذي هو بصدده فقال المتكلمون هو علم الكلام إذ به يدرك التوحيد ويعلم به ذات الله سبحانه وصفاته وقال الفقهاء هو علم الفقه إذ به تعرف العبادات والحلال والحرام وما يحرم من المعاملات وما يحل وعنوا به ما يحتاج إليه الآحاد دون الوقائع النادرة وقال المفسرون والمحدثون هو علم الكتاب والسنة إذ بهما يتوصل إلى العلوم كلها

وقال المتصوفة المراد به هذا العلم فقال بعضهم هو علم العبد بحاله ومقامه من الله عز وجل

وقال بعضهم هو العلم بالإخلاص وآفات النفوس وتمييز لمة الملك من لمة الشيطان

وقال بعضهم هو علم الباطن وذلك يجب على أقوام مخصوصين هم أهل ذلك وصرفوا اللفظ عن عمومه

وقال أبو طالب المكي هو العلم بما يتضمنه الحديث الذي فيه مباني الإسلام وهو قوله صلى الله عليه وسلم بني الإسلام على خمس شهادة أن لا إله إلا الله حديث بني الإسلام على خمس الحديث متفق عليه من حديث ابن عمر إلى آخر الحديث لأن الواجب هذه الخمس فيجب العلم بكيفية العمل فيها وبكيفية الوجوب

والذي ينبغي أن يقطع به المحصل ولا يستريب فيه ما سنذكره وهو أن العلم كما قدمناه في خطبة الكتاب ينقسم إلى علم معاملة وعلم مكاشفة وليس المراد بهذا العلم إلا علم المعاملة والمعاملة التي كلف العبد العاقل البالغ العمل بها ثلاثة اعتقاد وفعل وترك فإذا بلغ الرجل العاقل بالاحتلام أو السن ضحوة نهار مثلا فأول واجب عليه تعلم كلمتي الشهادة وفهم معناهما وهو قول لا إله إلا الله محمد رسول الله وليس يجب عليه أن يحصل كشف ذلك لنفسه بالنظر والبحث وتحرير الأدلة بل يكفيه أن يصدق به ويعتقده جزما من غير اختلاج ريب واضطراب نفس وذلك قد يحصل بمجرد التقليد والسماع من غير بحث ولا برهان إذ اكتفى رسول الله صلى الله عليه وسلم من أجلاف العرب بالتصديق والإقرار من غير تعلم دليل حديث اكتفى رسول الله صلى الله عليه وسلم من أجلاف العرب بالتصديق والإقرار من غير تعلم دليل مشهور في كتب السير والحديث فعند مسلم قصة ضمام بن ثعلبة

فإذا فعل ذلك فقد أدى واجب الوقت وكان العلم الذي هو فرض عين عليه في الوقت تعلم الكلمتين وفهمهما وليس يلزمه أمر وراء هذا في الوقت بدليل أنه لو مات عقيب ذلك مات مطيعا لله عز وجل غير عاص له وإنما يجب غير ذلك بعوارض تعرض وليس ذلك ضروريا في حق كل شخص بل يتصور الانفكاك وتلك العوارض إما أن تكون في الفعل وإما في الترك وإما في الإعتقاد

أما الفعل فبأن يعيش من ضحوة نهاره إلى وقت الظهر فيتجدد عليه بدخول وقت الظهر تعلم الطهارة والصلاة فإن كان صحيحا وكان بحيث لو صبر إلى وقت زوال الشمس لم يتمكن من تمام التعلم والعمل في الوقت بل يخرج الوقت لو اشتغل بالتعلم فلا يبعد أن يقال الظاهر بقاؤه فيجب عليه تقديم التعلم على الوقت

ويحتمل أن يقال وجوب العلم الذي هو شرط العمل بعد وجوب العمل فلا يجب قبل الزوال وهكذا في بقية الصلوات فإن عاش إلى رمضان تجدد بسببه وجوب تعلم الصوم وهو أن وقته من الصبح إلى غروب الشمس وأن الواجب فيه النية والإمساك عن الأكل والشرب والوقاع وأن ذلك يتمادى إلى رؤية الهلال أو شاهدين فإن تجدد له مال أو كان له مال عند بلوغه لزمه تعلم ما يجب عليه من الزكاة ولكن لا يلزمه في الحال إنما يلزمه عند

تمام الحول من وقت الإسلام فإن لم يملك إلا الإبل لم يلزمه إلا تعلم زكاة الإبل وكذلك في سائر الأصناف فإذا دخل في أشهر الحج فلا يلزمه المبادرة إلى علم الحج مع أن فعله على التراخي فلا يكون تعلمه على الفور ولكن ينبغي لعلماء الإسلام أن ينبهوه على أن الحج فرض على التراخي على كل من ملك الزاد والراحلة إذا كان هو مالكا حتى ربما يرى الحزم لنفسه في المبادرة فعند ذلك إذا عزم عليه لزمه تعلم كيفية الحج ولم يلزمه إلا تعلم أركانه وواجباته دون نوافله فإن فعل ذلك نفل فعلمه أيضا نفل فلا يكون تعلمه فرض عين وفي تحريم السكوت عن التنبيه على وجوب أصل الحج في الحال نظر يليق بالفقه وهكذا التدريج في علم سائر الأفعال التي هي فرض عين

وأما التروك فيجب تعلم علم ذلك بحسب ما يتجدد من الحال وذلك يختلف بحال الشخص إذ لا يجب على الأبكم تعلم ما يحرم من الكلام ولا على الأعمى تعلم ما يحرم من النظر ولا على البدوي تعلم ما يحرم الجلوس فيه من المساكن فذلك أيضا واجب بحسب ما يقتضيه الحال فما يعلم أنه ينفك عنه لا يجب تعلمه وما هو ملابس له يجب تنبيهه عليه كما لو كان عند الإسلام لابسا للحرير أو جالسا في الغصب أو ناظرا إلى غير ذي محرم فيجب تعريفه بذلك وما ليس ملابسا له ولكنه بصدد التعرض له على القرب كالأكل والشرب فيجب تعليمه حتى إذا كان في بلد يتعاطى فيه شرب الخمر وأكل لحم الخنزير فيجب تعليمه ذلك وتنبيهه عليه وما وجب تعليمه وجب عليه تعلمه

وأما الاعتقادات وأعمال القلوب فيجب علمها بحسب الخواطر فإن خطر له شك في المعاني التي تدل عليها كلمتا الشهادة فيجب عليه تعلم ما يتوصل به إلى إزالة الشك

فإن لم يخطر له ذلك ومات قبل أن يعتقد أن كلام الله سبحانه قديم وأنه مرئي وأنه ليس محلا للحوادث إلى غير ذلك مما يذكر في المعتقدات فقد مات على الإسلام إجماعا ولكن هذه الخواطر الموجبة للاعتقادات بعضها يخطر بالطبع وبعضها يخطر بالسماع من أهل البلد فإن كان في بلد شاع فيه الكلام وتناطق الناس بالبدع فينبغي أن يصان في أول بلوغه عنها بتلقين الحق فإنه لو ألقى إليه الباطل لوجبت إزالته عن قلبه وربما عسر ذلك كما أنه لو كان هذا المسلم تاجرا وقد شاع في البلد معاملة الربا وجب عليه تعلم الحذر من الربا وهذا هو الحق في العلم الذي هو فرض عين ومعناه العلم بكيفية العمل الواجب فمن علم العلم الواجب ووقت وجوبه فقد علم العلم الذي هو فرض عين وما ذكره الصوفية من فهم خواطر العدو ولمة الملك حق أيضا ولكن في حق من يتصدى له فإذا كان الغالب أن الإنسان لا ينفك عن دواعي الشر والرياء والحسد فيلزمه أن يتعلم من علم ربع المهلكات ما يرى نفسه محتاجا إليه وكيف لا يجب عليه وقد قال رسول الله صلى الله عليه وسلم ثلاث مهلكات شح مطاع وهوى متبع وإعجاب المرء بنفسه حديث ثلاث مهلكات شح مطاع الحديث أخرجه

البزار والطبراني وأبو نعيم والبيهقي في الشعب من حديث أنس بإسناد ضعيف ولا ينفك عنها بشر وبقية ما سنذكره من مذمومات أحوال القلب كالكبر والعجب وأخواتها تتبع هذه الثلاث المهلكات وإزالتها فرض عين ولا يمكن إزالتها إلا بمعرفة حدودها ومعرفة أسبابها ومعرفة علاماتها ومعرفة علاجها فإن من لا يعرف الشر يقع فيه والعلاج هو مقابلة السبب بضده وكيف يمكن دون معرفة السبب والمسبب وأكثر ما ذكرناه في ربع المهلكات من فروض الأعيان وقد تركها الناس كافة اشتغالا بما لا يعنى

ومما لا ينبغي أن يبادر في إلقائه إليه إذا لم يكن قد انتقل عن ملة إلى ملة أخرى الإيمان بالجنة والنار والحشر والنشر حتى يؤمن به ويصدق وهو من تتمة كلمتي الشهادة فإنه بعد التصديق بكونه عليه السلام رسولا

ينبغي أن يفهم الرسالة التي هو مبلغها وهو أن من أطاع الـلـه ورسوله فله الجنة ومن عصاهما فله النار فإذا انتبهت لهذا التدريج علمت أن المذهب الحق هو هذا وتحققت أن كل عبد هو في مجاري أحواله في يومه وليلته لا يخلو من وقائع في عبادته ومعاملاته عن تجدد لوازم عليه فيلزمه السؤال عن كل ما يقع له من النوادر ويلزمه المبادرة إلى تعلم ما يتوقع وقوعه على القرب غالبا فإذا تبين أنه عليه الصلاة والسلام إنما أراد بالعلم المعرف بالألف واللام في قوله صلى الـلـه عليه وسلم طلب العلم فريضة على كل مسلم علم العمل الذي هو مشهور الوجوب على المسلمين لا غير فقد اتضح وجه التدريج ووقت وجوبه و الـلـه أعلم

بيان العلم الذي هو فرض كفاية

اعلم أن الفرض لا يتميز عن غيره إلا بذكر أقسام العلوم والعلوم بالإضافة إلى الغرض الذي نحن بصدده تنقسم إلى شرعية وغير شرعية وأعني بالشرعية ما استفيد من الأنبياء صلوات الـلـه عليهم وسلامه ولا يرشد العقل إليه مثل الحساب ولا التجربة مثل الطب ولا السماع مثل اللغة فالعلوم التي ليست بشرعية تنقسم إلى ما هو محمود وإلى ما هو مذموم وإلى ما هو مباح فالمحمود ما يرتبط به مصالح أمور الدنيا كالطب والحساب وذلك ينقسم إلى ما هو فرض كفاية وإلى ما هو فضيلة وليس بفريضة أما فرض الكفاية فهو علم لا يستغنى عنه في قوام أمور الدنيا كالطب إذ هو ضروري في حاجة بقاء الأبدان وكالحساب فإنه ضروري في المعاملات وقسمة الوصايا والمواريث وغيرهما وهذه هي العلوم التي لو خلا البلد عمن يقوم بها حرج أهل البلد وإذا قام بها واحد كفى وسقط الفرض عن الآخرين

فلا يتعجب من قولنا إن الطب والحساب من فروض الكفايات فإن أصول الصناعات أيضا من فروض الكفايات كالفلاحة والحياكة والسياسة بل الحجامة والخياطة فإنه لو خلا البلد من الحجام تسارع الهلاك إليهم وحرجوا بتعريضهم أنفسهم للهلاك

فإن الذي أنزل الداء أنزل الدواء وأرشد إلى استعماله وأعد الأسباب لتعاطيه فلا يجوز التعرض للهلاك بإهماله

وأما ما يعد فضيلة لا فريضة فالتعمق في دقائق الحساب وحقائق الطب وغير ذلك مما يستغنى عنه ولكنه يفيد زيادة قوة في القدر المحتاج إليه

وأما المذموم فعلم السحر والطلسمات وعلم الشعبذة والتلبيسات

وأما المباح منه فالعلم بالأشعار التي لا سخف فيها وتواريخ الأخبار وما يجري مجراه

أما العلوم الشرعية وهي المقصودة بالبيان فهي محمودة كلها ولكن قد يلتبس بها ما يظن أنها شرعية وتكون مذمومة فتنقسم إلى المحمودة والمذمومة

أما المحمودة فلها أصول وفروع ومقدمات ومتممات وهي أربعة أضرب

الضرب الأول الأصول وهي أربعة كتاب الله عز وجل وسنة رسول الله صلى الله عليه وسلم وإجماع الأمة وآثار الصحابة والإجماع أصل من حيث إنه يدل على السنة فهو أصل في الدرجة الثالثة

وكذا الأثر فإنه أيضا يدل على السنة لأن الصحابة رضي الله عنهم قد شاهدوا الوحي والتنزيل وأدركوا بقرائن الأحوال ما غاب عن غيرهم عيانه وربما لا تحيط العبارات بما أدرك بالقرائن

فمن هذا الوجه رأى العلماء الاقتداء بهم والتمسك بآثارهم وذلك بشرط مخصوص على وجه مخصوص عند من يراه ولا يليق بيانه بهذا الفن

الضرب الثاني الفروع وهو ما فهم من هذه الأصول لا بموجب ألفاظها بل بمعان تنبه لها العقول فاتسع بسببها الفهم حتى فهم من اللفظ الملفوظ به غيره كما فهم من قوله عليه السلام لا يقضي القاضي وهو غضبان حديث لا يقضي القاضي وهو غضبان متفق عليه من حديث أبي بكرة أنه لايقضي إذا كان خائفا أو جائعا أو متألما بمرض

وهذا على ضربين أحدهما يتعلق بمصالح الدنيا ويحويه كتب الفقه والمتكفل به الفقهاء وهم علماء الدنيا والثاني ما يتعلق بمصالح الآخرة وهو علم أحوال القلب وأخلاقه المحمودة والمذمومة وما هو مرضي عند اللـه تعالى وما هو مكروه وهو الذي يحويه الشطر الأخير من هذا الكتاب أعني جملة كتاب إحياء علوم الدين ومنه العلم بما يترشح من القلب على الجوارح في عباداتها وعاداتها وهو الذي يحويه الشطر الأول من هذا الكتاب

والضرب الثالث المقدمات وهي التي تجري منه مجرى الآلات كعلم اللغة والنحو فإنهما آلة لعلم كتاب اللـه تعالى وسنة نبيه صلى اللـه عليه وسلم وليست اللغة والنحو من العلوم الشرعية في أنفسهما ولكن يلزم الخوض فيهما بسبب الشرع إذ جاءت هذه الشريعة بلغة العرب وكل شريعة لا تظهر إلا بلغة فيصير تعلم تلك اللغة آلة ومن الآلات علم كتابة الخط إلا أن ذلك ليس ضروريا إذ كان رسول اللـه صلى اللـه عليه وسلم حديث كان رسول اللـه صلى اللـه عليه وسلم أميا أي لا يحسن الكتابة أخرجه ابن مردويه في التفسير من حديث عبد اللـه بن عمر مرفوعا أنا محمد النبي الأمي وفيه ابن لهيعة ولابن حبان والدارقطني والحاكم والبيهقي وصححه من حديث ابن مسعود قولوا اللهم صل على محمد النبي الأمي وللبخاري من حديث البراء وأخذ الكتاب وليس محسن يكتب أميا

ولو تصور استقلال الحفظ بجميع ما يسمع لاستغنى عن الكتابة ولكنه صار بحكم العجز في الغالب ضروريا الضرب الرابع المتممات وذلك في علم القرآن فإنه ينقسم إلى ما يتعلق باللفظ كتعلم القراءات ومخارج الحروف وإلى ما يتعلق بالمعنى كالتفسير فإن اعتماده أيضا على النقل إذ اللغة بمجردها لا تستقل به وإلى ما يتعلق بأحكامه كمعرفة الناسخ والمنسوخ والعام والخاص والنص والظاهر

وكيفية استعمال البعض منه مع البعض وهو العلم الذي يسمى أصول الفقه ويتناول السنة أيضا

وأما المتممات في الآثار والأخبار فالعلم بالرجال وأسمائهم وأنسابهم وأسماء الصحابة وصفاتهم والعلم بالعدالة في الرواة والعلم بأحوالهم ليميز الضعيف عن القوي والعلم بأعمارهم ليميز المرسل عن المسند وكذلك ما يتعلق به فهذه هي العلوم الشرعية وكلها محمودة بل كلها من فروض الكفايات فإن قلت لم ألحقت الفقه بعلم الدنيا فاعلم أن اللـه عز وجل أخرج آدم عليه السلام من التراب وأخرج ذريته من سلالة من طين ومن ماء دافق فأخرجهم من الأصلاب إلى الأرحام ومنها إلى الدنيا ثم إلى القبر ثم إلى العرض ثم إلى الجنة أو إلى النار فهذا مبدؤهم وهذا غايتهم وهذه منازلهم

وخلق الدنيا زادا للمعاد ليتناول منها ما يصلح للتزود فلو تناولوها بالعدل لانقطعت الخصومات وتعطل الفقهاء ولكنهم تناولوها بالشهوات فتولدت منها الخصومات فمست الحاجة إلى سلطان يسوسهم واحتاج السلطان إلى قانون يسوسهم به فالفقيه هو العالم بقانون السياسة وطريق التوسط بين الخلق إذا تنازعوا بحكم

الشهوات فكان الفقيه معلم السلطان ومرشده إلى طرق سياسة الخلق وضبطهم لينتظم باستقامتهم أمورهم في الدنيا ولعمري إنه متعلق أيضا بالدين لكن لا بنفسه بل بواسطة الدنيا فإن الدنيا مزرعة الآخرة ولا يتم الدين إلا بالدنيا

والملك والدين توأمان فالدين أصل والسلطان حارس وما لا أصل له فمهدوم وما لا حارس له فضائع ولا يتم الملك والضبط إلا بالسلطان وطريق الضبط في فصل الحكومات بالفقه

وكما أن سياسة الخلق بالسلطنة ليس من علم الدين في الدرجة الأولى بل هو معين على ما لا يتم الدين إلا به فكذلك معرفة طريق السياسة فمعلوم أن الحج لا يتم إلا ببذرقة تحرس من العرب في الطريق ولكن الحج شيء وسلوك الطريق إلى الحج شيء ثان والقيام بالحراسة التي لا يتم الحج إلا بها شيء ثالث ومعرفة طرق الحراسة وحيلها وقوانينها شيء رابع وحاصل فن الفقه معرفة طرق السياسة والحراسة ويدل على ذلك ما روي مسندا لا يفتي الناس إلا ثلاثة أمير أو مأمور

أو متكلف حدث لا يفتي الناس إلا ثلاثة الحديث أخرجه ابن ماجه من رواية عمرو بن شعيب عن أبيه عن جده بلفظ لا يقض على الناس وإسناده حسن فالأمير هو الإمام وقد كانوا هم المفتون والمأمور نائبه والمتكلف غيرهما وهو الذي يتقلد تلك العهدة من غير حاجة

وقد كان الصحابة رضي اللـه عنهم يحترزون عن الفتوى حتى كان يحيل كل منهم على صاحبه وكانوا لا يحترزون إذا سئلوا عن علم القرآن وطريق الآخرة

وفي بعض الروايات بدل المتكلف المرائي فإن من تقلد خطر الفتوى وهو غير متعين للحاجة فلا يقصد به إلا طلب الجاه والمال

فإن قلت هذا إن استقام لك في أحكام الجراحات والحدود والغرامات وفصل الخصومات فلا يستقيم فيما يشتمل عليه ربع العبادات من الصيام والصلاة ولا فيما يشتمل عليه ربع العادات من المعاملات من بيان الحلال والحرام فاعلم أن أقرب ما يتكلم الفقيه فيه من الأعمال التي هي أعمال الآخرة ثلاثة الإسلام والصلاة والزكاة والحلال والحرام فإذا تأملت منتهى نظر الفقيه فيها علمت أنه لا يجاوز حدود الدنيا إلى الآخرة وإذا عرفت هذا في هذه الثلاثة فهو في غيرها أظهر

أما الإسلام فيتكلم الفقيه فيما يصح منه وفيما يفسد وفي شروطه وليس يلتفت فيه إلا إلى اللسان

وأما القلب فخارج عن ولاية الفقيه لعزل رسول اللـه صلى اللـه عليه وسلم أرباب السيوف والسلطنة عنه حيث قال هلا شققت عن قلبه حديث هلا شققت عن قلبه أخرجه مسلم من حديث أسامة بن زيد للذي قتل من تكلم بكلمة الإسلام معتذرا بأنه قال ذلك من خوف السيف بل يحكم الفقيه بصحة الإسلام تحت ظلال السيوف مع أنه يعلم أن السيف لم يكشف له عن نيته ولم يدفع عن قلبه غشاوة الجهل والحيرة ولكنه مثير على صاحب السيف فإن السيف ممتد إلى رقبته واليد ممتدة إلى ماله وهذه الكلمة باللسان تعصم رقبته وماله ما دام له رقبة ومال وذلك في الدنيا ولذلك قال صلى اللـه عليه وسلم أمرت أن أقاتل الناس حتى يقولوا لا إله إلا اللـه فإذا قالوها فقد عصموا مني دماءهم وأموالهم حديث أمرت أن أقاتل الناس حتى يقولوا لا إله إلا اللـه الحديث متفق عليه من حديث أبي هريرة وعمر وابن عمر جعل أثر ذلك في الدم والمال

وأما الآخرة فلا تنفع فيها الأموال بل أنوار القلوب وأسرارها وإخلاصها وليس ذلك من الفقه وإن خاض الفقيه فيه كان كما لو خاض في الكلام والطب وكان خارجا عن فنه

وأما الصلاة فالفقيه يفتي بالصحة إذا أتى بصورة الأعمال مع ظاهر الشروط وإن كان غافلا في جميع صلاته من أولها إلى آخرها مشغولا بالتفكير في حساب معاملاته في السوق إلا عند التكبير وهذه الصلاة لا تنفع في الآخرة كما أن القول باللسان في الإسلام لا ينفع ولكن الفقيه يفتي بالصحة أي أن ما فعله حصل به امتثال

صيغة الأمر وانقطع به عنه القتل والتعزير فأما الخشوع وإحضار القلب الذي هو عمل الآخرة وبه ينفع العمل الظاهر لا يتعرض له الفقيه ولو تعرض له لكان خارجا عن فنه وأما الزكاة فالفقيه ينظر إلى ما يقطع به مطالبة السلطان حتى إنه إذا امتنع عن أدائها فأخذها السلطان قهرا حكم بأنه برئت ذمته

وحكى أن أبا يوسف القاضي كان يهب ماله لزوجته آخر الحول ويستوهب مالها إسقاطا للزكاة فحكي ذلك لأبي حنيفة رحمه الله فقال ذلك من فقهه

وصدق فإن ذلك من فقه الدنيا ولكن مضرته في الآخرة أعظم من كل جناية ومثل هذا هو العلم الضار

وأما الحلال والحرام فالورع عن الحرام من الدين ولكن الورع له أربع مراتب

الأولى الورع الذي يشترط في عدالة الشهادة وهو الذي يخرج بتركه الإنسان عن أهلية الشهادة والقضاء والولاية وهو الاحتراز عن الحرام الظاهر

الثانية ورع الصالحين وهو التوقي من الشبهات التي يتقابل فيها الاحتمالات

قال صلى الله عليه وسلم دع ما يريبك إلى مالا يريبك حديث دع ما يريبك إلى ما لا يريبك أخرجه الترمذي وصححه والنسائي وابن حبان من حديث الحسن بن علي وقال صلى الله عليه وسلم الإثم حزاز القلوب حديث الإثم حزاز القلوب أخرجه البيهقي في شعب الإيمان من حديث ابن مسعود ورواه العدني في مسنده موقوفا عليه

الثالثة ورع

المتقين وهو ترك الحلال المحض الذي يخاف منه أداؤه إلى الحرام

قال صلى الـلـه عليه وسلم لا يكون الرجل من المتقين حتى يدع ما لا بأس به مخافة مما به بأس حديث لا يكون الرجل من المتقين حتى يدع ما لا بأس به الحديث أخرجه الترمذي وحسنه وابن ماجه والحاكم وصححه من حديث عطية السعدي وذلك مثل التورع عن التحدث بأحوال الناس خيفة من الانجرار إلى الغيبة والتورع عن أكل الشهوات خيفة من هيجان النشاط والبطر المؤدي إلى مقارفة المحظورات

الرابعة ورع الصديقين وهو الإعراض عما سوى الـلـه تعالى خوفا من صرف ساعة من العمر إلى ما لا يفيد زيادة قرب عند الـلـه عز وجل وإن كان يعلم ويتحقق أنه لا يفضي إلى حرام فهذه الدرجات كلها خارجة عن نظر الفقيه إلا الدرجة الأولى وهو ورع الشهود والقضاء وما يقدح في العدالة والقيام بذلك لا ينفي الإثم في الآخرة قال رسول الـلـه صلى الـلـه عليه وسلم لوابصة استفت قلبك وإن أفتوك وإن أفتوك حديث استفت قلبك وإن أفتوك أخرجه أحمد من حديث وابصة والفقيه لا يتكلم في حزازات القلوب وكيفية العمل بها بل فيما يقدح في العدالة فقط فإن جميع نظر الفقيه مرتبط بالدنيا التي بها صلاح طريق الآخرة فإن تكلم في شيء من صفات القلب وأحكام الآخرة فذلك يدخل في كلامه على سبيل التطفل كما قد يدخل في كلامه شيء من الطب والحساب والنجوم وعلم الكلام وكما تدخل الحكمة في النحو والشعر

وكان سفيان الثوري وهو إمام في علم الظاهر يقول إن طلب هذا ليس من زاد الآخرة كيف وقد اتفقوا على أن الشرف في العلم العمل به فكيف يظن أنه علم الظهار واللعان والسلم والإجارة والصرف ومن تعلم هذه الأمور ليتقرب بها إلى الـلـه تعالى فهو مجنون وإنما العمل بالقلب والجوارح في الطاعات والشرف هو تلك الأعمال فإن قلت لم سويت بين الفقه والطب إذ الطب أيضا يتعلق بالدنيا وهو صحة الجسد وذلك يتعلق به أيضا صلاح الدين وهذه التسوية تخالف إجماع المسلمين فاعلم أن التسوية غير لازمة بل بينهما فرق وأن الفقه أشرف منه من ثلاثة أوجه

أحدها أنه علم شرعي إذ هو مستفاد من النبوة بخلاف الطب فإنه ليس من علم الشرع

والثاني أنه لا يستغني عنه أحد من سالكي طريق الآخرة ألبتة لا الصحيح ولا المريض

وأما الطب فلا يحتاج إليه إلا المرضى وهم الأقلون

والثالث أن علم الفقه مجاور لعلم طريق الآخرة لأنه نظر في أعمال الجوارح ومصدر أعمال الجوارح ومنشؤها صفات القلوب فالمحمود من الأعمال يصدر عن الأخلاق المحمودة المنجية في الآخرة والمذموم يصدر من المذموم وليس يخفى اتصال الجوارح بالقلب

وأما الصحة والمرض فمنشؤهما صفاء في المزاج والأخلاط وذلك من أوصاف البدن لا من أوصاف القلب فمهما أضيف الفقه إلى الطب ظهر شرفه وإذا أضيف علم طريق الآخرة إلى الفقه ظهر أيضا شرف علم طريق الآخرة

فإن قلت فصل لي علم طريق الآخرة تفصيلا يشير إلى تراجمه وإن لم يمكن استقصاء تفاصيله

فاعلم أنه قسمان علم مكاشفة وعلم معاملة فالقسم الأول علم المكاشفة وهو علم الباطن وذلك غاية العلوم فقد قال بعض العارفين من لم يكن له نصيب من هذا العلم أخاف عليه سوء الخاتمة وأدنى نصيب منه التصديق به وتسليمه لأهله

وقال آخر من كان فيه خصلتان لم يفتح له بشيء من هذا العلم بدعة أو كبر وقيل من كان محبا للدنيا أو مصرا على هوى لم يتحقق به وقد يتحقق بسائر العلوم وأقل عقوبة من ينكره أنه لا يذوق منه شيئا وينشد على قوله

وأرض لمن غاب عنك غيبته

فذاك ذنب عقابه فيه

وهو علم الصديقين والمقربين أعني علم المكاشفة فهو عبارة عن نور يظهر في القلب عند تطهيره وتزكيته من صفاته

المذمومة وينكشف من ذلك النور أمور كثيرة كان يسمع من قبل أسماءها فيتوهم لها معاني مجملة غير متضحة فتتضح إذ ذاك حتى تحصل المعرفة الحقيقية بذات الله سبحانه وبصفاته الباقيات التامات وبأفعاله وبحكمه في خلق الدنيا والآخرة ووجه ترتيبه للآخرة على الدنيا والمعرفة بمعنى النبوة والنبي ومعنى الوحي ومعنى الشيطان ومعنى لفظ الملائكة والشياطين وكيفية معاداة الشياطين للإنسان وكيفية ظهور الملك للأنبياء وكيفية وصول الوحي إليهم والمعرفة بملكوت السموات والأرض ومعرفة القلب وكيفية تصادم جنود الملائكة والشياطين فيه ومعرفة الفرق بين لمة الملك ولمة الشيطان ومعرفة الآخرة والجنة والنار وعذاب القبر والصراط والميزان والحساب ومعنى قوله تعالى ﴿ اقرأ كتابك كفى بنفسك اليوم عليك حسيبا ﴾ ومعنى قوله تعالى ﴿ وإن الدار الآخرة لهي الحيوان لو كانوا يعلمون ﴾ ومعنى لقاء الله عز وجل والنظر إلى وجهه الكريم ومعنى القرب منه والنزول في جواره ومعنى حصول السعادة بمرافقة الملأ الأعلى ومقارنة الملائكة والنبيين ومعنى تفاوت درجات أهل الجنان حتى يرى بعضهم البعض كما يرى الكوكب الدري في جوف السماء إلى غير ذلك مما يطول تفصيله إذ للناس في معاني هذه الأمور بعد التصديق بأصولها مقامات شتى فبعضهم يرى أن جميع ذلك أمثلة وأن الذي أعده الله لعباده الصالحين ما لا عين رأت ولا أذن سمعت ولا خطر على قلب بشر وأنه ليس مع الخلق من الجنة إلا الصفات والأسماء

وبعضهم يرى أن بعضها أمثلة وبعضها يوافق حقائقها المفهومة من ألفاظها وكذا يرى بعضهم أن منتهى معرفة الله عز وجل الاعتراف بالعجز عن معرفته وبعضهم يدعي أمورا عظيمة في المعرفة بالله عز وجل وبعضهم يقول حد معرفة الله عز وجل ما انتهى إليه اعتقاد جميع العوام وهو أنه موجود عالم قادر سميع بصير متكلم فنعني بعلم المكاشفة أن يرتفع الغطاء حتى تتضح له جلية الحق في هذه الأمور اتضاحا يجري مجرى العيان الذي لا يشك فيه وهذا ممكن في جوهر الإنسان لولا أن مرآة القلب قد تراكم صدؤها وخبثها بقاذورات الدنيا وإنما نعني بعلم طريق الآخرة العلم بكيفية تصقيل هذه المرأة عن هذه الخبائث التي هي الحجاب عن الله سبحانه وتعالى وعن معرفة صفاته وأفعاله وإنما تصفيتها وتطهيرها بالكف عن الشهوات والاقتداء بالأنبياء صلوات الله وسلامه عليهم في جميع أحوالهم فبقدر ما ينجلي من القلب ويحاذي به شطر الحق يتلألأ فيه حقائقه ولا سبيل إليه إلا بالرياضة التي يأتي تفصيلها في موضعها وبالعلم والتعليم وهذه هي العلوم التي لا تسطر في الكتب ولا يتحدث بها من أنعم الله عليه بشيء منها إلا مع أهله وهو المشارك فيه على سبيل المذاكرة وبطريق الأسرار وهذا هو العلم الخفي الذي أراده صلى الله عليه وسلم بقوله إن من العلم كهيئة المكنون لا يعلمه إلا أهل المعرفة بالله تعالى فإذا نطقوا به لم يجهله إلا أهل الاغترار بالله تعالى فلا تحقروا عالما آتاه الله تعالى علما منه فإن الله عز وجل لم يحقره إذ آتاه إياه حديث إن من العلم كهيئة المكنون

الحديث رواه أبو عبد الرحمن السلمي في الأربعين له في التصوف من حديث أبي هريرة بإسناد ضعيف وأما القسم الثاني وهو علم المعاملة فهو علم أحوال القلب أما ما يحمد منها فكالصبر والشكر والخوف والرجاء والرضا والزهد والتقوى والقناعة والسخاء ومعرفة المنة لله تعالى في جميع الأحوال والإحسان وحسن الظن وحسن الخلق وحسن المعاشرة والصدق والإخلاص فمعرفة حقائق هذه الأحوال وحدودها وأسبابها التي با تكتسب وثمرتها وعلاماتها ومعالجة ما ضعف منها حتى يقوى وما زال حتى يعود من علم الآخرة

وأما ما يذم فخوف الفقر وسخط المقدور والغل والحقد والحسد والغش وطلب العلو وحب الثناء وحب طول البقاء في الدنيا للتمتع والكبر والرياء والغضب والأنفة والعداوة والبغضاء والطمع والبخل والرغبة والبذخ والأشر والبطر وتعظيم الأغنياء والاستهانة بالفقراء والفخر والخيلاء والتنافس والمباهاة والاستكبار عن الحق والخوض فيما لا يعنى وحب كثرة الكلام والصلف والتزين للخلق والمداهنة والعجب والاشتغال عن عيوب النفس بعيوب الناس وزوال الحزن من القلب وخروج الخشية منه وشدة الانتصار للنفس إذا نالها الذل وضعف الانتصار للحق واتخاذ إخوان العلانية على عداوة السر والأمن من مكر اللـه سبحانه وتعالى في سلب ما أعطى والاتكال على الطاعة والمكر والخيانة والمخادعة وطول الأمل والقسوة والفظاظة والفرح بالدنيا والأسف على فواتها والأنس بالمخلوقين والوحشة لفراقهم والجفاء والطيش والعجلة وقلة الحياء وقلة الرحمة فهذه وأمثالها من صفات القلب مغارس الفواحش ومنابت الأعمال المحظورة

وأضدادها وهي الأخلاق المحمودة منبع الطاعات والقربات فالعلم بحدود هذه الأمور وحقائقها وأسبابها وثمراتها وعلاجها هو علم الآخرة وهو فرض عين في فتوى علماء الآخرة فالمعرض عنها هالك بسطوة ملك الملوك في الآخرة كما أن المعرض عن الأعمال الظاهرة هالك بسيف سلاطين الدنيا بحكم فتوى فقهاء الدنيا فنظر الفقهاء في فروض العين بالإضافة إلى صلاح الدنيا وهذا بالإضافة إلى صلاح الآخرة ولو سئل فقيه عن معنى من هذه المعاني حتى عن الإخلاص مثلا أو عن التوكل أو عن وجه الاحتراز عن الرياء لتوقف فيه مع أنه فرض عينه الذي في إهماله هلاكه في الآخرة ولو سألته عن اللعان والظهار والسبق والرمي لسرد عليك مجلدات من التفريعات الدقيقة التي تنقضي الدهور ولا يحتاج إلى شيء منها وإن احتيج لم تخل البلد عمن يقوم بها ويكفيه مؤنة التعب فيها فلا يزال يتعب فيها ليلا ونهارا وفي حفظه ودرسه يغفل عما هو مهم في نفسه في الدين وإذا روجع فيه قال اشتغلت به لأنه علم الدين وفرض الكفاية ويلبس على نفسه وعلى غيره في تعلمه والفطن يعلم أنه لو كان غرضه أداء حق الأمر في فرض الكفاية لقدم عليه فرض العين بل قدم عليه كثيرا من فروض الكفايات فكم من بلدة ليس فيها طبيب إلا من أهل الذمة ولا يجوز قبول شهادتهم فيما يتعلق بالأطباء من أحكام الفقه ثم لا نرى أحدا يشتغل به ويتهاترون على علم الفقه لا سيما الخلافيات والجدليات والبلد مشحون من الفقهاء بمن يشتغل بالفتوى والجواب عن الوقائع فليت شعري كيف يرخص فقهاء الدين في الاشتغال بفرض كفاية قد قام به جماعة وإهمال ما لا قائم به هل لهذا سبب إلا أن الطب ليس يتيسر الوصول به إلى تولي الأوقاف والوصايا وحيازة مال الأيتام وتقلد القضاء والحكومة والتقدم به على الأقران والتسلط به على الأعداء هيهات هيهات قد اندرس علم الدين بتلبيس العلماء السوء فالله تعالى المستعان وإليه الملاذ في أن يعيذنا من هذا الغرور الذي يسخط الرحمن ويضحك الشيطان وقد كان أهل الورع

من علماء الظاهر مقرين بفضل علماء الباطن وأرباب القلوب كان الإمام الشافعي رضي اللـه عنه يجلس بين يدي شيبان الراعي كما يقعد الصبي في المكتب ويسأله كيف يفعل في كذا وكذا فيقال له مثلك يسأل هذا البدوي فيقول إن هذا وفق لما أغفلناه

وكان أحمد بن حنبل رضي اللـه عنه ويحيى بن معين يختلفان إلى معروف الكرخي ولم يكن في علم الظاهر بمنزلتهما وكانا يسألانه وكيف وقد قال رسول اللـه صلى اللـه عليه وسلم لما قيل له كيف نفعل إذا جاءنا أمر لم نجده في كتاب ولا سنة فقال صلى اللـه عليه وسلم سلوا الصالحين واجعلوه شورى بينهم

حديث قيل له كيف نفعل إذا جاء أمر لم نجده في كتاب الله ولا سنة رسوله الحديث رواه الطبراني من حديث ابن عباس وفيه عبد الله بن كيسان ضعفه الجمهور ولذلك قيل علماء الظاهر زينة الأرض والملك وعلماء الباطن زينة السماء والملكوت

وقال الجنيد رحمه الله قال لي السري شيخي يوما إذا قمت من عندي فمن تجالس قلت المحاسبي فقال نعم خذ من علمه وأدبه ودع عنك تشقيقه الكلام ورده على المتكلمين ثم لما وليت سمعته يقول جعلك الله صاحب حديث صوفيا ولا جعلك صوفيا صاحب حديث أشار إلى أن من حصل الحديث والعلم ثم تصوف أفلح ومن تصوف قبل العلم خاطر بنفسه

فإن قلت فلم لم تورد في أقسام العلوم الكلام والفلسفة وتبين أنهما مذمومان أو محمودان فاعلم أن حاصل ما يشتمل عليه علم الكلام من الأدلة التي ينتفع بها فالقرآن والأخبار مشتملة عليه وما خرج عنهما فهو إما مجادلة مذمومة وهي من البدع كما سيأتي بيانه وإما مشاغبة بالتعلق بمناقضات الفرق لها وتطويل بنقل المقالات التي أكثرها ترهات وهذيانات تزدريها الطباع وتمجها الأسماع وبعضها خوض فيما لا يتعلق بالدين ولم يكن شيء منه مألوفا في العصر الأول وكان الخوض فيه بالكلية من البدع ولكن تغير الآن حكمه إذ حدثت البدعة الصارفة عن مقتضى القرآن والسنة ونبعت جماعة لفقهوا لها شبها ورتبوا فيها كلاما مؤلفا فصار ذلك المحذور بحكم الضرورة مأذونا فيه بل صار من فروض الكفايات وهو القدر الذي يقابل به المبتدع إذا قصد الدعوة إلى البدعة وذلك إلى حد محدود سنذكره في الباب الذي يلي هذا إن شاء الله تعالى وأما الفلسفة فليست علما برأسها بل هي أربعة أجزاء

أحدها الهندسة والحساب وهما مباحان كما سبق ولا يمنع عنهما إلا من يخاف عليه أن يتجاوز بهما إلى علوم مذمومة فإن أكثر الممارسين لهما قد خرجوا منهما إلى البدع فيصان الضعيف عنهما لا لعينهما كما يصان عصبي عن شاطىء النهر خيفة عليه من الوقوع في النهر وكما يصان حديث العهد بالإسلام عن مخالطة الكفار خوفا عليه مع أن القوي لا يندب إلى مخالطتهم

الثاني المنطق وهو بحث عن وجه الدليل وشروطه ووجه الحد وشروطه وهما داخلان في علم الكلام

الثالث الإلهيات وهو بحث عن ذات الله سبحانه وتعالى وصفاته وهو داخل في الكلام أيضا والفلاسفة لم ينفردوا فيها بنمط آخر من العلم بل انفردوا بمذاهب بعضها كفر وبعضها بدعة وكما أن الاعتزال ليس علما برأسه بل أصحابه طائفة من المتكلمين وأهل البحث والنظر انفردوا بمذاهب باطلة فكذلك الفلاسفة

والرابع الطبيعيات وبعضها مخالف للشرع والدين والحق فهو جهل وليس بعلم حتى نورده في أقسام العلوم وبعضها بحث عن صفات الأجسام وخواصها وكيفية إستحالتها وتغيرها وهو شبيه بنظر الأطباء إلا أن

الطبيب ينظر في بدن الإنسان على الخصوص من حيث يمرض ويصح وهم ينظرون في جميع الأجسام من حيث تتغير وتتحرك ولكن للطب فضل عليه وهو أنه محتاج إليه

وأما علومهم في الطبيعيات فلا حاجة إليها فإذن الكلام صار من جملة الصناعات الواجبة على الكفاية حراسة لقلوب العوام عن تخيلات المبتدعة وإنما حدث ذلك بحدوث البدع كما حدثت حاجة الإنسان إلى استئجار البذرقة في طريق الحج بحدوث ظلم العرب وقطعهم الطريق ولو ترك العرب عدوانهم لم يكن استئجار الحراس من شروط طريق الحج فلذلك لو ترك المبتدع هذيانه لما افتقر إلى الزيادة على ما عهد في عصر الصحابة رضي الله عنهم فليعلم المتكلم حده من الدين وأن موقعه منه موقع الحارس في طريق الحج فإذا تجرد الحارس للحراسة لم يكن من جملة الحاج والمتكلم إذا تجرد للمناظرة والمدافعة ولم يسلك طريق الآخرة ولم يشتغل بتعهد

القلب وصلاحه لم يكن من جملة علماء الدين أصلا وليس عند المتكلم من الدين إلا العقيدة التي شاركه فيها سائر العوام وهي من جملة أعمال ظاهر القلب واللسان وإنما يتميز عن العامي بصنعة المجادلة والحراسة فأما معرفة الله تعالى وصفاته وأفعاله وجميع ما أشرنا إليه في علم المكاشفة فلايحصل من علم الكلام بل يكاد أن يكون الكلام حجابا عليه ومانعا عنه وإنما الوصول إليه بالمجاهدة التي جعلها الله سبحانه مقدمة للهداية حيث قال تعالى ﴿ والذين جاهدوا فينا لنهدينهم سبلنا وإن الله لمع المحسنين ﴾

فإن قلت فقد رددت حد المتكلم إلى حراسة عقيدة العوام عن تشويش المبتدعة كما أن حد البذرقة حراسة أقمشة الحجيج عن نهب العرب ورددت حد الفقيه إلى حفظ القانون الذي به يكف السلطان شر بعض أهل العدوان عن بعض وهاتان رتبتان نازلتان بالإضافة إلى علم الدين وعلماء الأمة المشهورون بالفضل هم الفقهاء والمتكلمون وهم أفضل الخلق عند الله تعالى فكيف تنزل درجاتهم إلى هذه المنزلة السافلة بالإضافة إلى علم الدين فاعلم أن من عرف الحق بالرجال حار في متاهات الضلال فاعرف الحق تعرف أهله إن كنت سالكا طريق الحق وإن قنعت بالتقليد والنظر إلى ما اشتهر من درجات الفضل بين الناس فلا تغفل عن الصحابة وعلو منصبهم فقد أجمع الذين عرضت بذكرهم على تقدمهم وأنهم لا يدرك في الدين شأوهم ولا يشق غبارهم ولم يكن تقدمهم بالكلام والفقه بل بعلم الآخرة وسلوك طريقها وما فضل أبو بكر رضي الله عنه الناس بكثرة صيام ولا صلاة ولا بكثرة رواية ولا فتوى ولا كلام ولكن بشيء وقر في صدره حديث ما فضل أبو بكر الناس بكثرة صلاة ولا كثرة صيام الحديث أخرجه الترمذي الحكيم في النوادر من قول أبي بكر بن عبد الله المزني ولم أجده مرفوعا كما شهد له سيد المرسلين صلى الله عليه وسلم فليكن حرصك في طلب ذلك السر فهو الجوهر النفيس والدر المكنون ودع عنك ما تطابق أكثر الناس عليه وعلى تفخيمه وتعظيمه لأسباب ودواع يطول تفصيلها فلقد قبض رسول الله صلى الله عليه وسلم عن آلاف من الصحابة رضي الله عنهم كلهم علماء بالله أثنى عليهم رسول الله صلى الله عليه وسلم ولم يكن فيهم أحد يحسن صنعة الكلام ولا نصب نفسه للفتيا منهم أحد إلا بضعة عشر رجلا ولقد كان ابن عمر رضي الله عنهما منهم وكان إذا سئل عن الفتيا يقول للسائل اذهب إلى فلان الأمير الذي تقلد أمور الناس وضعها في عنقه إشارة إلى أن الفتيا في القضايا والأحكام من توابع الولاية والسلطنة ولما مات عمر رضي الله عنه قال ابن مسعود مات تسعة أعشار العلم فقيل له أتقول ذلك وفينا جلة الصحابة فقال لم أرد علم الفتيا والأحكام إنما أريد العلم بالله تعالى أفترى أنه أراد صنعة الكلام والجدل فما بالك لا تحرص على معرفة ذلك العلم الذي مات بموت عمر تسعة أعشاره وهو الذي سد باب الكلام والجدل وضرب ضبيعا بالدرة لما أورد عليه سؤالا في تعارض آيتين في كتاب الله وهجره وأمر الناس بهجره وأما قولك إن المشهورين من العلماء هم الفقهاء والمتكلمون فاعلم أن ما ينال به الفضل عند الله شيء وما ينال به الشهرة عند الناس شيء

آخر فلقد كان شهرة أبي بكر الصديق رضي الـلـه عنه بالخلافة وكان فضله بالسر الذي وقر في قلبه وكان شهرة عمر رضي الـلـه عنه بالسياسة وكان فضله بالعلم بالله الذي مات تسعة أعشاره بموته وبقصده التقرب إلى الـلـه عز وجل في ولايته وعدله وشفقته على خلقه وهو أمر باطن في سره فأما سائر أفعاله الظاهرة فيتصور صدورها من طالب الجاه والاسم والسمعة والراغب في الشهرة فتكون الشهرة فيما هو المهلك والفضل فيما هو سر لا يطلع عليه أحد فالفقهاء والمتكلمون مثل الخلفاء والقضاء والعلماء وقد انقسموا فمنهم من أراد الـلـه سبحانه بعلمه وفتواه وذبه عن

سنة نبيه ولم يطلب به رياء ولا سمعة فأولئك أهل رضوان اللـه تعالى وفضلهم عند اللـه لعملهم بعلمهم ولإرادتهم وجه اللـه سبحانه بفتواهم ونظرهم فإن كل علم عمل فإنه فعل مكتسب وليس كل عمل علما والطبيب يقدر على التقرب إلى اللـه تعالى بعلمه فيكون مثابا على علمه من حيث إنه عامل لله سبحانه وتعالى به والسلطان يتوسط بين الخلق لله فيكون مرضيا عند اللـه سبحانه ومثابا لا من حيث إنه متكفل بعلم الدين بل من حيث هو متقلد بعمل يقصد به التقرب إلى اللـه عز وجل بعلمه

وأقسام ما يتقرب به إلى اللـه تعالى ثلاثة علم مجرد وهو علم المكاشفة وعمل مجرد وهو كعدل السلطان مثلا وضبطه للناس ومركب من عمل وعلم وهو علم طريق الآخرة فإن صاحبه من العلماء والعمال جميعا فانظر إلى نفسك أتكون يوم القيامة في حزب علماء اللـه وأعمال اللـه تعالى أوفى حزبيهما فتضرب بسهمك مع كل فريق منهما فهذا أهم عليك من التقليد لمجرد الاشتهار كما قيل

خذ ما تراه ودع شيئا سمعت به

في طلعة الشمس ما يغنيك عن زحل

على أنا سننقل من سيرة فقهاء السلف ما تعلم به أن الذين انتحلوا مذاهبهم ظلموهم وأنهم من أشد خصمائهم يوم القيامة فإنهم ما قصدوا بالعلم إلا وجه اللـه تعالى وقد شوهد من أحوالهم ما هو من علامات علماء الآخرة كما سيأتي بيانه في باب علامات علماء الآخرة فإنهم ما كانوا متجردين لعلم الفقه بل كانوا مشتغلين بعلم القلوب ومراقبين لها ولكن صرفهم عن التدريس والتصنيف فيه ما صرف الصحابة عن التصنيف والتدريس في الفقه مع أنهم كانوا فقهاء مستقلين بعلم الفتوى والصوارف والدواعي متيقنة ولا حاجة إلى ذكرها

ونحن الآن نذكر من أحوال فقهاء الإسلام ما تعلم به أن ما ذكرناه ليس طعنا فيهم بل هو طعن فيمن أظهر الاقتداء بهم منتحلا مذاهبهم وهو مخالف لهم في أعمالهم وسيرهم فالفقهاء الذين هم زعماء الفقه وقادة الخلق أعني الذين كثر أتباعهم في المذاهب خمسة الشافعي ومالك وأحمد بن حنبل وأبو حنيفة وسفيان الثوري رحمهم اللـه تعالى

وكل واحد منهم كان عابدا وزاهدا وعالما بعلوم الآخرة وفقيها في مصالح الخلق في الدنيا ومريدا بفقهه وجه اللـه تعالى فهذه خمس خصال اتبعهم فقهاء العصر من جملتها على خصلة واحدة وهي التشمير والمبالغة في تفاريع الفقه لأن الخصال الأربع

لا تصلح إلا للآخرة وهذه الخصلة الواحدة تصلح للدنيا والآخرة إن أريد بها الآخرة قل صلاحها للدنيا شمروا لها وادعوا بها مشابهة أولئك الأئمة وهيهات أن تقاس الملائكة بالحدادين فلنورد الآن من أحوالهم ما يدل على هذه الخصال الأربع فإن معرفتهم بالفقه ظاهرة

أما الإمام الشافعي رحمه الله فيدل على أنه كان عابدا ما روي أنه كان يقسم الليل ثلاثة أجزاء ثلثا للعلم وثلثا للعبادة وثلثا للنوم قال الربيع كان الشافعي رحمه الله يختم القرآن في رمضان ستين مرة كل ذلك في الصلاة وكان البويطي أحد أصحابه يختم القرآن في رمضان في كل يوم مرة وقال الحسن الكرابيسي بت مع الشافعي غير ليلة فكان يصلي نحوا من ثلث الليل فما رأيته يزيد على خمسين آية فإذا أكثر فمائة آية وكان لا يمر بآية رحمة إلا سأل الله لنفسه ولجميع المسلمين والمؤمنين ولا يمر بآية عذاب إلا تعوذ فيها وسأل النجاة لنفسه وللمؤمنين وكأنما جمع له الرجاء والخوف معا فانظر كيف يدل اقتصاره على خمسين آية على تبحره في أسرار القرآن وتدبره فيها وقال الشافعي رحمه الله ما شبعت منذ ست عشرة سنة لأن الشبع يثقل البدن ويقسي القلب ويزيل الفطنة ويجلب النوم ويضعف صاحبه عن العبادة فانظر إلى حكمته في ذكر آفات الشبع ثم في جده في العبادة إذ طرح الشبع لأجلها ورأس التعبد تقليل الطعام وقال الشافعي رحمه الله ما حلفت بالله تعالى لا صادقا ولا كاذبا قط فانظر

إلى حرمته وتوقيره لله تعالى ودلالة ذلك على علمه بجلال الـلـه سبحانه

وسئل الشافعي رضي الـلـه عنه عن مسئلة فسكت فقيل له ألا تجيب رحمك الـلـه فقال حتى أدري الفضل في سكوتي أو في جوابي فانظر في مراقبته للسانه مع أنه أشد الأعضاء تسلطا على الفقهاء وأعصاها على الضبط والقهر وبه يستبين أنه كان لا يتكلم ولا يسكت لا لنيل الفضل وطلب الثواب

وقال أحمد بن يحيى بن الوزير خرج الشافعي رحمه الـلـه تعالى يوما من سوق القناديل فتبعناه فإذا رجل يسفه على رجل من أهل العلم فالتفت الشافعي إلينا وقال نزهوا أسماعكم عن استماع الخنا كما تنزهون ألسنتكم عن النطق به فإن المستمع شريك القائل وإن السفيه لينظر إلى أخبث شيء في إنائه فيحرص أن يفرغه في أوعيتكم ولو ردت كلمة السفيه لسعد رادها كما شقي بها قائلها

وقال الشافعي رضي الـلـه عنه كتب حكيم إلى حكيم قد أوتيت علما فلا تدنس علمك بظلمة الذنوب فتبقى في الظلمة يوم يسعى أهل العلم بنور علمهم

وأما زهده رضي الـلـه عنه فقد قال الشافعي رحمه الـلـه من ادعى أنه جمع بين حب الدنيا وحب خالقها في قلبه فقد كذب

وقال الحميدي خرج الشافعي رحمه الـلـه إلى اليمن مع بعض الولاة فانصرف إلى مكة بعشرة آلاف درهم فضرب له خباء في موضع خارجا من مكة فكان الناس يأتونه فما برح من موضعه ذلك حتى فرقها كلها وخرج من الحمام مرة فأعطى الحمامي مالا كثيرا وسقط سوطه من يده مرة فرفعه إنسان إليه فأعطاه جزاء عليه خمسين دينارا

وسخاوة الشافعي رحمه الـلـه أشهر من أن تحكى ورأس الزهد السخاء لأن من أحب شيئا أمسكه ولم يفارق المال إلا من صغرت الدنيا في عينه وهو معنى الزهد

ويدل على قوة زهده وشدة خوفه من الـلـه تعالى واشتغال همته بالآخرة ما روي أنه روى سفيان بن عيينة حديثا في الرقائق فغشي على الشافعي فقيل له قد مات فقال إن مات فقد مات أفضل زمانه

وما روى عبد الـلـه بن محمد البلوي قال كنت أنا وعمر بن نباتة جلوسا نتذاكر العباد والزهاد فقال لي عمر ما رأيت أورع ولا أفصح من محمد بن إدريس الشافعي رضي الـلـه عنه خرجت أنا وهو والحارث بن لبيد إلى الصفا وكان الحارث تلميذ الصالح المري فافتتح يقرأ وكان حسن الصوت فقرأ هذه الآية عليه ﴿ هذا يوم لا ينطقون ولا يؤذن لهم فيعتذرون ﴾ فرأيت الشافعي رحمه الـلـه وقد تغير لونه واقشعر جلده واضطرب اضطرابا شديدا وخر مغشيا عليه فلما أفاق جعل يقول أعوذ بك من مقام الكاذبين وإعراض الغافلين اللهم

لك خضعت قلوب العارفين وذلت لك رقاب المشتاقين إلهي هب لي جودك وجللني بسترك واعف عن تقصيري بكرم وجهك

قال ثم مشى وانصرفنا فلما دخلت بغداد وكان هو بالعراق فقعدت على الشط أتوضأ للصلاة إذ مر بي رجل فقال لي يا غلام أحسن وضوءك أحسن الله إليك في الدنيا والآخرة فالتفت فإذا أنا برجل يتبعه جماعة فأسرعت في وضوئي وجعلت أقفو أثره فالتفت إلي فقال هل لك من حاجة فقلت نعم تعلمني مما علمك الله شيئا فقال لي اعلم أن من صدق الله نجا ومن أشفق على دينه سلم من الردى ومن زهد في الدنيا قرت عيناه مما يراه من ثواب الله تعالى غدا أفلا أزيدك قلت نعم قال من كان فيه ثلاث خصال فقد استكمل الإيمان من أمر بالمعروف وائتمر ونهى عن المنكر وانتهى وحافظ على حدود الله تعالى ألا أزيدك قلت بلى فقال كن في الدنيا زاهدا وفي الآخرة راغبا واصدق الله تعالى في جميع أمورك تنج مع الناجين ثم مضى فسألت من هذا فقالوا هو الشافعي فانظر إلى سقوطه مغشيا عليه ثم إلى وعظه كيف يدل ذلك على زهده وغاية خوفه ولا يحصل هذا الخوف والزهد إلا من معرفة الله عز وجل فإنه ﴿ إنما يخشى الله من عباده العلماء ﴾ ولم يستفد الشافعي رحمه الله هذا الخوف والزهد من علم كتاب السلم والإجارة وسائر كتب الفقه بل هو من علوم الآخرة المستخرجة من القرآن والأخبار

إذ حكم الأولين والآخرين مودعة فيهما

وأما كونه عالما بأسرار القلب وعلوم الآخرة فتعرفه من الحكم المأثورة عنه روي أنه سئل عن الرياء فقال على البديهة الرياء فتنة عقدها الهوى حيال أبصار قلوب العلماء فنظروا إليها بسوء اختيار النفوس فأحبطت أعمالهم

وقال الشافعي رحمه الله تعالى إذا أنت خفت على عملك العجب فانظر رضا من تطلب وفي أي ثواب ترغب ومن أي عقاب ترهب وأي عافية تشكر وأي بلاء تذكر فإنك إذا تفكرت في واحد من هذه الخصال صغر في عينك عملك فانظر كيف ذكر حقيقة الرياء وعلاج العجب وهما من كبار آفات القلب وقال الشافعي رضي الله عنه من لم يصن نفسه لم ينفعه علمه وقال رحمه الله من أطاع الله تعالى بالعلم نفعه سره

وقال ما من أحد إلا له محب ومبغض فإذا كان كذلك فكن مع أهل طاعة الله عز وجل وروي أن عبد القاهر بن عبد العزيز كان رجلا صالحا ورعا وكان يسأل الشافعي رضي الله عنه عن مسائل في الورع والشافعي رحمه الله يقبل عليه لورعه وقال للشافعي يوما أيما أفضل الصبر أو المحنة أو التمكين فقال الشافعي رحمه الله التمكين درجة الأنبياء ولا يكون التمكين إلا بعد المحنة فإذا امتحن صبر وإذا صبر مكن ألا ترى أن الله عز وجل امتحن إبراهيم عليه السلام ثم مكنه وامتحن موسى عليه السلام ثم مكنه وامتحن أيوب عليه السلام ثم مكنه وامتحن سليمان عليه السلام ثم مكنه وآتاه ملكا والتمكين أفضل الدرجات قال الله عز وجل ﴿ وكذلك مكنا ليوسف في الأرض ﴾ وأيوب عليه السلام بعد المحنة العظيمة مكن قال الله تعالى وآتيناه أهله ومثلهم معهم الآية فهذا الكلام من الشافعي رحمه الله يدل على تبحره في أسرار القرآن واطلاعه على مقامات السائرين إلى الله تعالى من الأنبياء والأولياء وكل ذلك من علوم الآخرة

وقيل للشافعي رحمه الله متى يكون الرجل عالما قال إذا تحقق في علم الدين فعلمه وتعرض لسائر العلوم فنظر فيما فاته فعند ذلك يكون عالما فإنه قيل لجالينوس إنك تأمر للداء الواحد بالأدوية الكثيرة المجمعة فقال إنما المقصود منها واحد وإنما يجعل معه غيره لتسكن حدته لأن الإفراد قاتل فهذا وأمثاله مما لا يحصى يدل على علو رتبته في معرفة الله تعالى وعلوم الآخرة

وأما إرادته بالفقه والمناظرة فيه وجه الله تعالى فيدل عليه ما روي عنه قال وددت أن الناس انتفعوا بهذا العلم وما نسب إلي شيء منه فانظر كيف اطلع على آفة العلم وطلب الاسم له وكيف كان منزه القلب عن الالتفات إليه مجرد النية فيه لوجه الله تعالى

وقال الشافعي رضي الله عنه ما ناظرت أحدا قط فأحببت أن يخطىء

وقال ما كلمت أحدا قط إلا أحببت أن يوفق ويسدد ويعان ويكون عليه رعاية من اللـه تعالى وحفظ وما كلمت أحدا قط وأنا أبالي أن يبين اللـه الحق على لساني أو على لسانه وقال ما أوردت الحق والحجة على أحد فقبلها مني إلا هبته واعتقدت محبته ولا كابرني أحد على الحق ودافع الحجة إلا سقط من عيني ورفضته فهذه العلامات هي التي تدل على إرادة اللـه تعالى بالفقه والمناظرة فانظر كيف تابعه الناس من جملة هذه الخصال الخمس على خصلة واحدة فقط ثم كيف خالفوه فيها أيضا ولهذا قال أبو ثور رحمه اللـه ما رأيت ولا رأى الراءون مثل الشافعي رحمه اللـه تعالى

وقال أحمد بن حنبل رضي اللـه عنه ما صليت صلاة منذ أربعين سنة إلا وأنا أدعو للشافعي رحمه اللـه تعالى فانظر إلى إنصاف الداعي وإلى درجة المدعو له وقس به الأقران والأمثال من العلماء في هذه الأعصار وما بينهم من المشاحنة والبغضاء لتعلم تقصيرهم في دعوى الاقتداء بهؤلاء ولكثرة دعائه له قال له ابنه أي رجل كان الشافعي حتى تدعو له كل هذا الدعاء فقال أحمد يا بني كان الشافعي رحمه اللـه تعالى كالشمس للدنيا وكالعافية للناس فانظر هل لهذين من خلف وكان أحمد رحمه اللـه يقول ما مس أحد بيده محبرة إلا وللشافعي رحمه اللـه في عنقه منة

وقال يحيى بن سعيد القطان

ما صليت صلاة منذ أربعين سنة إلا وأنا أدعو فيها للشافعي لما فتح الله عز وجل عليه من العلم ووفقه للسداد فيه

ولنقتصر على هذه النبذة من أحواله فإن ذلك خارج عن الحصر وأكثر هذه المناقب نقلناه من الكتاب الذي صنفه الشيخ نصر بن إبراهيم المقدسي رحمه الله تعالى في مناقب الشافعي رضي الله عنه وعن جميع المسلمين

وأما الإمام مالك رضي الله عنه فإنه كان أيضا متحليا بهذه الخصال الخمس فإنه قيل له ما تقول يا مالك في طلب العلم فقال حسن جميل ولكن انظر إلى الذي يلزمك من حين تصبح إلى حين تمسي فالزمه وكان رحمه الله تعالى في تعظيم علم الدين مبالغا حتى كان إذا أراد أن يحدث توضأ وجلس على صدر فراشه وسرح لحيته واستعمل الطيب وتمكن من الجلوس على وقار وهيبة ثم حدث فقيل له في ذلك فقال أحب أن أعظم حديث رسول الله صلى الله عليه وسلم

وقال مالك العلم نور يجعله الله حيث يشاء وليس بكثرة الرواية وهذا الاحترام والتوقير يدل على قوة معرفته بجلال الله تعالى وأما إرادته وجه الله تعالى بالعلم فيدل عليه قوله الجدال في الدين ليس بشيء ويدل عليه قول الشافعي رحمه الله إني شهدت مالكا وقد سئل عن ثمان وأربعين مسئلة فقال في اثنتين وثلاثين منها لا أدري

ومن يرد غير وجه الله تعالى بعلمه فلا تسمح نفسه بأن يقر على نفسه بأنه لا يدري ولذلك قال الشافعي رضي الله عنه إذا ذكر العلماء فمالك النجم الثاقب وما أحد أمن علي من مالك

وروي أن أبا جعفر المنصور منعه من رواية الحديث في طلاق المكره ثم دس عليه من يسأله فروى على ملأ من الناس ليس على مستكره طلاق فضربه بالسياط ولم يترك رواية الحديث

وقال مالك رحمه الله ما كان رجل صادقا في حديثه ولا يكذب إلا متع بعقله ولم يصبه مع الهرم آفة ولا خرف

وأما زهده في الدنيا فيدل عليه ما روي أن المهدي أمير المؤمنين سأله فقال له هل لك من دار فقال لا ولكن أحدثك سمعت ربيعة بن أبي عبد الرحمن يقول نسب المرء داره وسأله الرشيد هل لك دار فقال لا فأعطاه ثلاثة آلاف دينار وقال اشتر بها دارا فأخذها ولم ينفقها فلما أراد الرشيد الشخوص قال لمالك رحمه الله ينبغي أن تخرج معنا فإني عزمت على أن أحمل الناس على الموطأ كما حمل عثمان رضي الله عنه الناس على القرآن فقال له أما حمل الناس على الموطأ فليس إليه سبيل لأن أصحاب رسول الله صلى الله عليه وسلم افترقوا بعده في الأمصار فحدثوا فعند كل أهل مصر علم وقد قال صلى الله عليه وسلم اختلاف أمتي رحمة حديث اختلاف أمتي رحمة ذكره البيهقي في رسالته الأشعرية تعليقا وأسنده في المدخل من حديث ابن عباس بلفظ اختلاف أصحابي

لكم رحمة وإسناده ضعيف وأما الخروج معك فلا سبيل إليه قال رسول الله صلى الله عليه وسلم المدينة خير لهم لو كانوا يعلمون حديث المدينة خير لهم لو كانوا يعلمون متفق عليه من حديث سفيان ابن أبي زهير وقال صلى الله عليه وسلم المدينة تنفي خبثها كما ينفي الكير خبث الحديد حديث المدينة تنفي خبثها الحديث متفق عليه من حديث أبي هريرة وهذه دنانيركم كما هي إن شئتم فخذوها وإن شئتم فدعوها يعني أنك إنما تكلفني مفارقة المدينة لما اصطنعته إلي فلا أوثر الدنيا على مدينة رسول الله صلى الله عليه وسلم فهكذا كان زهد مالك في الدنيا ولما حملت إليه الأموال الكثيرة من أطراف الدنيا لانتشار علمه وأصحابه كان يفرقها في وجوه الخير ودل سخاؤه على زهده وقلة حبه للدنيا وليس الزهد فقد المال وإنما الزهد فراغ القلب عنه ولقد كان سليمان عليه السلام في ملكه من الزهاد

ويدل على احتقاره للدنيا ما روي عن الشافعي رحمه الله أنه قال رأيت على باب مالك كراعا من أفراس خراسان ويقال مصر ما رأيت أحسن منه فقلت لمالك رحمه الله ما أحسنه فقال هو هدية مني إليك يا أبا عبد الله فقلت دع لنفسك منها دابة تركبها

فقال إني أستحي من الله تعالى أن أطأ تربة فيها نبي الله صلى الله عليه وسلم بحافر دابة فانظر إلى سخائه إذ وهب جميع ذلك دفعة واحدة وإلى توقيره لتربة المدينة

ويدل على إرادته بالعلم وجه الله تعالى واستحقار للدنيا ما روي أنه قال دخلت على هارون الرشيد فقال لي يا أبا عبد الله ينبغي أن تختلف إلينا حتى يسمع صبياننا منك الموطأ قال فقلت أعز الله مولانا الأمير إن هذا العلم منكم خرج فإن أنتم أعززتموه عز وإن أنتم أذللتموه ذل والعلم يؤتى ولا يأتي فقال صدقت اخرجوا إلى المسجد حتى تسمعوا مع الناس

وأما أبو حنيفة رحمه الله تعالى فلقد كان أيضا عابدا زاهدا بالله تعالى خائفا منه مريدا وجه الله تعالى بعلمه فأما كونه عابدا فيعرف بما روي عن ابن المبارك أنه قال كان أبو حنيفة رحمه الله له مروءة وكثرة صلاة

وروى حماد بن أبي سليمان أنه كان يحيي الليل كله

وروي أنه كان يحيي نصف الليل فمر يوما في طريق فأشار إليه إنسان وهو يمشي فقال لآخر هذا هو الذي يحيي الليل كله فلم يزل بعد ذلك يحيى الليل كله وقال أنا أستحي من الله سبحانهأن أوصف بما ليس في من عبادته

وأما زهده فقد روي عن الربيع بن عاصم قال أرسلني يزيد بن عمر بن هبيرة فقدمت بأبي حنيفة عليه فأراده أن يكون حاكما على بيت المال فأبى فضربه عشرين سوطا

فانظر كيف هرب من الولاية واحتمل العذاب قال الحكم بن هشام الثقفي حدثت بالشام حديثا في أبي حنيفة أنه كان من أعظم الناس أمانة وأراده السلطان على أن يتولى مفاتيح خزائنه أو يضرب ظهره فاختار عذابهم له على عذاب الله تعالى

وروى أنه ذكر أبو حنيفة عند ابن المبارك فقال أتذكرون رجلا عرضت عليه الدنيا بحذافيرها ففر منها

وروي عن محمد بن شجاع عن بعض أصحابه أنه قيل لأبي حنيفة قد أمر لك أمير المؤمنين أبو جعفر المنصور بعشرة آلاف درهم قال فما رضي أبو حنيفة قال فلما كان اليوم الذي توقع أن يؤتى بالمال فيه صلى الصبح ثم تغشى بثوبه فلم يتكلم فجاء رسول الحسن بن قحطبة بالمال فدخل عليه فلم يكلمه فقال بعض من حضر ما يكلمنا إلا بالكلمة بعد الكلمة أي هذه عادته فقال ضعوا المال في هذا الجراب في زاوية البيت ثم أوصى أبو حنيفة بعد ذلك بمتاع بيته وقال لابنه إذا مت ودفنتموني فخذ هذه البدرة واذهب بها إلى الحسن ابن قحطبة فقل له خذ وديعتك التي أودعتها أبا حنيفة

قال ابنه ففعلت ذلك فقال الحسن رحمة الله على أبيك فلقد كان شحيحا على دينه

وروي أنه دعي إلى ولاية القضاء فقال أنا لا أصلح لهذا فقيل له لم فقال إن كنت صادقا فما أصلح لها وإن كنت كاذبا فالكاذب لا يصلح للقضاء

وأما علمه بطريق الآخرة وطريق أمور الدين ومعرفته بالله عز وجل فيدل عليه شدة خوفه من الله تعالى وزهده في الدنيا وقد قال ابن جريج قد بلغني عن كوفيكم هذا النعمان بن ثابت أنه شديد الخوف لله تعالى وقال شريك النخعي كان أبو حنيفة طويل الصمت دائم الفكر قليل المحادثة للناس فهذا من أوضح الأمارات على العلم الباطني والاشتغال بمهمات الدين فمن أوتي الصمت والزهد فقد أوتي العلم كله فهذه نبذة من أحوال الأئمة الثلاثة

وأما الإمام أحمد بن حنبل وسفيان الثوري رحمهما الله تعالى فأتباعهما أقل من أتباع هؤلاء وسفيان أقل أتباعا من أحمد ولكن اشتهارهما بالورع والزهد أظهر وجميع هذا الكتاب مشحون بحكايات أفعالهما وأقوالهما فلا حاجة إلى التفصيل الآن فانظر الآن في غير هؤلاء الأئمة الثلاثة وتأمل أن هذه الأحوال والأقوال والأفعال في الإعراض عن الدنيا والتجرد لله عز وجل هل يثمرها مجرد العلم بفروع الفقه من معرفة السلم والإجارة والظهار والإيلاء واللعان أو يثمرها علم آخر أعلى وأشرف منه وانظر إلى الذين ادعوا الاقتداء بهؤلاء أصدقوا في دعواهم أم لا

الباب الثالث فيما يعده العامة من العلوم المحمودة وليس منها وفيه

بيان الوجه الذي قد يكون به بعض العلوم مذموما وبيان تبديل أسامي العلوم وهو الفقه والعلم والتوحيد والتذكير والحكمة وبيان القدر المحمود من العلوم الشرعية والقدر المذموم منها

بيان علة ذم العلم المذموم لعلك تقول العلم هو معرفة الشيء على ما هو به وهو من صفات الله تعالى فكيف يكون الشيء علما ويكون مع كونه علما مذموما فاعلم أن العلم لا يذم لعينه وإنما يذم في حق العباد لأحد أسباب ثلاثة

الأول أن يكون مؤديا إلى ضرر ما إما لصاحبه أو لغيره كما يذم علم السحر والطلسمات وهو حق إذ شهد القرآن له وأنه سبب يتوصل به إلى التفرقة بين الزوجين وقد سحر حديث سحر رسول الله صلى الله عليه وسلم متفق عليه من حديث عائشة رسول الله صلى الله عليه وسلم ومرض بسببه حتى أخبره جبريل عليه السلام بذلك وأخرج السحر من تحت حجر في قعر بئر وهو نوع يستفاد من العلم بخواص الجواهر وبأمور حسابية في مطالع النجوم فيتخذ من تلك الجواهر هيكل على صورة الشخص المسحور ويرصد به وقت مخصوص من المطالع وتقرن به كلمات يتلفظ بها من الكفر والفحش المخالف للشرع ويتوصل بسببها إلى الاستعانة بالشياطين ويحصل من مجموع ذلك بحكم إجراء الله تعالى العادة أحوال غريبة في الشخص المسحور ومعرفة هذه الأسباب من حيث إنها معرفة ليست بمذمومة ولكنها ليست تصلح إلا للإضرار بالخلق والوسيلة إلى الشر شر فكان ذلك هو السبب في كونه علما مذموما بل من اتبع وليا من أولياء الله ليقتله وقد اختفى منه في موضع حريز إذا سأل الظالم عن محله لم يجز تنبيهه عليه بل وجب الكذب فيه وذكر موضعه إرشاد وإفادة علم بالشيء على ما هو عليه ولكنه مذموم لأدائه إلى الضرر

الثاني أن يكون مضرا بصاحبه في غالب الأمر كعلم النجوم فإنه في نفسه غير مذموم لذاته إذ هو قسمان قسم حسابي وقد نطق القرآن بأن مسير الشمس والقمر محسوب إذ قال عز وجل ﴿ الشمس والقمر بحسبان ﴾ وقال عز وجل ﴿ والقمر قدرناه منازل حتى عاد كالعرجون القديم ﴾ والثاني الأحكام وحاصله يرجع إلى الاستدلال على الحوادث بالأسباب وهو يضاهي استدلال الطبيب بالنبض على ما سيحدث من المرض وهو معرفة لمجاري سنة الله تعالى وعادته في خلقه ولكن قد ذمه الشرع

قال صلى الله عليه وسلم إذا ذكر القدر فأمسكوا وإذا ذكرت النجوم فأمسكوا وإذا ذكر أصحابي فأمسكوا حديث إذا ذكر القدر فأمسكوا الحديث رواه الطبراني من حديث ابن مسعود بإسناد حسن

وقال صلى الله عليه وسلم أخاف على أمتي بعدي ثلاثا حيف الأئمة والإيمان بالنجوم والتكذيب بالقدر حديث أخاف على أمتي بعدي ثلاثا حيف الأئمة الحديث أخرجه ابن عبد البر من حديث أبي محجن بإسناد ضعيف

وقال عمر بن الخطاب رضي اللـه عنه تعلموا من النجوم ما تهتدون به في البر والبحر ثم أمسكوا وإنما زجر عنه من ثلاثة أوجه أحدها أنه مضر بأكثر الخلق فإنه إذا ألقى إليهم أن هذه الآثار تحدث عقيب سير الكواكب وقع في نفوسهم أن الكواكب هي المؤثرة وأنها الآلهة المدبرة لأنها جواهر شريفة سماوية ويعظم وقعها في القلوب فيبقى القلب ملتفتا إليها ويرى الخير والشر محذورا أو مرجوا من جهتها

وينمحي ذكر الله سبحانه عن القلب فإنه الضعيف يقصر نظره على الوسائط والعالم الراسخ هو الذي يطلع على أن الشمس والقمر والنجوم مسخرات بأمره سبحانه وتعالى ومثال نظر الضعيف إلى حصول ضوء الشمس عقيب طلوع الشمس مثال النملة لو خلق لها عقل وكانت على سطح قرطاس وهي تنظر إلى سواد الخط يتجدد فتعتقد أنه فعل القلم ولا تترقى في نظرها إلى مشاهدة الأصابع ثم منها إلى اليد ثم منها إلى الإرادة المحركة اليد ثم منها إلى الكاتب القادر المريد ثم منه إلى خالق اليد والقدرة والإرادة فأكثر نظر الخلق مقصور على الأسباب القريبة السافلة مقطوع من الترقي إلى مسبب الأسباب فهذا أحد أسباب النهي عن النجوم

وثانيها أن أحكام النجوم تخمين محض ليس يدرك في حق آحاد الأشخاص لا يقينا ولا ظنا فالحكم به حكم بجهل فيكون ذمه على هذا من حيث إنه جهل لا من حيث إنه علم فلقد كان ذلك معجزة لإدريس عليه السلام فيما يحكى وقد اندرس وانمحى ذلك العلم وانمحق وما يتفق من إصابة المنجم على ندور فهو اتفاق لأنه قد يطلع على بعض الأسباب ولا يحصل المسبب عقيبها إلا بعد شروط كثيرة ليس في قدرة البشر الاطلاع على حقائقها فإن اتفق أن قدر الله تعالى بقية الأسباب وقعت الإصابة وإن لم يقدر أخطأ ويكون ذلك كتخمين الإنسان في أن السماء تمطر اليوم مهما رأى الغيم يجتمع وينبعث من الجبال فيتحرك ظنه بذلك وربما يحمى النهار بالشمس ويذهب الغيم وربما يكون بخلافه ومجرد الغيم ليس كافيا في مجيء المطر وبقية الأسباب لا تدرى وكذلك تخمين الملاح أن السفينة تسلم اعتمادا على ما ألفه من العادة في الرياح ولتلك الرياح أسباب خفية هو لا يطلع عليها فتارة يصيب في تخمينه وتارة يخطىء ولهذه العلة يمنع القول عن النجوم أيضا

وثالثها أنه لا فائدة فيه فأقل أحواله أنه خوض في فضول لا يغني وتضييع العمر الذي هو أنفس بضاعة الإنسان في غير فائدة وذلك غاية الخسران فقد مر رسول الله صلى الله عليه وسلم برجل والناس مجتمعون عليه فقال ما هذا فقالوا رجل علامة فقال بماذا قالوا بالشعر وأنساب العرب فقال علم لا ينفع وجهل لا يضر حديث مر رسول الله صلى الله عليه وسلم برجل والناس مجتمعون فقال ما هذا فقالوا رجل علامة الحديث أخرجه ابن عبد البر من حديث أبي هريرة وضعفه وفي آخر الحديث إنما العلم آية محكمة إلى آخره وهذه القطعة عند أبي داود وابن ماجه من حديث عبد الله بن عمرو وقال صلى الله عليه وسلم إنما العلم آية محكمة أو سنة قائمة أو فريضة عادلة فإذن الخوض في النجوم وما يشبهه اقتحام خطر وخوض في جهالة من غير فائدة فإن ما قدر كائن والاحتراز منه غير ممكن بخلاف الطب فإن الحاجة ماسة إليه وأكثر أدلته بما يطلع عليه وبخلاف التعبير وإن كان تخمينا لأنه جزء من ستة وأربعين جزءا من النبوة ولا خطر فيه

السبب الثالث الخوض في علم لا يستفيد الخائض فيه فائدة علم فهو مذموم في حقه كتعلم دقيق العلوم قبل جليلها وخفيها قبل جليها وكالبحث عن الأسرار الإلهية إذ يطلع الفلاسفة والمتكلمون إليها ولم يستقلوا بها ولم يستقل بها وبالوقوف على طرق بعضها إلا الأنبياء والأولياء فيجب كف الناس عن البحث عنها وردهم إلى ما نطق به الشرع ففي ذلك مقنع للموفق فكم من شخص خاض في العلوم واستضر بها ولو لم يخض فيها لكان حاله أحسن في الدين مما صار إليه ولا ينكر كون العلم ضارا لبعض الناس كما يضر لحم الطير وأنواع الحلوى اللطيفة بالصبي الرضيع بل رب شخص ينفعه الجهل ببعض الأمور فلقد حكي أن بعض الناس شكا إلى طبيب عقم امرأته وأنها لا تلد فجس الطبيب نبضها وقال لا حاجة لك إلى دواء الولادة فإنك ستموتين إلى

أربعين يوما وقد دل النبض عليه فاستشعرت المرأة الخوف العظيم وتنغص عليها عيشها وأخرجت أموالها وفرقتها وأوصت وبقيت لا تأكل ولا تشرب حتى انقضت المدة فلم تمت فجاء زوجها إلى الطبيب وقال له لم تمت فقال الطبيب قد علمت ذلك فجامعها الآن فإنها تلد فقال كيف ذاك قال رأيتها سمينة وقد انعقد الشحم على فم رحمها فعلمت أنها لا تهزل إلا بخوف الموت فخوفتها بذلك حتى هزلت وزال المانع من الولادة فهذا ينبهك على استشعار خطر بعض العلوم ويفهمك معنى قوله صلى الله عليه وسلم نعوذ بالله من علم لا ينفع حديث نعوذ بالله من علم لا ينفع أخرجه ابن عبد البر من حديث جابر بسند حسن وهو عند ابن ماجه بلفظ تعوذوا وقد تقدم فاعتبر بهذه الحكاية ولا تكن بحاثا عن علوم ذمها الشرع وزجر عنها ولازم الاقتداء بالصحابة رضي الله عنهم واقتصر على اتباع السنة فالسلامة في الاتباع والخطر في البحث عن الأشياء والاستقلال ولا تكثر اللجج برأيك ومعقولك ودليلك وبرهانك وزعمك أني أبحث عن الأشياء لأعرفها على ما هي عليه فأي ضرر في التفكر في العلم فإن ما يعود عليك من ضرره أكثر وكم من شيء تطلع عليه فيضرك اطلاعك عليه ضررا يكاد يهلكك في الآخرة إن لم يتداركك الله برحمته

واعلم أنه كما يطلع الطبيب الحاذق على أسرار في المعالجات يستبعدها من لا يعرفها فكذلك الأنبياء أطباء القلوب والعلماء بأسباب الحياة الأخروية فلا تتحكم على سننهم بمعقولك فتهلك فكم من شخص يصيبه عارض في أصبعه فيقتضي عقله أن يطليه حتى ينبهه الطبيب الحاذق أن علاجه أن بطلي الكف من الجانب الآخر من البدن فيستبعد ذلك غاية الاستبعاد من حيث لا يعلم كيفية انشعاب الأعصاب ومنابتها ووجه التفافها على البدن فهكذا الأمر في طريق الآخرة وفي دقائق سنن الشرع وآدابه وفي عقائده التي تعبد الناس بها أسرار ولطائف ليست في سعة العقل وقوته الإحاطة بها كما أن في خواص الأحجار أمورا عجائب غاب عن أهل الصنعة علمها حتى لم يقدر أحد على أن يعرف السبب الذي به يجذب المغناطيس الحديد فالعجائب والغرائب في العقائد والأعمال وإفادتها لصفاء القلوب ونقائها وطهارتها وتزكيتها وإصلاحها للترقي إلى جوار الله تعالى وتعرضها لنفحات فضله أكثر وأعظم مما في الأدوية والعقاقير وكما أن العقول تقصر عن إدراك منافع الأدوية مع أن التجربة سبيل إليها فالعقول تقصر عن إدراك ما ينفع في حياة الآخرة مع أن التجربة غير متطرقة إليها وإنما كانت التجربة تتطرق إليها لو رجع إلينا بعض الأموات فأخبرنا عن الأعمال المقبولة النافعة المقربة إلى الله تعالى زلفى وعن الأعمال المبعدة عنه وكذا عن العقائد وذلك مما لا يطمع فيه فيكفيك من منفعة العقل أن يهديك إلى صدق النبي صلى الله عليه وسلم ويفهمك موارد إشاراته فاعزل العقل بعد ذلك عن التصرف ولازم الاتباع فلا تسلم إلا به والسلام ولذلك قال صلى الله عليه وسلم إن من العلم جهلا وإن من القول عيا حديث إن من العلم جهلا الحديث رواه أبو داود من حديث بريدة وفي إسناده من يجهل ومعلوم أن العلم لا

يكون جهلا ولكنه يؤثر تأثير الجهل في الإضرار وقال أيضا صلى الله عليه وسلم قليل من التوفيق خير من كثير من العلم حديث قليل من التوفيق خير من كثير من العلم لم أجد له أصلا وقد ذكره صاحب الفردوس من حديث أبي الدرداء وقال العقل بدل العلم ولم يخرجه ولده في مسنده وقال عيسى عليه السلام ما أكثر الشجر وليس كلها بمثمر وليس كلها بطيب وما أكثر العلوم وليس كلها بنافع

بيان ما بدل من ألفاظ العلوم

اعلم أن منشأ التباس العلوم المذمومة بالعلوم الشرعية تحريف الأسامي المحمودة وتبديلها ونقلها بالأغراض

الفاسدة إلى معان غير ما أراده السلف الصالح والقرن الأول وهي خمسة ألفاظ الفقه والعلم والتوحيد والتذكير والحكمة فهذه أسام محمودة والمتصفون بها أرباب المناصب في الدين ولكنها نقلت الآن إلى معان مذمومة فصارت القلوب تنفر عن مذمة من يتصف بمعانيها لشيوع إطلاق هذه الأسامي عليهم

اللفظ الأول الفقه فقد تصرفوا فيه بالتخصيص لا بالنقل والتحويل إذا خصصوه بمعرفة الفروع الغريبة في الفتاوى والوقوف على دقائق عللها واستكثار الكلام فيها وحفظ المقالات المتعلقة بها فمن كان أشد تعمقا فيها وأكثر اشتغالا بها يقال هو الأفقه ولقد كان اسم الفقه في العصر الأول مطلقا على علم طريق الآخرة ومعرفة دقائق آفات النفوس ومفسدات الأعمال وقوة الإحاطة بحقارة الدنيا وشدة التطلع إلى نعيم الآخرة واستيلاء الخوف على القلب ويدلك عليه قوله عز وجل ﴿ ليتفقهوا في الدين ولينذروا قومهم إذا رجعوا إليهم ﴾ وما يحصل به الإنذار والتخويف هو هذا الفقه دون تفريعات الطلاق والعتاق واللعان والسلم والإجارة فذلك لا يحصل به إنذار ولا تخويف بل التجرد له على الدوام يقسي القلب وينزع الخشية منه كما نشاهد الآن من المتجردين له

وقال تعالى ﴿ لهم قلوب لا يفقهون بها ﴾ وأراد به معاني الإيمان دون الفتاوى ولعمري إن الفقه والفهم في اللغة اسمان بمعنى واحد وإنما يتكلم في عادة الاستعمال به قديما وحديثا

قال تعالى ﴿ لأنتم أشد رهبة في صدورهم من الله ﴾ الآية فأحال قلة خوفهم من الله واستعظامهم سطوة الخلق على قلة الفقه فانظر إن كان ذلك نتيجة عدم الحفظ لتفريعات الفتاوى أو هو نتيجة عدم ما ذكرناه من العلوم

وقال صلى الله عليه وسلم علماء فقهاء حديث علماء حكماء فقهاء رواه أبو نعيم في الحلية والبيهقي في الزهد والخطيب في التاريخ من حديث سويد بن الحارث بإسناد ضعيف للذين وفدوا عليه وسئل سعد بن إبراهيم الزهري رحمه الله أي أهل المدينة أفقه فقال أتقاهم لله تعالى فكأنه أشار إلى ثمرة الفقه والتقوى ثمرة العلم الباطني دون الفتاوى والأقضية

وقال صلى الله عليه وسلم ألا أنبئكم بالفقيه كل الفقيه قالوا بلى قال من لم يقنط الناس من رحمة الله ولم يؤمنهم من مكر الله ولم يؤيسهم من روح الله ولم يدع القرآن رغبة عنه إلى ما سواه حديث ألا أنبئكم بالفقيه كل الفقيه الحديث رواه أبو بكر بن لال في مكارم الأخلاق وأبو بكر بن السني وابن عبد البر من حديث علي وقال ابن عبد البر أكثرهم يوقفونه عن علي ولما روى أنس بن مالك قوله صلى الله عليه وسلم لأن أقعد مع قوم يذكرون الله تعالى من غدوة إلى طلوع الشمس أحب إلي من أن أعتق أربع رقاب حديث أنس لأن أقعد مع قوم يذكرون الله تعالى من غدوة إلى طلوع الشمس الحديث رواه أبو داود بإسناد حسن قال فالتفت إلى زيد الرقاشي وزياد النميري

وقال لم تكن مجالس الذكر مثل مجالسكم هذه يقص أحدكم وعظه على أصحابه ويسرد الحديث سردا إنما كنا نقعد فنذكر الإيمان ونتدبر القرآن ونتفقه في الدين ونعد نعم الله علينا تفقها فسمى تدبر القرآن وعد النعم تفقها

قال صلى الله عليه وسلم لا يفقه العبد كل الفقه حتى يمقت الناس في ذات الله وحتى يرى القرآن وجوها كثيرة حديث لا يفقه العبد كل الفقه حتى يمقت الناس في ذات الله الحديث أخرجه ابن عبد البر من حديث شداد بن أوس وقال لا يصح مرفوعا وروى أيضا موقوفا على أبي الدرداء رضي الله عنه مع قوله ثم يقبل على نفسه فيكون لها أشد مقتا وقد سأل فرقد السبخي الحسن عن الشيء فأجابه فقال إن الفقهاء يخالفونك فقال الحسن رحمه الله ثكلتك أمك فريقد وهل رأيت فقيها بعينك إنما الفقيه الزاهد في الدنيا الراغب في الآخرة البصير بدينه المداوم على عبادة ربه الورع الكاف نفسه عن أعراض المسلمين العفيف عن أموالهم الناصح لجماعتهم ولم يقل في جميع في ذلك الحافظ لفروع الفتاوى ولست أقول إن اسم الفقه لم يكن متناولا للفتاوى في الأحكام الظاهرة ولكن كان بطريق

العموم والشمول أو بطريق الاستتباع فكان إطلاقهم له على علم الآخرة أكثر
فبان من هذا التخصيص تلبيس بعث الناس على التجرد له والإعراض عن علم الآخرة وأحكام القلوب ووجدوا على ذلك معينا من الطبع فإن علم الباطن غامض والعمل به عسير والتوصل به إلى طلب الولاية والقضاء والجاه والمال متعذر فوجد الشيطان مجالا لتحسين ذلك في القلوب بواسطة تخصيص اسم الفقه الذي هو اسم محمود في الشرع

اللفظ الثاني العلم وقد كان يطلق ذلك على العلم بالله تعالى وبآياته وبأفعاله في عباده وخلقه حتى أنه لما مات عمر رضي اللـه عنه قال ابن مسعود رحمه اللـه لقد مات تسعة أعشار العلم فعرفه بالألف واللام ثم فسره العلم بالله سبحانه وتعالى وقد تصرفوا فيه أيضا بالتخصيص حتى شهروه في الأكثر بمن يشتغل بالمناظرة مع الخصوم في المسائل الفقهية وغيرها فيقال هو العالم على الحقيقة وهو الفحل في العلم ومن لا يمارس ذلك ولا يشتغل به يعد من جملة الضعفاء ولا يعدونه في زمرة أهل العلم

وهذا أيضا تصرف بالتخصيص ولكن ما ورد من فضائل العلم والعلماء أكثره في العلماء بالله تعالى وبأحكامه وبأفعاله وصفاته

وقد صار الآن مطلقا على من لا يحيط من علوم الشرع بشيء سوى رسوم جدلية في مسائل خلافية فيعد بذلك من فحول العلماء مع جهله بالتفسير والأخبار وعلم المذهب وغيره وصار ذلك سببا مهلكا لخلق كثير من أهل الطلب للعلم

اللفظ الثالث التوحيد وقد جعل الآن عبارة عن صناعة الكلام ومعرفة طريق المجادلة والإحاطة بطرق مناقضات الخصوم والقدرة على التشدق فيها بتكثير الأسئلة وإثارة الشبهات وتأليف الإلزامات حتى لقب طوائف منهم أنفسهم بأهل العدل والتوحيد وسمى المتكلمون العلماء بالتوحيد مع أن جميع ما هو خاصة هذه الصناعة لم يكن يعرف منها شيء في العصر الأول بل كان يشتد منهم النكير على من كان يفتح بابا من الجدل والمماراة فأما ما يشتمل عليه القرآن من الأدلة الظاهرة التي تسبق الأذهان إلى قبولها في أول السماع فلقد كان ذلك معلوما للكل وكان العلم بالقرآن هو العلم كله وكان التوحيد عندهم عبارة عن أمر آخر لا يفهمه أكثر المتكلمين وإن فهموه لم يتصفوا به وهو أن يرى الأمور كلها من اللـه عز وجل رؤية تقطع التفاته عن الأسباب والوسائط فلا يرى الخير والشر كله إلا منه جل جلاله فهذا مقام شريف إحدى ثمراته التوكل كما سيأتي بيانه في كتاب التوكل

ومن ثمراته أيضا ترك شكاية الخلق وترك الغضب عليهم والرضا والتسليم لحكم اللـه تعالى

وكانت إحدى ثمراته قول أبي بكر الصديق رضي الـلـه عنه لما قيل له في مرضه أنطلب لك طبيبا فقال الطبيب أمرضني وقول آخر لما مرض فقيل له ماذا قال لك الطبيب في مرضك فقال قال لي إني فعال لما أريد وسيأتي في كتاب التوكل وكتاب التوحيد شواهد ذلك

والتوحيد جو هو نفيس وله قشران أحدهما أبعد عن اللب من الآخر فخصص الناس الاسم بالقشر وبصنعة الحراسة للقشر وأهملوا اللب بالكلية فالقشر الأول هو أن تقول بلسانك لا إله إلا الـلـه وهذا يسمى توحيدا مناقضا للتثليث الذي صرح به النصارى ولكنه قد يصدر من المنافق الذي يخالف سره جهره

والقشر الثاني أن لا يكون في القلب مخالفة وإنكار لمفهوم هذا القول بل يشتمل ظاهر القلب على اعتقاده وكذلك التصديق به وهو توحيد عوام الخلق والمتكلمون كما سبق حراس هذا القشر عن تشويش المبتدعة

والثالث وهو اللباب أن يرى الأمور كلها من الـلـه تعالى رؤية تقطع التفاته عن الوسائط وأن يعبده عبادة يفرده بها فلا يعبد غيره ويخرج عن هذا التوحيد أتباع الهوى فكل متبع هواه فقد اتخذ هواه معبوده قال الـلـه تعالى ﴿ أفرأيت من اتخذ إلهه هواه ﴾ وقال صلى الـلـه عليه وسلم أبغض إله عبد في الأرض

عند الـلـه تعالى هو الهوى حديث أبغض إله عبد في الأرض عند الـلـه هو الهوى أخرجه الطبراني من حديث أبي أمامة بإسناد ضعيف وعلى التحقيق من تأمل عرف أن عابد الصنم ليس يعبد الصنم وإنما يعبد هواه إذ نفسه مائلة إلى دين آبائه فيتبع ذلك الميل وميل النفس إلى المألوفات أحد المعاني التي يعبر عنها بالهوى ويخرج من هذا التوحيد التسخط على الخلق والالتفات إليهم فإن من يرى الكل من الـلـه عز وجل كيف يتسخط على غيره فلقد كان التوحيد عبارة عن هذا المقام وهو مقام الصديقين فانظر إلى ماذا حول وبأي قشر قنع منه وكيف اتخذوا هذا معتصما في التمدح والتفاخر بما اسمه محمود مع الإفلاس عن المعنى الذي يستحق الحمد الحقيقي وذلك كإفلاس من يصبح بكرة ويتوجه إلى القبلة ويقول وجهت وجهي للذي فطر السموات والأرض حنيفا وهو أول كذب يفاتح الـلـه به كل يوم إن لم يكن وجه قلبه متوجها إلى الـلـه تعالى على الخصوص فإنه إن أراد بالوجه وجه الظاهر فما وجهه إلا إلى الكعبة وما صرفه إلا عن سائر الجهات والكعبة ليست جهة للذي فطر السموات والأرض حتى يكون المتوجه إليها متوجها إليه تعالى عن أن تحده الجهات والأقطار

وإن أراد به وجه القلب وهو المطلوب المتعبد به فكيف يصدق في قوله وقلبه متردد في أوطاره وحاجاته الدنيوية ومتصرف في طلب الحيل في جمع الأموال والجاه واستكثار الأسباب ومتوجه بالكلية إليها فمتى وجه وجهه للذي فطر السموات والأرض وهذه الكلمة خبر عن حقيقة التوحيد فالموحد هو الذي لا يرى إلا الواحد ولا يوجه وجهه إلا إليه وهو امتثال قوله تعالى ﴿ قل الـلـه ثم ذرهم في خوضهم يلعبون ﴾ وليس المراد به القول باللسان فإنما اللسان ترجمان يصدق مرة ويكذب أخرى

وإنما موقع نظر الـلـه تعالى المترجم عنه هو القلب وهو معدن التوحيد ومنبعه

اللفظ الرابع الذكر والتذكير فقد قال الـلـه تعالى ﴿ وذكر فإن الذكرى تنفع المؤمنين ﴾ وقد ورد في الثناء على مجالس الذكر أخبار كثيرة كقوله صلى الـلـه عليه وسلم إذا مررتم برياض الجنة فارتعوا قيل وما رياض الجنة قال مجالس الذكر حديث إذا مررتم برياض الجنة فارتعوا الحديث أخرجه الترمذي من حديث أنس وحسنه وفي الحديث إن لله تعالى ملائكة سياحين في الدنيا سوى ملائكة الخلق إذا رأوا مجالس الذكر ينادي بعضهم بعضا ألا هلموا إلى بغيتكم فيأتونهم ويحفون بهم ويستمعون ألا فاذكروا الـلـه وذكروا أنفسكم حديث إن لله ملائكة سياحين في الهواء سوى ملائكة الخلق الحديث متفق عليه من حديث أبي هريرة دون قوله في الهواء والترمذي سياحين في الأرض وقال مسلم سيارة فنقل ذلك إلى ما ترى أكثر الوعاظ في هذا الزمان يواظبون عليه وهو القصص والأشعار والشطح والطامات أما القصص فهي بدعة وقد ورد نهي السلف عن الجلوس إلى القصاص وقالوا لم يكن ذلك في زمن رسول الـلـه صلى الـلـه عليه وسلم حديث لم تكن القصص في زمن رسول الـلـه صلى الـلـه عليه وسلم رواه ابن

ماجه من حديث عمر بإسناد حسن ولا في زمن أبي بكر ولا عمر رضي الله عنهما حتى ظهرت الفتنة وظهر القصاص وروى أن ابن عمر رضي الله عنهما خرج من المسجد فقال ما أخرجني إلا القاص ولولاه لما خرجت وقال ضمرة قلت لسفيان الثوري نستقبل القاص بوجوهنا فقال ولوا البدع ظهوركم وقال ابن عون دخلت على ابن سيرين فقال ما كان اليوم من خبر فقلت نهى الأمير القصاص أن يقصوا فقال وفق للصواب

ودخل الأعمش جامع البصرة فرأى قاصا يقص ويقول حدثنا الأعمش فتوسط الحلقة وجعل ينتف شعر إبطه فقال القاص يا شيخ ألا تستحي فقال لم أنا في سنة وأنت في كذب أنا الأعمش وما حدثتك وقال أحمد أكثر الناس كذبا القصاص والسؤال

وأخرج علي رضي الله عنه القصاص من مسجد جامع البصرة

فلما سمع كلام الحسن البصري لم يخرجه إذا كان يتكلم في علم الآخرة والتفكير بالموت والتنبيه على عيوب النفس وآفات الأعمال وخواطر الشيطان ووجه الحذر منها ويذكر بآلاء الـلـه ونعمائه وتقصير العبد في شكره ويعرف حقارة الدنيا وعيوبها وتصرمها ونكث عهدها وخطر الآخرة وأهوالها فهذا هو التذكير المحمود شرعا الذي روى الحث عليه في حديث أبي ذر رضي الـلـه عنه حيث قال حضور مجلس ذكر أفضل من صلاة ألف ركعة وحضور مجلس علم أفضل من عيادة ألف مريض وحضور مجلس علم أفضل من شهود ألف جنازة فقيل يا رسول الـلـه ومن قراءة القرآن قال وهل تنفع قراءة القرآن إلا بالعلم حديث أبي ذر حضور مجلس علم أفضل من صلاة ألف ركعة تقدم في الباب الأول وقال عطاء رحمه الـلـه مجلس ذكر يكفر سبعين مجلسا من مجالس اللهو فقد اتخذ المزخرفون هذه الأحاديث حجة على تزكية أنفسهم ونقلوا اسم التذكير إلى خرافاتهم وذهلوا عن طريق الذكر المحمود واشتغلوا بالقصص التي تتطرق إليها الاختلافات والزيادة والنقص وتخرج عن القصص الواردة في القرآن وتزيد عليها فإن من القصص ما ينفع سماعه ومنها ما يضر وإن كان صدقا ومن فتح ذلك الباب على نفسه اختلط عليه الصدق بالكذب والنافع بالضار فمن هذا نهى عنه ولذلك قال أحمد بن حنبل رحمه الـلـه ما أحوج الناس إلى قاص صادق فإن كانت القصة من قصص الأنبياء عليهم السلام فيما يتعلق بأمور دينهم وكان القاص صادقا صحيح الرواية فلست أرى بها بأسا فليحذر الكذب وحكايات أحوال تومىء إلى هفوات أو مساهلات يقصر فهم العوام عن درك معانيها أو عن كونها هفوة نادرة مردفة بتفكيرات متداركة بحسنات تغطى عليها فإن العامي يعتصم بذلك في مساهلاته وهفواته ويمهد لنفسه عذرا فيه ويحتج بأنه حكى كيت وكيت عن بعض المشايخ وبعض الأكابر فكلنا بصدد المعاصي فلا غرو إن عصيت الـلـه تعالى فقد عصاه من هو أكبر مني ويفيده ذلك جراءة على الـلـه تعالى من حيث لا يدرى فبعد الاحتراز عن هذين المحذورين فلا بأس به وعند ذلك يرجع إلى القصص المحمودة وإلى ما يشتمل عليه القرآن ويصح في الكتب الصحيحة من الأخبار ومن الناس من يستجيز وضع الحكايات المرغبة في الطاعات ويزعم أن قصده فيها دعوة الخلق إلى الحق فهذه من نزعات الشيطان فإن في الصدق مندوحة عن الكذب وفيما ذكر الـلـه تعالى ورسوله صلى الـلـه عليه وسلم غنية عن الاختراع في الوعظ كيف وقد كره تكلف السجع وعد ذلك من التصنع قال سعد بن أبي وقاص رضي الـلـه عنه لابنه عمر وقد سمعه يسجع هذا الذي يبغضك إلي لا قضيت حاجتك أبدا حتى تتوب وقد كان جاءه في حاجة وقد قال صلى الـلـه عليه وسلم لعبد الـلـه بن رواحة في سجع من ثلاث كلمات إياك والسجع يا ابن رواحة حديث إياك والسجع يا ابن رواحة لم أجده هكذا ولأحمد وأبي علي وابن السني وأبي نعيم في كتاب الرياضة من حديث عائشة بإسناد صحيح أنها قالت للسائب إياك والسجع فإن النبي صلى الـلـه عليه وسلم وأصحابه كانوا لا يسجعون ولابن حبان واجتنب السجع وفي البخاري نحوه من قول ابن

عباس فكأن السجع المحذور المتكلف ما زاد على كلمتين ولذلك لما قال الرجل في دية الجنين كيف ندي من لا شرب ولا أكل ولا صاح ولا استهل ومثل ذلك يطل فقال النبي صلى الـلـه عليه وسلم أسجع كسجع الأعراب حديث أسجع كسجع الأعراب أخرجه مسلم من حديث المغيرة وأما الأشعار فتكثيرها في المواعظ مذموم قال الـلـه تعالى والشعراء يتبعهم الغاوون ألم تر أنهم في كل واد يهيمون وقال تعالى وما علمناه الشعر وما ينبغي له وأكثر ما اعتاده الوعاظ من الأشعار ما يتعلق بالتواصف في العشق وجمال المعشوق وروح الوصال وألم الفراق والمجلس لا يحوى إلا أجلاف العوام وبواطنهم مشحونة بالشهوات وقلوبهم غير منفكة عن الالتفات إلى الصور المليحة فلا تحرك الأشعار من قلوبهم إلا ما هو مستكن

فيها فتشتعل فيها نيران الشهوات فيزعقون ويتواجدون وأكثر ذلك أو كله يرجع إلى نوع فساد فلا ينبغي أن يستعمل من الشعر إلا ما فيه موعظة أو حكمة على سبيل استشهاد واستئناس

وقد قال صلى الله عليه وسلم إن من الشعر لحكمة حديث إن من الشعر لحكمة أخرجه البخاري من حديث أبيبن كعب ولو حوى المجلس الخواص الذين وقع الاطلاع على استغراق قلوبهم بحب الله تعالى ولم يكن معهم غيرهم فإن أولئك لا يضر معهم الشعر الذي يشير ظاهره إلى الخلق فإن المستمع ينزل كل ما يسمعه على ما يستولي على قلبه كما سيأتي تحقيق ذلك في كتاب السماع ولذلك كان الجنيد رحمه الله يتكلم على بضعة عشر رجلا فإن كثروا لم يتكلم وما تم أهل مجلسه قط عشرين

وحضر جماعة باب دار ابن سالم فقيل له تكلم فقد حضر أصحابك فقال لا ما هؤلاء أصحابي إنما هم أصحاب المجلس إن أصحابي هم الخواص وأما الشطح فنعني به صنفين من الكلام أحدثه بعض الصوفية

أحدهما الدعاوى الطويلة العريضة في العشق مع الله تعالى والوصال المغني عن الأعمال الظاهرة حتى ينتهي قوم إلى دعوى الاتحاد وارتفاع الحجاب والمشاهدة بالرؤية والمشافهة بالخطاب فيقولون قيل لنا كذا وقلنا كذا ويتشبهون فيه بالحسين بن منصور الحلاج الذي صلب لأجل إطلاقه كلمات من هذا الجنس ويستشهدون بقوله أنا الحق وبما حكى عن أبي يزيد البسطامي أنه قال سبحاني سبحاني وهذا فن من الكلام عظيم ضرره في العوام حتى ترك جماعة من أهل الفلاحة فلاحتهم وأظهروا مثل هذه الدعاوى فإن هذا الكلام يستلذه الطبع إذ فيه البطالة من الأعمال مع تزكية النفس بدرك المقامات والأحوال فلا تعجز الأغبياء عن دعوى ذلك لأنفسهم ولا عن تلقف كلمات مخبطة مزخرفة ومهما أنكر عليهم ذلك لم يعجزوا عن أن يقولوا هذا إنكار مصدره العلم والجدال والعلم حجاب والجدل عمل النفس وهذا الحديث لا يلوح إلا من الباطن بمكاشفة نور الحق فهذا ومثله مما قد استطار في البلاد شرره وعظم في العوام ضرره حتى من نطق بشيء منه فقتله أفضل في دين الله من إحياء عشرة وأما أبو يزيد البسطامي رحمه الله فلا يصح عنه ما يحكى وإن سمع ذلك منه فلعله كان يحكيه عن الله عز وجل في كلام يردده في نفسه كما لو سمع وهو يقول ﴿ إنني أنا الله لا إله إلا أنا فاعبدني ﴾ فإنه ما كان ينبغي أن يفهم منه ذلك إلا على سبيل الحكاية

الصنف الثاني من الشطح كلمات غير مفهومة لها ظواهر رائقة وفيها عبارات هائلة وليس وراءها طائل إما أن تكون غير مفهومة عند قائلها بل يصدرها عن خبط في عقله وتشويش في خياله لقلة إحاطته بمعنى كلام قرع سمعه وهذا هو الأكثر

وإما أن تكون مفهومة له ولكنه لا يقدر على تفهيمها وإيرادها بعبارة تدل على ضميره لقلة ممارسته للعلم وعدم تعلمه طريق التعبير عن المعاني بالألفاظ الرشيقة ولا فائدة لهذا الجنس من الكلام إلا أنه يشوش

القلوب ويدهش العقول ويحير الأذهان أو يحمل على أن يفهم منها معاني ما أريدت بها ويكون فهم كل واحد على مقتضى هواه وطبعه

وقد قال صلى الله عليه وسلم ما حدث أحدكم قوما بحديث لا يفقهونه إلا كان فتنة عليهم حديث ما حدث أحدكم قوما بحديث لا يفهمونه إلا كان فتنة عليهم رواه العقيلي في الضعفاء وابن السني وأبو نعيم في الرياء من حديث ابن عباس بإسناد ضعيف ولمسلم في مقدمة صحيحه موقوفا على ابن مسعود وقال صلى الله عليه وسلم كلموا الناس بما يعرفون ودعوا ما ينكرون أتريدون أن يكذب الله ورسوله حديث كلموا الناس بما يعرفون ودعوا ما ينكرون الحديث رواه البخاري موقوفا على علي ورفعه أبو منصور الديلمي في مسند الفردوس من طريق أبي نعيم وهذا فيما يفهمه صاحبه ولا يبلغه عقل المستمع فكيف فيما لا يفهمه قائله

فإن كان يفهمه القائل دون المستمع فلا يحل ذكره

وقال عيسى

عليه السلام لا تضعوا الحكمة عند غير أهلها فتظلموها ولا تمنعوها أهلها فتظلموهم كونوا كالطبيب الرفيق يضع الدواء في موضع الداء

وفي لفظ آخر من وضع الحكمة في غير أهلها فقد جهل ومن منعها أهلها فقد ظلم إن للحكمة حقا وإن لها أهلا فأعط كل ذي حق حقه

وأما الطامات فيدخلها ما ذكرناه في الشطح وأمر آخر يخصها وهو صرف ألفاظ الشرع عن ظواهرها المفهومة إلى أمور باطنة لا يسبق منها إلى الأفهام فائدة كدأب الباطنية في التأويلات فهذا أيضا حرام وضرره عظيم فإن الألفاظ إذا صرفت عن مقتضى ظواهرها بغير اعتصام فيه بنقل عن صاحب الشرع ومن غير ضرورة تدعو إليه من دليل العقل اقتضى ذلك بطلان الثقة بالألفاظ وسقط به منفعة كلام الله تعالى وكلام رسوله صلى الله عليه وسلم فإن ما يسبق منه إلى الفهم لا يوثق به والباطن لا ضبط له بل تتعارض فيه الخواطر ويمكن تنزيله على وجوه شتى وهذا أيضا من البدع الشائعة العظيمة الضرر وإنما قصد أصحابها الإغراب لأن النفوس مائلة إلى الغريب ومستلذة له وبهذا الطريق توصل الباطنية إلى هدم جميع الشريعة بتأويل ظواهرها وتنزيلها على رأيهم كما حكيناه من مذاهبهم في كتاب المستظهر المصنف في الرد على الباطنية

ومثال تأويل أهل الطامات قول بعضهم في تأويل قوله تعالى ﴿ اذهب إلى فرعون إنه طغى ﴾ أنه إشارة إلى قلبه وقال هو المراد بفرعون وهو الطاغي على كل إنسان

وفي قوله تعالى ﴿ وأن ألق عصاك ﴾ أي ما يتوكأ عليه ويعتمده مما سوى الله عز وجل فينبغي أن يلقيه

وفي قوله صلى الله عليه وسلم تسحروا فإن في السحور بركة حديث تسحروا فإن في السحور بركة متفق عليه من حديث أنس أراد به الاستغفار في الأسحار وأمثال ذلك حتى يحرفون القرآن من أوله إلى آخره عن ظاهره وعن تفسيره المنقول عن ابن عباس وسائر العلماء وبعض هذه التأويلات يعلم بطلانها قطعا كتنزيل فرعون على القلب فإن فرعون شخص محسوس تواتر إلينا النقل بوجوده ودعوة موسى له وكأبي جهل وأبي لهب وغيرهما من الكفار وليس من جنس الشياطين والملائكة مما لم يدرك بالحس حتى يتطرق التأويل إلى ألفاظه وكذا حمل السحور على الاستغفار فإنه كان صلى الله عليه وسلم يتناول الطعام ويقول تسحرو حديث تناول الطعام في السحور رواه البخاري من حديث أنس أن النبي صلى الله عليه وسلم وزيد بن ثابت تسحرا و هلموا إلى الغذاء المبارك حديث هلموا إلى الغذاء المبارك رواه أبو داود والنسائي وابن حبان من حديث العرباض بن سارية وضعفه ابن القطان فهذه أمور يدرك بالتواتر والحس بطلانها نقلا وبعضها يعلم بغالب الظن وذلك في أمور لا يتعلق بها الإحساس فكل ذلك حرام وضلالة وإفساد للدين على الخلق ولم ينقل شيء من ذلك عن الصحابة ولا عن التابعين ولا عن الحسن البصري مع إكبابه على دعوة الخلق ووعظهم فلا يظهر لقوله صلى الله عليه وسلم من فسر القرآن برأيه فليتبوأ مقعده من النار حديث من فسر القرآن برأيه فليتبوأ

مقعده من النار أخرجه الترمذي من حديث ابن عباس وحسنه وهو عند أبي داود من رواية ابن العبد وعند النسائي في الكبرى معنى إلا هذا النمط وهو أن يكون غرضه ورأيه تقرير أمر وتحقيقه فيستجر شهادة القرآن إليه ويحمله عليه من غير أن يشهد لتنزيله عليه دلالة لفظية لغوية أو نقلية ولا ينبغي أن يفهم منه أنه يجب أن لا يفسر القرآن بالاستنباط والفكر فإن من الآيات ما نقل فيها عن الصحابة والمفسرين خمسة معان وستة وسبعة

ونعلم أن جميعها غير مسموع من النبي صلى الله عليه وسلم فإنها قد تكون متنافية لا تقبل الجمع فيكون ذلك مستنبطا بحسن الفهم وطول الفكر ولهذا قال صلى الله عليه وسلم لابن عباس رضي الله عنه اللهم فقهه في الدين وعلمه التأويل حديث اللهم فقهه في الدين وعلمه التأويل قاله لابن عباس رواه البخاري من حديث ابن عباس دون قوله وعلمه التأويل وهو بهذه الزيادة عند أحمد وابن حبان والحاكم وقال صحيح الإسناد

ومن يستجيز من أهل الطامات مثل هذه التأويلات مع علمه بأنها غير مرادة بالألفاظ ويزعم أنه يقصد بها دعوة الخلق إلى الخالق يضاهي من يستجيز الاختراع والوضع على رسول الله صلى الله عليه وسلم لما هو في نفسه حق ولكن لم ينطق به الشرع كمن يضع في كل مسألة يراها حقا حديثا عن النبي صلى الله عليه وسلم فذلك ظلم وضلال ودخول في الوعيد المفهوم من قوله صلى الله عليه وسلم من كذب علي متعمدا فليتبوأ مقعده من النار حديث من كذب علي متعمدا فليتبوأ مقعده من النار متفق عليه من حديث أبي هريرة وعلي وأنس بل الشر في تأويل هذه الألفاظ أطم وأعظم لأنها مبدلة للثقة بالألفاظ وقاطعة طريق الاستفادة والفهم من القرآن بالكلية فقد عرفت كيف صرف الشيطان دواعي الخلق عن العلوم المحمودة إلى المذمومة فكل ذلك من تلبيس علماء السوء بتبديل الأسامي فإن اتبعت هؤلاء اعتمادا على الاسم المشهور من غير التفات إلى ما عرف في العصر الأول كنت كمن طلب الشرف بالحكمة باتباع من يسمى حكيما فإن اسم الحكيم صار يطلق على الطبيب والشاعر والمنجم في هذا العصر وذلك بالغفلة عن تبديل الألفاظ اللفظ الخامس وهو الحكمة فإن اسم الحكيم صار يطلق على الطبيب والشاعر والمنجم حتى على الذي يدحرج القرعة على أكف السوادية في شوارع الطرق

والحكمة هي التي أثنى الله عز وجل عليها فقال تعالى ﴿ يؤتي الحكمة من يشاء ومن يؤت الحكمة فقد أوتي خيرا كثيرا ﴾ وقال صلى الله عليه وسلم كلمة من الحكمة يتعلمها الرجل خير له من الدنيا وما فيها حديث كلمة من الحكمة يتعلمها الرجل خير له من الدنيا تقدم بنحوه فانظر ما الذي كانت الحكمة عبارة عنه وإلى ماذا نقل وقس به بقية الألفاظ واحترز عن الاغترار بتلبيسات علماء السوء فإن شرهم على الدين أعظم من شر الشياطين إذ الشيطان بواسطتهم يتدرج إلى انتزاع الدين من قلوب الخلق ولهذا لما سئل رسول الله صلى الله عليه وسلم عن شر الخلق أبى وقال اللهم اغفر حتى كرروا عليه فقال هم علماء السوء حديث لما سئل عن شر الخلق أبى وقال اللهم اغفر الحديث رواه الدارمي بنحوه من رواية الأحوص بن حكيم عن أبيه مرسلا وهو ضعيف ورواه البزار في مسنده من حديث معاذ بسند ضعيف فقد عرفت العلم المحمود والمذموم ومثار الالتباس وإليك الخيرة في أن تنظر لنفسك فتقتدي بالسلف أو تتدلى بحبل الغرور وتتشبه بالخلف فكل ما ارتضاه السلف من العلوم قد اندرس وما أكب الناس عليه فأكثره مبتدع ومحدث وقد صح قول رسول الله صلى الله عليه وسلم بدأ الإسلام غريبا وسيعود غريبا كما بدأ فطوبى للغرباء فقيل ومن الغرباء قال الذين يصلحون ما أفسده الناس من سنتي والذين يحيون ما أماتوه من سنتي حديث بدأ الإسلام غريبا الحديث أخرجه مسلم من حديث أبي هريرة مختصرا وهو بتمامه عند الترمذي من حديث عمرو بن عوف وحسنه وفي آخر هم المتمسكون بما أنتم عليه اليوم حديث هم المتمسكون بما أنتم عليه اليوم يقوله في وصف الغرباء لم أر له أصلا وفي حديث آخر الغرباء ناس قليل صالحون بين ناس كثير ومن يبغضهم في الخلق أكثر ممن يحبهم حديث الغرباء ناس قليلون

صالحون أخرجه أحمد من حديث عبد الله بن عمرو وقد صارت تلك العلوم غريبة بحيث يمقت ذاكرها ولذلك قال الثوري رحمه الله إذا رأيت العالم كثير الأصدقاء فاعلم أنه مخلط لأنه إن نطق بالحق أبغضوه

بيان القدر المحمود من العلوم المحمودة

اعلم أن العلم بهذا الاعتبار ثلاثة أقسام قسم هو مذموم قليله وكثيره وقسم هو محمود قليله وكثيرة وكلما كان أكثر كان أحسن وأفضل وقسم يحمد منه مقدار الكفاية ولا يحمد الفاضل عليه والاستقصاء فيه وهو مثل

أحوال البدن فإن منها ما يحمد قليله وكثيره كالصحة والجمال ومنها ما يذم قليله وكثيره كالقبح وسوء الخلق ومنها ما يحمد الاقتصاد فيه كبذل المال فإن التبذير لا يحمد فيه وهو بذل وكالشجاعة فإن التهور لا يحمد فيها وإن كان من جنس الشجاعة فكذلك العلم

فالقسم المذموم منه قليله وكثيره هو ما لا فائدة فيه في دين ولا دنيا إذ فيه ضرر يغلب نفعه كعلم السحر والطلسمات والنجوم فبعضه لا فائدة فيه أصلا وصرف العمر الذي هو أنفس ما يملكه الإنسان إليه إضاعة وإضاعة النفيس مذمومة

ومنه ما فيه ضرر يزيد على ما يظن أنه يحصل به من قضاء وطر في الدنيا فإن ذلك لا يعتد به بالإضافة إلى الضرر الحاصل عنه

وأما القسم المحمود إلى أقصى غايات الاستقصاء فهو العلم بالله تعالى وبصفاته وأفعاله وسنته في خلقه وحكمته في ترتيب الآخرة على الدنيا فإن هذا علم مطلوب لذاته وللتوصل به إلى سعادة الآخرة وبذل المقدور فيه إلى أقصى الجهد قصور عن حد الواجب فإنه البحر الذي لا يدرك غوره وإنما يحوم الحائمون على سواحله وأطرافه بقدر ما يسر لهم وما خاض أطرافه إلا الأنبياء والأولياء والراسخون في العلم على اختلاف درجاتهم بحسب اختلاف قوتهم وتفاوت تقدير الـلـه تعالى في حقهم وهذا هو العلم المكنون الذي لا يسطر في الكتب ويعين على التنبه له التعلم ومشاهدة أحوال علماء الآخرة كما سيأتي علامتهم هذا في أول الأمر ويعين عليه في الآخرة المجاهدة والرياضة وتصفية القلب وتفريغه عن علائق الدنيا والتشبه فيها بالأنبياء والأولياء ليتضح منه لكل ساع إلى طلبه بقدر الرزق لا بقدر الجهد ولكن لا غنى فيه عن الاجتهاد فالمجاهدة مفتاح الهداية لا مفتاح لها سواها وأما العلوم التي لا يحمد منها إلا مقدار مخصوص فهي العلوم التي أوردناها في فروض الكفايات فإن في كل علم منها اقتصارا وهو الأقل واقتصادا وهو الوسط واستقصاء وراء ذلك الاقتصاد لا مرد له إلى آخر العمر فكن أحد رجلين إما مشغولا بنفسك وإما متفرغا لغيرك بعد الفراغ من نفسك وإياك أن تشتغل بما يصلح غيرك قبل إصلاح نفسك فإن كنت المشغول بنفسك فلا تشتغل إلا بالعلم الذي هو فرض عليك بحسب ما يقتضيه حالك وما يتعلق منه بالأعمال الظاهرة من تعلم الصلاة والطهارة والصوم وإنما الأهم الذي أهمله الكل علم صفات القلب وما يحمد منها وما يذم إذ لا ينفك بشر عن الصفات المذمومة مثل الحرص والحسد والرياء والكبر والعجب وأخواتها وجميع ذلك مهلكات وإهمالها من الواجبات مع أن الاشتغال بالأعمال الظاهرة يضاهي الاشتغال بطلاء ظاهر البدن عند التأذي بالجرب والدماميل والتهاون بإخراج المادة بالفصد والإسهال وحشوية العلماء يشيرون بالأعمال الظاهرة كما يشير الطرقية من الأطباء بطلاء ظاهر البدن وعلماء الآخرة لا يشيرون إلا بتطهير الباطن وقطع مواد الشر بإفساد

منابتها وقلع مغارسها من القلب وإنما فزع الأكثرون إلى الأعمال الظاهرة عن تطهير القلوب لسهولة أعمال الجوارح واستصعاب أعمال القلوب كما يفزع إلى طلاء الظاهر من يستصعب شرب الأدوية المرة فلا يزال يتعب في الطلاء ويزيد في المواد وتتضاعف به الأمراض فإن كنت مريدا للآخرة وطالبا للنجاة وهاربا من الهلاك الأبدي فاشتغل بعلم العلل الباطنة وعلاجها على ما فصلناه في ربع المهلكات ثم ينجر بك ذلك إلى المقامات المحمودة المذكورة في ربع المنجيات لا محالة فإن القلب إذا فرغ من المذموم امتلأ بالمحمود والأرض إذا نقيت من الحشيش نبت فيها أصناف الزرع والرياحين وإن لم تفرغ من ذلك لم تنبت ذاك فلا تشتغل بفروض الكفاية لا سيما وفي زمرة الخلق من قد قام بها فإن مهلك نفسه فيما به صلاح غيره سفيه فما أشد حماقة من دخلت الأفاعي والعقارب تحت ثيابه وهمت بقتله وهو يطلب مذبة يدفع بها الذباب عن غيره ممن لا يغنيه ولا ينجيه مما يلاقيه من تلك الحيات والعقارب إذا همت به

وإن تفرغت من نفسك وتطهيرها وقدرت على ترك ظاهر الإثم وباطنه وصار ذلك ديدنا

لك وعادة متيسرة فيك وما أبعد ذلك منك فاشتغل بفروض الكفايات وراع التدريج فيها فابتدىء بكتاب الله تعالى ثم بسنة رسول الله صلى الله عليه وسلم ثم بعلم التفسير وسائر علوم القرآن من علم الناسخ والمنسوخ والمفصول والموصول والمحكم والمتشابه وكذلك في السنة ثم اشتغل بالفروع وهو علم المذهب من علم الفقه دون الخلاف ثم بأصول الفقه وهكذا إلى بقية العلوم على ما يتسع له العمر ويساعد فيه الوقت ولا تستغرق عمرك في فن واحد منها طلبا للاستقصاء فإن العلم كثير والعمر قصير وهذه العلوم آلات ومقدمات وليست مطلوبة لعينها بل لغيرها وكل ما يطلب لغيره فلا ينبغي أن ينسى فيه المطلوب ويستكثر منه فاقتصر من شائع علم اللغة على ما تفهم منه كلام العرب وتنطق به ومن غريبه على غريب القرآن وغريب الحديث ودع التعمق فيه واقتصر من النحو على ما يتعلق بالكتاب والسنة فما من علم إلا وله اقتصار واقتصاد واستقصاء

ونحن نشير إليها في الحديث والتفسير والفقه والكلام لتقيس بها غيرها فالاقتصار في التفسير ما يبلغ ضعف القرآن في المقدار كما صنفه على الواحدي النيسابوري وهو الوجيز والاقتصاد ما يبلغ ثلاثة أضعاف القرآن كما صنفه من الوسيط فيه وما وراء ذلك استقصاء مستغنى عنه فلا مرد له إلى انتهاء العمر

وأما الحديث فالاقتصار فيه تحصيل ما في الصحيحين بتصحيح نسخة على رجل خبير بعلم متن الحديث واما حفظ أسامي الرجال فقد كفيت فيه بما تحمله عنك من قبلك ولك أن تعول على كتبهم وليس يلزمك حفظ متون الصحيحين ولكن تحصله تحصيلا تقدر منه على طلب ما تحتاج إليه عند الحاجة وأما الاقتصاد فيه فأن تضيف إليهما ما خرج عنهما مما ورد في المسندات الصحيحة

وأما الاستقصاء فما وراء ذلك إلى استيعاب كل ما نقل من الضعيف والقوي والصحيح والسقيم مع معرفة الطرق الكثيرة في النقل ومعرفة أحوال الرجال وأسمائهم وأوصافهم

وأما الفقه فالاقتصار فيه على ما يحويه مختصر المزني رحمه الله وهو الذي رتبناه في خلاصة المختصر والاقتصاد فيه ما يبلغ ثلاثة أمثاله وهو القدر الذي أوردناه في الوسيط من المذهب والاستقصاء ما أوردناه في البسيط إلى ما وراء ذلك من المطولات

وأما الكلام فمقصوده حماية المعتقدات التي نقلها أهل السنة من السلف الصالح لا غير وما وراء ذلك طلب لكشف حقائق الأمور من غير طريقتها ومقصود حفظ السنة تحصيل رتبة الاقتصار منه بمعتقد مختصر وهو القدر الذي أوردناه في كتاب قواعد العقائد من جملة هذا الكتاب والاقتصاد فيه ما يبلغ قدر مائة ورقة وهو الذي أوردناه في كتاب الاقتصاد في الإعتقاد ويحتاج إليه لمناظرة مبتدع ومعارضة بدعته بما يفسدها وينزعها عن قلب العامي وذلك لا ينفع إلا مع العوام قبل اشتداد تعصبهم وأما المبتدع بعد أن يعلم من الجدل ولو

شيئا يسيرا فقلما ينفع معه الكلام فإنك إن أفحمته لم يترك مذهبه وأحال بالقصور على نفسه وقدر أن عند غيره جوابا ما وهو عاجز عنه وإنما أنت ملبس عليه بقوة المجادلة

وأما العامي إذا صرف عن الحق بنوع جدل يمكن أن يرد إليه بمثله قبل أن يشتد التعصب للأهواء فإذا اشتد تعصبهم وقع اليأس منهم إذ التعصب سبب يرسخ العقائد في النفوس وهو من آفات علماء السوء فإنهم يبالغون في التعصب للحق وينظرون إلى المخالفين بعين الازدراء والاستحقار فتنبعث منهم الدعوى بالمكافأة والمقابلة والمعاملة وتتوفر بواعثهم على طلب نصرة الباطل ويقوى غرضهم في التمسك بما نسبوا إليه ولو جاءوا من جانب اللطف والرحمة والنصح في الخلوة لا في معرض التعصب والتحقير لا نجحوا فيه ولكن لما كان الجاه لا يقوم إلا بالاستتباع ولا يستميل الأتباع مثل التعصب واللعن والشتم للخصوم اتخذوا التعصب عادتهم وآلتهم وسموه ذبا عن الدين ونضالا عن المسلمين وفيه على التحقيق هلاك الخلق ورسوخ البدعة

في النفوس
وأما الخلافيات التي أحدثت في هذه الأعصار المتأخرة وأبدع فيها من التحريرات والتصنيفات والمجادلات ما لم يعهد مثلها في السلف فإياك وأن تحوم حولها واجتنبها اجتناب السم القاتل فإنها الداء العضال وهو الذي رد الفقهاء كلهم إلى طلب المنافسة والمباهاة على ما سيأتيك تفصيل غوائلها وآفاتها
وهذا الكلام ربما يسمع من قائله فيقال الناس أعداء ما جهلوا فلا تظن ذلك فعلى الخبير سقطت
فاقبل هذه النصيحة ممن ضيع العمر فيه زمانا وزاد فيه على الأولين تصنيفا وتحقيقا وجدلا وبيانا ثم ألهمه اللـه رشده وأطلعه على عيبه فهجره واشتغل بنفسه فلا يغرنك قول من يقول الفتوى عماد الشرع ولا يعرف علله إلا بعلم الخلاف فإن علل المذهب مذكورة في المذهب والزيادة عليها مجادلات لم يعرفها الأولون ولا الصحابة وكانوا أعلم بعلل الفتاوى من غيرهم بل هي مع أنها غير مفيدة في علم المذهب ضارة مفسدة لذوق الفقه فإن الذي يشهد له حدس المفتي إذا صح ذوقه في الفقه لا يمكن تمشيته على شروط الجدل في أكثر الأمر فمن ألف طبعه رسوم الجدل أذعن ذهنه لمقتضيات الجدل وجبن عن الإذعان لذوق الفقه وإنما يشتغل به من يشتغل لطلب الصيت والجاه ويتعلل بأنه يطلب علل المذهب وقد ينقضي عليه العمر ولا تنصرف همته إلى علم المذهب فكن من شياطين الجن في أمان واحترز من شياطين الإنس فإنهم أراحوا شياطين الجن من التعب في الإغواء والإضلال وبالجملة فالمرضى عند العقلاء أن تقدر نفسك في العالم وحدك مع اللـه وبين يديك الموت والعرض والحساب والجنة والنار وتأمل فيما يعنيك مما بين يديك ودع عنك ما سواه والسلام
وقد رأى بعض الشيوخ بعض العلماء في المنام فقال له ما خبر تلك العلوم التي كنت تجادل فيها وتناظر عليها فبسط يده ونفخ فيها وقال طاحت كلها هباء منثورا وما انتفعت إلا بركعتين خلصتا لي في جوف الليل
وفي الحديث ما ضل قوم بعد هدى كانوا عليه إلا أوتوا الجدل حديث ما ضل قوم بعد هدي كانوا عليه إلا أوتوا الجدل رواه الترمذي وابن ماجه من حديث أبي أمامة قال الترمذي حسن صحيح ثم قرأ ما ضربوه لك إلا جدلا بل هم قوم خصمون وفي الحديث في معنى قوله تعالى ﴿ فأما الذين في قلوبهم زيغ ﴾ الآية هم أهل الجدل الذين عناهم اللـه بقوله تعالى فاحذرهم حديث هم أهل الجدل الذين عنى اللـه بقوله فاحذرهم متفق عليه من حديث عائشة وقال بعض السلف يكون في آخر الزمان قوم يغلق عليهم باب العمل ويفتح لهم باب الجدل
وفي بعض الأخبار إنكم في زمان ألهمتم فيه العمل وسيأتي قوم يلهمون الجدل حديث إنكم في زمان ألهمتم فيه العمل وسيأتي قوم يلهمون الجدل لم أجده وفي الخبر المشهور أبغض الخلق إلى اللـه تعالى الألد الخصم حديث أبغض الخلق إلى اللـه الألد الخصم

متفق عليه من حديث عائشة وفي الخبر ما أتى قوم المنطق إلا منعوا العمل حديث ما أوتي قوم المنطق إلا منعوا العمل لم أجد له أصلا و الله أعلم

الباب الرابع في سبب إقبال الخلق على علم الخلاف وتفصيل آفات

المناظرة والجدل وشروط إباحتها

اعلم أن الخلافة بعد رسول الله صلى الله عليه وسلم تولاها الخلفاء الراشدون المهديون وكانوا أئمة علماء بالله تعالى فقهاء في أحكامه وكانوا مستقلين بالفتاوى في الأقضية فكانوا لا يستعينون بالفقهاء إلا نادرا في وقائع لا يستغنى فيها عن المشاورة فتفرغ العلماء لعلم الآخرة وتجردوا لها وكانوا يتدافعون الفتاوى وما يتعلق بأحكام الخلق من الدنيا وأقبلوا على الله تعالى بكنه اجتهادهم كما نقل من سيرهم فلما أفضت الخلافة بعدهم إلى أقوام تولوها

بغير استحقاق ولا استقلال بعلم الفتاوى والأحكام اضطروا إلى الاستعانة بالفقهاء وإلى استصحابهم في جميع أحوالهم لاستفتائهم في مجاري أحكامهم وكان قد بقي من علماء التابعين من هو مستمر على الطراز الأول وملازم صفو الدين ومواظب على سمت علماء السلف فكانوا إذا طلبوا هربوا وأعرضوا فاضطر الخلفاء إلى الإلحاح في طلبهم لتولية القضاء والحكومات فرأى أهل تلك الأعصار عز العلماء وإقبال الأئمة والولاة عليهم مع إعراضهم عنهم فاشرأبوا لطلب العلم توصلا إلى نيل العز ودرك الجاه من قبل الولاة فأكبوا على علم الفتاوى وعرضوا أنفسهم على الولاة وتعرفوا إليهم وطلبوا الولايات والصلات منهم فمنهم من حرم ومنهم من أنجح والمنجح لم يخل من ذل الطلب ومهانة الابتذال فأصبح الفقهاء بعد أن كانوا مطلوبين طالبين وبعد أن كانوا أعزة بالإعراض عن السلاطين أذلة بالإقبال عليهم إلا من وفقه الله تعالى في كل عصر من علماء دين الله وقد كان أكثر الإقبال في تلك الأعصار على علم الفتاوى والأقضية لشدة الحاجة إليها في الولايات والحكومات ثم ظهر بعدهم من الصدور والأمراء من يسمع مقالات الناس في قواعد العقائد ومالت نفسه إلى سماع الحجج فيها فعلمت رغبته إلى المناظرة والمجادلة في الكلام فأكب الناس على علم الكلام وأكثروا فيه التصانيف ورتبوا فيه طرق المجادلات واستخرجوا فنون المناقضات في المقالات وزعموا أن غرضهم الذب عن دين الله والنضال عن السنة وقمع المبتدعة كما زعم من قبلهم أن غرضهم بالاشتغال بالفتاوى الدين وتقلد أحكام المسلمين إشفاقا على خلق الله ونصيحة لهم

ثم ظهر بعد ذلك من الصدور من لم يستصوب الخوض في الكلام وفتح باب المناظرة فيه لما كان قد تولد من فتح بابه من التعصبات الفاحشة والخصومات الفاشية المفضية إلى إهراق الدماء وتخريب البلاد ومالت نفسه إلى المناظرة في الفقه وبيان الأولى من مذهب الشافعي وأبي حنيفة رضي الله عنهما على الخصوص فترك الناس الكلام وفنون العلم وانثالوا على المسائل الخلافية بين الشافعي وأبي حنيفة على الخصوص وتساهلوا في الخلاف مع مالك وسفيان وأحمد رحمهم الله تعالى وغيرهم وزعموا أن غرضهم استنباط دقائق الشرع وتقرير علل المذهب وتمهيد أصول الفتاوى وأكثروا فيها التصانيف والاستنباطات ورتبوا فيها أنواع المجادلات والتصنيفات وهم مستمرون عليه إلى الآن ولسنا ندري ما الذي يحدث الله فيما بعدنا من الأعصار فهذا هو الباعث على الإكباب على الخلافيات والمناظرات لا غير ولو مالت نفوس أرباب الدنيا إلى الخلاف مع إمام آخر من الأئمة أو إلى علم آخر من العلوم لمالوا أيضا معهم ولم يسكنوا عن التعلل بأن ما اشتغلوا به هو علم الدين وأن لا مطلب لهم سوى التقرب إلى رب العالمين

بيان التلبيس في تشبيه هذه المناظرات بمشاورات الصحابة ومفاوضات

السلف

اعلم أن هؤلاء قد يستدرجون الناس إلى ذلك بأن غرضنا من المناظرات المباحثة عن الحق ليتضح فإن الحق مطلوب والتعاون على النظر في العلم وتوارد الخواطر مفيد ومؤثر هكذا كان عادة الصحابة رضي الله عنهم في مشاوراتهم كتشاورهم في مسألة الجد والأخوة وحد شرب الخمر ووجوب الغرم على الإمام إذا أخطأ كما تقل من إجهاض المرأة جنينها خوفا من عمر رضي الله عنه وكما نقل من مسائل الفرائض وغيرها وما نقل عن الشافعي وأحمد ومحمد بن الحسن ومالك وأبي يوسف وغيرهم من العلماء رحمهم الله تعالى ويطلعك على هذا التلبيس ما أذكره وهو أن التعاون على طلب الحق من الدين ولكن له شروط وعلامات ثمان الأول أن لا يشتغل به وهو من

فروض الكفايات من لم يتفرغ من فروض الأعيان ومن عليه فرض عين فاشتغل بفرض كفاية وزعم أن مقصده الحق فهو كذاب

ومثاله من يترك الصلاة في نفسه ويتجرد في تحصيل الثياب ونسجها ويقول عرضي أستر عورة من يصلي عريانا ولا يجد ثوبا فإن ذلك ربما يتفق ووقوعه ممكن كما يزعم الفقيه أن وقوع النوادر التي عنها البحث في الخلاف ممكن

والمشتغلون بالمناظرة مهملون لأمور هي فرض عين بالاتفاق ومن توجه عليه رد وديعة في الحال فقام وأحرم بالصلاة التي هي أقرب القربات إلى الله تعالى عصى به فلا يكفي في كون الشخص مطيعا كون فعله من جنس الطاعات ما لم يراع فيه الوقت والشروط والترتيب

الثاني أن لا يرى فرض كفاية أهم من المناظرة فإن رأى ما هو أهم وفعل غيره عصى بفعله وكان مثاله مثال من يرى جماعة من العطاش أشرفوا على الهلاك وقد أهملهم الناس وهو قادر على إحيائهم بأن يسقيهم الماء فاشتغل بتعلم الحجامة وزعم أنه من فروض الكفايات ولو خلا البلد عنها لهلك الناس وإذا قيل له في البلد جماعة من الحجامين وفيهم غنية فيقول هذا لا يخرج هذا الفعل عن كونه فرض كفاية

فحال من يفعل هذا ويهمل الاشتغال بالواقعة الملمة بجماعة العطاش من المسلمين كحال المشتغل بالمناظرة وفي البلد فروض كفايات مهملة لا قائم بها فأما الفتوى فقد قام بها جماعة ولا يخلو بلد من جملة الفروض المهملة ولا يلتفت الفقهاء إليها وأقربها الطب إذ لا يوجد في أكثر البلاد طبيب مسلم يجوز اعتماد شهادته فيما يعول فيه على قول الطبيب شرعا ولا يرغب أحد من الفقهاء في الاشتغال به وكذا الأمر بالمعروف والنهي عن المنكر فهو من فروض الكفايات وربما يكون المناظر في مجلس مناظرته مشاهدا للحرير ملبوسا ومفروشا وهو ساكت ويناظر في مسألة لا يتفق وقوعها قط وإن وقعت قام بها جماعة من الفقهاء ثم يزعم أنه يريد أن يتقرب إلى الله تعالى بفروض الكفايات

وقد روى أنس رضي الله عنه أنه قيل يا رسول الله متى يترك الأمر بالمعروف والنهي عن المنكر فقال عليه السلام إذا ظهرت المداهنة في خياركم والفاحشة في شراركم وتحول الملك في صغاركم والفقه في أراذلكم حديث أنس قيل يا رسول الله متى يترك الأمر بالمعروف والنهي عن المنكر الحديث أخرجه ابن ماجه بإسناد حسن

الثالث أن يكون المناظر مجتهدا يفتي برأيه لا بمذهب الشافعي وأبي حنيفة وغيرهما حتى إذا ظهر له الحق من مذهب أبي حنيفة ترك ما يوافق رأي الشافعي وأفتى بما ظهر له كما كان يفعله الصحابة رضي الله عنهم والأئمة

فأما من ليس له رتبة الاجتهاد وهو حكم كل أهل العصر وإنما يفتي فيما يسأل عنه ناقلا عن مذهب صاحبه فلو ظهر له ضعف مذهبه لم يجز له أن يتركه فأي فائدة له في المناظرة ومذهبه معلوم وليس له الفتوى بغيره وما يشكل عليه يلزمه أن يقول لعل عند صاحب مذهبي جوابا عن هذا فإني لست مستقلا بالاجتهاد في أصل الشرع ولو كانت مباحثته عن المسائل التي فيها وجهان أو قولان لصاحبه لكان أشبه فإنه ربما يفتي بأحدهما فيستفيد من البحث ميلا إلى أحد الجانبين ولا يرى المناظرات جارية فيها قط بل ربما ترك المسألة التي فيها وجهان أو قولان وطلب مسألة يكون الخلاف فيها مبتوتا

الرابع أن لا يناظر إلا في مسألة واقعة أو قريبة الوقوع غالبا فإن الصحابة رضي الله عنهم ما تشاوروا إلا فيما تجدد من الوقائع أو ما يغلب وقوعه كالفرائض ولا نرى المناظرين يهتمون بانتقاد المسائل التي تعم البلوى بالفتوى فيها بل يطلبون الطبوليات التي تسمع فيتسع مجال الجدل فيها كيفما كان الأمر

وربما يتركون ما يكثر وقوعه ويقولون هذه مسألة خبرية أو هي من الزوايا وليست من الطبوليات فمن العجائب أن يكون المطلب هو الحق ثم يتركون المسألة لأنها خبرية ومدرك الحق فيها هو الإخبار أو لأنها ليست من الطبول فلا نطول فيها الكلام

والمقصود في الحق أن يقصر الكلام ويبلغ الغاية على القرب لا أن يطول

الخامس أن تكون المناظرة في الخلوة أحب إليه وأهم من المحافل وبين أظهر الأكابر والسلاطين فإن الخلوة أجمع للفهم وأحرى بصفاء الذهن والفكر ودرك الحق وفي حضور الجمع ما يحرك دواعي الرياء ويوجب الحرص على نصرة كل واحد نفسه محقا كان أو مبطلا وأنت تعلم أن حرصهم على المحافل والمجامع ليس لله وأن الواحد منهم يخلو بصاحبه مدة طويلة فلا يكلمه وربما يقترح عليه فلا يجيب وإذا ظهر مقدم أو انتظم مجمع لم يغادر في قوس الاحتيال منزعا حتى يكون هو المتخصص بالكلام

السادس أن يكون في طلب الحق كناشد ضالة لا يفرق بين أن تظهر الضالة على يده أو على يد من يعاونه ويرى رفيقه معينا لا خصما ويشكره إذا عرفه الخطأ وأظهر له الحق كما لو أخذ طريقا في طلب ضالته فنبهه صاحبه على ضالته في طريق آخر فإنه كان يشكره ولا يذمه ويكرمه ويفرح به فهكذا كانت مشاورات الصحابة رضي الله عنهم حتى أن امرأة ردت على عمر رضي الله عنه ونبهته على الحق وهو في خطبته على ملإ من الناس فقال أصابت امرأة وأخطأ رجل

وسأل رجل عليا رضي الله عنه فأجابه فقال ليس كذلك يا أمير المؤمنين ولكن كذا كذا فقال أصبت وأخطأت وفوق كل ذي علم عليم

واستدرك ابن مسعود على أبي موسى الأشعري رضي الله عنهما فقال أبو موسى لا تسألوني عن شيء وهذا الحبر بين أظهركم

وذلك لما سئل أبو موسى عن رجل قاتل في سبيل الله فقتل فقال هو في الجنة وكان أمير الكوفة فقام ابن مسعود فقال أعده على الأمير فلعله لم يفهم فأعادوا عليه فأعاد الجواب فقال ابن مسعود وأنا أقول إن قتل فأصاب الحق فهو في الجنة فقال أبو موسى الحق ما قال وهكذا يكون إنصاف طلب الحق ولو ذكر مثل هذا الآن لأقل فقيه لأنكره واستبعده وقال لا يحتاج إلى أن يقال أصاب الحق فإن ذلك معلوم لكل أحد

فانظر إلى مناظري زمانك اليوم كيف يسود وجه أحدهم إذا اتضح الحق على لسان خصمه وكيف يخجل به وكيف يجهد في مجاحدته بأقصى قدرته وكيف يذم من أفحمه طول عمره ثم لا يستحي من تشبيه نفسه بالصحابة رضي الله عنهم في تعاونهم على النظر في الحق السابع أن لا يمنع معينه في النظر من الانتقال من دليل إلى دليل ومن إشكال إلى إشكال فهكذا كانت مناظرات السلف ويخرج من كلامه جميع دقائق الجدل

المبتدعة فيما له وعليه كقوله هذا لا يلزمني ذكره وهذا يناقض كلامك الأول فلا يقبل منك فإن الرجوع إلى الحق مناقض للباطل ويجب قبوله

وأنت ترى أن جميع المجالس تنقضي في المدافعات والمجادلات حتى يقيس المستدل على أصل بعلة يظنها فيقال له ما الدليل على أن الحكم في الأصل معلل بهذه العلة فيقول هذا ما ظهر لي فإن ظهر لك ما هو أوضح منه وأولى فاذكره حتى أنظر فيه

فيصر المعترض ويقول فيه معان سوى ما ذكرته وقد عرفتها ولا أذكرها إذ لا يلزمني ذكرها ويقول المستدل عليك إيراد ما تدعيه وراء هذا ويصر المعترض على أنه لا يلزمه ويتوخى مجالس المناظرة بهذا الجنس من السؤال وأمثاله ولا يعرف هذا المسكين أن قوله إني أعرفه ولا أذكره إذ لا يلزمني كذب على الشرع فإنه إن كان لا يعرف معناه وإنما يدعيه ليعجز خصمه فهو فاسق كذاب عصى الله تعالى وتعرض لسخطه بدعواه معرفة هو خال عنها وإن كان صادقا فقد فسق بإخفائه ما عرفه من أمر الشرع

وقد سأله أخوه المسلم ليفهمه وينظر فيه فإن كان قويا رجع إليه وإن كان ضعيفا أظهر له ضعفه وأخرجه عن ظلمة الجهل إلى نور العلم

ولا خلاف أن إظهار

ما علم من علوم الدين بعد السؤال عنه واجب لازم فمعنى قوله لا يلزمني أي في شرع الجدل الذي أبدعناه بحكم التشهي والرغبة في طريق الاحتيال والمصارعة بالكلام لا يلزمني وإلا فهو لازم بالشرع فإنه بامتناعه عن الذكر إما كاذب وإما فاسق فتفحص عن مشاورات الصحابة ومفاوضات السلف رضي الله عنهم هل سمعت فيها ما يضاهي هذا الجنس وهل منع أحد من الانتقال من دليل إلى دليل ومن قياس إلى أثر ومن خبر إلى آية بل جميع مناظراتهم من هذا الجنس إذ كانوا يذكرون كل ما يخطر لهم كما يخطر وكانوا ينظرون فيه

الثامن أن يناظر من يتوقع الاستفادة منه ممن هو مشتغل بالعلم

والغالب أنهم يحترزون من مناظرة الفحول والأكابر خوفا من ظهور الحق على ألسنتهم فيرغبون فيمن دونهم طمعا في ترويج الباطل عليهم ووراء هذه شروط دقيقة كثيرة ولكن في هذه الشروط الثمانية ما يهديك إلى من يناظر لله ومن يناظر لعلة

واعلم بالجملة أن من لا يناظر الشيطان وهو مستول على قلبه وهو أعدى عدو له ولا يزال يدعوه إلى هلاكه ثم يشتغل بمناظرة غيره في المسائل التي المجتهد فيها مصيب أو مساهم للمصيب في الأجر فهو ضحكة الشيطان وعبرة للمخلصين ولذلك شمت الشيطان به لما غمسه فيه من ظلمات الآفات التي نعددها ونذكر تفاصيلها فنسأل الله حسن العون والتوفيق

بيان آفات المناظرة وما يتولد منها من مهلكات الأخلاق

اعلم وتحقق أن المناظرة الموضوعة لقصد الغلبة والإفحام وإظهار الفضل والشرف والتشدق عند الناس وقصد المباهاة والمماراة واستمالة وجوه الناس هي منبع جميع الأخلاق المذمومة عند الله المحمودة عند عدو الله إبليس

ونسبتها إلى الفواحش الباطنة من الكبر والعجب والحسد والمنافسة وتزكية النفس وحب الجاه وغيرها كنسبة شرب الخمر إلى الفواحش الظاهرة من الزنا والقذف والقتل والسرقة

وكما أن الذي خير بين الشرب والفواحش وسائر الفواحش استصغر الشرب فأقدم عليه فدعاه ذلك إلى ارتكاب بقية الفواحش في سكره فكذلك من غلب عليه حب الإفحام والغلبة في المناظرة وطلب الجاه والمباهاة دعاه ذلك إلى إضمار الخبائث كلها في النفس وهيج فيه جميع الأخلاق المذمومة

وهذه الأخلاق ستأتي أدلة مذمتها من الأخبار والآيات في ربع المهلكات

ولكنا نشير الآن إلى مجامع ما تهيجه المناظرة فمنها الحسد وقد قال رسول الله صلى الله عليه وسلم الحسد يأكل الحسنات كما تأكل النار الحطب حديث الحسد يأكل الحسنات كما تأكل النار الحطب أخرجه أبو داود من حديث

أبي هريرة وقال البخاري لا يصح وهو عند ابن ماجه من حديث أنس بإسناد ضعيف وفي تاريخ بغداد بإسناد حسن ولا ينفك المناظر عن الحسد فإنه تارة يغلب وتارة يغلب وتارة يحمد كلامه وأخرى يحمد كلام غيره فما دام يبقى في الدنيا واحد يذكره بقوة العلم والنظر أو يظن أنه أحسن منه كلاما وأقوى نظرا فلا بد أن يحسده ويحب زوال النعم عنه وانصراف القلوب والوجوه عنه إليه

والحسد نار محرقة فمن بلى به فهو في العذاب في الدنيا ولعذاب الآخرة أشد وأعظم ولذلك قال ابن عباس رضي اللـه عنهما خذوا العلم حيث وجدتموه ولا تقبلوا قول الفقهاء بعضهم على بعض فإنهم يتغايرون كما تتغاير التيوس في الزريبة

ومنها التكبر والترفع على الناس فقد قال صلى اللـه عليه وسلم من تكبر وضعه اللـه ومن تواضع رفعه اللـه حديث من تكبر وضعه اللـه الحديث أخرجه الخطيب من حديث عمر بإسناد صحيح وقال غريب من حديث الثوري ولابن ماجه نحوه من حديث أبي سعيد بسند حسن وقال صلى اللـه عليه وسلم حكاية عن اللـه تعالى العظمة إزاري والكبرياء ردائي فمن نازعني فيهما قصمته حديث الكبرياء ردائي والعظمة إزاري الحديث أخرجه أبو داود وابن ماجه وابن حبان من حديث أبي هريرة وهو عند مسلم بلفظ الكبرياء رداؤه من حديث أبي هريرة وأبي سعيد ولا ينفك المناظر عن التكبر على

الأقران والأمثال والترفع إلى فوق قدره حتى إنهم ليتقاتلون على مجلس من المجالس يتنافسون فيه في الارتفاع والانخفاض والقرب من وسادة الصدر والبعد منها والتقدم في الدخول عند مضايق الطرق وربما يتعلل الغبي والمكار الخداع منهم بأنه يبغي صيانة عز العلم وأن المؤمن منهي عن الإذلال لنفسه حديث نهى المؤمن عن إذلال نفسه أخرجه الترمذي وصححه وابن ماجه من حديث حذيفة لا ينبغي للمؤمن أن يذل نفسه فتعبر عن التواضع الذي أثنى الـلـه عليه وسائر أنبيائه بالذل وعن التكبر الممقوت عند الـلـه بعز الدين تحريفا للاسم وإضلالا للخلق به كما فعل في اسم الحكمة والعلم وغيرهما

ومنها الحقد فلا يكاد المناظر يخلو عنه

وقد قال صلى الـلـه عليه وسلم المؤمن ليس بحقود حديث المؤمن ليس بحقود لم أقف له على أصل وورد في ذم الحقد ما لا يخفى

ولا ترى مناظرا يقدر على أن لا يضمر حقدا على من يحرك رأسه من كلام خصمه ويتوقف في كلامه فلا يقابله بحسن الإصغاء بل يضطر إذا شاهد ذلك إلى إضمار الحقد وتربيته في نفسه وغاية تماسكه الإخفاء بالنفاق ويترشح منه إلى الظاهر لا محالة في غالب الأمر

وكيف ينفك عن هذا ولا يتصور اتفاق جميع المستمعين على ترجيح كلامه واستحسان جميع أحواله في إيراده وإصداره بل لو صدر من خصمه أدنى سبب فيه قلة مبالاة بكلامه انغرس في صدره حقد لا يقلعه مدى الدهر إلى آخر العمر

ومنها الغيبة وقد شبهها الـلـه بأكل الميتة ولا يزال المناظر مثابرا على أكل الميتة فإنه لا ينفك عن حكاية كلام خصمه ومذمته وغاية تحفظه أن يصدق فيما يحكيه عليه ولا يكذب في الحكاية عنه فيحكي عنه لا محالة ما يدل على قصور كلامه وعجزه ونقصان فضله وهو الغيبة فأما الكذب فبهتان وكذلك لا يقدر على أن يحفظ لسانه عن التعرض لعرض من يعرض عن كلامه ويصغي إلى خصمه ويقبل عليه حتى ينسبه إلى الجهل والحماقة وقلة الفهم والبلادة

ومنها تزكية النفس قال الـلـه سبحانه وتعالى فلا تزكوا أنفسكم هو أعلم بمن اتقى وقيل لحكيم ما الصدق القبيح فقال ثناء المرء على نفسه

ولا يخلو المناظر من الثناء على نفسه بالقوة والغلبة والتقدم على الأقران ولا ينفك في أثناء المناظرة عن قوله لست ممن يخفى عليه أمثال هذه الأمور وأنا المتفنن في العلوم والمستقل بالأصول وحفظ الأحاديث وغير ذلك مما يتمدح به تارة على سبيل الصلف وتارة للحاجة إلى ترويج كلامه

ومعلوم أن الصلف والتمدح مذمومان شرعا وعقلا ومنها التجسس وتتبع عورات الناس وقد قال تعالى ولا تجسسوا والمناظر لا ينفك عن طلب عثرات أقرانه وتتبع عورات خصومه حتى إنه ليخبر بورود مناظر إلى بلده فيطلب من يخبر بواطن أحواله ويستخرج بالسؤال مقابحه حتى يعدها ذخيرة لنفسه في إفضاحه وتخجيله إذا مست إليه حاجة حتى إنه ليستكشف عن أحوال صباه وعن عيوب بدنه فعساه يعثر على هفوة أو على عيب به من قرع أو غيره ثم إذا أحس بأدنى غلبة من جهته عرض به إن كان متماسكا ويستحسن ذلك منه ويعد من لطائف التسبب ولا يمتنع عن الإفصاح به إن كان متبجحا بالسفاهة والاستهزاء كما حكى عن قوم من أكابر المناظرين المعدودين من فحولهم

ومنها الفرح لمساءة الناس والغم لمسارهم ومن لا يحب لأخيه المسلم ما يحب لنفسه فهو بعيد من أخلاق المؤمنين فكل من طلب المباهاة بإظهار الفضل يسره لا محالة ما يسوء أقرانه وأشكاله الذين يسامونه في الفضل ويكون التباغض بينهم كما بين الضرائر فكما أن إحدى الضرائر إذا رأت صاحبتها من بعيد ارتعدت فرائصها واصفر لونها فكذا ترى المناظر إذا رأى مناظرا تغير لونه واضطرب عليه فكره فكأنه يشاهد شيطانا ماردا أو سبعا ضاريا فأين الاستئناس والاسترواح الذي كان يجري بين علماء الدين عند اللقاء وما نقل عنهم من المؤاخاة والتناصر والتساهم في السراء

والضراء حتى قال الشافعي رضي اللـه عنه العلم بين أهل الفضل والعقل رحم متصل فلا أدري كيف يدعي الاقتداء بمذهبه جماعة صار العلم بينهم عداوة قاطعة فهل يتصور أن ينسب الأنس بينهم مع طلب الغلبة والمباهاة هيهات هيهات وناهيك بالشر شرا أن يلزمك أخلاق المنافقين ويبرئك عن أخلاق المؤمنين والمتقين

ومنها النفاق فلا يحتاج إلى ذكر الشواهد في ذمه وهم مضطرون إليه فإنهم يلقون الخصوم ومحبيهم وأشياعهم ولا يجدون بدا من التودد إليهم باللسان وإظهار الشوق والاعتداد بمكانهم وأحوالهم ويعلم ذلك المخاطب والمخاطب وكل من يسمع منهم أن ذلك كذب وزور ونفاق وفجور فإنهم متوددون بالألسنة متباغضون بالقلوب نعوذ بالله العظيم منه فقد قال صلى اللـه عليه وسلم إذا تعلم الناس العلم وتركوا العمل وتحابوا بالألسن وتباغضوا بالقلوب وتقاطعوا في الأرحام لعنهم اللـه عند ذلك فأصمهم وأعمى أبصارهم حديث إذا تعلم الناس العلم وتركوا العمل وتحابوا بالألسن وتباغضوا بالقلوب الحديث أخرجه الطبراني من حديث سلمان بإسناد ضعيف رواه الحسن وقد صح ذلك بمشاهدة هذه الحالة

ومنها الاستكبار عن الحق وكراهته والحرص على المماراة فيه حتى إن أبغض شيء إلى المناظر أن يظهر على لسان خصمه الحق ومنهما ظهر تشمر لجحده وإنكاره بأقصى جهده وبذل غاية إمكانه في المخادعة والمكر والحيلة لدفعه حتى تصير المماراة فيه عادة طبيعية فلا يسمع كلاما إلا وينبعث من طبعه داعية الاعتراض عليه حتى يغلب ذلك على قلبه في أدلة القرآن وألفاظ الشرع فيضرب البعض منها بالبعض والمراء في مقابلة الباطل محذور إذ ندب رسول اللـه صلى اللـه عليه وسلم إلى ترك المراء بالحق على الباطل

قال صلى اللـه عليه وسلم من ترك المراء وهو مبطل بنى اللـه له بيتا في ربض الجنة ومن ترك المراء وهو محق بنى اللـه له بيتا في أعلى الجنة حديث من ترك المراء وهو مبطل الحديث أخرجه الترمذي وابن ماجه من حديث أنس مع اختلاف قال الترمذي حسن وقد سوى اللـه تعالى بين من افترى على اللـه كذبا وبين من كذب بالحق فقال تعالى ومن أظلم ممن افترى على اللـه كذبا أو كذب بالحق لما جاءه وقال تعالى فمن أظلم ممن كذب على اللـه وكذب بالصدق إذ جاءه ومنها الرياء وملاحظة الخلق والجهد في استمالة قلوبهم وصرف وجوههم

والرياء هو الداء العضال الذي يدعو إلى أكبر الكبائر كما سيأتي في كتاب الرياء والمناظر لا يقصد إلا الظهور عند الخلق وانطلاق ألسنتهم بالثناء عليه فهذه عشر خصال من أمهات الفواحش الباطنة سوى ما يتفق لغير المتماسكين منهم من الخصام المؤدي إلى الضرب واللكم واللطم وتمزيق الثياب والأخذ باللحى وسب الوالدين وشتم الأستاذين والقذف الصريح فإن أولئك ليسوا معدودين في زمرة الناس المعتبرين وإنما الأكابر والعقلاء منهم هم الذين لا ينفكون عن هذه الخصال العشر نعم قد يسلم بعضهم من بعضها مع من هو ظاهر الانحطاط

عنه أو ظاهر الارتفاع عليه أو هو بعيد عن بلده وأسباب معيشته ولا ينفك أحد منهم عنه مع أشكاله المقارنين له في الدرجة

ثم يتشعب من كل واحدة من هذه الخصال العشر عشر أخرى من الرذائل لم نطول بذكرها وتفصيل آحادها مثل الأنفة والغضب والبغضاء والطمع وحب طلب المال والجاه للتمكن من الغلبة والمباهاة والأشر والبطر وتعظيم الأغنياء والسلاطين والتردد إليهم والأخذ من حرامهم والتجمل بالخيول والمراكب والثياب المحظورة والاستحقار للناس بالفخر والخيلاء والخوض فيما لا يعني وكثرة الكلام وخروج الخشية والخوف والرحمة من القلب واستيلاء الغفلة عليه حتى لا يدري المصلي منهم في صلاته ما صلى وما الذي يقرأ ومن الذي يناجيه ولايحس بالخشوع من قلبه مع استغراق العمر في العلوم التي تعين في المناظرة مع أنها لا تنفع في الآخرة من تحسين العبارة وتسجيع اللفظ

وحفظ النوادر إلى غير ذلك من أمور لا تحصى

والمناظرون يتفاوتون فيها على حسب درجاتهم ولهم درجات شتى ولا ينفك أعظمهم دينا وأكثرهم عقلا عن جمل من مواد هذه الأخلاق وإنما غايته إخفاؤها ومجاهدة النفس بها

واعلم أن هذه الرذائل لازمة للمشتغل بالتذكير والوعظ أيضا إذا كان قصده طلب القبول وإقامة الجاه ونيل الثروة والعزة وهي لازمة أيضا للمشتغل بعلم المذهب والفتاوى إذا كان قصده طلب القضاء وولاية الأوقاف والتقدم على الأقران

وبالجملة هي لازمة لكل من يطلب بالعلم غير ثواب الله تعالى في الآخرة فالعلم لا يهمل العالم بل يهلكه هلاك الأبد أو يحييه حياة الأبد ولذلك قال صلى الله عليه وسلم أشد الناس عذابا يوم القيامة عالم لا ينفعه الله بعلمه فلقد ضره مع أنه لم ينفعه وليته نجا منه رأسا برأس وهيهات هيهات فخطر العلم عظيم وطالبه طلب الملك المؤبد والنعيم السرمد فلا ينفك عن الملك أو الهلك وهو كطالب الملك في الدنيا فإن لم يتفق له الإصابة في الأموال لم يطمع في السلامة من الإذلال بل لا بد من لزوم أفضح الأحوال فإن قلت في الرخصة في المناظرة فائدة وهي ترغيب الناس في طلب العلم إذ لولا حب الرياسة لاندرست العلوم فقد صدقت فيما ذكرته من وجه ولكنه غير مفيد إذ لولا الوعد بالكرة والصولجان واللعب بالعصافير ما رغب الصبيان في المكتب وذلك لا يدل على أن الرغبة فيه محمودة ولولا حب الرياسة لاندرس العلم

ولا يدل ذلك على أن طالب الرياسة ناج بل هو من الذين قال صلى الله عليه وسلم فيهم إن الله ليؤيد هذا الدين بأقوام لا خلاق لهم حديث إن الله يؤيد هذا الدين بأقوام لا خلاق لهم أخرجه النسائي من حديث أنس بإسناد صحيح وقال صلى الله عليه وسلم إن الله ليؤيد هذا الدين بالرجل الفاجر حديث إن الله يؤيد هذا الدين بالرجل الفاجر متفق عليه من حديث أبي هريرة فطالب الرياسة في نفسه هالك وقد يصلح بسببه غيره إن كان يدعو إلى ترك الدنيا وذلك فيمن كان ظاهر حاله في ظاهر الأمر ظاهر حال علماء السلف ولكنه يضمر قصد الجاه فمثاله مثال الشمع الذي يحترق في نفسه ويستضيء به غيره فصلاح غيره في هلاكه فأما إذا كان يدعو إلى طلب الدنيا فمثاله مثال النار المحرقة التي تأكل نفسها وغيرها

فالعلماء ثلاثة إما مهلك نفسه وغيره وهم المصرحون بطلب الدنيا والمقبلون عليها وإما مسعد نفسه وغيره وهم الداعون الخلق إلى الله سبحانه ظاهرا وباطنا وإما مهلك نفسه مسعد غيره وهو الذي يدعو إلى الآخرة وقد رفض الدنيا في ظاهره وقصده في الباطن قبول الخلق وإقامة الجاه فانظر من أي الأقسام أنت ومن الذي اشتغلت بالاعتداد له فلا تظنن أن الله تعالى يقبل غير الخالص لوجهه تعالى من العلم والعمل وسيأتيك في كتاب الرياء بل في جميع ربع المهلكات ما ينفي عنك الريبة فيه إن شاء الله تعالى

الباب الخامس في آداب المتعلم والمعلم أما المتعلم فآدابه ووظائفه

الظاهرة كثيرة ولكن تنظم تفاريقها عشر جمل الوظيفة الأولى تقديم طهارة النفس عن رذائل الأخلاق ومذموم الأوصاف إذ العلم عبادة القلب وصلاة السر وقربة الباطن إلى الله تعالى وكما لا تصح الصلاة التي هي وظيفة الجوارح الظاهرة إلا بتطهير الظاهر عن الأحداث والأخباث فكذلك لا تصح عبادة الباطن وعمارة القلب بالعلم إلا بعد طهارته عن خبائث الأخلاق وأنجاس

الأوصاف
قال صلى الـلـه عليه وسلم بني الدين على النظافة حديث بني الدين على النظافة لم أجده هكذا وفي الضعفاء لابن حبان من حديث عائشة تنظفوا فإن الإسلام نظيف وللطبراني في الأوسط بسند ضعيف جدا من حديث ابن مسعود النظافة تدعو إلى الإيمان وهو كذلك باطنا وظاهرا قال الـلـه تعالى إنما المشركون نجس تنبيها للعقول على الطهارة والنجاسة غير مقصورة على الظواهر بالحس فالمشرك قد يكون نظيف الثوب مغسول البدن ولكنه نجس الجوهر أي باطنه ملطخ بالخبائث
والنجاسة عبارة عما يجتنب ويطلب البعد منه وخبائث صفات الباطن أهم بالاجتناب فإنها مع خبثها في الحال مهلكات في المآل
ولذلك قال صلى الـلـه عليه وسلم لا تدخل الملائكة بيتا فيه كلب حديث لا تدخل الملائكة بيتا فيه كلب متفق عليه من حديث أبي طلحة الأنصاري والقلب بيت هو منزل الملائكة ومهبط أثرهم ومحل استقرارهم والصفات الرديئة مثل والغضب والشهوة والحقد والحسد والكبر والعجب وأخواتها كلاب نابحة فأنى تدخله الملائكة وهو مشحون بالكلاب ونور العلم لا يقذفه الـلـه تعالى في القلب إلا بواسطة الملائكة وما كان لبشر أن يكلمه الـلـه إلا وحيا أو من وراء حجاب أو يرسل رسولا فيوحي بإذنه ما يشاء وهكذا ما يرسل من رحمة العلوم إلى القلوب إنما تتولاها الملائكة الموكلون بها وهم المقدسون المطهرون المبرءون عن الصفات المذمومات فلا يلاحظون إلا طيبا ولا يعمرون بما عندهم من خزائن رحمة الـلـه إلا طيبا طاهرا
ولست أقول المراد بلفظ البيت هو القلب وبالكلب هو الغضب والصفات المذمومة ولكني أقول هو تنبيه عليه وفرق بين تعبير الظواهر إلى البواطن وبين التنبيه للبواطن من ذكر الظواهر مع تقرير الظواهر ففارق الباطنية بهذه الدقيقة فإن هذه طريق الاعتبار وهو مسلك العلماء والأبرار إذ معنى الاعتبار أن يعبر ما ذكر إلى غيره فلا يقتصر عليه كما يرى العاقل مصيبة لغيره فيكون فيها له عبرة بأن يعبر منها إلى التنبه لكونه أيضا عرضة للمصائب وكون الدنيا بصدد الانقلاب فعبوره من غيره إلى نفسه ومن نفسه إلى أصل الدنيا عبرة محمودة فاعبر أنت أيضا من البيت الذي هو بناء الخلق إلى القلب الذي هو بيت من بناء الـلـه تعالى ومن الكلب الذي ذم لصفته لا لصورته وهو ما فيه من سبعية ونجاسة إلى الروح الكلبية وهي السبعية
واعلم أن القلب المشحون بالغضب والشره إلى الدنيا والتكلب عليها والحرص على التمزيق لأعراض الناس كلب في المعنى وقلب في الصورة فنور البصيرة يلاحظ المعاني لا الصور
والصور في هذا العالم غالبة على المعاني والمعاني باطنة فيها
وفي الآخرة تتبع الصور المعاني وتغلب المعاني

فلذلك يحشر كل شخص على صورته المعنوية فيحشر الممزق لأعراض الناس كلبا ضاريا والشره إلى أموالهم ذئبا عاديا والمتكبر عليهم في صورة نمر وطالب الرياسة في صورة أسد حديث حشر الممزق لأعراض الناس في صورة كلب ضار الحديث أخرجه الثعلبي في التفسير من حديث البراء بسند ضعيف وقد وردت بذلك الأخبار وشهد به الاعتبار عند ذوي البصائر والأبصار فإن قلت كم من طالب رديء الأخلاق حصل العلوم فهيهات ما أبعده عن العلم الحقيقي النافع في الآخرة الجالب للسعادة فإن من أوائل ذلك العلم أن يظهر له أن المعاصي سموم قاتلة مهلكة وهل رأيت من يتناول سما مع علمه بكونه سما قاتلا إنما الذي تسمعه من المترسمين حديث يلفقونه بألسنتهم مرة ويرددونه بقلوبهم أخرى وليس ذلك من العلم في شيء

قال ابن مسعود رضي الله عنه ليس العلم بكثرة الرواية إنما العلم نور يقذف في القلب

وقال بعضهم إنما العلم الخشية لقوله تعالى إنما يخشى الله من عباده العلماء وكأنه أشار إلى أخص ثمرات العلم

ولذلك قال بعض المحققين معنى قولهم تعلمنا العلم لغير الله فأبي العلم أن يكون إلا لله أن العلم أبي وامتنع علينا فلم تنكشف لنا حقيقته وإنما حصل لنا

حديثه وألفاظه فإن قلت أرى جماعة من العلماء والفقهاء المحققين برزوا في الفروع والأصول وعدوا من جملة الفحول وأخلاقهم ذميمة لم يتطهروا منها فيقال إذا عرفت مراتب العلوم وعرفت علم الآخرة استبان لك أن ما اشتغلوا به قليل الغناء من حيث كونه علما وإنما غناؤه من حيث كونه عملا لله تعالى إذا قصد به التقرب إلى الـلـه تعالى وقد سبقت إلى هذا إشارة

وسيأتيك فيه مزيد بيان وإيضاح إن شاء الـلـه تعالى

الوظيفة الثانية أن يقلل علائقه من الاشتغال بالدنيا ويبعد عن الأهل والوطن فإن العلائق شاغلة وصارفة ما جعل الـلـه لرجل من قلبين في جوفه ومهما توزعت الفكرة قصرت عن درك الحقائق ولذلك قيل العلم لا يعطيك بعضه حتى تعطيك كلك فإذا أعطيته كلك فأنت من إعطائه إياك بعضه على خطر والفكرة المتوزعة على أمور متفرقة كجدول تفرق ماؤه فنشفت الأرض بعضه واختطف الهواء بعضه فلا يبقى منه ما يجتمع ويبلغ المزدرع

الوظيفة الثالثة أن لا يتكبر على العلم ولا يتأمر على معلم بل يلقى إليه زمام أمره بالكلية في كل تفصيل ويذعن لنصيحته إذعان المريض الجاهل للطبيب المشفق الحاذق

وينبغي أن يتواضع لمعلمه ويطلب الثواب والشرف بخدمته

قال الشعبي صلى زيد بن ثابت على جنازة فقربت إليه بغلته ليركبها فجاء ابن عباس فأخذ بركابه فقال زيد خل عنه يا ابن عم رسول الـلـه صلى الـلـه عليه وسلم فقال ابن عباس هكذا أمرنا أن نفعل بالعلماء والكبراء فقبل زيد بن ثابت يده وقال هكذا أمرنا أن نفعل بأهل بيت نبينا صلى الـلـه عليه وسلم حديث أخذ ابن عباس بركاب زيد بن ثابت وقوله هكذا أمرنا أن نفعل بالعلماء أخرجه الطبراني والحاكم والبيهقي في المدخل إلا أنهم قالوا هكذا نفعل قال الحاكم صحيح الإسناد على شرط مسلم وقال صلى الـلـه عليه وسلم ليس من أخلاق المؤمن التملق إلا في طلب العلم حديث ليس من أخلاق المؤمن الملق إلا في طلب العلم أخرجه ابن عدي من حديث معاذ وأبي أمامة بإسنادين ضعيفين فلا ينبغي لطالب العلم أن يتكبر على المعلم ومن تكبره على المعلم أن يستنكف عن الاستفادة إلا من المرموقين المشهورين وهو عين الحماقة فإن العلم سبب النجاة والسعادة ومن يطلب مهربا من سبع ضار يفترسه لم يفرق بين أن يرشده إلى الهرب مشهور أو خامل وضراوة سباع النار بالجهال بالله تعالى أشد من ضراوة كل سبع فالحكمة ضالة المؤمن يغتنمها حيث يظفر بها ويتقلد المنة لمن ساقها إليه كائنا من كان فلذلك قيل

العلم حرب للفتى المتعالي

كالسيل حرب للمكان العالي

فلا ينال العلم إلا بالتواضع وإلقاء السمع قال الله تعالى ﴿ إن في ذلك لذكرى لمن كان له قلب أو ألقى السمع وهو شهيد ﴾ ومعنى كونه ذا قلب أن يكون قابلا للعلم فهما ثم لا تعينه القدرة على الفهم حتى يلقى السمع وهو شهيد حاضر القلب ليستقيل كل ما ألقى إليه بحسن الإصغاء والضراعة والشكر والفرح وقبول المنة

فليكن المتعلم لمعلمه كأرض دمثة نالت مطرا غزيرا فتشربت جميع أجزائها وأذعنت بالكلية لقبوله

ومهما أشار عليه المعلم بطريق في التعلم فليقلده وليدع رأيه فإن خطأ مرشده أنفع له من صوابه في نفسه إذ التجربة تطلع على دقائق يستغرب سماعها مع أنه يعظم نفعها فكم من مريض محرور يعالجه الطبيب في بعض أوقاته بالحرارة ليزيد في قوته إلى حد يحتمل صدمة العلاج فيعجب منه من لا خبرة له به وقد نبه الله تعالى بقصة الخضر وموسى عليهما السلام حيث قال الخضر ﴿ إنك لن تستطيع معي صبرا وكيف تصبر على ما لم تحط به خبرا ﴾ ثم شرط عليه السكوت والتسليم فقال ﴿ فإن اتبعتني فلا تسألني عن شيء حتى أحدث لك منه ذكرا ﴾ ثم لم يصبر ولم يزل في مراودته إلى أن كان ذلك سبب الفراق بينهما

وبالجملة كل متعلم استبقى لنفسه رأيا واختيارا

دون اختيار المعلم فاحكم عليه بالإخفاق والخسران

فإن قلت فقد قال الـلـه تعالى ﴿ فاسألوا أهل الذكر إن كنتم لا تعلمون ﴾ فالسؤال مأمور به فاعلم أنه كذلك ولكن فيما يأذن المعلم في السؤال عنه فإن السؤال عما لم تبلغ مرتبتك إلى فهمه مذموم ولذلك منع الخضر موسى عليه السلام من السؤال أي دع السؤال قبل أوانه فالمعلم أعلم بما أنت أهل له وبأوان الكشف وما لم يدخل أوان الكشف في كل درجة من مراقي الدرجات لا يدخل أوان السؤال عنه

وقد قال علي رضي الـلـه عنه إن من حق العالم أن لا تكثر عليه بالسؤال ولا تعنته في الجواب ولا تلح عليه إذا كسل ولا تأخذ بثوبه إذا نهض ولا تفشي له سرا ولا تغتابن أحدا عنده ولا تطلبن عثرته وإن زل قبلت معذرته وعليك أن توقره وتعظمه لله تعالى ما دام يحفظ أمر الـلـه تعالى ولا تجلس أمامه وإن كانت له حاجة سبقت القوم إلى خدمته

الوظيفه الرابعة أن يحترز الخائض في العلم في مبدأ الأمر عن الإصغاء إلى اختلاف الناس سواء كان ما خاض فيه من علوم الدنيا أو من علوم الآخرة فإن ذلك يدهش عقله ويحير ذهنه ويفتر رأيه ويؤيسه عن الإدراك والاطلاع بل ينبغي أن يتقن أولا الطريق الحميدة الواحدة المرضية عند أستاذه ثم بعد ذلك يصغي إلى المذاهب والشبه

وإن لم يكن أستاذه مستقلا باختيار رأي واحد وإنما عادته نقل المذاهب وما قيل فيها فليحذر منه فإن إضلاله أكثر من إرشاده فلا يصلح الأعمى لقود العميان وإرشادهم ومن هذا حاله يعد في عمى الحيرة وتيه الجهل ومنع المبتدىء عن الشبه يضاهي منع الحديث العهد بالإسلام عن مخالطة الكفار وندب القوى إلى النظر في الاختلافات يضاهي حث القوى على مخالطة الكفار ولهذا يمنع الجبان عن التهجم على صف الكفار ويندب الشجاع له

ومن الغفلة عن هذه الدقيقة ظن بعض الضعفاء أن الاقتداء بالأقوياء فيما ينقل عنهم من المساهلات جائز ولم يدر أن وظائف الأقوياء تخالف وظائف الضعفاء

وفي ذلك قال بعضهم من رآني في البداية صار صديقا ومن رآني في النهاية صار زنديقا إذ النهاية ترد الأعمال إلى الباطن وتسكن الجوارح إلا عن رواتب الفرائض فيتراءى للناظرين أنها بطالة وكسل وإهمال وهيهات فذلك مرابطة القلب في عين الشهود والحضور وملازمة الذكر الذي هو أفضل الأعمال على الدوام وتشبه الضعيف بالقوي فيما يرى من ظاهره أنه هفوة يضاهي اعتذار من يلقى نجاسة يسيرة في كوز ماء ويتعلل بأن أضعاف هذه النجاسة قد يلقى في البحر والبحر أعظم من الكوز فما جاز للبحر فهو للكوز أجوز

ولا يدري المسكين أن البحر بقوته يحيل النجاسة ماء فتنقلب عين النجاسة باستيلائه إلى صفته والقليل من النجاسة يغلب على الكوز ويحيله إلى صفته ولمثل هذا جوز للنبي صلى الله عليه وسلم ما لم يجوز لغيره حتى أبيح له تسع نسوة حديث أبيح له صلى الله عليه وسلم تسعة نسوة وهو معروف وفي الصحيحين من حديث ابن عباس كان عند النبي صلى الله عليه وسلم تسع الحديث إذ كان له من القوة ما يتعدى منه صفة العدل إلى نسائه وإن كثرن وأما غيره فلا يقدر على بعض العدل بل يتعدى ما بينهن من الضرار إليه حتى ينجر إلى معصية الله تعالى في طلبه رضاهن

فما أفلح من قاس الملائكة بالحدادين

الوظيفة الخامسة أن لا يدع طالب العلم فنا من العلوم المحمودة ولا نوعا من أنواعه إلا وينظر فيه نظرا يطلع به على مقصده وغايته ثم إن ساعده العمر طلب التبحر فيه وإلا اشتغل بالأهم منه واستوفاه وتطرف من البقية فإن العلوم متعاونة وبعضها مرتبط ببعض ويستفيد منه في الحال الانفكاك عن عداوة ذلك العلم بسبب

جهله فإن الناس أعداء ما جهلوا قال تعالى وإذا لم يهتدوا به فسيقولون هذا إفك قديم قال الشاعر
ومن يك ذا فم مر مريض

يجد مرا به الماء الزلالا

فالعلوم على درجاتها إما سالكة بالعبد إلى الله تعالى أو معينة على السلوك نوعا من الإعانة ولها منازل مرتبة في القرب والبعد من المقصود والقوام بها حفظة كحفاظ الرباطات والثغور ولكل واحد رتبة وله بحسب درجته أجر في الآخرة إذا قصد به وجه الله تعالى

الوظيفة السادسة أن لا يخوض في فن من فنون العلم دفعة بل يراعى الترتيب ويبتدىء بالأهم فإن العمر إذا كان لا يتسع لجميع العلوم غالبا فالحزم أن يأخذ من كل شيء أحسنه ويكتفي منه بشمه ويصرف جمام قوته في الميسور من علمه إلى استكمال العلم الذي هو أشرف العلوم وهو علم الآخرة أعني قسمي المعاملة والمكاشفة فغاية المعاملة المكاشفة

وغاية المكاشفة معرفة الله تعالى ولست أعني به الإعتقاد الذي يتلقفه العامي وراثة أو تلقفا ولا طريق تحرير الكلام والمجادلة في تحصين الكلام عن مراوغات الخصوم كما هو غاية المتكلم بل ذلك نوع يقين هو ثمرة نور يقذفه الله تعالى في قلب عبد طهر بالمجاهدة باطنه عن الخبائث حتى ينتهي إلى رتبة إيمان أبي بكر رضي الله عنه الذي لو وزن بإيمان العالمين لرجح حديث لو وزن إيمان أبي بكر بإيمان العالمين لرجح أخرجه ابن عدي من حديث ابن عمر بإسناد ضعيف ورواه البيهقي في الشعب موقوفا على عمر بإسناد صحيح كما شهد له به سيد البشر صلى الله عليه وسلم فما عندي أن ما يعتقده العامي ويرتبه المتكلم الذي لا يزيد على العامي إلا في صنعة الكلام ولأجله سميت صناعته كلاما وكان يعجز عنه عمر وعثمان وعلي وسائر الصحابة رضي الله عنهم حتى كان يفضلهم أبو بكر بالسر الذي وقر في صدره

والعجب ممن يسمع مثل هذه الأقوال من صاحب الشرع صلوات الله وسلامه عليه ثم يزدري ما يسمعه على وفقه ويزعم أنه من ترهات الصوفية وأن ذلك غير معقول فينبغي أن تتئد في هذا فعنده ضيعت رأس المال فكن حريصا على معرفة ذلك السر

الخارج عن بضاعة الفقهاء والمتكلمين ولا يرشدك إليه إلا حرصك في الطلب

وعلى الجملة فأشرف العلوم وغايتها معرفة الـلـه عز وجل وهو بحر لا يدرك منتهى غوره وأقصى درجات البشر فيه رتبة الأنبياء ثم الأولياء ثم الذين يلونهم

وقد روي أنه رؤي صورة حكيمين من الحكماء المتقدمين في مسجد وفي يد أحدهما رقعة فيها إن أحسنت كل شيء فلا تظنن أنك أحسنت شيئا حتى تعرف الـلـه تعالى وتعلم أنه مسبب الأسباب وموجد الأشياء

وفي يد الآخر كنت قبل أن أعرف الـلـه تعالى أشرب وأظمأ حتى إذا عرفته رويت بلا شرب

الوظيفة السابعة أن لا يخوض في فن حتى يستوفي الفن الذي قبله فإن العلوم مرتبة ترتيبا ضروريا وبعضها طريق إلى بعض والموفق من راعى ذلك الترتيب والتدريج

قال الـلـه تعالى ﴿ الذين آتيناهم الكتاب يتلونه حق تلاوته ﴾ أي لا يجاوزون فنا حتى يحكموه علما وعملا وليكن قصده في كل علم يتحراه الترقي إلى ما هو فوقه فينبغي ألا يحكم على علم بالفساد لوقوع الخلف بين أصحابه فيه ولا بخطأ واحد أو آحاد فيه ولا بمخالفتهم موجب علمهم بالعمل فترى جماعة تركوا النظر في العقليات والفقهيات متعللين فيها بأنها لو كان لها أصل لأدركه أربابها وقد مضى كشف هذه الشبه في كتاب معيار العلم وترى طائفة يعتقدون بطلان الطب لخطأ شاهدوه من طبيب وطائفة اعتقدوا صحة النجوم لصواب اتفق لواحد وطائفة اعتقدوا بطلانه لخطأ اتفق لآخر والكل خطأ بل

ينبغي أن يعرف الشيء في نفسه فلا كل علم يستقل بالإحاطة به كل شخص ولذلك قال علي رضي الـلـه عنه لا تعرف الحق بالرجال اعرف الحق تعرف أهله

الوظيفة الثامنة أن يعرف السبب الذي به يدرك أشرف العلوم وأن ذلك يراد به شيئان أحدهما شرف الثمرة والثاني وثاقة الدليل وقوته وذلك كعلم الدين وعلم الطب فإن ثمرة أحدهما الحياة الأبدية وثمرة الآخر الحياة الفانية فيكون علم الدين أشرف

ومثل علم الحساب وعلم النجوم فإن علم الحساب أشرف لوثاقة أدلته وقوتها وإن نسب الحساب إلى الطب كان الطب أشرف باعتبار ثمرته والحساب أشرف باعتبار أدلته وملاحظة الثمرة أولى ولذلك كان الطب أشرف وإن كان أكثره بالتخمين

وبهذا تبين أن أشرف العلوم العلم بالله عز وجل وملائكته وكتبه ورسله والعلم بالطريق الموصل إلى هذه العلوم فإياك أن ترغب إلا فيه وأن تحرص إلا عليه

الوظيفة التاسعة أن يكون قصد المتعلم في الحال تحلية باطنه وتجميله بالفضيلة وفي المآل القرب من الـلـه سبحانه والترقي إلى جوار الملأ الأعلى من الملائكة والمقربين ولا يقصد به الرياسة والمال والجاه ومماراة السفهاء ومباهاة الأقران وإن كان هذا مقصده طلب لا محالة الأقرب إلى مقصوده وهو علم الآخرة ومع هذا فلا ينبغي له أن ينظر بعين الحقارة إلى سائر العلوم أعني علم الفتاوى وعلم النحو واللغة المتعلقين بالكتاب والسنة وغير ذلك مما أوردناه في المقدمات والمتممات من ضروب العلوم التي هي فرض كفاية ولا تفهمن من غلونا في الثناء على علم الآخرة تهجين هذه العلوم فالمتكفلون بالعلوم كالمتكفلين بالثغور والمرابطين بها والغزاة المجاهدين في سبيل الـلـه فمنهم المقاتل ومنهم الردء ومنهم الذي يسقيهم الماء ومنهم الذي يحفظ دوابهم ويتعهدهم ولا ينفك أحد منهم عن أجر إذا كان قصده إعلاء كلمة الـلـه تعالى دون حيازة الغنائم فكذلك العلماء قال الـلـه تعالى ﴿ يرفع الـلـه الذين آمنوا منكم والذين أوتوا العلم درجات ﴾ وقال تعالى ﴿ هم درجات عند الـلـه ﴾ والفضيلة نسبية

واستحقارنا للصيارفة عند قياسهم بالملوك لا يدل على حقارتهم إذا قيسوا بالكناسين فلا تظن أن ما نزل عن الرتبة القصوى ساقط القدر بل الرتبة العليا للأنبياء ثم الأولياء ثم العلماء الراسخين في العلم ثم للصالحين على تفاوت درجاتهم وبالجملة ﴿ فمن يعمل مثقال ذرة خيرا يره ومن يعمل مثقال ذرة شرا يره ﴾ ومن قصد الـلـه تعالى بالعلم أي علم كان نفعه ورفعه لا محالة

الوظيفة العاشرة أن يعلم نسبة العلوم إلى المقصد كيما يؤثر الرفيع القريب على البعيد والمهم على غيره ومعنى المهم ما يهمك ولا يهمك إلا شأنك في الدنيا والآخرة

وإذا لم يمكنك الجمع بين ملاذ الدنيا ونعيم الآخرة كما نطق به القرآن وشهد له من نور البصائر ما يجري مجرى العيان فالأهم ما يبقى أبد الآباد وعند ذلك تصير الدنيا منزلا والبدن مركبا والأعمال سعيا إلى المقصد ولا مقصد إلا لقاء الـلـه تعالى ففيه النعيم كله وإن كان لا يعرف في هذا العالم قدره إلا الأقلون

والعلوم بالإضافة إلى سعادة لقاء الـلـه سبحانه والنظر إلى وجهه الكريم أعني النظر الذي طلبه الأنبياء وفهموه دون ما سبق إلى فهم العوام والمتكلمين على ثلاث مراتب تفهمها بالموازنة بمثال وهو أن العبد الذي علق عتقه وتمكينه من الملك بالحج وقيل له إن حججت وأتممت وصلت إلى العتق والملك جميعا وإن ابتدأت بطريق الحج والاستعداد له وعاقك في الطريق مانع ضروري فلك العتق والخلاص من شقاء الرق فقط دون سعادة الملك فله ثلاثة أصناف من الشغل

الأول تهيئة الأسباب بشراء الناقة وخرز الراوية وإعداد الزاد والراحلة

والثاني السلوك ومفارقة الوطن بالتوجه إلى الكعبة منزلا بعد منزل

والثالث الاشتغال بأعمال الحج ركنا بعد ركن ثم بعد الفراغ والنزوع عن هيئة الإحرام وطواف الوداع استحق التعرض للملك والسلطنة وله في كل مقام منازل من أول إعداد الأسباب إلى آخره

من أول سلوك البوادي إلى آخره ومن أول أركان الحج إلى آخره

وليس قرب من ابتدأ بأركان الحج من السعادة كقرب من هو بعد في إعداد الزاد والراحلة ولا كقرب من ابتدأ بالسلوك بل هو أقرب منه فالعلوم أيضا ثلاثة أقسام قسم يجري مجرى إعداد الزاد والراحلة وشراء الناقة وهو علم الطب والفقه وما يتعلق بمصالح البدن في الدنيا

وقسم يجري مجرى سلوك البوادي وقطع العقبات وهو تطهير الباطن عن كدورات الصفات وطلوع تلك العقبات الشامخة التي عجز عنها الأولون والآخرون إلا الموفقين فهذا سلوك الطريق وتحصيل علمه كتحصيل علم جهات الطريق ومنازله وكما لا يغني علم المنازل وطرق البوادي دون سلوكها كذلك لا يغني علم تهذيب الأخلاق دون مباشرة التهذيب ولكن المباشرة دون العلم غير ممكن

وقسم ثالث يجري مجرى نفس الحج وأركانه وهو العلم بالله تعالى وصفاته وملائكته وأفعاله وجميع ما ذكرناه في تراجم المكاشفة وههنا نجاة وفوز بالسعادة والنجاة حاصلة لكل سالك للطريق إذا كان غرضه المقصد الحق وهو السلامة

وأما الفوز بالسعادة فلا يناله إلا العارفون بالله تعالى وهم المقربون المنعمون في جوار اللـه تعالى بالروح والريحان وجنة النعيم وأما الممنوعون دون ذروة الكمال فلهم النجاة والسلامة كما قال اللـه عز وجل ﴿ فأما إن كان من المقربين فروح وريحان وجنة نعيم وأما إن كان من أصحاب اليمين فسلام لك من أصحاب اليمين ﴾ وكل من لم يتوجه إلى المقصد ولم ينتهض له أو انتهض إلى جهته لا على قصد الامتثال والعبودية بل لغرض عاجل فهو من أصحاب الشمال ومن الضالين فله نزل من حميم وتصلية جحيم

واعلم أن هذا هو حق اليقين عند العلماء الراسخين أعني أنهم أدركوه بمشاهدة من الباطن هي أقوى وأجلى من مشاهدة الأبصار وترقوا فيه عن حد التقليد لمجرد السماع وحالهم حال من أخبر فصدق ثم شاهد فحقق وحال غيرهم حال من قبل بحسن التصديق والإيمان ولم يحظ بالمشاهدة والعيان

فالسعادة وراء علم المكاشفة وعلم المكاشفة وراء علم المعاملة التي هي سلوك طريق الآخرة وقطع عقبات الصفات

وسلوك طريق محو الصفات المذمومة وراء علم الصفات وعلم طريق المعالجة وكيفية السلوك في ذلك وراء علم سلامة البدن ومساعدة أسباب الصحة

وسلامة البدن بالاجتماع والتظاهر والتعاون الذي يتوصل به إلى الملبس والمطعم والمسكن وهو منوط بالسلطان وقانونه في ضبط الناس على منهج العدل والسياسة في ناصية الفقيه

وأما أسباب الصحة ففي ناصية الطبيب ومن قال العلم علمان علم الأبدان وعلم الأديان وأشار به إلى الفقه أراد به العلوم الظاهرة الشائعة لا للعلوم العزيزة الباطنة

فإن قلت لم شبهت علم الطب والفقه بإعداد الزاد والراحلة فاعلم أن الساعي إلى الـلـه تعالى لينال قربه هو القلب دون البدن ولست أعني بالقلب اللحم المحسوس بل هو من أسرار الـلـه عز وجل لا يدركه الحس ولطيفة من لطائفه تارة يعبر عنه بالروح وتارة بالنفس المطمئنة والشرع يعبر عنه بالقلب لأنه المطية الأولى لذلك السر وبواسطته صار جميع البدن مطية وآلة لتلك اللطيفة وكشف الغطاء عن ذلك السر من علم المكاشفة وهو مضنون به بل لا رخصة في ذكره وغاية المأذون فيه أن يقال هو جوهر نفيس ودر عزيز أشرف من هذه الأجرام المرئية وإنما هو أمر إلهي كما قال تعالى ويسئلونك عن الروح قل الروح من أمر ربي وكل المخلوقات منسوبة إلى الـلـه تعالى ولكن نسبته أشرف من نسبة سائر أعضاء البدن فلله الخلق والأمر جميعا والأمر أعلى من الخلق

وهذه الجوهرة النفيسة الحاملة لأمانة الـلـه تعالى المتقدمة بهذه الرتبة على السموات والأرضين والجبال إذ أبين أن يحملنها وأشفقن منها من عالم الأمر ولا يفهم من هذا أنه تعريض بقدمها فإن القائل بقدم الأرواح مغرور جاهل لا يدري ما يقول فلنقبض عنان البيان عن هذا الفن فهو وراء ما نحن بصدده

والمقصود أن هذه اللطيفة هي الساعية إلى قرب الرب لأنها من أمر الرب فمنه مصدرها وإليه

مرجعها وأما البدن فمطيتها التي تركبها وتسعى بواسطتها فالبدن لها في طريق الله تعالى كالناقة للبدن في طريق الحج وكالراوية الخازنة للماء الذي يفتقر إليه البدن فكل علم مقصده مصلحة البدن فهو من جملة مصالح المطية

ولا يخفى أن الطب كذلك فإنه قد يحتاج إليه في حفظ الصحة على البدن ولو كان الإنسان وحده لاحتاج إليه والفقه يفارقه في أنه لو كان الإنسان وحده ربما كان يستغنى عنه ولكنه خلق على وجه لا يمكنه أن يعيش وحده إذ لا يستقل بالسعي وحده في تحصيل طعامه بالحراثة والزرع والخبز والطبخ وفي تحصيل الملبس والمسكن وفي إعداد آلات ذلك كله فاضطر إلى المخالطة والاستعانة

ومهما اختلط الناس وثارت شهواتهم تجاذبوا أسباب الشهوات وتنازعوا وتقاتلوا وحصل من قتالهم هلاكهم بسبب التنافس من خارج كما يحصل هلاكهم بسبب تضاد الأخلاط من داخل وبالطب يحفظ الاعتدال في الأخلاط المتنازعة من داخل وبالسياسة والعدل يحفظ الاعتدال في التنافس من خارج وعلم طريق اعتدال الأخلاط طب وعلم طريق اعتدال أحوال الناس في المعاملات والأفعال فقه

وكل ذلك لحفظ البدن الذي هو مطية فالمتجرد لعلم الفقه أو الطب إذا لم يجاهد نفسه ولا يصلح قلبه كالمتجرد لشراء الناقة وعلفها وشراء الراوية وخرزها إذا لم يسلك بادية الحج

والمستغرق عمره في دقائق الكلمات التي تجري في مجادلات الفقه كالمستغرق عمره في دقائق الأسباب التي بها تستحكم الخيوط التي تخرز بها الراوية للحج

ونسبة هؤلاء من السالكين لطريق إصلاح القلب الموصل إلى علم المكاشفة كنسبة أولئك إلى سالكي طريق الحج أو ملابسي أركانه فتأمل هذا أولا واقبل النصيحة مجانا ممن قام عليه ذلك غالبا ولم يصل إليه إلا بعد جهد جهيد وجراءة تامة على مباينة الخلق العامة والخاصة في النزوع من تقليدهم بمجرد الشهوة فهذا القدر كاف في وظائف المتعلم

بيان وظائف المرشد المعلم

اعلم أن للإنسان في علمه أربعة أحوال كحاله في اقتناء الأموال إذ لصاحب المال حال استفادة فيكون مكتسبا وحال ادخار لما اكتسبه فيكون به غنيا عن السؤال وحال إنفاق على نفسه فيكون منتفعا وحال بذل لغيره فيكون به سخيا متفضلا وهو أشرف أحواله

فكذلك العلم يقتنى كما يقتنى المال فله حال طلب واكتساب وحال تحصيل يغني عن السؤال وحال استبصار وهو التفكر في المحصل والتمتع به وحال تبصير وهو أشرف الأحوال فمن علم وعمل وعلم فهو

الذي يدعى عظيما في ملكوت السموات فإنه كالشمس تضيء لغيرها وهي مضيئة في نفسها وكالمسك الذي يطيب غيره وهو طيب

والذي يعلم ولا يعمل به كالدفتر الذي يفيد غيره وهو خال عن العلم وكالمسن الذي يشحذ غيره ولا يقطع والإبرة التي تكسو غيرها وهي عارية وذبالة المصباح تضيء لغيرها وهي تحترق كما قيل

ما هو إلا ذبالة وقدت

تضيء للناس وهي تحترق

ومهما اشتغل بالتعليم فقد تقلد أمرا عظيما وخطرا جسيما فليحفظ آدابه ووظائفه الوظيفة الأولى الشفقة على المتعلمين وأن يجريهم مجرى بنيه قال رسول اللـه صلى اللـه عليه وسلم إنما أنا لكم مثل الوالد لولده حديث إنما أنا لكم مثل الوالد لولده أخرجه أبو داود والنسائي وابن ماجه وابن حبان من حديث أبي هريرة بأن يقصد إنقاذهم من نار الآخرة وهو أهم من إنقاذ الوالدين ولدهما من نار الدنيا ولذلك صار حق المعلم أعظم من حق الوالدين فإن الوالد سبب الوجود الحاضر والحياة الفانية والمعلم سبب الحياة الباقية

ولولا المعلم لانساق ما حصل من جهة الأب إلى الهلاك الدائم وإنما المعلم هو المفيد للحياة الأخروية الدائمة أعني معلم علوم الآخرة أو علوم

الدنيا على قصد الآخرة لا على قصد الدنيا فأما التعليم على قصد الدنيا فهو هلاك وإهلاك نعوذ بالله منه وكما أن حق أبناء الرجل الواحد أن يتحابوا ويتعاونوا على المقاصد كلها فكذلك حق تلامذة الرجل الواحد التحاب والتوادد ولا يكون إلا كذلك إن كان مقصدهم الآخرة ولا يكون إلا التحاسد والتباغض إن كان مقصدهم الدنيا

فإن العلماء وأبناء الآخرة مسافرون إلى الـله تعالى وسالكون إليه الطريق من الدنيا وسنوها وشهورها منازل الطريق

والترافق في الطريق بين المسافرين إلى الأمصار سبب التواد والتحاب فكيف السفر إلى الفردوس الأعلى والترافق في طريقه ولا ضيق في سعادة الآخرة فلذلك لا يكون بين أبناء الآخرة تنازع ولا سعة في سعادات الدنيا فلذلك لا ينفك عن ضيق التزاحم

والعادلون إلى طلب الرياسة بالعلوم خارجون عن موجب قوله تعالى ﴿ إنما المؤمنون إخوة ﴾ وداخلون في مقتضى قوله تعالى ﴿ الأخلاء يومئذ بعضهم لبعض عدو إلا المتقين ﴾ الوظيفة الثانية أن يقتدى بصاحب الشرع صلوات الـله عليه وسلامه فلا يطلب على إفادة العلم أجرا ولا يقصد به جزاء ولا شكرا بل يعلم لوجه الـله تعالى وطلبا للتقرب إليه ولا يرى لنفسه منة عليهم وإن كانت المنة لازمة عليهم بل يرى الفضل لهم إذ هذبوا قلوبهم لأن تتقرب إلى الـله تعالى بزراعة العلوم فيها كالذي يعيرك الأرض لتزرع فيها لنفسك زراعة فمنفعتك بها تزيد على منفعة صاحب الأرض فكيف تقلده منة وثوابك في التعليم أكثر من ثواب المتعلم عند الـله تعالى ولولا المتعلم ما نلت هذا الثواب فلا تطلب الأجر إلا من الـله تعالى كما قال عز وجل ﴿ ويا قوم لا أسألكم عليه مالا إن أجري إلا على الـله ﴾ فإن المال وما في الدنيا خادم البدن والبدن مركب النفس ومطيتها والمخدوم هو العلم إذ به شرف النفس

فمن طلب بالعلم المال كان كمن مسح أسفل مداسه بوجهه لينظفه فجعل المخدوم خادما والخادم مخدوما وذلك هو الانتكاس على أم الرأس ومثله هو الذي يقوم في العرض الأكبر مع المجرمين ناكسي رءوسهم عند ربهم

وعلى الجملة فالفضل والمنة للمعلم فانظر كيف انتهى أمر الدين إلى قوم يزعمون أن مقصودهم التقرب إلى الـله تعالى بما هم فيه من علم الفقه والكلام والتدريس فيهما وفي غيرهما فإنهم يبذلون المال والجاه ويتحملون أصناف الذل في خدمة السلاطين لاستطلاق الجرايات ولو تركوا ذلك لتركوا ولم يختلف إليهم ثم يتوقع المعلم من المتعلم أن يقوم له في كل نائبة وينصر وليه ويعادي عدوه وينتهض جهارا له في حاجاته ومسخرا بين يديه في أوطاره فإن قصر في حقه ثار عليه وصار من أعدى أعدائه فأخسس بعالم يرضى لنفسه بهذه

المنزلة ثم يفرح بها ثم لا يستحي من أن يقول غرضي من التدريس نشر العلم تقربا إلى اللـه تعالى ونصرة لدينه فانظر إلى الأمارات حتى ترى ضروب الاغترارات

الوظيفة الثالثة أن لا يدع من نصح المتعلم شيئا وذلك بأن يمنعه من التصدي لرتبة قبل استحقاقها والتشاغل بعلم خفي قبل الفراغ من الجلي ثم ينبهه على أن الغرض بطلب العلوم القرب إلى اللـه تعالى دون الرياسة والمباهاة والمنافسة ويقدم تقبيح ذلك في نفسه بأقصى ما يمكن فليس ما يصلحه العالم الفاجر بأكثر مما يفسده فإن علم من باطنه أنه لا يطلب العلم إلا للدنيا نظر إلى العلم الذي يطلبه فإن كان هو علم الخلاف في الفقه والجدل في الكلام والفتاوى في الخصومات والأحكام فيمنعه من ذلك فإن هذه العلوم ليست من علوم الآخرة ولا من العلوم التي قيل فيها تعلمنا العلم لغير اللـه فأبى العلم أن يكون إلا لله وإنما ذلك علم التفسير وعلم الحديث وما كان الأولون يشتغلون به من علم الآخرة ومعرفة أخلاق النفس وكيفية تهذيبها فإذا تعلمه الطالب وقصد به الدنيا فلا بأس أن يتركه فإنه يثمر له طمعا في الوعظ والاستتباع ولكن قد يتنبه في أثناء الأمر أو آخره إذ فيه العلوم المخوفة من اللـه تعالى المحقرة للدنيا المعظمة للآخرة وذلك

يوشك أن يؤدي إلى الصواب في الآخرة حتى يتعظ بما يعظ به غيره

ويجري حب القبول والجاه مجرى الحب الذي ينثر حوالي الفخ ليقتنص به الطير وقد فعل اللـه ذلك بعباده إذ جعل الشهوة ليصل الخلق بها إلى بقاء النسل

وخلق أيضا حب الجاه ليكون سببا لإحياء العلوم وهذا متوقع في هذه العلوم فأما الخلافيات المحضة ومجادلات الكلام ومعرفة التفاريع الغريبة فلا يزيد التجرد لها مع الإعراض عن غيرها إلا قسوة القلب وغفلة عن اللـه تعالى وتماديا في الضلال وطلبا للجاه إلا من تداركه اللـه تعالى برحمته أو مزج به غيره من العلوم الدينية

ولا برهان على هذا كالتجربة والمشاهدة فانظر واعتبر واستبصر لتشاهد تحقيق ذلك في العباد والبلاد و اللـه المستعان

وقد رؤي سفيان الثوري رحمه اللـه حزينا فقيل له ما لك فقال صرنا متجرا لأبناء الدنيا يلزمنا أحدهم حتى إذا تعلم جعل قاضيا أو عاملا أو قهرمانا

الوظيفة الرابعة وهي من دقائق صناعة التعليم أن يزجر المتعلم عن سوء الأخلاق بطريق التعريض ما أمكن ولا يصرح وبطريق الرحمة لا بطريق التوبيخ فإن التصريح يهتك حجاب الهيئة ويورث الجرأة على الهجوم بالخلاف ويهيج الحرص على الإصرار إذ قال صلى اللـه عليه وسلم وهو مرشد كل معلم لو منع الناس عن فت البعر لفتوه وقالوا ما نهينا عنه إلا وفيه شيء حديث لو منع الناس عن فت البعر لفتوه الحديث لم أجده وينبهك على هذا قصة آدم وحواء عليهما السلام وما نهيا عنه فما ذكرت القصة معك لتكون سمرا بل لتتنبه بها على سبيل العبرة ولأن التعريض أيضا يميل النفوس الفاضلة والأذهان الذكية إلى استنباط معانيه فيفيد فرح التفطن لمعناه رغبة في العلم به ليعلم أن ذلك مما لا يعزب عن فطنته

الوظيفة الخامسة أن المتكفل ببعض العلوم ينبغي أن لا يقبح في نفس المتعلم العلوم التي وراءه كمعلم اللغة إذ عادته تقبيح علم الفقه

ومعلم الفقه عادته تقبيح علم الحديث والتفسير وأن ذلك نقل محض وسماع وهو شأن العجائز ولا نظر للعقل فيه ومعلم الكلام ينفر عن الفقه ويقول ذلك فروع وهو كلام في حيض النسوان فأين ذلك من الكلام في صفة الرحمن فهذه أخلاق مذمومة للمعلمين ينبغي أن تجتنب بل المتكفل بعلم واحد ينبغي أن يوسع على المتعلم طريق التعلم في غيره وإن كان متكفلا بعلوم فينبغي أن يراعى التدريج في ترقية المتعلم من رتبة إلى رتبة

الوظيفة السادسة أن يقتصر بالمتعلم على قدر فهمه فلا يلقى إليه ما لا يبلغه عقله فينفره أو يخبط عليه عقله اقتداء في ذلك بسيد البشر صلى اللـه عليه وسلم حيث قال نحن معاشر الأنبياء أمرنا أن ننزل الناس منازلهم ونكلمهم على

قدر عقولهم حديث نحن معاشر الأنبياء أمرنا أن ننزل الناس منازلهم الحديث رويناه في جزء من حديث أبي بكر بن الشخير من حديث عمر أخصر منه وعند أبي داود من حديث عائشة أنزلوا الناس منازلهم فليبث إليه الحقيقة إذا علم أنه يستقل بفهمها وقال صلى الله عليه وسلم ما أحد يحدث قوما بحديث لا تبلغه عقولهم إلا كان فتنة على بعضهم وقال علي رضي الله عنه وأشار إلى صدره إن ههنا لعلوما جمة لو وجدت لها حملة وصدق رضي الله عنه فقلوب الأبرار قبور الأسرار

فلا ينبغي أن يفشي العالم كل ما يعلم إلى كل أحد هذا إذا كان يفهمه المتعلم ولم يكن أهلا للانتفاع به فكيف فيما لا يفهمه وقال عيسى عليه السلام لا تعلقوا الجواهر في أعناق الخنازير فإن الحكمة خير من الجوهر ومن كرهها فهو شر من الخنازير ولذلك قيل كل لكل عبد بمعيار عقله وزن له بميزان فهمه حتى تسلم منه وينتفع بك وإلا وقع الإنكار لتفاوت المعيار وسئل بعض العلماء عن شيء فلم يجب فقال السائل أما سمعت رسول الله صلى الله عليه وسلم قال من كتم علما نافعا جاء يوم القيامة ملجما بلجام من نار حديث من كتم علما نافعا جاء يوم القيامة ملجما بلجام من نار أخرجه ابن ماجه من حديث أبي سعيد بإسناد ضعيف وتقدم حديث أبي هريرة بنحوه فقال

اترك اللجام واذهب فإن جاء من يفقه وكتمته فليلجمني فقد قال اللـه تعالى ﴿ ولا تؤتوا السفهاء أموالكم ﴾ تنبيها على أن حفظ العلم ممن يفسده ويضره أولى وليس الظلم في إعطاء غير المستحق بأقل من الظلم في منع المستحق

أأنثر درا بين سارحة النعم
فأصبح مخزونا براعية الغنم
لأنهم أمسوا بجهل لقدره
فلا أنا أضحى أن أطوقه البهم
فإن لطف اللـه اللطيف بلطفه
وصادفت أهلا للعلوم وللحكم
نشرت مفيدا واستفدت مودة
وإلا فمخزون لدي ومكتتم
فمن منح الجهال علما أضاعه
ومن منع المستوجبين فقد ظلم

الوظيفة السابعة أن المتعلم القاصر ينبغي أن يلقى إليه الجلى اللائق به ولا يذكر له وراء هذا تدقيقا وهو يدخره عنه فإن ذلك يفتر رغبته في الجلى ويشوش عليه قلبه ويوهم إليه البخل به عنه إذ يظن كل أحد أنه أهل لكل علم دقيق
فما من أحد إلا وهو راض عن اللـه سبحانه في كمال عقله وأشدهم حماقة وأضعفهم عقلا هو أفرحهم بكمال عقله
وبهذا يعلم أن من تقيد من العوام بقيد الشرع ورسخ في نفسه العقائد المأثورة عن السلف من غير تشبيه ومن غير تأويل وحسن مع ذلك سريرته ولم يحتمل عقله أكثر من ذلك فلا ينبغي أن يشوش عليه اعتقاده بل ينبغي أن يخلى وحرفته فإنه لو ذكر له تأويلات الظاهر اتحل عنه قيد العوام ولم يتيسر قيده بقيد الخوض فيرتفع عنه السد الذي بينه وبين المعاصي وينقلب شيطانا مريدا يهلك نفسه وغيره بل لا ينبغي أن يخاض مع العوام في حقائق العلوم الدقيقة بل يقتصر معهم على تعليم العبادات وتعليم الأمانة في الصناعات التي هم بصددها ويملأ قلوبهم من الرغبة والرهبة في

الجنة والنار كما نطق به القرآن ولا يحرك عليهم شبهة فإنه ربما تعلقت الشبهة بقلبه ويعسر عليه حلها فيشقى ويهلك وبالجملة لا ينبغي أن يفتح للعوام باب البحث فإنه يعطل عليهم صناعاتهم التي بها قوام الخلق ودوام عيش الخواص

الوظيفة الثامنة أن يكون المعلم عاملا بعلمه فلا يكذب قوله فعله لأن العلم يدرك بالبصائر والعمل يدرك بالأبصار وأرباب الأبصار أكثر

فإذا خالف العمل العلم منع الرشد وكل من تناول شيئا وقال للناس لا تتناولوه فإنه سم مهلك سخر الناس به واتهموه وزاد حرصهم على ما نهوا عنه فيقولون لولا أنه أطيب الأشياء وألذها لما كان يستأثر به

ومثل المعلم المرشد من المسترشدين مثل النقش من الطين والظل من العود فكيف ينتقش الطين بما لا نقش فيه ومتى استوى الظل والعود أعوج ولذلك قيل في المعنى

لا تنه عن خلق وتأتي مثله

عار عليك إذا فعلت عظيم

وقال الله تعالى ﴿ أتأمرون الناس بالبر وتنسون أنفسكم ﴾ ولذلك كان وزر العالم في معاصيه أكثر من وزر الجاهل إذ يزل بزلته عالم كثير ويقتدون به

ومن سن سنة سيئة فعليه وزرها ووزر من عمل بها

ولذلك قال علي رضي الله عنه قصم ظهري رجلان عالم متهتك وجاهل متنسك فالجاهل يغر الناس بتنسكه والعالم يغرهم بتهتكه و الله أعلم

الباب السادس في آفات العلم وبيان علامات علما الآخرة والعلماء السوء

قد ذكرنا ما ورد من فضائل العلم والعلماء وقد ورد في العلماء السوء تشديدات عظيمة دلت على أنهم أشد الخلق عذابا يوم القيامة

فمن المهمات العظيمة معرفة العلامات الفارقة بين علماء الدنيا وعلماء الآخرة ونعني بعلماء الدنيا

علماء السوء الذين قصدهم من العلم التنعم بالدنيا والتوصل إلى الجاه والمنزلة عند أهلها قال صلى الله عليه وسلم إن أشد الناس عذابا يوم القيامة عالم لم ينفعه الله بعلمه وعنه صلى الله عليه وسلم أنه قال لا يكون المرء عالما حتى يكون بعلمه عاملا حديث لا يكون المرء عالما حتى يكون بعلمه عاملا أخرجه ابن حبان في كتاب روضة العقلاء والبيهقي في المدخل موقوفا على أبي الدرداء ولم أجده مرفوعا وقال صلى الله عليه وسلم العلم علمان علم على اللسان فذلك حجة الله تعالى على خلقه وعلم في القلب فذلك العلم النافع حديث العلم علمان علم على اللسان الحديث أخرجه الترمذي الحكيم في النوادر وابن عبد البر من حديث الحسن مرسلا بإسناد صحيح وأسنده الخطيب في التاريخ من رواية الحسن عن جابر بإسناد جيد وأعله ابن الجوزي وقال صلى الله عليه وسلم يكون في آخر الزمان عباد جهال وعلماء فساق حديث يكون في آخر الزمان عباد جهال وعلماء فسقة أخرجه الحاكم من حديث أنس وهو ضعيف وقال صلى الله عليه وسلم لا تتعلموا العلم لتباهوا به العلماء ولتماروا به السفهاء ولتصرفوا به وجوه الناس إليكم فمن فعل ذلك فهو في النار حديث لا تتعلموا العلم لتباهوا به العلماء أخرجه ابن ماجه من حديث جابر بإسناد صحيح وقال صلى الله عليه وسلم من كتم علما عنده ألجمه الله بلجام من نار وقال صلى الله عليه وسلم لأنا من غير الدجال أخوف عليكم من الدجال فقيل وما ذلك فقال من الأئمة المضلين حديث لأنا من غير الدجال أخوف عليكم من الدجال الحديث أخرجه أحمد من حديث أبي ذر بإسناد جيد وقال صلى الله عليه وسلم من ازداد علما ولم يزدد هدى لم يزدد من الله إلا بعدا حديث من ازداد علما ولم يزدد هدى لم يزدد من الله إلا بعدا أخرجه أبو منصور الديلمي في مسند الفردوس وحديث علي بإسناد ضعيف إلا أنه قال زهدا وروى ابن حبان في روضة العقلاء موقوفا على الحسن من ازداد علما ثم ازداد على الدنيا حرصا لم يزدد من الله إلا بعدا وروى أبو الفتح الأزدي في الضعفاء من حديث علي من ازداد بالله علما ثم ازداد للدنيا حبا ازداد الله عليه غضبا وقال عيسى عليه السلام إلى متى تصفون الطريق للمدلجين وأنتم مقيمون مع المتحيرين فهذا وغيره من الأخبار يدل على عظيم خطر العلم فإن العالم إما متعرض لهلاك الأبد أو لسعادة الأبد وإنه بالخوض في العلم قد حرم السلامة إن لم يدرك السعادة

وأما الآثار فقد قال عمر رضي الله عنه إن أخوف ما أخاف على هذه الأمة المنافق العليم

قالوا وكيف يكون منافقا عليما

قال عليم اللسان جاهل القلب والعمل

وقال الحسن رحمه الله لا تكن ممن يجمع علم العلماء وطرائف الحكماء ويجري في العمل مجرى السفهاء

وقال رجل لأبي هريرة رضي الله عنه أريد أن أتعلم العلم وأخاف أن أضيعه فقال كفى بترك العلم إضاعة له

وقيل لإبراهيم بن عيينة أي الناس أطول ندما قال أما في عاجل الدنيا فصانع المعروف إلى من لا يشكره وأما عند الموت فعالم مفوط

وقال الخليل بن أحمد الرجال أربعة رجل يدري ويدري أنه يدري فذلك عالم فاتبعوه ورجل يدري ولا يدري أنه يدري فذلك نائم فأيقظوه ورجل لا يدري ويدري أنه لا يدري فذلك مسترشد فأرشدوه ورجل لا يدري ولا يدري أنه لا يدري فذلك جاهل فارفضوه

وقال سفيان الثوري رحمه اللـه يهتف العلم بالعمل فإن أجابه وإلا ارتحل

وقال ابن المبارك لا يزال المرء عالما ما طلب العلم فإذا ظن أنه قد علم فقد جهل

وقال الفضيل ابن عياض رحمه اللـه إني لأرحم ثلاثة عزيز قوم ذل وغني قوم افتقر وعالما تلعب به الدنيا

وقال الحسن عقوبة العلماء موت القلب وموت القلب طلب الدنيا بعمل الآخرة وأنشدوا

عجبت لمبتاع الضلالة بالهدى

ومن يشتري دنياه بالدين أعجب

وأعجب من هذين من باع دينه

بدنيا سواه فهو من ذين أعجب

وقال صلى الـلـه عليه وسلم إن العالم ليعذب عذابا يطيف به أهل النار استعظاما لشدة عذابه حديث إن العالم يعذب عذابا يطيف به أهل النار الحديث لم أجده بهذا اللفظ وهو معنى حديث أسامة المذكور بعده أراد به العالم الفاجر

وقال أسامة بن زيد سمعت رسول الـلـه صلى الـلـه عليه وسلم يقول يؤتى بالعالم يوم القيامة فيلقى في النار فتندلق أقتابه فيدور بها كما يدور الحمار بالرحى فيطيف به أهل النار فيقولون ما لك فيقول كنت آمر بالخير ولا آتيه وأنهى عن الشر وآتيه حديث أسامة بن زيد يؤتى بالعالم يوم القيامة ويلقى في النار فتندلق أقتابه الحديث متفق عليه بلفظ الرجل ﴿ بدل ﴾ العالم وإنما يضاعف عذاب العالم في معصيته لأنه عصى من علم ولذلك قال الـلـه عز وجل إن المنافقين في الدرك الأسفل من النار لأنهم جحدوا بعد العلم وجعل اليهود شرا من النصارى مع أنهم ما جعلوا لله سبحانه ولدا ولا قالوا إنه ثالث ثلاثة إلا أنهم أنكروا بعد المعرفة إذ قال الـلـه يعرفونه كما يعرفون أبناءهم وقال تعالى فلما جاءهم ما عرفوا كفروا به فلعنة الـلـه على الكافرين وقال تعالى في قصة بلعام بن باعوراء واتل عليهم نبأ الذي آتيناه آياتنا فانسلخ منها فأتبعه الشيطان فكان من الغاوين حتى قال فمثله كمثل الكلب إن تحمل عليه يلهث أو تتركه يلهث فكذلك العالم الفاجر فإن بلعام أوتي كتاب الـلـه تعالى فأخلد إلى الشهوات فشبه بالكلب أي سواء أوتي الحكمة أو لم يؤت فهو يلهث إلى الشهوات

وقال عيسى عليه السلام مثل علماء السوء كمثل صخرة وقعت على فم النهر لا هي تشرب الماء ولا هي تترك الماء يخلص إلى الزرع ومثل علماء السوء مثل قناة الحش ظاهرها جص وباطنها نتن ومثل القبور ظاهرها عامر وباطنها عظام الموتى فهذه الأخبار والآثار تبين أن العالم الذي هو من أبناء الدنيا أخس حالا وأشد عذابا من الجاهل

وأن الفائزين المقربين هم علماء الآخرة ولهم علامات فمنها أن لا يطلب الدنيا بعلمه فإن أقل درجات العالم أن يدرك حقارة الدنيا وخستها وكدورتها وانصرامها وعظم الآخرة ودوامها وصفاء نعيمها وجلالة ملكها ويعلم أنهما متضادتان وأنهما كالضرتين مهما أرضيت إحداهما أسخطت الأخرى وأنهما ككفتي الميزان مهما رجحت إحداهما خفت الأخرى وأنهما كالمشرق والمغرب مهما قربت من احدهما بعدت عن الآخر وأنهما كقدحين أحدهما مملوء والآخر فارغ فبقدر ما تصب منه في الآخر حتى يمتلىء يفرغ الآخر

فإن من لا يعرف حقارة الدنيا وكدورتها وامتزاج لذاتها بألمها ثم انصرام ما يصفو منها فهو فاسد العقل فإن المشاهدة والتجربة ترشد إلى ذلك فكيف يكون من العلماء من لا عقل له ومن لا يعلم عظم أمر الآخرة ودوامها فهو كافر مسلوب الإيمان فكيف يكون من العلماء من لا إيمان له ومن لا يعلم مضادة الدنيا للآخرة وأن الجمع بينهما طمع في غير مطمع فهو جاهل بشرائع الأنبياء كلهم بل هو كافر بالقرآن كله من أوله إلى آخر فكيف يعد من زمرة العلماء ومن علم هذا كله ثم لم يؤثر الآخرة على الدنيا فهو أسير الشيطان قد

أهلكته شهوته وغلبت عليه شقوته فكيف يعد من حزب العلماء من هذه درجته وفي أخبار داود عليه السلام حكاية عن اللـه تعالى إن أدنى ما أصنع بالعالم إذا آثر شهوته على محبتي أن أحرمه لذيذ مناجاتي يا داود لا تسأل عني عالما قد أسكرته الدنيا فيصدك عن طريق محبتي أولئك قطاع الطريق على عبادي يا داود إذا رأيت لي طالبا فكن له خادما يا داود من رد إلي هاربا كتبته جهبذا ومن كتبته جهبذا لم أعذبه أبدا ولذلك قال الحسن رحمه اللـه عقوبة العلماء موت القلب وموت القلب طلب الدنيا بعمل الآخرة

ولذلك قال يحيى بن معاذ إنما يذهب بهاء العلم والحكمة إذا طلب بهما الدنيا

وقال سعيد بن المسيب رحمه اللـه إذا رأيتم العالم يغشى الأمراء

فهو لص وقال عمر رضي الـلـه عنه إذا رأيتم للعالم محبا للدنيا فاتهموه على دينكم فإن كل محب يخوض فيما أحب وقال مالك بن دينار رحمه الـلـه قرأت في بعض الكتب السالفة إن الـلـه تعالى يقول إن أهون ما أصنع بالعالم إذا أحب الدنيا أن أخرج حلاوة مناجاتي من قلبه

وكتب رجل إلى أخ له إنك قد أوتيت علما فلا تطفئن نور علمك بظلمة الذنوب فتبقى في الظلمة يوم يسعى أهل العلم في نور علمهم وكان يحيى بن معاذ الرازي رحمه الـلـه يقول لعلماء الدنيا يا أصحاب العلم قصوركم قيصرية وبيوتكم كسروية وأثوابكم ظاهرية وأخفافكم جالوتية ومراكبكم قارونية وأوانيكم فرعونية ومآثمكم جاهلية ومذاهبكم شيطانية فأين الشريعة المحمدية قال الشاعر

وراعى الشاة يحمي الذئب عنها

فكيف إذا الرعاة لها ذئاب

وقال الآخر

يا معشر القراء يا ملح البلد

مايصلح الملح إذا الملح فسد

وقيل لبعض العارفين أترى أن من تكون المعاصي قرة عينه لا يعرف الـلـه قال لا شك أن من تكون الدنيا عنده آثر من الآخرة أنه لا يعرف الـلـه تعالى

وهذا دون ذلك بكثير ولا تظنن أن ترك المال يكفي في اللحوق بعلماء الآخرة فإن الجاه أضر من المال ولذلك قال بشر حدثنا باب من أبواب الدنيا فإذا سمعت الرجل يقول حدثنا فإنما يقول أوسعوا لي

ودفن بشر بن الحرث بضعة عشر ما بين قمطرة وقوصرة من الكتب وكان يقول أنا أشتهي أن أحدث ولو ذهبت عني شهوة الحديث لحدثت وقال هو وغيره إذا اشتهيت أن تحدث فاسكت فإذا لم تشته فحدث

وهذا لأن التلذذ بجاه الإفادة ومنصب الإرشاد أعظم لذة من كل تنعم في الدنيا فمن أجاب شهوته فيه فهو من أبناء الدنيا

ولذلك قال الثوري فتنة الحديث أشد من فتنة الأهل والمال والولد وكيف لا تخاف فتنته وقد قيل لسيد المرسلين صلى الـلـه عليه وسلم ولولا أن ثبتناك لقد كدت تركن إليهم شيئا قليلا وقال سهل رحمه الـلـه العلم كله دنيا والآخرة منه العمل به والعمل كله هباء إلا

الإخلاص

وقال الناس كلهم موتى إلا العلماء والعلماء سكارى إلا العاملين والعاملون كلهم مغرورون إلا المخلصين والمخلص على وجل حتى يدري ماذا يختم له به

وقال أبو سليمان الداراني رحمه الله إذا طلب الرجل الحديث أو تزوج أو سافر في طلب المعاش فقد ركن إلى الدنيا وإنما أراد به طلب الأسانيد العالية أو طلب الحديث الذي لا يحتاج إليه في طلب الآخرة وقال عيسى عليه السلام كيف يكون من أهل العلم من مسيره إلى آخرته وهو مقبل على طريق دنياه وكيف يكون من أهل العلم من يطلب الكلام ليخبر به لا ليعمل به وقال صالح بن كيسان البصري أدركت الشيوخ وهم يتعوذون بالله من الفاجر العالم بالسنة

وروى أبو هريرة رضي الله عنه قال قال رسول الله صلى الله عليه وسلم من طلب علما مما يبتغي به وجه الله تعالى ليصيب به عرضا من الدنيا لم يجد عرف الجنة يوم القيامة حديث أبي هريرة من طلب علما مما يبتغي به وجه الله ليصيب به عرضا الحديث أخرجه أبو داود وابن ماجه بإسناد جيد وقد وصف الله علماء السوء بأكل الدنيا بالعلم ووصف علماء الآخرة بالخشوع والزهد فقال عز وجل في علماء الدنيا وإذ أخذ الله ميثاق الذين أوتوا الكتاب لتبيننه للناس ولا تكتمونه فنبذوه وراء ظهورهم واشتروا به ثمنا قليلا وقال تعالى في علماء الآخرة وإن من أهل الكتاب لمن يؤمن بالله وما أنزل إليكم وما أنزل إليهم خاشعين لله لا يشترون بآيات الله ثمنا قليلا أولئك لهم أجرهم عند ربهم وقال بعض السلف العلماء يحشرون في زمرة الأنبياء والقضاة يحشرون في زمرة السلاطين

وفي معنى القضاة كل فقيه قصده طلب الدنيا بعلمه

وروى

أبو الدرداء رضي اللـه عنه عن النبي صلى اللـه عليه وسلم أنه قال أوحى اللـه عز وجل إلى بعض الأنبياء قل للذين يتفقهون لغير الدين ويتعلمون لغير العمل ويطلبون الدنيا بعمل الآخرة يلبسون للناس مسوك الكباش وقلوبهم كقلوب الذئاب ألسنتهم أحلى من العسل وقلوبهم أمر من الصبر إياي يخادعون وبي يستهزئون لأفتحن لهم فتنة تذر الحليم حيران حديث أبي الدرداء أوحى اللـه إلى بعض الأنبياء قل للذين يتفقهون لغير الدين الحديث أخرجه ابن عبد البر بإسناد ضعيف وروى الضحاك عن ابن عباس رضي اللـه عنهما قال قال رسول اللـه صلى اللـه عليه وسلم علماء هذه الأمة رجلان رجل آتاه اللـه علما فبذله للناس ولم يأخذ عليه طمعا ولم يشتر به ثمنا فذلك يصلي عليه طير السماء وحيتان الماء ودواب الأرض والكرام الكاتبون يقدم على اللـه عز وجل يوم القيامة سيدا شريفا حتى يوافق المرسلين ورجل آتاه اللـه علما في الدنيا فضن به على عباد اللـه وأخذ عليه طمعا واشترى به ثمنا فذلك يأتي يوم القيامة ملجما بلجام من نار ينادي مناد على رؤوس الخلائق هذا فلان بن فلان آتاه اللـه علما في الدنيا فضن به على عباده وأخذ به طمعا واشترى به ثمنا فيعذب حتى يفرغ من حساب الناس حديث ابن عباس علماء هذه الأمة رجلان الحديث أخرجه الطبراني في الأوسط بإسناد ضعيف وأشد من هذا ما روي أن رجلا كان يخدم موسى عليه السلام فجعل يقول حدثني موسى صفي اللـه حدثني موسى نجي اللـه حدثني موسى كليم اللـه حتى أثرى وكثر ماله ففقده موسى عليه السلام فجعل يسأل عنه ولا يحس له خبرا حتى جاءه رجل ذات يوم وفي يده خنزير وفي عنقه حبل أسود فقال له موسى عليه السلام أتعرف فلانا قال نعم قال هو هذا الخنزير فقال موسى يا رب أسألك أن ترده إلى حاله حتى أسأله بم أصابه هذا فأوحى اللـه عز وجل إليه لو دعوتني بالذي دعاني به آدم فمن دونه ما أجبتك فيه ولكن أخبرك لم صنعت هذا به لأنه كان يطلب الدنيا بالدين وأغلظ من هذا ما روى معاذ بن جبل رضي اللـه عنه موقوفا ومرفوعا في رواية عن النبي صلى اللـه عليه وسلم قال من فتنة العالم أن يكون الكلام أحب إليه من الاستماع حديث معاذ من فتنة العالم أن يكون الكلام أحب إليه من الاستماع الحديث أخرجه أبو نعيم وابن الجوزي في الموضوعات وفي الكلام تنميق وزيادة ولا يؤمن على صاحبه الخطأ وفي الصمت سلامة وعلم ومن العلماء من يخزن علمه فلا يحب أن يوجد عند غيره فذلك في الدرك الأول من النار ومن العلماء من يكون في علمه بمنزلة السلطان إن رد عليه شيء من علمه أو تهوون بشيء من حقه غضب فذلك في الدرك الثاني من النار

ومن العلماء من يجعل علمه وغرائب حديثه لأهل الشرف واليسار ولا يرى أهل الحاجة له أهلا فذلك في الدرك الثالث من النار

ومن العلماء من ينصب نفسه للفتيا فيفتي بالخطأ و اللـه تعالى يبغض المتكلفين فذلك في الدرك الرابع من النار

ومن العلماء من يتكلم بكلام اليهود والنصارى ليغزر به علمه فذلك في الدرك الخامس من النار

ومن العلماء من يتخذ علمه مروءة ونبلا وذكرا في الناس فذلك في الدرك السادس من النار

ومن العلماء من يستفزه الزهو والعجب فإن وعظ عنف وإن وعظ أنف فذلك في الدرك السابع من النار

فعليك يا أخي بالصمت فيه تغلب الشيطان وإياك أن تضحك من غير عجب أو تمشي في غير أرب

وفي خبر آخر إن العبد لينشر له من الثناء ما يملأ ما بين المشرق والمغرب وما يزن عند الله جناح بعوضة

حديث إن العبد لينشر له من الثناء ما بين المشرق والمغرب وما يزن عند الله جناح بعوضة لم أجده هكذا

وفي الصحيحين من حديث أبي هريرة إنه ليأتي الرجل العظيم السمين يوم القيامة لا يزن عند الله جناح بعوضة وروى أن الحسن حمل إليه رجل من خراسان كيسا بعد انصرافه من مجلسه فيه خمسة آلاف درهم وعشرة أثواب من رقيق البز وقال يا أبا سعيد هذه نفقة وهذه كسوة فقال الحسن عافاك الله تعالى ضم إليك نفقتك وكسوتك فلا حاجة لنا بذلك إنه من

جلس مثل مجلسي هذا وقبل من الناس مثل هذا لقى الله تعالى يوم القيامة ولا خلاق له

وعن جابر رضي الله عنه موقوفا ومرفوعا قال قال رسول الله صلى الله عليه وسلم لا تجلسوا عند كل عالم إلا إلى عالم يدعوكم من خمس إلى خمس من الشك إلى اليقين ومن الرياء إلى الإخلاص ومن الرغبة إلى الزهد ومن الكبر إلى التواضع ومن العداوة إلى النصيحة حديث جابر لا تجلسوا عند كل عالم الحديث أخرجه أبو نعيم في الحلية وابن الجوزي في الموضوعات وقال تعالى فخرج على قومه في زينته قال الذين يريدون الحياة الدنيا يا ليت لنا مثل ما أوتي قارون إنه لذو حظ عظيم وقال الذين أوتوا العلم ويلكم ثواب الله خير لمن آمن الآية فعرف أهل العلم بإيثار الآخرة على الدنيا

ومنها أن لا يخالف فعله قوله بل لا يأمر بالشيء ما لم يكن هو أول عامل به قال الله تعالى أتأمرون الناس بالبر وتنسون أنفسكم وقال تعالى كبر مقتا عند الله أن تقولوا ما لا تفعلون وقال تعالى في قصة شعيب وما أريد أن أخالفكم إلى ما أنهاكم عنه وقال تعالى واتقوا الله ويعلمكم الله وقال تعالى واتقوا الله واعلموا واتقوا الله واسمعوا وقال تعالى لعيسى عليه السلام يا ابن مريم عظ نفسك فإن اتعظت فعظ الناس وإلا فاستحي مني وقال رسول الله صلى الله عليه وسلم مررت ليلة أسري بي بأقوام تقرض شفاههم بمقاريض من نار فقلت من أنتم فقالوا كنا نأمر بالخير ولا نأتيه وننهى عن الشر ونأتيه حديث مررت ليلة أسري بي بأقوام تقرض شفاههم بمقاريض من نار الحديث أخرجه ابن حبان من حديث أنس وقال صلى الله عليه وسلم هلاك أمتي عالم فاجر وعابد جاهل وشر الشرار شرار العلماء وخير الخيار خيار العلماء حديث هلاك أمتي عالم فاجر وشر الشرار شرار العلماء الحديث أخرجه الدارمي من رواية الأحوص بن حكيم عن أبيه مرسلا بآخر الحديث نحوه وقد تقدم ولم أجد صدر الحديث وقال الأوزاعي رحمه الله شكت النواويس ما تجد من نتن جيف الكفار فأوحى الله إليها بطون علماء السوء أنتن مما أنتم فيه

وقال الفضيل بن عياض رحمه الله بلغني أن الفسقة من العلماء يبدأ بهم يوم القيامة قبل عبدة الأوثان

وقال أبو الدرداء رضي الله عنه ويل لمن لا يعلم مرة وويل لمن يعلم ولا يعمل سبع مرات

وقال الشعبي يطلع يوم القيامة قوم من أهل الجنة على قوم من أهل النار فيقولون لهم ما أدخلكم النار وإنما أدخلنا الله الجنة بفضل تأديبكم وتعليمكم فيقولون إنا كنا نأمر بالخير ولا نفعله وننهى عن الشر ونفعله

وقال حاتم الأصم رحمه الله ليس في القيامة أشد حسرة من رجل علم الناس علما فعملوا به ولم يعمل هو به ففازوا بسببه وهلك هو

وقال مالك بن دينار إن العالم إذا لم يعمل بعلمه زلت موعظته عن القلوب كما يزل القطر عن الصفا وأنشدوا

يا واعظ الناس قد أصبحت متهما

إذ عبت منهم أمورا أنت تأتيها

أصبحت تنصحهم بالوعظ مجتهدا

فالموبقات لعمري أنت جانيها

تعيب دنيا وناسا راغبين لها

وأنت أكثر منهم رغبة فيها

وقال آخر

لا تنه عن خلق وتأتي مثله

عار عليك إذا فعلت عظيم

وقال إبراهيم بن أدهم رحمه الله مررت بحجر بمكة مكتوب عليه اقلبني تعتبر فقلبته فإذا عليه مكتوب أنت بما تعلم لا تعمل فكيف تطلب علم ما لم تعلم وقال ابن السماك رحمه الله كم من مذكر بالله ناس لله وكم من مخوف بالله جريء على الله وكم من مقرب إلى الله بعيد من الله وكم من داع إلى الله فار من الله وكم من تال كتاب الله منسلخ عن آيات الله وقال إبراهيم بن أدهم رحمه الله لقد أعربنا في كلامنا فلم نلحن ولحنا في أعمالنا فلم نعرب

وقال الأوزاعي إذا جاء الإعراب ذهب الخشوع

وروى مكحول عن عبد الرحمن بن غنم أنه قال حدثني عشرة

من أصحاب رسول اللـه صلى اللـه عليه وسلم قالوا كنا ندرس العلم في مسجد قباء إذ خرج علينا رسول اللـه صلى اللـه عليه وسلم فقال تعلموا ما شئتم أن تعلموا فلن يأجركم اللـه حتى تعملوا حديث عبد الرحمن بن غنم عن عشرة من الصحابة تعلموا ما شئتم أن تعلموا فلن يأجركم اللـه حتى تعملوا علقه ابن عبد البر وأسنده ابن عدي وأبو نعيم والخطيب في كتاب اقتضاء العلم للعمل من حديث معاذ فقط بسند ضعيف ورواه الدارمي موقوفا على معاذ بسند صحيح وقال عيسى عليه السلام مثل الذي يتعلم العلم ولا يعمل به كمثل امرأة زنت في السر فحملت فظهر حملها فافتضحت فكذلك من لا يعمل بعلمه يفضحه اللـه تعالى يوم القيامة على رءوس الأشهاد

وقال معاذ رحمه اللـه احذروا زلة العالم لأن قدره عند الخلق عظيم فيتبعونه على زلته

وقال عمر رضي اللـه عنه إذا زل العالم زل بزلته عالم من الخلق وقال عمر رضي اللـه عنه ثلاث بهن ينهدم الزمان إحداهن زلة العالم

وقال ابن مسعود سيأتي على الناس زمان تملح فيه عذوبة القلوب فلا ينتفع بالعلم يومئذ عالمه ولا متعلمه فتكون قلوب علمائهم مثل السباخ من ذوات الملح ينزل عليها قطر السماء فلا يوجد لها عذوبة وذلك إذا مالت قلوب العلماء إلى حب الدنيا وإيثارها على الآخرة فعند ذلك يسلبها اللـه تعالى ينابيع الحكمة ويطفىء مصابيح الهدى من قلوبهم فيخبرك عالمهم حين تلقاه أنه يخشى اللـه بلسانه والفجور ظاهر في عمله فما أخصب الألسن يومئذ وما أجدب القلوب فوالله الذي لا إله إلا هو ما ذلك إلا لأن المعلمين علموا لغير اللـه تعالى والمتعلمين تعلموا لغير اللـه تعالى

وفي التوراة والإنجيل مكتوب لا تطلبوا علم ما لم تعلموا حتى تعملوا بما علمتم

وقال حذيفة رضي اللـه عنه إنكم في زمان من ترك فيه عشر ما يعلم هلك وسيأتي زمان من عمل فيه بعشر ما يعلم نجا وذلك لكثرة البطالين

واعلم أن مثل العالم مثل القاضي وقد قال صلى اللـه عليه وسلم القضاة ثلاثة قاض قضى بالحق وهو يعلم فذلك في الجنة وقاض قضى بالجور وهو يعلم أو لا يعلم فهو في النار وقاض قضى بغير ما أمر اللـه به فهو في النار حديث القضاة ثلاثة الحديث أخرجه أصحاب السنن من حديث بريدة وهو صحيح وقال كعب رحمه اللـه يكون في آخر الزمان علماء يزهدون الناس في الدنيا ولا يزهدون ويخوفون الناس ولا يخافون وينهون عن غشيان الولاة ويأتونهم ويؤثرون الدنيا على الآخرة يأكلون بألسنتهم يقربون الأغنياء دون الفقراء يتغايرون على العلم كما تتغاير النساء على الرجال يغضب أحدهم على جليسه إذا جالس غيره أولئك الجبارون أعداء الرحمن

وقال صلى اللـه عليه وسلم إن الشيطان ربما يسوفكم بالعلم فقيل يا رسول اللـه وكيف ذلك قال صلى اللـه عليه وسلم يقول اطلب العلم ولا تعمل حتى تعلم فلا يزال للعلم قائلا وللعمل مسوفا حتى يموت وما عمل حديث إن الشيطان ربما يسوفكم بالعلم

الحديث في الجامع من حديث أنس بسند ضعيف وقال سرى السقطي اعتزل رجل للتعبد كان حريصا على طلب علم الظاهر فسألته فقال رأيت في النوم قائلا يقول لي إلى كم تضيع العلم ضيعك الله فقلت إني لأحفظه فقال حفظ العلم العمل به فتركت الطلب وأقبلت على العمل

وقال ابن مسعود رضي الله عنه ليس العلم بكثرة الرواية إنما العلم الخشية وقال الحسن تعلموا ما شئتم أن تعلموا فوالله لا يأجركم الله حتى تعملوا فإن السفهاء همتهم الرواية والعلماء همتهم الرعاية وقال مالك رحمه الله إن طلب العلم لحسن وإن نشره لحسن إذا صحت فيه النية ولكن انظر ما يلزمك من حين تصبح إلى حين تمسي فلا تؤثرن عليه شيئا

وقال ابن مسعود رضي الله عنه أنزل القرآن ليعمل به فاتخذتم دراسته عملا وسيأتي قوم يثقفونه مثل القناة ليسوا بخياركم والعالم الذي لا يعمل كالمريض الذي يصف الدواء وكالجائع الذي يصف لذائذ الأطعمة ولا يجدها

وفي مثله قوله تعالى ولكم الويل مما تصفون وفي الخبر إنما أخاف على أمتي زلة عالم

وجدال منافق في القرآن حديث إنما أخاف على أمتي زلة عالم الحديث أخرجه الطبراني من حديث أبي الدرداء ولابن حبان نحوه من حديث عمران بن حصين ومنها أن تكون عنايته بتحصيل العلم النافع في الآخرة المرغب في الطاعات مجتنبا للعلوم التي يقل نفعها ويكثر فيها الجدال والقيل والقال

فمثال من يعرض عن علم الأعمال ويشتغل بالجدال مثل رجل مريض به علل كثيرة وقد صادف طبيبا حاذقا في وقت ضيق يخشى فواته فاشتغل بالسؤال عن خاصية العقاقير والأدوية وغرائب الطب وترك مهمه الذي هو مؤاخذ به وذلك محض السفه

وقد روي أن رجلا جاء رسول الله صلى الله عليه وسلم فقال علمني من غرائب العلم فقال له ما صنعت في رأس العلم فقال وما رأس العلم فقال صلى الله عليه وسلم هل عرفت الرب تعالى قال نعم قال فما صنعت في حقه قال ما شاء الله فقال صلى الله عليه وسلم هل عرفت الموت قال نعم قال فما أعددت له قال ما شاء الله قال صلى الله عليه وسلم إذهب فأحكم ما هناك ثم تعال نعلمك من غرائب العلم حديث أن رجلا جاء إلى رسول الله صلى الله عليه وسلم فقال علمني من غرائب العلم الحديث رواه ابن السني وأبو نعيم في كتاب الرياضة لهما وابن عبد البر من حديث عبد الله بن المسور مرسلا وهو ضعيف جدا بل ينبغي أن يكون المتعلم من جنس ما روى عن حاتم الأصم تلميذ شقيق البلخي رضي الله عنهما أنه قال له شقيق منذ كم صحبتني قال حاتم منذ ثلاث وثلاثين سنة قال فما تعلمت مني في هذه المدة قال ثماني مسائل قال شقيق له إنا لله وإنا إليه راجعون ذهب عمري معك ولم تتعلم إلا ثماني مسائل قال يا أستاذ لم أتعلم غيرها وإني لا أحب أن أكذب فقال هات هذه الثماني مسائل حتى أسمعها قال حاتم نظرت إلى هذا الخلق فرأيت كل واحد يحب محبوبا فهو مع محبوبه إلى القبر فإذا وصل إلى القبر فارقه فجعلت الحسنات محبوبي فإذا دخلت القبر دخل محبوبي معي فقال أحسنت يا حاتم فما الثانية فقال نظرت في قول الله عز وجل وأما من خاف مقام ربه ونهى النفس عن الهوى فإن الجنة هي المأوى فعلمت أن قوله سبحانه وتعالى هو الحق فأجهدت نفسي في دفع الهوى حتى استقرت على طاعة الله تعالى

الثالثة أني نظرت إلى هذا الخلق فرأيت كل ممن معه شيء له قيمة ومقدار رفعه وحفظه ثم نظرت إلى قول الله عز وجل ما عندكم ينفذ وما عند الله باق فكلما وقع معي شيء له قيمة ومقدار وجهته إلى الله ليبقى عنده محفوظا

الرابعة أني نظرت إلى هذا الخلق فرأيت كل واحد منهم يرجع إلى المال وإلى الحسب والشرف والنسب فنظرت فيها فإذا هي لا شيء ثم نظرت إلى قول الله تعالى إن أكرمكم عند الله أتقاكم فعملت في التقوى حتى أكون عند الله كريما

الخامسة أني نظرت إلى هذا الخلق وهم يطعن بعضهم في بعض ويلعن بعضهم بعضا وأصل هذا كله الحسد ثم نظرت إلى قول اللـه عز وجل نحن قسمنا بينهم معيشتهم في الحياة الدنيا فتركت الحسد واجتنبت الخلق وعلمت أن القسمة من عند اللـه سبحانه وتعالى فتركت عداوة الخلق عني

السادسة نظرت إلى هذا الخلق يبغي بعضهم على بعض ويقاتل بعضهم بعضا فرجعت إلى قول اللـه عز وجل إن الشيطان لكم عدو فاتخذوه عدوا فعاديته وحده واجتهدت في أخذ حذري منه لأن اللـه تعالى شهد عليه أنه عدو لي فتركت عداوة الخلق غيره

السابعة نظرت إلى هذا الخلق فرأيت كل واحد منهم يطلب هذه الكسرة فيذل فيها نفسه ويدخل فيما لا يحل له ثم نظرت إلى قوله تعالى وما من دابة في الأرض إلا على اللـه رزقها فعلمت أني واحد من هذه الدواب التي على اللـه رزقها فاشتغلت بما لله تعالى علي وتركت ما لي عنده

الثامنة نظرت إلى هذا الخلق فرأيتهم كلهم متوكلين على مخلوق هذا على ضيعته وهذا على تجارته وهذا على صناعته وهذا على صحة بدنه وكل مخلوق متوكل على مخلوق مثله فرجعت إلى

قوله تعالى ومن يتوكل على الله فهو حسبه فتوكلت على الله عز وجل فهو حسبي قال شقيق يا حاتم وفقك الله تعالى فإني نظرت في علوم التوراة والإنجيل والزبور والفرقان العظيم فوجدت جميع أنواع الخير والديانة وهي تدور على هذه الثمان مسائل فمن استعملها فقد استعمل الكتب الأربعة فهذا الفن من العلم لا يهتم بإدراكه والتفطن له إلا علماء الآخرة فأما علماء الدنيا فيشتغلون بما يتيسر به اكتساب المال والجاه ويهملون أمثال هذه العلوم التي بعث الله بها الأنبياء كلهم عليهم السلام وقال الضحاك بن مزاحم أدركتهم وما يتعلم بعضهم من بعض إلا الورع وهم اليوم ما يتعلمون إلا الكلام ومنها أن يكون غير مائل إلى الترفه في المطعم والمشرب والتنعم في الملبس والتجمل في الأثاث والمسكن بل يؤثر الاقتصاد في جميع ذلك ويتشبه فيه بالسلف رحمهم الله تعالى ويميل إلى الاكتفاء بالأقل في جميع ذلك وكلما زاد إلى طرف القلة ميله ازداد من الله قربه وارتفع في علماء الآخرة حزبه

ويشهد لذلك ما حكي عن أبي عبد الله الخواص وكان من أصحاب حاتم الأصم قال دخلت مع حاتم إلى الري ومعنا ثلثمائة وعشرون رجلا يريد الحج وعليهم الزرمانقات وليس معهم جراب ولا طعام فدخلنا على رجل من التجار متقشف يحب المساكين فأضافنا تلك الليلة فلما كان من الغد قال لحاتم ألك حاجة فإني أريد أن أعود فقيها لنا هو عليل قال حاتم عيادة المريض فيها فضل والنظر إلى الفقيه عبادة وأنا أيضا أجيء معك

وكان العليل محمد بن مقاتل قاضي الري فلما جئنا إلى الباب فإذا قصر مشرف حسن فبقي حاتم متفكرا يقول باب عالم على هذه الحالة ثم أذن لهم فدخلوا فإذا دار حسناء فوراء واسعة نزهة وإذا بزة وستور فبقي حاتم متفكرا ثم دخلوا إلى المجلس الذي هو فيه وإذا بفرش وطيئة وهو راقد عليها وعند رأسه غلام وبيده مذبة فقعد الزائر عند رأسه وسأل عن حاله وحاتم قائم فأومأ إليه ابن مقاتل أن اجلس فقال لا أجلس فقال لعل لك حاجة فقال نعم قال وما هي قال مسئلة أسألك عنها قال سل قال قم فاستو جالسا حتى أسألك

فاستوى جالسا قال حاتم علمك هذا من أين أخذته فقال من الثقات حدثوني به قال عمن قال عن أصحاب رسول الله صلى الله عليه وسلم قال وأصحاب رسول الله صلى الله عليه وسلم عمن قال عن رسول الله صلى الله عليه وسلم قال ورسول الله صلى الله عليه وسلم عمن قال عن جبرائيل عليه السلام عن الله عز وجل

قال حاتم ففيما أداه جبرائيل عليه السلام عن الله عز وجل إلى رسول الله صلى الله عليه وسلم وأداه رسول الله صلى الله عليه وسلم إلى أصحابه وأصحابه إلى الثقات وأداه الثقات إليك هل سمعت فيه من كان في داره إشراف وكانت سعتها أكثر كان له عند الله عز وجل المنزلة أكبر قال لا قال فكيف سمعت قال سمعت أنه من زهد في الدنيا ورغب في الآخرة وأحب المساكين وقدم لآخرته كانت له عند الله المنزلة قال له حاتم فأنت بمن اقتديت ابالنبي صلى الله عليه وسلم

وأصحابه رضي الـلـه عنهم والصالحين رحمهم الـلـه أم بفرعون ونمروذ أول من بنى بالجص والآجر يا علماء السوء مثلكم يراه الجاهل المتكالب على الدنيا الراغب فيها فيقول العالم على هذه الحالة أفلا أكون أنا شرا منه وخرج من عنده فازداد ابن مقاتل مرضا وبلغ أهل الري ما جرى بينه وبين ابن مقاتل فقالوا له إن الطنافسي بقزوين أكثر توسعا منه

فسار حاتم متعمدا فدخل عليه فقال رحمك الـلـه أنا رجل أعجمي أحب أن تعلمني مبتدأ ديني ومفتاح صلاتي كيف أتوضأ للصلاة قال نعم وكرامة يا غلام هات إناء فيه ماء

فأتي به فقعد الطنافسي فتوضأ ثلاثا ثلاثا ثم قال هكذا فتوضأ فقال حاتم مكانك حتى أتوضأ بين يديك فيكون أوكد لما أريد فقام الطنافسي وقعد حاتم فتوضأ ثم غسل ذراعيه أربعا أربعا فقال الطنافسي يا هذا أسرفت قال له حاتم فبماذا قال غسلت ذراعيك أربعا فقال حاتم يا سبحان الـلـه العظيم أنا في كف من ماء أسرفت وأنت في جميع هذا كله لم تسرف فعلم الطنافسي

أنه قصد ذلك دون التعلم فدخل منزله فلم يخرج إلى الناس أربعين يوما فلما دخل حاتم بغداد اجتمع إليه أهل بغداد فقالوا يا أبا عبد الرحمن أنت رجل ولكن أعجمي وليس يكلمك أحد إلا قطعته قال معي ثلاث خصال أظهر بهن على خصمي أفرح إذا أصاب خصمي وأحزن إذا أخطأ وأحفظ نفسي أن لا أجهل عليه

فبلغ ذلك الإمام أحمد بن حنبل فقال سبحان الله ما أعقله قوموا بنا إليه

فلما دخلوا عليه قال له يا أبا عبد الرحمن ما السلامة من الدنيا قال يا أبا عبد الله لا تسلم من الدنيا حتى يكون معك أربع خصال تغفر للقوم جهلهم وتمنع جهلك منهم وتبذل لهم شيئك وتكون من شيئهم آيسا فإذا كنت هكذا سلمت ثم سار إلى المدينة فاستقبله أهل المدينة فقال يا قوم أية مدينة هذه قالوا مدينة رسول الله صلى الله عليه وسلم قال فأين قصر رسول الله صلى الله عليه وسلم حتى أصلي فيه قالوا ما كان له قصر إنما كان له بيت لاطىء بالأرض قال فأين قصور أصحابه رضي الله عنهم قالوا ما كان لهم قصور إنما كان لهم بيوت لاطئة بالأرض قال حاتم يا قوم فهذه مدينة فرعون فأخذوه وذهبوا به إلى السلطان وقالوا هذا العجمي يقول هذه مدينة فرعون قال الوالي ولم ذلك قال حاتم لا تعجل علي أنا رجل أعجمي غريب دخلت البلد فقلت مدينة من هذه فقالوا مدينة رسول الله صلى الله عليه وسلم فقلت فأين قصر وقص القصة ثم قال وقد قال الله تعالى لقد كان لكم في رسول الله أسوة حسنة فأنتم بمن تأسيتم أبرسول الله صلى الله عليه وسلم أم بفرعون أول من بنى بالجص والآجر فخلوا عنه وتركوه

فهذه حكاية حاتم الأصم رحمه الله تعالى

وسيأتي من سيرة السلف في البذاذة وترك التجمل ما يشهد لذلك في مواضعه والتحقيق فيه أن التزين بالمباح ليس بحرام ولكن الخوض فيه يوجب الأنس به حتى يشق تركه واستدامة الزينة لا تمكن إلا بمباشرة أسباب في الغالب يلزم من مراعاتها ارتكاب المعاصي من المداهنة ومراعاة الخلق ومراءاتهم وأمور أخر هي محظورة والحزم اجتناب ذلك لأن من خاض في الدنيا لا يسلم منها ألبتة ولو كانت السلامة مبذولة مع الخوض فيها لكان صلى الله عليه وسلم لا يبالغ في ترك الدنيا حتى نزع القميص المطرز بالعلم حديث نزع القميص المعلم متفق عليه من حديث عائشة ونزع خاتم الذهب في أثناء الخطبة حديث نزع الخاتم الذهب في أثناء الخطبة متفق عليه من حديث ابن عمر إلى غير ذلك مما سيأتي بيانه

وقد حكى أن يحيى بن يزيد النوفلي كتب إلى مالك ابن أنس رضي الله عنهما بسم الله الرحمن الرحيم وصلى الله على رسوله محمد في الأولين والآخرين من يحيى ابن يزيد بن عبد الملك إلى مالك بن أنس أما بعد فقد بلغني أنك تليس الدقاق وتأكل الرقاق وتجلس على الوطىء وتجعل على بابك حاجبا وقد جلست مجلس العلم وقد ضربت إليك المطى وارتحل إليك الناس واتخذوك إماما ورضوا بقولك فاتق الله تعالى يا مالك

وعليك بالتواضع كتبت إليك بالنصيحة مني كتابا ما اطلع عليه غير الله سبحانه وتعالى والسلام فكتب إليه مالك بسم الله الرحمن الرحيم وصلى الله على سيدنا محمد وآله وصحبه وسلم من مالك بن أنس إلى يحيى بن يزيد سلام الله عليك أما بعد فقد وصل إلي كتابك فوقع مني موقع النصيحة والشفقة والأدب أمتعك الله بالتقوى وجزاك بالنصيحة خيرا وأسأل الله تعالى التوفيق ولا حول ولا قوة إلا بالله العلي العظيم فأما ما ذكرت لي أني آكل الرقاق وألبس الدقاق وأحتجب وأجلس على الوطىء فنحن نفعل ذلك ونستغفر الله تعالى فقد قال الله تعالى ﴿ قل من حرم زينة الله التي أخرج لعباده والطيبات من الرزق ﴾ وإني لأعلم أن ترك ذلك خير من الدخول فيه ولا تدعنا من كتابك فلسنا ندعك من كتابنا والسلام فانظر إلى إنصاف مالك إذ اعترف أن

ترك ذلك خير من الدخول فيه وأفتى بأنه مباح وقد صدق فيهما جميعا ومثل مالك في منصبه إذا سمحت نفسه بالإنصاف والاعتراف في مثل هذه النصيحة فتقوى أيضا نفسه على الوقوف على حدود المباح حتى لا يحمله ذلك على المراءاة والمداهنة والتجاوز إلى المكروهات وأما غيره فلا يقدر عليه فالتعريج على التنعم بالمباح خطر عظيم وهو بعيد من الخوف والخشية وخاصية علماء اللـه تعالى الخشية وخاصية الخشية التباعد من مظان الخطر

ومنها أن يكون مستقصيا عن السلاطين فلا يدخل عليهم ألبتة ما دام يجد إلى الفرار عنهم سبيلا بل ينبغي أن يحترز عن مخالطتهم وإن جاءوا إليه فإن الدنيا حلوة خضرة وزمامها بأيدي السلاطين

والمخالط لا يخلو عن تكلف في طيب مرضاتهم واستمالة قلوبهم مع أنهم ظلمة

ويجب على كل متدين الإنكار عليهم وتضييق صدرهم بإظهار ظلمهم وتقبيح فعلهم فالداخل عليهم إما أن يلتفت إلى تجملهم فيزدري نعمة اللـه عليه أو يسكت عن الإنكار عليهم فيكون مداهنا لهم أو يتكلف في كلامه كلاما لمرضاتهم وتحسين حالهم وذلك هو البهت الصريح أو أن يطمع في أن ينال من دنياهم وذلك هو السحت وسيأتي في كتاب الحلال والحرام ما يجوز أن يؤخذ من أموال السلاطين وما لا يجوز من الإدرار والجوائز وغيرها

وعلى الجملة فمخالطتهم مفتاح للشرور وعلماء الآخرة طريقهم الاحتياط

وقال صلى اللـه عليه وسلم من بدا جفا يعني من سكن البادية جفا ومن اتبع الصيد غفل ومن أتى السلطان افتتن حديث من بدا جفا الحديث أخرجه أبو داود والترمذي وحسنه والنسائي من حديث ابن عباس وقال صلى اللـه عليه وسلم سيكون عليكم أمراء تعرفون منهم وتنكرون فمن أنكر فقد بريء ومن كره فقد سلم ولكن من رضي وتابع أبعده اللـه تعالى قيل أفلا نقاتلهم قال صلى اللـه عليه وسلم لا ما صلوا حديث سيكون عليكم أمراء تعرفون منهم وتنكرون الحديث أخرجه مسلم من حديث أم سلمة وقال سفيان في جهنم واد لا يسكنه إلا القراء الزائرون للملوك

وقال حذيفة إياك ومواقف الفتن قيل وما هي قال أبواب الأمراء يدخل أحدكم على الأمير فيصدقه بالكذب ويقول فيه ما ليس فيه

وقال رسول اللـه صلى اللـه عليه وسلم العلماء أمناء الرسل على عباد اللـه تعالى ما لم يخالطوا السلاطين فإذا فعلوا ذلك فقد خانوا الرسل فاحذروهم واعتزلوهم حديث أنس العلماء أمناء الرسل على عباد اللـه الحديث أخرجه العقيلي في الضعفاء وذكره ابن الجوزي في الموضوعات رواه أنس

وقيل للأعمش ولقد أحييت العلم لكثرة من يأخذه عنك فقال لا تعجلوا ثلث يموتون قبل الإدراك وثلث يلزمون أبواب السلاطين فهم شر الخلق والثلث الباقي لا يفلح منه إلا القليل ولذلك قال سعيد ابن المسيب رحمه الـلـه إذا رأيتم العالم يغشى الأمراء فاحترزوا منه فإنه لص

وقال الأوزاعي ما من شيء أبغض إلى الـلـه تعالى من عالم يزور عاملا

وقال رسول الـلـه صلى الـلـه عليه وسلم شرار العلماء الذين يأتون الأمراء وخيار الأمراء الذين يأتون العلماء حديث شرار العلماء الذين يأتون الأمراء وخيار الأمراء الذين يأتون العلماء أخرجه ابن ماجه بالشطر الأول نحوه من حديث أبي هريرة بسند ضعيف وقال مكحول الدمشقي رحمه الـلـه من تعلم القرآن وتفقه في الدين ثم صحب السلطان تملقا إليه وطمعا فيما لديه خاض في بحر من نار جهنم بعدد خطاه

وقال سمنون ما أسمج بالعالم أن يؤتى إلى مجلسه فلا يوجد فيسئل عنه فيقال هو عند الأمير قال وكنت أسمع أنه يقال إذا رأيتم العالم يحب الدنيا فاتهموه على دينكم حتى جربت ذلك إذ ما دخلت قط على هذا السلطان إلا وحاسبت نفسي بعد الخروج فأرى عليها الدرك وأنتم ترون ما ألقاه به من الغلظة والفظاظة وكثرة المخالفة لهواه ولوددت أن أنجو من الدخول عليه كفافا مع أني لا آخذ منه شيئا ولا أشرب له شربة ماء ثم قال وعلماء زماننا شر من علماء بني إسرائيل يخبرون السلطان بالرخص وبما يوافق

هواه ولو أخبروه بالذي عليه وفيه نجاته لاستثقلهم وكره دخولهم عليه وكان ذلك نجاة لهم عند ربهم

وقال الحسن كان فيمن كان قبلكم رجل له قدم في الإسلام وصحبة لرسول الـلـه صلى الـلـه عليه وسلم قال عبد الـلـه بن المبارك عنى به سعد بن أبي وقاص رضي الـلـه عنه قال وكان لا يغشى السلاطين وينفر عنهم فقال له بنوه يأتي هؤلاء من ليس هو مثلك في الصحبة والقدم في الإسلام فلو أتيتهم فقال يا بني آتي جيفة قد أحاط بها قوم و الـلـه لئن استطعت لا أشاركهم فيها قالوا يا أبانا إذن نهلك هزالا قال يا بني لأن أموت مؤمنا مهزولا أحب إلى من أن أموت منافقا سمينا قال الحسن خصمهم و الـلـه إذ علم أن التراب يأكل اللحم والسمن دون الإيمان

وفي هذا إشارة إلى أن الداخل على السلطان لا يسلم من النفاق ألبتة وهو مضاد للإيمان

وقال أبو ذر لسلمة يا سلمة لا تغش أبواب السلاطين فإنك لا تصيب شيئا من دنياهم إلا أصابوا من دينك أفضل منه

وهذه فتنة عظيمة للعلماء وذريعة صعبة للشيطان عليهم لا سيما من له لهجة مقبولة وكلام حلو إذ لا يزال الشيطان يلقى إليه أن في وعظك لهم ودخولك عليهم ما يزجرهم عن الظلم ويقيم شعائر الشرع إلى أن يخيل إليه أن الدخول عليهم من الدين ثم إذا دخل لم يلبث أن يتلطف في الكلام ويداهن ويخوض في الثناء والإطراء وفيه هلاك الدين

وكان يقال العلماء إذا علموا عملوا فإذا عملوا شغلوا فإذا شغلوا فقدوا فإذا فقدوا طلبوا فإذا طلبوا هربوا

وكتب عمر بن عبد العزيز رحمه الـلـه إلى الحسن أما بعد فأشر علي بأقوام أستعين بهم على أمر الـلـه تعالى فكتب إليه أما أهل الدين فلا يريدونك وأما أهل الدنيا فلن تريدهم ولكن عليك بالأشراف فإنهم يصونون شرفهم أن يدنسوه بالخيانة

هذا في عمر بن عبد العزيز رحمه الـلـه وكان أزهد أهل زمانه فإذا كان شرط أهل الدين الهرب منه فكيف يستنسب طلب غيرهم ومخالطته ولم يزل السلف العلماء مثل الحسن والثوري وابن المبارك والفضيل وإبراهيم بن أدهم ويوسف بن أسباط يتكلمون في علماء الدنيا من أهل مكة والشام وغيرهم إما لميلهم إلى الدنيا وإما لمخالطتهم السلاطين منها أن لا يكون مسارعا إلى الفتيا بل يكون متوقفا ومحترزا ما وجد إلى الخلاص سبيلا

فإن سئل عما يعلمه تحقيقا بنص كتاب الـلـه أو بنص حديث أو إجماع أو قياس جلي أفتى وإن سئل عما يشك فيه قال لا أدري وإن سئل عما يظنه باجتهاد وتخمين احتاط ودفع عن نفسه وأحال على غيره إن كان في غيره غنية هذا هو الحزم لأن تقلد خطر الاجتهاد عظيم وفي الخبر العلم ثلاثة كتاب ناطق وسنة قائمة ولا أدري حديث العلم ثلاثة كتاب ناطق وسنة قائمة ولا أدري أخرجه الخطيب في أسماء من روى

عن مالك موقوفا على ابن عمر ولأبي داود وابن ماجه من حديث عبد الله بن عمر مرفوعا نحوه مع اختلاف وقد تقدم قال الشعبي لا أدري نصف العلم

ومن سكت حيث لا يدرى لله تعالى فليس بأقل أجرا ممن نطق لأن الاعتراف بالجهل أشد على النفس فهكذا كانت عادة الصحابة والسلف رضي الله عنهم

كان ابن عمر إذا سئل عن الفتيا قال اذهب إلى هذا الأمير الذي تقلد أمور الناس فضها في عنقه وقال ابن مسعود رضي الله عنه إن الذي يفتي الناس في كل ما يستفتونه لمجنون وقال جنة العالم لا أدري فإن أخطأها فقد أصيبت مقاتله

وقال إبراهيم بن أدهم رحمه الله ليس شيء أشد على الشيطان من عالم يتكلم بعلم ويسكت بعلم يقول انظروا إلى هذا سكوته أشد علي من كلامه

ووصف بعضهم الأبدال فقال أكلهم فاقة ونومهم غلبة وكلامهم ضرورة أي لا يتكلمون حتى يسألوا وإذا سئلوا ووجدوا من يكفيهم سكتوا فإن اضطروا أجابوا وكانوا يعدون الابتداء قبل السؤال من الشهوة الخفية للكلام

ومر علي وعبد الله رضي الله عنهما برجل يتكلم على الناس فقال هذا يقول اعرفوني

وقال بعضهم إنما العالم الذي إذا سئل عن المسئلة فكأنما يقلع ضرسه

وكان ابن عمر يقول تريدون

أن تجعلونا جسرا تعبرون علينا إلى جهنم

وقال أبو حفص النيسابوري العالم هو الذي يخاف عند السؤال أن يقال له يوم القيامة من أين أجبت وكان إبراهيم التيمي إذا سئل عن مسئلة يبكي ويقول لم تجدوا غيري حتى احتجتم إلي

وكان أبو العالية الرياحي وإبراهيم بن أدهم والثوري يتكلمون على الاثنين والثلاثة والنفر اليسير فإذا كثروا انصرفوا

وقال صلى الله عليه وسلم ما أدري أعزير نبي أم لا وما أدري أتبع ملعون أم لا وما أدري ذو القرنين نبي أم لا حديث ما أدري أعزير نبي أم لا الحديث أخرجه أبو داود والحاكم وصححه من حديث أبي هريرة ولما سئل رسول الله صلى الله عليه وسلم عن خير البقاع في الأرض وشرها قال لا أدري حتى نزل عليه جبريل عليه السلام فسأله فقال لا أدري إلى أن أعلمه الله عز وجل أن خير البقاع المساجد وشرها الأسواق حديث لما سئل عن خير البقاع وشرها قال لا أدري حتى نزل جبريل الحديث أخرجه أحمد وأبو يعلى والبزار والحاكم وصححه ونحوه من حديث ابن عمر وكان ابن عمر رضي الله عنهما يسئل عن عشر مسائل فيجيب عن واحدة ويسكت عن تسع وكان ابن عباس رضي الله عنهما يجيب عن تسع ويسكت عن واحدة

وكان في الفقهاء من يقول لا أدري أكثر مما يقول أدري منهم سفيان الثوري ومالك بن أنس وأحمد بن حنبل والفضيل ابن عياض وبشر بن الحرث

وقال عبد الرحمن بن أبي ليلى أدركت في هذا المسجد مائة وعشرين من أصحاب رسول الله صلى الله عليه وسلم ما منهم أحد يسئل عن حديث أو فتيا إلا ود أن أخاه كفاه ذلك

وفي لفظ آخر كانت المسئلة تعرض على أحدهم فيردها إلى الآخر ويردها الآخر إلى الآخر حتى تعود إلى الأول

وروي أن أصحاب الصفة أهدى إلى واحد منهم رأس مشوي وهو في غاية الضر فأهداه إلى الآخر وأهداه الآخر إلى الآخر هكذا دار بينهم حتى رجع إلى الأول

فانظر الآن كيف انعكس أمر العلماء فصار المهروب منه مطلوبا والمطلوب مهروبا عنه ويشهد لحسن الاحتراز من تقلد الفتاوى ما روي مسندا عن بعضهم أنه قال لايفتى الناس إلا ثلاثة أمير أو مأمور أو متكلف

وقال بعضهم كان الصحابة يتدافعون أربعة أشياء الإمامة والوصية والوديعة والفتيا

وقال بعضهم كان أسرعهم إلى الفتيا أقلهم علما وأشدهم دفعا لها أورعهم

وكان شغل الصحابة والتابعين رضي الله عنهم في خمسة أشياء قراءة القرآن وعمارة المساجد وذكر الله تعالى والأمر بالمعروف والنهي عن المنكر وذلك لما سمعوه من قوله صلى الله عليه وسلم كل كلام ابن آدم عليه لا له إلا ثلاثة أمر بمعروف أو نهي عن منكر أو ذكر الله تعالى حديث كل كلام ابن آدم عليه لا له إلا ثلاثة الحديث أخرجه

الترمذي وابن ماجه من حديث أم حبيبة قال الترمذي حديث غريب وقال تعالى لا خير في كثير من نجواهم إلا من أمر بصدقة أو معروف أو إصلاح بين الناس الآية

ورأى بعض العلماء بعض أصحاب الرأي من أهل الكوفة في المنام فقال ما رأيت فيما كنت عليه من الفتيا والرأي فكره وجهه وأعرض عنه وقال ما وجدناه شيئا وما حمدنا عافيته

وقال ابن حصين إن أحدهم ليفتي في مسئلة لو وردت على عمر بن الخطاب رضي الله عنه لجمع لها أهل بدر

فلم يزل السكوت دأب أهل العلم إلا عند الضرورة

وفي الحديث إذا رأيتم الرجل قد أوتي صمتا وزهدا فاقتربوا منه فإنه يلقن الحكمة حديث إن رأيتم الرجل قد أوتي صمتا وزهدا الحديث أخرجه ابن ماجه من حديث ابن خلاد بإسناد ضعيف وقيل العالم إما عالم عامة وهو المفتي وهم أصحاب السلاطين أو عالم خاصة وهو العالم بالتوحيد وأعمال القلوب وهم أصحاب الزوايا المتفرقون المنفردون

وكان يقال مثل أحمد بن حنبل مثل دجلة كل أحد يغترف منها ومثل بشر بن الحرث مثل بئر عذبة مغطاة لا يقصدها إلا واحد بعد واحد

وكانوا يقولون فلان عالم

وفلان متكلم وفلان أكثر كلاما وفلان أكثر عملا وقال أبو سليمان المعرفة إلى السكوت أقرب منها إلى الكلام وقيل إذا كثر العلم قل الكلام وإذا كثر الكلام قل العلم وكتب سلمان إلى أبي الدرداء رضي الـلـه عنهما وكان قد آخى بينهما رسول الـلـه صلى الـلـه عليه وسلم حديث مؤاخاته صلى الـلـه عليه وسلم بين سلمان وأبي الدرداء أخرجه البخاري من حديث أبي جعفة يا أخي بلغني أنك قعدت طبيبا تداوي المرضى فانظر فإن كنت طبيبا فتكلم فإن كلامك شفاء وإن كنت متطببا فالله الـلـه لا تقتل

مسلما فكان أبو الدرداء يتوقف بعد ذلك إذا سئل وكان أنس رضي الـلـه عنه إذا سئل يقول سلوا مولانا الحسن

وكان ابن عباس رضي الـلـه عنهما إذا سئل يقول سلوا حارثة ابن زيد وكان ابن عمر رضي الـلـه عنهما يقول سلوا سعيد بن المسيب

وحكى أنه روى صحابي في حضرة الحسن عشرين حديثا فسئل عن تفسيرها فقال ما عندي إلا ما رويت فأخذ الحسن في تفسيرها حديثا حديثا فتعجبوا من حسن تفسيره وحفظه فأخذ الصحابي كفا من حصى ورماهم به وقال تسألوني عن العلم وهذا الحبر بين أظهركم

ومنها أن يكون أكثر اهتمامه بعلم الباطن ومراقبة القلب ومعرفة طريق الآخرة وسلوكه وصدق الرجاء في انكشاف ذلك من المجاهدة والمراقبة فإن المجاهدة تفضي إلى المشاهدة ودقائق علوم القلب تنفجر بها ينابيع الحكمة من القلب وأما الكتب والتعليم فلا تفي بذلك بل الحكمة الخارجة عن الحصر والعد إنما تتفتح بالمجاهدة والمراقبة ومباشرة الأعمال الظاهرة والباطنة والجلوس مع الـلـه عز وجل في الخلوة مع حضور القلب بصافي الفكرة والانقطاع إلى الـلـه تعالى عما سواه فذلك مفتاح الإلهام ومنبع الكشف فكم من متعلم طال تعلمه ولم يقدر على مجاوزة مسموعه بكلمة وكم من مقتصر على المهم في التعلم ومتوفر على العمل ومراقبة القلب فتح الـلـه له من لطائف الحكمة ما تحار فيه عقول ذوي الألباب ولذلك قال صلى الـلـه عليه وسلم من عمل بما علم ورثه الـلـه علم ما لم يعلم حديث من عمل بما علم ورثه الـلـه علم ما لم يعلم أخرجه أبو نعيم في الحلية من حديث أنس وضعفه وفي بعض الكتب السالفة يا بني إسرائيل لا تقولوا العلم في السماء من ينزل به إلى الأرض ولا في تخوم الأرض من يصعد به ولا من وراء البحار من يعبر به العلم مجعول في قلوبكم تأدبوا بين يدي بآداب الروحانيين وتخلقوا لي بأخلاق الصديقين أظهر العلم في قلوبكم حتى يغطيكم ويغمركم

وقال سهل بن عبد الـلـه التستري رحمه الـلـه خرج العلماء والعباد والزهاد من الدنيا وقلوبهم مقفلة ولم تفتح إلا قلوب الصديقين والشهداء

ثم تلا قوله تعالى ﴿ وعنده مفاتح الغيب لا يعلمها إلا هو ﴾ الآية ولولا أن إدراك قلب من له قلب بالنور الباطن حاكم على علم الظاهر لما قال صلى الله عليه وسلم استفت قلبك وإن أفتوك وأفتوك وأفتوك وقال صلى الله عليه وسلم فيما يرويه عن ربه تعالى لا يزال العبد يتقرب إلي بالنوافل حتى أحبه فإذا أحببته كنت سمعه الذي يسمع به الحديث حديث لا يزال العبد يتقرب إلي بالنوافل حتى أحبه فإذا أحببته كنت له سمعا وبصرا متفق عليه من حديث أبي هريرة بلفظ سمعه وبصره وهو في الحلية كما ذكره المؤلف من حديث أنس بسند ضعيف فكم من معان دقيقة من أسرار القرآن تخطر على قلب المتجردين للذكر والفكر تخلو عنها كتب التفاسير ولا يطلع عليها أفاضل المفسرين وإذا انكشف ذلك للمريد المراقب وعرض على المفسرين استحسنوه وعلموا أن ذلك من تنبيهات القلوب الزكية وألطاف الله تعالى بالهمم العالية المتوجهة إليه

وكذلك في علوم المكاشفة وأسرار علوم المعاملة ودقائق خواطر القلوب فإن كل علم من هذه العلوم بحر لا يدرك عمقه وإنما يخوضه كل طالب بقدر ما رزق منه وبحسب ما وفق له من حسن العمل وفي وصف هؤلاء العلماء قال علي رضي الله عنه في حديث طويل القلوب أوعية وخيرها أوعاها للخير والناس ثلاثة عالم رباني ومتعلم على سبيل النجاة وهمج رعاع أتباع لكل ناعق يميلون مع كل ريح لم يستضيئوا

بنور العلم ولم يلجئوا إلى ركن وثيق العلم خير من المال العلم يحرسك وأنت تحرس المال والعلم يزكو على الإنفاق والمال ينقصه الإنفاق والعلم دين يدان به تكتسب به الطاعة في حياته وجميل الأحدوثة بعد وفاته العلم حاكم والمال محكوم عليه ومنفعة المال تزول بزواله مات خزان الأموال وهم أحياء والعلماء أحياء باقون ما بقي الدهر ثم تنفس الصعداء وقال هاه إن ههنا علما جما لو وجدت له حملة بل أجد طالبا غير مأمون يستعمل آلة الدين في طلب الدنيا ويستطيل بنعم الله على أوليائه ويستظهر بحجته على خلقه أو منقادا لأهل الحق لكن ينزرع الشك في قلبه بأول عارض من شبهة لا بصيرة له لا ذا ولا ذاك أو منهوما باللذات سلس القياد في طلب الشهوات أو مغرى بجمع الأموال والادخار منقادا لهواه أقرب شبها بهم الأنعام السائمة اللهم هكذا يموت العلم إذا مات حاملوه ثم لا تخلو الأرض من قائم لله بحجة إما ظاهر مكشوف وإما خائف مقهور لكيلا تبطل حجج الله تعالى وبيناته وكم وأين أولئك هم الأقلون عددا الأعظمون قدرا أعيانهم مفقودة وأمثالهم في القلوب موجودة يحفظ الله تعالى بهم حججه حتى يودعوها من وراءهم ويزرعوها في قلوب أشباههم هجم بهم العلم على حقيقة الأمر فباشروا روح اليقين فاستلانوا ما استوعر منه المترفون وأنسوا بما استوحش منه الغافلون صحبوا الدنيا بأبدان أرواحها معلقة بالمحل الأعلى أولئك أولياء الله عز وجل من خلقه وأمناؤه وعماله في أرضه والدعاة إلى دينه ثم بكى وقال واشوقاه إلى رؤيتهم فهذا الذي ذكره أخيرا هو وصف علماء الآخرة وهو العلم الذي يستفاد أكثره من العمل والمواظبة على المجاهدة

ومنها أن يكون شديد العناية بتقوية اليقين فإن اليقين هو رأس مال الدين قال رسول الله صلى الله عليه وسلم اليقين الإيمان كله حديث اليقين الإيمان كله أخرجه البيهقي في الزهد والخطيب في التاريخ من حديث ابن مسعود بإسناد حسن فلا بد من تعلم علم اليقين أعني أوائله ثم ينفتح للقلب طريقه ولذلك قال صلى الله عليه وسلم تعلموا اليقين حديث تعلموا اليقين أخرجه أبو نعيم من رواية ثور بن يزيد مرسلا وهو معضل رواه ابن أبي الدنيا في اليقين من قول خالد بن معدان ومعناه جالسوا الموقنين واستمعوا منهم علم اليقين وواظبوا على الاقتداء بهم ليقوى يقينكم كما قوي يقينهم وقليل من اليقين خير من كثير من العمل

وقال صلى الله عليه وسلم لما قيل له رجل حسن اليقين كثير الذنوب ورجل مجتهد في العبادة قليل اليقين فقال صلى الله عليه وسلم ما من آدمي إلا وله ذنوب ولكن من كان غريزته العقل وسجيته اليقين لم تضره الذنوب لأنه كلما أذنب تاب واستغفر وندم فتكفر ذنوبه ويبقى له فضل يدخل به الجنة حديث قيل له رجل حسن اليقين كثير الذنوب أخرجه الترمذي الحكيم في النوادر من حديث أنس بإسناد مظلم ولذلك قال صلى الله عليه وسلم من أقل ما أوتيتم اليقين وعزيمة الصبر ومن أعطى حظه منهما لم يبال ما فاته من قيام الليل وصيام النهار حديث من أولى ما أوتيتم اليقين وعزيمة الصبر الحديث لم أقف له على أصل وروى ابن عبد البر من حديث معاذ ما أنزل الله شيئا

أقل من اليقين ولا قسم شيئا بين الناس أقل من الحلم الحديث وفي وصية لقمان لابنه يا بني لا يستطاع العمل إلا باليقين ولا يعمل المرء إلا بقدر يقينه ولا يقصر عامل حتى ينقص يقينه وقال يحيى بن معاذ إن للتوحيد نورا وللشرك نارا وإن نور التوحيد أحرق لسيئات الموحدين من نار الشرك لحسنات المشركين وأراد به اليقين وقد أشار الله تعالى في القرآن إلى ذكر الموقنين في مواضع دل بها على أن اليقين هو الرابطة للخيرات والسعادات

فإن قلت فما معنى اليقين وما معنى قوته وضعفه فلا بد من فهمه أولا ثم الاشتغال بطلبه وتعلمه فإن ما لا تفهم صورته لا يمكن طلبه فاعلم أن اليقين لفظ مشترك يطلقه فريقان لمعنيين مختلفين أما النظار والمتكلمون فيعبرون به عن عدم الشك إذ ميل النفس إلى التصديق بالشيء له أربع مقامات الأول أن يعتدل التصديق والتكذيب ويعبر عنه بالشك كما إذا سئلت عن

شخص معين أن الـلـه تعالى يعاقبه أم لا وهو مجهول الحال عندك فإن نفسك لا تميل إلى الحكم فيه بإثبات ولا نفي بل يستوي عندك إمكان الأمرين فيسمى هذا شكا

الثاني أن تميل نفسك إلى أحد الأمرين مع الشعور بإمكان نقيضه ولكنه إمكان لا يمنع ترجيح الأول كما إذا سئلت عن رجل تعرفه بالصلاح والتقوى أنه بعينه لو مات على هذه الحالة هل يعاقب فإن نفسك تميل إلى أنه لايعاقب أكثر من ميلها إلى العقاب وذلك لظهور علامات الصلاح

ومع هذا فأنت تجوز اختفاء أمر موجب للعقاب في باطنه وسريرته فهذا التجويز مساو لذلك الميل ولكنه غير دافع رجحانه فهذه الحالة تسمى ظنا

الثالث أن تميل النفس إلى التصديق بشيء بحيث يغلب عليها ولا يخطر بالبال غيره ولو خطر بالبال تأبى النفس عن قبوله ولكن ليس ذلك مع معرفة محققة إذ لو أحسن صاحب هذا المقام التأمل والإصغاء إلى التشكيك والتجويز اتسعت نفسه للتجويز وهذا يسمى اعتقادا مقاربا لليقين وهو اعتقاد العوام في الشرعيات كلها إذ رسخ في نفوسهم بمجرد السماع حتى إن كل فرقة تثق بصحة مذهبها وإصابة إمامها ومتبوعها ولو ذكر لأحدهم إمكان خطأ إمامه نفر عن قبوله

الرابع المعرفة الحقيقية الحاصلة بطريق البرهان الذي لا يشك فيه ولا يتصور الشك فيه فإذا امتنع وجود الشك وإمكانه يسمى يقينا عند هؤلاء ومثاله أنه إذا قيل للعاقل هل في الوجود شيء هو قديم فلا يمكنه التصديق به بالبديهة لأن القديم غير محسوس لا كالشمس والقمر فإنه يصدق بوجودهما بالحس وليس العلم بوجوده شيء قديم أزلي ضروريا مثل العلم بأن الاثنين أكثر من الواحد ومثل العلم بأن حدوث حادث بلا سبب محال فإن هذا أيضا ضروري فحق غريزة العقل أن تتوقف عن التصديق بوجود القديم على الارتجال والبديهة ثم من الناس من يسمع ذلك ويصدق بالسماع تصديقا جزما ويستمر عليه وذلك هو الإعتقاد وهو حال جميع العوام

ومن الناس من يصدق به بالبرهان وهو أن يقال له إن لم يكن في الوجود قديم فالموجودات كلها حادثة فإن كانت كلها حادثة فهي حادثة بلا سبب أو فيها حادث بلا سبب وذلك محال فالمؤدي إلى المحال محال فيلزم في العقل التصديق بوجود شيء قديم بالضرورة لأن الأقسام ثلاثة وهي أن تكون الموجودات كلها قديمة أو كلها حادثة أو بعضها قديمة وبعضها حادثة فإن كانت كلها قديمة فقد حصل المطلوب إذ ثبت على الجملة قديم وإن كان الكل حادثا فهو محال إذ يؤدي إلى حدوث بغير سبب فيثبت القسم الثالث أو الأول

وكل علم حصل على هذا الوجه يسمى يقينا عند هؤلاء سواء حصل بنظر مثل ما ذكرناه أو حصل بحس أو بغريزة العقل كالعلم باستحالة حادث بلا سبب أو بتواتر كالعلم بوجود مكة أو بتجربة كالعلم بأن السقمونيا

المطبوخ مسهل أو بدليل كما ذكرنا فشرط إطلاق هذا الاسم عندهم عدم الشك فكل علم لا شك فيه يسمى يقينا عند هؤلاء وعلى هذا لا يوصف اليقين بالضعف إذ لا تفاوت في نفي الشك

الإصطلاح الثاني اصطلاح الفقهاء والمتصوفة وأكثر العلماء وهو أن لا يلتفت فيه إلى اعتبار التجويز والشك بل إلى استيلائه وغلبته على العقل حتى يقال فلان ضعيف اليقين بالموت مع أنه لا شك فيه ويقال فلان قوي اليقين في إتيان الرزق مع أنه قد يجوز أنه لا يأتيه فمهما مالت النفس إلى التصديق بشيء وغلب ذلك على القلب واستولى حتى صار هو المتحكم والمتصرف في النفس بالتجويز والمنع سمى ذلك يقينا ولا شك في أن الناس يشتركون في القطع بالموت والانفكاك عن الشك فيه ولكن فيهم من لا يلتفت إليه ولا إلى الاستعداد له وكأنه غير موقن به

ومنهم من استولى ذلك على قلبه حتى استغرق جميع همه بالاستعداد له ولم يغادر فيه متسعا لغيره فيعبر عن مثل هذه الحالة بقوة اليقين ولذلك قال بعضهم ما رأيت يقينا لا شك فيه أشبه بشك لا يقين فيه من

الموت وعلى هذا الإصطلاح يوصف اليقين بالضعف والقوة ونحن إنما أردنا بقولنا إن من شأن علماء الآخرة صرف العناية إلى تقوية اليقين بالمعنيين جميعا وهو نفي الشك ثم تسليط اليقين على النفس حتى يكون هو الغالب المتحكم عليها المتصرف فيها

فإذا فهمت هذا علمت أن المراد من قولنا إن اليقين ينقسم ثلاثة أقسام بالقوة والضعف والكثرة والقلة والخفاء والجلاء فأما بالقوة والضعف فعلى الإصطلاح الثاني وذلك في الغلبة والاستيلاء على القلب ودرجات معاني اليقين في القوة والضعف لا تتناهى وتفاوت الخلق في الاستعداد للموت بحسب تفاوت اليقين بهذه المعاني وأما التفاوت بالخفاء والجلاء في الإصطلاح الأول فلا ينكر أيضا أما فيما يتطرق إليه التجويز فلا ينكر أعني الإصطلاح الثاني وفيما انتفى الشك أيضا عنه لا سبيل إلى إنكاره فإنك تدرك تفرقة بين تصديقك بوجود مكة ووجود فدك مثلا وبين تصديقك بوجود موسى ووجود يوشع عليهما السلام مع أنك لا تشك في الآمرين جميعا فمستندهما جميعا التواتر ولكن ترى أحدهما أجلى وأوضح في قلبك من الثاني لأن السبب في أحدهما أقوى وهو كثرة المخبرين وكذلك يدرك الناظر هذا في النظريات المعروفة بالأدلة فإنه ليس وضوح ما لاح له بدليل واحد كوضوح ما لاح له بالأدلة الكثيرة مع تساويهما في نفي الشك وهذا قد ينكره المتكلم الذي يأخذ العلم من الكتب والسماع ولا يراجع نفسه فيما يدركه من تفاوت الأحوال

واما القلة والكثرة فذلك بكثرة متعلقات اليقين كما يقال فلان أكثر علما من فلان أي معلوماته أكثر

ولذلك قد يكون العالم قوي اليقين في جميع ما ورد الشرع به وقد يكون قوي اليقين في بعضه فإن قلت قد فهمت اليقين وقوته وضعفه وكثرته وقلته وجلاءه وخفاءه بمعنى نفي الشك أو بمعنى الاستيلاء على القلب فما معنى متعلقات اليقين ومجاريه وفي ماذا يطلب اليقين فإني ما لم أعرف ما يطلب فيه اليقين لم أقدر على طلبه فاعلم أن جميع ما ورد به الأنبياء صلوات الله وسلامه عليهم من أوله إلى آخره هو من مجاري اليقين فإن اليقين عبارة عن معرفة مخصوصة ومتعلقه المعلومات التي وردت بها الشرائع فلا مطمع في إحصائها ولكني أشير إلى بعضها وهي أمهاتها فمن ذلك التوحيد وهو أن يرى الأشياء كلها من مسبب الأسباب ولا يلتفت إلى الوسائط بل يرى الوسائط مسخرة لا حكم لها فالمصدق بهذا موقن فإن انتفى عن قلبه مع الإيمان إمكان الشك فهو موقن بأحد المعنيين فإن غلب على قلبه مع الإيمان غلبة أزالت عنه الغضب على الوسائط والرضا عنهم والشكر لهم ونزل الوسائط في قلبه منزلة القلم واليد في حق المنعم بالتوقيع فإنه لا يشكر القلم ولا اليد ولا يغضب عليهما بل يراهما آلتين مسخرتين وواسطتين فقد صار موقنا بالمعنى الثاني وهو الإشراف وهو ثمرة اليقين الأول وروحه وفائدته

ومهما تحقق أن الشمس والنجوم والجمادات والنبات والحيوان وكل مخلوق فهي مسخرات بأمره حسب تسخير القلم في يد الكاتب وأن القدرة الأزلية هي المصدر للكل استولى على قلبه غلبة التوكل والرضا والتسليم وصار موقنا بريئا من الغضب والحقد والحسد وسوء الخلق فهذا أحدد أبواب اليقين

ومن ذلك الثقة بضمان الـلـه سبحانه بالرزق في قوله تعالى ﴿ وما من دابة في الأرض إلا على الـلـه رزقها ﴾ واليقين بأن ذلك يأتيه وأن ما قدر له سيساق إليه ومهما غلب ذلك على قلبه كان مجملا في الطلب ولم يشتد حرصه وشرهه وتأسفه على ما فاته وأثمر هذا اليقين أيضا جملة من الطاعات والأخلاق الحميدة

ومن ذلك أن يغلب على قلبه أن من يعمل مثقال ذرة خيرا يره ومن يعمل مثقال ذرة شرا يره وهو اليقين بالثواب والعقاب حتى يرى نسبة الطاعات إلى الثواب كنسبة الخبز إلى الشبع ونسبة المعاصي إلى العقاب كنسبة السموم والأفاعي إلى الهلاك فكما يحرص على التحصيل للخبز طلبا للشبع فيحفظ قليله وكثيره فكذلك يحرص على الطاعات كلها قليلها

وكثيرها وكما يجتنب قليل السموم وكثيرها فكذلك يجتنب المعاصي قليلها وكثيرها وصغيرها وكبيرها فاليقين بالمعنى الأول قد يوجد لعموم المؤمنين أما بالمعنى الثاني فيختص به المقربون وثمرة هذا اليقين صدق المراقبة في الحركات والسكنات الخطرات والمبالغة في التقوى والتحرز عن كل السيئات وكلما كان اليقين أغلب كان الاحتراز أشد والتشمير أبلغ

ومن ذلك اليقين بأن الـلـه تعالى مطلع عليك في كل حال ومشاهد لهواجس ضميرك وخفايا خواطرك وفكرك فهذا متيقن عند كل مؤمن بالمعنى الأول وهو عدم الشك وأما بالمعنى الثاني وهو المقصود فهو عزيز يختص به الصديقون وثمرته أن يكون الإنسان في خلوته متأدبا في جميع أحواله كالجالس بمشهد ملك معظم ينظر إليه فإنه لا يزال مطرقا متأدبا في جميع أعماله متماسكا محترزا عن كل حركة تخالف هيئة الأدب ويكون في فكرته الباطنة كهو في أعماله الظاهرة إذ يتحقق أن الـلـه تعالى مطلع على سريرته كما يطلع الخلق على ظاهره فتكون مبالغته في عمارة باطنه وتطهيره وتزيينه بعين الـلـه تعالى الكائنة أشد من مبالغته في تزيين ظاهره لسائر الناس وهذا المقام في اليقين يورث الحياء والخوف والانكسار والذل والاستكانة والخضوع وجملة من الأخلاق المحمودة وهذه الأخلاق تورث أنواعا من الطاعات رفيعة فاليقين في كل باب من هذه الأبواب مثل الشجرة وهذه الأخلاق في القلب مثل الأغصان المتفرعة منها وهذه الأعمال والطاعات الصادرة من الأخلاق كالثمار وكالأنوار المتفرعة من الأغصان فاليقين هو الأصل والأساس وله مجار وأبواب أكثر مما عددناه وسيأتي ذلك في ربع المنجيات إن شاء الـلـه تعالى

وهذا القدر كاف في معنى اللفظ الآن

ومنها أن يكون حزينا منكسرا مطرقا صامتا يظهر أثر الخشية على هيئته وكسوته وسيرته وحركته وسكونه ونطقه وسكوته لا ينظر إليه ناظر إلا وكان نظره مذكرا لله تعالى وكانت صورته دليلا على عمله فالجواد عينه مرآته وعلماء الآخرة يعرفون بسيماهم في السكينة والذلة والتواضع وقد قيل ما ألبس الـلـه عبدا لبسة أحسن من خشوع في سكينة فهي لبسة الأنبياء وسيما الصالحين والصديقين والعلماء وأما التهافت في الكلام والتشدق والاستغراق في الضحك والحدة في الحركة والنطق فكل ذلك من آثار البطر والأمن والغفلة عن عظيم عقاب الـلـه تعالى وشديد سخطه وهو دأب أبناء الدنيا الغافلين عن الـلـه دون العلماء به وهذا لأن العلماء ثلاثة كما قال سهل التستري رحمه الـلـه عالم بأمر الـلـه تعالى لا بأيام الـلـه وهم المفتون في الحلال والحرام وهذا العلم لا يورث الخشية وعالم بالله تعالى لا بأمر الـلـه ولا بأيام الـلـه وهم عموم المؤمنين وعالم بالله تعالى وبأمر الـلـه تعالى وبأيام الـلـه تعالى وهم الصديقون والخشية والخشوع إنما تغلب عليهم وأراد بأيام الـلـه أنواع عقوباته

الغامضة ونعمه الباطنة التي أفاضها على القرون السالفة واللاحقة فمن أحاط علمه بذلك عظم خوفه وظهر خشوعه

وقال عمر رضي الـلـه عنه تعلموا العلم وتعلموا للعلم السكينة والوقار والحلم وتواضعوا لمن تتعلمون منه وليتواضع لكم من يتعلم منكم ولا تكونوا من جبابرة العلماء فلا يقوم علمكم بجهلكم

ويقال ما آتى الـلـه عبدا علما إلا آتاه معه حلما وتواضعا وحسن خلق ورفقا فذلك هو العلم النافع

وفي الأثر من آتاه الـلـه علما وزهدا وتواضعا وحسن خلق فهو إمام المتقين

وفي الخبر إن من خيار أمتي قوما يضحكون جهرا من سعة رحمة الـلـه ويبكون سرا من خوف عذابه أبدانهم في الأرض وقلوبهم في السماء أرواحهم في الدنيا وعقولهم في الآخرة يتمشون بالسكينة ويتقربون بالوسيلة حديث إن من خيار أمتي قوما يضحكون جهرا من سعة رحمة الـلـه ويبكون سرا من خوف عذابه الحديث أخرجه الحاكم والبيهقي في شعب الإيمان وضعفه من حديث عياض بن سليمان وقال الحسن الحلم وزير العلم والرفق أبوه والتواضع سرباله

وقال بشر بن الحارث من طلب

الرياسة بالعلم فتقرب إلى الـلـه تعالى ببغضه فإنه ممقوت في السماء والأرض

ويروى في الإسرائيليات أن حكيما صنف ثلثمائة وستين مصنفا في الحكمة حتى وصف بالحكيم فأوحى الـلـه تعالى إلى نبيهم قل لفلان قد ملأت الأرض نفاقا ولم تردني من ذلك بشيء وإني لا أقبل من نفاقك شيئا فندم الرجل وترك ذلك وخالط العامة في الأسواق وواكل بني إسرائيل وتواضع في نفسه فأوحى الـلـه تعالى إلى نبيهم قل له الآن وفقت لرضاي

وحكى الأوزاعي رحمه الـلـه عن بلال بن سعد أنه كان يقول ينظر أحدكم إلى الشرطي فيستعيذ بالله منه وينظر إلى علماء الدنيا المتصنعين للخلق المتشوفين إلى الرياسة فلا يمقتهم وهم أحق بالمقت من ذلك الشرطي

وروي أنه قيل يا رسول الـلـه أي الأعمال أفضل قال اجتناب المحارم ولا يزال فوك رطبا من ذكر الـلـه تعالى قيل فأي الأصحاب خير قال صلى الـلـه عليه وسلم صاحب إن ذكرت الـلـه أعانك وإن نسيته ذكرك قيل فأي الأصحاب شر قال صلى الـلـه عليه وسلم صاحب إن نسيت لم يذكرك وإن ذكرت لم يعنك قيل فأي الناس أعلم قال أشدهم لله خشية قيل فأخبرنا بخيارنا نجالسهم قال صلى الـلـه عليه وسلم الذين إذا رؤوا ذكر الـلـه قيل فأي الناس شر قال اللهم غفرا قالوا أخبرنا يا رسول الـلـه قال العلماء إذا فسدوا حديث قيل يا رسول الـلـه أي الأعمال أفضل قال اجتناب المحارم ولا يزال فوك رطبا من ذكر الـلـه الحديث لم أجده هكذا بطوله وفي زيادات الزهد لابن المبارك من حديث الحسن مرسلا سئل النبي صلى الـلـه عليه وسلم أي الأعمال أفضل قال أن تموت يوم تموت ولسانك رطب من ذكر الـلـه تعالى وللدارمي من رواية الأحوص بن حكيم عن أبيه مرسلا ألا إن شر الشر شرار العلماء وإن خير الخير خيار العلماء وقد تقدم وقال صلى الـلـه عليه وسلم إن أكثر الناس أمانا يوم القيامة أكثرهم فكرا في الدنيا وأكثر الناس ضحكا في الآخرة أكثرهم بكاء في الدنيا وأشد الناس فرحا في الآخرة أطولهم حزنا في الدنيا حديث إن أكثر الناس أمنا يوم القيامة أكثرهم خوفا في الدنيا الحديث لم أجد له أصلا وقال علي رضي الـلـه عنه في خطبة له ذمتي رهينة وأنا به زعيم إنه لا يهيج على التقوى زرع قوم ولا يظمأ على الهدى سنخ أصل وإن أجهل الناس من لا يعرف قدره وإن أبغض الخلق إلى الـلـه تعالى رجل قمش علما أغار به في أغباش الفتنة سماه أشباه له من الناس وأرذالهم عالما ولم يعش في العلم يوما سالما تكثر واستكثر فما قل منه وكفى خير مما كثر وألهى حتى إذا ارتوى من ماء آجن وأكثر من غير طائل جلس للناس معلما لتخليص ما التبس على غيره فإن نزلت به إحدى المهمات هيأ لها من رأيه حشو الرأي فهو ومن قطع الشبهات في مثل نسج العنكبوت لا يدري أخطأ أم أصاب ركاب جهالات خباط عشوات لا يعتذر مما لا يعلم فيسلم ولا يعض على العلم بضرس قاطع فيغنم تبكي منه الدماء وتستحل بقضائه الفروج الحرام لا ملىء و الـلـه بإصدار ما ورد عليه ولا هو أهل لما فوض إليه أولئك الذين حلت عليهم المثلات وحقت عليهم النياحة والبكاء أيام حياة الدنيا

وقال علي رضي الـلـه عنه إذا سمعتم العلم فاكظموا عليه ولا تخلطوه بهزل فتمجه القلوب

وقال بعض السلف العالم إذا ضحك ضحكة مج من العلم مجة

وقيل إذا جمع المعلم ثلاثا تمت النعمة بها على المتعلم الصبر والتواضع وحسن الخلق وإذا جمع المتعلم ثلاثا تمت النعمة بها على المعلم العقل والأدب وحسن الفهم

وعلى الجملة فالأخلاق التي ورد بها القرآن لا ينفك عنها علماء الآخرة لأنهم يتعلمون القرآن للعمل لا للرياسة

وقال ابن عمر رضي الـلـه عنهما لقد عشنا برهة من الدهر وإن أحدنا يؤتى الإيمان قبل القرآن وتنزل السورة فيتعلم حلالها وحرامها وأوامرها وزواجرها وما ينبغي أن يقف عنده منها ولقد رأيت رجالا يؤتى أحدهم القرآن قبل الإيمان فيقرأ ما بين فاتحة الكتاب إلى خاتمته لايدرى ما آمره وما زاجره وما ينبغي أن يقف عنده ينثره الدقل حديث ابن عمر لقد عشنا برهة من الدهر وإن أحدنا يؤتى الإيمان قبل القرآن الحديث أخرجه الحاكم وصححه على شرط الشيخين والبيهقي وفي خبر آخر بمثل معناه كنا أصحاب رسول الـلـه صلى الـلـه عليه وسلم

أوتينا الإيمان قبل القرآن وستأتي بعدكم قوم يؤتون القرآن قبل الإيمان يقيمون حروفه ويضيعون حدوده وحقوقه يقولون قرأنا فمن أقرأ منا وعلمنا فمن أعلم منا فذلك حظهم حديث كنا أصحاب رسول الله صلى الله عليه وسلم أوتينا الإيمان قبل القرآن الحديث أخرجه ابن ماجه من حديث جندب مختصرا مع اختلاف وفي لفظ أولئك شرار هذه الأمة

وقيل خمس من الأخلاق هي من علامات علماء الآخرة مفهومة من خمس آيات من كتاب الله عز وجل الخشية والخشوع والتواضع وحسن الخلق وإيثار الآخرة على الدنيا وهو الزهد فأما الخشية فمن قوله تعالى إنما يخشى الله من عباده العلماء وأما الخشوع فمن قوله تعالى خاشعين لله لا يشترون بآيات الله ثمنا قليلا وأما التواضع فمن قوله تعالى واخفض جناحك للمؤمنين وأما حسن الخلق فمن قوله تعالى فبما رحمة من الله لنت لهم وأما الزهد فمن قوله تعالى وقال الذين أوتوا العلم ويلكم ثواب الله خير لمن آمن وعمل صالحا ولما تلا رسول الله صلى الله عليه وسلم قوله تعالى فمن يرد الله أن يهديه يشرح صدره للإسلام فقيل له ما هذا الشرح فقال إن النور إذا قذف في القلب انشرح له الصدر وانفسح قيل فهل لذلك من علامة قال صلى الله عليه وسلم نعم التجافي عن دار الغرور والإنابة إلى دار الخلود والاستعداد للموت قبل نزوله حديث لما تلا رسول الله صلى الله عليه وسلم ﴿ فمن يرد الله أن يهديه يشرح صدره للإسلام ﴾ الحديث أخرجه الحاكم والبيهقي في الزهد من حديث ابن مسعود ومنها أن يكون أكثر بحثه عن علم الأعمال وعما يفسدها ويشوش القلوب ويهيج الوسواس ويثير الشر فإن أصل الدين التوقي من الشر ولذلك قيل عرفت الشر لا للشر لكن لتوقيه

ومن لا يعرف الشر من الناس يقع فيه

ولأن الأعمال الفعلية قريبة وأقصاها بل أعلاها المواظبة على ذكر الله تعالى بالقلب واللسان وإنما الشأن في معرفة ما يفسدها ويشوشها وهذا مما تكثر شعبه ويطول تفريعه وكل ذلك مما يغلب مسيس الحاجة إليه وتعم به البلوى في سلوك طريق الآخرة واما علماء الدنيا فإنهم يتبعون غرائب التفريعات في الحكومات والأقضية ويتعبون في وضع صور تنقضي الدهور ولا تقع أبدا وإن وقعت فإنما تقع لغيرهم لا لهم وإذا وقعت كان في القائمين بها كثرة ويتركون ما يلازمهم ويتكرر عليهم آناء الليل وأطراف النهار في خواطرهم ووساوسهم وأعمالهم وما أبعد عن السعادة من باع مهم نفسه اللازم بمهم

غيره النادر إيثارا للتقرب والقبول من الخلق على التقرب من اللـه سبحانه وشرها في أن يسميه البطالون من أبناء الدنيا فاضلا محققا عالما بالدقائق وجزاؤه من اللـه أن لا ينتفع في الدنيا بقبول الخلق بل يتكدر عليه صفوه بنوائب الزمان ثم يرد القيامة مفلسا متحسرا على ما يشاهده من ربح العاملين وفوز المقربين وذلك هو الخسران المبين ولقد كان الحسن البصري رحمه اللـه أشبه الناس كلاما بكلام الأنبياء عليهم الصلاة والسلام وأقربهم هديا من الصحابة رضي اللـه عنهم اتفقت الكلمة في حقه على ذلك وكان أكثر كلامه في خواطر القلوب وفساد الأعمال ووساس النفوس والصفات الخفية الغامضة من شهوات النفس وقد قيل له يا أبا سعيد إنك تتكلم بكلام لا يسمع من غيرك فمن أين أخذته قال من حذيفة بن اليمان

وقيل لحذيفة نراك تتكلم بكلام لا يسمع من غيرك من الصحابة فمن أين أخذته قال خصني به رسول اللـه صلى اللـه عليه وسلم كان الناس يسألونه عن الخير وكنت أسأله عن الشر مخافة أن أقع فيه وعلمت أن الخير لا يسبقني علمه حديث حذيفة كان الناس يسألون رسول اللـه صلى اللـه عليه وسلم عن الخير وكنت أسأله عن الشر الحديث أخرجاه مختصرا وقال مرة فعلمت أن من

لا يعرف الشر لا يعرف الخير

وفي لفظ آخر كانوا يقولون يا رسول اللـه ما لمن عمل كذا وكذا يسألونه عن فضائل الأعمال وكنت أقول يا رسول اللـه ما يفسد كذا وكذا فلما رآني أسأله عن آفات الأعمال خصني بهذا العلم

وكان حذيفة رضي اللـه عنه أيضا قد خص بعلم المنافقين وأفرد بمعرفة علم النفاق وأسبابه ودقائق الفتن فكان عمر وعثمان وأكابر الصحابة رضي اللـه عنهم يسألونه عن الفتن العامة والخاصة وكان يسأل عن المنافقين فيخبر بعدد من بقي منهم ولا يخبر بأسمائهم وكان عمر رضي اللـه عنه يسأل عن نفسه هل يعلم فيه شيئا من النفاق فبرأه من ذلك وكان عمر رضي اللـه عنه إذا دعي إلى جنازة ليصلي عليها نظر فإن حضر حذيفة صلى عليها وإلا ترك وكان يسمى صاحب السر

فالعناية بمقامات القلب وأحواله دأب علماء الآخرة لأن القلب هو الساعي إلى قرب اللـه تعالى وقد صار هذا الفن غريبا مندرسا وإذا تعرض العالم لشيء منه استغرب واستبعد وقيل هذا تزويق المذكرين فأين التحقيق ويرون أن التحقيق في دقائق المجادلات ولقد صدق من قال

الطرق شتى وطرق الحق مفردة

والسالكون طريق الحق أفراد

لا يعرفون ولا تدرى مقاصدهم

فهم على مهل يمشون قصاد

والناس في غفلة عما يراد بهم

فجلهم عن سبيل الحق رقاد

وعلى الجملة فلا يميل أكثر الخلق إلا إلى الأسهل والأوفق لطباعهم فإن الحق مر والوقوف عليه صعب وإدراكه شديد وطريقه مستوعر ولا سيما معرفة صفات القلب وتطهيره عن الأخلاق المذمومة فإن ذلك نزع للروح على الدوام وصاحبه ينزل منزلة الشارب للدواء يصبر على مرارته رجاء الشفاء وينزل منزلة من جعل مدة العمر صومه فهو يقاسي الشدائد ليكون فطره عند الموت ومتى تكثر الرغبة في هذا الطريق ولذلك قيل إنه كان في البصرة مائة وعشرين متكلما في الوعظ والتذكير ولم يكن من يتكلم في علم اليقين وأحوال القلوب وصفات الباطن إلا ثلاثة منهم سهل التستري والصبيحي وعبد الرحيم وكان يجلس إلى أولئك الخلق الكثير الذي لا يحصى وإلى هؤلاء عدد يسير قلما يجاوز العشرة لأن النفيس العزيز لا يصلح إلا لأهل الخصوص وما يبذل للعموم فأمره قريب

ومنها أن يكون اعتماده في علومه على بصيرته وإدراكه بصفاء قلبه لا على الصحف والكتب ولا على تقليد ما يسمعه من غيره وإنما المقلد صاحب الشرع صلوات الله عليه وسلامه فيما أمر به وقاله وإنما يقلد الصحابة رضي الله عنهم من حيث إن فعلهم يدل على سماعهم من رسول الله صلى الله عليه وسلم

ثم إذا قلد صاحب الشرع صلى الله عليه وسلم في تلقي أقواله وأفعاله بالقبول فينبغي أن يكون حريصا على فهم أسراره فإن المقلد إنما يفعل الفعل لأن صاحب الشرع صلى الله عليه وسلم فعله وفعله لا بد وأن يكون لسر فيه فينبغي أن يكون شديد البحث عن أسرار الأعمال والأقوال فإنه إن اكتفى بحفظ ما يقال كان وعاء للعلم ولا يكون عالما

ولذلك كان يقال فلان من أوعية العلم فلا يسمى عالما إذا كان شأنه الحفظ من غير اطلاع على الحكم والأسرار

ومن كشف عن قلبه الغطاء واستنار بنور الهداية صار في نفسه متبوعا مقلدا فلا ينبغي أن يقلد غيره ولذلك قال ابن عباس رضي الله عنهما ما من أحد إلا يؤخذ من علمه ويترك إلا رسول الله صلى الله عليه وسلم حديث ابن عباس ما من أحد إلا يؤخذ من علمه ويترك إلا رسول الله صلى الله عليه وسلم أخرجه الطبراني من حديثه يرفعه بلفظة من قوله ويدع وقد كان تعلم من زيد بن ثابت الفقه وقرأ على أبي بن كعب ثم خالفهما في الفقه

والقراءة جميعا وقال بعض السلف ما جاءنا عن رسول الله صلى الله عليه وسلم قبلناه على الرأس والعين وما جاءنا عن الصحابة رضي الله عنهم فنأخذ منه ونترك وما جاءنا عن التابعين فهم رجال ونحن رجال وإنما فضل الصحابة لمشاهدتهم قرائن أحوال رسول الله صلى الله عليه وسلم واعتلاق قلوبهم أمورا أدركت بالقرائن فسددهم ذلك إلى الصواب من حيث لا يدخل في الرواية والعبارة إذ فاض عليهم من نور النبوة ما يحرسهم في الأكثر عن الخطأ وإذا كان الاعتماد على المسموع من الغير تقليدا غير مرضي فالاعتماد على الكتب والتصانيف أبعد بل الكتب والتصانيف محدثة لم يكن شيء منها في زمن الصحابة وصدر التابعين وإنما حدثت بعد سنة مائة وعشرين من الهجرة وبعد وفاة جميع الصحابة وجملة التابعين رضي الله عنهم وبعد وفاة سعيد بن المسيب والحسن وخيار التابعين بل كان الأولون يكرهون كتب الأحاديث وتصنيف الكتب لئلا يشتغل الناس بها عن الحفظ وعن القرآن وعن التدبر والتذكر وقالوا احفظوا كما كنا نحفظ ولذلك كره أبو بكر وجماعة من الصحابة رضي الله عنهم تصحيف القرآن في مصحف وقالوا كيف نفعل شيئا ما فعله رسول الله صلى الله عليه وسلم وخافوا اتكال الناس على المصاحف وقالوا نترك القرآن يتلقاه بعضهم من بعض بالتلقين والإقراء ليكون هذا شغلهم وهمهم حتى أشار عمر رضي الله عنه وبقية الصحابة بكتب القرآن خوفا من تخاذل الناس وتكاسلهم وحذرا من أن يقع نزاع فلا يوجد أصل يرجع إليه في كلمة أو قراءة من المتشابهات فانشرح صدر أبي بكر رضي الله عنه لذلك فجمع القرآن في مصحف واحد وكان أحمد بن حنبل ينكر على مالك في تصنيفه الموطأ ويقول ابتدع ما لم تفعله الصحابة رضي الله عنهم وقيل أول كتاب صنف في الإسلام كتاب ابن جريج في الآثار وحروف التفاسير عن مجاهد وعطاء وأصحاب ابن عباس رضي الله عنهم بمكة ثم كتاب معمر بن راشد الصنعاني باليمن جمع فيه سننا مأثورة نبوية ثم كتاب الموطأ بالمدينة لمالك بن أنس ثم جامع سفيان الثوري ثم في القرن الرابع حدثت مصنفات الكلام وكثر الخوض في الجدال والغوص في إبطال المقالات ثم مال الناس إليه وإلى القصص والوعظ بها فأخذ علم اليقين في الاندراس من ذلك الزمان فصار بعد ذلك يستغرب علم القلوب والتفتيش عن صفات النفس ومكايد الشيطان وأعرض عن ذلك إلا الأقلون فصار يسمى المجادل المتكلم عالما والقاص المزخرف كلامه بالعبارات المسجعة عالما وهذا لأن العوام هم المستمعون إليهم فكان لا يتميز لهم حقيقة العلم من غيره ولم تكن سيرة الصحابة رضي الله عنهم وعلومهم ظاهرة عندهم حتى كانوا يعرفون بها مباينة هؤلاء لهم فاستمر عليهم اسم العلماء وتوارث اللقب خلف عن سلف وأصبح علم الآخرة مطويا وغاب عنهم الفرق بين العلم والكلام إلا عن الخواص منهم كانوا إذا قيل لهم فلان أعلم أم فلان يقولون فلان أكثر علما وفلان أكثر كلاما فكان الخواص يدركون الفرق بين العلم وبين القدرة على الكلام هكذا ضعف الدين في قرون سالفة فكيف الظن بزمانك هذا وقد انتهى الأمر إلى أن مظهر الإنكار يستهدف

لنسبته إلى الجنون فالأولى أن يشتغل الإنسان بنفسه ويسكت ومنها أن يكون شديد التوقي من محدثات الأمور وإن اتفق عليها الجمهور فلا يغرنه إطباق الخلق على ما أحدث بعد الصحابة رضي الله عنهم وليكن حريصا على التفتيش عن أحوال الصحابة وسيرتهم وأعمالهم وما كان فيه أكثر همهم أكان في التدريس والتصنيف والمناظرة والقضاء والولاية وتولي الأوقاف والوصايا وأكل مال الأيتام ومخالطة السلاطين ومجاملتهم في العشرة أم كان في الخوف والحزن والتفكر المجاهدة ومراقبة الظاهر والباطن واجتناب دقيق الإثم وجليله والحرص على إدراك خفايا شهوات النفوس ومكايد الشيطان إلى غير ذلك

_____

من علوم الباطن واعلم تحقيقا أن أعلم أهل الزمان وأقربهم إلى الحق أشبههم بالصحابة وأعرفهم بطريق السلف فمنهم أخذ الدين

ولذلك قال علي رضي الله عنه خيرنا أتبعنا لهذا الدين لما قيل له خالفت فلانا فلا ينبغي أن يكترث بمخالفة أهل العصر في موافقة أهل عصر رسول الله صلى الله عليه وسلم فإن الناس رأوا رأيا فيما هم فيه لميل طباعهم إليه ولم تسمح نفوسهم بالاعتراف بأن ذلك سبب الحرمان من الجنة فادعوا أنه لا سبيل إلى الجنة سواه

ولذلك قال الحسن محدثان أحدثا في الإسلام رجل ذو رأي سيىء زعم أن الجنة لمن رأى مثل رأيه ومترف يعبد الدنيا لها يغضب ولها يرضى وإياها يطلب فارفضوهما إلى النار

وإن رجلا أصبح في هذه الدنيا بين مترف يدعوه إلى دنياه وصاحب هوى يدعوه إلى هواه وقد عصمه الله تعالى منهما يحن إلى السلف الصالح يسأل عن أفعالهم ويقتفي آثارهم متعرض لأجر عظيم فكذلك كونوا

وقد روي عن ابن مسعود موقوفا ومسندا أنه قال إنما هما اثنتان الكلام والهدى فأحسن الكلام كلام الله تعالى وأحسن الهدى هدى رسول الله تعالى صلى الله عليه وسلم ألا وإياكم ومحدثات الأمور فإن شر الأمور محدثاتها وأن كل محدثة بدعة وإن كل بدعة ضلالة ألا لا يطولن عليكم الأمد فتقسوا قلوبكم ألا كل ما هو آت قريب ألا إن البعيد ما ليس بآت حديث ابن مسعود إنما هما اثنتان الكلام والهدى الحديث أخرجه ابن ماجه وفي خطبة رسول الله صلى الله عليه وسلم طوبى لمن شغله عيبه عن عيوب الناس وأنفق من مال اكتسبه من غير معصية وخالط أهل الفقه والحكم وجانب أهل الزلل والمعصية طوبى لمن ذل في نفسه وحسنت خليقته وصلحت سريرته وعزل عن الناس شره طوبى لمن عمل بعلمه وأنفق الفضل من ماله وأمسك الفضل من قوله ووسعته السنة ولم يعدها إلى بدعة حديث طوبى لمن شغله عيبه عن عيوب الناس وأنفق مالا اكتسبه الحديث أخرجه أبو نعيم من حديث الحسين بن علي بسند ضعيف والبزار من حديث أنس أول الحديث وآخره والطبراني والبيهقي من حديث ركب المصري وسط الحديث وكلها ضعيفة وكان ابن مسعود رضي الله عنه يقول حسن الهدى في آخر الزمان خير من كثير من العمل وقال أنتم في زمان خيركم فيه المسارع في الأمور وسيأتي بعدكم زمان يكون خيرهم فيه المتثبت المتوقف لكثرة الشبهات

وقد صدق فمن لم يتوقف في هذا الزمان ووافق الجماهير فيما هم عليه وخاض فيما خاضوا فيه هلك كما هلكوا

وقال حذيفة رضي الله عنه أعجب من هذا أن معروفكم اليوم منكر زمان قد مضى وأن منكركم اليوم معروف زمان قد أتى وإنكم لا تزالون بخير ما عرفتم الحق وكان العالم فيكم غير مستخف به

ولقد صدق فإن أكثر معروفات هذه الأعصار منكرات في عصر الصحابة رضي اللـه عنهم إذ من غرر المعروفات في زماننا تزيين المساجد وتنجيدها وإنفاق الأموال العظيمة في دقائق عماراتها وفرش البسط الرفيعة فيها ولقد كان يعد فرش البواري في المسجد بدعة وقيل إنه من محدثات الحجاج

فقد كان الأولون قلما يجعلون بينهم وبين التراب حاجزا وكذلك الاشتغال بدقائق الجدل والمناظرة من أجل علوم أهل الزمان ويزعمون أنه من أعظم القربات وقد كان من المنكرات

ومن ذلك التلحين في القرآن والآذان

ومن ذلك التعسف في النظافة والوسوسة في الطهارة وتقدير الأسباب البعيدة في نجاسة الثياب مع التساهل في حل الأطعمة وتحريمها إلى نظائر ذلك

ولقد صدق ابن مسعود رضي اللـه عنه حيث قال أنتم اليوم في زمان الهوى فيه تابع للعلم وسيأتي عليكم زمان يكون العلم فيه تابعا للهوى

وقد كان أحمد بن حنبل يقول تركوا العلم وأقبلوا على الغرائب ما أقل العلم فيهم و اللـه المستعان

وقال مالك بن أنس رحمه اللـه لم تكن الناس فيما مضى يسألون عن هذه الأمور كما يسأل الناس اليوم ولم يكن العلماء يقولون حرام ولا حلال ولكن أدركتهم يقولون مستحب ومكروه

ومعناه أنهم كانوا ينظرون في دقائق الكراهة والاستحباب فأما الحرام فكان فحشه ظاهرا وكان هشام بن عروة يقول لا تسألوهم اليوم عما أحدثوه بأنفسهم فإنهم قد أعدوا له جوابا ولكن سلوهم عن السنة فإنهم لا يعرفونها

وكان أبو سليمان الداراني رحمه الله يقول لا ينبغي لمن ألهم شيئا من الخير أن يعمل به حتى يسمع به في الأثر فيحمد الله تعالى إذا وافق ما في نفسه وإنما قال هذا لأن ما قد أبدع من الآراء قد قرع الأسماع وعلق بالقلوب وربما يشوش صفاء القلب فيتخيل بسببه الباطل حقا فيحتاط فيه بالاستظهار بشهادة الآثار

ولهذا لما أحدث مروان المنبر في صلاة العيد عند المصلى قام إليه أبو سعيد الخدري رضي الله عنه فقال يا مروان ما هذه البدعة فقال إنها ليست ببدعة إنها خير مما تعلم إن الناس قد كثروا فأردت أن يبلغهم الصوت فقال أبو سعيد و الله لا تأتون بخير مما أعلم أبدا ووالله لا صليت وراءك اليوم وإنما أنكر ذلك عليه لأن رسول الله صلى الله عليه وسلم كان يتوكأ في خطبة العيد والاستسقاء على قوس أو عصا لا على المنبر حديث كان يتوكأ في خطبة العيد والاستسقاء على قوس أو عصا أخرجه الطبراني من حديث البراء ونحوه في يوم الأضحى ليس فيه الاستسقاء وهو ضعيف رواه في الصغير من حديث سعد القرظي كان إذا خطب في العيدين خطب على قوس وإذا خطب في الجمعة خطب على عصا وهو عند ابن ماجه بلفظ كان إذا خطب في الحرب خطب على قوس الحديث وفي الحديث المشهور من أحدث في ديننا ما ليس منه فهو رد حديث من أحدث في ديننا ما ليس فيه فهو رد متفق عليه من حديث عائشة بلفظ في أمرنا ما ليس منه وعند أبي داود ﴿ فيه ﴾ وفي خبر آخر من غش أمتي فعليه لعنة الله والملائكة والناس أجمعين قيل يا رسول الله وما غش أمتك قال أن يبتدع بدعة يحمل الناس عليها حديث من غش أمتي فعليه لعنة الله الحديث أخرجه الدارقطني في الأفراد من حديث أنس بسند ضعيف جدا وقال رسول الله صلى الله عليه وسلم إن لله عز وجل ملكا ينادى كل يوم من خالف سنة رسول الله صلى الله عليه وسلم لم تنله شفاعته حديث إن لله ملكا ينادى كل يوم من خالف سنة رسول الله صلى الله عليه وسلم لم تنله شفاعته لم أجد له أصلا ومثال الجاني على الدين بإبداع ما يخالف السنة بالنسبة إلى من يذنب ذنبا مثال من عصى الملك في قلب دولته بالنسبة إلى من خالف أمره في خدمة معينة وذلك قد يغفر له فأما في قلب الدولة فلا

وقال بعض العلماء ما تكلم فيه السلف فالسكوت عنه جفاء وما سكت عنه السلف فالكلام فيه تكلف

وقال غيره الحق ثقيل من جاوزه ظلم ومن قصر عنه عجز ومن وقف معه اكتفى

وقال صلى الله عليه وسلم عليكم بالنمط الأوسط الذي يرجع إليه العالي ويرتفع إليه التالي حديث عليكم بالنمط الأوسط الحديث أخرجه أبو عبيد في غريب الحديث موقوفا على علي بن أبي طالب ولم أجده مرفوعا وقال ابن

عباس رضي الـلـه عنهما الضلالة لها حلاوة في قلوب أهلها قال الـلـه تعالى ﴿ وذر الذين اتخذوا دينهم لعبا ولهوا ﴾ وقال تعالى ﴿ أفمن زين له سوء عمله فرآه حسنا ﴾ فكل ما أحدث بعد الصحابة رضي الـلـه عنهم مما جاوز قدر الضرورة والحاجة فهو من اللعب واللهو

وحكى عن إبليس لعنه الـلـه أنه بث جنوده في وقت الصحابة رضي الـلـه عنهم فرجعوا إليه محسورين فقال ما شأنكم قالوا ما رأينا مثل هؤلاء ما نصيب منهم شيئا وقد أتعبونا فقال إنكم لا تقدرون عليهم قد صحبوا نبيهم وشهدوا تنزيل ربهم ولكن سيأتى بعدهم قوم تنالون منهم حاجتكم

فلما جاء التابعون بث جنوده فرجعوا إليه منكسين فقالوا ما رأينا أعجب من هؤلاء نصبب منهم الشيء بعد الشيء من الذنوب فإذا كان آخر النهار أخذوا في الاستغفار فيبدل الـلـه سيئاتهم حسنات فقال إنكم لن تنالوا من هؤلاء شيئا لصحة توحيدهم واتباعهم لسنة نبيهم ولكن سيأتي بعد هؤلاء قوم تقر أعينكم بهم تلعبون بهم لعبا وتقودونهم بأزمة أهوائهم كيف شئتم إن استغفروا لم يغفر لهم ولا يتوبون فيبدل الـلـه سيئاتهم

حسنات قال فجاء قوم بعد القرن الأول فبث فيهم الأهواء وزين لهم البدع فاستحلوها واتخذوها دينا لا يستغفرون الله منها ولا يتوبون عنها فسلط عليهم الأعداء وقادوهم أين شاءوا

فإن قلت من أين عرف قائل هذا ما قاله قاله إبليس ولم يشاهد إبليس ولا حدثه بذلك فاعلم أن أرباب القلوب يكاشفون بأسرار الملكوت تارة على سبيل الإلهام بأن يخطر لهم على سبيل الورود عليهم من حيث لا يعلمون وتارة على سبيل الرؤيا الصادقة وتارة في اليقظة على سبيل كشف المعاني بمشاهدة الأمثلة كما يكون في المنام وهذا أعلى الدرجات وهي من درجات النبوة العالية كما أن الرؤيا الصادقة جزء من ستة وأربعين جزءا من النبوة

فإياك أن يكون حظك من هذا العلم إنكار ما جاوز حد قصورك ففيه هلك المتحذلقون من العلماء الزاعمون أنهم أحاطوا بعلوم العقول فالجهل خير من عقل يدعو إلى إنكار مثل هذه الأمور لأولياء الله تعالى ومن أنكر ذلك للأولياء لزمه إنكار الأنبياء وكان خارجا عن الدين بالكلية

قال بعض العارفين إنما انقطع الأبدال في أطراف الأرض واستتروا عن أعين الجمهور لأنهم لا يطيقون النظر إلى علماء الوقت لأنهم عندهم جهال بالله تعالى وهم عند أنفسهم وعند الجاهلين علماء

قال سهل التستري رضي الله عنه إن من أعظم المعاصي الجهل بالجهل والنظر إلى العامة واستماع كلام أهل الغفلة

وكل عالم خاض في الدنيا فلا ينبغي أن يصغي إلى قوله بل ينبغي أن يتهم في كل ما يقول لأن كل إنسان يخوض فيما أحب ويدفع ما لا يوافق محبوبه ولذلك قال الله عز وجل ﴿ ولا تطع من أغفلنا قلبه عن ذكرنا واتبع هواه وكان أمره فرطا ﴾ والعوام العصاة أسعد حالا من الجهال بطريق الدين المعتقدين أنهم من العلماء لأن العامي العاصي معترف بتقصيره فيستغفر ويتوب وهذا الجاهل الظان أنه عالم وأن ما هو مشتغل به من العلوم التي هي وسائله إلى الدنيا عن سلوك طريق الدين فلا يتوب ولا يستغفر بل لا يزال مستمرا عليه إلى الموت

وإذ غلب هذا على أكثر الناس إلا من عصمه الله تعالى وانقطع الطمع من إصلاحهم فالأسلم لذي الدين المحتاط العزلة والانفراد عنهم كما سيأتي في كتاب العزلة بيانه إن شاء الله تعالى ولذلك كتب يوسف بن أسباط إلى حذيفة المرعشي ما ظنك بمن بقي لا يجد أحدا يذكر الله تعالى معه إلا كان آثما أو كانت مذاكرته معصية وذلك أنه لا يجد أهله ولقد صدق فإن مخالطة الناس لا تنفك عن غيبة أو سماع غيبة أو سكوت على منكر وأن أحسن أحواله أن يفيد علما أو يستفيده ولو تأمل هذا المسكين وعلم أن إفادته لا تخلو عن

شوائب الرياء وطلب الجمع والرياسة علم أن المستفيد إنما يريد أن يجعل ذلك آلة إلى طلب الدنيا ووسيلة إلى الشر فيكون هو معينا له على ذلك وردءا وظهيرا ومهيئا لأسبابه كالذي يبيع السيف من قطاع الطريق فالعلم كالسيف وصلاحه للخير كصلاح السيف للغزو ولذلك لا يرخص له في البيع ممن يعلم بقرائن أحواله أنه يريد به الاستعانة على قطع الطريق

فهذه اثنتا عشرة علامة من علامات علماء الآخرة تجمع كل واحدة منها جملة من أخلاق علماء السلف فكن أحد رجلين إما متصفا بهذه الصفات أو معترفا بالتقصير مع الإقرار به وإياك أن تكون الثالث فتلبس على نفسك بأن تبدل آلة الدنيا بالدين وتشبه سيرة البطالين بسيرة العلماء الراسخين وتلتحق بجهلك وإنكارك بزمرة الهالكين الآيسين

نعوذ بالله من خدع الشيطان فبها هلك الجمهور

فنسأل الله تعالى أن يجعلنا ممن لا تغره الحياة الدنيا ولا يغره بالله الغرور

الباب السابع في العقل وشرفه وحقيقته وأقسامه بيان شرف العقل اعلم
أن هذا مما لا يحتاج إلى تكلف في إظهاره لا سيما وقد ظهر شرف العلم من قبل العقل والعقل منبع العلم ومطلعه وأساسه والعلم يجري منه مجرى الثمرة من الشجرة والنور من الشمس والرؤية من العين فكيف لا يشرف ما هو وسيلة السعادة في الدنيا والآخرة أو كيف يستراب فيه والبهيمة مع قصور تمييزها تحتشم العقل حتى إن أعظم البهائم بدنا وأشدها ضراوة وأقواها سطوة إذا رأى صورة الإنسان احتشمه وهابه لشعوره باستيلائه عليه لما خص به من إدراك الحيل
ولذلك قال صلى اللـه عليه وسلم الشيخ في قومه كالنبي في أمته حديث الشيخ في قومه كالنبي في أمته أخرجه ابن حبان في الضعفاء من حديث ابن عمر وأبو منصور الديلمي من حديث أبي رافع بسند ضعيف وليس ذلك لكثرة ماله ولا لكبر شخصه ولا لزيادة قوته بل لزيادة تجربته التي هي ثمرة عقله
ولذلك ترى الأتراك والأكراد وأجلاف العرب وسائر الخلق مع قرب منزلتهم من رتبة البهائم يوقرون المشايخ بالطبع
ولذلك حين قصد كثير من المعاندين قتل رسول اللـه صلى اللـه عليه وسلم فلما وقعت أعينهم عليه واكتحلوا بغرته الكريمة هابوه وتراءى لهم ما كان يتلألأ على ديباجة وجهه من نور النبوة وإن كان ذلك باطنا في نفسه بطون العقل فشرف العقل ما يدرك بالضرورة وإنما القصد أن نورد ما وردت به الأخبار والآيات في ذكر شرفه وقد سماه اللـه نورا في قوله تعالى اللـه نور السموات والأرض مثل نوره كمشكاة وسمى العلم المستفاد منه روحا ووحيا وحياة فقال تعالى ﴿ وكذلك أوحينا إليك روحا من أمرنا ﴾ وقال سبحانه أومن كان ميتا فأحييناه وجعلنا له نورا يمشي به في الناس وحيث ذكر النور والظلمة أراد به العلم والجهل كقوله ﴿ يخرجهم من الظلمات إلى النور ﴾ وقال صلى اللـه عليه وسلم يا أيها الناس اعقلوا عن ربكم وتواصوا بالعقل تعرفوا ما أمرتم به وما نهيتم عنه واعلموا أنه ينجدكم عند ربكم واعلموا أن العاقل من أطاع اللـه وإن كان دميم المنظر حقير الخطر دنيء المنزلة رث الهيئة وأن الجاهل من عصى اللـه تعالى وإن كان جميل المنظر عظيم الخطر شريف المنزلة حسن الهيئة فصيحا نطوقا فالقردة والخنازير أعقل عند اللـه تعالى ممن عصاه ولا تغتر بتعظيم أهل الدنيا إياهم فإنهم من الخاسرين حديث يا أيها الناس اعقلوا عن ربكم وتواصوا بالعقل الحديث أخرجه داود بن المجبر أحد الضعفاء في كتاب العقل من حديث أبي هريرة وهو في مسند الحارث بن أبي أسامة عن داود
وقال صلى اللـه عليه وسلم أول ما خلق اللـه العقل فقال له أقبل فأقبل ثم قال له أدبر فأدبر ثم قال اللـه عز وجل وعزتي وجلالي ما خلقت خلقا أكرم على منك بك آخذ وبك أعطي وبك أثيب وبك أعاقب حديث أول ما خلق اللـه

العقل قال له أقبل الحديث أخرجه الطبراني في الأوسط من حديث أبي أمامة وأبو نعيم من حديث عائشة بإسنادين ضعيفين

فإن قلت فهذا العقل إن كان عرضا فكيف خلق قبل الأجسام وإن كان جوهرا فكيف يكون جوهر قائم بنفسه ولا يتحيز فأعلم أن هذا من علم المكاشفة فلا يليق ذكره بعلم المعاملة وغرضنا الآن ذكر علوم المعاملة

وعن أنس رضي الله عنه قال أثنى قوم على رجل عند النبي صلى الله عليه وسلم حتى بالغوا فقال صلى الله عليه وسلم كيف عقل الرجل فقالوا نخبرك عن اجتهاده في العبادة وأصناف الخير وتسألنا عن عقله فقال صلى الله عليه وسلم إن الأحمق يصيب بجهله أكثر من فجور

الفاجر وإنما يرتفع العباد غدا في الدرجات الزلفى من ربهم على قدر عقولهم حديث أنس أثنى قوم على رجل عند النبي صلى الله عليه وسلم حتى بالغوا في الثناء فقال كيف عقل الرجل ﴿ الحديث ﴾ أخرجه ابن المجبر في العقل بتمامه والترمذي الحكيم في النوادر مختصرا

وعن عمر رضي الله عنه قال قال رسول الله صلى الله عليه وسلم ما اكتسب رجل مثل فضل عقل يهدي صاحبه إلى هدى ويرده عن ردى وما تم إيمان عبد ولا استقام دينه حتى يكمل عقله حديث عمر ما اكتسب رجل مثل فضل عقل الحديث أخرجه ابن المجبر في العقل وعنه الحارث بن أبي أمامة وقال صلى الله عليه وسلم إن الرجل ليدرك بحسن خلقه درجة الصائم القائم ولا يتم لرجل حسن خلقه حتى يتم عقله فعند ذلك تم إيمانه وأطاع ربه وعصى عدوه إبليس حديث إن الرجل ليدرك بحسن خلقه درجة الصائم القائم ولا يتم لرجل حسن خلقه حتى يتم عقله الحديث أخرجه ابن المجبر من رواية عمرو بن شعيب عن أبيه عن جده به والحديث عند الترمذي مختصر دون قوله ولا يتم من حديث عائشة وصححه وعن أبي سعيد الخدري رضي الله عنه قال قال رسول الله صلى الله عليه وسلم لكل شيء دعامة ودعامة المؤمن عقله فبقدر عقله تكون عبادته أما سمعتم قول الفجار في النار لو كنا نسمع أو نعقل ما كنا في أصحاب السعير حديث أبي سعيد لكل شيء دعامة ودعامة المؤمن عقله الحديث أخرجه ابن المجبر وعنه الحارث وعن عمر رضي الله عنه أنه قال لتميم الدارى ما السودد فيكم قال العقل قال صدقت سألت رسول الله صلى الله عليه وسلم كما سألتك فقال كما قلت ثم قال سألت جبريل عليه السلام ما السودد فقال العقل حديث عمر أنه قال لتميم الداري ما السودد فيكم قال العقل قال صدقت سألت رسول الله صلى الله عليه وسلم الحديث أخرجه ابن المجبر وعنه الحارث وعن البراء بن عازب رضي الله عنه قال كثرت المسائل يوما على رسول الله صلى الله عليه وسلم فقال يا أيها الناس إن لكل شيء مطية ومطية المرء العقل وأحسنكم دلالة ومعرفة بالحجة أفضلكم عقلا حديث البراء كثرت المسائل على رسول الله صلى الله عليه وسلم فقال يا أيها الناس إن لكل شيء مطية الحديث أخرجه ابن المجبر وعنه الحارث وعن أبي هريرة رضي الله عنه قال لما رجع رسول الله صلى الله عليه وسلم من غزوة أحد سمع الناس يقولون فلان أشجع من فلان وفلان أبلى ما لم يبل فلان ونحو هذا فقال رسول الله صلى الله عليه وسلم أما هذا فلا علم لكم به قالوا وكيف ذلك يا رسول الله فقال صلى الله عليه وسلم إنهم قاتلوا على قدر ما قسم الله لهم من العقل وكانت نصرتهم ونيتهم على قدر عقولهم فأصيب منهم من أصيب على منازل شتى فإذا كان يوم القيامة اقتسموا المنازل على قدر نياتهم وقدر عقولهم حديث أبي هريرة لما رجع رسول الله صلى الله عليه وسلم من غزوة أحد سمع الناس يقولون كان فلان أشجع من فلان الحديث أخرجه ابن المجبر وعن البراء بن عازب أنه صلى الله عليه وسلم قال جد الملائكة واجتهدوا في طاعة

الـلـه سبحانه وتعالى بالعقل وجد المؤمنون من بني آدم على قدر عقولهم فأعملهم بطاعة الـلـه عز وجل أوفرهم عقلا حديث البراء بن عازب جد الملائكة واجتهدوا في طاعة الـلـه بالعقل الحديث أخرجه ابن المجبر كذلك وعنه الحارث في مسنده ورواه البغوي في معجم الصحابة من حديث ابن عازب رجل من الصحابة غير البراء وهو بالسند الذي رواه ابن المجبر وعن عائشة رضي الـلـه عنها قالت قلت يا رسول الـلـه بم يتفاضل الناس في الدنيا قال بالعقل قلت وفي الآخرة قال بالعقل قلت أليس إنما يجزون بأعمالهم فقال صلى الـلـه عليه وسلم يا عائشة وهل عملوا إلا بقدر ما أعطاهم عز وجل من العقل فبقدر ما أعطوا من العقل كانت أعمالهم وبقدر ما عملوا يجزون حديث عائشة قالت يا رسول الـلـه بأي شيء يتفاضل الناس في الدنيا قال بالعقل الحديث أخرجه ابن المجبر والترمذي الحكيم في النوادر نحوه وعن ابن عباس رضي الـلـه عنهما قال قال رسول الـلـه صلى الـلـه عليه وسلم لكل شيء آلة وعدة وإن آلة المؤمن العقل ولكل شيء مطية ومطية المرء العقل ولكل شيء دعامة ودعامة الدين العقل ولكل قوم غاية وغاية العباد العقل ولكل قوم داع وداعى العابدين العقل ولكل تاجر بضاعة وبضاعة المجتهدين العقل ولكل أهل بيت قيم وقيم بيوت الصديقين العقل ولكل خراب

عمارة وعمارة الآخرة العقل ولكل امرىء عقب ينسب إليه ويذكر به وعقب الصديقين الذيينسبون إليه ويذكرون به العقل ولكل سفر فسطاط وفسطاط المؤمنين العقل حديث ابن عباس لكل شيء آلة وعدة وإن آلة المؤمن العقل الحديث أخرجه ابن المجبر وعنه وعنه الحارث وقال صلى اللـه عليه وسلم إن أحب المؤمنين إلى اللـه عز وجل من نصب في طاعة اللـه عز وجل ونصح لعباده وكمل عقله ونصح نفسه فأبصر وعمل به أيام حياته فأفلح وأنجح حديث إن أحب المؤمنين إلى اللـه من نصب في طاعة اللـه الحديث أخرجه ابن المجبر من حديث ابن عمر ورواه أبو منصور الديلمي في مسند الفردوس بإسناد آخر ضعيف وقال صلى اللـه عليه وسلم أتمكم عقلا أشدكم لله تعالى خوفا وأحسنكم فيما أمركم به ونهى عنه نظرا وإن كان أقلكم تطوعا حديث أتمكم عقلا أشدكم لله خوفا الحديث أخرجه ابن المجبر من حديث أبي قتادة

بيان حقيقة العقل وأقسامه

اعلم أن الناس اختلفوا في حد العقل وحقيقته وذهل الأكثرون عن كون هذا الاسم مطلقا على معان مختلفة فصار ذلك سبب اختلافهم

والحق الكاشف للغطاء فيه أن العقل اسم يطلق بالاشتراك على أربعة معان كما يطلق اسم العين مثلا على معان عدة وما يجري هذا المجرى فلا ينبغي أن يطلب لجميع أقسامه حد واحد بل يفرد كل قسم بالكشف عنه فالأول الوصف الذي يفارق الإنسان به سائر البهائم وهو الذي استعد به لقبول العلوم النظرية وتدبير الصناعات الخفية الفكرية وهو الذي أراده الحارث بن أسد المحاسبي حيث قال في حد العقل إنه غريزة يتهيأ بها إدراك العلوم النظرية وكأنه نور يقذف في القلب به يستعد لإدراك الأشياء ولم ينصف من أنكر هذا ورد العقل إلى مجرد العلوم الضرورية فإن الغافل عن العلوم والنائم يسميان عاقلين باعتبار وجود هذه الغريزة فيهما مع فقد العلوم وكما أن الحياة غريزة بها يتهيأ الجسم للحركات الاختيارية والإدراكات الحسية فكذلك العقل غريزة بها تتهيأ بعض الحيوانات للعلوم النظرية ولو جاز أن يسوى بين الإنسان والحمار في الغريزة والإدراكات الحسية

فيقال لا فرق بينهما إلا أن اللـه تعالى بحكم إجراء العادة يخلق في الإنسان علوما وليس يخلقها في الحمار والبهائم لجاز أن يسوى بين الحمار والجماد في الحياة ويقال لا فرق إلا أن اللـه عز وجل يخلق في الحمار حركات مخصوصة بحكم إجراء العادة

فإنه لو قدر الحمار جمادا ميتا لوجب القول بأن كل حركة تشاهد منه فالله سبحانه وتعالى قادر على خلقها فيه على الترتيب المشاهد

وكما وجب أن يقال لم يكن مفارقته للجماد في الحركات إلا بغريزة اختصت به عبر عنها بالحياة فكذا مفارقة الإنسان البهيمة في إدراك العلوم النظرية بغريزة يعبر عنها بالعقل وهو كالمرآة التي تفارق غيرها من الأجسام في حكاية الصور والألوان بصفة اختصت بها وهي الصقالة

وكذلك العين تفارق الجبهة في صفات وهيئات بها استعدت للرؤية فنسبه هذه الغريزة إلى العلوم كنسبة العين إلى الرؤية ونسبة القرآن والشرع إلى هذه الغريزة في سياقها إلى انكشاف العلوم لها كنسبة نور الشمس إلى البصر فهكذا ينبغي أن تفهم هذه الغريزة

الثاني هي العلوم التي تخرج إلى الوجود في ذات الطفل المميز بجواز الجائزات واستحالة المستحيلات كالعلم بأن الاثنين أكثر من الواحد وأن الشخص الواحد لا يكون في مكانين في وقت واحد وهو الذي عناه بعض المتكلمين حيث قال في حد العقل إنه بعض العلوم الضرورية كالعلم بجواز الجائزات واستحالة المستحيلات وهو أيضا صحيح في نفسه لأن هذه العلوم موجودة وتسميتها عقلا ظاهر وإنما الفاسد أن تنكر تلك الغريزة ويقال لا موجود إلا هذه العلوم

الثالث علوم تستفاد من التجارب بمجاري الأحوال فإن من حنكته التجارب وهذبته المذاهب يقال إنه عاقل في العادة ومن لا يتصف بهذه الصفة فيقال

إنه غبي غمر جاهل فهذا نوع آخر من العلوم يسمى عقلا
الرابع أن تنتهي قوة تلك الغريزة إلى أن يعرف عواقب الأمور ويقمع الشهوة الداعية إلى اللذة العاجلة ويقهرها فإذا حصلت هذه القوة سمى صاحبها عاقلا من حيث إن إقدامه وإحجامه بحسب ما يقتضيه النظر في العواقب لا بحكم الشهوة العاجلة وهذه أيضا من خواص الإنسان التي بها يتميز عن سائر الحيوان
فالأول هو الأس والسنخ والمنبع
والثاني هو الفرع الأقرب إليه
والثالث فرع الأول والثاني إذ بقوة الغريزة والعلوم الضرورية تستفاد علوم التجارب
والرابع هو الثمرة الأخيرة وهو الغاية القصوى فالأولان بالطبع والأخيران بالاكتساب
ولذلك قال علي كرم الله وجهه

رأيت العقل عقلين
فمطبوع ومسموع
ولا ينفع مسموع
إذا لم يك مطبوع
كما لا تنفع الشمس
وضوء العين ممنوع

والأول هو المراد بقوله صلى الله عليه وسلم ما خلق الله عز وجل خلقا أكرم عليه من العقل حديث ما خلق الله خلقا أكرم عليه من العقل أخرجه الترمذي الحكيم في النوادر بسند ضعيف من رواية الحسن عن عدة من الصحابة والأخير هو المراد بقوله صلى الله عليه وسلم إذا تقرب الناس بأبواب البر والأعمال الصالحة فتقرب أنت بعقلك حديث إذا تقرب الناس بأنواع البر فتقرب أنت بعقلك أخرجه أبو نعيم في الحلية من حديث علي إذا اكتسب الناس من أنواع البر ليتقربوا بها إلى ربنا عز وجل فاكتسب أنت من أنواع العقل تسبقهم بالزلفة والقرب وإسناده ضعيف وهو المراد بقول رسول الله صلى الله عليه وسلم لأبي الدرداء رضي الله عنه ازدد عقلا تزدد من ربك قربا فقال بأبي أنت وأمي وكيف لي بذلك فقال اجتنب محارم الله تعالى وأد فرائض الله سبحانه تكن عاقلا واعمل بالصالحات من الأعمال تزدد في عاجل الدنيا رفعة وكرامة وتنل في آجل العقبى بها من ربك عز وجل القرب والعز حديث ازدد عقلا تزدد من ربك قربا الحديث قاله لأبي الدرداء أخرجه ابن المجبر ومن طريقه الحارث ابن أبي أسامة والترمذي الحكيم في النوادر وعن سعيد بن المسيب أن عمر وأبي بن كعب وأبا هريرة رضي الله عنهم دخلوا على رسول الله صلى الله عليه وسلم فقالوا يا رسول الله من أعلم الناس فقال صلى الله عليه وسلم العاقل قالوا فمن أعبد الناس قال العاقل قالوا فمن أفضل الناس قال العاقل قالوا أليس العاقل من تمت مروءته وظهرت فصاحته وجادت كفه وعظمت منزلته فقال صلى الله عليه وسلم ﴿ وإن كل ذلك لما متاع الحياة الدنيا والآخرة عند ربك للمتقين ﴾ إن العاقل هو المتقي وإن كان في الدنيا خسيسا ذليلا حديث ابن المسيب أن عمر وأبي بن كعب وأبا

هريرة دخلوا على رسول اللـه صلى اللـه عليه وسلم فقالوا يا رسول اللـه من أعلم الناس فقال العاقل الحديث أخرجه ابن المجبر قال صلى اللـه عليه وسلم في حديث آخر إنما العاقل من آمن باللـه وصدق رسله وعمل بطاعته حديث إنما العاقل من آمن باللـه وصدق رسله وعمل بطاعته أخرجه ابن المجبر من حديث سعيد بن المسيب مرسلا وفيه قصة ويشبه أن يكون أصل الاسم في أصل اللغة لتلك الغريزة وكذلك في الاستعمال وإنما أطلق على العلوم من حيث إنها ثمرتها كما يعرف الشيء بثمرته فيقال العلم هو الخشية والعالم من يخشى اللـه تعالى

فإن الخشية ثمرة العلم فتكون كالمجاز لغير تلك الغريزة ولكن ليس الغرض البحث عن اللغة

والمقصود أن هذه الأقسام الأربعة موجودة والاسم يطلق على جميعها ولا خلاف في وجود جميعها إلا في القسم الأول والصحيح وجودها بل هي الأصل

وهذه العلوم كأنها مضمنة في تلك الغريزة بالفطرة ولكن تظهر في الوجود إذا جرى سبب يخرجها إلى الوجود حتى كأن هذه العلوم ليست بشيء وارد عليها من خارج وكأنها كانت مستكنة فيها فظهرت ومثاله الماء في الأرض فإنه يظهر بحفر البئر ويجتمع ويتميز بالحس لا بأن يساق إليها شيء جديد وكذلك الدهن في اللوز وماء الورد في الورد ولذلك قال تعالى وإذ أخذ ربك من بني آدم من ظهورهم ذريتهم وأشهدهم على أنفسهم

ألست بربكم قالوا بلى فالمراد به إقرار نفوسهم لا إقرار الألسنة فإنهم انقسموا في إقرار الألسنة حيث وجدت الألسنة والأشخاص إلى مقر وإلى جاحد ولذلك قال تعالى ولئن سألتهم من خلقهم ليقولن اللـه معناه إن اعتبرت أحوالهم شهدت بذلك نفوسهم وبواطنهم فطرة اللـه التي فطر الناس عليها أي كل آدمي فطر على الإيمان بالله عز وجل بل على معرفة الأشياء على ما هي عليه أعني أنها كالمضمنة فيها لقرب استعدادها للإدراك

ثم لما كان الإيمان مركوزا في النفوس بالفطرة انقسم الناس إلى قسمين إلى من أعرض فنسي وهم الكفار وإلى من أجال خاطره فتذكر فكان كمن حمل شهادة فنسيها بغفلة ثم تذكرها

ولذلك قال عز وجل لعلهم يتذكرون وليتذكر أولوا الألباب واذكروا نعمة اللـه عليكم وميثاقه الذي واثقكم به ولقد يسرنا القرآن للذكر فهل من مدكر وتسمية هذا النمط تذكرا ليس ببعيد فكأن التذكر ضربان أحدهما أن يذكر صورة كانت حاضرة الوجود في قلبه لكن غابت بعد الوجود الآخر

والآخر أن يذكر صورة كانت مضمنة فيه بالفطرة

وهذه حقائق ظاهرة للناظر بنور البصيرة ثقيلة على من يستروجه قوله يستروجه من الرواج أي يكون السماع والتقليد رائجا عنده فتأمل اه مصححه السماع والتقليد دون الكشف والعيان

ولذلك تراه يتخبط في مثل هذه الآيات ويتعسف وفي تأويل التذكر بإقرار النفوس أنواعا من التعسفات ويتخايل إليه في الأخبار والآيات ضروب من المناقضات وربما يغلب ذلك عليه حتى ينظر إليها بعين الاستحقار ويعتقد فيها التهافت

ومثاله مثال الأعمى الذي يدخل دارا فيعثر فيها بالأواني المصفوفة في الدار فيقول ما لهذه الأواني لا ترفع من الطريق وترد إلى مواضعها فيقال له إنها في مواضعها وإنما الخلل في بصرك

فكذلك خلل البصيرة يجري مجراه وأطم منه وأعظم إذ النفس كالفارس والبدن كالفرس وعمى الفارس أضر من عمى الفرس ولمشابهة بصيرة الباطن لبصيرة الظاهر قال اللـه تعالى ما كذب الفؤاد ما رأى وقال تعالى وكذلك نرى إبراهيم ملكوت السموات والأرض الآية وسمى ضده عمى فقال تعالى فإنها لا تعمى الأبصار ولكن تعمى القلوب التي في الصدور وقال تعالى ومن كان في هذه أعمى فهو في الآخرة أعمى وأضل سبيلا

وهذه الأمور التي كشفت للأنبياء بعضها كان بالبصر وبعضها كان بالبصيرة وسمى الكل رؤية

وبالجملة من لم تكن بصيرته الباطنة ثاقبة لم يعلق به من الدين إلا قشوره وأمثلته دون لبابه وحقائقه

فهذه أقسام ما ينطلق اسم العقل عليها

بيان تفاوت النفوس في العقل

قد اختلف الناس في تفاوت العقل ولا معنى للاشتغال بنقل كلام من قل تحصيله بل الأولى والأهم المبادرة إلى التصريح بالحق

والحق الصريح فيه أن يقال إن التفاوت يتطرق إلى الأقسام الأربعة سوى القسم الثاني وهو العلم الضروري بجواز الجائزات واستحالة المستحيلات

فإن من عرف أن الاثنين أكثر من الواحد عرف أيضا استحالة كون الجسم في مكانين وكون الشيء الواحد قديما حادثا وكذا سائر النظائر وكل ما يدركه إدراكا محققا من غير شك وأما الأقسام الثلاثة فالتفاوت يتطرق إليها أما القسم الرابع وهو استيلاء القوة على قمع الشهوات فلا يخفى تفاوت الناس فيه بل لا يخفى تفاوت أحوال الشخص الواحد فيه وهذا التفاوت يكون تارة لتفاوت الشهوة إذ قد يقدر العاقل ترك بعض الشهوات دون بعض ولكن غير مقصور عليه

فإن الشاب قد يعجز عن ترك الزنا وإذا كبر وتم عقله قدر عليه وشهوة الرياء والرياسة تزداد قوة بالكبر لا ضعفا وقد يكون سببه التفاوت في العلم المعرف لغائلة تلك الشهوة ولهذا يقدر الطبيب على الاحتماء عن بعض الأطعمة المضرة وقدم من يساويه في العقل على ذلك

إذا لم يكن طبيبا وإن كان يعتقد على الجملة فيه مضرة لكن إذا كان علم الطبيب أتم كان خوفه أشد فيكون الخوف جندا للعقل وعدة له في قمع الشهوات وكسرها

وكذلك يكون العالم أقدر على ترك المعاصي من الجاهل لقوة علمه بضرر المعاصي وأعني به العالم الحقيقي دون أرباب الطيالسة وأصحاب الهذيان

فإن كان التفاوت من جهة الشهوة لم يرجع إلى تفاوت العقل وإن كان من جهة العلم فقد سمينا هذا الضرب من العلم عقلا أيضا فإنه يقوي غريزة العقل فيكون التفاوت فيما رجعت التسمية إليه وقد يكون بمجرد التفاوت في غريزة العقل فإنها إذا قويت كان قمعها للشهوة لا محالة أشد

وأما القسم الثالث وهو علوم التجارب فتفاوت الناس فيها لا ينكر فإنهم يتفاوتون بكثرة الإصابة وسرعة الإدراك ويكون سببه إما تفاوتا في الغريزة وإما تفاوتا في الممارسة فأما الأول وهو الأصل أعني الغريزة فالتفاوت فيه لا سبيل إلى جحده فإنه مثل نور يشرق على النفس ويطلع صبحه ومبادىء إشراقه عند سن التمييز ثم لا يزال ينمو ويزداد نموا خفي التدريج إلى أن يتكامل بقرب الأربعين سنة ومثاله نور الصبح فإن أوائله تخفى خفاء يشق إدراكه ثم يتدرج إلى الزيادة إلى أن يكمل بطلوع قرص الشمس

وتفاوت نور البصيرة كتفاوت نور البصر والفرق مدرك بين الأعمش وبين حاد البصر بل سنة الله عز وجل جارية في جميع خلقه بالتدريج في الإيجاد حتى إن غريزة الشهوة لا تظهر في الصبي عند البلوغ دفعة وبغتة بل تظهر شيئا فشيئا على التدريج وكذلك جميع القوى والصفات ومن أنكر تفاوت الناس في هذه الغريزة فكأنه منخلع عن ربقة العقل ومن ظن أن عقل النبي صلى الله عليه وسلم مثل عقل آحاد السوادية وأجلاف البوادي فهو أخس في نفسه من آحاد السوادية وكيف ينكر تفاوت الغريزة ولولاه لما اختلف الناس في فهم العلوم ولما انقسموا إلى بليد لا يفهم بالتفهيم إلا بعد تعب طويل من المعلم وإلى ذكي يفهم بأدنى رمز وإشارة وإلى كامل تنبعث من نفسه حقائق الأمور بدون التعليم كما قال تعالى يكاد زيتها يضيء ولو لم تمسسه نار نور على نور وذلك مثل الأنبياء عليهم السلام إذ يتضح لهم في بواطنهم أمور غامضة من غير تعلم وسماع ويعبر عن ذلك بالإلهام وعن مثله عبر النبي صلى الله عليه وسلم حيث قال إن روح القدس نفث في روعي أحبب من أحببت فإنك مفارقه وعش ما شئت فإنك ميت واعمل ما شئت فإنك مجزي به حديث إن روح القدس نفث في روعي أحبب من أحببت فإنك مفارقه الحديث أخرجه الشيرازي في الألقاب من حديث سهل بن سعد نحوه والطبراني في الأصغر والأوسط من حديث علي وكلاهما ضعيف وهذا النمط من تعريف الملائكة للأنبياء يخالف الوحي الصريح الذي هو سماع الصوت بحاسة الأذن ومشاهدة الملك بحاسة البصر ولذلك أخبر عن هذا بالنفث في الروع ودرجات الوحي كثيرة والخوض فيها لا يليق بعلم المعاملة بل هو من علم المكاشفة

ولا تظنن أن معرفة درجات الوحي تستدعي منصب الوحي إذ لا يبعد أن يعرف الطبيب المريض درجات الصحة ويعلم العالم الفاسق درجات العدالة وإن كان خاليا عنها فالعلم شيء ووجود المعلوم شيء آخر فلا كل من عرف النبوة والولاية كان نبيا ولا وليا ولا كل من عرف التقوى والورع ودقائقه كان تقيا

وانقسام الناس إلى من يتنبه من نفسه ويفهم وإلى من لا يفهم إلا بتنبيه وتعليم وإلى من لا ينفعه التعليم أيضا ولا التنبيه كانقسام الأرض إلى ما يجتمع فيه الماء فيقوى فيتفجر بنفسه عيونا وإلى ما يحتاج إلى الحفر ليخرج إلى القنوات وإلى ما لا ينفع فيه الحفر وهو اليابس وذلك لاختلاف جواهر الأرض في صفاتها فكذلك اختلاف النفوس في غريزة العقل

ويدل على تفاوت العقل من جهة النقل ما روي أن عبد الله بن سلام رضي الله عنه سأل النبي صلى الله عليه وسلم في حديث طويل في آخره وصف عظم العرش وأن الملائكة قالت يا ربنا هل خلقت شيئا أعظم من العرش

قال نعم العقل قالوا وما بلغ من قدره قال هيهات لا يحاط بعلمه هل لكم علم بعدد الرمل قالوا لا قال الله عز وجل فإني خلقت العقل أصنافا شتى كعدد الرمل فمن الناس من أعطى حبة ومنهم من أعطى حبتين ومنهم من أعطى الثلاث والأربع ومنهم من أعطى فرقا ومنهم من أعطى وسقا ومنهم من أعطى أكثر من ذلك حديث ابن سلام سئل النبي صلى الله عليه وسلم في حديث طويل في آخره وصف عظم العرش وأن الملائكة قالت يا رب هل خلقت شيئا أعظم من العرش الحديث أخرجه ابن المجبر من حديث أنس بتمامه والترمذي الحكيم في النوادر مختصرا

فإن قلت فما بال أقوام من المتصوفة يذمون العقل بالمعقول فاعلم أن السبب فيه أن الناس نقلوا اسم العقل المعقول إلى المجادلة والمناظرة بالمناقضات والإلزامات وهو صنعة الكلام فلم يقدروا على أن يقرروا عندهم أنكم أخطأتم في التسمية إذ كان لا ينمحي عن قلوبهم بعد تداول الألسنة به ورسوخه في القلوب فذموا العقل والمعقول وهو المسمى به عندهم

فأما نور البصيرة التي بها يعرف الله تعالى ويعرف صدق رسله فكيف يتصور ذمه وقد أثنى الله تعالى عليه وإن ذم فما الذي بعده يحمد فإن كان المحمود هو الشرع فبم علم صحة الشرع فإن علم بالعقل المذموم الذي لا يوثق به فيكون الشرع أيضا مذموما ولا يلتفت إلى من يقول إنه يدرك بعين اليقين ونور الإيمان لا بالعقل فإنا نريد بالعقل ما يريده بعين اليقين ونور الإيمان وهي الصفة الباطنة التي يتميز بها الآدمي عن البهائم حتى أدرك بها حقائق الأمور وأكثر هذه التخبيطات إنما ثارت من جهل أقوام طلبوا الحقائق من الألفاظ فتخبطوا فيها لتخبط اصطلاحات الناس في الألفاظ فهذا القدر كاف في بيان العقل و الله أعلم

تم كتاب العلم بحمد الله تعالى ومنه وصلى الله على سيدنا محمد وعلى كل عبد مصطفى من أهل الأرض والسماء

يتلوه إن شاء الله تعالى كتاب قواعد العقائد والحمد لله وحده أولا وآخرا

بسم الله الرحمن الرحيم

كتاب قواعد العقائد وفيه أربعة فصول الفصل الأول في ترجمة عقيدة أهل السنة في كلمتي الشهادة التي هي أحد مباني الإسلام

فنقول وبالله التوفيق الحمد لله المبدىء المعيد الفعال لما يريد ذي العرش المجيد والبطش الشديد الهادي صفوة العبيد إلى المنهج الرشيد والمسلك السديد المنعم عليهم بعد شهادة التوحيد بحراسة عقائدهم عن ظلمات التشكيك والترديد السالك بهم إلى اتباع رسوله المصطفى واقتفاء آثار صحبه الأكرمين المكرمين بالتأييد

والتسديد المتجلي لهم في ذاته وأفعاله بمحاسن أوصافه التي لا يدركها إلا من ألقى السمع وهو شهيد المعرف إياهم أنه في ذاته واحد لا شريك له فرد لا مثيل له صمد لا ضد له منفرد لا ند له وأنه واحد قديم لا أول له أزلي لا بداية له مستمر الوجود لا آخر له أبدي لا نهاية له قيوم لا انقطاع له دائم لا انصرام له لم يزل ولا يزال موصوفا بنعوت الجلال

لا يقضي عليه بالانقضاء والانفصال بتصرم الآباد وانقراض الآجال بن هو الأول والآخر والظاهر والباطن وهو بكل شيء عليم

التنزيه وأنه ليس بجسم مصور ولا جوهر محدود مقدر وأنه لا يماثل والأجسام ولا في التقدير ولا في قبول الانقسام وأنه ليس بجوهر ولا تحله الجواهر ولا بعرض ولا تحله الأعراض بل لا يماثل موجودا ولا يماثله موجود ليس كمثله شيء ولا هو مثل شيء

وأنه لا يحده المقدار ولا تحويه الأقطار ولا تحيط به الجهات ولا تكتنفه الأرضون ولا السموات

وأنه مستو على العرش على الوجه الذي قاله وبالمعنى الذي أراده استواء منزها عن المماسة والاستقرار والتمكن والحلول والانتقال لا يحمله العرش بل العرش وحملته محمولون بلطف قدرته ومقهورون في قبضته وهو فوق العرش والسماء وفوق كل شيء إلى تخوم الثرى فوقية لا تزيده قربا إلى العرش والسماء كما لا تزيده بعدا عن الأرض والثرى بل هو رفيع الدرجات عن العرش والسماء كما أنه رفيع الدرجات عن الأرض والثرى

وهو مع ذلك قريب من كل موجود وهو أقرب إلى العبد من حبل الوريد وهو على كل شيء شهيد إذ لا يماثل قربه قرب الأجسام كما لا تماثل ذاته ذات الأجسام وأنه لا يحل في شيء ولا يحل فيه شيء تعالى عن أن يحويه مكان كما تقدس عن أن يحده زمان بل كان قبل أن خلق الزمان والمكان وهو الآن على ما عليه كان

وأنه بائن عن خلقه بصفاته ليس في ذاته سواه ولا في سواه ذاته وأنه مقدس عن التغير والانتقال لا تحله الحوادث ولا تعتريه العوارض بل لا يزال في نعوت جلاله منزها عن الزوال وفي صفات كماله مستغنيا عن زيادة الاستكمال

وأنه في ذاته معلوم الوجود بالعقول مرئي الذات بالأبصار نعمة منه ولطفا بالأبرار في دار القرار وإتماما منه للنعيم بالنظر إلى وجهه الكريم

الحياة والقدرة وأنه تعالى حي قادر جبار قاهر لا يعتريه قصور ولا عجز ولا تأخذه سنة ولا نوم ولا يعارضه فناء ولا موت وأنه ذو الملك والملكوت والعزة والجبروت له السلطان والقهر والخلق والأمر والسموات مطويات بيمينه والخلائق مقهورون في قبضته

وأنه المنفرد بالخلق والاختراع المتوحد بالإيجاد والإبداع خلق الخلق وأعمالهم وقدر أرزاقهم وآجالهم لا يشذ عن قبضته مقدور ولا يعزب عن قدرته تصاريف الأمور لا تحصى مقدوراته ولا تتباهى معلوماته

العلم وأنه عالم بجميع المعلومات محيط بما يجري من تخوم الأرضين إلى أعلى السموات وأنه عالم لا يعزب عن علمه مثقال ذرة في الأرض ولا في السماء بل يعلم دبيب النملة السوداء على الصخرة الصماء في الليلة الظلماء ويدرك حركة الذر في جو الهواء ويعلم السر وأخفى ويطلع على هواجس الضمائر وحركات الخواطر وخفيات السرائر بعلم قديم أزلي لم يزل موصوفا به في أزل الآزال لا بعلم متجدد حاصل في ذاته بالحلول والانتقال

الإرادة وأنه تعالى مريد للكائنات مدبر للحادثات فلا يجري في الملك والملكوت قليل أو كثير صغير أو كبير خير أو شر نفع أو ضر إيمان أو كفر عرفان أو نكر فوز أو خسران زيادة أو نقصان طاعة أو عصيان إلا بقضائه وقدره وحكمته ومشيئته

فما شاء كان وما لم يشأ لم يكن لا يخرج عن مشيئته لفتة ناظر ولا فلتة خاطر بل هو المبدىء المعيد الفعال لما يريد لا راد لأمره ولا معقب لقضائه ولا مهرب لعبد عن معصيته إلا بتوفيقه ورحمته

ولا قوة له على طاعته إلا بمشيئته وإرادته فلو اجتمع الإنس والجن والملائكة والشياطين على أن يحركوا في العالم ذرة أو يسكنوها دون إرادته ومشيئته لعجزوا عن ذلك

وأن إرادته قائمة بذاته في جملة صفاته لم يزل كذلك موصوفا بها

مريدا في أزله لوجود الأشياء في أوقاتها التي قدرها فوجدت في أوقاتها كما أراده في أزله من غير تقدم ولا تأخر بل وقعت على وفق علمه وإرادته من غير تبدل ولا تغير

دبر الأمور لا بترتيب أفكار ولا تربص زمان فلذلك لم يشغله شأن عن شأن

السمع والبصر وأنه تعالى سميع بصير يسمع ويرى ولا يعرب عن سمعه مسموع وإن خفي

ولا يغيب عن رؤيته مرئي وإن دق

ولا يحجب سمعه بعد ولا يدفع رؤيته ظلام

يرى من غير حدقة وأجفان ويسمع من غير أصمخة وآذان كما يعلم بغير قلب ويبطش بغير جارحة ويخلق بغير آلة إذ لا تشبه صفاته صفات الخلق كما لا تشبه ذاته ذوات الخلق

الكلام وأنه تعالى متكلم آمرناه واعد متوعد بكلام أزلي قديم قائم بذاته لا يشبه كلام الخلق فليس بصوت يحدث من انسلال هواه أو اصطكاك أجرام ولا بحرف ينقطع بإطباق شفة أو تحريك لسان

وأن القرآن والتوراة والإنجيل والزبور كتبه المنزلة على رسله عليهم السلام

وأن القرآن مقروء بالألسنة مكتوب في المصاحف محفوظ في القلوب وأنه مع ذلك قديم قائم بذات الله تعالى لا يقبل الانفصال والافتراق بالانتقال إلى القلوب والأوراق وأن موسى صلى الله عليه وسلم سمع كلام الله بغير صوت ولا حرف كما يرى الأبرار ذات الله تعالى في الآخرة من غير جوهر ولا عرض

وإذا كانت له هذه الصفات كان حيا عالما قادرا مريدا سميعا بصيرا متكلما بالحياة والقدرة والعلم والإرادة والسمع والبصر والكلام لا بمجرد الذات

الأفعال وأنه سبحانه وتعالى لا موجود سواه إلا وهو حادث بفعله وفائض من عدله على أحسن الوجوه وأكملها وأتمها وأعدلها وأنه حكيم في أفعاله عادل في أقضيته لا يقاس عدله بعدل العباد إذ العبد يتصور منه الظلم بتصرفه في ملك غيره

ولا يتصور الظلم من الله تعالى فإنه لا يصادف لغيره ملكا حتى يكون تصرفه فيه ظلما فكل ما سواه من إنس وجن وملك وشيطان وسماء وأرض وحيوان ونبات وجماد وجوهر وعرض ومدرك ومحسوس حادث اخترعه بقدرته بعد العدم اختراعا وأنشأه إنشاء بعد أن لم يكن شيئا إذ كان موجودا وحده ولم يكن معه غيره فأحدث الخلق بعد ذلك إظهارا لقدرته وتحقيقا لما سبق من إرادته ولما حق في الأزل من كلمته لا لافتقاره إليه وحاجته

وأنه متفضل بالخلق والاختراع والتكليف لا عن وجوب ومتطول بالإنعام والإصلاح لا عن لزوم فله الفضل والإحسان والنعمة والامتنان إذ كان قادرا على أن يصب على عباده أنواع العذاب ويبتليهم بضروب الآلام والأوصاب ولو فعل ذلك لكان منه عدلا ولم يكن منه قبيحا ولا ظلما

وأنه عز وجل يثبت عباده المؤمنين على الطاعات بحكم الكرم والوعد لا بحكم الاستحقاق واللزوم له إذ لا يجب عليه لأحد فعل ولا يتصور منه ظلم ولا يجب لأحد عليه حق

وأن حقه في الطاعات وجب على الخلق بإيجابه على ألسنة أنبيائه عليهم السلام لا بمجرد العقل ولكنه بعث الرسل وأظهر صدقهم بالمعجزات الظاهرة فبلغوا أمره ونهيه ووعده ووعيده فوجب على الخلق تصديقهم فيما جاءوا به

معنى الكلمة الثانية وهي الشهادة للرسل بالرسالة وأنه بعث النبي الأمي القرشي محمدا صلى الله عليه وسلم برسالته إلى كافة العرب والعجم والجن والإنس فنسخ بشريعته الشرائع إلا ما قرره منها وفضله على سائر الأنبياء وجعله سيد البشر

ومنع كمال الإيمان بشهادة التوحيد وهو قول لا إله إلا الله ما لم تقترن بها شهادة الرسول وهو قولك محمد رسول الله وألزم الخلق تصديقه في جميع ما أخبر عنه من أمور الدنيا والآخرة

وأنه لا يتقبل

_____

إيمان عبد حتى يؤمن بما أخبر به بعد الموت وأوله سؤال منكر ونكير وهما شخصان مهيبان هائلان يقعدان العبد في قبره سويا ذا روح وجسد فيسألانه عن التوحيد والرسالة ويقولان له من ربك وما دينك ومن نبيك حديث سؤال منكر ونكير أخرجه الترمذي وصححه ابن حبان من حديث أبي هريرة إذا قبر الميت أو قال أحدكم أتاه ملكان أسودان أزرقان يقال لأحدهما المنكر وللآخر النكير وفي الصحيحين من حديث أنس إن العبد إذا وضع في قبره وتولى عنه أصحابه وأنه ليسمع قرع نعالهم أتاه ملكان فيقعدانه الحديث وهما فتانا القبر حديث إنهما فتانا القبر أخرجه أحمد وابن حبان من حديث عبد الله بن عمرو أن رسول الله صلى الله عليه وسلم ذكر فتاني القبر فقال عمر أترد علينا عقولنا الحديث وسؤالهما أول فتنة بعد الموت حديث إن سؤالهما أول فتنة بعد الموت لم أجده

وأن يؤمن بعذاب القبر حديث عذاب القبر أخرجاه من حديث عائشة إنكم تفتنون أو تعذبون في قبوركم الحديث ولهما من حديث أبي هريرة وعائشة استعاذته صلى الله عليه وسلم من عذاب القبر وأنه حق وحكمة عدل على الجسم والروح على ما يشاء

وأن يؤمن بالميزان ذي الكفتين واللسان وصفته في العظم أنه مثل طبقات السموات والأرض توزن الأعمال بقدرة الله تعالى والصنج يومئذ مثاقيل الذر والخردل تحقيقا لتمام العدل وتوضح صحائف الحسنات في صورة حسنة في كفة النور فيثقل بها الميزان على قدر درجاتها عند الله بفضل الله وتطرح صحائف السيئات في صورة قبيحة في كفة الظلمة فيخف بها الميزان بعدل الله حديث الإيمان بالميزان ذي الكفتين واللسان وصفته في العظم أنه مثل طباق السموات والأرض أخرجه البيهقي في البعث من حديث عمر قال الإيمان أن تؤمن بالله وملائكته ورسله وتؤمن بالجنة والنار والميزان الحديث وأصله عند مسلم ليس فيه ذكر الميزان ولأن داود من حديث عائشة أما في ثلاثة مواطن لا يذكر أحد أحدا عند الميزان حتى يعلم أيخف ميزانه أم يثقل زاد ابن مردويه في تفسيره قالت عائشة أي حتى قد علمنا الموازين هي الكفتان فيوضع في هذه الشيء ويوضع في هذه الشيء فترجع إحداهما وتخف الأخرى والترمذي وحسنه من حديث أنس واطلبنني عند الميزان ومن حديث عبد الله بن عمر في حديث البطاقة فتوضع السجلات في كفة والبطاقة في كفة الحديث وروى ابن شاهين في كتاب السنة عن ابن عباس كفة الميزان كأطباق الدنيا كلها

وأن يؤمن بأن الصراط حق وهو جسر ممدود على متن جهنم أحد من السيف وأدق من الشعرة تزل عليه أقدام الكافرين بحكم الله سبحانه فتهوى بهم إلى النار وتثبت عليه أقدام المؤمنين بفضل الله فيساقون إلى دار القرار حديث الإيمان بالصراط وهو جسر ممدود على متن جهنم أحد من السيف وأدق من الشعر أخرجه الشيخان من حديث أبي هريرة ويضرب الصراط بين ظهراني جهنم ولهما من حديث أبي سعيد ثم يضرب

الجسر على جهنم زاد مسلم قال أبو سعيد إن الجسر أدق من الشعر وأحد من السيف ورفعه أحمد من حديث عائشة والبيهقي في الشعب والبعث من حديث أنس وضعفه وفي البعث من رواية عبد الله بن عمير مرسلا ومن قول ابن مسعود الصراط كحد السيف وفي آخر الحديث ما يدل على أنه مرفوع

وأن يؤمن بالحوض المورود حوض محمد صلى الله عليه وسلم يشرب منه المؤمنون قبل دخول الجنة وبعد جواز الصراط حديث الإيمان بالحوض وأنه يشرب منه المؤمنون أخرجه مسلم من حديث أنس في نزول ﴿ إنا أعطيناك الكوثر ﴾ هو حوض ترد عليه أمتي يوم القيامة آنيته عدد النجوم ولهما من حديث ابن مسعود وعقبة بن عامر وجندب وسهل بن سعد أنا فرطكم على الحوض ومن حديث ابن عمر أمالكم حوض كما بين جرباء وأدرج وقال الطبراني كما بينكم وبين جرباء وأدرج وهو الصواب وذكر الحوض في الصحيح من حديث أبي هريرة وأبي سعيد وعبد الله بن عمر وحذيفة وأبي ذر وحابس ابن سمرة وحارثة بن وهب وثوبان وعائشة وأم سلمة وأسماء من شرب منه شربة لم يظمأ بعدها أبدا عرضه مسيرة شهر ماؤه أشد بياضا من اللبن وأحلى من العسل حوله أباريق عددها بعدد نجوم السماء حديث من شرب منه شربة لم يظمأ بعدها أبدا عرضه مسيرة شهر أشد بياضا من اللبن وأحلى من العسل حوله أباريق عدد نجوم السماء من حديث عبد الله بن عمرو ولهما من حديث أنس فيه من الأباريق كعدد نجوم السماء وفي رواية لمسلم أكثر من عدد النجوم

فيه ميزابان يصبان فيه من الكوثر حديث فيه ميزابان يصبان من الكوثر أخرجه مسلم من حديث ثوبان يغت فيه ميزابان يمدانه من الجنة أحدهما من ذهب والآخر من ورق

وأن يؤمن بالحساب وتفاوت الناس فيه إلى مناقش في الحساب وإلى مسامح فيه وإلى من يدخل

الجنة بغير حساب وهم المقربون فيسأل الـلـه تعالى حديث الإيمان بالحساب وتفاوت الخلق فيه إلى مناقش في الحساب ومسامح فيه وإلى من يدخل الجنة بغير حساب أخرجه البيهقي في البعث من حديث عمر فقال يا رسول الـلـه ما الإيمان قال أن تؤمن بالله وملائكته وكتبه ورسله وبالموت والبعث من بعد الموت والحساب والجنة والنار والقدر كله الحديث وهو عند مسلم دون ذكر ﴿ الحساب ﴾ وللشيخين من حديث عائشة من نوقش الحساب عذب قالت قلت يقول الـلـه تعالى فسوف يحاسب حسابا يسيرا قال ذلك العرض ولهما من حديث ابن عباس عرضت علي الأمم فقيل هذه أمتك ومعهم سبعون ألفا يدخلون الجنة بغير حساب ولا عذاب ولمسلم من حديث أبي هريرة وعمران بن حصين يدخل من أمتي الجنة سبعون ألفا بغير حساب زاد البيهقي في البعث من حديث عمرو بن حزم وأعطاني مع كل واحد من السبعين ألفا سبعين ألفا زاد أحمد من حديث عبد الرحمن بن أبي بكر بعده هذه الزيادة فقال فهلا استزدته قال قد استزدته فأعطاني مع كل رجل سبعين ألفا قال عمر فهلا استزدته قال قد استزدته فأعطاني هكذا وفرج عبد الرحمن بن أبي بكر بين يديه الحديث من شاء من الأنبياء عن تبليغ الرسالة ومن شاء من الكفار عن تكذيب المرسلين حديث سؤال من شاء من الأنبياء عن تبليغ الرسالة ومن شاء من الكفار عن تكذيب المرسلين أخرجه البخاري من حديث أبي سعيد يدعى نوح يوم القيامة فيقول لبيك وسعديك يا رب فيقول هل بلغت فيقول نعم فيقال لأمته فيقولون ما أتانا من نذير فيقول من يشهد لك فيقول محمد وأمته الحديث ولابن ماجه يجيء النبي يوم القيامة الحديث وفيه فيقال هل بلغت قومك الحديث ويسأل المبتدعة عن السنة حديث سؤال المبتدعة عن السنة رواه ابن ماجه من حديث عائشة من تكلم بشيء من القدر سئل عنه يوم القيامة ومن حديث أبي هريرة ما من داع يدعو إلى شيء إلا وقف يوم القيامة لازما لدعوة ما دعا إليه وإن دعا رجل رجلا وإسنادهما ضعيف ويسأل المسلمين عن الأعمال حديث سؤال المسلمين عن الأعمال أخرجه أصحاب السنن من حديث أبي هريرة إن أول ما يحاسب به العبد يوم القيامة من عمله صلاته الحديث وسيأتي في الصلاة

وأن يؤمن بإخراج الموحدين من النار بعد الانتقام حتى لا يبقى في جهنم موحد بفضل الـلـه تعالى فلا يخلد في النار موحد حديث إخراج الموحدين من النار حتى لا يبقى فيها موحد بفضل الـلـه سبحانه أخرجه الشيخان من حديث أبي هريرة في حديث طويل حتى إذا فرغ الـلـه من القضاء بين العباد وأراد أن يخرج برحمته من أراد من أهل النار أمر الملائكة أن يخرجوا من النار من كان لا يشرك بالله شيئا ممن أراد الـلـه أن يرحمه ممن يقول لا إله إلا الـلـه الحديث

وأن يؤمن بشفاعة الأنبياء ثم العلماء ثم الشهداء ثم سائر المؤمنين على حسب جاهه ومنزلته عند الـلـه تعالى ومن بقي من المؤمنين ولم يكن له شفيع أخرج بفضل الـلـه عز وجل فلا يخلد في النار مؤمن بل يخرج منها

من كان في قلبه مثقال ذرة من الإيمان حديث شفاعة الأنبياء ثم العلماء ثم الشهداء ثم سائر المؤمنين ومن بقي من المؤمنين ولم يكن لهم شفيع أخرج بفضل اللـه فلا يخلد في النار مؤمن بل يخرج منها من كان في قلبه مثقال ذرة من الإيمان أخرجه ابن ماجه من حديث عثمان بن عفان يشفع يوم القيامة ثلاثة الأنبياء ثم العلماء ثم الشهداء وقد تقدم في العلم وللشيخين من حديث أبي سعيد الخدري من وجدتم في قلبه مثقال حبة من خردل من الإيمان فأخرجوه وفي رواية من خير ﴿ وفيه ﴾ فيقول اللـه تعالى شفعت الملائكة وشفعت النبيون وشفع المؤمنون ولم يبق إلا أرحم الراحمين فيقبض قبضة من النار فيخرج منها قوما لم يعملوا خيرا قط الحديث

وأن يعتقد فضل الصحابة رضي اللـه عنهم وترتيبهم وأن أفضل الناس بعد النبي صلى اللـه عليه وسلم أبو بكر ثم عمر ثم عثمان ثم علي رضي اللـه عنهم حديث أفضل الناس بعد رسول اللـه صلى اللـه عليه وسلم أبو بكر ثم عمر ثم عثمان ثم علي أخرجه البخاري من حديث ابن عمر قال كنا نخير بين الناس في زمن النبي صلى اللـه عليه وسلم فخير أبا بكر ثم عمر بن الخطاب ثم عثمان بن عفان ولأبي داود كنا نقول ورسول اللـه صلى اللـه عليه وسلم حي أفضل أمة النبي صلى اللـه عليه وسلم أبو بكر ثم عمر ثم عثمان رضي اللـه عنهم زاد الطبراني ويسمع ذلك النبي صلى اللـه عليه وسلم ولا ينكره

وأن يحسن الظن بجميع الصحابة ويثني عليهم كما أثنى اللـه عز وجل ورسوله صلى اللـه عليه وسلم عليهم أجمعين حديث إحسان الظن بجميع الصحابة والثناء عليهم أخرجه الترمذي من حديث عبد اللـه ابن مغفل اللـه اللـه في أصحابي لا تتخذوهم غرضا بعدي وللشيخين من حديث أبي سعيد لا تسبوا أصحابي وللطبراني من حديث ابن مسعود إذا ذكر أصحابي فأمسكوا فكل ذلك مما وردت به الأخبار وشهدت به الآثار

فمن اعتقد جميع ذلك موقنا به كان من أهل الحق وعصابة السنة وفارق رهط الضلال وحزب البدعة

فنسأل اللـه كمال اليقين وحسن الثبات في الدين لنا ولكافة المسلمين برحمته إنه أرحم الراحمين وصلى اللـه على سيدنا محمد وعلى كل عبد مصطفى

الفصل الثاني في وجه التدريج إلى الإرشاد وترتيب درجات الإعتقاد

اعلم أن ما ذكرناه في ترجمة العقيدة ينبغي أن يقدم إلى الصبي في أول نشوه ليحفظه حفظا ثم لا يزال ينكشف له معناه في كبره شيئا فشيئا فابتداؤه الحفظ ثم الفهم ثم الإعتقاد والإيقان والتصديق به وذلك مما يحصل في الصبي بغير برهان

فمن فضل الـلـه سبحانه على قلب الإنسان أن شرحه في أول نشوه للإيمان من غير حاجة إلى حجة وبرهان وكيف ينكر ذلك وجميع عقائد العوام مباديها التلقين المجرد والتقليد المحض نعم يكون الإعتقاد الحاصل بمجرد التقليد غير خال عن نوع من الضعف في الابتداء على معنى أنه يقبل الإزالة بنقيضه لو ألقى إليه فلا بد من تقويته وإثباته في نفس الصبي والعامي حتى يترسخ ولا يتزلزل

وليس الطريق في تقويته وإثباته أن يعلم صنعة الجدل والكلام بل يشتغل بتلاوة القرآن وتفسيره وقراءة الحديث ومعانيه

ويشتغل بوظائف العبادات فلا يزال اعتقاده يزداد رسوخا بما يقرع سمعه من أدلة القرآن وحججه وبما يرد عليه من شواهد الأحاديث وفوائدها وبما يسطع عليه من أنوار العبادات ووظائفها وبما يسرى إليه من مشاهدة الصالحين ومجالستهم وسيماهم وسماعهم وهيآتهم في الخضوع لله عز وجل والخوف منه والاستكانة له فيكون أول التلقين كإلقاء بذر في الصدر وتكون هذه الأسباب كالسقى والتربية له حتى ينمو ذلك البذر يقوى ويرتفع شجرة طيبة راسخة أصلها ثابت وفرعها في السماء

وينبغي أن يحرس سمعه من الجدل والكلام غاية الحراسة فإن ما يشوشه الجدل أكثر مما يمهده وما يفسده أكثر مما يصلحه بل تقويته بالجدل تضاهي ضرب الشجرة بالمدقة من الحديد رجاء تقويتها بأن تكثر أجزاؤها وربما يفتتها ذلك ويفسدها وهو الأغلب

والمشاهدة تكفيك في هذا بيانا فناهيك بالعيان برهانا

فقس عقيدة أهل الصلاح والتقى من عوام الناس بعقيدة المتكلمين والمجادلين فترى اعتقاد العامي في الثبات كالطود الشامخ لا تحركه الدواهي والصواعق وعقيدة المتكلم الحارس اعتقاده بتقسيمات الجدل كخيط مرسل في الهواء تفيئه الرياح مرة هكذا ومرة هكذا إلا من سمع منهم دليل الإعتقاد فتلقفه تقليدا كما تلقف نفس الإعتقاد تقليدا إذ لا فرق في التقليد بين تعليم الدليل أو تعلم المدلول فتلقين الدليل شيء والاستدلال بالنظر شيء آخر بعيد عنه

ثم الصبي إذا وقع نشوه على هذه العقيدة إن اشتغل بكسب الدنيا لم ينفتح له غيرها ولكنه يسلم في الآخرة باعتقاد أهل الحق إذ لم يكلف الشرع أجلاف العرب أكثر من التصديق الجازم بظاهر هذه العقائد فأما البحث والتفتيش وتكلف نظم الأدلة فلم يكلفوه أصلا

وإن أراد أن يكون من سالكي طريق الآخرة وساعده التوفيق حتى اشتغل بالعمل ولازم التقوى ونهى النفس عن الهوى واشتغل بالرياضة والمجاهدة انفتحت له أبواب من الهداية تكشف عن حقائق هذه العقيدة بنور إلهي يقذف في قلبه بسبب المجاهدة تحقيقا لوعده عز وجل إذ قال والذين جاهدوا فينا لنهدينهم سبلنا وإن الله لمع المحسنين وهو الجوهر النفيس الذي هو غاية إيمان الصديقين والمقربين وإليه الإشارة بالسر الذي وقر في صدر أبي بكر الصديق رضي الله عنه حيث فضل به الخلق

وانكشاف ذلك السر بل تلك الأسرار له درجات بحسب درجات المجاهدة ودرجات الباطن في النظافة والطهارة عما سوى الله تعالى وفي الاستضاءة بنور اليقين وذلك كتفاوت الخلق في أسرار الطب والفقه وسائر العلوم إذ يختلف ذلك باختلاف الاجتهاد واختلاف الفطرة في الذكاء والفطنة وكما لا تنحصر تلك الدرجات فكذلك هذه مسألة فإن قلت تعلم الجدل والكلام مذموم كتعلم النجوم أو هو

مباح أو مندوب إليه فاعلم أن للناس في هذا غلوا وإسرافا في أطراف فمن قائل إنه بدعة أو حرام وأن العبد إن لقي الله عز وجل بكل ذنب سوى الشرك خير له من أن يلقاه بالكلام ومن قائل إنه واجب وفرض إما على الكفاية أو على الأعيان وأنه أفضل الأعمال وأعلى القربات فإنه تحقيق لعلم التوحيد ونضال عن دين الله تعالى

وإلى التحريم ذهب الشافعي ومالك وأحمد بن حنبل وسفيان وجميع أهل الحديث من السلف

قال ابن عبد الأعلى رحمه الله سمعت الشافعي رضي الله عنه يوم ناظر حفصا الفرد وكان من متكلمي المعتزلة يقول لأن يلقى الله عز وجل العبد بكل ذنب ما خلا الشرك بالله خير من أن يلقاه بشيء من علم الكلام ولقد سمعت من حفص كلاما لا أقدر أن أحكيه وقال أيضا قد اطلعت من أهل الكلام على شيء ما ظننته قط ولأن يبتلى العبد بكل ما نهى الله عنه ما عدا الشرك خير له من أن ينظر في الكلام

وحكى الكرابيسي أن الشافعي رضي الله عنه سئل عن شيء من الكلام فغضب وقال سل عن هذا حفصا الفرد وأصحابه أخزاهم الله ولما مرض الشافعي رضي الله عنه دخل عليه حفص الفرد فقال له من أنا فقال حفص الفرد لا حفظك الله ولا رعاك حتى تتوب مما أنت فيه

وقال أيضا لو علم الناس ما في الكلام من الأهواء لفروا منه فرارهم من الأسد وقال أيضا إذا سمعت الرجل يقول الاسم هو المسمى أو غير المسمى فاشهد بأنه من أهل الكلام ولا دين له

قال الزعفراني قال الشافعي حكمي في أصحاب الكلام أن يضربوا بالجريد ويطاف بهم في القبائل والعشائر ويقال هذا جزاء من ترك الكتاب والسنة وأخذ في الكلام وقال أحمد بن حنبل لا يفلح صاحب الكلام أبدا ولا تكاد ترى أحدا نظر في الكلام إلا وفي قلبه دغل وبالغ في ذمه حتى هجر الحارث المحاسبي مع زهده وورعه بسبب تصنيفه كتابا في الرد على المبتدعة وقال له ويحك ألست تحكي بدعتهم أولا ثم ترد عليهم ألست تحمل الناس بتصنيفك على مطالعة البدعة والتفكر في تلك الشبهات فيدعوهم ذلك إلى الرأي والبحث وقال أحمد رحمه الله علماء الكلام زنادقة

وقال مالك رحمه الله أرأيت إن جاءه من هو أجدل منه أيدع دينه كل يوم لدين جديد يعني أن أقوال المتجادلين تتفاوت

وقال مالك رحمه الله أيضا لا تجوز شهادة أهل البدع والأهواء فقال بعض أصحابه في تأويله أنه أراد بأهل الأهواء أهل الكلام على أي مذهب كانوا

وقال أبو يوسف من طلب العلم بالكلام تزندق

وقال الحسن لا تجادلوا أهل الأهواء ولا تجالسوهم ولا تسمعوا منهم وقد اتفق أهل الحديث من السلف على هذا

ولا ينحصر ما نقل عنهم من التشديدات فيه وقالوا ما سكت عنه الصحابة مع أنهم أعرف بالحقائق وأفصح بترتيب الألفاظ من غيرهم إلا لعلمهم بما يتولد منه من الشر

ولذلك قال النبي صلى الله عليه وسلم هلك المتنطعون هلك المتنطعون هلك المتنطعون حديث هلك المتنطعون أخرجه مسلم من حديث ابن مسعود أي المتعمقون في البحث والاستقصاء

واحتجوا أيضا بأن ذلك لو كان من الدين لكان ذلك أهم ما يأمر به رسول الله صلى الله عليه وسلم ويعلم طريقه ويثني عليه وعلى أربابه فقد علمهم الاستنجاء حديث أن النبي صلى الله عليه وسلم علمهم الاستنجاء أخرجه مسلم من حديث سلمان الفارسي وندبهم إلى علم الفرائض وأثنى عليهم حديث ندبهم إلى علم الفرائض وأثنى عليهم أخرجه ابن ماجه من حديث أبي هريرة تعلموا الفرائض وعلموها الناس الحديث وللترمذي من حديث أنس وأفرضهم زيد بن ثابت ونهاهم عن الكلام في القدر وقال أمسكوا حديث نهاهم عن الكلام في القدر وقال أمسكوا تقدم في العلم عن القدر

وعلى هذا استمر الصحابة رضي الله عنهم فالزيادة على الأستاذ طغيان وظلم

وهم الأستاذون والقدوة ونحن الأتباع والتلامذة

وأما الفرقة الأخرى فاحتجوا بأن قالوا إن المحذور من الكلام إن كان هو لفظ الجوهر والعرض وهذه الاصطلاحات الغريبة التي لم تعهدها الصحابة

رضي اللـه عنهم فالأمر فيه قريب إذا ما من علم إلا وقد أحدث فيه اصطلاحات لأجل التفهيم كالحديث والتفسير والفقه ولو عرض عليهم عبارة النقض والكسر والتركيب والتعدية وفساد الوضع إلى جميع الأسئلة التي تورد على القياس لما كانوا يفقهونه

فإحداث عبارة للدلالة بها على مقصود صحيح كإحداث آنية على هيئة جديدة لاستعمالها في مباح وإن كان المحذور هو المعنى فنحن لا نعني به إلا معرفة الدليل على حدوث العالم ووحدانية الخالق وصفاته كما جاء في الشرع فمن أين تحرم معرفة اللـه تعالى بالدليل وإن كان المحذور هو التشعب والتعصب والعداوة والبغضاء وما يفضي إليه الكلام فذلك محرم ويجب الاحتراز عنه كما أن الكبر والعجب والرياء وطلب الرياسة مما يفضي إليه علم الحديث والتفسير والفقه وهو محرم يجب الاحتراز عنه ولكن لا يمنع من العلم لأجل أدائه إليه وكيف يكون ذكر الحجة والمطالبة بها والبحث عنها محظورا وقد قال اللـه تعالى قل هاتوا برهانكم وقال عز وجل ليهلك من هلك عن بينة ويحيا من حي عن بينة وقال تعالى هل عندكم من سلطان بهذا أي حجة وبرهان وقال تعالى قل فلله الحجة البالغة وقال تعالى ألم تر إلى الذي حاج إبراهيم في ربه إلى قوله فبهت الذي كفر إذ ذكر سبحانه احتجاج إبراهيم ومجادلته وإفحامه خصمه في معرض الثناء عليه وقال عز وجل وتلك حجتنا آتيناها إبراهيم على قومه وقال تعالى قالوا يا نوح قد جادلتنا فأكثرت جدالنا وقال تعالى في قصة فرعون وما رب العالمين إلى قوله أولوا جئتك بشيء مبين وعلى الجملة فالقرآن من أوله إلى آخره محاجة مع الكفار فعمده أدلة المتكلمين في التوحيد قوله تعالى ﴿ لو كان فيهما آلهة إلا اللـه لفسدتا ﴾ وفي النبوة ﴿ وإن كنتم في ريب مما نزلنا على عبدنا فأتوا بسورة من مثله ﴾ وفي البعث ﴿ قل يحييها الذي أنشأها أول مرة ﴾ إلى غير ذلك من الآيات والأدلة

ولم تزل الرسل صلوات اللـه عليهم يحاجون المنكرين ويجادلونهم قال تعالى ﴿ وجادلهم بالتي هي أحسن ﴾

فالصحابة رضي اللـه عنهم أيضا كانوا يحاجون المنكرين ويجادلون ولكن عند الحاجة

وكانت الحاجة إليه قليلة في زمانهم وأول من سن دعوة المبتدعة بالمجادلة إلى الحق علي ابن أبي طالب رضي اللـه عنه إذ بعث ابن عباس رضي اللـه عنهما إلى الخوارج فكلمهم فقال ما تنقمون على إمامكم قالوا قاتل ولم يسب ولم يغنم فقال ذلك في قتال الكفار أرأيتم لو سببت عائشة رضي اللـه عنها في سهم أحدكم أكنتم تستحلون منها ما تستحلون من ملككم وهي أمكم في نص الكتاب فقالوا لا فرجع منهم إلى الطاعة بمجادلته ألفان

وروى أن الحسن ناظر قدريا فرجع عن القدر

وناظر علي بن أبي طالب كرم اللـه وجهه رجلا من القدرية

وناظر عبد الله بن مسعود رضي الله عنه يزيد بن عميرة في الإيمان قال عبد الله لو قلت إني مؤمن لقلت إني في الجنة فقال له يزيد بن عميرة يا صاحب رسول الله هذه زلة منك وهل الإيمان إلا أن تؤمن بالله وملائكته وكتبه ورسله والبعث والميزان وتقيم الصلاة والصوم والزكاة ولنا ذنوب لو نعلم أنها تغفر لنا لعلمنا أننا من أهل الجنة فمن أجل ذلك نقول إنا مؤمنون ولا نقول إنا من أهل الجنة

فقال ابن مسعود صدقت و الله إنها مني زلة فينبغي أن يقال كان خوضهم فيه قليلا لا كثيرا وقصيرا لا طويلا وعند الحاجة لا بطريق التصنيف والتدريس واتخاذه صناعة فيقال أما قلة خوضهم فيه فإنه كان لقلة الحاجة إذا لم تكن البدعة تظهر في ذلك الزمان وأما القصر فقد كان الغاية إفحام الخصم واعترافه وانكشاف الحق وإزالة الشبهة فلو طال إشكال الخصم أو لجاجه لطال لا محالة إلزامهم

وما كانوا يقدرون قدر الحاجة بميزان ولا مكيال بعد الشروع فيها وأما عدم تصديهم للتدريس والتصنيف فيه فهكذا كان دأبهم في الفقه والتفسير والحديث أيضا فإن جاز تصنيف الفقه ووضع الصور النادرة التي لا تتفق إلا على الندور إما إدخار اليوم وقوعها وإن كان نادرا أو تشحيذا للخواطر فنحن أيضا نرتب طرق

المجادلة لتوقع وقوع الحاجة بثوران شبهة أو هيجان مبتدع أو لتشحيذ الخاطر أو لادخار الحجة حتى لا يعجز عنها عند الحاجة على البديهة والارتجال كمن يعد السلاح قبل القتال ليوم القتال فهذا ما يمكن أن يذكر للفريقين فإن قلت فما المختار عندك فيه فاعلم أن الحق فيه أن إطلاق القول بذمه في كل حال أو بحمده في كل حال خطأ بل لا بد فيه من تفصيل فاعلم أولا أن الشيء قد يحرم لذاته كالخمر والميتة وأعني بقولي لذاته أن علة تحريمه وصف في ذاته وهو الإسكار والموت وهذا إذا سئلنا عنه أطلقنا القول بأنه حرام ولا يلتفت إلى إباحة الميتة عند الاضطرار وإباحة تجرع الخمر إذا غص الإنسان بلقمة ولم يجد ما يسيغها سوى الخمر وإلى ما يحرم لغيره كالبيع على بيع أخيك المسلم في وقت الخيار والبيع وقت النداء وكأكل الطين فإنه يحرم لما فيه من الإضرار وهذا ينقسم إلى ما يضر قليله وكثيره فيطلق القول عليه بأنه حرام كالسم الذي يقتل قليله وكثيره وإلى ما يضر عند الكثرة فيطلق القول عليه بالإباحة كالعسل فإن كثيره يضر بالمحرور وكأكل الطين وكأن إطلاق التحريم على الطين والخمر والتحليل على العسل التفات إلى أغلب الأحوال فإن تصدى شيء تقابلت فيه الأحوال فالأولى والأبعد عن الالتباس أن يفصل فنعود إلى علم الكلام ونقول إن فيه منفعة وفيه مضرة فهو باعتبار منفعته في وقت الانتفاع حلال أو مندوب إليه أو واجب كما يقتضيه الحال وهو باعتبار مضرته في وقت الاستضرار ومحله حرام أما مضرته فإثارة الشبهات وتحريك العقائد وإزالتها عن الجزم والتصميم فذلك مما يحصل في الابتداء ورجوعها بالدليل مشكوك فيه ويختلف فيه الأشخاص فهذا ضرره في الإعتقاد الحق وله ضرر آخر في تأكيد اعتقاد المبدعة للبدعة وتثبيته في صدورهم بحيث تنبعث دواعيهم ويشتد حرصهم على الإصرار عليه ولكن هذا الضرر بواسطة التعب الذي يثور من الجدل ولذلك ترى المبتدع العامي يمكن أن يزول اعتقاده باللطف في أسرع زمان إلا إذا كان نشوؤه في بلد يظهر فيها الجدل والتعصب فإنه لو اجتمع عليه الأولون والآخرون لم يقدروا على نزع البدعة من صدره بل الهوى والتعصب وبغض خصوم المجادلين وفرقة المخالفين يستولي على قلبه ويمنعه من إدراك الحق حتى لو قيل له هل تريد أن يكشف الله تعالى لك الغطاء ويعرفك بالعيان أن الحق مع خصمك لكره ذلك خيفة من أن يفرح به خصمه وهذا هو الداء العضال الذي استطار في البلاد والعباد وهو نوع فساد أثاره المجادلون بالتعصب فهذا ضرره وأما منفعته فقد يظن أن فائدته كشف الحقائق ومعرفتها على ما هي عليه وهيهات فليس في الكلام وفاء بهذا المطلب الشريف ولعل التخبيط والتضليل فيه أكثر من الكشف والتعريف وهذا إذا سمعته من محدث أو حشوى ربما خطر ببالك أن الناس أعداء ما جهلوا فاسمع هذا ممن خبر الكلام ثم قلاه بعد حقيقة الخبرة وبعد التغلغل فيه إلى منتهى درجة المتكلمين وجاوز ذلك إلى التعمق في علوم أخر تناسب نوع الكلام وتحقق أن الطريق إلى حقائق المعرفة من هذا الوجه مسدود ولعمري لا ينفك

الكلام عن كشف وتعريف وإيضاح لبعض الأمور ولكن على الندور في أمور جلية تكاد تفهم قبل التعمق في صنعة الكلام بل منفعته شيء واحد وهو حراسة العقيدة التي ترجمناها على العوام وحفظها عن تشويشات المبتدعة بأنواع الجدل فإن العامي ضعيف يستفزه جدل المبتدع وإن كان فاسدا ومعارضة الفاسد بالفاسد تدفعه والناس متعبدون بهذه العقيدة التي قدمناها إذ ورد الشرع بها لما فيها من صلاح دينهم ودنياهم وأجمع السلف الصالح عليها والعلماء يتعبدون بحفظها على العوام من تلبيسات المبتدعة كما تعبد السلاطين بحفظ أموالهم عن تهجمات الظلمة والغصاب وإذا وقعت الإحاطة بضرره ومنفعته فينبغي أن يكون كالطبيب الحاذق في استعمال الدواء الخطر إذ لا يضعه إلا في موضعه وذلك في وقت الحاجة وعلى قدر الحاجة وتفصيله أن العوام المشتغلين بالحرف والصناعات يجب أن يتركوا على سلامة عقائدهم

التي اعتقدوها مهما تلقنوا الإعتقاد الحق الذي ذكرناه فإن تعليمهم الكلام ضرر محض في حقهم إذ ربما يثير لهم شكا ويزلزل عليهم الإعتقاد ولا يمكن القيام بعد ذلك بالإصلاح

وأما العامى المعتقد للبدعة فينبغي أن يدعى إلى الحق بالتلطف لا بالتعصب وبالكلام اللطيف المقنع للنفس المؤثر في القلب القريب من سياق أدلة القرآن والحديث الممزوج بفن من الوعظ والتحذير فإن ذلك أنفع من الجدال الموضوع على شرط المتكلمين إذ العامي إذا سمع ذلك اعتقد أنه نوع صنعة من الجدل تعلمها المتكلم ليستدرج الناس إلى اعتقاده فإن عجز عن الجواب قدر أن المجادلين من أهل مذهبه أيضا يقدرون على دفعه

فالجدل مع هذا ومع الأول حرام وكذلك مع من وقع في شك إذ يجب إزالته باللطف والوعظ والأدلة القريبة المقبولة البعيدة عن تعمق الكلام

واستقصاء الجدل إنما ينفع في موضع واحد وهو أن يفرض عامي اعتقد البدعة بنوع جدل سمعه فيقابل ذلك الجدل بمثله فيعود إلى اعتقاد الحق وذلك فيمن ظهر له من الأنس بالمجادلة ما يمنعه عن القناعة بالمواعظ والتحذيرات العامية فقد انتهى هذا إلى حالة لا يشفيه منها إلا دواء الجدل فجاز أن يلقى إليه

وأما في بلاد تقل فيها البدعة ولا تختلف فيها المذاهب فيقتصر فيها على ترجمة الإعتقاد الذي ذكرناه ولا يتعرض للأدلة ويتربص وقوع شبهة فإن وقعت ذكر بقدر الحاجة فإن كانت البدعة شائعة وكان يخاف على الصبيان أن يخدعوا فلا بأس أن يعلموا القدر الذي أودعناه كتاب الرسالة القدسية ليكون ذلك سببا لدفع تأثير مجادلات المبتدعة إن وقعت إليهم وهذا مقدار مختصر وقد أودعناه هذا الكتاب لاختصاره فإن كان فيه ذكاء وتنبه بذكائه لموضع سؤال أو ثارت في نفسه شبهة فقد بدت العلة المحذورة وظهر الداء فلا بأس أن يرقى منه إلى القدر الذي ذكرناه في كتاب الاقتصاد في الإعتقاد وهو قدر خمسين ورقة وليس فيه خروج عن النظر في قواعد العقائد إلى غير ذلك من مباحث المتكلمين

فإن أقنعه ذلك كف عنه وإن لم يقنعه ذلك فقد صارت العلة مزمنة والداء غالبا والمرض ساريا فليتلطف به الطبيب بقدر إمكانه وينتظر قضاء الـلـه تعالى فيه إلى أن ينكشف له الحق بتنبيه من الـلـه سبحانه أو يستمر على الشك والشبهة إلى ما قدر له فالقدر الذي يحويه ذلك الكتاب وجنسه من المصنفات هو الذي يرجى نفعه

فأما الخارج منه فقسمان أحدهما بحث عن غير قواعد العقائد كالبحث عن الاعتمادات وعن الأكوان وعن الإدراكات وعن الخوض في الرؤية هل لها ضد يسمى المنع أو العمى وإن كان فذلك واحد هو منع عن جميع ما لا يرى أو ثبت لكل مرئي يمكن رؤيته منع بحسب عدده إلى غير ذلك من الترهات المضلات

والقسم الثاني زيادة تقرير لتلك الأدلة في غير تلك القواعد وزيادة أسئلة وأجوبة وذلك أيضا استقصاء لا يزيد إلا ضلالا وجهلا في حق من لم يقنعه ذلك القدر فرب كلام يزيده الإطناب والتقرير غموضا

ولو قال قائل البحث عن حكم الإدراكات والاعتمادات فيه فائدة تشحيذ الخواطر

والخاطر آلة الدين كالسيف آلة الجهاد فلا بأس بتشحيذه كان كقوله لعب الشطرنج يشحذ الخاطر فهو من الدين أيضا وذلك هوس فإن الخاطر يتشحذ بسائر علوم الشرع ولا يخاف فيها مضرة فقد عرفت بهذا القدر المذموم والقدر المحمود من الكلام والحال التي يذم فيها والحال التي يحمد فيها والشخص الذي ينتفع به والشخص الذي لا ينتفع به

فإن قلت مهما اعترفت بالحاجة إليه في دفع المبتدعة والآن قد ثارت البدع وعمت البلوى وأرهقت الحاجة فلا بد أن يصير القيام بهذا العلم من فروض الكفايات كالقيام بحراسة الأموال وسائر الحقوق كالقضاء والولاية وغيرهما وما لم يشتغل العلماء بنشر ذلك والتدريس فيه والبحث عنه لا يدوم ولو ترك بالكلية لاندرس وليس في مجرد الطباع كفاية لحل شبه المبتدعة ما لم

يتعلم فينبغي أن يكون التدريس فيه والبحث عنه أيضا من فروض الكفايات بخلاف زمن الصحابة رضي الـلـه عنهم فإن الحاجة ما كانت ماسة إليه

فاعلم أن الحق أنه لا بد في كل بلد من قائم بهذا العلم مستقل يدفع شبه المبتدعة التي ثارت في تلك البلدة وذلك يدوم بالتعليم ولكن ليس من الصواب تدريسه على العموم كتدريس الفقه والتفسير فإن هذا مثل الدواء والفقه مثل الغذاء وضرر الغذاء لا يحذر وضرر الدواء محذور لما ذكرنا فيه من أنواع الضرر

فالعالم الذي ينبغي أن يخصص بتعليم هذا العلم من فيه ثلاث خصال إحداها التجرد للعلم والحرص عليه فإن المحترف يمنعه الشغل عن الاستتمام وإزالة الشكوك إذا عرضت

الثانية الذكاء والفطنة والفصاحة فإن البليد لا ينتفع بفهمه والفدم لا ينتفع بحجاجه فيخاف عليه من ضرر الكلام ولا يرجى فيه نفعه

الثالثة أن يكون في طبعه الصلاح والديانة والتقوى ولا تكون الشهوات غالبة عليه فإن الفاسق بأدنى شبهة ينخلع عن الدين فإن ذلك يحل عنه الحجر ويرفع للسد الذي بينه وبين الملاذ فلا يحرص على إزالة الشبهة بل يغتنمها ليتخلص من أعباء التكليف فيكون ما يفسده مثل هذا المتعلم أكثر مما يصلحه

وإذا عرفت هذه الانقسامات اتضح لك أن هذه الحجة المحمودة في الكلام إنما هي من جنس حجج القرآن من الكلمات اللطيفة المؤثرة في القلوب المقنعة للنفوس دون التغلغل في التقسيمات والتدقيقات التي لا يفهمها أكثر الناس وإذا فهموها اعتقدوا أنها شعوذة وصناعة تعلمها صاحبها للتلبيس فإذا قابله مثله في الصنعة قاومه

وعرفت أن الشافعي وكافة السلف إنما منعوا عن الخوض فيه والتجرد له لما فيه من الضرر الذي نبهنا عليه وأن ما نقل عن ابن عباس رضي الـلـه عنهما من مناظرة الخوارج وما نقل عن علي رضي الـلـه عنه من المناظرة في القدر وغيره كان من الكلام الجلي الظاهر وفي محل الحاجة وذلك محمود في كل حال

نعم قد تختلف الأعصار في كثرة الحاجة وقلتها فلا يبعد أن يختلف الحكم لذلك فهذا حكم العقيدة التي تعبد الخلق بها وحكم طريق النضال عنها وحفظها فأما إزالة الشبهة وكشف الحقائق ومعرفة الأشياء على ما هي عليه وإدراك الأسرار التي يترجمها ظاهر ألفاظ هذه العقيدة فلا مفتاح له إلا المجاهدة وقمع الشهوات والإقبال بالكلية على الـلـه تعالى وملازمة الفكر الصافي عن شوائب المجادلات وهي رحمة من الـلـه عز وجل تفيض على من يتعرض لنفحاتها بقدر الرزق وبحسب التعرض وبحسب قبول المحل وطهارة القلب وذلك البحر الذي لا يدرك غوره ولا يبلغ ساحله

مسألة فإن قلت هذا الكلام يشير إلى أن هذه العلوم لها ظواهر وأسرار وبعضها جلي يبدو أولا وبعضها خفي يتضح بالمجاهدة والرياضة والطلب الحثيث والفكر الصافي والسر الخالي عن كل شيء من أشغال الدنيا سوى المطلوب وهذا يكاد يكون مخالفا للشرع إذ ليس للشرع ظاهر وباطن وسر وعلن بل الظاهر والباطن والسر والعلن واحد فيه فاعلم أن انقسام هذه العلوم إلى خفية وجلية لا ينكرها ذو بصيرة وإنما ينكرها القاصرون الذي تلقفوا في أوائل الصبا شيئا وجمدوا عليه فلم يكن لهم ترق إلى شأو العلاء ومقامات العلماء والأولياء وذلك ظاهر من أدلة الشرع قال صلى الله عليه وسلم إن للقرآن ظاهرا وباطنا وحدا ومطلعا حديث إن للقرآن ظاهرا وباطنا الحديث أخرجه ابن حبان في صحيحه من حديث ابن مسعود بنحوه وقال علي رضي الله عنه وأشار إلى صدره إن ههنا علوما جمة لو وجدت لها حملة

وقال صلى الله عليه وسلم نحن معاشر الأنبياء أمرنا أن نكلم الناس على قدر عقولهم حديث نحن معاشر الأنبياء أمرنا أن نكلم الناس على قدر عقولهم الحديث تقدم في العلم وقال صلى الله عليه وسلم ما حدث أحد قوما بحديث لم تبلغه عقولهم إلا كان فتنة عليهم حديث ما حدث أحد قوما بحديث لم تبلغه عقولهم الحديث تقدم في العلم وقال الله تعالى ﴿ وتلك الأمثال نضربها للناس وما يعقلها إلا العالمون ﴾ وقال

صلى اللـه عليه وسلم إن من العلم كهيئة المكنون لا يعلمه إلا العالمون بالله تعالى حديث إن من العلم كهيئة المكنون الحديث تقدم في العلم الحديث إلى آخره كما أوردناه في كتاب العلم

وقال صلى اللـه عليه وسلم لو تعلمون ما أعلم لضحكتم قليلا ولبكيتم كثيرا حديث لو تعلمون ما أعلم لضحكتم قليلا ولبكيتم كثيرا أخرجاه من حديث عائشة وأنس فليت شعري إن لم يكن ذلك سرا منع من إفشائه لقصور الأفهام عن إدراكه أو لمعنى آخر فلم لم يذكره لهم ولا شك أنهم كانوا يصدقونه لو ذكره لهم وقال ابن عباس رضي اللـه عنهما في قوله عز وجل اللـه الذي خلق سبع سموات ومن الأرض مثلهن يتنزل الأمر بينهن لو ذكرت تفسيره لرجمتموني

وفي لفظ آخر لقلتم إنه كافر وقال أبو هريرة رضي اللـه عنه حفظت من رسول اللـه صلى اللـه عليه وسلم وعاءين أما أحدهما فبثثته وأما الآخر لو بثثته لقطع هذا الحلقوم

وقال صلى اللـه عليه وسلم ما فضلكم أبو بكر بكثرة صيام ولا صلاة ولكن بسر وقر في صدره حديث ما فضلكم أبو بكر بكثرة صيام الحديث تقدم في العلم رضي اللـه عنه ولا شك في أن ذلك السر كان متعلقا بقواعد الدين غير خارج منها وما كان من قواعد الدين لم يكن خافيا بظواهره على غيره وقال سهل التستري رضي اللـه عنه للعالم ثلاثة علوم علم ظاهر يبذله لأهل الظاهر وعلم باطن لا يسعه إظهاره إلا لأهله وعلم هو بينه وبين اللـه تعالى لا يظهره لأحد

وقال بعض العارفين إفشاء سر الربوبية كفر

وقال بعضهم للربوبية سر لو أظهر لبطلت النبوة وللنبوة سر لو كشف لبطل العلم وللعلماء بالله سر لو أظهروه لبطلت الأحكام وهذا القائل إن لم يرد بذلك بطلان النبوة في حق الضعفاء لقصور فهمهم فما ذكره ليس بحق بل الصحيح أنه لا تناقض فيه وأن الكامل من لا يطفي نور معرفته نور ورعه وملاك الورع النبوة مسألة فإن قلت هذه الآيات والأخبار يتطرق إليها تأويلات فبين لنا كيفية اختلاف الظاهر والباطن فإن الباطن إن كان مناقضا للظاهر ففيه إبطال الشرع وهو قول من قال إن الحقيقة خلاف الشريعة وهو كفر لأن الشريعة عبارة عن الظاهر والحقيقة عبارة عن الباطن وإن كان لا يناقضه ولا يخالفه فهو هو فيزول به الانقسام ولا يكون للشرع سر لا يفشى بل يكون الخفي والجلي واحد فاعلم أن هذا السؤال يحرك خطبا عظيما وينجر إلى علوم المكاشفة ويخرج عن مقصود علم المعاملة وهو غرض هذه الكتب فإن العقائد التي ذكرناها من أعمال القلوب وقد تعبدنا بتلقينها بالقبول والتصديق بعقد القلب عليها لا بأن يتوصل إلى أن ينكشف لنا حقائقها فإن ذلك لم يكلف به كافة الخلق ولولا أنه من الأعمال لما أوردناه في هذا الكتاب ولولا أنه عمل ظاهر القلب لا عمل باطنه لما أوردناه في الشطر الأول من الكتاب وإنما الكشف الحقيقي هو صفة

سر القلب وباطنه ولكن إذا انجر الكلام إلى تحريك خيال في مناقضة الظاهر للباطن فلا بد من كلام وجيز في حله

فمن قال إن الحقيقة تخالف الشريعة أو الباطن يناقض الظاهر فهو إلى الكفر أقرب منه إلى الإيمان بل الأسرار التي يختص بها المقربون بدركها ولا يشاركهم الأكثرون في علمها ويمتنعون عن إفشائها إليهم ترجع إلى خمسة أقسام القسم الأول أن يكون الشيء في نفسه دقيقا تكل أكثر الأفهام عن دركه فيختص بدركه الخواص وعليهم أن لا يفشوه إلى غير أهله فيصير ذلك فتنة عليهم حيث تقصر أفهامهم عن الدرك

وإخفاء سر الروح وكف رسول الله صلى الله عليه وسلم عن بيانه حديث كف رسول الله صلى الله عليه وسلم عن بيان الروح أخرجه الشيخان من حديث ابن مسعود حين سأله اليهود عن الروح قال فأمسك النبي صلى الله عليه وسلم فلم يرد عليهم شيئا الحديث من هذا القسم فإن حقيقته مما تكل الأفهام عن دركه وتقصر الأوهام عن تصور كنهه

ولا تظنن أن ذلك لم يكن مكشوفا لرسول الله صلى الله عليه وسلم فإن من لم يعرف الروح فكأنه لم يعرف نفسه ومن لم يعرف نفسه

فكيف يعرف ربه سبحانه ولا يبعد أن يكون ذلك مكشوفا لبعض الأولياء والعلماء وإن لم يكونوا أنبياء ولكنهم يتأدبون بآداب الشرع فيسكتون عما سكت عنه بل في صفات الله عز وجل من الخفايا ما تقصر أفهام الجماهير عن دركه ولم يذكر رسول الله صلى الله عليه وسلم منها إلا الظواهر للأفهام من العلم والقدرة وغيرهما حتى فهمها الخلق بنوع مناسبة توهموها إلى علمهم وقدرتهم إذ كان لهم من الأوصاف ما يسمى علما وقدرة فيتوهمون ذلك بنوع مقايسة

ولو ذكر من صفاته ما ليس للخلق مما يناسبه بعض المناسبة شيء لم يفهموه بل لذة الجماع إذا ذكرت للصبي أو العنين لم يفهمها إلا بمناسبة إلى لذة المطعوم الذي يدركه ولا يكون ذلك فهما على التحقيق والمخالفة بين علم الله تعالى وقدرته وعلم الخلق وقدرتهم أكثر من المخالفة بين لذة الجماع والأكل

وبالجملة فلا يدرك الإنسان إلا نفسه وصفات نفسه مما هي حاضرة له في الحال أو مما كانت له من قبل ثم بالمقايسة إليه يفهم ذلك لغيره ثم قد يصدق بأن بينهما تفاوتا في الشرف والكمال فليس في قوة البشر إلا أن يثبت لله تعالى ما هو ثابت لنفسه من الفعل والعلم والقدرة وغيرها من الصفات مع التصديق بأن ذلك أكمل وأشرف فيكون معظم تحريمه على صفات نفسه لا على ما اختص الرب تعالى به من الجلال

ولذلك قال صلى الله عليه وسلم لا أحصي ثناء عليك أنت كما أثنيت على نفسك حديث لا أحصي ثناء عليك أنت كما أثنيت على نفسك أخرجه مسلم من حديث عائشة أنها سمعت رسول الله صلى الله عليه وسلم يقول ذلك في سجوده وليس المعنى أني أعجز عن التعبير عما أدركته بل هو اعتراف بالقصور عن إدراك كنه جلاله

ولذلك قال بعضهم ما عرف الله بالحقيقة سوى الله عز وجل

وقال الصديق رضي الله عنه الحمد لله الذي لم يجعل للخلق سبيلا إلى معرفته إلا بالعجز عن معرفته

ولنقبض عنان الكلام عن هذا النمط ولنرجع إلى الغرض وهو أن أحد الأقسام ما تكل الأفهام عن إدراكه ومن جملته الروح ومن جملته بعض صفات الله تعالى

ولعل الإشارة إلى مثله في قوله صلى الله عليه وسلم إن لله سبحانه وتعالى سبعين حجابا من نور لو كشفها لأحرقت سبحات وجهه كل من أدركه بصره حديث إن لله سبعين حجابا من نور لو كشفها لأحرقت سبحات وجهه ما أدركه بصره أخرجه أبو الشيخ ابن حبان في كتاب العظمة من حديث أبي هريرة بين الله وبين الملائكة الذين حول العرش سبعون حجابا من نور وإسناده ضعيف وفيه أيضا من حديث أنس قال قال رسول الله صلى الله عليه وسلم لجبريل هل ترى ربك قال إن بيني وبينه سبعين حجابا من نور وفي الأكبر للطبراني من حديث سهل بن سعد دون الله تعالى ألف حجاب من نور وظلمة ولمسلم من حديث أبي موسى حجابه النور لو كشفه لأحرقت سبحات وجهه ما انتهى إليه بصره من خلقه ولابن ماجه شيء أدركه بصره

القسم الثاني من الخفيات التي تمتنع الأنبياء والصديقون عن ذكرها ما هو مفهوم في نفسه لا يكل الفهم عنه لكن ذكره يضر بأكثر المستمعين ولا يضر بالأنبياء والصديقين

وسر القدر الذي منع أهل العلم من إفشائه من هذا القسم فلا يبعد أن يكون ذكر بعض الحقائق مضرا ببعض الخلق كما يضر نور الشمس بأبصار الخفافيش وكما تضر رياح الورد بالجعل وكيف يبعد هذا وقولنا إن الكفر والزنا والمعاصي والشرور كله بقضاء الله تعالى وإرادته ومشيئته حق في نفسه وقد أضر سماعه بقوله إذ أوهم ذلك عندهم أنه دلالة على السفه ونقيض الحكمة والرضا بالقبيح والظلم وقد ألحد ابن الراوندي وطائفة من المخذولين بمثل ذلك

وكذلك سر القدر لو أفشى لأوهم عند أكثر الخلق عجزا إذ تقصر أفهامهم عن إدراك ما يزيل ذلك الوهم عنهم ولو قال قائل إن القيامة لو ذكر ميقاتها وأنها بعد ألف سنة أو أكثر أو أقل لكان مفهوما ولكن لم يذكر لمصلحة العباد وخوفا من الضرر فلعل المدة إليها بعيدة فيطول الأمد وإذا استبطأت النفوس وقت العقاب قل اكتراثها ولعلها كانت قريبة في علم الله سبحانه ولو ذكرت لعظم الخوف وأعرض الناس عن الأعمال وخربت الدنيا فهذا المعنى لو اتجه وصح فيكون مثالا لهذا القسم

القسم الثالث أن يكون الشيء بحيث لو ذكر صريحا لفهم ولم يكن فيه ضرر ولكن يكنى عنه على سبيل الاستعارة والرمز ليكون وقعه في قلب المستمع أغلب وله مصلحة في أن يعظم وقت ذلك الأمر في قلبه كما لو قال قائل رأيت فلانا يقلد الدر في أعناق الخنازير فكنى به عن إفشاء العلم وبث الحكمة إلى غير أهلها فالمستمع قد يسبق إلى فهمه ظاهر اللفظ والمحقق إذا نظر وعلم أن ذلك الإنسان لم يكن معه در ولا كان في موضعه خنزير تفطن لدرك السر والباطن فيتفاوت الناس في ذلك ومن هذا قال الشاعر

رجلان خياط وآخر حائك

متقابلان على السماك الأعزل

لا زال ينسج ذاك خرقة مدبر

ويخيط صاحبه ثياب المقبل

فإنه عبر عن سبب سماوي في الإقبال والإدبار برجلين صانعين وهذا النوع يرجع إلى التعبير عن المعنى بالصورة التي تتضمن عين المعنى أو مثله ومنه قوله صلى الله عليه وسلم إن المسجد لينزوي من النخامة كما تنزوي الجلدة على النار حديث إن المسجد لينزوي من النخامة الحديث لم أجد له أصلا وأنت ترى أن ساحة المسجد لا تنقبض بالنخامة ومعناه أن روح المسجد كونه معظما ورمى النخامة فهو تحقير له فيضاد معنى المسجدية مضادة النار لاتصال أجزاء الجلدة وكذلك قوله صلى الله عليه وسلم أما يخشى الذي يرفع رأسه قبل الإمام أن يحول رأسه رأس حمار حديث أما يخشى الذي يرفع رأسه قبل الإمام الحديث أخرجاه من حديث أبي هريرة وذلك من حيث الصورة لم يكن قط ولا يكون ولكن من حيث المعنى هو كائن إذ رأس الحمار لم يكن بحقيقته لكونه وشكله بل بخاصيته وهي البلادة والحمق ومن رفع رأسه قبل الإمام فقد صار رأسه رأس حمار في معنى البلادة والحمق وهو المقصود دون الشكل الذي هو قالب المعنى

إذ من غاية الحمق أن يجمع بين الاقتداء وبين التقدم فإنهما متناقضان

وإنما يعرف أن هذا السر على خلاف الظاهر إما بدليل عقلي أو شرعي أما العقلي فأن يكون حمله على الظاهر غير ممكن كقوله صلى الله عليه وسلم قلب المؤمن بين أصبعين من أصابع الرحمن حديث قلب العبد بين أصبعين من أصابع الرحمن أخرجه مسلم من حديث عبد الله بن عمرو إذ لو فتشنا عن قلوب المؤمنين لم نجد فيها أصابع فعلم أنها كناية

عن القدرة التي هي سر الأصابع وروحها الخفي وكنى بالأصابع عن القدرة لأن ذلك أعظم وقعا في تفهم تمام الاقتدار

ومن هذا القبيل في كنايته عن الاقتدار قوله تعالى إنما قولنا لشيء إذا أردناه أن نقول له كن فيكون فإن ظاهره ممتنع إذ قوله كن إن كان خطابا للشيء قبل وجوده فهو محال إذا المعدوم لا يفهم الخطاب حتى يمثل وإن كان بعد الوجود فهو مستغن عن التكوين

ولكن لما كانت هذه الكناية أوقع في النفوس في تفهيم غاية الاقتدار عدل إليها وأما المدرك بالشرع فهو أن يكون إجراؤه على الظاهر ممكنا ولكنه يروى أنه أريد به غير الظاهر كما ورد في تفسير قوله تعالى أنزل من السماء ماء فسالت أودية بقدرها الآية وأن معنى الماء ههنا هو القرآن ومعنى الأودية هي القلوب وأن بعضها احتملت شيئا كثيرا وبعضها قليلا وبعضها لم يحتمل

والزبد مثل الكفر والنفاق فإنه وإن ظهر وطفا على رأس الماء فإنه لا يثبت والهداية التي تنفع الناس تمكث

وفي هذا القسم تعمق جماعة فأولوا ما ورد في الآخرة من الميزان والصراط وغيرهما

وهو بدعة إذ لم ينقل ذلك بطريق الرواية وإجراؤه على الظاهر غير محال فيجب إجراؤه على الظاهر

القسم الرابع أن يدرك الإنسان الشيء جملة ثم يدركه تفصيلا بالتحقيق والذوق بأن يصير حالا ملابسا له فيتفاوت العلمان ويكون الأول كالقشر والثاني كاللباب والأول كالظاهر والثاني كالباطن

وذلك كما يتمثل للإنسان في عينه شخص في الظلمة أو على البعد فيحصل له نوع علم فإذا رآه بالقرب أو بعد زوال الظلام أدرك تفرقة بينهما ولا يكون الأخير ضد الأول بل هو استكمال له

فكذلك العلم والإيمان والتصديق إذ قد يصدق الإنسان بوجود العشق والمرض والموت قبل وقوعه ولكن تحققه به عند الوقوع أكمل من تحققه قبل الوقوع بل للإنسان في الشهوة والعشق وسائر الأحوال ثلاثة أحوال متفاوتة وإدراكات متباينة

الأول تصديقه بوجوده قبل وقوعه

والثاني عند وقوعه

والثالث بعد تصرفه

فإن تحققك بالجوع بعد زواله يخالف التحقيق قبل الزوال وكذلك من علوم الدين ما يصير ذوقا فيكمل فيكون ذلك كالباطن بالإضافة إلى ما قبل ذلك ففرق بين علم المريض بالصحة وبين علم الصحيح بها

ففي هذه الأقسام الأربعة تتفاوت الخلق وليس في شيء منها باطن يناقض الظاهر بل يتممه ويكمله كما يتمم اللب القشر والسلام

الخامس أن يعبر بلسان المقال عن لسان الحال فالقاصر الفهم يقف على الظاهر ويعتقده نطقا والبصير بالحقائق يدرك السر فيه وهذا كقول القائل قال الجدار للوتد لم تشقني قال سل من يدقني فلم يتركني ورائي الحجر الذي ورائي فهذا تعبير عن لسان الحال بلسان المقال ومن هذا قوله تعالى ثم استوى إلى السماء وهي دخان فقال لها وللأرض ائتيا طوعا أو كرها قالتا أتينا طائعين فالبليد يفتقر في فهمه إلى أن يقدر لهما حياة وعقلا وفهما للخطاب وخطابا هو صوت وحرف تسمعه السماء والأرض فتجيبان بحرف وصوت وتقولان أتينا طائعين والبصير يعلم أن ذلك لسان الحال وأنه إنباء عن كونهما مسخرتين بالضرورة ومضطرتين إلى التسخير ومن هذا قوله تعالى وإن من شيء إلا يسبح بحمده فالبليد يفتقر فيه إلى أن يقدر للجمادات حياة وعقلا ونطقا بصوت وحرف حتى يقول سبحان الله ليتحقق تسبيحه

والبصير يعلم أنه ما أريد به نطق اللسان بل كونه مسبحا بوجوده ومقدسا بذاته وشاهدا بوحدانية الله سبحانه كما يقال

وفي كل شيء له آية

تدل على أنه الواحد

وكما يقال هذه الصنعة المحكمة تشهد لصانعها بحسن التدبير وكمال العلم لا بمعنى أنها تقول أشهد بالقول ولكن بالذات والحال

وكذلك ما من شيء إلا وهو محتاج في نفسه إلى موجد يوجده ويبقيه ويديم أوصافه ويردده في أطواره فهو بحاجته يشهد لخالقه بالتقديس يدرك شهادته ذوو البصائر دون الجامدين على الظواهر

ولذلك قال تعالى ولكن لا تفقهون تسبيحهم وأما القاصرون فلا يفقهون أصلا وأما المقربون والعلماء الراسخون فلا يفقهون كنهه وكماله إذ لكل شيء شهادات شتى على تقديس الله سبحانه وتسبيحه ويدرك كل واحد بقدر عقله وبصيرته وتعداد تلك الشهادات لا يليق بعلم المعاملة

فهذا الفن أيضا مما يتفاوت أرباب الظواهر وأرباب البصائر في علمه وتظهر به مفارقة الباطن للظاهر

وفي هذا المقام لأرباب المقامات إسراف واقتصاد فمن مسرف في رفع الظواهر انتهى إلى تغيير جميع الظواهر والبراهين أو أكثرها حتى حملوا قوله تعالى وتكلمنا أيديهم وتشهد أرجلهم وقوله تعالى وقالوا لجلودهم لم شهدتم علينا قالوا أنطقنا الله الذي أنطق كل شيء وكذلك المخاطبات التي تجري من منكر ونكير وفي الميزان والصراط والحساب ومناظرات أهل النار وأهل الجنة في قولهم أفيضوا علينا من الماء أو مما رزقكم الله زعموا أن ذلك كله بلسان الحال

وغلا آخرون في حسم الباب منهم أحمد بن حنبل رضي الله عنه حتى منع تأويل قوله كن فيكون وزعموا أن ذلك خطاب بحرف وصوت يوجد من الله تعالى في كل لحظة بعدد كون مكون حتى سمعت بعض أصحابه يقول إنه حسم باب التأويل إلا لثلاثة ألفاظ قوله

صلى الـلـه عليه وسلم الحجر الأسود يمين الـلـه في أرضه حديث الحجر يمين الـلـه في الأرض أخرجه الحاكم وصححه من حديث عبد الـلـه بن عمر وقوله صلى الـلـه عليه وسلم قلب المؤمنين بين أصبعين من أصابع الرحمن وقوله صلى الـلـه عليه وسلم إني لأجد نفس الرحمن من جانب اليمين حديث إني لأجد نفس الرحمن من جانب اليمين أخرجه أحمد من حديث أبي هريرة في حديث قال فيه وأجد نفس ربكم من قبل اليمن ورجاله ثقات ومال إلى حسم الباب أرباب الظواهر

والظن بأحمد بن حنبل رضي الـلـه عنه أنه علم أن الاستواء ليس هو الاستقرار والنزول ليس هو الانتقال ولكنه منع من التأويل حسما للباب ورعاية لصلاح الخلق

فإنه إذا فتح الباب اتسع الخرق وخرج الأمر عن الضبط وجاوز حد الاقتصاد إذ حد ما جاوز الإقتصاد لا ينضبط فلا بأس بهذا الزجر ويشهد له سيرة السلف فإنهم كانوا يقولون أمروها كما جاءت حتى قال مالك رحمه الـلـه لما سئل عن الاستواء الاستواء معلوم والكيفية مجهولة والإيمان به واجب والسؤال عنه بدعة

وذهبت طائفة إلى الاقتصاد وفتحوا باب التأويل في كل ما يتعلق بصفات الـلـه سبحانه وتركوا ما يتعلق بالآخرة على ظواهرها ومنعوا التأويل فيه وهم الأشعرية

وزاد المعتزلة عليهم حتى أولوا من صفاته تعالى الرؤية وأولوا كونه سميعا بصيرا وأولوا المعراج وزعموا أنه لم يكن بالجسد وأولوا عذاب القبر والميزان والصراط وجملة من أحكام الآخرة ولكن أقروا بحشر الأجساد وبالجنة واشتمالها على المأكولات والمشمومات والمنكوحات والملاذ المحسوسة وبالنار واشتمالها على جسم محسوس يحرق بحرق الجلود ويذيب الشحوم

ومن ترقيهم إلى هذا الحد زاد الفلاسفة فأولوا كل ما ورد في الآخرة وردوه إلى آلام عقلية وروحانية ولذات عقلية وأنكروا حشر الأجساد وقالوا ببقاء النفوس وأنها تكون إما معذبة وإما منعمة بعذاب ونعيم لا يدرك بالحس وهؤلاء هم المسرفون

وحد الاقتصاد بين هذا الانحلال كله وبين جمود الحنابلة دقيق غامض لا يطلع عليه إلا الموفقون الذين يدركون الأمور بنور إلهي لا بالسماع ثم إذا انكشفت لهم أسرار الأمور على ما هي عليه نظروا إلى السمع والألفاظ الواردة فما وافق ما شاهدوه بنور اليقين قرروه وما خالف أولوه

فأما من يأخذ معرفة هذه الأمور من السمع المجرد فلا يستقر له فيها قدم ولا يتعين له موقف

والألبق بالمقتصر على السمع المجرد مقام أحمد بن حنبل رحمه الـلـه

والآن فكشف الغطاء عن حد الاقتصاد في هذه الأمور داخل في علم المكاشفة والقول فيه يطول فلا نخوض فيه والغرض بيان موافقة الباطن الظاهر وأنه غير مخالف له فقد انكشف بهذه الأقسام الخمسة أمور كثيرة

وإذا رأينا أن نقتصر بكافة العوام على ترجمة العقيدة التي حررناها وأنهم لا يكلفون غير ذلك فى الدرجة الأولى إلا إذا كان خوف تشويش لشيوع البدعة فيرقى في الدرجة الثانية إلى عقيدة فيها لوامع من الأدلة مختصرة من غير تعمق

فلنورد في هذا الكتاب تلك اللوامع ولنقتصر فيها على ما حررناه لأهل القدس وسميناه الرسالة القدسية في قواعد العقائد وهي مودعة في هذا الفصل الثالث من هذا الكتاب

الفصل الثالث من كتاب قواعد العقائد في لوامع الأدلة للعقيدة التي

ترجمناها بالقدس فنقول بسم الله الرحمن الرحيم

الحمد لله الذي ميز عصابة السنة بأنوار اليقين وآثر رهط الحق بالهداية إلى دعائم الدين وجنبهم زيغ الزائغين وضلال الملحدين ووفقهم للاقتداء بسيد المرسلين وسددهم للتأسي بصحبة الأكرمين ويسر لهم اقتفاء آثار السلف

الصالحين حتى اعتصموا من مقتضيات العقول بالحبل المتين ومن سير الأولين وعقائدهم بالمنهج المبين فجمعوا بالقول بين نتائج العقول وقضايا الشرع المنقول وتحققوا أن النطق بما تعبدوا به من قول لا إله إلا الله محمد رسول الله ليس له طائل ولا محصول إن لم تتحقق الإحاطة بما تدور عليه هذه الشهادة من الأقطاب والأصول وعرفوا أن كلمتي الشهادة على إيجازها تتضمن إثبات ذات الإله وإثبات صفاته وإثبات أفعاله وإثبات صدق الرسول وعلموا أن بناء الإيمان على هذه الأركان وهي أربعة ويدور كل ركن منها على عشرة أصول

الركن الأول في معرفة ذات الله تعالى ومداره على عشرة أصول وهي العلم بوجود الله تعالى وقدمه وبقائه وأنه ليس بجوهر ولا جسم ولا عرض وأنه سبحانه ليس مختصا بجهة ولا مستقرا على مكان وأنه يرى وأنه واحد

الركن الثاني في صفاته ويشتمل على عشرة أصول وهو العلم بكونه حيا عالما قادرا مريدا سميعا بصيرا متكلما منزها عن حلول الحوادث وأنه قديم الكلام والعلم والإرادة

الركن الثالث في أفعاله تعالى ومداره على عشرة أصول وهي أن أفعال العباد مخلوقة لله تعالى وأنها مكتسبة للعباد وأنها مرادة لله تعالى وأنه متفضل بالخلق والاختراع وأن له تعالى تكليف ما لا يطاق وأن له إيلام البريء ولا يجب عليه رعاية الأصلح وأنه لا واجب إلا بالشرع وأن بعثة الأنبياء جائزة وأن نبوة نبينا محمد صلى الله عليه وسلم ثابتة مؤيدة بالمعجزة

الركن الرابع في السمعيات ومداره على عشرة أصول وهي إثبات الحشر والنشر وسؤال منكر ونكير وعذاب القبر والميزان والصراط وخلق الجنة والنار وأحكام الإمامة وأن فضل الصحابة على حسب ترتيبهم وشروط الإمامة فأما الركن الأول من أركان الإيمان في معرفة ذات الله سبحانه وتعالى وأن الله تعالى واحد ومداره على عشرة أصول

الأصل الأول معرفة وجوده تعالى وأول ما يستضاء به من الأنوار ويسلك من طريق الاعتبار ما أرشد إليه القرآن فليس بعد بيان الله سبحانه بيان وقد قال تعالى ألم نجعل الأرض مهادا والجبال أوتادا وخلقناكم أزواجا وجعلنا نومكم سباتا وجعلنا الليل لباسا وجعلنا النهار معاشا وبنينا فوقكم سبعا شدادا وجعلنا سراجا وهاجا وأنزلنا من المعصرات ماء ثجاجا لنخرج به حبا ونباتا وجنات ألفافا وقال تعالى إن في خلق السموات والأرض واختلاف الليل والنهار والفلك التي تجري في البحر بما ينفع الناس وما أنزل الله من السماء من ماء فأحيا به الأرض بعد موتها وبث فيها من كل دابة وتصريف الرياح والسحاب المسخر بين السماء والأرض لآيات لقوم يعقلون وقال تعالى ألم تروا كيف خلق الله سبع سموات طباقا وجعل القمر فيهن

نورا وجعل الشمس سراجا و الله أنبتكم من الأرض نباتا ثم يعيدكم فيها ويخرجكم إخراجا وقال تعالى أفرأيتم ما تمنون أأنتم تخلقونه أم نحن الخالقون إلى قوله للمقوين فليس يخفى على من معه أدنى مسكة من عقل إذا تأمل بأدنى فكرة مضمون هذه الآيات وأدار نظره على عجائب خلق الله في الأرض والسموات وبدائع فطرة الحيوان والنبات أن هذا الأمر العجيب والترتيب المحكم لا يستغني عن صانع يدبره وفاعل يحكمه ويقدره بل تكاد فطرة النفوس تشهد بكونها مقهورة تحت تسخيره ومصرفة بمقتضى تدبيره

ولذلك قال الله تعالى أفي الله شك فاطر السموات والأرض ولهذا بعث الأنبياء صلوات الله عليهم لدعوة الخلق إلى التوحيد ليقولوا لا إله إلا الله وما أمروا أن يقولوا لنا إله وللعالم إله

فإن ذلك كان مجبولا في فطرة عقولهم من مبدأ نشؤهم وفي عنفوان شبابهم

ولذلك قال عز وجل ولئن سألتهم من خلق السموات والأرض ليقولن الله وقال تعالى فأقم وجهك للدين حنيفا فطرة الله التي

فطر الناس عليها لا تبديل لخلق اللـه ذلك الدين القيم فإذا في فطرة الإنسان وشواهد القرآن ما يغني عن إقامة البرهان

ولكنا على سبيل الاستظهار والاقتداء بالعلماء النظار نقول من بدائه العقول أن الحادث لا يستغنى في حدوثه عن سبب يحدثه والعالم حادث فإذا لا يستغنى في حدوثه عن سبب

أما قولنا إن الحادث لا يستغنى في حدوثه عن سبب فجلي فإن كل حادث مختص بوقت يجوز في العقل تقدير تقديمه وتأخيره فاختصاصه بوقته دون ما قبله وما بعده يفتقر بالضرورة إلى المخصص وأما قولنا العالم حادث فبرهانه أن أجسام العالم لا تخلو عن الحركة والسكون وهما حادثان وما لا يخلو عن الحوادث فهو حادث

ففي هذا البرهان ثلاث دعاوى الأولى قولنا إن الأجسام لا تخلو عن الحركة والسكون وهذه مدركة بالبديهة والاضطرار فلا يحتاج فيها إلى تأمل وافتكار فإن من عقل جسما لا ساكنا ولا متحركا كان لمتن الجهل راكبا وعن نهج العقل ناكبا

الثانية قولنا إنهما حادثان ويدل على ذلك تعاقبهما ووجود البعض منهما بعد البعض وذلك مشاهد في جميع الأجسام ما شوهد منها وما لم يشاهد فما من ساكن إلا والعقل قاض بجواز حركته وما من متحرك إلا والعقل قاض بجواز سكونه فالطارىء منهما حادث لطريانه والسابق حادث لعدمه لأنه لو ثبت قدمه لاستحال عدمه على ما سيأتي بيانه وبرهانه في إثبات بقاء الصانع تعالى وتقدس

الثالثة قولنا ما لايخلو عن الحوادث فهو حادث وبرهانه أنه لو لم يكن كذلك لكان قبل كل حادث حوادث لا أول لها ولو لم تنقض تلك الحوادث بجملتها لا تنتهي النوبة إلى وجود الحادث الحاضر في الحال وانقضاء ما لا نهاية له محال ولأنه لو كان للفلك دورات لا نهاية لها لكان لا يخلو عددها عن أن تكون شفعا أو وترا أو شفعا ووترا جميعا أو لا شفعا ولا وترا ومحال أن يكون شفعا ووترا جميعا أو لا شفعا ولا وترا

فإن ذلك جمع بين النفي والإثبات إذ في إثبات أحدهما نفي الآخر وفي نفي أحدهما إثبات الآخر

ومحال أن يكون شفعا لأن الشفع يصير وترا بزيادة واحد

وكيف يعوز ما لا نهاية له واحد ومحال أن يكون وترا إذ الوتر يصير شفعا بواحد فكيف يعوزها واحد مع أنه لا نهاية لأعدادها

ومحال أن يكون لا شفعا ولا وترا إذ له نهاية

فتحصل من هذا أن العالم لا يخلو عن الحوادث وما لا يخلو عن الحوادث فهو إذن حادث

وإذا ثبت حدوثه كان افتقاره إلى المحدث من المدركات بالضرورة

الأصل الثاني العلم بأن الله تعالى قديم لم يزل أزلي ليس لوجوده أول بل هو أول كل شيء وقبل كل ميت وحي

وبرهانه أنه لو كان حادثا ولم يكن قديما لافتقر هو أيضا إلى محدث وافتقر محدثه إلى محدث وتسلسل ذلك إلى ما لا نهاية وما تسلسل لم يتحصل أو ينتهي إلى محدث قديم هو الأول وذلك هو المطلوب الذي سميناه صانع العالم ومبدئه وبارئه ومحدثه ومبدعه الأصل الثالث العلم بأنه تعالى مع كونه أزليا أبديا ليس لوجوده آخر فهو الأول والآخر والظاهر والباطن لأن ما ثبت قدمه استحال عدمه وبرهانه أنه لو انعدم لكان لا يخلو إما أن ينعدم بنفسه أو بمعدم يضاده ولو جاز أن ينعدم شيء يتصور دوامه لجاز أن يوجد شيء يتصور عدمه بنفسه فكما يحتاج طريان الوجود إلى سبب فكذلك يحتاج طريان العدم إلى سبب

وباطل أن ينعدم بمعدم يضاده لأن ذلك المعدم لو كان قديما لما تصور الوجود معه

وقد ظهر بالأصلين السابقين وجوده وقدمه فكيف كان وجوده في القدم ومعه ضده فإن كان الضد المعدم حادثا كان محالا إذ ليس الحادث في مضادته للقديم حتى يقطع وجوده بأولى من القديم في مضادته للحادث حتى يدفع وجوده بل الدفع أهون من القطع والقديم أقوى وأولى من الحادث

الأصل الرابع العلم بأنه تعالى ليس بجوهر يتحيز بل يتعالى ويتقدس عن مناسبة الحيز

وبرهانه أن كل جوهر متحيز فهو مختص بحيزه ولا يخلو من أن يكون ساكنا فيه أو متحركا عنه فلا يخلو عن الحركة أو السكون

وهما حادثان وما لا يخلو عن الحوادث فهو حادث

ولو تصور جوهر متحيز قديم لكان يعقل قدم جواهر العالم فإن سماه مسم جوهرا ولم يرد به المتحيز كان مخطئا من حيث اللفظ لا من حيث المعنى

الأصل الخامس العلم بأنه تعالى ليس بجسم مؤلف من جواهر إذ الجسم عبارة عن المؤلف من الجواهر وإذا بطل كونه جوهرا مخصوصا بحيز بطل كونه جسما لأن كل جسم مختص بحيز ومركب من جوهر فالجوهر يستحيل خلوه عن الافتراق والاجتماع والحركة والسكون والهيئة والمقدار وهذه سمات الحدوث

ولو جاز أن يعتقد أن صانع العالم جسم لجاز أن يعتقد الإلهية للشمس والقمر أو لشيء آخر من أقسام الأجسام

فإن تجاسر متجاسر على تسميته تعالى جسما من غير إرادة التأليف من الجواهر كان ذلك غلطا في الاسم مع الإصابة في نفي معنى الجسم

الأصل السادس العلم بأنه تعالى ليس بعرض قائم بجسم أو حال في محل لأن العرض ما يحل في الجسم فكل جسم فهو حادث لا محالة ويكون محدثه موجودا قبله فكيف يكون حالا في الجسم وقد كان موجودا في الأزل وحده وما معه غيره ثم أحدث الأجسام والأعراض بعده ولأنه عالم قادر مريد خالق كما سيأتي بيانه وهذه الأوصاف تستحيل على الأعراض بل لا تعقل إلا لموجود قائم بنفسه مستقل بذاته

وقد تحصل من هذه الأصول أنه موجود قائم بنفسه ليس بجوهر ولا جسم ولا عرض

وأن العالم كله جواهر وأعراض وأجسام فإذا لا يشبه شيئا ولا يشبهه شيء بل هو الحي القيوم الذي ليس كمثله شيء وأنى يشبه المخلوق خالقه والمقدور مقدره والمصور مصوره

والأجسام والأعراض كلها من خلقه وصنعه فاستحال القضاء عليها بمماثلته ومشابهته

الأصل السابع العلم بأن الـلـه تعالى منزه الذات عن الاختصاص بالجهات فإن الجهة إما فوق وإما أسفل وإما يمين وإما شمال أو قدام أو خلف وهذه الجهات هو الذي خلقها وأحدثها بواسطة خلق الإنسان إذ خلق له طرفين أحدهما يعتمد على الأرض ويسمى رجلا والآخر يقابله ويسمى رأسا

فحدث اسم الفوق لما يلي جهة الرأس واسم السفل لما يلي جهة الرجل حتى إن النملة التي تدب منكسة تحت السقف تنقلب جهة الفوق في حقها تحتا وإن كان في حقنا فوقا

وخلق للإنسان اليدين وإحداهما أقوى من الأخرى في الغالب فحدث اسم اليمين للأقوى واسم الشمال لما يقابله وتسمى الجهة التي تلي اليمين يمينا والأخرى شمالا وخلق له جانبين يبصر من أحدهما ويتحرك

إليه فحدث اسم القدام للجهة التي يتقدم إليها بالحركة واسم الخلف لما يقابلها فالجهات حادثة بحدوث الإنسان ولو لم يخلق الإنسان بهذه الخلقة بل خلق مستديرا كالكرة لم يكن لهذه الجهات وجود البتة فكيف كان في الأزل مختصا بجهة والجهة حادثة وكيف صار مختصا بجهة بعد أن لم يكن له أبأن خلق العالم فوقه ويتعالى عن أن يكون له فوق إذ تعالى أن يكون له رأس والفوق عبارة عما يكون جهة الرأس أو خلق العالم تحته فتعالى عن أن يكون له تحت إذ تعالى عن أن يكون له رجل والتحت عبارة عما يلي جهة الرجل وكل ذلك مما يستحيل في العقل ولأن المعقول من كونه مختصا بجهة أنه مختص بحيز اختصاص الجواهر أو مختص بالجواهر اختصاص العرض وقد ظهر استحالة كونه جوهرا أو عرضا فاستحال كونه مختصا بالجهة وإن أريد بالجهة غير هذين المعنيين كان غلطا في الاسم مع المساعدة على المعنى ولأنه لو كان فوق العالم لكان محاذيا له وكل محاذ لجسم فإما أن يكون مثله أو أصغر منه أو أكبر وكل ذلك تقدير محوج بالضرورة إلى مقدر ويتعالى عنه الخالق الواحد المدبر فأما رفع الأيدي عند السؤال إلى جهة السماء فهو لأنها قبلة الدعاء

وفيه أيضا إشارة إلى ما هو وصف للمدعو من الجلال والكبرياء تنبيها بقصد جهة العلو على صفة المجد والعلاء فإنه تعالى فوق كل موجود بالقهر والاستيلاء

الأصل

الثامن العلم بأنه تعالى مستو على عرشه بالمعنى الذي أراد الـلـه تعالى بالاستواء وهو الذي لا ينافي وصف الكبرياء ولا يتطرق إليه سمات الحدوث والفناء وهو الذي أريد بالاستواء إلى السماء حيث قال في القرآن ثم استوى إلى السماء وهي دخان وليس ذلك إلا بطريق القهر والاستيلاء كما قال الشاعر

قد استوى بشر على العراق

من غير سيف ودم مهراق

واضطر أهل الحق إلى هذا التأويل كما التأويل كما اضطر أهل الباطن إلى تأويل قوله تعالى وهو معكم أينما كنتم إذ حمل ذلك بالاتفاق على الإحاطة والعلم وحمل قوله صلى الـلـه عليه وسلم قلب المؤمن بين أصبعين من أصابع الرحمن على القدرة والقوة وحمل قوله صلى الـلـه عليه وسلم الحجر الأسود يمين الـلـه في أرضه على التشريف والإكرام لأنه لو ترك على ظاهره للزم منه المحال فكذا الاستواء لو ترك على الاستقرار والتمكن لزم منه كون المتمكن جسما مماسا للعرش إما مثله أو أكبر منه أو أصغر وذلك محال وما يؤدي إلى المحال فهو محال

الأصل التاسع العلم بأنه تعالى مع كونه منزها عن الصورة والمقدار مقدسا عن الجهات والأقطار مرئي بالأعين والأبصار في الدار الآخرة دار القرار لقوله تعالى وجوه يومئذ ناضرة إلى ربها ناظرة ولا يرى في الدنيا تصديقا لقوله عز وجل لا تدركه الأبصار وهو يدرك الأبصار ولقوله تعالى في خطاب موسى عليه السلام لن تراني وليت شعري كيف عرف المعتزل من صفات رب الأرباب ما جهله موسى عليه السلام وكيف سأل موسى عليه السلام الرؤية مع كونها محالا ولعل الجهل بذوي البدع والأهواء من الجهلة الأغبياء أولى من الجهل بالأنبياء صلوات الـلـه عليهم وأما وجه إجراء آية الرؤية على الظاهر فهو أنه غير مؤد إلى المحال فإن الرؤية نوع كشف وعلم إلا أنه أتم وأوضح من العلم فإذا جاز تعلق العلم به وليس في جهة جاز تعلق الرؤية به وليس بجهة وكما يجوز أن يرى الـلـه تعالى الخلق وليس في مقابلتهم جاز أن يراه الخلق من غير مقابلة وكما جاز أن يعلم من غير كيفية وصورة جاز أن يرى كذلك

الأصل العاشر العلم بأن الـلـه عز وجل واحد لا شريك له فرد لا ند له انفرد بالخلق والإبداع واستند بالإيجاد والاختراع لا مثل له يساهمه ويساويه ولا ضد له فينازعه

ويناويه وبرهانه قوله تعالى لو كان فيهما آلهة إلا اللـه لفسدتا وبيانه أنه لو كانا اثنين وأراد أحدهما أمرا فالثاني إن كان مضطرا إلى مساعدته كان هذا الثاني مقهورا عاجزا ولم يكن إلها قادرا وإن كان قادرا على مخالفته ومدافعته كان الثاني قويا قاهرا والأول ضعيفا قاصرا ولم يكن إلها قادرا الركن الثاني العلم بصفات اللـه تعالى ومداره على عشرة أصول

الأصل الأول العلم بأن صانع العالم قادر وأنه تعالى في قوله وهو على كل شيء قدير صادق لأن العالم محكم في صنعته مرتب في خلقته ومن رأى ثوبا من ديباج حسن النسج والتأليف متناسب التطريز والتطريف ثم توهم صدور نسجه عن ميت لا استطاعة له أو عن إنسان لا قدرة له كان منخلعا عن غريزة العقل ومنخرطا في سلك أهل الغباوة والجهل

الأصل الثاني العلم بأنه تعالى عالم بجميع الموجودات ومحيط بكل المخلوقات لا يعزب عن علمه مثقال ذرة في الأرض ولا في السماء صادق في قوله وهو بكل شيء عليم ومرشد إلى صدقه بقوله تعالى ألا يعلم من خلق وهو اللطيف الخبير أرشدك إلى الاستدلال بالخلق على العلم بأنك لا تستريب في دلالة الخلق اللطيف والصنع المزين بالترتيب ولو في الشيء الحقير الضعيف على علم الصانع بكيفية الترتيب والترصيف فما ذكره اللـه سبحانه هو المنتهى في الهداية والتعريف

الأصل الثالث العلم بكونه عز وجل حيا فإن من ثبت

علمه وقدرته ثبت بالضرورة حياته ولو تصور قادر وعالم فاعل مدبر دون أن يكون حيا لجاز أن يشك في حياة الحيوانات عند ترددها في الحركات والسكنات بل في حياة أرباب الحرف والصناعات وذلك انغماس في غمرة الجهالات والضلالات

الأصل الرابع العلم بكونه تعالى مريدا لأفعاله فلا موجود إلا وهو مستند إلى مشيئته وصادر عن إرادته فهو المبدىء المعيد والفعال لما يريد وكيف لا يكون مريدا وكل فعل صدر منه أمكن أن يصدر منه ضده وما لا ضد له أمكن أن يصدر منه ذلك بعينه قبله أو بعده

والقدرة تناسب الضدين والوقتين مناسبة واحدة فلا بد من إرادة صارفة للقدرة إلى أحد المقدورين

ولو أغنى العلم عن الإرادة في تخصيص المعلوم حتى يقال إنما وجد في الوقت الذي سبق بوجوده لجاز أن يغني عن القدرة حتى يقال وجد بغير قدرة لأنه سبق العلم بوجوده فيه

الأصل الخامس العلم بأنه تعالى سميع بصير لا يعزب عن رؤيته هواجس الضمير وخفايا الوهم والتفكير ولا يشذ عن سمعه صوت دبيب النملة السوداء في الليلة الظلماء على الصخرة الصماء وكيف لا يكون سميعا بصيرا والسمع والبصر كمال لا محالة وليس بنقص فكيف يكون المخلوق أكمل من الخالق والمصنوع أسنى وأتم من الصانع وكيف تعتدل القسمة مهما وقع النقص في جهته والكمال في خلقه وصنعته أو كيف تستقيم حجة إبراهيم صلى الله عليه وسلم على أبيه إذ كان يعبد الأصنام جهلا وغيا فقال له لم تعبد ما لا يسمع ولا يبصر ولا يغني عنك شيئا ولو انقلب ذلك عليه في معبوده لأضحت حجته داحضة ودلالته ساقطة ولم يصدق قوله تعالى وتلك حجتنا آتيناها إبراهيم على قومه وكما عقل كونه فاعلا بلا جارحة وعالما بلا قلب ودماغ فليعقل كونه بصيرا بلا حدقة وسميعا بلا أذن إذ لا فرق بينهما

الأصل السادس أنه سبحانه وتعالى متكلم بكلام وهو وصف قائم بذاته ليس بصوت ولا حرف بل لا يشبه كلامه كلام غيره كما لا يشبه وجوده وجود غيره

والكلام بالحقيقة كلام النفس وإنما الأصوات قطعت حروفا للدلالات كما يدل عليها تارة بالحركات والإشارات وكيف التبس هذا على طائفة من الأغبياء ولم يلتبس على جهلة الشعراء حيث قال قائلهم

إن الكلام لفي الفؤاد وإنما

جعل اللسان على الفؤاد دليلا

ومن لم يعقله عقله ولا نهاه نهاه عن أن يقول لساني حادث ولكن ما يحدث فيه بقدرتي الحادثة قديم فاقطع عن عقله طمعك وكف عن خطابه لسانك

ومن لم يفهم أن القديم عبارة عما ليس قبله شيء
وأن الباء قبل السين في قولك بسم الـلـه فلا يكون السين المتأخر عن الباء قديما فنزه عن الالتفات إليه قلبك فلله سبحانه سر في إبعاد بعض العباد ومن يضلل الـلـه فما له من هاد ومن استبعد أن يسمع موسى عليه السلام في الدنيا كلاما ليس بصوت ولا حرف فليستنكر أن يرى في الآخرة موجودا ليس بجسم ولا لون وإن عقل أن يرى ما ليس بلون ولا جسم ولا قدر ولا كمية وهو إلى الآن لم ير غيره فليعقل في حاسة السمع ما عقله في حاسة البصر
وإن عقل على أن يكون له علم واحد هو علم بجميع الموجودات فليعقل صفة واحدة للذات هو كلام بجميع ما دل عليه من العبارات
وإن عقل كون السموات السبع وكون الجنة والنار مكتوبة في ورقة صغيرة ومحفوظة في مقدار ذرة من القلب وأن كل ذلك مرئي في مقدار عدسة من الحدقة من غير أن تحل ذات السموات والأرض والجنة والنار في الحدقة والقلب والورقة فليعقل كون الكلام مقروءا بالألسنة محفوظا في القلوب مكتوبا في المصاحف من غير حلول ذات الكلام فيها إذ لو حلت بكتاب الـلـه ذات الكلام في الورق لحل ذات الـلـه تعالى بكتابة اسمه في الورق وحلت ذات النار بكتابة اسمها في الورق ولاحترق
الأصل السابع أن الكلام القائم بنفسه قديم وكذا جميع صفاته إذ يستحيل أن يكون محلا

للحوادث داخلا تحت التغير بل يجب للصفات من نعوت القدم ما يجب للذات فلا تعتريه التغيرات ولا تحله الحادثات بل لم يزل في قدمه موصوفا بمحامد الصفات ولا يزل في أبده كذلك منزها عن تغير الحالات لأن ما كان محل الحوادث لا يخلو عنها وما لا يخلو عن الحوادث فهو حادث

وإنما ثبت نعت الحدوث للأجسام من حيث تعرضها للتغير وتقلب الأوصاف فكيف يكون خالقها مشاركا لها في قبول التغير وينبني على هذا أن كلامه قديم قائم بذاته وإنما الحادث هي الأصوات الدالة عليه وكما عقل قيام طلب التعلم وإرادته بذات الوالد للولد قبل أن يخلق ولده حتى إذا خلق ولده وعقل وخلق الله له علما متعلقا بما في قلب أبيه من الطلب صار مأمورا بذلك الطلب الذي قام بذات أبيه ودام وجوده إلى وقت معرفة ولده له فليعقل قيام الطلب الذي دل عليه قوله عز وجل اخلع نعليك بذات الله ومصير موسى عليه السلام مخاطبا به بعد وجوده إذ خلقت له معرفة بذلك الطلب وسمع لذلك الكلام القديم

الأصل الثامن أن علمه قديم فلم يزل عالما بذاته وصفاته وما يحدثه من مخلوقاته

ومهما حدثت المخلوقات لم يحدث له علم بها بل حصلت مكشوفة له بالعلم الأزلي إذ لو خلق لنا علم به بقدوم زيد عند طلوع الشمس ودام ذلك العلم تقديرا حتى طلعت الشمس لكان قدوم زيد عند طلوع الشمس معلوما لنا بذلك العلم من غير تجدد علم آخر

فهكذا ينبغي أن يفهم قدم علم الله تعالى

الأصل التاسع أن إرادته قديمة وهي في القدم تعلقت بإحداث الحوادث في أوقاتها اللائقة بها على وفق سبق العلم الأزلي إذ لو كانت حادثة لصار محل الحوادث ولو حدثت في غير ذاته لم يكن هو مريدا لها كما لا تكون أنت متحركا بحركة ليست في ذاتك وكيفما قدرت فيفتقر حدوثها إلى إرادة أخرى وكذلك الإرادة الأخرى تفتقر إلى أخرى ويتسلسل الأمر إلى غير نهاية ولو جاز أن يحدث إرادة بغير إرادة لجاز أن يحدث العالم بغير إرادة

الأصل العاشر أن الله تعالى عالم بعلم حي بحياة قادر بقدرة ومريد بإرادة ومتكلم بكلام وسميع بسمع وبصير ببصر وله هذه الأوصاف من هذه الصفات القديمة

وقول القائل عالم بلا علم كقوله غني بلا مال وعلم بلا عالم وعالم بلا معلوم فإن العلم والمعلوم والعالم متلازمة كالقتل والمقتول والقاتل وكما لا يتصور قاتل بلا قتل ولا قتيل ولا يتصور قتيل بلا قاتل ولا قتل كذلك لا يتصور عالم بلا علم ولا علم بلا معلوم ولا معلوم بلا عالم بل هذه الثلاثة متلازمة في العقل لا ينفك بعض منها عن البعض فمن جوز انفكاك العالم عن العلم فليجوز انفكاكه عن المعلوم وانفكاك العلم عن العالم إذ لا فرق بين هذه الأوصاف الركن الثالث العلم بأفعال الله تعالى ومداره على عشرة أصول

الأصل الأول العلم بأن كل حادث في العالم فهو فعله وخلقه واختراعه لا خالق له سواه ولا محدث له إلا إياه خلق الخلق وصنعهم وأوجد قدرتهم وحركتهم فجميع أفعال عباده مخلوقة له ومتعلقة بقدرته تصديقا له في قوله تعالى الله خالق كل شيء وفي قوله تعالى و الله خلقكم وما تعملون وفي قوله تعالى وأسروا قولكم أو اجهروا به إنه عليم بذات الصدور ألا يعلم من خلق وهو اللطيف الخبير أمر العباد بالتحرز في أقوالهم وأفعالهم وإسرارهم وإضمارهم لعلمه بموارد أفعالهم

واستدل على العلم بالخلق وكيف لا يكون خالقا لفعل العبد وقدرته تامة لا قصور فيها وهي متعلقة بحركة أبدان العباد والحركات متماثلة وتعلق القدرة بها لذاتها فما الذي يقصر تعلقها عن بعض الحركات دون البعض مع تماثلها أو كيف يكون الحيوان مستبدا بالاختراع ويصدر من العنكبوت والنحل وسائر الحيوانات من لطائف الصناعات ما يتحير فيه عقول ذوي الألباب فكيف انفردت هي باختراعها دون رب الأرباب وهي غير عالمة بتفصيل ما يصدر منها من الاكتساب هيهات هيهات ذلت المخلوقات وتفرد بالملك والملكوت

جبار الأرض والسموات الأصل الثاني أن انفراد اللـه سبحانه باختراع حركات العباد لا يخرجها عن كونها مقدورة للعباد على سبيل الاكتساب بل اللـه تعالى خلق القدرة والمقدور جميعا وخلق الاختيار والمختار جميعا فأما القدرة فوصف للعبد وخلق للرب سبحانه وليست بكسب له وأما الحركة فخلق للرب تعالى ووصف للعبد وكسب له فإنها خلقت مقدورة بقدرة هي وصفه وكانت للحركة نسبة إلى صفة أخرى تسمى قدرة فتسمى باعتبار تلك النسبة كسبا وكيف تكون جبرا محضا وهو بالضرورة يدرك التفرقة بين الحركة المقدورة والرعدة الضرورية أو كيف يكون خلقا للعبد وهو لا يحيط علما بتفاصيل أجزاء الحركات المكتسبة وأعدادها وإذا بطل الطرفان لم يبق إلا الاقتصاد في الإعتقاد وهو أنها مقدورة بقدرة اللـه تعالى اختراعا وبقدرة العبد على وجه آخر من التعليق يعبر عنه بالاكتساب وليس من ضرورة تعلق القدرة بالمقدور أن يكون بالاختراع فقط إذ قدرة اللـه تعالى في الأزل قد كانت متعلقة بالعالم ولم يكن الاختراع حاصلا بها وهي عند الاختراع متعلقة به نوعا آخر من التعلق فيه يظهر أن تعلق القدرة ليس مخصوصا بحصول المقدور بها الأصل الثالث أن فعل العبد وإن كان كسبا للعبد فلا يخرج عن كونه مرادا لله سبحانه فلا يجري في الملك والملكوت طرفة عين ولا لفتة خاطر ولا فلتة ناظر إلا بقضاء اللـه وقدرته وبإرادته ومشيئته ومنه الشر والخير والنفع والضر والإسلام والكفر والعرفان والنكر والفوز والخسران والغواية والرشد والطاعة والعصيان والشرك والإيمان لا راد لقضائه ولا معقب لحكمه يضل من يشاء ويهدي من يشاء لا يسئل عما يفعل وهم يسألون ويدل عليه من النقل قول الأمة قاطبة ما شاء كان وما لم يشأ لم يكن وقول اللـه عز وجل أن لو يشاء اللـه لهدى الناس جميعا وقوله تعالى ولو شئنا لآتينا كل نفس هداها ويدل عليه من جهة العقل أن المعاصي والجرائم إن كان اللـه يكرهها ولا يريدها وإنما هي جارية على وفق إرادة العدو إبليس لعنه اللـه مع أنه عدو لله سبحانه والجاري على وفق إرادة العدو أكثر من الجاري على وفق إرادته تعالى فليت شعري كيف يستجيز المسلم أن يرد ملك الجبار ذي الجلال والإكرام إلى رتبة لو ردت إليها رياسة زعيم ضيعة لاستنكف منها إذ لو كان ما يستمر لعدو الزعيم في القرية أكثر مما يستقيم له لاستنكف من زعامته وتبرأ عن ولايته والمعصية هي الغالبة على الخلق وكل ذلك جار عند المبتدعة على خلاف إرادة الحق تعالى وهذا غاية الضعف والعجز تعالى رب الأرباب عن قول الظالمين علوا كبيرا ثم مهما ظهر أن أفعال العباد مخلوقة لله صح أنها مرادة له فإن قيل فكيف ينهى عما يريد ويأمر بما لا يريد قلنا الأمر غير الإرادة ولذلك إذا ضرب السيد عبده فعاتبه السلطان عليه فاعتذر بتمرد عبده عليه فكذبه السلطان فأراد إظهار حجته بأن يأمر العبد بفعل ويخالفه بين يديه فقال له أسرج هذه الدابة بمشهد من السلطان فهو يأمره بما لايريد امتثاله ولو لم يكن آمرا لما كان عذره عند السلطان ممهدا ولو كان مريدا لامتثاله لكان مريدا لهلاك نفسه وهو محال الأصل الرابع أن اللـه تعالى

متفضل بالخلق والاختراع ومتطول بتكليف العباد ولم يكن الخلق والتكليف واجبا عليه وقالت المعتزلة وجب عليه ذلك لما فيه من مصلحة العباد وهو محال إذ هو الموجب والآمر والناهي وكيف يتهدف لإيجاب أو يتعرض للزوم وخطاب والمراد بالواجب أحد أمرين إما الفعل الذي في تركه ضرر إما آجل كما يقال يجب على العبد أن يطيع اللـه حتى لا يعذبه في الآخرة بالنار أو ضرر عاجل كما يقال يجب على العطشان أن يشرب حتى لا يموت وإما أن يراد به الذي يؤدي عدمه إلى محال كما يقال وجود المعلوم واجب إذ عدمه يؤدي إلى محال وهو أن يصير العلم جهلا فإن أراد الخصم بأن الخلق واجب على اللـه بالمعنى الأول

فقد عرضه للضرر وإن أراد به المعنى الثاني فهو مسلم إذ بعد سبق العلم لا بد من وجود المعلوم وإن أراد به معنى ثالثا فهو غير مفهوم

وقوله يجب لمصلحة عباده كلام فاسد فإنه إذا لم يتضرر بترك مصلحة العباد لم يكن للوجوب في حقه معنى ثم إن مصلحة العباد في أن يخلقهم في الجنة فأما أن يخلقهم في دار البلايا ويعرضهم للخطايا ثم يهدفهم لخطر العقاب وهول العرض والحساب فما في ذلك غبطة عند ذوي الألباب

الأصل الخامس أنه يجوز على الله سبحانه أن يكلف الخلق ما لا يطيقونه خلافا للمعتزلة ولو لم يجز ذلك لاستحال سؤال دفعه وقد سألوا ذلك فقالوا ربنا ولا تحملنا ما لا طاقة لنا به ولأن الله تعالى أخبر نبيه صلى الله عليه وسلم بأن أبا جهل لا يصدقه ثم أمره بأن يأمره بأن يصدقه في جميع أقواله وكان من جملة أقواله أنه لا يصدقه فكيف يصدقه في أنه لا يصدقه وهل هذا إلا محال وجوده

الأصل السادس أن لله عز وجل إيلام الخلق وتعذيبهم من غير جرم سابق ومن غير ثواب لاحق خلافا للمعتزلة لأنه متصرف في ملكه ولا يتصور أن يعدو تصرفه ملكه والظلم هو عبارة عن التصرف في ملك الغير بغير إذنه وهو محال على الله تعالى فإنه لا يصادف لغيره ملكا حتى يكون تصرفه فيه ظلما ويدل على جواز ذلك وجوده فإن ذبح البهائم إيلام لها وما صب عليها من أنواع العذاب من جهة الآدميين لم يتقدمها جريمة فإن قيل إن الله تعالى يحشرها ويجازيها على قدر ما قاسته من الآلام ويجب ذلك على الله سبحانه فقول من زعم أنه يجب على الله إحياء كل نملة وطئت وكل بقة عركت حتى يثيبها على آلامها فقد خرج عن الشرع والعقل إذ يقال وصف الثواب والحشر بكونه واجبا عليه إن كان المراد به أن يتضرر بتركه فهو محال وإن أريد به غيره فقد سبق أنه غير مفهوم إذ خرج عن المعاني المذكورة للواجب

الأصل السابع أنه تعالى يفعل بعباده ما يشاء فلا يجب عليه رعاية الأصلح لعباده لما ذكرناه من أنه لا يجب عليه سبحانه شيء بل لا يعقل في حقه الوجوب فإنه لا يسأل عما يفعل وهم يسألون وليت شعري بما يجيب المعتزلي في قوله إن الأصلح واجب عليه في مسألة نعرضها عليه وهو أن يفرض مناظرة في الآخرة بين صبي وبين بالغ ماتا مسلمين فإن الله سبحانه يزيد في درجات البالغ ويفضله على الصبي لأنه تعب بالإيمان والطاعات بعد البلوغ ويجب عليه ذلك عند المعتزلي فلو قال الصبي يا رب لم رفعت منزلته علي فيقول لأنه بلغ واجتهد في الطاعات ويقول الصبي أنت أمتني في الصبا فكان يجب عليك أن تديم حياتي حتى أبلغ فأجتهد فقد عدلت عن العدل في التفضل عليه بطول العمر له دوني فلم فضلته فيقول الله تعالى لأني علمت أنك لو بلغت لأشركت أو عصيت فكان الأصلح لك الموت في الصبا هذا عذر المعتزلي عن الله عز

وجل وعند هذا ينادى الكفار من دركات لظى ويقولون يا رب أما علمت أننا إذا بلغنا أشركنا فهلا أمتنا في الصبا فإنا رضينا بما دون منزلة الصبي المسلم فبماذا يجاب عن ذلك وهل يجب عند هذا إلا القطع بأن الأمور الإلهية تتعالى بحكم الجلال عن أن توزن بميزان أهل الاعتزال

فإن قيل مهما قدر على رعاية الأصلح للعباد ثم سلط عليهم أسباب العذاب كان ذلك قبحا لا يليق بالحكمة قلنا القبح ما لا يوافق الغرض حتى إنه قد يكون الشيء قبيحا عند شخص حسنا عند غيره إذا وافق غرض أحدهما دون الآخر حتى يستقبح قتل الشخص أولياؤه ويستحسنه أعداؤه

فإن أريد بالقبيح ما لا يوافق غرض الباري سبحانه فهو محال إذ لا غرض له فلا يتصور منه قبح كما لا يتصور منه ظلم إذ لا يتصور منه التصرف في ملك الغير

وإن أريد بالقبيح ما لا يوافق غرض الغير فلم قلتم إن ذلك عليه محال وهل هذا إلا مجرد تشه يشهد بخلافه ما قد فرضناه من مخاصمة أهل النار ثم الحكيم معناه العالم بحقائق الأشياء القادر على إحكام فعلها على وفق إرادته وهذا من أين يوجب رعاية

الأصلح وأما الحكيم منا يراعي الأصلح نظرا لنفسه ليستفيد به في الدنيا ثناء وفي الآخرة ثوابا أو يدفع به عن نفسه آفة

وكل ذلك محال على الله سبحانه وتعالى

الأصل الثامن أن معرفة الله سبحانه وطاعته واجبة بإيجاب الله تعالى وشرعه لا بالعقل خلافا للمعتزلة لأن العقل وإن أوجب الطاعة فلا يخلو إما أن يوجبها لغير فائدة وهو محال فإن العقل لا يوجب العبث وإما أن يوجبها لفائدة وغرض وذلك لا يخلو إما أن يرجع إلى المعبود وذلك محال في حقه تعالى فإنه يتقدس عن الأغراض والفوائد بل الكفر والإيمان والطاعة والعصيان في حقه تعالى سيان وإما أن يرجع ذلك إلى عرض العبد وهو أيضا محال لأنه لا غرض له في الحال بل يتعب به وينصرف عن الشهوات لسببه وليس في المآل إلا الثواب والعقاب

ومن أين يعلم أن الله تعالى يثيب على المعصية والطاعة ولا يعاقب عليهما مع أن الطاعة والمعصية في حقه يتساويان إذ ليس له إلى أحدهما ميل ولا به لأحدهما اختصاص وإنما عرف تمييز ذلك بالشرع ولقد زل من أخذ هذا من المقايسة بين الخالق والمخلوق حيث يفرق بين الشكر والكفران لما له من الارتياح والاهتزاز والتلذذ بأحدهما دون الآخر

فإن قيل فإذا لم يجب النظر والمعرفة إلا بالشرع والشرع لا يستقر ما لم ينظر المكلف فيه فإذا قال المكلف للنبي إن العقل ليس يوجب على النظر والشرع لا يثبت عندي إلا بالنظر ولست أقدم على النظر أدى ذلك إلى إفحام الرسول صلى الله عليه وسلم قلنا هذا يضاهي قول القائل للواقف في موضع من المواضع إن وراءك سبعا ضاريا فإن لم تبرح عن المكان قتلك وإن التفت وراءك ونظرت عرفت صدقي فيقول الواقف لا يثبت صدقك ما لم ألتفت ورائي ولا ألتفت ورائي ولا أنظر ما لم يثبت صدقك فيدل هذا على حماقة هذا القائل وتهدفه للهلاك ولا ضرر فيه على الهادي المرشد فكذلك النبي صلى الله عليه وسلم يقول إن وراءكم الموت ودونه السباع الضارية والنيران المحرقة إن لم تأخذوا منها حذركم وتعرفوا لي صدقي بالالتفات إلى معجزتي وإلا هلكتم فمن التفت عرف واحترز ونجا ومن لم يلتفت وأصر هلك وتردى ولا ضرر علي إن هلك الناس كلهم أجمعون وإنما علي البلاغ المبين فالشرع يعرف وجود السباع الضارية بعد الموت والعقل يفيد فهم كلامه والإحاطة بإمكان ما يقوله في المستقبل

والطبع يستحث على الحذر من الضرر ومعنى كون الشيء واجبا أن في تركه ضررا ومعنى كون الشرع موجبا أنه معرف للضرر المتوقع فإن العقل لا يهدى إلى التهدف للضرر بعد الموت عند اتباع الشهوات فهذا معنى

الشرع والعقل وتأثيرهما في تقدير الواجب ولولا خوف العقاب على ترك ما أمر به لم يكن الوجوب ثابتا إذ لا معنى للواجب إلا ما يرتبط بتركه ضرر في الآخرة

الأصل التاسع أنه ليس يستحيل بعثة الأنبياء عليهم السلام خلافا للبراهمة حيث قالوا لا فائدة في بعثتهم إذ في العقل مندوحة عنهم لأن العقل لا يهدى إلى الأفعال المنجية في الآخرة كما لا يهدى إلى الأدوية المفيدة للصحة فحاجة الخلق إلى الأنبياء كحاجتهم إلى الأطباء ولكن يعرف صدق الطبيب بالتجربة ويعرف صدق النبي بالمعجزة

الأصل العاشر أن اللـه سبحانه قد أرسل محمدا صلى اللـه عليه وسلم خاتما للنبيين وناسخا لما قبله من شرائع اليهود والنصارى والصابئين وأيده بالمعجزات الظاهرة والآيات الباهرة كانشقاق القمر حديث انشقاق القمر متفق عليه من حديث أنس وابن مسعود وابن عباس وتسبيح الحصى حديث تسبيح الحصى أخرجه البيهقي في دلائل النبوة من حديث أبي ذر وقال صالح بن أبي الأخضر ليس بالحافظ والمحفوظ رواية رجل من بني سليم لم يسم عن أبي ذر وإنطاق العجماء حديث إنطاق العجماء أخرجه أحمد والبيهقي بإسناد صحيح من حديث يعلى بن مرة في البعير الذي شكا إلى النبي صلى اللـه عليه وسلم أهله وقد ورد في كلام الضب والذئب والحمرة أحاديث رواها البيهقي في الدلائل وما تفجر من بين أصابعه من الماء

ومن آياته الظاهرة التي تحدى بها مع كافة العرب القرآن العظيم

فإنهم مع تمييزهم بالفصاحة والبلاغة تهدفوا لسبه ونهيه وقتله وإخراجه كما أخبر الـلـه عز وجل عنهم ولم يقدروا على معارضته بمثل القرآن إذ لم يكن في قدرة البشر الجمع بين جزالة القرآن ونظمه هذا مع ما فيه من أخبار الأولين مع كونه أميا غير ممارس للكتب والإنباء عن الغيب في أمور تحقق صدقه فيها في الاستقبال كقوله تعالى لتدخلن المسجد الحرام إن شاء الـلـه آمنين محلقين رؤوسكم ومقصرين وكقوله ألم غلبت الروم في أدنى الأرض وهم من بعد غلبهم سيغلبون في بضع سنين ووجه دلالة المعجزة على صدق الرسل أن كل ما عجز عنه البشر لم يكن إلا فعلا لله تعالى

فمهما كان مقرونا بتحدي النبي صلى الـلـه عليه وسلم ينزل منزلة قوله صدقت وذلك مثل القائل بين يدي
2 الملك المدعى على رعيته أنه رسول الملك إليهم فإنه مهما قال لذلك إن كنت صادقا فقم على سريرك ثلاثا واقعد على خلاف عادتك ففعل الملك ذلك حصل للحاضرين علم ضروري بأن ذلك نازل منزلة قوله صدقت

الركن الرابع في السمعيات وتصديقه صلى الـلـه عليه وسلم فيما أخبر عنه ومداره على عشرة أصول

الأصل الأول الحشر والنشر حديث الحشر والنشر أخرجه الشيخان من حديث ابن عباس إنكم لمحشورون إلى الـلـه الحديث ومن حديث سهل يحشر الناس يوم القيامة على أرض بيضاء الحديث ومن حديث عائشة يحشرون يوم القيامة حفاة ومن حديث أبي هريرة يحشر الناس على ثلاث طرائق الحديث ولابن ماجه من حديث ميمونة مولاة النبي صلى الـلـه عليه وسلم أفتنا في بيت المقدس وأرض المحشر والمنشر الحديث وإسناده جيد وقد ورد بهما الشرع وهو حق والتصديق بهما واجب لأنه في العقل ممكن ومعناه الإعادة بعد الإفناء وذلك مقدور لله تعالى كابتداء الإنشاء قال الـلـه تعالى قال من يحيي العظام وهي رميم قل يحييها الذي أنشأها أول مرة فاستدل بالابتداء على الإعادة وقال عز وجل ما خلقكم ولا بعثكم إلا كنفس واحدة والإعادة ابتداء ثان فهو ممكن كالابتداء الأول

الأصل الثاني سؤال منكر ونكير حديث سؤال منكر ونكير تقدم وقد وردت به الأخبار فيجب التصديق به لأنه ممكن إذ ليس يستدعى إلا إعادة الحياة إلى جزء من الأجزاء الذي به فهم الخطاب وذلك ممكن في نفسه ولا يدفع ذلك ما يشاهد من سكون أجزاء الميت وعدم سماعنا للسؤال له فإن النائم ساكن بظاهره ويدرك بباطنه من الآلام واللذات ما يحس بتأثيره عند التنبه وقد كان رسول الـلـه صلى الـلـه عليه وسلم يسمع كلام جبريل عليه السلام ويشاهده ومن حوله لا يسمعونه ولا يرونه حديث كان يسمع كلام جبريل ويشاهده ومن حوله لا يسمعونه ولا يرونه أخرجه البخاري ومسلم من حديث عائشة قالت قال رسول الـلـه صلى الـلـه عليه وسلم يوما يا عائشة هذا جبريل يقرئك السلام فقلت وعليه السلام ورحمة الـلـه وبركاته ترى ما لا أرى قلت وهذا هو الأغلب وإلا

فقد رأى جبريل جماعة من الصحابة منهم عمر وابنه عبد الله وكعب بن مالك وغيرهم ولا يحيطون بشيء من علمه إلا بما شاء فإذا لم يخلق لهم السمع والرؤية لم يدركوه

الأصل الثالث عذاب القبر وقد ورد الشرع به قال الله تعالى النار يعرضون عليها غدوا وعشيا ويوم تقوم الساعة أدخلوا آل فرعون أشد العذاب واشتهر عن رسول الله صلى الله عليه وسلم والسلف الصالح الاستعاذة من عذاب القبر حديث استعاذ من عذاب القبر أخرجاه من حديث أبي هريرة وعائشة وقد تقدم وهو ممكن فيجب التصديق به ولا يمنع من التصديق به تفرق أجزاء الميت في بطون السباع وحواصل الطيور فإن المدرك لألم العذاب من الحيوان أجزاء مخصوصة يقدر الله تعالى على إعادة الإدراك إليها

الأصل الرابع الميزان وهو حق قال الله تعالى ونضع الموازين القسط ليوم القيامة وقال تعالى فمن ثقلت موازينه فأولئك هم المفلحون ومن خفت موازينه الآية ووجهها أن الله تعالى يحدث في صحائف الأعمال وزنا بحسب درجات الأعمال عند الله تعالى فتصير مقادير أعمال العباد معلومة

للعباد حتى يظهر لهم العدل في العقاب أو الفضل في العفو وتضعيف الثواب

الأصل الخامس الصراط وهو جسر ممدود على متن جهنم أرق من الشعرة وأحد من السيف قال الله تعالى فاهدوهم إلى صراط الجحيم وقفوهم إنهم مسئولون وهذا ممكن فيجب التصديق به فإن القادر على أن يطير الطير في الهواء قادر على أن يسير الإنسان على الصراط

الأصل السادس أن الجنة والنار مخلوقتان قال الله تعالى وسارعوا إلى مغفرة من ربكم وجنة عرضها السموات والأرض أعدت للمتقين فقوله تعالى أعدت دليل على أنها مخلوقة فيجب إجراؤه على الظاهر إذ لا استحالة فيه ولا يقال لا فائدة في خلقهما قبل يوم الجزاء لأن الله تعالى لا يسأل عما يفعل وهم يسألون

الأصل السابع أن الإمام الحق بعد رسول الله صلى الله عليه وسلم أبو بكر ثم عمر ثم عثمان ثم علي رضي الله عنهم ولم يكن نص رسول الله صلى الله عليه وسلم على إمام أصلا إذ لو كان لكان أولى بالظهور من نصبه آحاد الولاة والأمراء على الجنود في البلاد ولم يخف ذلك فكيف خفي هذا وإن ظهر فكيف اندرس حتى لم ينقل إلينا فلم يكن أبو بكر إماما إلا بالاختيار والبيعة وأما تقدير النص على غيره فهو نسبة للصحابة كلهم إلى مخالفة رسول الله صلى الله عليه وسلم وخرق الإجماع وذلك مما لا يستجرىء على اختراعه إلا الروافض واعتاد أهل السنة تزكية جميع الصحابة والثناء عليهم كما أثنى الله سبحانه وتعالى ورسوله صلى الله عليه وسلم

وما جرى بين معاوية وعلي رضي الله عنهما كان مبنيا على الاجتهاد لا منازعة من معاوية في الإمامة إذ ظن علي رضي الله عنه أن تسليم قتلة عثمان مع كثرة عشائرهم واختلاطهم بالعسكر يؤدي إلى اضطراب أمر الإمامة في بدايتها فرأى التأخير أصوب وظن معاوية أن تأخير أمرهم مع عظم جنايتهم يوجب الإغراء بالأئمة ويعرض الدماء للسفك

وقد قال أفاضل العلماء كل مجتهد مصيب

وقال قائلون المصيب واحد ولم يذهب إلى تخطئة على ذو تحصيل أصلا

الأصل الثامن أن فضل الصحابة رضي الله عنهم على ترتيبهم في الخلافة إذ حقيقة الفضل ما هو فضل عند الله عز وجل وذلك لا يطلع عليه إلا رسول الله صلى الله عليه وسلم

وقد ورد في الثناء على جميعهم آيات وأخبار كثيرة حديث الثناء على الصحابة تقدم وإنما يدرك دقائق الفضل والترتيب فيه المشاهدون للوحي والتنزيل بقرائن الأحوال ودقائق التفصيل فلولا فهمهم ذلك لما رتبوا الأمر كذلك إذ كانوا لا تأخذهم في الله لومة لائم ولا يصرفهم عن الحق صارف

الأصل التاسع أن شرائط الإمامة بعد الإسلام والتكليف خمسة الذكورة والورع والعلم والكفاية ونسبة قريش لقوله صلى الله عليه وسلم الأئمة من قريش حديث الأئمة من قريش أخرجه النسائي من حديث أنس والحاكم من حديث

ابن عمر وإذا اجتمع عدد من الموصوفين بهذه الصفات فالإمام من انعقدت له البيعة من أكثر الخلق والمخالف للأكثر باغ يجب رده إلى الانقياد إلى الحق

الأصل العاشر أنه لو تعذر وجود الورع والعلم فيمن يتصدى للإمامة وكان في صرفه إثارة فتنة لا تطاق حكمنا بانعقاد إمامته لأنا بين أن نحرك فتنة بالاستبدال فما يلقى المسلمون فيه من الضرر يزيد على ما يفوتهم من نقصان هذه الشروط التي أثبتت لمزية المصلحة فلا يهدم أصل المصلحة شغفا بمزاياها كالذي يبني قصرا ويهدم مصرا وبين أن نحكم بخلو البلاد عن الإمام وبفساد الأقضية وذلك محال

ونحن نقضي بنفوذ قضاء أهل البغي في بلادهم لمسيس حاجتهم فكيف لا نقضي بصحة الإمامة عند الحاجة والضرورة فهذه الأركان الأربعة الحاوية للأصول الأربعين هي قواعد العقائد فمن اعتقدها كان موافقا لأهل السنة ومباينا لرهط البدعة

فالله تعالى يسددنا بتوفيقه ويهدينا إلى الحق وتحقيقه بمنه وسعة جوده وفضله وصلى الله على سيدنا محمد وعلى آله وكل عبد مصطفى

الفصل الرابع من قواعد العقائد

في الإيمان والإسلام وما بينهما من الاتصال وما يتطرق إليه من الزيادة والنقصان ووجه استثناء السلف فيه وفيه ثلاث مسائل

مسألة اختلفوا في أن الإسلام هو الإيمان أو غيره وإن كان غيره فهل هو منفصل عنه يوجد دونه أو مرتبط به يلازمه فقيل إنهما شيء واحد وقيل إنهما شيئان لا يتواصلان وقيل إنهما شيئان ولكن يرتبط أحدهما بالآخر وقد أورد أبو طالب المكي في هذا كلاما شديد الاضطراب كثير التطويل فلنهجم الآن على التصريح بالحق من غير تعريج على نقل ما لا تحصيل له فنقول في هذا ثلاثة مباحث بحث عن موجب اللفظين في اللغة وبحث عن المراد بهما في إطلاق الشرع وبحث عن حكمهما في الدنيا والآخرة والبحث الأول لغوي والثاني تفسيري والثالث فقهي شرعي

البحث الأول في موجب اللغة والحق فيه أن الإيمان عبارة عن التصديق قال الله تعالى وما أنت بمؤمن لنا أي بمصدق والإسلام عبارة عن التسليم والاستسلام بالإذعان والانقياد وترك التمرد والإباء والعناد وللتصديق محل خاص وهو القلب واللسان ترجمان

وأما التسليم فإنه عام في القلب واللسان والجوارح فإن كل تصديق بالقلب فهو تسليم وترك الإباء والجحود وكذلك الاعتراف باللسان وكذلك الطاعة والانقياد بالجوارح

فموجب اللغة أن الإسلام أعم والإيمان أخص فكان الإيمان عبارة عن أشرف أجزاء الإسلام فإذن كل تصديق تسليم وليس كل تسليم تصديقا

البحث الثاني عن إطلاق الشرع والحق فيه أن الشرع قد ورد باستعمالهما على سبيل الترادف والتوارد وورد على سبيل الاختلاف وورد على سبيل التداخل أما الترادف ففيقوله تعالى فأخرجنا من كان فيها من المؤمنين فما وجدنا فيها غير بيت من المسلمين ولم يكن بالاتفاق إلا بيت واحد وقال تعالى يا قوم إن كنتم آمنتم بالله فعليه توكلوا إن كنتم مسلمين وقال صلى الله عليه وسلم بني الإسلام على خمس حديث بني الإسلام على خمس أخرجاه من حديث ابن عمر

وسئل رسول الله صلى الله عليه وسلم مرة عن الإيمان فأجاب بهذه الخمس حديث سئل عن الإيمان فأجاببهذه الخمس أخرجه البيهقي في الإعتقاد من حديث ابن عباس في قصة وفد عبد القيس تدرون ما الإيمان شهادة أن لا إله إلا الله وأن محمدا رسول الله وأن تقيموا الصلاة وتؤتوا الزكاة وتصوموا رمضان وتحجوا البيت الحرام والحديث في الصحيحين لكن ليس فيه ذكر الحج وزاد وأن تؤتوا خمسا من المغنم وأما الاختلاف فقوله تعالى

﴿ قالت الأعراب آمنا قل لم تؤمنوا ولكن قولوا أسلمنا ﴾ ومعناه استسلمنا في الظاهر فأراد بالإيمان ههنا التصديق بالقلب فقط وبالإسلام الاستسلام ظاهرا باللسان والجوارح وفي حديث جبرائيل عليه السلام لما سأله عن الإيمان فقال أن تؤمن بالله وملائكته وكتبه ورسله واليوم الآخر وبالبعث بعد الموت وبالحساب وبالقدر خيره وشره فقال فما الإسلام فأجاب بذكر الخصال الخمس حديث جبريل لما سأله عن الإيمان فقال أن تؤمن بالله وملائكته الحديث أخرجاه من حديث أبي هريرة ومسلم من حديث عمر دون ذكر ﴿ الحساب ﴾ فرواه البيهقي في البعث وقد تقدم فعبر بالإسلام عن تسليم الظاهر بالقول والعمل

وفي الحديث عن سعد أنه صلى الله عليه وسلم أعطى رجلا عطاء ولم يعط الآخر فقال له سعد يا رسول الله تركت فلانا لم تعطه وهو مؤمن فقال صلى الله عليه وسلم أو مسلم فأعاد عليه فأعاد رسول الله صلى الله عليه وسلم حديث سعد أعطى رجلا عطاء ولم يعط الآخر فقال له سعد يا رسول الله تركت فلانا لم تعطه وهو مؤمن فقال أو مسلم الحديث أخرجاه بنحوه وأما التداخل فما روي أيضا أنه

سئل فقيل أي الأعمال أفضل فقال صلى الله عليه وسلم الإسلام فقال أي الإسلام أفضل فقال صلى الله عليه وسلم الإيمان حديث سئل أي الأعمال أفضل فقال الإسلام فقال أي الإسلام أفضل فقال الإيمان أخرجه أحمد والطبراني من حديث عمرو بن عنبسة بالشطر الأخير فقال يا رسول الله أي الإسلام أفضل قال الإيمان وإسناده صحيح وهذا دليل على الاختلاف وعلى التداخل وهو أوفق الاستعمالات في اللغة لأن الإيمان عمل من الأعمال وهو أفضلها والإسلام هو تسليم إما بالقلب وإما باللسان وإما بالجوارح وأفضلها الذي بالقلب وهو التصديق الذي يسمى إيمانا والاستعمال لهما على سبيل الاختلاف وعلى سبيل التداخل وعلى سبيل الترادف كله غير خارج عن طريق التجوز في اللغة

أما الاختلاف فهو أن يجعل الإيمان عبارة عن التصديق بالقلب فقط وهو موافق للغة والإسلام عبارة عن التسليم ظاهرا وهو أيضا موافق للغة فإن التسليم ببعض محال التسليم ينطلق عليه اسم التسليم فليس من شرط حصول الاسم عموم المعنى لكل محل يمكن أن يوجد المعنى فيه فإن من لمس غيره ببعض بدنه يسمى لامسا وإن لم يستغرق جميع بدنه فإطلاق اسم الإسلام على التسليم الظاهر عند عدم تسليم الباطن مطابق للسان وعلى هذا الوجه جرى قوله تعالى ﴿ قالت الأعراب آمنا قل لم تؤمنوا ولكن قولوا أسلمنا ﴾ وقوله صلى الله عليه وسلم في حديث سعد أو مسلم لأنه فضل أحدهما على الآخر ويريد بالاختلاف تفاضل المسميين

وأما التداخل فموافق أيضا للغة في خصوص الإيمان وهو أن يجعل الإسلام عبارة عن التسليم بالقلب والقول والعمل جميعا والإيمان عبارة عن بعض ما دخل في الإسلام وهو التصديق بالقلب وهو الذي عنيناه بالتداخل وهو موافق للغة في خصوص الإيمان وعموم الإسلام للكل وعلى هذا خرج قوله ﴿ الأيمان ﴾ في جواب قول السائل أي الإسلام أفضل لأنه جعل الإيمان خصوصا من الإسلام فأدخله فيه وأما استعماله فيه على سبيل الترادف بأن يجعل الإسلام عبارة عن التسليم بالقلب والظاهر جميعا فإن كل ذلك تسليم وكذا الإيمان ويكون التصرف في الإيمان على الخصوص بتعميمه وإدخال الظاهر في معناه وهو جائز لأن تسليم الظاهر بالقول والعمل ثمرة تصديق الباطن ونتيجته وقد يطلق اسم الشجر ويراد به الشجر مع ثمره على سبيل التسامح فيصير بهذا القدر من التعميم مرادفا لاسم الإسلام ومطابقا له فلا يزيد عليه ولا ينقص وعليه خرج قوله ﴿ فما وجدنا فيها غير بيت من المسلمين ﴾

البحث الثالث عن الحكم الشرعي

والإسلام والإيمان حكمان أخروي ودنيوي

أما الأخروي فهو الإخراج من النار ومنع التخليد إذ قال رسول الله صلى الله عليه وسلم يخرج من النار من كان في قلبه مثقال ذرة من إيمان حديث يخرج من النار من كان في قلبه مثقال ذرة من الإيمان أخرجاه من حديث أبي

سعيد الخدري في الشفاعة وفيه اذهبوا فمن وجدتم في قلبه مثقال ذرة من إيمان فأخرجوه الحديث ولهما من حديث أنس فيقال انطلق فأخرج منها من كان في قلبه مثقال ذرة أو خردلة من إيمان لفظ البخاري ﴿ منهما ﴾ وله تعليقا من حديث أنس يخرج من النار من قال لا إله إلا الله وفي قلبه وزن ذرة من إيمان وهو عندهما متصل بلفظ ﴿ خير ﴾ مكان ﴿ أيمان ﴾ وقد اختلفوا في أن هذا الحكم على ماذا يترتب وعبروا عنه بأن الإيمان ماذا هو فمن قائل إنه مجرد العقد ومن قائل يقول إنه عقد بالقلب وشهادة باللسان ومن قائل يزيد ثالثا وهو العمل بالأركان ونحن نكشف الغطاء عنه ونقول من جمع بين هذه الثلاثة فلا خلاف في أن مستقره الجنة وهذه درجة

الدرجة الثانية أن يوجد اثنان وبعض الثالث وهو القول والعقد وبعض الأعمال ولكن ارتكب صاحبه كبيرة أو بعض الكبائر فعند هذا قالت المعتزلة خرج بهذا عن الإيمان ولم يدخل في الكفر بل اسمه فاسق وهو على منزلة بين المنزلتين وهو مخلد في النار وهذا باطل كما سنذكره

الدرجة الثالثة أن يوجد التصديق بالقلب والشهادة باللسان دون الأعمال بالجوارح وقد

اختلفوا في حكمه فقال أبو طالب المكي العمل بالجوارح من الإيمان ولا يتم دونه وادعى الإجماع فيه واستدل بأدلة تشعر بنقيض غرضه كقوله تعالى ﴿ الذين آمنوا وعملوا الصالحات ﴾ إذ هذا يدل على أن العمل وراء الإيمان لا من نفس الإيمان وإلا فيكون العمل في حكم المعاد والعجب أنه ادعى الإجماع في هذا وهو مع ذلك ينقل قوله صلى الله عليه وسلم لا يكفر أحد إلا بعد جحوده لما أقر به حديث لا تكفروا أحدا إلا بجحود بما أقر به أخرجه الطبراني في الأوسط من حديث أبي سعيد لن يخرج أحد من الإيمان إلا بجحود ما دخل فيه وإسناده ضعيف وينكر على المعتزلة قولهم بالتخليد في النار بسبب الكبائر والقائل بهذا قائل بنفس مذهب المعتزلة إذ يقال له من صدق بقلبه وشهد بلسانه ومات في الحال فهل هو في الجنة فلا بد أن يقول نعم وفيه حكم بوجود الإيمان دون العمل فنزيد ونقول لو بقي حيا حتى دخل عليه وقت صلاة واحدة فتركها ثم مات أو زنى ثم مات فهل يخلد في النار فإن قال نعم فهو مراد المعتزلة وإن قال لا فهو تصريح بأن العمل ليس ركنا من نفس الإيمان ولا شرطا في وجوده ولا في استحقاق الجنة به وإن قال أردت به أن يعيش مدة طويلة ولا يصلي ولا يقدم على شيء من الأعمال الشرعية فنقول فما ضبط تلك المدة وما عدد تلك الطاعات التي بتركها يبطل الإيمان وما عدد الكبائر التي بارتكابها يبطل الإيمان وهذا لا يمكن التحكم بتقديره ولم يصر إليه صائر أصلا

الدرجة الرابعة أن يوجد التصديق بالقلب قبل أن ينطق باللسان أو يشتغل بالأعمال ومات فهل نقول مات مؤمنا بينه وبين الله تعالى وهذا مما اختلف فيه ومن شرط القول لتمام الإيمان يقول هذا مات قبل الإيمان وهو فاسد إذ قال صلى الله عليه وسلم يخرج من النار من كان في قلبه مثقال ذرة من الإيمان وهذا قلبه طافح بالإيمان فكيف يخلد في النار ولم يشترط في حديث جبريل عليه السلام للإيمان إلا التصديق بالله تعالى وملائكته وكتبه واليوم الآخر كما سبق

الدرجة الخامسة أن يصدق بالقلب ويساعده من العمر مهلة النطق بكلمتي الشهادة وعلم وجوبها ولكنه لم ينطق بها فيحتمل أن يجعل امتناعه عن النطق كامتناعه عن الصلاة ونقول هو مؤمن غير مخلد في النار والإيمان هو التصديق المحض واللسان ترجمان الإيمان فلا بد أن يكون الإيمان موجودا بتمامه قبل اللسان حتى يترجمه اللسان وهذا هو الأظهر إذ لا مستند إلا اتباع موجب الألفاظ ووضع اللسان أن الإيمان هو عبارة عن التصديق بالقلب

وقد قال صلى الله عليه وسلم يخرج من كان في قلبه مثقال ذرة ولا ينعدم الإيمان من القلب بالسكوت عن النطق الواجب كما لا ينعدم بالسكوت عن الفعل الواجب وقال قائلون القول ركن إذ ليس كلمتا الشهادة إخبارا عن القلب بل

هو إنشاء عقد آخر وابتداء شهادة والتزام والأول أظهر وقد غلا في هذا طائفة المرجئة فقالوا هذا لا يدخل النار أصلا وقالوا إن المؤمن وإن عصى فلا يدخل النار وسنبطل ذلك عليهم

الدرجة السادسة أن يقول بلسانه لا إله إلا الله محمد رسول الله ولكن لم يصدق بقلبه فلا نشك في أن هذا في حكم الآخرة من الكفار وأنه مخلد في النار ولا نشك في أنه في حكم الدنيا للذي يتعلق بالأئمة والولاة من المسلمين لأن قلبه لا يطلع عليه وعلينا أن نظن به أنه ما قاله بلسانه إلا وهو منطو عليه في قلبه وإنما نشك في أمر ثالث وهو الحكم الدنيوي فيما بينه وبين الله تعالى

وذلك بأن يموت له في الحال قريب مسلم ثم يصدق بعد ذلك بقلبه ثم يستفتى ويقول كنت غير مصدق بالقلب حالة الموت والميراث الآن في يدي فهل يحل لي بيني وبين الله تعالى أو نكح مسلمة ثم صدق بقلبه هل تلزمه إعادة النكاح هذا محل نظر فيحتمل أن يقال أحكام الدنيا منوطة بالقول الظاهر ظاهرا وباطنا ويحتمل أن يقال تناط بالظاهر في حق غيره لأن باطنه غير ظاهر لغيره وباطنه ظاهر له في نفسه بينه وبين الله تعالى والأظهر والعلم عند الله

تعالى أنه لا يحل له ذلك الميراث ويلزمه إعادة النكاح ولذلك كان حذيفة رضي الـلـه عنه لا يحضر جنازة من يموت من المنافقين وعمر رضي الـلـه عنه كان يراعي ذلك منه فلا يحضر إذا لم يحضر حذيفة رضي الـلـه عنه والصلاة فعل ظاهر في الدنيا وإن كانت من العبادات

والتوقي عن الحرام أيضا من جملة ما يجب لله كالصلاة لقوله صلى الـلـه عليه وسلم طلب الحلال فريضة بعد فريضة وليس هذا مناقضا لقولنا إن الإرث حكم الإسلام وهو الاستسلام بل الاستسلام التام هو ما يشمل الظاهر والباطن وهذه مباحث فقهية ظنية تبنى على ظواهر الألفاظ والعمومات والأقيسة فلا ينبغي أن يظن القاصر في العلوم أن المطلوب فيه القطع من حيث جرت العادة بإيراده في فن الكلام الذي يطلب فيه القطع فما أفلح من نظر إلى العادات والمراسم في العلوم

فإن قلت فما شبهة المعتزلة والمرجئة وما حجة بطلان قولهم فأقول شبهتهم عمومات القرآن أما المرجئة فقالوا لا يدخل المؤمن النار وإن أتى بكل المعاصي لقوله عز وجل ﴿ فمن يؤمن بربه فلا يخاف بخسا ولا رهقا ﴾ ولقوله سبحانه وتعالى ﴿ والذين آمنوا بالله ورسله أولئك هم الصديقون ﴾ الآية ولقوله تعالى كلما ألقي فيها فوج سألهم خزنتها إلى قوله فكذبنا وقلنا ما نزل الـلـه من شيء فقوله ﴿ كلما ألقي فيها فوج ﴾ عام فينبغي أن يكون من ألقي في النار مكذبا ولقوله تعالى ﴿ لا يصلاها إلا الأشقى الذي كذب وتولى ﴾ وهذا حصر وإثبات ونفي ولقوله تعالى ﴿ من جاء بالحسنة فله خير منها وهم من فزع يومئذ آمنون ﴾ فالإيمان رأس الحسنات ولقوله تعالى ﴿ و الـلـه يحب المحسنين ﴾ وقال تعالى ﴿ إنا لا نضيع أجر من أحسن عملا ﴾ ولا حجة لهم في ذلك فإنه حيث ذكر الإيمان في هذه الآيات أريد به الإيمان مع العمل إذ بينا أن الإيمان قد يطلق ويراد به الإسلام وهو الموافقة بالقلب والقول والعمل ودليل هذا التأويل أخبار كثيرة في معاقبة العاصين ومقادير العقاب وقوله صلى الـلـه عليه وسلم يخرج من النار من كان في قلبه مثقال ذرة من إيمان فكيف يخرج إذا لم يدخل ومن القرآن قوله تعالى ﴿ إن الـلـه لا يغفر أن يشرك به ويغفر ما دون ذلك لمن يشاء ﴾ والاستثناء بالمشيئة يدل على الانقسام وقوله تعالى ﴿ ومن يعص الـلـه ورسوله فإن له نار جهنم خالدين فيها ﴾ وتخصيصه بالكفر تحكم وقوله تعالى ﴿ ألا إن الظالمين في عذاب مقيم ﴾ وقال تعالى ﴿ ومن جاء بالسيئة فكبت وجوههم في النار ﴾ فهذه العمومات في معارضة عموماتهم ولا بد من تسليط التخصص والتأويل على الجانبين لأن الأخبار مصرحة بأن العصاة يعذبون حديث تعذيب العصاة أخرجه البخاري من حديث أنس ليصيبن أقواما سنع من النار بذنوب أصابوها الحديث ويأتي في ذكر الموت عدة أحاديث بل قوله تعالى وإن منكم إلا واردها كالصريح في أن ذلك لا بد منه للكل إذ لا يخلو مؤمن عن ذنب يرتكبه وقوله تعالى لا

يصلاها إلا الأشقى الذي كذب وتولى أراد به من جماعة مخصوصين أو أراد بالأشقى شخصا معينا أيضا وقوله تعالى كلما ألقي فيها فوج سألهم خزنتها أي فوج من الكفار وتخصيص العمومات قريب

ومن هذه الآية وقع للأشعري وطائفة من المتكلمين إنكار صيغ العموم وأن هذه الألفاظ يتوقف فيها إلى ظهور قرينة تدل على معناها

وأما المعتزلة فشبهتهم قوله تعالى وإني لغفار لمن تاب وآمن وعمل صالحا ثم اهتدى وقوله تعالى والعصر إن الإنسان لفي خسر إلا الذين آمنوا وعملوا الصالحات وقوله تعالى وإن منكم إلا واردها كان على ربك حتما مقضيا ﴿ ثم قال ﴾ ثم ننجي الذين اتقوا وقوله تعالى ومن يعص الله ورسوله فإن له نار جهنم وكل آية ذكر الله عز وجل العمل الصالح فيها مقرونا بالإيمان وقوله تعالى ومن يقتل مؤمنا متعمدا فجزاؤه جهنم خالدا فيها وهذه العمومات أيضا مخصوصة بدليل قوله تعالى

ويغفر ما دون ذلك لمن يشاء فينبغي أن تبقى له مشيئة في مغفرة ما سوى الشرك
وكذلك قوله صلى الـلـه عليه وسلم يخرج من النار من كان في قلبه مثقال ذرة من إيمان وقوله تعالى إنا لا نضيع أجر من أحسن عملا وقوله تعالى إن الـلـه لا يضيع أجر المحسنين فكيف يضيع أجر أصل الإيمان وجميع الطاعات بمعصية واحدة وقوله تعالى ومن يقتل مؤمنا متعمدا أي لإيمانه وقد ورد على مثل هذا السبب
فإن قلت فقد مال الاختيار إلى أن الإيمان حاصل دون العمل
وقد اشتهر عن السلف قولهم الإيمان عقد وقول وعمل فما معناه قلنا لا يبعد أن يعد العمل من الإيمان لأنه مكمل له ومتمم كما يقال الرأس واليدان من الإنسان ومعلوم أنه يخرج عن كونه إنسانا بعدم الرأس ولا يخرج عنه بكونه مقطوع اليد وكذلك يقال التسبيحات والتكبيرات من الصلاة وإن كانت لا تبطل بفقدها فالتصديق بالقلب من الإيمان كالرأس من وجود الإنسان إذ ينعدم بعدمه وبقية الطاعات كالأطراف بعضها أعلى من بعض وقد قال صلى الـلـه عليه وسلم لا يزني الزاني حين يزني وهو مؤمن حديث لا يزني الزاني حين يزني وهو مؤمن متفق عليه من حديث أبي هريرة والصحابة رضي الـلـه عنهم ما اعتقدوا مذهب المعتزلة في الخروج عن الإيمان بالزنا ولكن معناه غير مؤمن حقا إيمانا تاما كاملا كما يقال للعاجز المقطوع الأطراف هذا ليس بإنسان أي ليس له الكمال الذي هو وراء حقيقة الإنسانية
مسألة فإن قلت فقد اتفق السلف على أن الإيمان يزيد وينقص يزيد بالطاعة وينقص بالمعصية فإذا كان التصديق هو الإيمان فلا يتصور فيه زيادة ولا نقصان فأقول السلف هم الشهود العدول وما لأحد عن قولهم عدول فما ذكروه حق وإنما الشأن في فهمه وفيه دليل على أن العمل ليس من أجزاء الإيمان وأركان وجوده بل هو مزيد عليه يزيد به والزائد موجود والناقص موجود والشيء لا يزيد بذاته فلا يجوز أن يقال الإنسان يزيد برأسه بل يقال يزيد بلحيته وسمنه ولا يجوز أن يقال الصلاة تزيد بالركوع والسجود بل تزيد بالآداب والسنن فهذا تصريح بأن الإيمان له وجود ثم بعد الوجود يختلف حاله بالزيادة والنقصان
فإن قلت فالإشكال قائم في أن التصديق كيف يزيد وينقص وهو خصلة واحدة فأقول إذا تركنا المداهنة ولم نكترث بتشغيب من تشغب وكشفنا الغطاء ارتفع الإشكال فنقول الإيمان اسم مشترك يطلق من ثلاثة أوجه الأول أنه يطلق للتصديق بالقلب على سبيل الإعتقاد والتقليد من غير كشف وانشراح صدر وهو إيمان العوام بل إيمان الخلق كلهم إلا الخواص وهذا الإعتقاد عقدة عن القلب تارة تشتد وتقوى وتارة تضعف وتسترخي كالعقدة على الخيط مثلا ولا تستبعد هذا واعتبره باليهودي وصلابته في عقيدته التي لا يمكن نزوعه عنها بتخويف وتحذير ولا بتخييل ووعظ ولا تحقيق وبرهان وكذلك النصراني والمبتدعة وفيهم من

يمكن تشكيكه بأدنى كلام ويمكن استنزاله عن اعتقاده بأدنى استمالة أو تخويف مع أنه غير شاك في عقده كالأول ولكنهما متفاوتان في شدة التصميم

وهذا موجود في الإعتقاد الحق أيضا والعمل يؤثر في نماء هذا التصميم وزيادته كما يؤثر سقي الماء في نماء الأشجار ولذلك قال الله تعالى فزادتهم إيمانا وقال تعالى ليزدادوا إيمانا مع إيمانهم وقال صلى الله عليه وسلم فيما يروى في بعض الأخبار الإيمان يزيد وينقص حديث الإيمان يزيد وينقص أخرجه ابن عدي في الكامل وأبو الشيخ في كتاب الثواب من حديث أبي هريرة وقال ابن عدي باطل فيه محمد بن أحمد بن حرب الملحي يتعمد الكذب وهو عند ابن ماجه موقوف على أبي هريرة وابن عباس وأبي الدرداء وذلك بتأثير الطاعات في القلب وهذا لا يدركه إلا من راقب أحوال نفسه في أوقات المواظبة على العبادة والتجرد لها بحضور القلب مع أوقات الفتور وإدراك التفاوت في السكون إلى عقائد الإيمان في هذه الأحوال حتى يزيد عقده استعصاء على من يريد حله بالتشكيك بل من يعتقد في اليتيم معنى الرحمة إذا عمل بموجب اعتقاده فمسح رأسه وتلطف به أدرك

_____

من باطنه تأكيد الرحمة وتضاعفها بسبب العمل وكذلك معتقد التواضع إذا عمل بموجبه عملا مقبلا أو ساجدا لغيره أحس من قلبه بالتواضع عند إقدامه على الخدمة

وهكذا جميع صفات القلب تصدر منها أعمال الجوارح ثم يعود أثر الأعمال عليها فيؤكدها ويزيدها وسيأتي هذا في ربع المنجيات والمهلكات عند بيان وجه تعلق الباطن بالظاهر والأعمال بالعقائد والقلوب فإن ذلك من جنس تعلق الملك بالملكوت وأعني بالملك عالم الشهادة المدرك بالحواس وبالملكوت عالم الغيب المدرك بنور البصيرة والقلب من عالم الملكوت والأعضاء وأعمالها من عالم الملك

ولطف الارتباط ودقته بين العالمين انتهى إلى حد ظن بعض الناس اتحاد أحدهما بالآخر وظن آخرون أنه لا عالم إلا عالم الشهادة وهو هذه الأجسام المحسوسة

ومن أدرك الأمرين وأدرك تعددهما ثم ارتباطهما عبر عنه فقال

رق الزجاج ورقت الخمر

وتشابها فتشاكل الأمر

فكأنما خمر ولا قدح

وكأنما قدح ولا خمر

ولنرجع إلى المقصود فإن هذا العلم خارج عن علم المعاملة ولكن بين العلمين أيضا اتصال وارتباط فلذلك ترى علوم المكاشفة تتسلق كل ساعة على علوم المعاملة إلى أن تنكشف عنها بالتكليف فهذا وجه زيادة الإيمان بالطاعة بموجب هذا الإطلاق ولهذا قال علي كرم الله وجهه إن الإيمان ليبدو لمعة بيضاء فإذا عمل العبد الصالحات نمت فزادت حتى يبيض القلب كله وإن النفاق ليبدو نكتة سوداء فإذا انتهك الحرمات نمت وزادت حتى يسود القلب كله فيطبع عليه فذلك هو الختم وتلا قوله تعالى كلا بل ران على قلوبهم الآية

الإطلاق الثاني أن يراد به التصديق والعمل جميعا كما قال صلى الله عليه وسلم الإيمان بضع وسبعون بابا حديث الإيمان بضع وسبعون بابا وذكر بعد هذا فزاد فيه أدناها إماطة الأذى عن الطريق أخرجه البخاري ومسلم من حديث أبي هريرة الإيمان بضع وسبعون زاد مسلم في رواية وأفضلها قول لا إله إلا الله وأدناها فذكره ورواه بلفظ المصنف الترمذي وصححه وقال صلى الله عليه وسلم لا يزني الزاني حين يزني وهو مؤمن وإذا دخل العمل في مقتضى

لفظ الإيمان لم تخف زيادته ونقصانه وهل يؤثر ذلك في زيادة الإيمان الذي هو مجرد التصديق هذا فيه نظر وقد أشرنا إلى أنه يؤثر فيه

الإطلاق الثالث أن يراد به التصديق اليقيني على سبيل الكشف وانشراح الصدر والمشاهدة بنور البصيرة وهذا أبعد الأقسام عن قبول الزيادة ولكني أقول الأمر اليقيني الذي لا شك فيه تختلف طمأنينة النفس إليه فليس طمأنينة النفس إلى أن الاثنين أكثر من الواحد كطمأنينتها إلى أن العالم مصنوع حادث وإن كان لا شك في واحد منهما فإن اليقينيات تختلف في درجات الإيضاح ودرجات طمأنينة النفس إليها وقد تعرضنا لهذا في فصل اليقين من كتاب العلم في باب علامات علماء الآخرة فلا حاجة إلى الإعادة

وقد ظهر في جميع الإطلاقات أن ما قالوه من زيادة الإيمان ونقصانه حق وكيف وفي الأخبار أنه يخرج من النار من كان في قلبه مثقال ذرة من إيمان وفي بعض المواضع في خبر آخر مثقال دينار حديث يخرج من النار من كان في قلبه مثقال دينار متفق عليه من حديث أبي سعيد وسيأتي ذكر الموت وما بعده فأي معنى لاختلاف مقاديره إن كان ما في القلب لا يتفاوت

مسألة فإن قلت ما وجه قول السلف أنا مؤمن إن شاء الله والاستثناء شك والشك في الإيمان كفر وقد كانوا كلهم يمتنعون عن جزم الجواب بالإيمان ويحترزون عنه

فقال سفيان الثوري رحمه الله من قال أنا مؤمن عند الله فهو من الكذابين ومن قال أنا مؤمن حقا فهو بدعة فكيف يكون كاذبا وهو يعلم أنه مؤمن في نفسه ومن كان مؤمنا في نفسه كان مؤمنا عند الله كما أن من كان طويلا وسخيا في نفسه وعلم ذلك كان كذلك عند الله وكذا من

كان مسرورا أو حزينا أو سميعا أو بصيرا ولو قيل للإنسان هل أنت حيوان لم يحسن أن يقول أنا حيوان إن شاء الله

ولما قال سفيان ذلك قيل له فماذا نقول قال قولوا آمنا بالله وما أنزل إلينا وأي فرق بين أن يقول آمنا بالله وما أنزل إلينا وبين أن يقول أنا مؤمن وقيل للحسن أمؤمن أنت فقال إن شاء الله فقيل له لم تستثني يا أبا سعيد في الإيمان فقال أخاف أن أقول نعم فيقول الله سبحانه كذبت يا حسن فتحق علي الكلمة

وكان يقول ما يؤمنني أن يكون الله سبحانه قد اطلع علي في بعض ما يكره فمقتني وقال اذهب لا قبلت لك عملا فأنا أعمل في غير معمل

وقال إبراهيم بن أدهم إذا قيل لك أمؤمن أنت فقل لا إله إلا الله وقال مرة قل أنا لا أشك في الإيمان وسؤالك إياي بدعة

وقيل لعلقمة أمؤمن أنت قال أرجو إن شاء الله

وقال الثوري نحن مؤمنون بالله وملائكته وكتبه ورسله وما ندري ما نحن عند الله تعالى فما معنى هذه الاستثناءات فالجواب أن هذا الاستثناء صحيح وله أربعة أوجه وجهان مستندان إلى الشك لا في أصل الإيمان ولكن في خاتمته أو كماله ووجهان لا يستندان إلى الشك

الوجه الأول الذي لا يستند إلى معارضة الشك الاحتراز من الجزم خيفة ما فيه من تزكية النفس قال الله تعالى فلا تزكوا أنفسكم ﴿ وقال ﴾ ألم تر إلى الذين يزكون أنفسهم وقال تعالى انظر كيف يفترون على الله الكذب وقيل لحكيم ما الصدق القبيح فقال ثناء المرء على نفسه

والإيمان من أعلى صفات المجد والجزم تزكية مطلقة وصيغة الاستثناء كأنها ثقل من عرف التزكية كما يقال للإنسان أنت طبيب أو فقيه أو مفسر فيقول نعم إن شاء الله لا في معرض التشكيك ولكن لإخراج نفسه عن تزكية نفسه فالصيغة صيغة الترديد والتضعيف لنفس الخبر ومعناه التضعيف اللازم من لوازم الخبر وهو التزكية

وبهذا التأويل لو سئل عن وصف ذم لم يحسن الاستثناء

الوجه الثاني التأدب بذكر الله تعالى في كل حال وإحالة الأمور كلها إلى مشيئة الله سبحانه فقد أدب الله سبحانه نبيه صلى الله عليه وسلم فقال تعالى ولا تقولن لشيء إني فاعل ذلك غدا إلا أن يشاء الله ثم لم يقتصر على ذلك فيما لا يشك فيه بل قال تعالى لتدخلن المسجد الحرام إن شاء الله آمنين محلقين رءوسكم ومقصرين وكان الله سبحانه عالما بأنهم يدخلون لا محالة وأنه شاءه ولكن المقصود تعليمه ذلك فتأدب رسول الله صلى الله عليه وسلم في ما كان يخبر عنه معلوما كان أو مشكوكا حتى قال صلى الله عليه وسلم لما دخل المقابر السلام عليكم دار قوم مؤمنين وإنا إن

شاء اللـه بكم لاحقون حديث لما دخل المقابر قال السلام عليكم دار قوم مؤمنين الحديث أخرجه مسلم من حديث أبي هريرة واللحوق بهم غير مشكوك فيه ولكن مقتضى الأدب ذكر اللـه تعالى وربط الأمور به وهذه الصيغة دالة عليه حتى صار بعرف الاستعمال عبارة عن إظهار الرغبة والتمني فإذا قيل لك إن فلانا يموت سريعا فتقول إن شاء اللـه فيفهم منه رغبتك لا تشككك وإذا قيل لك فلان سيزول مرضه ويصح فتقول إن شاء اللـه بمعنى الرغبة فقد صارت الكلمة معدولة عن معنى التشكيك إلى معنى الرغبة وكذلك العدول إلى معنى التأدب لذكر اللـه تعالى كيف كان الأمر

الوجه الثالث مستنده الشك ومعناه أنا مؤمن حقا إن شاء اللـه إذ قال اللـه تعالى لقوم مخصوصين بأعيانهم أولئك هم المؤمنون حقا فانقسموا إلى قسمين ويرجع هذا إلى الشك في كمال الإيمان لا في أصله وكل إنسان شاك في كمال إيمانه وذلك ليس بكفر

والشك في كمال الإيمان حق من وجهين أحدهما من حيث إن النفاق يزيل كمال الإيمان وهو خفي لا تتحقق البراءة منه

والثاني أنه يكمل بأعمال الطاعات ولا يدري وجودها على الكمال أما العمل فقد قال اللـه تعالى إنما المؤمنون الذين آمنوا بالله ورسوله ثم لم يرتابوا وجاهدوا بأموالهم وأنفسهم في سبيل اللـه أولئك هم الصادقون ﴾ فيكون ﴿

الشك في هذا الصدق وكذلك قال الله تعالى ولكن البر من آمن بالله واليوم الآخر والملائكة والكتاب والنبيين فشرط عشرين وصفا كالوفاء بالعهد والصبر على الشدائد ثم قال تعالى أولئك الذين صدقوا وقد قال تعالى يرفع الله الذين آمنوا منكم والذين أوتوا العلم درجات وقال تعالى لا يستوي منكم من أنفق من قبل الفتح وقاتل الآية وقد قال تعالى هم درجات عند الله وقال صلى الله عليه وسلم الإيمان عريان ولباسه التقوى حديث الإيمان عريان تقدم في العلم الحديث وقال صلى الله عليه وسلم الإيمان بضع وسبعون بابا أدناها إماطة الأذى عن الطريق فهذا ما يدل على ارتباط كمال الإيمان بالأعمال وأما ارتباطه بالبراءة عن النفاق والشرك الخفي فقوله صلى الله عليه وسلم أربع من كن فيه فهو منافق خالص وإن صام وصلى وزعم أنه مؤمن من إذا حدث كذب وإذا وعد أخلف وإذا اؤتمن خان وإذا خاصم فجر حديث أربع من كن فيه فهو منافق الحديث متفق عليه من حديث عبد الله بن عمرو وفي بعض الروايات وإذا عاهد غدر وفي حديث أبي سعيد الخدري القلوب أربعة قلب أجرد وفيه سراج يزهر فذلك قلب المؤمن وقلب مصفح فيه إيمان ونفاق فمثل الإيمان فيه كمثل البقلة يمدها الماء العذب ومثل النفاق فيه كمثل القرحة يمدها القيح والصديد فأي المادتين غلب عليه حكم له بها حديث القلوب أربعة قلب أجرد الحديث أخرجه أحمد من حديث أبي سعيد وفيه ليث بن أبي سليم مختلف فيه وفي لفظ آخر غلبت عليه ذهبت به وقال عليه السلام أكثر منافقي هذه الأمة قراؤها حديث أكثر منافقي هذه الأمة قراؤها أخرجه أحمد والطبراني من حديث عقبة بن عامر وفي حديث الشرك أخفى في أمتي من دبيب النمل على الصفا حديث الشرك أخفى في أمتي من دبيب النمل على الصفا أخرجه أبو يعلى وابن عدي وابن حبان في الضعفاء من حديث أبي بكر ولأحمد والطبراني نحوه من حديث أبي موسى وسيأتي في ذم الجاه والرياء وقال حذيفة رضي الله عنه كان الرجل يتكلم بالكلمة على عهد رسول الله صلى الله عليه وسلم يصير بها منافقا إلى أن يموت وإني لأسمعها من أحدكم في اليوم عشر مرات حديث حذيفة كان الرجل يتكلم بالكلمة على عهد رسول الله صلى الله عليه وسلم يصير بها منافقا الحديث أخرجه أحمد بإسناد فيه جهالة وحديث حذيفة المنافقون اليوم أكثر منهم على عهد رسول الله صلى الله عليه وسلم الحديث أخرجه البخاري إلا أنه قال شر بدل أكثر وقال بعض العلماء أقرب الناس من النفاق من يرى أنه برىء من النفاق وقال حذيفة المنافقون اليوم أكثر منهم على عهد النبي صلى الله عليه وسلم فكانوا إذ ذاك يخفونه وهم اليوم يظهرونه وهذا النفاق يضاد صدق الإيمان وكماله وهو خفي وأبعد الناس منه من يتخوفه وأقربهم منه من يرى أنه برىء منه فقد قيل للحسن البصري يقولون أن لا نفاق اليوم فقال يا أخي لو هلك المنافقون لاستوحشتم في الطريق وقال هو أو غيره لو نبتت للمنافقين أذناب ما قدرنا أن نطأ على الأرض بأقدامنا وسمع ابن عمر رضي الله عنه رجلا

يتعرض للحجاج فقال أرأيت لو كان حاضرا يسمع أكنت تتكلم فيه فقال لا فقال كنا نعد هذا نفاقا على عهد رسول الله صلى الله عليه وسلم حديث سمع ابن عمر رجلا يتعرض للحجاج فقال أرأيت لو كان حاضرا أكنت تتكلم فيه قال لا قال كنا نعد هذا نفاقا على عهد رسول الله صلى الله عليه وسلم رواه أحمد والطبراني بنحوه وليس فيه ذكر الحجاج وقال صلى الله عليه وسلم من كان ذا لسانين في الدنيا جعله الله ذا لسانين في الآخرة وقال أيضا صلى الله عليه وسلم شر الناس ذو الوجهين الذي يأتي هؤلاء بوجه ويأتي هؤلاء بوجه وقيل للحسن إن قوما يقولون إنا لا نخاف النفاق فقال و الله لأن أكون أعلم أني بريء من النفاق أحب إلي من تلاع الأرض ذهبا وقال الحسن إن من النفاق اختلاف اللسان والقلب والسر والعلانية والمدخل والمخرج وقال رجل لحذيفة رضي الله عنه إني أخاف أن أكون منافقا فقال لو كنت منافقا ما خفت النفاق إن المنافق قد أمن النفاق وقال ابن أبي مليكة أدركت

ثلاثين ومائة وفي رواية خمسين ومائة من أصحاب النبي صلى الله عليه وسلم كلهم يخافون النفاق
وروى أن رسول الله صلى الله عليه وسلم كان جالسا في جماعة من أصحابه فذكروا رجلا وأكثروا الثناء عليه فبيناهم كذلك إذ طلع عليهم الرجل ووجهه يقطر ماء من أثر الوضوء وقد علق نعله بيده وبين عينيه أثر السجود فقالوا يا رسول الله هذا هو الرجل الذي وصفناه فقال صلى الله عليه وسلم أرى على وجهه سفعة من الشيطان فجاء الرجل حتى سلم وجلس مع القوم فقال النبي صلى الله عليه وسلم نشدتك الله هل حدثت نفسك حين أشرفت على القوم أنه ليس فيهم خير منك فقال اللهم نعم حديث كان جالسا في جماعة من أصحابه فذكروا رجلا فأكثروا الثناء عليه فبينما هم كذلك إذ طلع رجل عليهم ووجهه يقطر ماء من أثر الوضوء الحديث أخرجه أحمد والبزار والدار قطني من حديث أنس فقال صلى الله عليه وسلم في دعائه اللهم إني أستغفرك لما علمت ولما لم أعلم فقيل له أتخاف يا رسول الله فقال وما يؤمنني والقلوب بين أصبعين من أصابع الرحمن يقلبها كيف يشاء وقد قال سبحانه ﴿ وبدا لهم من الله ما لم يكونوا يحتسبون ﴾ حديث اللهم إني أستغفرك لما علمت وما لم أعلم الحديث أخرجه مسلم من حديث عائشة اللهم إني أعوذ بك من شر ما عملت ومن شر ما لم أعمل ولأبي بكر بن الضحاك في الشمائل في حديث مرسل وشر ما أعلم وشر ما لا أعلم قيل في التفسير عملوا أعمالا ظنوا أنها حسنات فكانت في كفة السيئات
وقال سرى السقطي لو أن إنسانا دخل بستانا فيه من جميع الأشجار عليها من جميع الطيور فخاطبه كل طير منها بلغة فقال السلام عليك يا ولي الله فسكنت نفسه إلى ذلك كان أسيرا في يديها فهذه الأخبار والآثار تعرفك خطر الأمر بسبب دقائق النفاق والشرك الخفي وأنه لا يؤمن منه حتى كان عمر بن الخطاب رضي الله عنه يسأل حذيفة عن نفسه وأنه هل ذكر في المنافقين وقال أبو سليمان الداراني سمعت من بعض الأمراء شيئا فأردت أن أنكره فخفت أن يأمر بقتلي ولم أخف من الموت ولكن خشيت أن يعرض لقلبي التزين للخلق عند خروج روحي فكففت
وهذا من النفاق الذي يضاد حقيقة الإيمان وصدقه وكماله وصفاءه لا أصله
فالنفاق نفاقان أحدهما يخرج من الدين ويلحق بالكافرين ويسلك في زمرة المخلدين في النار
والثاني يفضي بصاحبه إلى النار مدة أو ينقص من درجات عليين ويحط من رتبة الصديقين وذلك مشكوك فيه ولذلك حسن الاستثناء فيه
وأصل هذا النفاق تفاوت بين السر والعلانية والأمن من مكر الله والعجب وأمور أخر لا يخلو عنها إلا الصديقون

الوجه الرابع وهو أيضا مستند إلى الشك وذلك من خوف الخاتمة فإنه لا يدري أيسلم له الإيمان عند الموت أم لا فإن ختم له بالكفر حبط عمله السابق لأنه موقوف على سلامة الآخر ولو سئل الصائم ضحوة النهار عن صحة صومه فقال أنا صائم قطعا فلو أفطر في أثناء نهاره بعد ذلك لتبين كذبه إذ كانت الصحة موقوفة على التمام إلى غروب الشمس من آخر النهار

وكما أن النهار ميقات تمام الصوم فالعمر ميقات تمام صحة الإيمان ووصفه بالصحة قبل آخره بناء على الاستصحاب وهو مشكوك فيه والعاقبة مخوفة ولها كان بكاء أكثر الخائفين لأجل أنها ثمرة القضية السابقة والمشيئة الأزلية التي لا تظهر إلا بظهور المقضي به ولا مطلع عليه لأحد من البشر فخوف الخاتمة كخوف السابقة وربما يظهر في الحال ما سبقت الكلمة بنقيضه فمن الذي يدري أنه من الذين سبقت لهم من الله الحسنى وقيل في معنى قوله تعالى ﴿ وجاءت سكرة الموت بالحق ﴾ أي بالسابقة يعني أظهرتها

وقال بعض السلف إنما يوزن من الأعمال خواتيمها

وكان أبو الدرداء رضي الله عنه يحلف بالله ما من أحد يأمن أن يسلب إيمانه إلا سلبه

وقيل من الذنوب ذنوب عقوبتها سوء الخاتمة نعوذ بالله من ذلك

وقيل هي عقوبات دعوى الولاية والكرامة بالافتراء

وقال بعض العارفين لو عرضت على الشهادة عند باب الدار والموت على التوحيد

عند باب الحجرة لاخترت الموت على التوحيد عند باب الحجرة لأني لا أدري ما يعرض لقلبي من التغيير عن التوحيد إلى باب الدار وقال بعضهم لو عرفت واحدا بالتوحيد خمسين سنة ثم حال بيني وبينه سارية ومات لم أحكم أنه مات على التوحيد وفي الحديث من قال أنا مؤمن فهو كافر ومن قال أنا عالم فهو جاهل حديث من قال أنا مؤمن فهو كافر ومن قال أنا عالم فهو جاهل أخرجه الطبراني في الأوسط بالشطر الأخير منه من حديث ابن عمر وفيه ليث بن أبي سليم تقدم والشطر الأول روي من قول يحيى بن أبي كثير رواه الطبراني في الأصغر بلفظ من قال أنا في الجنة فهو في النار وسنده ضعيف وقيل في قوله تعالى وتمت كلمات ربك صدقا وعدلا صدقا لمن مات على الإيمان وعدلا لمن مات على الشرك وقد قال تعالى ولله عاقبة الأمور فمهما كان الشك بهذه المثابة كان الاستثناء واجبا لأن الإيمان عبارة عما يفيد الجنة كما أن الصوم عبارة عما يبرىء الذمة وما فسد قبل الغروب لا يبرىء الذمة فيخرج عن كونه صوما فكذلك الإيمان بل لا يبعد أن يسأل عن الصوم الماضي الذي لا يشك فيه بعد الفراغ منه فيقال أصمت بالأمس فيقول نعم إن شاء الله تعالى إذ الصوم الحقيقي هو المقبول والمقبول غائب عنه لا يطلع عليه إلا الله تعالى فمن هذا حسن الاستثناء في جميع أعمال البر ويكون ذلك شكا في القبول إذ يمنع من القبول بعد جريان ظاهر شروط الصحة أسباب خفيفة لا يطلع عليها إلا رب الأرباب جل جلاله فيحسن الشك فيه فهذه وجوه حسن الاستثناء في الجواب عن الإيمان وهي آخر ما نختم به كتاب قواعد العقائد تم الكتاب بحمد الله تعالى و صلى الله عليه وسلم على سيدنا محمد وعلى كل عبد مصطفى كتاب أسرار الطهارة وهو الكتاب الثالث من ربع العبادات بسم الله الرحمن الرحيم الحمد لله الذي تلطف بعباده فتعبدهم بالنظافة وأفاض على قلوبهم تزكية لسرائرهم أنواره وألطافه وأعد لظواهرهم تطهيرا لها الماء المخصوص بالرقة واللطافة وصلى الله على النبي محمد المستغرق بنور الهدى أطراف العالم وأكنافه وعلى آله الطيبين الطاهرين صلاة تنجينا بركاتها يوم المخافة وتنتصب جنة بيننا وبين كل آفة أما بعد فقد قال النبي صلى الله عليه وسلم بني الدين على النظافة حديث بني الدين على النظافة لم أجده هكذا وفي الضعفاء لابن حبان من حديث عائشة تنظفوا فإن الإسلام نظيف والطبراني في الأوسط بسند ضعيف جدا من حديث ابن مسعود النظافة تدعو إلى الإيمان وقال صلى الله عليه وسلم مفتاح الصلاة الطهور حديث مفتاح الصلاة الطهور أخرجه د ت م من حديث علي قال الترمذي هذا أصح شيء في هذا الباب وأحسن وقال الله تعالى فيه رجال يحبون أن يتطهروا و الله يحب المطهرين وقال النبي صلى الله عليه وسلم الطهور نصف الإيمان حديث الطهور نصف الإيمان أخرجه ت من حديث رجل من بني سليم وقال حسن ورواه مسلم من حديث أبي مالك الأشعري بلفظ شطر كما في الإحياء وقال الله تعالى ما يريد الله ليجعل عليكم من حرج ولكن يريد ليطهركم فتفطن ذوو البصائر بهذه الظواهر أن أهم الأمور تطهير السرائر إذ يبعد أن يكون المراد بقوله صلى الله عليه وسلم

الطهور نصف الإيمان عمارة الظاهر بالتنظيف بإفاضة الماء وإلقائه وتخريب الباطن وإبقائه مشحونا بالأخباث والأقذار هيهات

هيهات والطهارة لها أربع مراتب

المرتبة الأولى تطهير الظاهر عن الأحداث وعن الأخباث والفضلات

المرتبة الثانية تطهير الجوارح عن الجرائم والآثام

المرتبة الثالثة تطهير القلب عن الأخلاق المذمومة والرذائل الممقوتة

المرتبة الرابعة تطهير السر عما سوى الله تعالى وهي طهارة الأنبياء صلوات الله عليهم والصديقين والطهارة في كل رتبة نصف العمل الذي فيها فإن الغاية القصوى في عمل السر أن ينكشف له جلال الله تعالى وعظمته ولن تحل معرفة الله تعالى بالحقيقة في السر ما لم يرتحل ما سوى الله تعالى عنه

ولذلك قال الله عز وجل ﴿ قل الله ثم ذرهم في خوضهم يلعبون ﴾ لأنهما لا يجتمعان في قلب وما جعل الله لرجل من قلبين في جوفه وأما عمل القلب فالغاية القصوى عمارته بالأخلاق المحمودة والعقائد المشروعة ولن يتصف بها ما لم ينظف عن نقائضها من العقائد الفاسدة والرذائل الممقوتة فتطهيره أحد الشطرين وهو الشطر الأول الذي هو شرط في الثاني فكان الطهور شطر الإيمان بهذا المعنى وكذلك تطهير الجوارح عن المناهي أحد الشطرين وهو الشطر الأول الذي هو شرط في الثاني فتطهيره أحد الشطرين وهو الشطر الأول وعمارتها بالطاعات الشطر الثاني فهذه مقامات الإيمان ولكل مقام طبقة ولن ينال العبد الطبقة العالية إلا أن يجاوز الطبقة السافلة فلا يصل إلى طهارة السر عن الصفات المذمومة وعمارته بالمحمودة ما لم يفرغ من طهارة القلب عن الخلق المذموم وعمارته بالخلق المحمود ولن يصل إلى ذلك من لم يفرغ عن طهارة الجوارح عن المناهي وعمارتها بالطاعات وكلما عز المطلوب وشرف صعب مسلكه وطال طريقه وكثرت عقباته فلا تظن أن هذا الأمر يدرك وينال بالهوينى نعم من عميت بصيرته عن تفاوت هذه الطبقات لم يفهم من مراتب الطهارة إلا الدرجة الأخيرة التي هي كالقشرة الأخيرة الظاهرة بالإضافة إلى اللب المطلوب فصار يمعن فيها ويستقصي في مجاريها ويستوعب جميع أوقاته في الاستنجاء وغسل الثياب وتنظيف الظاهر وطلب المياه الجارية الكثيرة ظنا منه بحكم الوسوسة وتخيل العقل أن الطهارة المطلوبة الشريفة هي هذه فقط وجهالة بسيرة الأولين واستغراقهم جميع الهم والفكر في تطهير القلب وتساهلهم في أمر الظاهر حتى إن عمر رضي الله عنه مع علو منصبه توضأ من ماء في جرة نصرانية وحتى إنهم ما كانوا يغسلون اليد من الدسومات والأطعمة بل كانوا يمسحون أصابعهم بأخمص أقدامهم وعدوا الأشنان من البدع المحدثة ولقد كانوا يصلون على الأرض في المساجد ويمشون حفاة في الطرقات ومن كان لا يجعل بينه وبين الأرض حاجزا في مضجعه كان من أكابرهم وكانوا يقتصرون على الحجارة في الاستنجاء

وقال أبو هريرة وغيره من أهل الصفة كنا نأكل الشواء فتقام الصلاة فندخل أصابعنا في الحصى ثم نفركها بالتراب ونكبر حديث كنا نأكل الشواء فتقام الصلاة فندخل أصابعنا في الحصباء الحديث أخرجه من حديث عبد الله بن الحارث ابن جزء ولم أره من حديث أبي هريرة وقال عمر رضي الله عنه ما كنا نعرف الأشنان في عصر رسول الله صلى الله عليه وسلم وإنما كانت مناديلنا بطون أرجلنا حديث عمر ما كنا نعرف الأشنان على عهد رسول الله صلى الله عليه وسلم وإنما كانت مناديلنا باطن أرجلنا الحديث لم أجده من حديث عمر ولابن ماجه نحوه مختصرا من حديث جابر كنا إذا أكلنا الغمر مسحنا بها ويقال أول ما ظهر من البدع بعد رسول الله صلى الله عليه وسلم أربع المناخل والأشنان والموائد والشبع

فكانت عنايتهم كلها بنظافة الباطن حتى قال بعضهم الصلاة في النعلين أفضل لأن رسول الله صلى الله عليه وسلم لما نزع نعليه في صلاته بإخبار جبريل عليه السلام له أن بهما نجاسة وخلع الناس نعالهم قال صلى الله عليه وسلم لم خلعتم نعالكم حديث خلع نعليه في الصلاة إذ أخبره جبريل عليه الصلاة والسلام أن عليه نجاسة أخرجه د ك وصححه من حديث أبي سعيد الخدري وقال النخعي في الذين يخلعون نعالهم وددت لو أن محتاجا جاء إليها فأخذها منكرا لخلع النعال

فهكذا كان تساهلهم في هذه الأمور بل كانوا يمشون في طين الشوارع حفاة ويجلسون عليها ويصلون

في المساجد على الأرض ويأكلون من دقيق البر والشعير وهو يداس بالدواب وتبول عليه ولا يحترزون من عرق الإبل والخيل مع كثرة تمرغها في النجاسات ولم ينقل قط عن أحد منهم سؤال في دقائق النجاسات فهكذا كان تساهلهم فيها

وقد انتهت النوبة الآن إلى طائفة يسمون الرعونة نظافة فيقولون هي مبنى الدين فأكثر أوقاتهم في تزيينهم الظواهر كفعل الماشطة بعروسها والباطن خراب مشحون بخبائث الكبر والعجب والجهل والرياء والنفاق ولا يستنكرون ذلك ولا يتعجبون منه ولو اقتصر مقتصر على الاستنجاء بالحجر أو مشى على الأرض حافيا أو صلى على الأرض أو على بواري المسجد من غيرسجادة مفروشة أو مشى على الفرش من غير غلاف للقدم من أدم أو توضأ من آنية عجوز أو رجل غير متقشف أقاموا عليه القيامة وشدوا عليه النكير ولقبوه بالقذر وأخرجوه من زمرتهم واستنكفوا عن مؤاكلته ومخالطته

فسموا البذاذة التي هي من الإيمان قذارة والرعونة نظافة فانظر كيف صار المنكر معروفا والمعروف منكرا وكيف اندرس من الدين رسمه كما اندرس حقيقته وعلمه

فإن قلت أفتقول إن هذه العادات التي أحدثها الصوفية في هيئاتهم ونظافتهم من المحظورات أو المنكرات فأقول حاش لله أن أطلق القول فيه من غير تفصيل ولكني أقول إن هذا التنظيف والتكلف وإعداد الأواني والآلات واستعمال غلاف القدم والإزار المقنع به لدفع الغبار وغير ذلك من هذه الأسباب إن وقع النظر إلى ذاتها على سبيل التجرد فهي من المباحات وقد يقترن بها أحوال ونيات تلحقها تارة بالمعروفات وتارة بالمنكرات فأما كونها مباحة في نفسها فلا يخفى أن صاحبها متصرف بها في ماله وبدنه وثيابه فيفعل بها ما يريد إذا لم يكن فيه إضاعة وإسراف وأما مصيرها منكرا فبأن يجعل ذلك أصل الدين ويفسر به قوله صلى اللـه عليه وسلم بني الدين على النظافة حتى ينكر به على من يتساهل فيه الأولين أو يكون القصد به تزيين الظاهر للخلق وتحسين موقع نظرهم فإن ذلك هو الرياء المحظور فيصير منكرا بهذين الاعتبارين أما كونه معروفا فبأن يكون القصد منه الخير دون التزين وأن لا ينكر على من ترك ذلك ولا يؤخر بسببه الصلاة عن أوائل الأوقات ولا يشتغل به عن عمل هو أفضل منه أو عن علم أو غيره فإذا لم يقترن به شيء من ذلك فهو مباح يمكن أن يجعل قربة بالنية ولكن لا يتيسر ذلك إلا للبطالين الذين لو لم يشتغلوا بصرف الأوقات فيه لاشتغلوا بنوم أو حديث فيما لا يعنى فيصير شغلهم به أولى لأن الاشتغال بالطهارات يجدد ذكر اللـه تعالى وذكر العبادات فلا بأس به إذا لم يخرج إلى منكر أو إسراف

وأما أهل العلم والعمل فلا ينبغي أن يصرفوا من أوقاتهم إليه إلا قدر الحاجة فالزيادة عليه منكر في حقهم وتضييع العمر الذي هو أنفس الجواهر وأعزها في حق من قدر على الانتفاع به

ولا يتعجب من ذلك فإن حسنات الأبرار سيئات المقربين

ولا ينبغي للبطال أن يترك النظافة وينكر على المتصوفة ويزعم أنه يتشبه بالصحابة إذ التشبه بهم في أن لا يتفرغ إلا لما هو أهم منه كما قيل لداود الطائي لم لا تسرح لحيتك قال إني إذن لفارغ فلهذا لا أرى للعالم ولا للمتعلم ولا للعامل أن يضيع وقته في غسل الثياب احترازا من أن يلبس الثياب المقصورة وتوهما بالقصار تقصيرا في الغسل فقد كانوا في العصر الأول يصلون في الفراء المدبوغة ولم يعلم منهم من فرق بين المقصورة والمدبوغة في الطهارة والنجاسة بل كانوا يجتنبون النجاسة إذا شاهدوها ولا يدققون نظرهم في استنباط الاحتمالات الدقيقة بل كانوا يتأملون في دقائق الرياء والظلم حتى قال سفيان الثوري لرفيق له كان يمشي معه فنظر إلى باب دار مرفوع معمور لا تفعل ذلك فإن الناس لو لم ينظروا إليه لكان صاحبه لا يتعاطى هذا الإسراف

فالناظر إليه معين له على الإسراف

فكانوا يعدون جمام الذهن لاستنباط مثل هذه الدقائق لا في احتمالات النجاسة

فلو وجد العالم عاميا

يتعاطى له غسل الثياب محتاطا فهو أفضل فإنه بالإضافة إلى التساهل خير

وذلك العامي ينتفع بتعاطيه إذ يشغل نفسه الأمارة بالسوء بعمل المباح في نفسه فيمتنع عليه المعاصي في تلك الحال

والنفس إن لم تشغل بشيء شغلت صاحبها وإذا قصد به التقرب إلى العالم صار ذلك عنده من أفضل القربات فوقت العالم أشرف من أن يصرفه إلى مثله فيبقى محفوظا عليه وأشرف وقت العامي أن يشتغل بمثله فيتوفر الخير عليه من الجوانب كلها

وليتفطن بهذا المثل لنظائره من الأعمال وترتيب فضائلها ووجه تقديم البعض منها على بعض فتدقيق الحساب في حفظ لحظات العمر بصرفها إلى الأفضل أهم من التدقيق في أمور الدنيا بحذافيرها

وإذا عرفت هذه المقدمة واستبنت أن الطهارة لها أربع مراتب

فاعلم أنا في هذا الكتاب لسنا نتكلم إلا في المرتبة الرابعة وهي نظافة الظاهر لأنا في الشطر الأول من الكتاب لا نتعرض قصدا إلا للظواهر

فنقول طهارة الظاهر ثلاثة أقسام طهارة عن الخبث وطهارة عن الحدث وطهارة عن فضلات البدن وهي التي تحصل بالقلم والاستحداد واستعمال النورة والختان وغيره القسم الأول في طهارة الخبث والنظر فيه يتعلق بالمزال والمزال به والإزالة الطرف الأول في المزال

وهي النجاسة

والأعيان ثلاثة جمادات وحيوانات وأجزاء حيوانات

أما الجمادات فطاهرة كلها إلا الخمر وكل منتبذ مسكر والحيوانات طاهرة كلها إلا الكلب والخنزير وما تولد منهما أو من أحدهما

فإذا ماتت فكلها نجسة إلا خمسة الآدمي والسمك والجراد ودود التفاح وفي معناه كل ما يستحيل من الأطعمة وكل ما ليس له نفس سائلة كالذباب والخنفساء وغيرهما فلا ينجس الماء بوقوع شيء منها فيه

وأما أجزاء الحيوانات فقسمان أحدهما ما يقطع منه وحكمه حكم الميت

والشعر لا ينجس بالجز والموت والعظم ينجس

الثاني الرطوبات الخارجة من باطنه فكل ما ليس مستحيلا ولا له مقر فهو طاهر كالدمع والعرق واللعاب والمخاط وما له مقر وهو مستحيل فنجس إلا ما هو مادة الحيوان كالمني والبيض

والقيح والدم والروث والبول نجس من الحيوانات كلها

ولا يعفى عن شيء من هذه النجاسات قليلها وكثيرها إلا عن خمسة الأول أثر النجو بعد الاستجمار بالأحجار يعفى عنه ما لم يعد المخرج

والثاني طين الشوارع وغبار الروث في الطريق يعفى عنه مع تيقن النجاسة بقدر ما يتعذر الاحتراز عنه وهو الذي لا ينسب المتلطخ به إلى تفريط أو سقطة

الثالث ما على أسفل الخف من نجاسة لا يخلو الطريق عنها فيعفى عنه بعد الدلك للحاجة

الرابع دم البراغيث ما قل منه أو كثر إلا إذا جاوز حد العادة سواء كان في ثوبك أو في ثوب غيرك فلبسته

الخامس دم البثرات وما ينفصل منها من قيح وصديد

ودلك ابن عمر رضي الـله عنه بثرة على وجهه فخرج منها الدم وصلى ولم يغتسل

وفي معناه ما يترشح من لطخات الدماميل التي تدوم غالبا وكذلك أثر الفصد إلا ما يقع نادرا من خراج أو غيره فيلحق بدم الاستحاضة ولا يكون في معنى البثرات التي لا يخلو الإنسان عنها في أحواله

ومسامحة الشرع في هذه النجاسات الخمس تعرفك أن أمر الطهارة على التساهل وما ابتدع فيها وسوسة لا أصل لها الطرف الثاني في المزال به

وهو إما جامد وإما مائع أما الجامد فحجر الاستنجاء وهو مطهر تطهير تخفيف بشرط أن يكون صلبا طاهرا منشفا غير محترم وأما المائعات فلا تزال النجاسات بشيء منها إلا الماء ولا كل ماء بل الطاهر الذي لم يتفاحش

تغيره بمخالطة ما يستغنى عنه ويخرج الماء عن الطهارة بأن يتغير بملاقاة النجاسة طعمه أو لونه أو ريحه فإن لم يتغير وكان قريبا من مائتين وخمسين منا وهو خمسمائة رطل برطل العراق لم ينجس لقوله صلى الله عليه وسلم إذا بلغ الماء قلتين لم يحمل خبثا حديث إذا بلغ الماء قلتين لم يحمل خبثا أخرجه أصحاب السنن وابن حبان والحاكم وصححه من حديث ابن عمر وإن كان دونه صار نجسا عند الشافعي رضي الله عنه هذا في الماء الراكد وأما الماء الجاري إذا تغير بالنجاسة فالجرية المتغيرة نجسة دون ما فوقها وما تحتها لأن جريات الماء متفاصلات وكذا النجاسة الجارية إذا جرت بمجرى الماء فالنجس موقعها من الماء وما عن يمينها وشمالها إذا تقاصر عن قلتين وإن كان جرى الماء أقوى من جري النجاسة فما فوق النجاسة طاهر وما سفل عنها فنجس وإن تباعد وكثر إلا إذا اجتمع في حوض قدر قلتين وإذا اجتمع قلتان من ماء نجس طهر ولا يعود نجسا بالتفريق هذا هو مذهب الشافعي رضي الله عنه وكنت أود أن يكون مذهبه كمذهب مالك رضي الله عنه في أن الماء وإن قل لا ينجس إلا بالتغير إذ الحاجة ماسة إليه ومثار الوسواس اشترط القلتين ولأجله شق على الناس ذلك وهو لعمري سبب المشقة ويعرفه من يجربه ويتأمله ومما لا أشك فيه أن ذلك لو كان مشروطا لكان أولى المواضع بتعسر الطهارة مكة والمدينة إذ لا يكثر فيهما المياه الجارية ولا الراكدة الكثيرة ومن أول عصر رسول الله صلى الله عليه وسلم إلى آخر عصر أصحابه لم تنقل واقعة في الطهارة ولا سؤال عن كيفية حفظ الماء عن النجاسات وكانت أواني مياههم يتعاطاها الصبيان والإماء الذين لا يحترزون عن النجاسات وقد توضأ عمر رضي الله عنه بماء في جرة نصرانية وهذا كالصريح في أنه لم يعول إلا على عدم تغير الماء وإلا فنجاسة النصرانية وإنائها غالبة تعلم بظن قريب فإذا عسر القيام بهذا المذهب وعدم وقوع السؤال في تلك الأعصار دليل أول وفعل عمر رضي الله عنه دليل ثان والدليل الثالث إصغاء رسول الله صلى الله عليه وسلم الإناء للهرة حديث إصغاء الإناء للهرة أخرجه الطبراني في الأوسط والدار قطني من حديث عائشة وروى أصحاب السنن ذلك من فعل أبي قتادة وعدم تغطية الأواني منها بعد أن يرى أنها تأكل الفأرة ولم يكن في بلادهم حياض تلغ السنانير فيها وكانت لا تنزل الآبار والرابع أن الشافعي رضي الله عنه نص على أن غسالة النجاسة طاهرة إذا لم تتغير ونجسة إن تغيرت وأي فرق بين أن يلاقي الماء النجاسة بالورود عليها أو بورودها عليه وأي معنى لقول القائل إن قوة الورود تدفع النجاسة مع أن الورود لم يمنع مخالطة النجاسة وإن أحيل ذلك على الحاجة فالحاجة أيضا ماسة إلى هذا فلا فرق بين طرح الماء في إجانة فيها ثوب نجس أو طرح الثوب النجس في الإجانة وفيها ماء وكل ذلك معتاد في غسل الثياب والأواني والخامس أنهم كانوا يستنجون على أطراف المياه الجارية القليلة ولا خلاف في مذهب الشافعي رضي الله عنه أنه إذا وقع بول في ماء جار ولم يتغير أنه يجوز التوضؤ به وإن كان قليلا وأي فرق بين الجاري والراكد وليت شعري هل الحوالة على عدم

التغير أولى أو على قوة الماء بسبب الجريان ثم ما حد تلك القوة أتجري في المياه الجارية في أنابيب الحمامات أم لا فإن لم تجر فما الفرق وإن جرت فما الفرق بين ما يقع فيها وبين ما يقع في مجرى الماء من الأواني على الأبدان وهي أيضا جارية ثم البول أشد اختلاطا بالماء الجاري من نجاسة جامدة ثابتة إذا قضى بأن ما يجري عليها وإن لم يتغير نجس أن يجتمع في مستنقع قلتان فأي فرق بين الجامد والمائع والماء واحد والاختلاط أشد من المجاورة والسادس أنه إذا وقع رطل من البول في قلتين ثم فرقتا فكل كوز يغترف منه طاهر ومعلوم أن البول منتشر فيه وهو قليل وليت شعري هل تعليل طهارته بعدم التغير أولى أو بقوة الماء بعد انقطاع الكثرة وزوالها مع

تحقق بقاء أجزاء النجاسة فيها
والسابع أن الحمامات لم تزل في الأعصار الخالية يتوضأ فيها المتقشفون ويغمسون الأيدي والأواني في تلك الحياض مع قلة الماء ومع العلم بأن الأيدي النجسة والطاهرة كانت تتوارد عليها
فهذه الأمور مع الحاجة الشديدة تقوى في النفس أنهم كانوا ينظرون إلى عدم التغير معولين على قوله صلى الله عليه وسلم خلق الماء طهورا لا ينجسه شيء إلا ما غير طعمه أو لونه أو ريحه حديث خلق الله الماء طهورا لا ينجسه شيء إلا ما غير لونه أو طعمه أو ريحه أخرجه ابن ماجه من حديث أبي أمامة بإسناد ضعيف وقد رواه بدون الاستثناء أبو داود والنسائي والترمذي من حديث أبي سعيد وصححه أبو داود وغيره وهذا فيه تحقيق وهو أن طبع كل مائع أن يقلب إلى صفة نفسه كل ما يقع فيه وكان مغلوبا من جهته فكما ترى الكلب يقع في المملحة فيستحيل ملحا ويحكم بطهارته بصيرورته ملحا وزوال صفة الكلبية عنه فكذلك الخل يقع في الماء وكذا اللبن يقع فيه وهو قليل فتبطل صفته ويتصور بصفة الماء وينطبع بطبعه إلا إذا كثر وغلب وتعرف غلبته بغلبة طعمه أو لونه أو ريحه فهذا المعيار
وقد أشار الشرع إليه في الماء القوي على إزالة النجاسة وهو جدير بأن يعول عليه فيندفع به الحرج ويظهر به معنى كونه طهورا إذ يغلب عليه فيطهره كما صار كذلك فيما بعد القلتين وفي الغسالة وفي الماء الجاري وفي إصغاء الإناء للهرة ولا تظن ذلك عفوا إذ لو كان كذلك لكان كأثر الاستنجاء ودم البراغيث حتى يصير الماء الملاقى له نجسا ولا ينجس بالغسالة ولا بولوغ السنور في الماء القليل
وأما قوله صلى الله عليه وسلم لا يحمل خبثا فهو في نفسه مبهم فإنه يحمل إذا تغير
فإن قيل أراد به إذا لم يتغير فيمكن أن يقال إنه أراد به أنه في الغالب لا يتغير بالنجاسات المعتادة ثم هو تمسك بالمفهوم فيما إذا لم يبلغ قلتين وترك المفهوم بأقل من الأدلة التي ذكرناها ممكن وقوله لا يحمل خبثا ظاهره نفي الحمل أي يقلبه إلى صفة نفسه كما يقال للمملحة لا تحمل كلبا ولا غيره أي ينقلب وذلك لأن الناس قد يستنجون في المياه القليلة وفي الغدران ويغمسون الأواني النجسة فيها ثم يترددون في أنها تغيرت تغيرا مؤثر أم لا فتبين أنه إذا كان قلتين لا يتغير بهذه النجاسة المعتادة
فإن قلت فقد قال النبي صلى الله عليه وسلم لا يحمل خبثا ومهما كثرت حملها فهذا ينقلب عليك فإنها مهما كثرت حملها حكما كما حملها حسا
فلا بد من التخصيص بالنجاسات المعتادة على المذهبين جميعا
وعلى الجملة فميلي في أمور النجاسات المعتادة إلى التساهل فهما من سيرة الأولين وحسما لمادة الوسواس وبذلك أفتيت بالطهارة فيما وقع الخلاف فيه في مثل هذه المسائل الطرف الثالث في كيفية الإزالة

والنجاسة إن كانت حكمية وهي التي ليس لها جرم محسوس فيكفي إجراء الماء على جميع مواردها وإن كانت عينية فلا بد من إزالة العين وبقاء الطعم يدل على بقاء العين وكذا بقاء اللون إلا فيما يلتصق به فهو معفو عنه بعد الحت والقرص

أما الرائحة فبقاؤها يدل على بقاء العين ولا يعفى عنها إلا إذا كان الشيء له رائحة فائحة يعسر إزالتها فالدلك والعصر مرات متواليات يقوم مقام الحت والقرص في اللون والمزيل للوسواس أن يعلم أن الأشياء خلقت طاهرة بيقين فما لا يشاهد عليه نجاسة ولا يعلمها يقينا يصلي معه ولا ينبغي أن يتوصل بالاستنباط إلى تقدير النجاسات

القسم الثاني طهارة الأحداث ومنها الوضوء والغسل والتيمم ويتقدمها الاستنجاء فلنورد كيفيتها على الترتيب مع آدابها وسننها مبتدئين بسبب الوضوء وآداب قضاء الحاجة إن شاء الله تعالى

باب آداب قضاء الحاجة

ينبغي أن يبعد عن أعين الناظرين في الصحراء وأن يستتر بشيء إن وجده وأن لا يكشف عورته قبل الانتهاء

إلى موضع الجلوس وأن لا يستقبل الشمس والقمر وأن لا يستقبل القبلة ولا يستدبرها إلا إذا كان في بناء والعدول أيضا عنها في البناء أحب وإن استتر في الصحراء براحلته جاز وكذلك بذيله وأن يتقي الجلوس في متحدث الناس وأن لا يبول في الماء الراكد ولا تحت الشجرة المثمرة ولا في الجحر وأن يتقي الموضع الصلب ومهاب الرياح في البول استنزاها من رشاشه وأن يتكىء في جلوسه على الرجل اليسرى وإن كان في بنيان يقدم الرجل اليسرى في الدخول واليمنى في الخروج ولا يبول قائما

قالت عائشة رضي الله عنها من حدثكم أن النبي صلى الله عليه وسلم كان يبول قائما فلا تصدقوه حديث عائشة من حديثكم أن النبي صلى الله عليه وسلم كان يبول قائما فلا تصدقوه أخرجه الترمذي والنسائي وابن ماجه قال الترمذي هو أحسن شيء في هذا الباب وأصح وقال عمر رضي الله عنه رآني رسول الله صلى الله عليه وسلم وأنا أبول قائما فقال يا عمر لا تبل قائما حديث عمر رآني النبي صلى الله عليه وسلم وأنا أبول قائما فقال يا عمر لا تبل قائما أخرجه ابن ماجه بإسناد ضعيف رواه ابن حبان من حديث ابن عمر ليس فيه ذكر لعمر قال عمر فما بلت قائما بعد وفيه رخصة إذ روى حذيفة رضي الله عنه أنه عليه الصلاة والسلام بال قائما فأتيته بوضوء فتوضأ ومسح على خفيه حديث أنه عليه الصلاة والسلام بال قائما الحديث متفق عليه ولا يبول في المغتسل قال صلى الله عليه وسلم عامة الوسواس منه حديث قال في البول في المغتسل عامة الوسواس منه أخرجه أصحاب السنن من حديث عبد الله بن مغفل قال الترمذي غريب قلت وإسناده صحيح وقال ابن المبارك قد وسع في البول في المغتسل إذا جرى الماء عليه ذكره الترمذي وقال عليه الصلاة والسلام لا يبولن أحدكم في مستحمه ثم يتوضأ فيه فإن عامة الوسواس منه وقال ابن المبارك إن كان الماء جاريا فلا بأس به ولا يستصحب شيئا عليه اسم الله تعالى أو رسوله صلى الله عليه وسلم ولا يدخل بيت الماء حاسر الرأس

وأن يقول عند الدخول بسم الله أعوذ بالله من الرجس النجس الخبيث المخبث الشيطان الرجيم وعند الخروج الحمد لله الذي أذهب عني ما يؤذيني وأبقى علي ما ينفعني ويكون ذلك خارجا عن بيت الماء وأن يعد النبل قبل الجلوس وأن لا يستنجي بالماء في موضع الحاجة وأن يستبرىء من البول بالتنحنح والنثر ثلاثا وإمرار اليد على أسفل القضيب ولا يكثر التفكر في الاستبراء فيتوسوس ويشق عليه الأمر وما يحس به من بلل فليقدر أنه بقية الماء

فإن كان يؤذيه ذلك فليرش عليه الماء حتى يقوى في نفسه ذلك ولا يتسلط عليه الشيطان بالوسواس

وفي الخبر أنه صلى الله عليه وسلم فعله أعني رش الماء حديث رش الماء بعد الوضوء وهو الانتضاح أخرجه أبو داود والنسائي وابن ماجه من حديث سفيان بن الحكم الثقفي أو الحكم بن سفيان وهو مضطرب كما قاله الترمذي وابن عبد البر وقد كان أخفهم استبراء أفقههم فتدل الوسوسة فيه على قلة الفقه

وفي حديث سلمان رضي الله عنه علمنا رسول الله صلى الله عليه وسلم كل شيء حتى الخراءة فأمرنا أن لا نستنجي بعظم ولاروث ونهانا أن نستقبل القبلة بغائط أو بول حديث سلمان علمنا رسول الله صلى الله عليه وسلم كل شيء حتى الخراءة الحديث أخرجه مسلم وقد تقدم في قواعد العقائد وقال رجل لبعض الصحابة من الأعراب وقد خاصمه لا أحسبك تحسن الخراء قال بلى وأبيك إني لأحسنها وإني بها لحاذق أبعد الأثر وأعد المدر وأستقبل الشيح وأستدبر الريح وأقعى إقعاء الظبي وأجفل إجفال النعام الشيح نبت طيب الرائحة بالبادية والإقعاء ههنا أن يستوفز على صدور قدميه والإجفال أن يرفع عجزه

ومن الرخصة أن يبول الإنسان قريبا من صاحبه مستترا عنه حديث البول قريبا من صاحبه متفق عليه من حديث حذيفة فعل ذلك رسول الله صلى الله عليه وسلم مع شدة حيائه ليبين للناس ذلك

كيفية الاستنجاء

ثم يستنجي لمقعدته بثلاثة أحجار فإن أنقى وإلا استعمل رابعا فإن أنقى وإلا استعمل خامسا لأن الإنقاء واجب والإيتار مستحب

قال صلى الله عليه وسلم من استجمر فليوتر حديث من استجمر فليوتر متفق عليه من حديث أبي هريرة ويأخذ الحجر بيساره ويضعه على مقدم المقعدة قبل موضع النجاسة ويمره بالمسح والإدارة إلى المؤخر ويأخذ الثاني ويضعه على المؤخر كذلك ويمره إلى المقدمة ويأخذ الثالث فيديره حول المسربة إدارة فإن عسرت الإدارة ومسح من المقدمة إلى المؤخرة أجزأه ثم يأخذ حجرا كبيرا بيمينه والقضيب بيساره ويمسح الحجر بقضيبه ويحرك اليسار فيمسح ثلاثا في ثلاثة مواضع أوفى ثلاثة أحجار أو في ثلاثة مواضع من جدار إلى أن لا يرى الرطوبة في محل المسح فإن حصل ذلك بمرتين أتى بالثالثة ووجب ذلك إن أراد الاقتصار على الحجر وإن حصل بالرابعة استحب الخامسة للإيتار

ثم ينتقل من ذلك الموضع إلى موضع آخر ويستنجي بالماء بأن يفيضه باليمنى على محل النجو ويدلك باليسرى حتى لا يبقى أثر يدركه الكف بحس اللمس ويدرك الاستقصاء فيه بالتعرض للباطن فإن ذلك منبع الوسواس وليعلم أن كل ما لا يصل إليه الماء فهو باطن ولا يثبت حكم النجاسة للفضلات الباطنة ما لم تظهر وكل ما هو ظاهر وثبت له حكم النجاسة فحد ظهوره أن يصل الماء إليه فيزيله ولا معنى للوسواس

ويقول عند الفراغ من الاستنجاء اللهم طهر قلبي من النفاق وحصن فرجي من الفواحش ويدلك يده بحائط أو بالأرض إزالة للرائحة إن بقيت

والجمع بين الماء والحجر مستحب فقد روى أنه لما نزل قوله تعالى ﴿ فيه رجال يحبون أن يتطهروا و الله يحب المطهرين ﴾ قال رسول الله صلى الله عليه وسلم لأهل قباء ما هذه الطهارة التي أثنى الله بها عليكم قالوا كنا نجمع بين الماء والحجر حديث لما نزل قوله تعالى فيه رجال يحبون أن يتطهروا الحديث في أهل قباء وجمعهم بين الحجر والماء أخرجه البزار من حديث ابن عباس بسند ضعيف ورواه ابن ماجه والحاكم وصححه من حديث أبي أيوب وجابر وأنس في الاستنجاء بالماء ليس فيه ذكر الحجر وقول النووي تبعا لابن الصلاح إن الجمع بين الماء والحجر في أهل قباء لا يعرف مردود بما تقدم كيفية الوضوء

إذا فرغ من الاستنجاء اشتغل بالوضوء فلم ير رسول الله صلى الله عليه وسلم قط خارجا من الغائط إلا توضأ ويبتدىء بالسواك فقد قال رسول الله صلى الله عليه وسلم إن أفواهكم طرق القرآن فطيبوها بالسواك حديث إن أفواهكم طرق القرآن أخرجه أبو نعيم في الحلية من حديث علي ورواه ابن ماجه موقوفا على علي وكلاهما ضعيف فينبغي أن ينوي عند السواك تطهير فمه لقراءة القرآن وذكر الله تعالى في الصلاة وقال صلى الله عليه وسلم صلاة على أثر سواك أفضل من خمس وسبعين صلاة بغير سواك ﴿ حديث ﴾ صلاة على أثر سواك أفضل

من خمس وسبعين صلاة بغير سواك رواه أبو نعيم في كتاب السواك من حديث ابن عمر بإسناد ضعيف ورواه أبو داود والحاكم وصححه والبيهقي وضعفه من حديث عائشة وضعفه بلفظ من سبعين صلاة وقال صلى الله عليه وسلم لولا أن أشق على أمتي لأمرتهم بالسواك عند كل صلاة حديث لولا أن أشق على أمتي لأمرتهم بالسواك عند كل صلاة متفق عليه من حديث أبي هريرة وقال صلى الله عليه وسلم ما لي أراكم تدخلون علي قلحا استاكوا حديث ما لي أراكم تدخلون علي قلحا استاكوا أخرجه البزار والبيهقي من حديث العباس بن عبد المطلب وأبو داود والبغوي من حديث تمام بن العباس والبيهقي من حديث عبد الله بن عباس وهو مضطرب أي صفر الأسنان وكان صلى الله عليه وسلم يستاك في الليلة مرارا حديث كان يستاك من الليل مرارا أخرجه مسلم من حديث ابن عباس وعن ابن عباس رضي الله عنه أنه قال لم يزل صلى الله عليه وسلم يأمرنا بالسواك حتى ظننا أنه سينزل عليه فيه شيء حديث ابن عباس لم يزل يأمرنا رسول الله صلى الله عليه وسلم بالسواك حتى ظننا أنه سينزل عليه فيه شيء رواه أحمد وقال عليه السلام عليكم بالسواك فإنه

مطهرة للفم ومرضاة للرب حديث عليكم بالسواك فإنه مطهرة للفم مرضاة للرب أخرجه البخاري تعليقا مجزوما من حديث عائشة والنسائي وابن خزيمة موصولا قلت وصل المصنف هذا الحديث بحديث ابن عباس الذي قبله وقد رواه من حديث ابن عباس الطبراني في الأوسط والبيهقي في شعب الإيمان وقال علي بن أبي طالب كرم الله وجهه السواك يزيد في الحفظ ويذهب البلغم حديث كان أصحاب رسول الله صلى الله عليه وسلم يروحون والسواك على آذانهم أخرجه الخطيب في كتاب أسماء من روى عن مالك وعند أبي داود والترمذي وصححه أن زيد بن خالد كان يشهد الصلوات وسواكه على أذنه موضع القلم من أذن الكاتب وكان أصحاب النبي صلى الله عليه وسلم يروحون والسواك على آذانهم

وكيفيته أن يستاك بخشب الأراك أو غيره من قضبان الأشجار مما يخشن ويزيل القلح ويستاك عرضا وطولا وإن اقتصر فعرضا

ويستحب السواك عند كل صلاة وعند كل وضوء وإن لم يصل عقيبه وعند تغير النكهة بالنوم أو طول الأزم أو كل ما تكره رائحته ثم عند الفراغ من السواك يجلس للوضوء مستقبل القبلة ويقول بسم الله الرحمن الرحيم قال صلى الله عليه وسلم لا وضوء لمن لم يسم الله تعالى حديث لا وضوء لمن لم يسم الله أخرجه الترمذي وابن ماجه من حديث سعيد بن زيد أحد العشرة ونقل الترمذي من البخاري أنه أحسن شيء في هذا الباب أي لا وضوء كامل

ويقول عند ذلك أعوذ بك من همزات الشياطين وأعوذ بك رب أن يحضرون ثم يغسل يديه ثلاثا قبل أن يدخلهما الإناء ويقول اللهم إني أسألك اليمن والبركة وأعوذ بك من الشؤم والهلكة ثم ينوي رفع الحدث أو استباحة الصلاة ويستديم النية إلى غسل الوجه فإن نسيها عند الوجه لم يجزه ثم يأخذ غرفة لفيه بيمينه فيتمضمض بها ثلاثا ويغرغر بأن يرد الماء إلى الغلصمة إلا أن يكون صائما فيرفق ويقول اللهم أعني على تلاوة كتابك وكثرة الذكر لك ثم يأخذ غرفة لأنفه ويستنشق ثلاثا ويصعد الماء بالنفس إلى خياشيمه ويستنثر ما فيها ويقول في الاستنشاق اللهم أوجد لي رائحة الجنة وأنت عني راض وفي الاستنثار اللهم إني أعوذ بك من روائح النار ومن سوء الدار لأن الاستنشاق إيصال والاستنثار إزالة ثم يغرف غرفة لوجهه فيغسله من مبدأ سطح الجبهة إلى منتهى ما يقبل من الذقن في الطول ومن الأذن إلى الأذن في العرض ولا يدخل في حد الوجه النزعتان اللتان على طرفي الجبينين فهما من الرأس ويوصل الماء إلى موضع التحذيف وهو ما يعتاد النساء تنحية الشعر عنه وهو القدر الذي يقع في جانب الوجه مهما وضع طرف الخيط على رأس الأذن والطرف الثاني على زاوية الجبين ويوصل الماء إلى منابت الشعور الأربعة الحاجبان والشاربان والعذاران والأهداب لأنها خفيفة في الغالب

والعذاران هما ما يوازيان الأذنين من مبدأ اللحية

ويجب إيصال الماء إلى منابت اللحية الخفيفة أعني ما يقبل من الوجه وأما الكثيفة فلا وحكم العنفقة حكم اللحية في الكثافة والخفة ثم يفعل ذلك ثلاثا ويفيض الماء على ظاهر ما استرسل من اللحية ويدخل الأصابع في محاجر العينين وموضع الرمص ومجتمع الكحل وينقيهما

فقد روي أنه صلى الله عليه وسلم فعل ذلك حديث إدخاله الأصبع في محاجر العينين وموضع الرمص ومجتمع الكحل أخرجه أحمد من حديث أبي أمامة كان يتعاهد المنافقين ورواه الدارقطني من حديث أبي هريرة بإسناد ضعيف أشربوا الماء أعينكم ويأمل عند ذلك خروج الخطايا من عينيه وكذلك عند كل عضو ويقول عنده اللهم بيض وجهي بنورك يوم تبيض وجوه أوليائك ولا تسود وجهي بظلماتك يوم تسود وجوه أعدائك ويخلل اللحية الكثيفة عند غسل الوجه فإنه مستحب ثم يغسل يديه إلى مرفقيه ثلاثا ويحرك الخاتم ويطيل الغرة ويرفع الماء إلى أعلى العضد فإنهم يحشرون يوم القيامة غرا محجلين من آثار الوضوء كذلك ورد الخبر

قال صلى الله عليه وسلم من استطاع أن

يطيل غرته فليفعل حديث من استطاع منكم أن يطيل غرته فليفعل أخرجاه من حديث أبي هريرة وروى أن الحلية تبلغ مواضع الوضوء حديث تبلغ الحلية من المؤمن ما يبلغ ماء الوضوء أخرجاه من حديثه ويبدأ باليمنى ويقول اللهم أعطني كتابي بيميني وحاسبني حسابا يسيرا ويقول عند غسل الشمال اللهم إني أعوذ بك أن تعطيني كتابي بشمالي أو من وراء ظهري ثم يستوعب رأسه بالمسح بأن يبل يديه ويلصق رءوس أصابع يديه اليمنى باليسرى ويضعهما على مقدمة الرأس ويمدهما إلى القفا ثم يردهما إلى المقدمة وهذه مسحة واحدة يفعل ذلك ثلاثا ويقول اللهم اغشني برحمتك وأنزل علي من بركاتك وأظلني تحت ظل عرشك يوم لا ظل إلا ظلك ثم يمسح أذنيه ظاهرهما وباطنهما بماء جديد بأن يدخل مسبحتيه في صماخي أذنيه ويدير إبهاميه على ظاهر أذنيه ثم يضع الكف على الأذنين استظهارا ويكرره ثلاثا ويقول اللهم اجعلني من الذين يستمعون القول فيتبعون أحسنه اللهم أسمعني منادي الجنة مع الأبرار ثم يمسح رقبته بماء جديد لقوله صلى الـله عليه وسلم مسح الرقبة أمان من الغل يوم القيامة حديث مسح الرقبة أمان من الغل أخرجه أبو منصور الديلمي في مسند الفردوس من حديث عمر وهو ضعيف ويقول اللهم فك رقبتي من النار وأعوذ بك من السلاسل والأغلال ثم يغسل رجله اليمنى ثلاثا ويخلل باليد اليسرى من أسفل أصابع الرجل اليمنى ويبدأ بالخنصر من الرجل اليمنى ويختم بالخنصر من الرجل اليسرى ويقول اللهم ثبت قدمي على الصراط المستقيم يوم تزل الأقدام في النار ويقول عند غسل اليسرى أعوذ بك أن تزل قدمي عن الصراط يوم تزل فيه أقدام المنافقين ويرفع الماء إلى أنصاف الساقين

فإذا فرغ رفع رأسه إلى السماء وقال أشهد أن لا إله إلا الـله وحده لا شريك له وأشهد أن محمدا عبده ورسوله سبحانك اللهم وبحمدك لا إله إلا أنت عملت سوءا وظلمت نفسي أستغفرك اللهم وأتوب إليك فاغفر لي وتب علي إنك أنت التواب الرحيم اللهم اجعلني من التوابين واجعلني من المتطهرين واجعلني من عبادك الصالحين واجعلني عبدا صبورا شكورا واجعلني أذكرك كثيرا وأسبحك بكرة وأصيلا يقال إن من قال هذا بعد الوضوء ختم على وضوئه بخاتم ورفع له تحت العرش فلم يزل يسبح الـله تعالى ويقدسه ويكتب له ثواب ذلك إلى يوم القيامة

ويكره في الوضوء أمور منها أن يزيد على الثلاث فمن زاد فقد ظلم وأن يسرف في الماء توضأ عليه السلام ثلاثا وقال من زاد فقد ظلم وأساء حديث توضأ ثلاثا ثلاثا وقال من زاد فقد أساء وظلم أخرجه أبو داود والنسائي واللفظ له وابن ماجه من رواية عمرو بن شعيب عن أبيه عن جده وقال سيكون قوم من هذه الأمة يعتدون في الدعاء والطهور حديث سيكون قوم من هذه الأمة يعتدون في الدعاء والطهور أخرجه أبو داود وابن ماجه وابن حبان والحاكم من حديث عبد الـله بن مغفل ويقال من وهن علم الرجل ولوعه بالماء في

الطهور حديث من وهن علم الرجل ولوعه في الماء في التطهير لم أجد له أصلا وقال إبراهيم بن أدهم يقال إن أول ما يبتدىء الوسواس من قبل الطهور وقال الحسن إن شيطانا يضحك بالناس في الوضوء يقال له الولهان

ويكره أن ينفض اليد فيرش الماء وأن يتكلم في أثناء الوضوء وأن يلطم وجهه بالماءلطما

وكره قوم التنشيف وقالوا الوضوء يوزن قاله سعيد بن المسيب والزهري لكن روى معاذ رضي اللـه عنه أنه عليه السلام مسح وجهه بطرف ثوبه حديث معاذ أن النبي صلى اللـه عليه وسلم مسح وجهه بطرف ثوبه أخرجه الترمذي وقال غريب وإسناده ضعيف وروت عائشة رضي اللـه عنها أنه صلى اللـه عليه وسلم كانت له منشفة حديث عائشة أن النبي صلى اللـه عليه وسلم كان له منشفة أخرجه الترمذي وقال ليس بالقائم قال ولا يصح عن النبي صلى اللـه عليه وسلم في هذا الباب شيء ولكن طعن في هذه الرواية عن عائشة

ويكره أن يتوضأ من إناء صفر وأن يتوضأ بالماء المشمس وذلك من جهة الطب

وقد روي عن ابن عمر وأبي هريرة رضي اللـه عنهما كراهية إناء الصفر وقال بعضهم أخرجت لشعبة ماء في إناء صفر فأبى أن يتوضأ منه

ونقل كراهية

ذلك عن ابن عمر وأبي هريرة رضي الـلـه عنهما
ومهما فرغ من وضوئه وأقبل على الصلاة فينبغي أن يخطر بباله أنه طهر ظاهره وهو موضع نظر الخلق أن يستحي من مناجاة الـلـه تعالى من غير تطهير قلبه وهو موضع نظر الرب سبحانه
وليحقق طهارة القلب بالتوبة
والخلو عن الأخلاق المذمومة والتخلق بالأخلاق الحميدة أولى
وأن من يقتصر على طهارة الظاهر كمن يدعو ملكا إلى بيته فتركه مشحونا بالقاذورات واشتغل بتجصيص ظاهر الباب البراني من الدار
وما أجدر مثل هذا الرجل بالتعرض للمقت والبوار و الـلـه سبحانه وتعالى أعلم فضيلة الوضوء
قال رسول الـلـه صلى الـلـه عليه وسلم من توضأ فأحسن الوضوء وصلى ركعتين لم يحدث نفسه فيهما بشيء من الدنيا خرج من ذنوبه كيوم ولدته أمه حديث من توضأ وأسبغ الوضوء وصلى ركعتين لم يحدث فيهما نفسه بشيء من الدنيا خرج من ذنوبه كيوم ولدته أمه وفي لفظ آخر لم يسه فيهما غفر له ما تقدم من ذنبه أخرجه ابن المبارك في كتاب الزهد والرقائق باللفظين معا وهو متفق عليه من حديث عثمان بن عفان دون قوله بشيء من الدنيا ودون قوله لم يسه فيهما وأخرجه أبو داود من حديث زيد بن خالد ثم صلى ركعتين لا يسهو فيهما الحديث وفي لفظ آخر ولم يسه فيهما غفر له ما تقدم من ذنبه وقال صلى الـلـه عليه وسلم أيضا ألا أنبئكم بما يكفر الـلـه به الخطايا ويرفع به الدرجات إسباغ الوضوء على المكاره ونقل الأقدام إلى المساجد وانتظار الصلاة بعد الصلاة فذلكم الرباط ثلاث مرات حديث ألا أنبئكم بما يكفر الـلـه به الخطايا ويرفع به الدرجات الحديث أخرجه مسلم عن أبي هريرة وتوضأ صلى الـلـه عليه وسلم مرة مرة وقال هذا وضوء لا يقبل الـلـه الصلاة إلا به وتوضأ مرتين مرتين وقال من توضأ مرتين مرتين أتاه الـلـه أجره مرتين وتوضأ ثلاثا ثلاثا وقال هذا وضوئي ووضوء الأنبياء من قبلي ووضوء خليل الرحمن إبراهيم عليه السلام حديث توضأ مرة مرة وقال هذا وضوء لا يقبل الـلـه الصلاة إلا به الحديث أخرجه ابن ماجه من حديث ابن عمر بإسناد ضعيف وقال صلى الـلـه عليه وسلم من ذكر الـلـه عند وضوئه طهر الـلـه جسده كله ومن لم يذكر الـلـه لم يطهر منه إلا ما أصاب الماء حديث من ذكر الـلـه عند وضوئه طهر الـلـه جسده كله الحديث رواه الدار قطني من حديث أبي هريرة بإسناد ضعيف وقال صلى الـلـه عليه وسلم من توضأ على طهر كتب الـلـه له به عشر حسنات حديث من توضأ على طهر كتب الـلـه له عشر حسنات أخرجه أبو داود والترمذي وابن ماجه من حديث ابن عمر بإسناد ضعيف وقال صلى الـلـه عليه وسلم الوضوء على الوضوء نور على نور حديث الوضوء على الوضوء نور على نور لم أجد له أصلا وهذا كله حث على تجديد الوضوء وقال عليه السلام إذا توضأ العبد المسلم فتمضمض خرجت الخطايا من فيه فإذا استنثر خرجت الخطايا من أنفه فإذا غسل وجهه خرجت الخطايا من وجهه حتى تخرج من تحت أشفار عينيه فإذا غسل يديه خرجت الخطايا من يديه حتى تخرج من تحت أظفاره فإذا مسح برأسه خرجت الخطايا من رأسه حتى تخرج من تحت أذنيه وإذا غسل رجليه خرجت

الخطايا من رجليه حتى تخرج من تحت أظفار رجليه ثم كان مشيه إلى المسجد وصلاته نافلة له حديث إذا توضأ العبد المسلم أو المؤمن فتمضمض خرجت الخطايا من فيه الحديث أخرجه أبو داود وابن ماجه من حديث الصنابحي إسناده صحيح ولكن اختلف في صحته وعند مسلم من حديث أبي هريرة وعمرو بن عنبسة نحوه مختصرا ويروى إن الطاهر كالصائم حديث الطاهر النائم كالصائم أخرجه أبو منصور الديلمي من حديث عمرو بن حريث الطاهر النائم كالصائم القائم وسنده ضعيف قال صلى الله عليه وسلم من توضأ فأحسن الوضوء ثم رفع طرفه إلى السماء فقال أشهد أن لا إله إلا الله وحده لا شريك له وأشهد أن محمدا عبده ورسوله فتحت له أبواب الجنة الثمانية يدخل من أيها شاء حديث من توضأ فأحسن الوضوء ثم رفع طرفه إلى السماء فقال أشهد أن لا إله إلا الله الحديث أخرجه أبو داود من حديث عقبة بن عامر وهو عند مسلم دون قوله ثم رفع هكذا عزاه المزي في الأطراف وقد رواه النسائي في اليوم والليلة من رواية عقبة بن عامر وكذا رواه الدارمي في مسنده وقال عمر رضي الله عنه

إن الوضوء الصالح يطرد عنك الشيطان

وقال مجاهد من استطاع أن لا يبيت إلا طاهرا ذاكرا مستغفرا فليفعل فإن الأرواح تبعث على ما قبضت عليه كيفية الغسل

وهو أن يضع الإناء عن يمينه ثم يسمي الـلـه تعالى ويغسل يديه ثلاثا ثم يستنجي كما وصفت لك ويزيل ما على بدنه من نجاسة إن كانت ثم يتوضأ وضوءه للصلاة كما وصفنا إلا غسل القدمين فإنه يؤخرهما فإن غسلهما ثم وضعهما على الأرض كان إضاعة للماء ثم يصب الماء على رأسه ثلاثا ثم على شقه الأيمن ثلاثا ثم على شقه الأيسر ثلاثا ثم يدلك ما أقبل من بدنه ويخلل شعر الرأس واللحية ويوصل الماء إلى منابت ما كثف منه أو خف وليس على المرأة نقض الضفائر إلا إذا علمت أن الماء لا يصل إلى خلال الشعر ويتعهد معاطف البدن وليتق أن يمس ذكره في أثناء ذلك فإن فعل ذلك فليعد الوضوء وإن توضأ قبل الغسل فلا يعيده بعد الغسل

فهذه سنن الوضوء والغسل ذكرنا منها ما لا بد لسالك طريق الآخرة من علمه وعمله وما عداه من المسائل التي يحتاج إليها في عوارض الأحوال فليرجع فيها إلى كتب الفقه

والواجب من جملة ما ذكرناه في الغسل أمران النية واستيعاب البدن بالغسل

وفروض الوضوء النية وغسل الوجه وغسل اليدين إلى المرفقين ومسح ما ينطلق عليه الاسم من الرأس وغسل الرجلين إلى الكعبين والترتيب

وأما الموالاة فليست بواجبة

والغسل الواجب بأربعة بخروج المني والتقاء الختانين والحيض والنفاس وما عداه من الأغسال سنة كغسل العيدين والجمعة والأعياد والإحرام والوقوف بعرفة ومزدلفة ولدخول مكة وثلاثة أغسال أيام التشريق ولطواف الوداع على قول والكافر إذا أسلم غير جنب والمجنون إذا أفاق ولمن غسل ميتا فكل ذلك مستحب كيفية التيمم

من تعذر عليه استعمال الماء لفقده بعد الطلب أو بمانع له عن الوصول إليه من سبع أو حابس أو كان الماء الحاضر يحتاج إليه لعطشه أو لعطش رفيقه أو كان ملكا لغيره ولم يبعه إلا بأكثر من ثمن المثل أو كان به جراحة أو مرض وخاف من استعماله فساد العضو أو شدة الضنا فينبغي أن يصبر حتى يدخل عليه وقت الفريضة ثم يقصد صعيدا طيبا عليه تراب طاهر خالص لين بحيث يثور منه غبار ويضرب عليه كفيه ضاما بين أصابعه ويمسح بهما جميع وجهه مرة واحدة وينوي عند ذلك استباحة الصلاة ولا يكلف إيصال الغبار إلى ما تحت الشعور خفت أو كثفت ويجتهد أن يستوعب بشرة وجهه بالغبار ويحصل ذلك بالضربة

الواحدة فإن عرض الوجه لا يزيد على عرض الكفين ويكفي في الاستيعاب غالب الظن ثم ينزع خاتمه ويضرب ضربة ثانية يفرج فيها بين أصابعه ثم يلصق ظهور يده اليمنى ببطون أصابع يده اليسرى بحيث لا يجاوز أطراف الأنامل من إحدى الجهتين عرض المسبحة من الأخرى ثم يمر يده اليسرى من حيث وضعها على ظاهر ساعده الأيمن إلى المرفق ثم يقلب بطن كفه اليسرى على باطن ساعده الأيمن ويمرها إلى الكوع ويمر بطن إبهامه اليسرى على ظاهر إبهامه اليمنى ثم يفعل باليسرى كذلك

ثم يمسح كفيه ويخلل بين أصابعه وغرض هذا التكليف تحصيل الأستيعاب إلى المرفقين بضربة واحدة فإن عسر عليه ذلك فلا بأس بأن يستوعب بضربتين وزيادة

وإذا صلى به الفرض فله أن يتنفل كيف شاء فإن جمع بين فريضتين فينبغي أن يعيد التيمم للثانية وهكذا يفرد كل فريضة بتيمم و الـله أعلم

القسم الثالث من النظافة التنظيف عن الفضلات الظاهرة وهي نوعان أوساخ وأجزاء النوع الأول الأوساخ والرطوبات المترشحة وهي ثمانية

الأول ما يجتمع في شعر الرأس من الدرن والقمل فالتنظيف عنه مستحب بالغسل والترجيل والتدهين إزالة للشعث عنه وكان صلى الله عليه وسلم يدهن الشعر ويرجله غبا ويأمر به حديث كان يدهن الشعر ويرجله أخرجه الترمذي في الشمائل بإسناد ضعيف من حديث أنس كان يكثر دهن رأسه وتسريح لحيته وفي الشمائل أيضا بإسناد حسن من حديث صحابي لم يسم أنه كان صلى الله عليه وسلم يترجل غبا ويقول صلى الله عليه وسلم ادهنوا غبا حديث ادهنوا غبا قال ابن الصلاح لم أجد له أصلا وقال النووي غير معروف وعند أبي داود والترمذي والنسائي من حديث عبد الله بن مغفل النهي عن الترجل إلا غبا بإسناد صحيح وقال صلى الله عليه وسلم من كان له شعرة فليكرمها حديث من كانت له شعرة فليكرمها من حديث أبي هريرة وقال به شعر فليكرمه وليس إسناده بالقوي أي ليصنها عن الأوساخ ودخل عليه رجل ثائر الرأس أشعث اللحية فقال أما كان لهذا دهن يسكن به شعره ثم قال يدخل أحدكم كأنه شيطان حديث دخل عليه رجل ثائر الرأس أشعث اللحية فقال أما كان لهذا دهن يسكن به شعره الحديث أخرجه أبو داود والترمذي وابن حبان من حديث جابر بإسناد جيد

الثاني ما يجتمع من الوسخ في معاطف الأذن والمسح يزيل ما يظهر منه وما يجتمع في قعر الصماخ فينبغي أن ينظف برفق عند الخروج من الحمام فإن كثرة ذلك ربما تضر بالسمع

الثالث ما يجتمع في داخل الأنف من الرطوبات المنعقدة الملتصقة بجوانبه ويزيلها بالاستنشاق والاستنثار

الرابع ما يجتمع على الأسنان وطرف اللسان من القلح فيزيله السواك والمضمضة وقد ذكرناهما

الخامس ما يجتمع في اللحية من الوسخ والقمل إذا لم يتعهد ويستحب إزالة ذلك بالغسل والتسريح بالمشط وفي الخبر المشهور أنه صلى الله عليه وسلم كان لا يفارقه المشط والمدرى والمرآة في سفر ولا حضر حديث كان لا يفارقه المشط والمدرى في سفر ولا حضر أخرجه ابن طاهر في كتاب صفة التصوف من حديث أبي سعيد كان لايفارق مصلاه سواكه ومشطه ورواه الطبراني في الأوسط من حديث عائشة وإسنادهما ضعيف وسيأتي في آداب السفر مطولا وهي سنة العرب وفي خبر غريب أنه صلى الله عليه وسلم كان يسرح لحيته في اليوم مرتين حديث كان يسرح لحيته كل يوم مرتين تقدم حديث أنس كان يكثر تسريح لحيته وللخطيب في الجامع من حديث الحكم مرسلا كان يسرح لحيته بالمشط وكان صلى الله عليه وسلم كث اللحية حديث كان كث اللحية أخرجه الترمذي في الشمائل من حديث هند ابن أبي هالة وأبو نعيم في دلائل النبوة من حديث علي وأصله عند الترمذي وكذلك كان أبو بكر وكان عثمان طويل اللحية رقيقها وكان علي عريض اللحية قد ملأت ما بين منكبيه

وفي حديث أغرب منه قالت عائشة رضي اللـه عنها اجتمع قوم بباب رسول اللـه صلى اللـه عليه وسلم فخرج إليهم فرأيته يطلع في الحب يسوي من رأسه ولحيته حديث عائشة اجتمع قوم بباب رسول اللـه صلى اللـه عليه وسلم فخرج إليهم فرأيته يطلع في الحب يسوي من رأسه ولحيته أخرجه ابن عدي وقال حديث منكر فقلت أوتفعل ذلك يا رسول اللـه فقال نعم إن اللـه يحب من عبده أن يتجمل لإخوانه إذا خرج إليهم والجاهل ربما يظن أن ذلك من حب التزين للناس قياسا على أخلاق غيره وتشبيها للملائكة بالحدادين وهيهات فقد كان رسول اللـه صلى اللـه عليه وسلم مأمورا بالدعوة وكان من وظائفه أن يسعى في تعظيم أمر نفسه في قلوبهم كيلا تزدريه نفوسهم ويحسن صورته في أعينهم كيلا تستصغره أعينهم فينفرهم ذلك ويتعلق المنافقون بذلك في تنفيرهم

وهذا القصد واجب على كل عالم تصدى لدعوة الخلق إلى اللـه عز وجل وهو أن يراعى من ظاهره ما لا يوجب نفرة الناس عنه

والاعتماد في مثل هذه الأمور على النية فإنها أعمال في أنفسها تكتسب الأوصاف من المقصود فالتزين

على هذا القصد محبوب وترك الشعث في اللحية إظهارا للزهد وقلة المبالاة بالنفس محذور وتركه شغلا بما هو أهم منه محبوب وهذه أحوال باطنة بين العبد وبين الـلـه عز وجل والناقد بصير والتلبيس غير رائج عليه بحال وكم من جاهل يتعاطى هذه الأمور التفاتا إلى الخلق وهو يلبس على نفسه وعلى غيره ويزعم أن قصده الخير فترى جماعة من العلماء يلبسون الثياب الفاخرة ويزعمون أن قصدهم إرغام المبتدعة والمجادلين والتقرب إلى الـلـه تعالى به وهذا أمر ينكشف يوم تبلى السرائر ويوم يبعثر ما في القبور ويحصل ما في الصدور فعند ذلك تتميز السبيكة الخالصة من البهرجة فنعوذ بالله من الخزي يوم العرض الأكبر السادس وسخ البراجم وهي معاطف ظهور الأنامل كانت العرب لا تكثر غسل ذلك لتركها غسل اليد عقيب الطعام فيجتمع في تلك الغضون وسخ فأمرهم رسول الـلـه صلى الـلـه عليه وسلم بغسل البراجم حديث الأمر بغسل البراجم أخرجه الترمذي الحكيم في النوادر من حديث عبد الـلـه ابن بسر نقوا براجمكم ولابن عدي في حديث لأنس وأن يتعاهد البراجم إذا توضأ ولمسلم من حديث عائشة عشر من الفطرة وفيه وغسل البراجم السابع تنظيف الرواجب الأمر بتنظيف الرواجب أخرجه أحمد من حديث ابن عباس أنه قيل له يا رسول الـلـه لقد أبطأ عنك جبريل فقيل ولم لا يبطىء وأنتم لا تستنون ولا تقلمون أظافركم ولا تقصون شواربكم ولا تنقون رواجبكم وفيه إسماعيل بن عياش أمر رسول الـلـه صلى الـلـه عليه وسلم العرب بتنظيفها وهي رءوس الأنامل وما تحت الأظفار من الوسخ لأنها كانت لا يحضرها المقراض في كل وقت فتجتمع فيها أوساخ فوقت لهم رسول الـلـه صلى الـلـه عليه وسلم قلم الأظفار ونتف الإبط وحلق العانة أربعين يوما حديث التوقيت في قلم الأظافر ونتف الإبط وحلق العانة أربعين يوما أخرجه مسلم من حديث أنس لكنه أمر رسول الـلـه صلى الـلـه عليه وسلم بتنظيف ما تحت الأظفار حديث الأمر بتنظيف ما تحت الأظافر أخرجه الطبراني من حديث وابصة بن سعيد سألت النبي صلى الـلـه عليه وسلم عن كل شيء حتى سألته عن الوسخ الذي يكون بين الأظافر فقال دع ما يريبك إلى ما لا يريبك وجاء في الأثر أن النبي صلى الـلـه عليه وسلم استبطأ الوحي فلما هبط عليه جبريل عليه السلام قال له كيف ننزل عليكم وأنتم لا تغسلون براجمكم ولا تنظفون رواجبكم حديث استبطاء الوحي فلما هبط عليه جبريل قال له كيف ننزل عليكم وأنتم لا تغسلون براجمكم ولا تنظفون رواجبكم تقدم قبل هذا بحديثين وقلحا لا تستاكون مر أمتك بذلك وإلاف وسخ الظفر والتف وسخ الأذن وقوله عز وجل فلا تقل لهما أف تعبهما أي بما تحت الظفر من الوسخ وقيل لا تتأذ بهما كما تتأذى بما تحت الظفر الثامن الدرن الذي يجتمع على جميع البدن برشح العرق وغبار الطريق وذلك يزيله الحمام ولا بأس بدخول الحمام دخل أصحاب رسول الـلـه صلى الـلـه عليه وسلم حمامات الشام وقال بعضهم نعم البيت بيت الحمام يطهر البدن ويذكر النار روى ذلك عن أبي الدرداء وأبي أيوب الأنصاري رضي الـلـه عنهما وقال بعضهم بئس البيت بيت الحمام يبدي العورة ويذهب الحياء فهذا تعرض لآفته وذاك تعرض

لفائدته ولا بأس بطلب فائدته عند الاحتراز من آفته ولكن على داخل الحمام وظائف من السنن والواجبات فعليه واجبان في عورته وواجبان في عورة غيره أما الواجبان في عورته فهو أن يصونها عن نظر الغير ويصونها عن مس الغير فلا يتعاطى أمرها وإزالة وسخها إلا بيده ويمنع الدلاك من مس الفخذ وما بين السرة إلى العانة وفي إباحة مس ما ليس بسوءة لإزالة الوسخ احتمال ولكن الأقيس التحريم إذألحق مس السوأتين في التحريم بالنظر فكذلك ينبغي أن تكون بقية العورة أعني الفخذين والواجبان في عورة الغير أن يغض بصر نفسه عنها وأن ينهى عن كشفها لأن النهي عن المنكر واجب وعليه ذكر ذلك وليس عليه القبول ولا يسقط عنه وجوب الذكر إلا لخوف ضرب أو شتم أو ما يجري عليه مما هو حرام في نفسه فليس عليه أن ينكر حراما يرهق المنكر عليه إلى مباشرة حرام آخر فأما قوله أعلم أن ذلك لا يفيد ولا يعمل به فهذا

لا يكون عذرا بل لا بد من الذكر فلا يخلو قلب عن التأثر من سماع الإنكار واستشعار الاحتراز عند التعبير بالمعاصي وذلك يؤثر في تقبيح الأمر في عينه وتنفير نفسه فلا يجوز تركه ولمثل هذا صار الحزم ترك دخول الحمام في هذه الأوقات إذ لا تخلو عن عورات مكشوفة لا سيما ما تحت السرة إلى ما فوق العانة إذ الناس لا يعدونها عورة وقد ألحقها الشرع بالعورة وجعلها كالحريم لها ولهذا يستحب تخلية الحمام

وقال بشر بن الحرث ما أعنف رجلا لا يملك إلا درهما دفعه ليخلى له الحمام

ورؤي ابن عمر رضي الـلـه عنهما في الحمام ووجهه إلى الحائط وقد عصب عينيه بعصابة وقال بعضهم لا بأس بدخول الحمام ولكن بإزارين إزار للعورة وإزار للرأس يتقنع به ويحفظ عينيه وأما السنن فعشرة فالأول النية وهو أن لا يدخل لعاجل دنيا ولا عابثا لأجل هوى بل يقصد به التنظف المحبوب تزينا للصلاة ثم يعطى الحمامي الأجرة قبل الدخول فإن ما يستوفيه مجهول وكذا ما ينتظره الحمامي فتسليم الأجرة قبل الدخول دفع للجهالة من أحد العوضين وتطييب لنفسه ثم يقدم رجله اليسرى عند الدخول ويقول بسم الـلـه الرحمن الرحيم أعوذ بالله من الرجس النجس الخبيث المخبث الشيطان الرجيم ثم يدخل وقت الخلوة أو يتكلف تخلية الحمام فإنه إن لم يكن في الحمام إلا أهل الدين والمحتاطين للعورات فالنظر إلى الأبدان مكشوفة فيه شائبة من قلة الحياء وهو مذكر للنظر في العورات ثم لا يخلو الإنسان في الحركات عن انكشاف العورات بانعطاف في أطراف الإزار فيقع البصر على العورة من حيث لا يدرى ولأجله عصب ابن عمر رضي الـلـه عنهما عينيه ويغسل الجناحين عند الدخول ولا يعجل بدخول البيت الحار حتى يعرق في الأول وأن لا يكثر صب الماء بل يقتصر على قدر الحاجة فإنه المأذون فيه بقرينة الحال والزيادة عليه لو علمه الحمامي لكرهه لا سيما الماء الحار فله مئونة وفيه تعب وأن يتذكر حر النار بحرارة الحمام ويقدر نفسه محبوسا في البيت الحار ساعة ويقيسه إلى جهنم فإنه أشبه بيت بجهنم النار من تحت والظلام من فوق نعوذ بالله من ذلك بل العاقل لا يغفل عن ذكر الآخرة في لحظة فإنها مصيره ومستقره فيكون له في كل ما يراه من ماء أو نار أو غيرهما عبرة وموعظة فإن المرء ينظر بحسب همته

فإذا دخل بزاز ونجار وبناء وحائك دارا معمورة مفروشة فإذا تفقدتهم رأيت البزاز ينظر إلى الفرش يتأمل قيمتها والحائك ينظر إلى الثياب يتأمل نسجها والنجار ينظر إلى السقف يتأمل كيفية تركيبها والبناء ينظر إلى الحيطان يتأمل كيفية إحكامها واستقامتها

فكذلك سالك طريق الآخرة لا يرى من الأشياء شيئا إلا ويكون له موعظة وذكرى للآخرة بل لا ينظر إلى شيء إلا ويفتح الـلـه عز وجل له طريق عبرة فإن نظر إلى سواد تذكر ظلمة اللحد وإن نظر إلى حية تذكر أفاعي جهنم وإن نظر إلى صورة قبيحة شنيعة تذكر منكرا ونكيرا والزبانية وإن سمع صوتا هائلا تذكر نفخة

الصور وإن رأى شيئا حسنا تذكر نعيم الجنة وإن سمع كلمة رد أو قبول في سوق أو دار تذكر ما ينكشف من آخر أمره بعد الحساب من الرد والقبول وما أجدر أن يكون هذا هو الغالب على قلب العاقل إلا لا يصرفه عنه إلا مهمات الدنيا فإذا نسب مدة المقام في الدنيا إلى مدة المقام في الآخرة استحقرها إن لم يكن ممن أغفل قلبه وأعميت بصيرته

ومن السنن أن لا يسلم عند الدخول وإن سلم عليه لم يجب بلفظ السلام بل يسكت إن إجاب غيره وإن أحب قال عافاك الله ولا بأس بأن يصافح الداخل ويقول عافاك الله لابتداء الكلام

ثم لا يكثر الكلام في الحمام ولا يقرأ القرآن إلا سرا ولا بأس بإظهار الاستعاذة من الشيطان ويكره دخول الحمام بين العشاءين وقريبا من الغروب فإن ذلك وقت انتشار الشياطين ولا بأس أن يدلكه غيره فقد نقل ذلك عن يوسف بن أسباط أوصى بأن يغسله إنسان لم يكن من أصحابه وقال إنه دلكني في الحمام مرة فأردت أن أكافئه بما يفرح به وإنه

ليفرح بذلك

ويدل على جوازه ما روي بعض الصحابة أن رسول الله صلى الله عليه وسلم نزل منزلا في بعض أسفاره فنام على بطنه وعبد أسود يغمز ظهره فقلت ما هذا يا رسول الله فقال إن الناقة تقحمت بي حديث نزل منزلا في بعض أسفاره فنام على بطنه وعبد أسود يغمز ظهره الحديث أخرجه الطبراني في الأوسط من حديث عمر بسند ضعيف ثم مهما فرغ من الحمام شكر الله عز وجل على هذه النعمة

فقد قيل الماء الحار في الشتاء من النعيم الذي يسأل عنه

وقال ابن عمر رضي الله عنهما الحمام من النعيم الذي أحدثوه

هذا من جهة الشرع

أما من جهة الطب فقد قيل الحمام بعد النورة أمان من الجذام وقيل النورة في كل شهر مرة تطفىء المرة الصفراء وتنقي اللون وتزيد في الجماع

وقيل بولة في الحمام قائما في الشتاء أنفع من شربة دواء

وقيل نومة في الصيف بعد الحمام تعدل شربة دواء

وغسل القدمين بماء بارد بعد الخروج من الحمام أمان من النقرس

ويكره صب الماء البارد على الرأس عند الخروج وكذا شربه هذا حكم الرجال وأما النساء فقد قال صلى الله عليه وسلم لا يحل للرجل أن يدخل حليلته الحمام حديث لا يحل لرجل أن يدخل حليلته الحمام الحديث يأتي في الذي يليه مع اختلاف وفي البيت مستحم والمشهور أنه حرام على الرجال دخول الحمام إلا بمئزر حديث حرام على الرجال دخول الحمام إلا بمئزر الحديث أخرجه النسائي والحاكم وصححه من حديث جابر من كان يؤمن بالله واليوم الآخر فلا يدخل الحمام إلا بمئزر ومن كان يؤمن بالله واليوم الآخر فلا يدخل حليلته الحمام وللحاكم من حديث عائشة الحمام حرام على نساء أمتي قال صحيح الإسناد ولأبي داود وابن ماجه من حديث عبد الله بن عمر فلا يدخلها الرجال الإ بالإزار وامنعوها النساء إلا من مريضة أو نفساء

وحرام على المرأة دخول الحمام إلا نفساء أو مريضة

ودخلت عائشة رضي الله عنها حماما من سقم بها

فإن دخلت لضرورة فلا تدخل إلا بمئزر سابغ ويكره للرجل أن يعطيها أجرة الحمام فيكون معينا لها على المكروه

النوع الثاني فيما يحدث في البدن من الأجزاء وهي ثمانية

الأول شعر الرأس ولا بأس بحلقه لمن أراد التنظيف ولا بأس بتركه لمن يدهنه ويرجله إلا إذا تركه قزعا أي قطعا وهو دأب أهل الشطارة أو أرسل الذوائب على هيئة أهل الشرف حيث صار ذلك شعارا لهم فإنه إذا لم يكن شريفا كان ذلك تلبيسا

الثاني شعر الشارب وقد قال صلى الله عليه وسلم قصوا الشارب وفي لفظ آخر جزوا الشوارب وفي لفظ آخر حفوا الشوارب وأعفوا اللحى حديث قصوا وفي لفظ جزوا وفي لفظ احفواالشوارب واعفوا اللحى متفق عليه من حديث ابن عمر بلفظ احفوا ولمسلم من حديث أبي هريرة جزوا ولأحمد من حديثه قصوا أي اجعلوها حفاف الشفة أي حولها وحفاف الشيء حوله ومنه ﴿ وترى الملائكة حافين من حول العرش ﴾ وفي لفظ آخر احفوا وهذا يشعر بالاستئصال وقوله حفوا يدل على ما دون ذلك

وقال الله عز وجل إن يسئلكموها فيحفكم تبخلوا أي يستقصي عليكم وأما الحلق فلم يرد والإحفاء القريب من الحلق نقل عن الصحابة نظر بعض التابعين إلى رجل أحفى شاربه فقال ذكرتني أصحاب رسول الله صلى الله عليه وسلم

وقال المغيرة بن شعبة نظر إلي رسول الله صلى الله عليه وسلم وقد طال شاربي فقال تعال فقصه لي على سواك حديث المغيرة بن شعبة نظر إلي رسول الله صلى الله عليه وسلم وقد طال شاربي فقال تعال فقصه لي على سواك أخرجه أبو داود والنسائي والترمذي في الشمائل ولا بأس بترك سباليه وهما طرفا الشارب فعل ذلك عمر وغيره لأن ذلك لا يستر الفم ولا يبقى فيه غمر الطعام إذ لا يصل إليه وقوله صلى الله عليه وسلم اعفوا اللحى أي كثروها وفي الخبر إن اليهود يعفون شواربهم

ويقصون لحاهم فخالفوهم حديث إن اليهود يعفون شواربهم ويقصون لحاهم فخالفوهم أخرجه أحمد من حديث أبي أمامة قلنا يا رسول الله إن أهل الكتاب يقصون عثانينهم ويوفرون سبالهم فقال قصوا سبالكم ووفروا عثانينكم وخالفوا أهل الكتاب قلت والمشهور أن هذا فعل المجوس ففي صحيح ابن عمر في المجوس أنهم يوفرون سبالهم ويحلقون لحاهم فخالفوهم وكره بعض العلماء الحلق ورآه بدعة

الثالث شعر الإبط ويستحب نتفه في كل أربعين يوما مرة وذلك سهل على من تعود نتفه في الابتداء فأما من تعود الحلق فيكفيه الحلق إذ في النتف تعذيب وإيلام والمقصود النظافة وأن لا يجتمع الوسخ في خللها ويحصل ذلك بالحلق

الرابع شعر العانة ويستحب إزالة ذلك إما بالحلق أو بالنورة ولا ينبغي أن تتأخر عن أربعين يوما

الخامس الأظفار وتقليمها مستحب لشناعة صورتها إذا طالت ولما يجتمع فيها من الوسخ قال رسول الله صلى الله عليه وسلم يا أبا هريرة أقلم أظفارك فإن الشيطان يقعد على ما طال منها حديث يا أبا هريرة قلم ظفرك فإن الشيطان يقعد على ما طال منها أخرجه الخطيب في الجامع بإسناد ضعيف من حديث جابر قصوا أظافيركم فإن الشيطان يجري ما بين اللحم والظفر ولو كان تحت الظفر وسخ فلا يمنع ذلك صحة الوضوء لأنه لا يمنع وصول الماءولأنه يتساهل فيه للحاجة لا سيما في أظفار الرجل وفي الأوساخ التي تجتمع على البراجم وظهور الأرجل والأيدي من العرب وأهل السواد وكان رسول الله صلى الله عليه وسلم يأمرهم بالقلم وينكر عليهم ما يرى تحت أظفارهم من الأوساخ ولم يأمرهم بإعادة الصلاة ولو أمر به لكان فيه فائدة أخرى وهو التغليظ والزجر عن ذلك

ولم أر في الكتب خبرا مرويا في ترتيب قلم الأظفار ولكن سمعت أنه صلى الله عليه وسلم بدأ بمسبحته اليمنى وختم بإبهامه اليمنى وابتدأ في اليسرى بالخنصر إلى الإبهام حديث البداءة في قلم الأظافر بمسبحة اليمنى والختم بإبهامها وفي اليسرى بالخنصر إلى الإبهام لم أجد له أصلا وقد أنكره أبو عبد الله المازري في الرد على الغزالي وشنع عليه به ولما تأملت في هذا خطر لي من المعنى ما يدل على أن الرواية فيه صحيحة إذ مثل هذا المعنى لا ينكشف ابتداء إلا بنور النبوة وأما العالم ذو البصيرة فغايته أن يستنبطه من العقل بعد نقل الفعل إليه

فالذي لاح لي فيه والعلم عند الله سبحانه أنه لا بد من قلم أظفار اليد والرجل واليد أشرف من الرجل فيبدأ بها ثم اليمنى أشرف من اليسرى فيبدأ بها ثم على اليمنى خمسة أصابع والمسبحة أشرفها إذ هي المشيرة في كلمتي الشهادة من جملة الأصابع ثم بعدها ينبغي أن يبتدىء بما على يمينها إذ الشرع يستحب إدارة الطهور وغيره على اليمين وإن وضعت ظهر الكف على الأرض فالإبهام هو اليمين وإن وضعت بطن الكف فالوسطى هي اليمنى واليد إذا تركت بطبعها كان الكف مائلا إلى جهة الأرض إذ جهة حركة اليمين

إلى اليسار واستتمام الحركة إلى اليسار يجعل ظهر الكف عاليا فما يقتضيه الطبع أولى ثم إذا وضعت الكف على الكف صارت الأصابع في حكم حلقة دائرة فيقتضي ترتيب الدور الذهاب عن يمين المسبحة إلى أن يعود إلى المسبحة فتقع البداءة بخنصر اليسرى والختم بإبهامها ويبقى إبهام اليمنى فيختم به التقليم

وإنما قدرت الكف موضوعة على الكف حتى تصير الأصابع كأشخاص في حلقة ليظهر ترتيبها

وتقدير ذلك أولى من تقدير وضع الكف على ظهر الكف أو وضع ظهر الكف على ظهر الكف فإن ذلك لا يقتضيه الطبع

وأما أصابع الرجل فالأولى عندي إن لم يثبت فيها نقل أن يبدأ بخنصر اليمنى ويختم بخنصر اليسرى كما في التخليل فإن المعاني التي ذكرها في اليد لا تتجه ههنا إذ لا مسبحة في الرجل

وهذه الأصابع في حكم صف واحد ثابت على الأرض فيبدأ من جانب اليمنى فإن تقديرها حلقة بوضع الأخمص على الأخمص يأباه الطبع بخلاف اليدين

وهذه الدقائق في الترتيب تنكشف بنور النبوة في لحظة واحدة وإنما يطول التعب علينا

ثم لو سئلنا ابتداء عن الترتيب في ذلك ربما لم يخطر لنا

وإذا ذكرنا فعله صلى الله عليه وسلم

وترتيبه ربما تيسر لنا مما عاينه صلى الله عليه وسلم بشهادة الحكم وتنبيهه على المعنى استنباط المعنى ولا تظنن أن أفعاله صلى الله عليه وسلم في جميع حركاته كانت خارجة عن وزن وقانون وترتيب بل جميع الأمور الاختيارية التي ذكرناها يتردد فيها الفاعل بين قسمين أو أقسام كان لا يقدم على واحد معين بالاتفاق بل بمعنى يقتضي الإقدام والتقديم فإن الاسترسال مهملا كما يتفق سجية البهائم وضبط الحركات بموازين المعاني سجية أولياء الله تعالى

وكلما كانت حركات الإنسان وخطراته إلى الضبط أقرب وعن الإهمال وتركه سدى أبعد كانت مرتبته إلى رتبة الأنبياء والأولياء أكثر وكان قربه من الله عز وجل أظهر إذ القريب من النبي صلى الله عليه وسلم هو القريب من الله عز وجل والقريب من الله لا بد أن يكون قريبا فالقريب من القريب قريب بالإضافة إلى غيره فنعوذ بالله أن يكون زمام حركاتنا وسكناتنا في يد الشيطان بواسطة الهوى

واعتبر في ضبط الحركات باكتحاله صلى الله عليه وسلم فإنه كان يكتحل في عينه اليمنى ثلاثا وفي اليسرى اثنين حديث كان يكتحل في عينه اليمنى ثلاثا وفي اليسرى اثنين أخرجه الطبراني من حديث ابن عمر بإسناد ضعيف فيبدأ باليمنى لشرفها

وتفاوته بين العينين لتكون الجملة وترا فإن للوتر فضلا عن الزوج فإن الله سبحانه وتر يحب الوتر فلا ينبغي أن يخلو فعل العبد من مناسبة لوصف من أوصاف الله تعالى

ولذلك استحب الإيتار في الاستجمار

وإنما لم يقتصر على الثلاث وهو وتر لأن اليسرى لا يخصها إلا واحدة والغالب أن الواحدة لا تستوعب أصول الأجفان بالكحل وإنما خصص اليمين بالثلاث لأن التفضيل لا بد منه للإيتار واليمين أفضل فهي بالزيادة أحق

فإن قلت فلم اقتصر على اثنين لليسرى وهي زوج فالجواب أن ذلك ضرورة إذ لو جعل لكل واحدة وتر لكان المجموع زوجا إذ الوتر مع الوتر زوج ورعايته الإيتار في مجموع الفعل وهو في حكم الخصلة الواحدة أحب من رعايته في الآحاد

ولذلك أيضا وجه وهو أن يكتحل في كل واحدة ثلاثا على قياس الوضوء حديث الاكتحال في كل عين ثلاثا قال الغزالي ونقل ذلك في الصحيح قلت هو عند الترمذي وابن ماجه من حديث ابن عباس قال الترمذي حديث حسن وقد نقل ذلك في الصحيح وهو الأولى

ولو ذهبت أستقصي دقائق ما راعاه صلى الله عليه وسلم في حركاته لطال الأمر فقس بما سمعته ما لم تسمعه

واعلم أن العالم لا يكون وارثا للنبي صلى الله عليه وسلم إلا إذا اطلع على جميع معاني الشريعة حتى لا يكون بينه وبين النبي صلى الله عليه وسلم إلا درجة واحدة وهي درجة النبوة وهي الدرجة الفارقة بين الوارث والموروث إذ الموروث هو الذي حصل المال له واشتغل بتحصيله واقتدر عليه والوارث هو الذي لم يحصل ولم يقدر عليه ولكن انتقل إليه وتلقاه منه بعد حصوله له فأمثال هذه المعاني مع سهولة أمرها بالإضافة إلى الأغوار والأسرار لا يستقل بدركها ابتداء إلا الأنبياء ولا يستقل باستنباطها تلقيا بعد تنبيه الأنبياء عليها إلا العلماء الذين هم ورثة الأنبياء عليهم السلام

السادس والسابع زيادة السرة وقلفة الحشفة أما السرة فتقطع في أول الولادة وأما التطهير بالختان فعادة اليهود في اليوم السابع من الولادة ومخالفتهم بالتأخير إلى أن يثغر الولد أحب وأبعد عن الخطر قال صلى الله عليه وسلم الختان سنة للرجال ومكرمة للنساء حديث الختان سنة للرجال مكرمة للنساء أخرجه أحمد والبيهقي من رواية أبي المليح بن أسامة عن أبيه بإسناد ضعيف وينبغي أن لا يبالغ في خفض المرأة قال صلى الله عليه وسلم لأم عطية وكانت تخفض يا أم عطية أشمي ولا تنهكي فإنه أسرى للوجه وأحظى عند الزوج حديث أم عطية أشمي ولا تنهكي الحديث أخرجه الحاكم والبيهقي من حديث الضحاك بن قيس ولأبي داود نحوه من حديث أم عطية وكلاهما ضعيف أي أكثر لماء الوجه ودمه وأحسن في جماعها فانظر إلى جزالة لفظه صلى الله عليه وسلم في الكناية وإلى إشراق نور النبوة من مصالح الآخرة التي هي أهم مقاصد النبوة إلى

مصالح الدنيا حتى انكشف له وهو أمي من هذا الأمر النازل قدره ما لو وقعت الغفلة عنه خيف ضرره فسبحان من أرسله رحمة للعالمين ليجمع لهم بيمن بعثته مصالح الدنيا والدين صلى الله عليه وسلم الثامنة ما طال من اللحية وإنما أخرناها لنلحق بها ما في اللحية من السنن والبدع إذ هذا أقرب موضع يليق به ذكرها وقد اختلفوا فيما طال منها فقيل إن قبض الرجل على لحيته وأخذ ما فضل عن القبضة فلا بأس فقد فعله ابن عمر وجماعة من التابعين واستحسنه الشعبي وابن سيرين وكرهه الحسن وقتادة وقالا تركها عافية أحب لقوله صلى الله عليه وسلم اعفوا اللحى والأمر في هذا قريب إن لم ينته إلى تقصيص اللحية وتدويرها من الجوانب فإن الطول المفرط قد يشوه الخلقة ويطلق ألسنة المغتابين بالنبذ إليه فلا بأس بالاحتراز عنه على هذه النية وقال النخعي عجبت لرجل عاقل طويل اللحية كيف لا يأخذ من لحيته ويجعلها بين لحيتين فإن التوسط في كل شيء حسن ولذلك قيل كلما طالت اللحية تشمر العقل فصل وفي اللحية عشر خصال مكروهة وبعضها أشد كراهة من بعض خضابها بالسواد وتبييضها بالكبريت ونتفها ونتف الشيب منها والنقصان منها والزيادة وتسريحها تصنعا لأجل الرياء وتركها شعثة إظهارا للزهد والنظر إلى سوادها عجبا بالشباب وإلى بياضها تكبرا بعلو السن وخضابها بالحمرة والصفرة من غير نية تشبها بالصالحين أما الأول وهو الخضاب بالسواد فهو منهي عنه لقوله صلى الله عليه وسلم خير شبابكم من تشبه بشيوخكم وشر شيوخكم من تشبه بشبابكم حديث خير شبابكم من تشبه بكهولكم الحديث أخرجه الطبراني من حديث وائلة بإسناد ضعيف والمراد بالتشبه بالشيوخ في الوقار لا في تبييض الشعر و نهى عن الخضاب بالسواد حديث نهى عن الخضاب بالسواد أخرجه ابن سعد في الطبقات من حديث عمرو بن العاص بإسناد منقطع ولمسلم من حديث جابر وغيروا هذا بشيء واجتنبوا السواد قاله حين رأى بياض شعر أبي قحافة وقال هو خضاب أهل النار حديث الخضاب بالسواد خضاب أهل النار وفي لفظ خضاب الكفار أخرجه الطبراني والحاكم من حديث ابن عمر بلفظ الكافر قال ابن أبي حاتم منكر وفي لفظ آخر الخضاب بالسواد خضاب الكفار وتزوج رجل على عهد عمر رضي الله عنه وكان يخضب بالسواد فنصل خضابه وظهرت شيبته فرفعه أهل المرأة إلى عمر رضي الله عنه فرد نكاحه وأوجعه ضربا وقال غررت القوم بالشباب ولبست عليهم شيبتك ويقال أول من خضب بالسواد فرعون لعنه الله وعن ابن عباس رضي الله عنهما عن النبي صلى الله عليه وسلم أنه قال يكون في آخر الزمان قوم يخضبون بالسواد كحواصل الحمام لا يريحون رائحة الجنة حديث يكون في آخر الزمان قوم يخضبون بالسواد الحديث أخرجه أبو داود والنسائي من حديث ابن عباس بإسناد جيد الثاني الخضاب بالصفرة والحمرة وهو جائز تلبيسا للشيب على الكفار في الغزو والجهاد فإن لم يكن على هذه النية بل للتشبه بأهل الدين فهو مذموم وقد قال رسول الله صلى الله عليه وسلم الصفرة خضاب المسلمين والحمرة خضاب المؤمنين حديث الصفرة

خضاب المسلمين والحمرة خضاب المؤمنين أخرجه الطبراني والحاكم بلفظ الإفراد من حديث ابن عمر قال ابن أبي حاتم منكر وكانوا يخضبون بالحناء للحمرة وبالخلوق والكتم للصفرة وخضب بعض العلماء بالسواد لأجل الغزو وذلك لا بأس به إذا صحت النية ولم يكن فيه هوى وشهوة الثالث تبييضها بالكبريت استعجالا لإظهار علو السن توصلا إلى التوقير وقبول الشهادة والتصديق بالرواية عن الشيوخ وترفعا عن الشباب وإظهارا لكثرة العلم ظنا بأن كثرة الأيام تعطيه فضلا وهيهات فلا يزيد كبر السن للجاهل إلا جهلا فالعلم ثمرة العقل وهي غريزة ولا يؤثر الشيب فيها ومن كانت غريزته الحمق فطول المدة يؤكد حماقته وقد كان الشيوخ يقدمون الشباب

بالعلم

كان عمر بن الخطاب رضي الله عنه يقدم ابن عباس وهو حديث السن على أكابر الصحابة ويسأله دونهم وقال ابن عباس رضي الله عنهما ما آتى الله عز وجل عبدا علما إلا شابا والخير كله في الشباب ثم تلا قوله عز وجل ﴿ قالوا سمعنا فتى يذكرهم يقال له إبراهيم ﴾ وقوله تعالى ﴿ إنهم فتية آمنوا بربهم وزدناهم هدى ﴾ وقوله تعالى ﴿ وآتيناه الحكم صبيا ﴾ وكان أنس رضي الله عنه يقول قبض رسول الله صلى الله عليه وسلم وليس في رأسه ولحيته عشرون شعرة بيضاء فقيل له يا أبا حمزة فقد أسن فقال لم يشنه الله بالشيب فقيل أهو شين فقال كلكم يكرهه حديث قبض رسول الله صلى الله عليه وسلم وليس في رأسه ولحيته عشرون شعرة بيضاء فقيل له يا أبا حمزة وقد أسن فقال لم يشبه الله بالشيب متفق عليه من حديث أنس دون قوله فقيل الخ ولمسلم من حديثه وسئل عن شيب رسول الله صلى الله عليه وسلم قال ما شانه الله ببيضاء ويقال إن يحيى بن أكثم ولي القضاء وهو ابن إحدى وعشرين سنة فقال له رجل في مجلسه يريد أن يخجله بصغر سنه كم سن القاضي أيده الله فقال مثل سن عتاب بن أسيد حين ولاه رسول الله صلى الله عليه وسلم إمارة مكة وقضاءها فأفحمه حديث يحيى بن أكثم ولي القضاء وهو ابن إحدى وعشرين سنة فقيل له كم سن القاضي فقال مثل سن عتاب بن أسيد حين ولاه رسول الله صلى الله عليه وسلم إمارة مكة وقضاءها يوم الفتح وأنا أكبر من معاذ بن جبل حين وجه به رسول الله صلى الله عليه وسلم قاضيا على أهل اليمن أخرجه الخطيب في التاريخ بإسناد فيه نظر وما ذكره ابن أكثم صحيح بالنسبة إلى عتاب بن أسيد فإنه كان حين الولاية ابن عشرين وأما بالنسبة إلى معاذ فإنما يتم له ذلك على قول يحيى بن سعيد الأنصاري ومالك وابن أبي حاتم إنه كان حين مات ابن ثمان وعشرين سنة والمرجح أنه مات ابن ثلاث وثلاثين سنة في الطاعون سنة ثمانية عشر و الله أعلم وروي عن مالك رحمه الله أنه قال قرأت في بعض الكتب لا تغرنكم اللحى فإن التيس له لحية وقال أبو عمرو بن العلاء إذا رأيت الرجل طويل القامة صغير الهامة عريض اللحية فاقض عليه بالحمق ولو كان أمية بن عبد شمس وقال أيوب السختياني أدركت الشيخ ابن ثمانين سنة يتبع الغلام يتعلم منه

وقال علي بن الحسين من سبق فيه العلم قبلك فهو إمامك فيه وإن كان أصغر سنا منك وقيل لأبي عمرو بن العلاء أيحسن من الشيخ أن يتعلم من الصغير فقال إن كان الجهل يقبح به فالتعلم يحسن به وقال يحيى بن معين لأحمد بن حنبل وقد رآه يمشي خلف بغلة الشافعي يا أبا عبد الله تركت حديث سفيان بعلوه وتمشي خلف بغلة هذا الفتى وتسمع منه فقال له أحمد لو عرفت لكنت تمشي من الجانب الآخر إن علم سفيان إن فاتني بعلو أدركته بنزول وإن عقل هذا الشاب إن فاتني لم أدركه بعلو ولا نزول

الرابع نتف بياضها استنكافا من الشيب وقد نهى عليه السلام عن نتف الشيب وقال هو نور المؤمن حديث نهى عن نتف الشيب وقال هو نور المؤمن أخرجه أبو داود والترمذي وحسنه النسائي وابن ماجه من رواية عمرو بن شعيب عن أبيه عن جده وهو في معنى الخضاب بالسواد وعلة الكراهية ما سبق والشيب نور الله تعالى والرغبة عنه رغبة عن النور

الخامس نتفها أو نتف بعضها بحكم العبث والهوس وذلك مكروه ومشوه للخلقة ونتف الفنيكين بدعة وهما جانبا العنفقة

شهد عند عمر بن عبد العزيز رجل كان ينتف فنيكيه فرد شهادته ورد عمر بن الخطاب رضي الله عنه وابن أبي ليلى قاضي المدينة شهادة من كان ينتف لحيته وأما نتفها في أول النبات تشبها بالمرد فمن المنكرات الكبار فإن اللحية زينة الرجال فإن لله سبحانه ملائكة يقسمون والذي زين بني آدم باللحى وهو من تمام الخلق وبها يتميز الرجال عن النساء وقيل في غريب التأويل اللحية هي المراد بقوله تعالى ﴿ يزيد في الخلق ما يشاء ﴾ قال أصحاب الأحنف بن قيس وددنا أن نشتري للأحنف لحية ولو بعشرين ألفا وقال شريح القاضي وددت أن لي لحية ولو بعشرة آلاف وكيف تكره اللحية وفيها تعظيم الرجل والنظر إليه بعين العلم والوقار والرفع في المجالس وإقبال الوجوه إليه والتقديم على الجماعة ووقاية العرض فإن من يشتم يعرض باللحية إن كان للمشتوم لحية وقد قيل إن أهل الجنة مرد إلا هارون أخا موسى صلى الله عليهما وسلم فإن له لحية إلى سرته تخصيصا له وتفضيلا

السادس تقصيصها كالتعبية طاقة على طاقة

للتزين للنساء والتصنع قال كعب يكون في آخر الزمان أقوام يقصون لحاهم كذنب الحمامة ويعرقبون نعالهم كالمناجل أولئك لا خلاق لهم

السابع الزيادة فيها وهو أن يزيد في شعر العارضين من الصدغين وهو من شعر الرأس حتى يجاوز عظم اللحى وينتهي إلى نصف الخد وذلك يباين هيئة أهل الصلاح

الثامن تسريحها لأجل الناس قال بشر في اللحية شركان تسريحها لأجل الناس وتركها متفتلة لإظهار الزهد

التاسع والعاشر النظر في سوادها أو في بياضها بعين العجب وذلك مذموم في جميع أجزاء البدن بل في جميع الأخلاق والأفعال على ما سيأتي بيانه فهذا ما أردنا أن نذكره من أنواع التزين والنظافة وقد حصل من ثلاثة أحاديث من سنن الجسد اثنتا عشرة خصلة خمس منها في الرأس وهي فرق شعر الرأس حديث فرق شعر الرأس الخ من حديث ابن عباس أن رسول الـلـه صلى الـلـه عليه وسلم كان يسدل شعره إلى أن قال ثم فرق رسول الـلـه صلى الـلـه عليه وسلم رأسه والمضمضة والاستنشاق حديث عشر من الفطرة الحديث أخرجه مسلم من حديث عائشة ولفظه قص الشارب وإعفاء اللحية والسواك واستنشاقه الماء وقص الأظفار وغسل البراجم ونتف الإبط وحلق العانة وانتقاص الماء قال وكيع يعني الاستنجاء قال مصعب ونسيت العاشرة إلا أن تكون المضمضة ضعفه النسائي ولأبي داود وابن ماجه من حيث عمار بن ياسر نحوه فذكر فيه المضمضة والاختتان والانتضاح ولم يذكر إعفاء اللحية وانتقاص الماء قال أبو داود روى نحوه عن ابن عباس قال خمس كلها في الرأس وذكر منها الفرق ولم يذكر إعفاء اللحية وفي الصحيحين من حديث أبي هريرة الفطرة خمس الختان الحديث وقص الشارب والسواك وثلاثة في اليد والرجل وهي القلم وغسل البراجم وتنظيف الرواجب حديث تنظيف الرواجب تقدم وأربعة في الجسد وهي نتف الإبط والاستحداد والختان والاستنجاء بالماء فقد وردت الأخبار بمجموع ذلك وإذا كان غرض هذا الكتاب التعرض للطهارة الظاهرة دون الباطنة فلنتقصر على هذا وليتحقق أن فضلات الباطن وأوساخه التي يجب التنظيف منها أكثر من أن تحصى وسيأتي تفصيلها في ربع المهلكات مع تعريف الطرق في إزالتها وتطهير القلب منها إن شاء الـلـه عز وجل

تم كتاب أسرار الطهارة بحمد الـلـه تعالى وعونه

ويتلوه إن شاء الـلـه تعالى كتاب أسرار الصلاة والحمد لله وحده وصلى الـلـه على سيدنا محمد وعلى كل عبد مصطفى

كتاب أسرار الصلاة ومهماتها

بسم الـلـه الرحمن الرحيم

الحمد لله الذي غمر العباد بلطائفه وعمر قلوبهم بأنوار الدين ووظائفه التي تنزل عن عرش الجلال إلى السماء الدنيا من درجات الرحمة إحدى عواطفه فارق الملوك مع التفرد بالجلال والكبرياء بترغيب الخلق في السؤال والدعاء فقال هل من داع فأستجيب له وهل من مستغفر فأغفر له وباين السلاطين بفتح الباب ورفع الحجاب فرخص للعباد في المناجاة بالصلوات كيفما تقلبت بهم الحالات في الجماعات والخلوات ولم يقتصر على الرخصة بل تلطف بالترغيب والدعوة وغيره من ضعفاء الملوك لا يسمح بالخلوة إلا بعد تقديم الهدية والرشوة فسبحانه ما أعظم شأنه وأقوى سلطانه وأتم لطفه وأعم إحسانه والصلاة على محمد نبيه المصطفى ووليه المجتبى وعلى آله وأصحابه مفاتيح الهدى ومصابيح الدجى وسلم تسليما

أما بعد فإن الصلاة عماد الدين وعصام اليقين ورأس القربات وغرة الطاعات وقد استقصينا في فن الفقه في بسيط المذهب ووسيطه ووجيزه أصولها وفروعها صارفين جمام العناية إلى تفاريعها النادرة

ووقائعها الشاذة لتكون خزانة للمفتي منها يستمد ومعولا له إليها يفزع ويرجع

ونحن الآن

في هذا الكتاب نقتصر على ما لا بد للمريد منه من أعمالها الظاهرة وأسرارها الباطنة وكاشفون من دقائق معانيها الخفية في معاني الخشوع والإخلاص والنية ما لم تجر العادة بذكره في فن الفقه ومرتبون الكتاب على سبعة أبواب

الباب الأول في فضائل الصلاة

الباب الثاني في تفضيل الأعمال الظاهرة من الصلاة

الباب الثالث في تفضيل الأعمال الباطنة منها

الباب الرابع في الإمامة والقدوة

الباب الخامس في صلاة الجمعة وآدابها

الباب السادس في مسائل متفرقة تعم بها البلوى يحتاج المريد إلى معرفتها

الباب السابع في التطوعات وغيرها

الباب الأول في فضائل الصلاة السجود والجماعة والأذان وغيرها

فضيلة الأذان

قال صلى الله عليه وسلم ثلاثة يوم القيامة على كثيب من مسك أسود لا يهولهم حساب ولا ينالهم فزع حتى يفرغ مما بين الناس رجل قرأ القرآن ابتغاء وجه الله عز وجل وأم بقوم وهم به راضون ورجل أذن في مسجد ودعا إلى الله عز وجل ابتغاء وجه الله ورجل ابتلي بالرزق في الدنيا فلم يشغله ذلك عن عمل الآخرة حديث ثلاثة يوم القيامة على كثيب من مسك الحديث أخرجه الترمذي وحسنه من حديث ابن عمر مختصرا وهو في الصغير للطبراني بنحو مما ذكره المؤلف وقال صلى الله عليه وسلم لا يسمع نداء المؤذن جن ولا إنس ولا شيء إلا شهد له يوم القيامة حديث لا يسمع صوت المؤذن جن ولا إنس ولاشيء إلا شهد له يوم القيامة أخرجه البخاري من حديث أبي سعيد وقال صلى الله عليه وسلم يد الرحمن على رأس المؤذن حتى يفرغ من أذانه حديث يد الرحمن على رأس المؤذن حتى يفرغ من أذانه أخرجه الطبراني في الأوسط والحسن بن سعيد في مسنده من حديث أنس بإسناد ضعيف وقيل في تفسير قوله عز وجل ومن أحسن قولا ممن دعا إلى الله وعمل صالحا نزلت في المؤذنين وقال صلى الله عليه وسلم إذا سمعتم النداء فقولوا مثل ما يقول المؤذن حديث إذا سمعتم النداء فقولوا مثل ما يقول المؤذن متفق عليه من حديث أبي سعيد وذلك مستحب إلا في الحيعلتين فإنه يقول فيهما لا حول ولا قوة إلا بالله وفي قوله قد قامت الصلاة أقامها الله وأدامها ما دامت السموات والأرض وفي التثويب صدقت وبررت ونصحت

وعند الفراغ يقول اللهم رب هذه الدعوة التامة والصلاة القائمة آت محمدا الوسيلة والفضيلة والدرجة الرفيعة وابعثه المقام المحمود الذي وعدته إنك لا تخلف الميعاد

وقال سعيد بن المسيب من صلى بأرض فلاة صلى عن يمينه ملك وعن شماله ملك فإن أذن وأقام صلى وراءه أمثال الجبال من الملائكة فضيلة المكتوبة

قال الله تعالى إن الصلاة كانت على المؤمنين كتابا موقوتا وقال صلى الله عليه وسلم خمس صلوات كتبهن الله على العباد فمن جاء بهن ولم يضيع منهن شيئا استخفافا بحقهن كان له عند الله عهد أن يدخله الجنة ومن لم يأت بهن فليس له عند الله عهد إن شاء عذبه وإن شاء أدخله الجنة حديث خمس صلوات كتبهن الله على العباد الحديث أخرجه أبو داود والنسائي وابن ماجه وابن حبان من حديث عبادة بن الصامت وصححه ابن عبد البر وقال صلى الله عليه وسلم مثل الصلوات الخمس كمثل نهر عذب غمر بباب أحدكم يقتحم فيه كل يوم خمس مرات فما ترون ذلك يبقي من درنه قالوا لا شيء قال صلى الله عليه وسلم

فإن الصلوات الخمس تذهب الذنوب كما يذهب الماء الدرن حديث مثل خمس صلوات كمثل نهر الحديث أخرجه مسلم من حديث جابر ولهما نحوه من حديث أبي هريرة وقال صلى الـلـه عليه وسلم إن الصلوات كفارة لما بينهن ما اجتنبت الكبائر حديث الصلوات كفارة لما بينهن ما اجتنبت الكبائر أخرجه مسلم من حديث أبي هريرة وقال صلى الـلـه عليه وسلم بيننا وبين المنافقين شهود العتمة والصبح لا يستطيعونهما حديث بيننا وبين المنافقين شهود العتمة والصبح أخرجه مالك من رواية سعيد بن المسيب مرسلا وقال صلى الـلـه عليه وسلم من لقي الـلـه وهو مضيع للصلاة لم يعبأ الـلـه بشيء من حسناته حديث من لقي الـلـه مضيعا للصلاة لم يعبأ الـلـه بشيء من حسناته وفي معناه حديث أول ما يحاسب به العبد الصلاة ﴿ وفيه ﴾ فإن فسدت فسد سائر عمله رواه الطبراني في الأوسط من حديث أنس وقال صلى الـلـه عليه وسلم الصلاة عماد الدين فمن تركها فقد هدم الدين حديث الصلاة عماد الدين رواه البيهقي في الشعب بسند ضعفه من حديث عمر قال الحاكم عكرمة لم يسمع من عمر قال ورواه ابن عمر لم يقف عليه ابن الصلاح فقال في مشكل الوسيط إنه غير معروف وسئل صلى الـلـه عليه وسلم أي الأعمال أفضل فقال الصلاة لمواقيتها حديث سئل أي الأعمال أفضل فقال الصلاة لمواقيتها متفق عليه من حديث ابن مسعود وقال صلى الـلـه عليه وسلم من حافظ على الخمس بإكمال طهورها ومواقيتها كانت له نورا وبرهانا يوم القيامة ومن ضيعها حشر مع فرعون وهامان حديث من حافظ على الخمس بإكمال طهورها ومواقيتها كانت له نورا وبرهانا الحديث أخرجه أحمد وابن حبان من حديث عبد الـلـه بن عمرو وقال صلى الـلـه عليه وسلم مفتاح الجنة الصلاة حديث مفاتيح الجنة الصلاة رواه أبو داود والطيالسي من حديث جابر وهو عند الترمذي ولكن ليس داخلا في الرواية وقال ما افترض الـلـه على خلقه بعد التوحيد أحب إليه من الصلاة ولو كان شيء أحب إليه منها لتعبد به ملائكته فمنهم راكع ومنهم ساجد ومنهم قائم وقاعد حديث ما افترض الـلـه على خلقه بعد التوحيد شيئا أحب إليه من الصلاة الحديث لم أجده هكذا وآخر الحديث عند الطبراني من حديث جابر وعند الحاكم من حديث ابن عمر وقال النبي صلى الـلـه عليه وسلم من ترك صلاة متعمدا فقد كفر حديث من ترك صلاة متعمدا فقد كفر أخرجه البزار من حديث أبي الدرداء بإسناد فيه مقال أي قارب أن ينخلع عن الإيمان بانحلال عروته وسقوط عماده كما يقال لمن قارب البلدة إنه بلغها ودخلها

وقال صلى الـلـه عليه وسلم من ترك صلاة متعمدا فقد برىء من ذمة محمد عليه السلام حديث من ترك صلاة متعمدا فقد تبرأ من ذمة محمد صلى الـلـه عليه وسلم أخرجه أحمد والبيهقي من حديث أم أيمن بنحوه ورجاله ثقات وقال أبو هريرة رضي الـلـه عنه من توضأ فأحسن وضوءه ثم خرج عامدا إلى الصلاة فإنه في صلاة ما كان يعمد إلى الصلاة وأنه يكتب له بإحدى خطوتيه حسنة وتمحى عنه بالأخرى سيئة فإذا سمع أحدكم الإقامة فلا ينبغي له أن يتأخر فإن أعظمكم أجرا أبعدكم دارا قالوا لم يا أبا هريرة قال من أجل كثرة الخطا

ويروى إن أول ما ينظر فيه من عمل العبد يوم القيامة الصلاة حديث أول ما ينظر الـلـه فيه يوم القيامة من عمل العبد الصلاة الحديث رويناه في الطيوريات من حديث أبي سعيد بإسناد ضعيف ولأصحاب السنن الحاكم وصحح إسناده نحوه من حديث أبي هريرة وسيأتي فإن وجدت تامة قبلت منه وسائر عمله وإن وجدت ناقصة ردت عليه وسائر عمله وقال صلى الـلـه عليه وسلم يا أبا هريرة مر أهلك بالصلاة فإن الـلـه يأتيك بالرزق من حيث لا تحتسب حديث يا أبا هريرة مر أهلك بالصلاة فإن الـلـه يأتيك بالرزق من حيث لا تحتسب لم أقف له على أصل وقال بعض العلماء مثل المصلي مثل التاجر الذي لا يحصل له الربح حتى يخلص له رأس المال وكذلك المصلي لا تقبل له نافلة حتى يؤدي الفريضة

وكان أبو بكر رضي الـلـه عنه يقول إذا حضرت الصلاة قوموا إلى ناركم التي أوقدتموها فأطفئوها فضيلة إتمام الأركان

قال صلى الـلـه عليه وسلم مثل الصلاة المكتوبة كمثل الميزان من أوفى استوفى حديث مثل الصلاة المكتوبة كمثل الميزان من أوفى استوفى أخرجه ابن المبارك في الزهد من حديث الحسن مرسلا وأسنده البيهقي في الشعب من حديث ابن عباس بإسناد فيه جهالة وقال يزيد الرقاشي كانت

صلاة رسول الله صلى الله عليه وسلم مستوية كأنها موزونة حديث يزيد الرقاشي كانت صلاة رسول الله صلى الله عليه وسلم مستوية كأنها موزونة رواه ابن المبارك في الزهد ومن طريقه أبو الوليد الصفار في كتاب الصلاة وهو مرسل ضعيف وقال صلى الله عليه وسلم إن الرجلين من أمتي ليقومان إلى الصلاة وركوعهما وسجودهما واحد وإن ما بين صلاتيهما ما بين السماء والأرض حديث إن الرجلين من أمتي ليقومان إلى الصلاة وركوعها وسجودهما واحد الحديث أخرجه ابن المجبر في العقل من حديث أبي أيوب الأنصاري بنحوه وهو موضوع ورواه الحارث ابن أبي أسامة في مسنده عن ابن المجبر وأشار إلى الخشوع وقال صلى الله عليه وسلم لا ينظر الله يوم القيامة إلى العبد لا يقيم صلبه بين ركوعه وسجوده حديث لا ينظر الله إلى عبد لا يقيم صلبه بين ركوعه وسجوده أخرجه أحمد من حديث أبي هريرة بإسناد صحيح وقال صلى الله عليه وسلم أما يخاف الذي يحول وجهه في الصلاة أن يحول الله وجهه وجه حمار حديث أما يخاف الذي يحول وجهه في الصلاة أن يحول الله وجهه وجه حمار أخرجه ابن عدي في عوالي مشايخ مصر من حديث جابر ما يؤمنه إذا التفت في صلاته أن يحول الله عز وجل وجهه وجه كلب أو وجه خنزير قال منكر بهذا الإسناد وفي الصحيحين من حديث أبي هريرة أما يخشى الذي يرفع رأسه قبل الإمام أن يجعل الله وجهه وجه حمار وقال صلى الله عليه وسلم من صلى صلاة لوقتها وأسبغ وضوءها وأتم ركوعها وسجودها وخشوعها عرجت وهي بيضاء مسفرة تقول حفظك الله كما حفظتني ومن صلى لغير وقتها ولم يسبغ وضوءها ولم يتم ركوعها ولا سجودها ولا خشوعها عرجت وهي سوداء مظلمة تقول ضيعك الله كما ضيعتني حتى إذا كانت حيث شاء الله لفت كما يلف الثوب الخلق فيضرب بها وجهه حديث من صلى الصلاة لوقتها فأسبغ وضوءها وأتم ركوعها وسجودها وخشوعها عرضت وهي بيضاء مسفرة تقول حفظك الله كما حفظتني الحديث أخرجه الطبراني في الأوسط من حديث أنس بسند ضعيف والطيالسي والبيهقي في الشعب من حديث عبادة ابن الصامت بسند ضعيف نحوه وقال صلى الله عليه وسلم أسوأ الناس سرقة الذي يسرق من صلاته حديث أسوأ الناس سرقة الذي يسرق من صلاته أخرجه أحمد والحاكم وصحح إسناده من حديث أبي قتادة وقال ابن مسعود رضي الله عنه وسلمان رضي الله عنه الصلاة مكيال فمن أوفى استوفى ومن طفف فقد علم ما قال الله في المطففين فضيلة الجماعة

قال صلى الله عليه وسلم صلاة الجماعة تفضل صلاة الفذ بسبع وعشرين درجة حديث صلاة الجماعة تفضل صلاة الفذ بسبع وعشرين درجة متفق عليه من حديث ابن عمر وروى أبو هريرة أنه صلى الله عليه وسلم فقد ناسا في بعض الصلوات فقال لقد هممت أن آمر رجلا يصلي بالناس ثم أخالف إلى رجال يتخلفون عنها فأحرق عليهم بيوتهم حديث أبي هريرة لقد هممت أن آمر رجلا يصلي بالناس ثم أخالف إلى رجال يتخلفون الحديث متفق عليه

وفي رواية أخرى ثم أخالف إلى رجال يتخلفون عنها فآمر بهم فتحرق عليهم بيوتهم بحزم الحطب ولو علم أحدهم أنه يجد عظما سمينا أو مرماتين لشهدها يعني صلاة العشاء

وقال عثمان رضي الله عنه مرفوعا من شهد العشاء فكأنما قام نصف ليلة ومن شهد الصبح فكأنما قام ليلة حديث عثمان من شهد صلاة العشاء فكأنما قام نصف ليلة الحديث أخرجه مسلم من حديثه مرفوعا قال الترمذي وروي عن عثمان موقوفا وقال صلى الله عليه وسلم من صلى صلاة في جماعة فقد ملأ نحره عبادة حديث من صلى صلاة في جماعة فقد ملأ نحره عبادة لم أجده مرفوعا وإنما هو من قول سعيد بن المسيب رواه محمد بن نصر في كتاب الصلاة وقال سعيد بن المسيب ما أذن مؤذن منذ عشرين سنة إلا وأنا في المسجد

وقال محمد بن واسع ما أشتهي من الدنيا إلا ثلاثة أخا إنه إن تعوجت قومني وقوتا من الرزق عفوا من غير تبعة وصلاة في جماعة يرفع عني سهوها ويكتب لي فضلها

وروي أن أبا عبيدة بن الجراح أم قوما مرة فلما انصرف قال ما زال الشيطان بي آنفا حتى أريت أن لي فضلا عن غيري لا أؤم أبدا

وقال الحسن لا تصلوا خلف رجل لا يختلف إلى العلماء

وقال النخعي مثل الذي يؤم الناس بغير علم مثل الذي يكيل الماء في البحر لا يدري

زيادته من نقصانه وقال حاتم الأصم فاتتني الصلاة في الجماعة فعزاني أبو إسحاق البخاري وحده ولو مات لي ولد لعزاني أكثر من عشر آلاف لأن مصيبة الدين أهون عند الناس من مصيبة الدنيا

وقال ابن عباس رضي الله عنهما من سمع المنادي فلم يجب لم يرد خيرا لم يرد به خير

وقال أبو هريرة رضي الله عنه لأن تملأ أذن ابن آدم رصاصا مذابا خير له من أن يسمع النداء ثم لا يجيب

وروي أن ميمون بن مهران أتى المسجد فقيل له إن الناس قد انصرفوا فقال إنا لله وإنا إليه راجعون لفضل هذه الصلاة أحب إلي من ولاية العراق

وقال صلى الله عليه وسلم من صلى أربعين يوما الصلوات في جماعة لا تفوته فيها تكبيرة الإحرام كتب الله له براءتين براءة من النفاق وبراءة من النار حديث من صلى أربعين يوما الصلوات في جماعة لا تفوته تكبيرة الإحرام الحديث أخرجه الترمذي من حديث أنس بإسناد رجاله ثقات ويقال إنه إذا كان يوم القيامة يحشر قوم وجوههم كالكوكب الدري فتقول لهم الملائكة ما كانت أعمالكم فيقولون كنا إذا سمعنا الأذان قمنا إلى الطهارة لا يشغلنا غيرها ثم تحشر طائفة وجوههم كالأقمار فيقولون بعد السؤال كنا نتوضأ قبل الوقت ثم تحشر طائفة وجوههم كالشمس فيقولون كنا نسمع الأذان في المسجد

وروي أن السلف كانوا يعزون أنفسهم ثلاثة أيام إذا فاتتهم التكبيرة الأولى ويعزون سبعا إذا فاتتهم الجماعة

فضيلة السجود

قال رسول الله صلى الله عليه وسلم ما تقرب العبد إلى الله بشيء أفضل من سجود خفي حديث ما تقرب العبد إلى الله بشيء أفضل من سجود خفي رواه ابن المبارك في الزهد من حديث ضمرة بن حبيب مرسلا وقال رسول الله صلى الله عليه وسلم ما من مسلم يسجد لله سجدة إلا رفعه الله بها درجة وحط عنه بها سيئة حديث ما من مسلم يسجد لله سجدة إلا رفعه الله بها درجة وحط عنه خطيئة أخرجه ابن ماجه من حديث عبادة بن الصامت بإسناد صحيح ولمسلم نحوه من حديث ثوبان وأبي الدرداء وروي أن رجلا قال لرسول الله صلى الله عليه وسلم ادع الله أن يجعلني من أهل شفاعتك وأن يرزقني مرافقتك في الجنة فقال صلى الله عليه وسلم أعني بكثرة السجود حديث إن رجلا قال لرسول الله صلى الله عليه وسلم ادع الله أن يجعلني من أهل شفاعتك ويرزقني مرافقتك في الجنة الحديث أخرجه مسلم من حديث ربيعة بن كعب الأسلمي نحوه وهو الذي سأله ذلك وقيل إن أقرب ما يكون العبد من الله تعالى أن يكون ساجدا حديث إن أقرب ما يكون العبد إلى الله أن يكون ساجدا أخرجه مسلم من حديث أبي هريرة وهو معنى قوله عز وجل واسجد واقترب وقال عز وجل سيماهم في وجوههم من أثر السجود فقيل هو ما يلتصق بوجوههم من الأرض عند السجود وقيل هو نور الخشوع فإنه يشرق من الباطن على الظاهر وهو الأصح وقيل هي الغرر التي تكون في وجوههم يوم القيامة من أثر الوضوء وقال صلى الله عليه وسلم إذا قرأ ابن آدم السجدة فسجد اعتزل الشيطان

يبكي ويقول يا ويلاه أمر هذا بالسجود فسجد فله الجنة وأمرت أنا بالسجود فعصيت فلى النار حديث إذا قرأ ابن آدم السجدة فسجد اعتزل الشيطان يبكي الحديث أخرجه مسلم من حديث أبي هريرة ويروى عن علي بن عبد الله بن عباس أنه كان يسجد في كل يوم ألف سجدة وكانوا يسمونه السجاد

ويروى أن عمر بن عبد العزيز رضي الله عنه كان لا يسجد إلا على التراب

وكان يوسف بن أسباط يقول يا معشر الشباب بادروا بالصحة قبل المرض فما بقي أحد أحسده إلا رجل يتم ركوعه وسجوده وقد حيل بيني وبين ذلك

وقال سعيد بن جبير ما آسى على شيء من الدنيا إلا على السجود

وقال عقبة بن مسلم ما من خصلة في العبد أحب إلى الله عز وجل من رجل يحب لقاء الله عز وجل وما من ساعة العبد فيها أقرب إلى الله عز وجل

منه حيث يخر ساجدا
وقال أبو هريرة رضي الله عنه أقرب ما يكون للعبد إلى الله عز وجل إذا سجد فأكثروا الدعاء عند ذلك
فضيلة الخشوع
قال الله تعالى وأقم الصلاة لذكري وقال تعالى ولا تكن من الغافلين وقال عز وجل لا تقربوا الصلاة وأنتم سكارى حتى تعلموا ما تقولون قيل سكارى من كثرة الهم وقيل من حب الدنيا
وقال وهب المراد به ظاهره ففيه تنبيه على سكر الدنيا إذ بين فيه العلة فقال حتى تعلموا ما تقولون وكم من مصل لم يشرب خمرا وهو لا يعلم ما يقول في صلاته
وقال النبي صلى الله عليه وسلم من صلى ركعتين لم يحدث نفسه فيهما بشيء من الدنيا غفر له ما تقدم من ذنبه حديث من صلى ركعتين لم يحدث فيهما نفسه بشيء من الدنيا غفر له ما تقدم من ذنبه أخرجه ابن أبي شيبة في المصنف من حديث صلة بن أشيم مرسلا وهو في الصحيحين من حديث عثمان بزيادة في أوله دون قوله بشيء من الدنيا وزاد الطيالسي إلا بخير وقال صلى الله عليه وسلم إنما الصلاة تمسكن وتواضع وتضرع وتأوه وتنادم وتضع يديك فتقول اللهم اللهم فمن لم يفعل فهي خداج حديث إنما الصلاة تمسكن ودعاء وتضرع الحديث أخرجه الترمذي والنسائي بنحوه من حديث الفضل بن عباس بإسناد مضطرب وروي عن الله سبحانه في الكتب السالفة أنه قال ليس كل مصل أتقبل صلاته إنما أقبل صلاة من تواضع لعظمتي ولم يتكبر على عبادي وأطعم الفقير الجائع لوجهي وقال صلى الله عليه وسلم إنما فرضت الصلاة وأمر بالحج والطواف وأشعرت المناسك لإقامة ذكر الله تعالى فإذا لم يكن في قلبك للمذكور الذي هو المقصود والمبتغى عظمة ولا هيبة فما قيمة ذكرك حديث إنما فرضت الصلاة وأمر بالحج والطواف وأشعرت المناسك لإقامة ذكر الله أخرجه أبو داود والترمذي من حديث عائشة نحوه دون ذكر ﴿ الصلاة ﴾ قال الترمذي حسن صحيح وقال صلى الله عليه وسلم للذي أوصاه وإذا صليت فصل صلاة مودع حديث إذا صليت فصل صلاة مودع أخرجه ابن ماجه من حديث أبي أيوب والحاكم من حديث سعد بن أبي وقاص وقال صحيح الإسناد والبيهقي في الزهد من حديث ابن عمر ومن حديث أي مودع لنفسه مودع لهواه مودع لعمره سائر إلى مولاه كما قال عز وجل ﴿ يا أيها الإنسان إنك كادح إلى ربك كدحا فملاقيه ﴾ وقال تعالى ﴿ واتقوا الله ويعلمكم الله ﴾ وقال تعالى ﴿ واتقوا الله واعلموا أنكم ملاقوه ﴾ وقال صلى الله عليه وسلم من لم تنهه صلاته عن الفحشاء والمنكر لم يزدد من الله إلا بعدا حديث من لم تنهه صلاته عن الفحشاء والمنكر لم يزدد من الله إلا بعدا أخرجه علي بن معبد في كتاب الطاعة والمعصية من حديث الحسن مرسلا بإسناد صحيح ورواه الطبراني وأسنده ابن مردويه في تفسيره من حديث ابن عباس بإسناد لين والطبراني من قول ابن مسعود من لم تأمره صلاته بالمعروف وتنهه عن المنكر الحديث وإسناده

صحيح والصلاة مناجاة فكيف تكون مع الغفلة وقال بكر بن عبد الله يا ابن آدم إذاشئت أن تدخل على مولاك بغير إذن وتكلمه بلا ترجمان دخلت قيل وكيف ذلك قال تسبغ وضوءك وتدخل محرابك فإذا أنت قد دخلت على مولاك بغير إذن فتكلمه بغير ترجمان

وعن عائشة رضي الله عنها قالت كان رسول الله صلى الله عليه وسلم يحدثنا ونحدثه فإذا حضرت الصلاة فكأنه لم يعرفنا ولم نعرفه حديث عائشة كان رسول الله صلى الله عليه وسلم يحدثنا ونحدثه فإذا حضرت الصلاة فكأنه لم يعرفنا ولم نعرفه أخرجه الأزدي في الضعفاء من حديث سويد بن غفلة مرسلا كان النبي صلى الله عليه وسلم إذا سمع الأذان كأنه لا يعرف أحدا من الناس اشتغالا بعظمة الله عز وجل وقال صلى الله عليه وسلم لا ينظر الله إلى صلاة لا يحضر الرجل فيها قلبه مع بدنه حديث لا ينظر الله إلى صلاة لا يحضر الرجل فيها قلبه مع بدنه لم أجده بهذا اللفظ وروى محمد بن نصر في كتاب الصلاة من رواية عثمان بن دهرش مرسلا لا يقبل الله من عبد عملا حتى يهد قلبه مع بدنه ورواه أبو منصور الديلمي في مسند الفردوس من حديث أبي بن كعب وإسناده ضعيف وكان إبراهيم الخليل إذا قام إلى الصلاة يسمع وجيب قلبه على ميلين

وكان سعيد التنوخي إذا صلى لم تنقطع الدموع من خديه على لحيته

ورأى رسول الـلـه صلى الـلـه عليه وسلم رجلا يعبث بلحيته في الصلاة فقال لو خشع قلب هذا لخشعت جوارحه حديث رأى رجلا يعبث بلحيته في الصلاة فقال لو خشع قلب هذا لخشعت جوارحه أخرجه الترمذي الحكيم في النوادر من حديث أبي هريرة بسند ضعيف أنه من قول سعيد بن المسيب رواه ابن أبي شيبة في المصنف وفيه رجل لم يسم ويروى أن الحسن نظر إلى رجل يعبث بالحصى ويقول اللهم زوجني الحور العين فقال بئس الخاطب أنت تخطب الحور العين وأنت تعبث بالحصى

وقيل لخلف بن أيوب ألا يؤذيك الذباب في صلاتك فتطردها قال لا أعود نفسي شيئا يفسد علي صلاتي قيل له وكيف تصبر على ذلك قال بلغني أن الفساق يصبرون تحت أسواط السلطان ليقال فلان صبور ويفتخرون بذلك فأنا قائم بين يدي ربي أفأتحرك لذبابة ويروى عن مسلم بن يسار أنه كان إذا أراد الصلاة قال لأهله تحدثوا أنتم فإني لست أسمعكم

ويروى عنه أنه كان يصلي يوما في جامع البصرة فسقطت ناحية من المسجد فاجتمع الناس لذلك فلم يشعر به حتى انصرف من الصلاة

وكان علي بن أبي طالب رضي الـلـه عنه وكرم وجهه إذا حضر وقت الصلاة يتزلزل ويتلون وجهه فقيل له مالك يا أمير المؤمنين فيقول جاء وقت أمانة عرضها الـلـه على السموات والأرض والجبال فأبين أن يحملنها وأشفقن منها وحملتها

ويروى عن علي بن الحسين أنه كان إذا توضأ اصفر لونه فيقول له أهله ما هذا الذي يعتريك عند الوضوء فيقول أتدرون بين يدي من أريد أن أقوم ويروى عن ابن عباس رضي الـلـه عنهما أنه قال قال داود عليه السلام في مناجاته إلهي من يسكن بيتك وممن تتقبل الصلاة فأوحى الـلـه إليه يا داود إنما يسكن بيتي وأقبل الصلاة منه من تواضع لعظمتي وقطع نهاره بذكري وكف نفسه عن الشهوات من أجلي يطعم الجائع ويؤوي الغريب ويرحم المصاب فذلك الذي يضيء نوره في السموات كالشمس إن دعاني لبيته وإن سألني أعطيته أجعل له في الجهل حلما وفي الغفلة ذكرا وفي الظلمة نورا وإنما مثله في الناس كالفردوس في أعلى الجنان لا نيبس أنهارها ولا تتغير ثمارها ويروى عن حاتم الأصم رضي الـلـه عنه أنه سئل عن صلاته فقال إذا حانت الصلاة أسبغت الوضوء وأتيت الموضع الذي أريد الصلاة فيه فأقعد فيه حتى تجتمع جوارحي ثم أقوم إلى صلاتي وأجعل الكعبة بين حاجبي والصراط تحت قدمي والجنة عن يميني والنار عن شمالي وملك الموت ورائي أظنها آخر صلاتي ثم أقوم بين الرجاء والخوف وأكبر تكبيرا بتحقيق وأقرأ قراءة بترتيل وأركع ركوعا بتواضع وأسجد سجودا بتخشع وأقعد على الورك الأيسر وأفرش ظهر قدمها وأنصب القدم اليمنى على

الإبهام وأتبعها الإخلاص ثم لا أدري أقبلت مني أم لا وقال ابن عباس رضي الـلـه عنهما ركعتان مقتصدتان في تفكر خير من قيام ليلة والقلب ساه فضيلة المسجد وموضع الصلاة

قال الـلـه عز وجل ﴿ إنما يعمر مساجد الـلـه من آمن بالله واليوم الآخر ﴾ وقال صلى الـلـه عليه وسلم من بنى لله مسجدا ولو كمفحص قطاة بنى الـلـه له قصرا في الجنة حديث من بنى لله مسجدا ولو مثل مفحص قطاة الحديث أخرجه ابن ماجه من حديث جابر بسند صحيح وابن حبان من حديث أبي ذر وهو متفق عليه من حديث عثمان دون قوله ولو مثل مفحص القطاة وقال صلى الـلـه عليه وسلم من ألف المسجد ألفه الـلـه تعالى حديث من ألف المسجد ألفه الـلـه تعالى أخرجه الطبراني في الأوسط من حديث أبي سعيد بسند ضعيف وقال صلى الـلـه عليه وسلم إذا دخل أحدكم المسجد فليركع ركعتين قبل أن يجلس حديث إذا دخل أحدكم المسجد فليركع ركعتين قبل أن يجلس متفق عليه من حديث أبي قتادة وقال صلى الـلـه عليه وسلم لا صلاة لجار المسجد إلا في المسجد حديث لا صلاة لجار المسجد إلا في المسجد أخرجه الدار قطني من حديث جابر وأبي هريرة بإسنادين ضعيفين والحاكم من حديث أبي هريرة وقال صلى الـلـه عليه وسلم الملائكة تصلي على أحدكم ما دام

في مصلاه الذي يصلي فيه تقول اللهم صل عليه اللهم ارحمه اللهم اغفر له ما لم يحدث أو يخرج من المسجد حديث الملائكة تصلي على أحدكم ما دام في مصلاه الحديث متفق عليه من حديث أبي هريرة وقال صلى اللـه عليه وسلم يأتي في آخر الزمان ناس من أمتي يأتون المساجد فيقعدون فيها حلقا حلقا ذكرهم الدنيا وحب الدنيا لا تجالسوهم فليس لله بهم حاجة حديث يأتي في آخر الزمان ناس من أمتي يأتون المساجد فيقعدون فيها حلقا حلقا ذكرهم الدنيا الحديث أخرجه ابن حبان من حديث ابن مسعود والحاكم من حديث أنس وقال صحيح الإسناد وقال صلى اللـه عليه وسلم قال اللـه عز وجل في بعض الكتب إن بيوتي في أرضي المساجد وإن زواري فيها عمارها فطوبى لعبد تطهر في بيته ثم زارني في بيتي فحق على المزور أن يكرم زائره حديث قال اللـه تعالى إن بيوتي في أرضي المساجد وإن زواري فيها عمارها الحديث أخرجه أبو نعيم من حديث أبي سعيد بسند ضعيف يقول اللـه عز وجل يوم القيامة أين جيراني فتقول الملائكة من هذا الذي ينبغي له أن يجاورك فيقول أين قراء القرآن وعمار المساجد وهو في الشعب نحوه موقوفا على أصحاب رسول اللـه صلى اللـه عليه وسلم بإسناد صحيح وأسند ابن حبان في الضعفاء آخر الحديث من حديث سلمان وضعفه وقال صلى اللـه عليه وسلم إذا رأيتم الرجل يعتاد المسجد فاشهدوا له بالإيمان حديث إذا رأيتم الرجل يعتاد المسجد فاشهدوا له بالإيمان رواه الترمذي وحسنه وابن ماجه والحاكم وصححه من حديث أبي سعيد وقال سعيد بن المسيب من جلس في المسجد فإنما يجالس ربه فما حقه أن يقول إلا خيرا

ويرى في الأثر أو الخبر الحديث في المسجد يأكل الحسنات كما تأكل البهائم الحشيش حديث الحديث في المسجد يأكل الحسنات كما تأكل البهيمة الحشيش لم أقف له على أصل وقال النخعي كانوا يرون أن المشي في الليلة المظلمة إلى المسجد موجب للجنة وقال أنس بن مالك من أسرج في المسجد سراجا لم تزل الملائكة وحملة العرش يستغفرون له ما دام في ذلك المسجد ضوءه

وقال علي كرم اللـه وجهه إذا مات العبد يبكي عليه مصلاه من الأرض ومصعد عمله من السماء ثم قرأ ﴿ فما بكت عليهم السماء والأرض وما كانوا منظرين ﴾ وقال ابن عباس تبكي عليه الأرض أربعين صباحا

وقال عطاء الخراساني ما من عبد يسجد لله سجدة في بقعة من بقاع الأرض إلا شهدت له يوم القيامة وبكت عليه يوم يموت

وقال أنس بن مالك ما من بقعة يذكر اللـه تعالى عليها بصلاة أو ذكر إلا افتخرت على ما حولها من البقاع واستبشرت بذكر اللـه عز وجل إلى منتهاها من سبع أرضين وما من عبد يقوم يصلي إلا تزخرفت له الأرض ويقال ما من منزل ينزل فيه قوم إلا أصبح ذلك المنزل يصلي عليهم أو يلعنهم

الباب الثاني في كيفية الأعمال الظاهرة من الصلاة والبداءة بالتكبير

وما قبله

ينبغي للمصلي إذا فرغ من الوضوء والطهارة من الخبث في البدن والمكان والثياب وستر العورة من السرة إلى الركبة أن ينتصب قائما متوجها إلى القبلة ويزاوج بين قدميه ولا يضمهما فإن ذلك مما كان يستدل به على فقه الرجل وقد نهى صلى الله عليه وسلم عن الصفن والصفد في الصلاة حديث النهي عن الصفن والصفد في الصلاة عزاه رزين إلى الترمذي ولم أجده عنده ولا عند غيره وإنما ذكره أصحاب الغريب كابن الأثير في النهاية وروى سعيد بن منصور أن ابن مسعود رأى رجلا صافا أو صافنا قدميه فقال أخطأ هذا السنة والصفد هو اقتران القدمين معا ومنه قوله تعالى ﴿ مقرنين في الأصفاد ﴾ والصفن هو رفع إحدى الرجلين ومنه قوله عز وجل ﴿ الصافنات الجياد ﴾ هذا ما يراعيه في رجليه عند القيام ويراعي في ركبتيه ومعقد نطاقه الانتصاب وأما رأسه إن شاء تركه على استواء القيام وإن شاء أطرق والإطراق أقرب للخشوع وأغض للبصر وليكن بصره محصورا على مصلاه الذي يصلي عليه فإن لم يكن له

مصلى فليقرب من جدار الحائط أو ليخط خطا فإن ذلك يقصر مسافة البصر ويمنع تفوق الفكر وليحجر على بصره أن يجاوز أطراف المصلى وحدود الخط وليدم على هذا القيام كذلك إلى الركوع من غير التفات

هذا أدب القيام فإذا استوى قيامه واستقباله وإطراقه كذلك فليقرأ ﴿ قل أعوذ برب الناس ﴾ تحصنا به من الشيطان ثم ليأت بالإقامة وإن كان يرجو حضور من يقتدي به فليؤذن أولا ثم ليحضر النية وهو أن ينوي في الظهر مثلا ويقول بقلبه أؤدي فريضة الظهر لله ليميزها بقوله أؤدي عن القضاء وبالفريضة عن النفل وبالظهر عن العصر وغيره ولتكن معاني هذه الألفاظ حاضرة في قلبه فإنه هو النية والألفاظ مذكرات وأسباب لحضورها ويجتهد أن يستديم ذلك إلى آخر التكبير حتى لا يعزب فإذا حضر في قلبه ذلك فليرفع يديه إلى حذو منكبيه بعد إرسالهما بحيث يحاذي بكفيه منكبيه وبإبهاميه شحمتي أذنيه وبرؤوس أذنيه حديث رفع اليدين إلى حذو المنكبين ورد إلى شحمة أذنيه وورد إلى رؤوس أذنيه متفق عليه من حديث ابن عمر باللفظ الأول وأبو داود من حديث وائل بن حجر بإسناد ضعيف إلى شحمة أذنيه ولمسلم من حديث مالك بن الحويرث فروع أذنيه ليكون جامعا بين الأخبار الواردة فيه ويكون مقبلا بكفيه وإبهاميه إلى القبلة ويبسط الأصابع ولا يقبضها ولا يتكلف فيها تفريجا ولا ضما بل يتركها على مقتضى طبعها إذ نقل في الأثر النشر والضم حديث نشر الأصابع عند الافتتاح ونقل ضمها وقال عطاء وابن خزيمة من حديث أبي هريرة والبيهقي ولم يفرج بين أصابعه ولم يضمها ولم أجد التصريح بضم الأصابع وهذا بينهما فهو أولى وإذا استقرت اليدان في مقرهما ابتدأ التكبير مع إرسالهما وإحضار النية ثم يضع اليدين على ما فوق السرة وتحت الصدر ويضع اليمنى على اليسرى إكراما لليمنى بأن تكون محمولة وينشر المسبحة والوسطى من اليمنى على طول الساعد ويقبض بالإبهام والخنصر والبنصر على كوع اليسرى وقد روي أن التكبير مع رفع اليدين حديث التكبير مع رفع اليدين أخرجه البخاري من حديث ابن عمر كان يرفع يديه حين يكبر ولأبي داود من حديث وائل يرفع يديه مع التكبير مع استقرارهما حديث التكبير مع استقرار اليدين أي مرفوعتين أخرجه مسلم من حديث ابن عمر كان إذا قام إلى الصلاة رفع يديه حتى يكونا حذو منكبيه ثم كبر زاد أبو داود وهما كذلك ومع الإرسال حديث التكبير مع إرسال اليدين أخرجه أبو داود من حديث أبي حميد كان إذا قام إلى الصلاة يرفع يديه حتى يحاذي بهما منكبيه ثم كبر حتى يقر كل عظم في موضعه معتدلا قال ابن الصلاح في المشكل فكلمة حتى التي هي للغاية تدل بالمعنى على ما ذكره أي من ابتداء التكبير مع الإرسال فكل ذلك لا حرج فيه وأراه بالإرسال أليق فإنه كلمة العقد ووضع إحدى اليدين على الأخرى في صورة العقد ومبدؤه الإرسال وآخره الوضع

ومبدأ التكبير الألف وآخره الراء فيليق مراعاة التطابق بين الفعل والعقد وأما رفع اليد فكالمقدمة لهذه البداية

ثم لا ينبغي أن يرفع يديه إلى قدام رفعا عند التكبير ولا يردهما إلى خلف منكبيه ولا ينفضهما عن يمين وشمال نفضا إذا فرغ من التكبير ويرسلهما إرسالا خفيفا رفيقا ويستأنف وضع اليمين على الشمال بعد الإرسال وفي بعض الروايات أنه صلى الله عليه وسلم كان إذا كبر أرسل يديه وإذا أراد أن يقرأ وضع اليمنى على اليسرى كان إذا كبر أرسل يديه فإذا أراد أن يقرأ وضع اليمنى على اليسرى أخرجه الطبراني من حديث معاذ بإسناد ضعيف فإن صح هذا فهو أولى مما ذكرناه

وأما التكبير فينبغي أن يضم الهاء من قوله الله ضمة خفيفة من غير مبالغة ولا يدخل بين الهاء والألف شبه الواو وذلك ينساق إليه بالمبالغة ولا يدخل بين باء أكبر ورائه ألفا كأنه يقول أكبار ويجزم راء التكبير ولا يضمها فهذه هيئة التكبير وما معه القراءة

ثم يبتدىء بدعاء الاستفتاح وحسن أن يقول عقب قوله الله أكبر الله أكبر كبيرا والحمد لله كثيرا وسبحان

الـلـه بكرة وأصيلا حديث أنه يقول بعد قوله الـلـه أكبر الـلـه أكبر كبيرا والحمد لله كثيرا وسبحان الـلـه بكرة وأصيلا أخرجه مسلم من حديث ابن عمر قال بينما نحن نصلي مع رسول الـلـه صلى الـلـه عليه وسلم إذ قال رجل من القوم الـلـه أكبر كبيرا الحديث أخرجه أبو داود وابن ماجه من حديث جبير بن مطعم أنه رأى رسول الـلـه صلى الـلـه عليه وسلم يصلي صلاة قال الـلـه أكبر كبيرا الحديث وجهت وجهي إلى قوله وأنا من المسلمين حديث دعاء الاستفتاح وجهت وجهي الحديث أخرجه مسلم من حديث علي ثم يقول سبحانك اللهم وبحمدك وتبارك اسمك وتعالى جدك وجل ثناؤك ولا إله غيرك حديث سبحانك اللهم وبحمدك الحديث في الاستفتاح أيضا أخرجه أبو داود والترمذي والحاكم وصححه من حديث عائشة وضعفه الترمذي والدار قطني ورواه مسلم موقوفا على عمر وعند البيهقي من حديث جابر الجمع بين وجهت ﴿ وبين ﴾ سبحانك اللهم ليكون جامعا بين متفرقات ما ورد في الأخبار

وإن كان خلف الإمام اختصر إن لم يكن للإمام سكتة طويلة يقرأ فيها ثم يقول أعوذ بالله من الشيطان الرجيم ثم يقرأ الفاتحة يبتدىء فيها ب بسم الـلـه الرحمن الرحيم بتمام تشديداتها وحروفها ويجتهد في الفرق بين الضاد والظاء ويقول آمين في آخر الفاتحة ويمدها مدا ولا يصل آمين بقوله ولا الضالين وصلا ويجهر بالقراءة في الصبح والمغرب والعشاء إلا أن يكون مأموما ويجهر بالتأمين

ثم يقرأ السورة أو قدر ثلاث آيات من القرآن فما فوقها ولا يصل آخر السورة بتكبير الهوى بأن يفصل بينهما بقدر قوله سبحان الـلـه ويقرأ في الصبح من السور الطوال من المفضل وفي المغرب من قصاره وفي الظهر والعصر والعشاء نحوه والسماء ذات البروج وما قاربها

وفي الصبح في السفر قل يا أيها الكافرون و قل هو الـلـه أحد وكذلك في ركعتي الفجر والطواف والتحية وهو في جميع ذلك مستديم للقيام ووضع اليدين كما وصفنا في أول الصلاة الركوع ولواحقه

ثم يركع ويراعي فيه أمورا وهو أن يكبر للركوع وأن يرفع يديه مع تكبيرة الركوع وأن يمد التكبير مدا إلى الانتهاء إلى الركوع وأن يضع راحتيه على ركبتيه في الركوع وأصابعه منشورة موجهة نحو القبلة على طول الساق وأن ينصب ركبتيه ولا يثنيهما وأن يمد ظهره مستويا وأن يكون عنقه ورأسه مستويين مع ظهره كالصفيحة الواحدة لا يكون رأسه أخفض ولا أرفع وأن يجافي مرفقيه عن جنبيه

وتضم المرأة مرفقيها إلى جنبيها

وأن يقول سبحان ربي العظيم ثلاثا والزيادة إلى السبعة وإلى العشرة حسن إن لم يكن إماما ثم يرتفع من الركوع إلى القيام ويرفع يديه ويقول سمع الـلـه لمن حمده ويطمئن في الاعتدال ويقول ربنا لك الحمد ملء

السموات وملء الأرض وملء ما شئت من شيء بعد ولا يطول هذا ا لقيام إلا في صلاة التسبيح والكسوف والصبح

ويقنت في الصبح في الركعة الثانية بالكلمات المأثورة قبل السجود حديث القنوت في الصبح بالكلمات المأثورة أخرجه البيهقي من حديث ابن عباس كان النبي صلى الله عليه وسلم يقنت في صلاة الصبح وفي وتر الليل بهؤلاء الكلمات اللهم اهدني فيمن هديت الحديث أخرجه أبو داود والترمذي وحسنه والنسائي من حديث الحسن أن النبي صلى الله عليه وسلم كان يعلمه هؤلاء الكلمات يقولهن في الوتر وإسناده صحيح السجود ثم يهوي إلى السجود مكبرا فيضع ركبتيه على الأرض ويضع جبهته وأنفه وكفيه مكشوفة ويكبر عند الهوى ولا يرفع يديه في غير الركوع وينبغي أن يكون أول ما يقع منه على الأرض ركبتاه وأن يضع بعدهما يديه ثم يضع بعدهما وجهه وأن يضع جبهته وأنفه على الأرض وأن يجافي مرفقيه عن جنبيه ولا تفعل المرأة ذلك وأن يفرج بين رجليه ولا تفعل المرأة ذلك

وأن يكون في سجوده مخويا على الأرض ولا تكون المرأة مخوية

والتخوية رفع البطن عن الفخذين والتفريج بين الركبتين

وأن يضع يديه على الأرض حذاء منكبيه ولا يفرج بين أصابعهما بل يضمهما ويضم الإبهام إليهما وإن لم يضم الإبهام فلا بأس ولا يفترش ذراعيه على الأرض كما يفترش الكلب حديث النهي عن أن يفرش ذراعيه على الأرض كما يفرش الكلب متفق عليه من حديث أنس فإنه منهي عنه

وأن يقول سبحان ربي الأعلى ثلاثا فإن زاد فحسن إلا أن يكون إماما

ثم يرفع من السجود فيطمئن جالسا معتدلا فيرفع رأسه مكبرا ويجلس على رجله اليسرى وينصب قدمه اليمنى ويضع يديه على فخذيه والأصابع منشورة ولا يتكلف ضمها ولا تفريجها

ويقول رب اغفر لي وارحمني وارزقني واهدني واجبرني وعافني واعف عني ولا يطول هذه الجلسة إلا في سجود التسبيح

ويأتي بالسجدة الثانية كذلك ويستوي منها جالسا جلسة خفيفة للاستراحة في كل ركعة لا تشهد عقيبها

ثم يقوم فيضع اليد على الأرض ولا يقدم إحدى رجليه في حال الارتفاع ويمد التكبير حتى يستغرق ما بين وسط ارتفاعه من القعود إلى وسط ارتفاعه إلى القيام

بحيث تكون الهاء من قوله الـلـه عند استوائه جالسا وكاف أكبر عند اعتماده على اليدللقيام وراء أكبر في وسط ارتفاعه إلى القيام ويبتدىء في وسط ارتفاعه إلى القيام حتى يقع التكبير في وسط انتقاله ولا يخلو عنه إلا طرفاه وهو أقرب إلى التعميم

ويصلي الركعة الثانية كالأولى ويعيد التعوذ كالابتداء التشهد

ثم يتشهد في الركعة الثانية التشهد الأول

ثم يصلي عى رسول الـلـه صلى الـلـه عليه وسلم وعلى آله ويضع يده اليمنى على فخذه اليمنى ويقبض أصابعه اليمنى إلا المسبحة ولا بأس بإرسال الإبهام أيضا ويشير بمسبحة يمناه وحدها عند قوله إلا الـلـه لا عند قوله لا إله ويجلس في هذا التشهد على رجله اليسرى كما بين السجدتين

وفي التشهد الأخير يستكمل الدعاء المأثور حديث الدعاء المأثور بعد التشهد أخرجه مسلم من حديث علي في دعاء الاستفتاح قال ثم يكون من آخر ما يقول بين التشهد والتسليم اللهم اغفر لي ما قدمت الحديث وفي الصحيحين من حديث عائشة إذا تشهد أحدكم فليستعذ بالله من أربع من عذاب جهنم الحديث وفي الباب غير ذلك جميعها في الأصل بعد الصلاة على النبي صلى الـلـه عليه وسلم وسننه كسنن التشهد الأول لكن يجلس في الأخير على وركه الأيسر لأنه ليس مستوفزا للقيام بل هو مستقر ويضجع رجله اليسرى خارجة من تحته وينصب اليمنى ويضع رأس الإبهام إلى جهة القبلة إن لم يشق عليه

ثم يقول السلام عليكم ورحمة الـلـه ويلتفت يمينا بحيث يرى خده الأيمن من وراءه من الجانب اليمين ويلتفت شمالا كذلك

ويسلم تسليمة ثانية وينوي الخروج من الصلاة بالسلام وينوي بالسلام من على يمينه الملائكة والمسلمين في الأولى وينوي مثل ذلك في الثانية

ويجزم التسليم حديث جزم السلام سنة أخرجه أبو داود والترمذي من حديث أبي هريرة وقال حسن صحيح وضعفه ابن القطان ولا يمده مدا فهو السنة

وهذه هيئة صلاة المنفرد ويرفع صوته بالتكبيرات ولا يرفع صوته إلا بقدر ما يسمع نفسه وينوي الإمام الإمامة لينال الفضل فإن لم ينو صحت صلاة القوم إذا نووا الاقتداء ونالوا فضل الجماعة ويسر بدعاء الاستفتاح والتعوذ كالمنفرد ويجهر بالفاتحة والسورة في جميع الصبح وأوليي العشاء والمغرب وكذلك المنفرد ويجهر بقوله آمين في الصلاة الجهرية وكذلك المأموم

ويقرن المأموم تأمينه بتأمين الإمام معا لا تعقيبا

ويسكت الإمام سكتة عقيب الفاتحة ليثوب إليه نفسه ويقرأ المأموم الفاتحة في الجهرية في هذه السكتة ليتمكن من الاستماع عند قراءة الإمام

ولايقرأ المأموم السور في الجهرية إلا إذا لم يسمع صوت الإمام

ويقول الإمام سمع الـلـه لمن حمده عند رفع رأسه من الركوع وكذا المأموم

ولا يزيد الإمام على الثلاث في تسبيحات الركوع والسجود ولا يزيد

في التشهد الأول بعد قوله اللهم صل على محمد وعلى آل محمد ويقتصر في الركعتين الأخيرتين على الفاتحة ولا يطول على القوم ولا يزيد في دعائه في التشهد الأخير على قدر التشهد والصلاة على رسول اللـه صلى اللـه عليه وسلم

وينوي عند السلام السلام على القوم والملائكة

وينوي القوم بتسليمهم جوابه ويثبت الإمام ساعة حتى يفرغ الناس من السلام ويقبل على الناس بوجهه

والأولى أن يثبت إن كان خلف الرجال نساء لينصرفن قبله

ولا يقوم واحد من القوم حتى يقوم

وينصرف الإمام حيث يشاء عن يمينه وشماله واليمين أحب إلي

ولا يخص الإمام نفسه بالدعاء في قنوت الصبح بل يقول اللهم اهدنا ويجهر به ويؤمن القوم ويرفعون أيديهم حذاء الصدور ويمسح لوجه عند ختم الدعاء

لحديث نقل فيه وإلا فالقياس أن لا يرفع اليد كما في آخر التشهد المنهيات

نهى رسول اللـه صلى اللـه عليه وسلم عن الصفن في الصلاة والصفد وقد ذكرناهما وعن الإقعاء حديث النهي عن الإقعاء أخرجه الترمذي وابن ماجه من حديث علي بسند ضعيف لا يقع بين السجدتين ومسلم من حديث عائشة كان ينهى عن عقبة الشيطان والحاكم من حديث سمرة وصححه نهى عن الإقعاء وعن السدل حديث نهى عن السدل في الصلاة أخرجه أبو داود والترمذي والحاكم وصححه من حديث أبي هريرة والكفت حديث النهي عن الكفت في الصلاة متفق عليه من حديث ابن عباس أمرنا النبي صلى اللـه عليه وسلم أن نسجد على سبعة أعظم ولا نكفت شعرا ولا ثوبا وعن الاختصار حديث النهي عن الاختصار أخرجه أبو داود والحاكم وصححه من حديث أبي هريرة وهو متفق عليه بلفظ نهى أن يصلي الرجل مختصرا وعن الصلب حديث النهي عن الصلب في الصلاة أخرجه أبو داود والنسائي من حديث ابن عمر بإسناد صحيح وعن المواصلة حديث النهي عن المواصلة عزاه رزين إلى الترمذي ولم أجده عنده وقد فسره الغزالي بوصل القراءة بالتكبير ووصل القراءة بالركوع وغير ذلك وقد روى أبو داود والترمذي وحسنه وابن ماجه من حديث سمرة سكتتان حفظتهما عن رسول اللـه صلى اللـه عليه وسلم إذا دخل في صلاته إذا فرغ من قراءته وإذا فرغ من قراءة القرآن وفي الصحيحين من حديث أبي هريرة كان يسكت بين التكبير والقراءة إسكاتة الحديث وعن صلاة الحاقن حديث النهي عن صلاة الحاقن أخرجه ابن ماجه والدار قطني من حديث أبي أمامة أن رسول اللـه صلى اللـه عليه وسلم نهى أن يصلي الرجل وهو حاقن وأبو داود من حديث أبي هريرة لا يحل لرجل يؤمن بالله واليوم الآخر أن يصلي وهو حاقن وله وللترمذي وحسنه نحوه من حديث ثوبان ومسلم من حديث عائشة لا صلاة بحضرة طعام ولا وهو يدافعه

الأخبثان والحاقب حديث النهي عن صلاة الحاقب لم أجده بهذا اللفظ وفسره المصنف تبعا للأزهري بمدافعة الغائط وفيه حديث عائشة الذي قبل هذا والحازق حديث النهي عن صلاة الحازق عزاه رزين إلى الترمذي ولم أجده عنده والذي ذكره أصحاب الغريب حديث لا رأي لحازق وهو صاحب الخف الضيق وعن صلاة الجائع والغضبان والمتلثم حديث النهي عن التلثم في الصلاة أخرجه أبو داود وابن ماجه من حديث أبي هريرة بسند حسن نهى أن يغطي الرجل فاه في الصلاة رواه الحاكم وصححه وقال الخطابي هو التلثم على الأفواه وهو ستر الوجه

أما الإقعاء فهو عند أهل اللغة أن يجلس على وركيه وينصب ركبتيه ويجعل يديه على الأرض كالكلب

وعند أهل الحديث أن يجلس على ساقيه جاثيا وليس على الأرض منه إلا رؤوس أصابع الرجلين والركبتين

وأما السدل فمذهب أهل الحديث فيه أن يلتحف بثوبه ويدخل يديه من داخل فيركع ويسجد كذلك

وكان هذا فعل اليهود في صلاتهم فنهوا عن التشبه بهم

والقميص في معناه فلا ينبغي أن يركع ويسجد ويداه في بدن القميص

وقيل معناه أن يضع وسط الإزار على رأسه ويرسل طرفيه عن يمينه وشماله من غير أن يجعلهما على كتفيه والأول أقرب

وأما الكف فهو أن يرفع ثيابه من بين يديه أو من خلفه إذا أراد السجود

وقد يكون الكف في شعر الرأس فلا يصلين وهو عاقص شعره والنهي للرجال

وفي الحديث ﴿ أمرت ﴾

أن أسجد على سبعة أعضاء ولا أكفت شعرا ولا ثوبا حديث أمرت أن أسجد على سبعة أعضاء ولا أكفت شعرا ولا ثوبا متفق عليه من حديث ابن عباس وكره أحمد بن حنبل رضي الله عنه أن يأتزر فوق القميص في الصلاة ورآه من الكفت وأما الاختصار فأن يضع يديه على خاصرتيه

وأما الصلب فأن يضع يديه على خاصرتيه في القيام ويجافي بين عضديه في القيام

وأما المواصلة فهي خمسة اثنان على الإمام أن لا يصل قراءته بتكبيرة الإحرام ولا ركوعه بقراءته واثنان على المأموم أن لا يصل تكبيرة الإحرام بتكبيرة الإمام ولا تسليمه بتسليمه وواحدة بينهما أن لا يصل تسليمة الفرض بالتسليمة الثانية وليفصل بينهما

وأما الحاقن فمن البول والحاقب من الغائط والحازق صاحب الخف الضيق

فإن كل ذلك يمنع من الخشوع

وفي معناه الجائع والمهتم

وفهم نهي الجائع من قوله صلى الله عليه وسلم إذا حضر العشاء وأقيمت الصلاة فابدءوا بالعشاء إلا أن يضيق الوقت أو يكون ساكن القلب حديث إذا حضر العشاء وأقيمت الصلاة فابدءوا بالعشاء متفق عليه من حديث ابن عمر وعائشة وفي الخبر لا يدخلن أحدكم الصلاة وهو مقطب ولا يصلين أحدكم وهو غضبان حديث لا يدخل أحدكم الصلاة وهو مقطب ولا يصلين أحدكم وهو غضبان لم أجده وقال الحسن كل صلاة لا يحضر فيها القلب فهي إلى العقوبة أسرع

وفي الحديث سبعة أشياء في الصلاة من الشيطان الرعاف والنعاس والوسوسة والتثاؤب والحكاك والالتفات والعبث بالشيء حديث سبعة أشياء من الشيطان في الصلاة الرعاف والنعاس والوسوسة والتثاؤب والالتفات وزاد بعضهم السهو والشك أخرجه الترمذي من رواية عدي بن ثابت عن أبيه عن جده فذكر منها الرعاف والنعاس والتثاؤب وزاد ثلاثة أخرى وقال حديث غريب ولمسلم من حديث عثمان بن أبي العاص يا رسول الله إن الشيطان قد حال بيني وبين صلاتي الحديث وللبخاري من حديث عائشة في الالتفات في الصلاة وهو اختلاس يختلسه الشيطان من صلاة أحدكم وللشيخين من حديث أبي هريرة التثاؤب من الشيطان ولهما من حديث أبي هريرة إن أحدكم إذا قام يصلي جاء الشيطان فليس عليه صلاته حتى لا يدري كم صلى وزاد بعضهم السهو والشك وقال بعض السلف أربعة في الصلاة من الجفاء الإلتفات ومسح الوجه وتسوية الحصى وأن تصلى بطريق من يمر بين يديك ونهى أيضا عن أن يشبك أصابعه حديث النهي عن تشبيك الأصابع أخرجه أحمد وابن حبان والحاكم وصححه من حديث أبي هريرة وأبو داود والترمذي وابن ماجه وابن حبان نحوه من حديث كعب بن عجره أو يفرقع أصابعه حديث النهي عن تفقيع الأصابع في

الصلاة أخرجه ابن ماجه من حديث علي بإسناد ضعيف لا تفقع في أصابعك الصلاة أو يستر وجهه حديث النهي عن ستر الوجه أخرجه أبو داود وابن ماجه والحاكم وصححه من حديث أبي هريرة أو يضع إحدى كفيه على الأخرى يدخلهما بين فخذيه في الركوع حديث النهي عن التطبيق في الركوع متفق عليه من حديث سعد بن أبي وقاص كنا نفعله فنهينا عنه وأمرنا أن نضع الأيدي على الركب وقال بعض الصحابة رضي الله عنهم كنا نفعل ذلك فنهينا عنه

ويكره أيضا أن ينفخ في الأرض عند السجود للتنظيف وأن يسوي الحصى بيده فإنها أفعال مستغنى عنها ولا يرفع إحدى قدميه فيضعها على فخذه ولا يستند في قيامه إلى حائط فإن استند بحيث لو سل ذلك الحائط لسقط فالأظهر بطلان صلاته و الله أعلم تمييز الفرائض والسنن

جملة ما ذكر يشتمل على فرائض وسنن وآداب وهيئات مما ينبغي لمريد طريق الآخرة أن يراعى جميعها فالفرض من جملتها اثنتا عشرة خصلة النية والتكبير والقيام والفاتحة والانحناء في الركوع إلى أن تنال راحتاه ركبتيه مع الطمأنينة والاعتدال عنه قائما والسجود مع الطمأنينة ولا يجب وضع اليدين والاعتدال عنه قاعدا والجلوس للتشهد الأخير والتشهد الأخير والصلاة على النبي صلى الله عليه وسلم والسلام الأول

فأما نية الخروج فلا تجب وما عدا هذا فليس بواجب بل هي سنن وهيئات فيها وفي الفرائض أما السنن فمن الأفعال أربعة رفع اليدين في تكبيرة الإحرام وعند الهوى إلى الركوع وعند الارتفاع إلى القيام والجلسة للتشهد الأول

فأما ما ذكرناه من كيفية

نشر الأصابع وحد رفعها فهي هيئات تابعة لهذه السنة والتورك والافتراش هيئات تابعة للجلسة والإطراق وترك الالتفات هيئات للقيام وتحسين صورته وجلسة الاستراحة لم نعدها من أصول السنة في الأفعال لأنها كالتحسين لهيئة الارتفاع من السجود إلى القيام لأنها ليست مقصودة في نفسها ولذلك لم تفرد بذكر

وأما السنن من الأذكار فدعاء الاستفتاح ثم التعوذ ثم قوله آمين فإنه سنة مؤكدة ثم قراءة السورة ثم تكبيرات الانتقالات ثم الذكر في الركوع والسجود والاعتدال عنهما ثم التشهد الأول والصلاة فيه على النبي صلى الـله عليه وسلم ثم الدعاء في آخر التشهد الأخير ثم التسليمة الثانية وإن جمعناها في اسم السنة فلها درجات متفاوتة إذ تجبر أربعة منها بسجود السهو

وأما من الأفعال فواحدة وهي الجلسة الأولى للتشهد الأول فإنها مؤثرة في ترتيب نظم الصلاة في أعين الناظرين حتى يعرف بها أنها رباعية أم لا بخلاف رفع اليدين فإنه لا يؤثر في تغيير النظم فعبر عن ذلك بالبعض

وقيل الأبعاض تجبر بالسجود وأما الأذكار فكلها لا تقتضي سجود السهو إلا ثلاثة القنوت والتشهد الأول والصلاة على النبي صلى الـله عليه وسلم فيه بخلاف تكبيرات الانتقالات وأذكار الركوع والسجود والإعتدال عنهما لأن الركوع والسجود في صورتهما مخالفان للعادة ويحصل بهما معنى العبادة مع السكوت عن الأذكار وعن تكبيرات الإنتقالات فعدم تلك الأذكار لا تغير صورة العبادة

وأما الجلسة للتشهد الأول ففعل معتاد وما زيدت إلا للتشهد فتركها ظاهر التأثير

وأما دعاء الاستفتاح والسورة فتركهما لا يؤثر مع أن القيام صار معمورا بالفاتحة ومميزا عن العادة بها وكذلك الدعاء في التشهد الأخير والقنوت أبعد ما يجبر بالسجود ولكن شرع مد الاعتدال في الصبح لأجله فكان كمد جلسة الاستراحة إذ صارت بالمد مع التشهد جلسة للتشهد الأول

فبقي هذا قياما ممدودا معتادا ليس فيه ذكر واجب وفي الممدود احتراز عن غير الصبح وفي خلوه عن ذكر واجب احتراز عن أصل القيام في الصلاة

فإن قلت تمييز السنن عن الفرائض معقول إذ تفوت الصحة بفوت الفرض دون السنة ويتوجه العقاب به دونها فأما تمييز سنة عن سنة والكل مأمور به على سبيل الاستحباب ولا عقاب في ترك الكل والثواب موجود على الكل فما معناه فاعلم أن اشتراكهما في الثواب والعقاب والاستحباب لا يرفع تفاوتهما ولنكشف ذلك لك بمثال وهو أن الإنسان لا يكون إنسانا موجودا كاملا إلا بمعنى باطن وأعضاء ظاهرة فالمعنى الباطن هو الحياة والروح والظاهر أجسام أعضائه

ثم بعض تلك الأعضاء ينعدم الإنسان بعدمها كالقلب والكبد والدماغ وكل عضو تفوت الحياة بفواته وبعضها لا تفوت بها الحياة ولكن يفوت بها مقاصد الحياة كالعين واليد والرجل واللسان وبعضها لا يفوت بها الحياة ولا مقاصدها ولكن يفوت بها الحسن كالحاجبين واللحية والأهداب وحسن اللون وبعضها لا يفوت بها أصل الجمال ولكن كماله كاستقواس الحاجبين وسواد شعر اللحية والأهداب وتناسب خلقة الأعضاء وامتزاج الحمرة بالبياض في اللون فهذه درجات متفاوتة فكذلك العبادة صورة صورها الشرع وتعبدنا باكتسابها فروحها وحياتها الباطنة الخشوع والنية وحضور القلب والإخلاص كما سيأتي ونحن الآن فى أجزائها الظاهرة فالركوع والسجود والقيام وسائر الأركان تجري منها مجرى القلب والرأس والكبد إذ يفوت وجود الصلاة بفواتها

والسنن التي ذكرناها من رفع اليدين ودعاء الاستفتاح والتشهد الأول تجري منها مجرى اليدين والعينين والرجلين ولا تفوت الصحة بفواتها كما لا تفوت الحياة بفوات هذه الأعضاء ولكن يصير الشخص بسبب فواتها مشوه الخلقة مذموما غير مرغوب فيه فكذلك من اقتصر على أقل ما يجزي من الصلاة كان كمن أهدى إلى ملك من الملوك عبدا حيا مقطوع الأطراف

وأما الهيئات وهي ما وراء السنن فتجري مجرى أسباب الحسن من الحاجبين واللحية والأهداب

وحسن اللون وأما وظائف الأذكار في تلك السنن فهي مكملات للحسن كاستقواس الحاجبين واستدارة اللحية وغيرهما

فالصلاة عندك قربة وتحفة تتقرب بها إلى حضرة ملك الملوك كوصيفة يهديها طالب القربة من السلاطين إليهم وهذه التحفة تعرض على اللـه عز وجل وجل

ثم ترد عليك يوم العرض الأكبر فإليك الخيرة في تحسين صورتها وتقبيحها

فإن أحسنت فلنفسك وإن أسأت فعليها

ولا ينبغي أن يكون حظك من ممارسة الفقه أن يتميز لك السنة عن الفرض فلا يعلق بفهمك من أوصاف السنة إلا أنه يجوز تركها فتتركها فإن ذلك يضاهي قول الطبيب إن فقء العين لا يبطل وجود الإنسان ولكن يخرجه عن أن يصدق رجاء المتقرب في قبول السلطان إذا أخرجه في معرض الهدية فهكذا ينبغي أن تفهم مراتب السنن والهيئات والآداب فكل صلاة لم يتم الإنسان ركوعها وسجودها فهي الخصم الأول على صاحبها تقول ضيعك اللـه كما ضيعتني

فطالع الأخبار التي أوردناها في كمال أركان الصلاة ليظهر لك وقعها

الباب الثالث في الشروط الباطنة من أعمال القلب ولنذكر في هذا

الباب ارتباط الصلاة بالخشوع وحضور القلب

ثم نذكر المعاني الباطنة وحدودها وأسبابها وعلاجها

ثم لنذكر تفصيل ما ينبغي أن يحضر في كل ركن من أركان الصلاة لتكون صالحة لزاد الآخرة

بيان اشتراط الخشوع وحضور القلب

اعلم أن أدلة ذلك كثيرة فمن ذلك قوله تعالى أقم الصلاة لذكري وظاهر الأمر الوجوب والغفلة تضاد الذكر فمن غفل في جميع صلاته كيف يكون مقيما للصلاة لذكره وقوله تعالى ولا تكن من الغافلين نهى وظاهره التحريم وقوله عز وجل حتى تعلموا ما تقولون تعليل لنهي السكران وهو مطرد في الغافل المستغرق الهم بالوسواس وأفكار الدنيا وقوله صلى اللـه عليه وسلم إنما الصلاة تمسكن وتواضع حصر بالألف واللام وكلمة إنما للتحقيق والتوكيد وقد فهم الفقهاء من قوله صلى اللـه عليه وسلم إنما الشفعة فيما لم يقصر الحصر والإثبات والنفي وقوله صلى اللـه عليه وسلم من لم تنهه صلاته عن الفحشاء والمنكر لم يزدد من اللـه إلا بعدا وصلاة الغافل لا تمنع من الفحشاء والمنكر وقال صلى اللـه عليه وسلم كم من قائم حظه من

صلاته التعب والنصب حديث كم من قائم حظه من صلاته التعب والنصب أخرجه النسائي من حديث أبي هريرة رب قائم ليس له من قيامه إلا السهر ولأحمد رب قائم حظه من صلاته السهر وإسناده حسن وما أراد به إلا الغافل وقال صلى الله عليه وسلم ليس للعبد من صلاته إلا ما عقل منها حديث ليس للعبد من صلاته إلا ما عقل لم أجده مرفوعا وروى محمد بن نصر المروزي في كتاب الصلاة من رواية عثمان ابن أبي دهرش مرسلا لا يقبل الله من عبد عملا حتى يشهد قلبه مع بدنه ورواه أبو منصور الديلمي في مسند الفردوس من حديث أبي بن كعب ولابن المبارك في الزهد موقوفا على عمار لا يكتب للرجل من صلاته ما سها عنه والتحقيق فيه أن المصلي مناج ربه عز وجل حديث المصلي يناجي ربه متفق عليه من حديث أنس كما ورد به الخبر والكلام مع الغفلة ليس بمناجاة ألبتة وبيانه أن الزكاة إن غفل الإنسان عنها مثلا فهي في نفسها مخالفة للشهوة شديدة على النفس وكذا الصوم قاهر للقوى كاسر لسطوة الهوى الذي هو آلة للشيطان عدو الله فلا يبعد أن يحصل منها مقصود مع الغفلة وكذلك الحج أفعاله شاقة شديدة وفيه من المجاهدة ما يحصل به

الإيلام كان القلب حاضرا مع أفعاله أو لم يكن أما الصلاة فليس فيها إلا ذكر وقراءة وركوع وسجود وقيام وقعود فأما الذكر فإنه مجاورة ومناجاة مع اللـه عز وجل فأما أن يكون المقصود منه كونه خطابا ومحاورة أو المقصود منه الحروف والأصوات امتحانا للسان بالعمل كما تمتحن المعدة والفرج بالإمساك في الصوم وكما يمتحن البدن بمشاق الحج ويمتحن بمشقة إخراج الزكاة واقتطاع المال المعشوق

ولا شك أن هذا القسم باطل فإن تحريك اللسان بالهذيان ما أخفه على الغافل فليس فيه امتحان من حيث أنه عمل بل المقصود الحروف من حيث أنه نطق ولا يكون نطقا إلا إذا أعرب عما في الضمير ولا يكون معربا إلا بحضور القلب فأي سؤال في قوله إهدنا الصراط المستقيم إذا كان القلب غافلا وإذا لم يقصد كونه تضرعا ودعاء فأي مشقة في تحريك اللسان به مع الغفلة لا سيما بعد الاعتياد هذا حكم الأذكار بل أقول لو حلف الإنسان وقال لأشكرن فلانا وأثني عليه وأسأله حاجة ثم جرت الألفاظ الدالة على هذه المعاني على لسانه في النوم لم يبر في يمينه ولو جرت على لسانه في ظلمة وذلك الإنسان حاضر وهو لا يعرف حضوره ولا يراه لا يصير بارا في يمينه إذ لا يكون كلامه خطابا ونطقا معه ما لم يكن هو حاضرا في قلبه فلو كانت تجري هذه الكلمات على لسانه وهو حاضر إلا أنه في بياض النهار غافل لكونه مستغرق الهم بفكر من الأفكار ولم يكن له قصد توجيه الخطاب إليه عند نطقه لم يصر بارا في يمينه

ولا شك أن المقصود من القراءة والأذكار الحمد والثناء والتضرع والدعاء والمخاطب هو اللـه عز وجل وقلبه بحجاب الغفلة محجوب عنه فلا يراه ولا يشاهده بل هو غافل عن المخاطب ولسانه يتحرك بحكم العادة فما أبعد هذا عن المقصود بالصلاة التي شرعت لتصقيل القلب وتجديد ذكر اللـه عز وجل ورسوخ عقد الإيمان به هذا حكم القراءة والذكر

وبالجملة فهذه الخاصية لا سبيل إلى إنكارها في النطق وتمييزها عن الفعل

وأما الركوع والسجود فالمقصود بهما التعظيم قطعا ولو جاز أن يكون معظما لله عز وجل بفعله وهو غافل عنه لجاز أن يكون معظما لصنم موضوع بين يديه وهو غافل عنه أو يكون معظما للحائط الذي بين يديه وهو غافل عنه وإذا خرج عن كونه تعظيما لم يبق إلا مجرد حركة الظهر والرأس وليس فيه من المشقة ما يقصد الإمتحان به ثم يجعله عماد الدين والفاصل بين الكفر والإسلام ويقدم على الحج وسائر العبادات ويجب القتل بسبب تركه على الخصوص وما أرى أن هذه العظمة كلها للصلاة من حيث أعمالها الظاهرة إلا أن يضاف إليها مقصود المناجاة فإن ذلك يتقدم على الصوم والزكاة والحج وغيره بل الضحايا والقرابين التي هي مجاهدة للنفس بتنقيص المال قال اللـه تعالى لن ينال اللـه لحومها ولا دماؤها ولكن يناله التقوى منكم أي

الصفة التي استولت على القلب حتى حملته على امتثال الأوامر هي المطلوبة فكيف الأمر في الصلاة ولا أرب في أفعالها فهذا ما يدل من حيث المعنى على اشتراط حضور القلب

فإن قلت إن حكمت ببطلان الصلاة وجعلت حضور القلب شرطا في صحتها خالفت إجماع الفقهاء فإنهم لم يشترطوا إلا حضور القلب عند التكبير فاعلم أنه قد تقدم في كتاب العلم أن الفقهاء لا يتصرفون في الباطن ولا يشقون عن القلوب ولا في طريق الآخرة بل يبنون أحكام الدين على ظاهر أعمال الجوارح وظاهر الأعمال كاف لسقوط القتل وتعزير السلطان فأما أنه ينفع في الآخرة فليس هذا من حدود الفقه على أنه لا يمكن أن يدعي الإجماع

فقد نقل عن بشر بن الحارث فيما رواه عنه أبو طالب المكي عن سفيان الثوري أنه قال من لم يخشع فسدت صلاته وروى عن الحسن أنه قال كل صلاة لا يحضر فيها القلب فهي إلى العقوبة أسرع

وعن معاذ بن جبل من عرف من على يمينه وشماله متعمدا وهو في الصلاة فلا صلاة له

وروي أيضا مسندا قال رسول اللـه صلى اللـه عليه وسلم

إن العبد ليصلي الصلاة لا يكتب له سدسها ولا عشرها وإنما يكتب للعبد من صلاته ما عقل منها حديث إن العبد ليصلي الصلاة لا يكتب له سدسها ولا عشرها الحديث أخرجه أبو داود والنسائي وابن حبان من حديث عمار بن ياسر بنحوه وهذا لو نقل عن غيره لجعل مذهبا فكيف لا يتمسك به وقال عبد الواحد بن زيد أجمعت العلماء على أنه ليس للعبد من صلاته إلا ما عقل منها فجعله إجماعا وما نقل من هذا الجنس عن الفقهاء المتورعين وعن علماء الآخرة أكثر من أن يحصى

والحق الرجوع إلى أدلة الشرع والأخبار والآثار ظاهرة في هذا الشرط إلا أن مقام الفتوى في التكليف الظاهر يتقدر بقدر قصور الخلق

فلا يمكن أن يشترط على الناس إحضار القلب في جميع الصلاة فإن ذلك يعجز عنه كل البشر إلا الأقلين وإذا لم يمكن اشتراط الاستيعاب للضرورة فلا مرد له إلا أن يشترط منه ما يطلق عليه الاسم ولو في اللحظة الواحدة وأولى اللحظات به لحظة التكبير فاقتصرنا على التكليف بذلك

ونحن مع ذلك نرجو أن لا يكون حال الغافل في جميع صلاته مثل حال التارك بالكلية

فإنه على الجملة أقدم على العمل ظاهرا وأحضر القلب لحظة

وكيف لا والذي صلى مع الحدث ناسيا صلاته باطلة عند الله تعالى ولكن له أجر ما يحسب فعله وعلى قدر قصوره وعذره ومع هذا الرجاء فيخشى أن يكون حاله أشد من حال التارك وكيف لا والذي يحضر الخدمة ويتهاون بالحضرة ويتكلم بكلام الغافل المستحقر أشد حالا من الذي يعرض عن الخدمة وإذا تعارض أسباب الخوف والرجاء وصار الأمر مخطرا في نفسه فإليك الخيرة بعده في الاحتياط والتساهل

ومع هذا فلا مطمع في مخالفة الفقهاء فيما أفتوا به من الصحة مع الغفلة فإن ذلك من ضرورة الفتوى كما سبق التنبيه عليه ومن عرف سر الصلاة علم أن الغفلة تضادها

ولكن قد ذكرنا في باب الفرق بين العلم الباطن والظاهر في كتاب قواعد العقائد أن قصور الخلق أحد الأسباب المانعة عن التصريح بكل ما ينكشف من أسرار الشرع

فلنقتصر على هذا القدر من البحث فإن فيه مقنعا للمريد الطالب لطريق الآخرة

وأما المجادل المشغب فلسنا نقصد مخاطبته الآن وحاصل الكلام أن حضور القلب هو روح الصلاة وأن أقل ما يبقى به رمق الروح الحضور عند التكبير

فالنقصان منه هلاك وبقدر الزيادة عليه تنبسط الروح في أجزاء الصلاة

وكم من حي لا حراك به قريب من ميت فصلاة الغافل في جميعها إلا عند التكبير كمثل حي لا حراك به نسأل الله حسن العون

بيان المعاني الباطنة التي تتم بها حياة الصلاة

اعلم أن هذه المعاني تكثر العبارات عنها ولكن يجمعها ست جمل وهي حضور القلب والتفهم والتعظيم والهيبة والرجاء والحياء

فلنذكر تفاصيلها ثم أسبابها ثم العلاج في اكتسابها

أما التفاصيل فالأول حضور القلب ونعني به أن يفرغ القلب عن غير ما هو ملابس له ومتكلم به فيكون العلم بالفعل والقول مقرونا بهما ولا يكون الفكر جائلا في غيرهما ومهما انصرف في الفكر عن غير ما هو فيه وكان في قلبه ذكر لما هو فيه ولم يكن فيه غفلة عن كل شيء فقد حصل حضور القلب ولكن التفهم لمعنى الكلام أمر وراء حضور القلب فربما يكون القلب حاضرا مع اللفظ ولا يكون حاضرا مع معنى اللفظ فاشتمال القلب على العلم بمعنى اللفظ هو الذي أردناه بالتفهم

وهذا مقام يتفاوت الناس فيه إذ ليس يشترك الناس في تفهم المعاني للقرآن والتسبيحات

وكم من معان لطيفة يفهمها المصلي في أثناء الصلاة ولم يكن قد خطر بقلبه ذلك قبله ومن هذا الوجه كانت الصلاة ناهية عن الفحشاء والمنكر فإنها تفهم أمورا تلك الأمور تمنع عن الفحشاء لا محالة

وأما التعظيم فهو أمر وراء حضور القلب والفهم إذ الرجل يخاطب عبده بكلام هو حاضر القلب

فيه ومتفهم لمعناه ولا يكون معظما له فالتعظيم زائد عليهما وأما الهيبة فزائدة على التعظيم بل هي عبارة عن خوف منشؤه التعظيم لأن من لا يخاف لا يسمى هائبا والمخافة من العقرب وسوء خلق العبد وما يجري مجراه من الأسباب الخسيسة لا تسمى مهابة بل الخوف من السلطان المعظم يسمى مهابة والهيبة خوف مصدرها الإجلال وأما الرجا فلا شك أنه زائد فكم من معظم ملكا من الملوك يهابه أو يخاف سطوته ولكن لا يرجو مثوبته والعبد ينبغي أن يكون راجيا بصلاته ثواب الله عز وجل كما أنه خائف بتقصيره عقاب الله عز وجل وأما الحياء فهو زائد على الجملة لأن مستنده استشعار تقصير وتوهم ذنب ويتصور التعظيم والخوف والرجاء من غير حياء حيث لا يكون توهم تقصير وارتكاب ذنب وأما أسباب هذه المعاني الستة فاعلم أن حضور القلب سببه الهمة فإن قلبك تابع لهمتك فلا يحضر إلا فيما يهمك ومهما أهمك أمر حضر القلب فيه شاء أم أبى فهو مجبول على ذلك ومسخر فيه والقلب إذا لم يحضر في الصلاة لم يكن متعطلا بل جائلا فيما الهمة مصروفة إليه من أمور الدنيا فلا حيلة ولا علاج لإحضار القلب إلا بصرف الهمة إلى الصلاة والهمة لا تنصرف إليها ما لم يتبين أن الغرض المطلوب منوط بها وذلك هو الإيمان والتصديق بأن الآخرة خير وأبقى وأن الصلاة وسيلة إليها فإذا أضيف هذا إلى حقيقة العلم بحقارة الدنيا ومهماتها حصل من مجموعها حضور القلب في الصلاة وبمثل هذه العلة يحضر قلبك إذا حضرت بين يدي بعض الأكابر ممن لا يقدر على مضرتك ومنفعتك فإذا كان لا يحضر عند المناجاة مع ملك الملوك الذي بيده الملك والملكوت والنفع والضر فلا تظنن أن له سببا سوى ضعف الإيمان فاجتهد الآن في تقوية الإيمان وطريقه يستقصى في غير هذا الموضع وأما التفهم فسببه بعد حضور القلب إدمان الفكر وصرف الذهن إلى إدراك المعنى وعلاجه ما هو علاج إحضار القلب مع الإقبال على الفكر والتشمر لدفع الخواطر وعلاج دفع الخواطر الشاغلة قطع موادها أعني النزوع عن تلك الأسباب التي تنجذب الخواطر إليها وما لم تنقطع تلك المواد لا تنصرف عنها الخواطر فمن أحب شيئا أكثر ذكره فذكر المحبوب يهجم على القلب بضرورة لذلك ترى أن من أحب غير الله لا تصفو له صلاة عن الخواطر وأما التعظيم فهي حالة للقلب تتولد من معرفتين إحداهما معرفة جلال الله عز وجل وعظمته وهو من أصول الإيمان فإن من لا يعتقد عظمته لا تذعن النفس لتعظيمه الثانية معرفة حقارة النفس وخستها وكونها عبدا مسخرا مربوبا حتى يتولد من المعرفتين الاستكانة والانكسار والخشوع لله سبحانه فيعبر عنه بالتعظيم وما لم تمتزج معرفة حقارة النفس بمعرفة جلال الله لا تنتظم حالة التعظيم والخشوع فإن المستغنى عن غيره الآمن على نفسه يجوز أن يعرف من غيره صفات العظمة ولا يكون الخشوع والتعظيم حاله لأن القرينة الأخرى وهي معرفة حقارة النفس وحاجتها لم تقترن إليه وأما الهيبة والخوف فحالة للنفس تتولد من المعرفة بقدرة الله وسطوته ونفوذ مشيئته فيه مع قلة المبالاة به وأنه لو

أهلك الأولين والآخرين لم ينقص من ملكه ذرة هذا مع مطالعة ما يجري على الأنبياء والأولياء من المصائب وأنواع البلاء مع القدرة على الدفع على خلاف ما يشاهد من ملوك الأرض وبالجملة كلما زاد العلم بالله زادت الخشية والهيبة وسيأتي أسباب ذلك في كتاب الخوف من ربع المنجيات وأما الرجاء فسببه معرفة لطف الله عز وجل وكرمه وعميم إنعامه ولطائف صنعه ومعرفة صدقه في وعده الجنة بالصلاة فإذا حصل اليقين بوعده والمعرفة بلطفه انبعث من مجموعهما الرجاء لا محالة وأما الحياء فباستشعاره التقصير في العبادة وعلمه بالعجز عن القيام بعظيم حق الله عز وجل ويقوى ذلك بالمعرفة بعيوب النفس وآفاتها وقلة إخلاصها وخبث دخلتها وميلها إلى الحظ العاجل في جميع أفعالها مع العلم بعظيم ما يقتضيه جلال الله عز وجل والعلم

بأنه مطلع على السر وخطرات القلب وإن دقت وخفيت وهذه المعارف إذا حصلت يقينا انبعث منها بالضرورة حالة تسمى الحياء فهذه أسباب هذه الصفات وكل ما طلب تحصيله فعلاجه إحضار سببه ففي معرفة السبب معرفة العلاج

ورابطة جميع هذه الأسباب الإيمان

واليقين أعني به هذه المعارف التي ذكرناها ومعنى كونها يقينا انتفاء الشك واستيلاؤها على القلب كما سبق في بيان اليقين من كتاب العلم وبقدر اليقين يخشع القلب ولذلك قالت عائشة رضي الله عنها كان رسول الله صلى الله عليه وسلم يحدثنا ونحدثه فإذا حضرت الصلاة كأنه لم يعرفنا ولم نعرفه وقد روي أن الله سبحانه أوحى إلى موسى عليه السلام يا موسى إذا ذكرتني فاذكرني وأنت تنتفض أعضاؤك وكن عند ذكري خاشعا مطمئنا وإذا ذكرتني فاجعل لسانك من وراء قلبك وإذا قمت بين يدي فقم قيام العبد الذليل وناجني بقلب وجل ولسان صادق وروي أن الله تعالى أوحى إليه قل لعصاة أمتك لا يذكروني فإني آليت على نفسي أن من ذكرني ذكرته فإذا ذكروني ذكرتهم باللعنة هذا في عاص غير غافل في ذكره فكيف إذا اجتمعت الغفلة والعصيان وباختلاف المعاني التي ذكرناها في القلوب انقسم الناس إلى غافل يتمم صلاته ولم يحضر قلبه في لحظة منها وإلى من يتمم ولم يغب قلبه في لحظة بل ربما كان مستوعب الهم بها بحيث لا يحس بما يجري بين يديه

ولذلك لم يحس مسلم بن يسار بسقوط الأسطوانة في المسجد اجتمع الناس عليها

وبعضهم كان يحضر الجماعة مدة ولم يعرف قط من على يمينه ويساره

ووجيب قلب إبراهيم صلوات الله عليه وسلامه كان يسمع على ميلين

وجماعة كانت تصفر وجوههم وترتعد فرائصهم

وكل ذلك غير مستبعد فإن أضعافه مشاهد في همم أهل الدنيا وخوف ملوك الدنيا مع عجزهم وضعفهم وخساسة الحظوظ الحاصلة منهم حتى يدخل الواحد على ملك أو وزير ويحدثه بمهمته ثم يخرج ولو سئل عمن حواليه أو عن ثوب الملك لكان لا يقدر على الإخبار عنه لاشتغال همه به عن ثوبه وعن الحاضرين حواليه ولكل درجات مما عملوا فحظ كل واحد من صلاته بقدر خوفه وخشوعه وتعظيمه فإن موضع نظر الله سبحانه القلوب دون ظاهر الحركات

ولذلك قال بعض الصحابة رضي الله عنهم يحشر الناس يوم القيامة على مثال هيئتهم في الصلاة من الطمأنينة والهدوء ومن وجود النعيم بها واللذة ولقد صدق فإنه يحشر كل على ما مات عليه ويموت على ما

عاش عليه ويراعى في ذلك حال قلبه لا حال شخصه فمن صفات القلوب تصاغ الصور في الدار الآخرة ولا ينجو إلا من أتى الله بقلب سليم نسأل الله حسن التوفيق بلطفه وكرمه

بيان الدواء النافع في حضور القلب

اعلم أن المؤمن لا بد أن يكون معظما لله عز وجل وخائفا منه وراجيا له ومستحييا من تقصيره فلا ينفك عن هذه الأحوال بعد إيمانه وإن كانت قوتها بقدر قوة يقينه فانفكاكه عنها في الصلاة لا سبب له إلا تفرق الفكر وتقسيم الخاطر وغيبة القلب عن المناجاة والغفلة عن الصلاة

ولا يلهى عن الصلاة إلا الخواطر الواردة الشاغلة فالدواء في إحضار القلب هو دفع تلك الخواطر ولا يدفع الشيء إلا بدفع سببه فلتعلم سببه

وسبب موارد الخواطر إما أن يكون أمرا خارجا أو أمرا في ذاته باطنا

أما الخارج فما يقرع السمع أو يظهر للبصر فإن ذلك قد يختطف الهم حتى يتبعه ويتصرف فيه ثم تنجر منه الفكرة إلى غيره ويتسلسل ويكون الإبصار سببا للافتكار ثم تصير بعض تلك الأفكار سببا للبعض

ومن قويت نيته وعلت همته لم يلهه ما جرى على حواسه ولكن الضعيف لا بد وأن يتفرق به فكره

وعلاجه قطع هذه الأسباب بأن يغض بصره أو يصلي في بيت مظلم أو لا يترك بين يديه ما يشغل حسه ويقرب من حائط عند صلاته حتى لا تتسع مسافة بصره ويحترز من الصلاة على الشوارع

وفي المواضع المنقوشة المصنوعة وعلى الفرش المصبوغة

ولذلك كان المتعبدون يتعبدون في بيت صغير مظلم سعته قدر السجود ليكون ذلك أجمع للهم

والأقوياء منهم كانوا يحضرون المساجد ويغضون البصر ولا يجاوزون به موضع السجود ويرون كمال الصلاة في أن لا يعرفوا من على يمينهم وشمالهم

وكان ابن عمر رضي الـلـه عنهما لا يدع في موضع الصلاة مصحفا ولا سيفا إلا نزعه ولا كتابا إلا محاه

وأما الأسباب الباطنة فهي أشد فإن من تشعبت به الهموم في أودية الدنيا لا ينحصر فكره في فن واحد بل لا يزال يطير من جانب إلى جانب وغض البصر لا يغنيه فإن ما وقع في القلب من قبل كاف للشغل فهذا طريقة أن يرد النفس قهرا إلى فهم ما يقرؤه في الصلاة ويشغلها به عن غيره ويعينه على ذلك أن يستعد له قبل التحريم بأن يحدد على نفسه ذكر الآخرة وموقف المناجاة وخطر المقام بين يدي الـلـه سبحانه وهو المطلع ويفرغ قلبه قبل التحريم بالصلاة عما يهمه فلا يترك لنفسه شغلا يلتفت إليه خاطره

قال رسول الـلـه صلى الـلـه عليه وسلم لعثمان بن أبي شيبة إني نسيت أن أقول لك أن تخمر القدر الذي في البيت حديث إني نسيت أن أقول لك بخمر القربتين اللتين في البيت الحديث أخرجه أبو داود من حديث عثمان الحجبي وهو عثمان بن طلحة كما في مسند أحمد ووقع للمصنف أنه قال ذلك لعثمان بن أبي شيبة وهو وهم فإنه لا ينبغي أن يكون في البيت شيء يشغل الناس عن صلاتهم فهذا طريق تسكين الأفكار

فإن كان لا يسكن هوائج أفكاره بهذا الدواء المسكن فلا ينجيه إلا المسهل الذي يقمع مادة الداء من أعماق العروق وهو أن ينظر في الأمور الصارفة الشاغلة عن إحضار القلب ولا شك أنها تعود إلى مهماته وأنها إنما صارت مهمات لشهواته فيعاقب نفسه بالنزوع عن تلك الشهوات وقطع تلك العلائق فكل ما يشغله عن صلاته فهو ضد دينه وجند إبليس عدوه فإمساكه أضر عليه من إخراجه فيتخلص منه بإخراجه كما روى أنه صلى الـلـه عليه وسلم لما لبس الخميصة التي أتاه بها أبو جهم وعليها علم وصلى بها نزعها بعد صلاته وقال صلى الـلـه عليه وسلم اذهبوا بها إلى أبي جهم فإنها ألهتني آنفا عن صلاتي وائتوني بأنبجانية أبي جهم حديث نزع الخميصة وقال ائتوني بأنبجانية أبي جهم متفق عليه من حديث عائشة وقد تقدم في العلم

وأمر رسول الـلـه صلى الـلـه عليه وسلم بتجديد شراك نعله ثم نظر إليه في صلاته إذ كان جديدا فأمر أن ينزع منها ويرد الشراك الخلق حديث أمره بنزع الشراك الجديد ورد الشراك الخلق إذ نظر إليه في صلاته أخرجه ابن المبارك في الزهد من حديث أبي النضر مرسلا بإسناد صحيح

وكان صلى الـلـه عليه وسلم قد احتذى نعلا فأعجبه حسنها فسجد وقال تواضعت لربي عز وجل كي لا يمقتني ثم خرج بها فدفعها إلى أول سائل لقيه ثم أمر عليا رضي الـلـه عنه أن يشتري له نعلين سبتيتين جرداوين فلبسهما

حديث احتذى نعلا فأعجبه حسنها فسجد وقال تواضعت لربي الحديث أخرجه أبو عبد الـلـه ابن حقيق في شرف الفقراء من حديث عائشة بإسناد ضعيف

وكان صلى الـلـه عليه وسلم في يده خاتم من ذهب قبل التحريم وكان على المنبر فرماه وقال شغلني هذا نظرة إليه ونظرة إليكم حديث رميه بالخاتم الذهب من يده وقال شغلني هذا نظرة إليه ونظرة إليكم أخرجه النسائي من حديث ابن عباس بإسناد صحيح وليس فيه بيان أن الخاتم كان ذهبا ولا فضة إنما هو مطلق وروى أن أبا طلحة صلى في حائط وفيه شجر فأعجبه دبسي طار في الشجر يلتمس مخرجا فأتبعه بصره ساعة ثم لم يدركم صلى فذكر لرسول الـلـه صلى الـلـه عليه وسلم ما أصابه من الفتنة ثم قال يا رسول الـلـه هو صدقة فضعه حيث شئت حديث إن أبا طلحة صلى في حائط له فيه شجر فأعجبه ريش طائر في الشجر الحديث أخرجه في سهوه في الصلاة وتصدقه بالحائط مالك عن عبد الـلـه بن أبي بكر أن أبا طلحة الأنصاري فذكره بنحوه

وعن رجل آخر أنه صلى في حائط له والنخل مطوقة بثمرها فنظر إليها فأعجبته ولم يدر كم صلى فذكر ذلك لعثمان رضي الـلـه عنه وقال هو صدقة فاجعله في سبيل الـلـه عز وجل

فباعه عثمان بخمسين ألفا

فكانوا يفعلون ذلك قطعا لمادة الفكر وكفارة لما جرى من نقصان الصلاة وهذا هو الدواء القاطع لمادة العلة ولا يغني غيره

فأما ما ذكرناه من التلطف بالتسكين والرد إلى فهم الذكر فذلك ينفع في الشهوات الضعيفة والهمم التي لا تشغل إلا حواشي القلب

فأما الشهوة القوية المرهقة فلا ينفع فيها التسكين بل لا تزال تجاذبها وتجاذبك ثم تغلبك وتنقضي جميع صلاتك في شغل المجاذبة

ومثاله رجل تحت شجرة أراد أن يصفو له فكره وكانت أصوات العصافير تشوش عليه فلم يزل يطيرها بخشبة في يده ويعود إلى فكره فتعود العصافير فيعود إلى التنفير بالخشبة فقيل له إن هذا أسير السواني ولا ينقطع فإن أردت الخلاص فاقطع الشجرة

فكذلك شجرة الشهوات إذا تشعبت وتفرعت أغصانها انجذبت إليها الأفكار انجذاب العصافير إلى الأشجار وانجذاب الذباب إلى الأقذار والشغل يطول في دفعها فإن الذباب كلما ذب آب ولأجله سمي ذبابا

فكذلك الخواطر وهذه الشهوات كثيرة وقلما يخلو العبد عنها ويجمعها أصل واحد وهو حب الدنيا وذلك رأس كل خطيئة وأساس كل نقصان ومنبع كل فساد

ومن انطوى باطنه على حب الدنيا حتى مال إلى شيء منها لا ليتزود منها ولا ليستعين بها على الآخرة فلا يطمعن في أن تصفو له لذة المناجاة في الصلاة

فإن من فرح بالدنيا لا يفرح بالله سبحانه وبمناجاته

وهمة الرجل مع قرة عينه فإن كانت قرة عينه في الدنيا انصرف لا محالة إليها همه ولكن مع هذا فلا ينبغي أن يترك المجاهدة ورد القلب إلى الصلاة وتقليل الأسباب الشاغلة فهذا هو الدواء المر ولمرارته استبشعته الطباع وبقيت العلة مزمنة وصار الداء عضالا حتى إن الأكابر اجتهدوا أن يصلوا ركعتين لا يحدثوا أنفسهم فيها بأمور الدنيا فعجزوا عن ذلك فإذن لا مطمع فيه لأمثالنا وليته سلم لنا من الصلاة شطرها أو ثلثها من الوسواس لنكون ممن خلط عملا صالحا وآخر سيئا

وعلى الجملة فهمة الدنيا وهمة الآخرة في القلب مثل الماء الذي يصب في قدح مملوء بخل فبقدر ما ندخل فيه من الماء يخرج منه من الخل لا محالة ولا يجتمعان

بيان تفصيل ما ينبغي أن يحضر في القلب عند كل ركن وشرط من أعمال الصلاة

فنقول حقك إن كنت من المريدين للآخرة أن لا تغفل أولا عن التنبيهات التي في شروط الصلاة وأركانها

أما الشروط السوابق فهي الأذان والطهارة وستر العورة واستقبال القبلة والانتصاب قائما والنية

فإذا سمعت نداء المؤذن فأحضر في قلبك هول النداء يوم القيامة وتشمر بظاهرك وباطنك للإجابة والمسارعة فإن المسارعين إلى هذا النداء هم الذين ينادون باللطف يوم العرض الأكبر فاعرض قلبك على هذا النداء فإن وجدته مملوءا بالفرح والاستبشار مشحونا بالرغبة إلى الابتدار فاعلم أنه يأتيك النداء بالبشرى والفوز يوم القضاء

ولذلك قال صلى الـلـه عليه وسلم أرحنا يا بلال حديث بها أرحنا يا بلال أخرجه الدارقطني في العلل من حديث بلال ولأبي داود نحوه من حديث رجل من الصحابة لم يسم بإسناد صحيح أي أرحنا بها وبالنداء إليها إذ كان قرة عينه فيها صلى الـلـه عليه وسلم

وأما الطهارة فإذا أتيت بها في مكانك وهو ظرفك الأبعد ثم في ثيابك وهي غلافك الأقرب ثم في بشرتك وهي قشرك الأدنى فلا تغفل عن لبك الذي هو ذاتك وهو قلبك فاجتهد له تطهيرا بالتوبة والندم على ما فرطت وتصميم العزم على الترك في المستقبل فطهر بها باطنك فإنه موضع نظر معبودك

وأما ستر العورة فاعلم أن معناه تغطية مقابح بدنك عن أبصار الخلق فإن ظاهر بدنك مرتع لنظر الخلق فما بالك في عورات باطنك وفضائح سرائرك التي لا يطلع عليها إلا ربك عز وجل فاحضر تلك الفضائح ببالك وطالب نفسك بسترها وتحقق أنه لا يستر عن عين الـلـه سبحانه

ساتر

وإنما يغفرها الندم والحياء والخوف فتستفيد بإحضارها في قلبك انبعاث جنود الخوف والحياء من مكامنهما فتدل بها بنفسك ويستكين تحت الخجلة قلبك وتقوم بين يدي الـلـه عز وجل قيام العبد المجرم المسيء الآبق الذي ندم فرجع إلى مولاه ناكسا رأسه من الحياء والخوف

وأما الاستقبال فهو صرف ظاهر وجهك عن سائر الجهات إلى جهة بيت الـلـه تعالى أفترى أن صرف القلب عن سائر الأمور إلى الـلـه عز وجل ليس مطلوبا منك هيهات فلا مطلوب سواه

وإنما هذه الظواهر تحريكات للبواطن وضبط للجوارح وتسكين لها بالإثبات في جهة واحدة حتى لا تبغي على القلب فإنها إذا بغت وظلمت في حركاتها والتفاتها إلى جهاتها استتبعت القلب وانقلبت به عن وجه الـلـه عز وجل فليكن وجه قلبك مع وجه بدنك

فاعلم أنه كما لا يتوجه الوجه إلى جهة البيت إلا بالانصراف عن غيرها فلا ينصرف القلب إلى الـلـه عز وجل إلا بالتفرغ عما سواه وقد قال صلى الـلـه عليه وسلم إذا قام العبد إلى صلاته فكان هواه ووجهه وقلبه إلى الـلـه عز وجل انصرف كيوم ولدته أمه حديث إذا قام العبد إلى صلاته وكان وجهه وهواه إلى الـلـه انصرف كيوم ولدته أمه لم أجده وأما الاعتدال قائما فإنما هو مثول بالشخص والقلب بين يدي الـلـه عز وجل فليكن رأسك الذي هو أرفع أعضائك مطرقا مطأطئا متنكسا وليكن وضع الرأس عن ارتفاعه تنبيها على إلزام القلب التواضع والتذلل والتبري عن الترؤس والتكبر وليكن على ذكرك ههنا خطر القيام بين يدي الـلـه عز وجل في هول المطلع عند العرض للسؤال

واعلم في الحال أنك قائم بين يدي الـلـه عز وجل وهو مطلع عليك فقم بين يديه قيامك بين يدي بعض ملوك الزمان إن كنت تعجز عن معرفة كنه جلاله بل قدر في دوام قيامك في صلاتك أنك ملحوظ ومرقوب بعين كالئة من رجل صالح من أهلك أو ممن ترغب في أن يعرفك بالصلاح فإنه تهدأ عند ذلك أطرافك وتخشع جوارحك وتسكن جميع أجزائك خيفة أن ينسبك ذلك العاجز المسكين إلى قلة الخشوع

وإذا أحسست من نفسك بالتماسك عند ملاحظة عبد مسكين فعاتب نفسك وقل لها إنك تدعين معرفة الـلـه وحبه أفلا تستحين من استجرائك عليه مع توقيرك عبدا من عباده أو تخشين الناس ولا تخشينه وهو أحق أن يخشى ولذلك لما قال أبو هريرة كيف الحياء من الـلـه فقال صلى الـلـه عليه وسلم تستحي منه كما تستحي من الرجل الصالح من قومك حديث قال أبو هريرة كيف الحياء من الـلـه قال تستحي منه كما تستحي من الرجل الصالح من قومك أخرجه الخرائطي في مكارم الأخلاق والبيهقي في الشعب من حديث سعيد بن زيد مرسلا بنحوه وأرسله البيهقي بزيادة ابن عمر في السند وفي العلل الدارقطني عن ابن عمر له وقال إنه أشبه شيء

بالصواب لوروده من حديث سعيد بن زيد أحد العشرة وروي من أهلك وأما النية فاعزم على إجابة الـلـه عز وجل في امتثال أمره بالصلاة وإتمامها والكف عن نواقضها ومفسداتها وإخلاص جميع ذلك لوجه الـلـه سبحانه رجاء لثوابه وخوفا من عقابه وطلبا للقربة منه متقلدا للمنة منه بإذنه إياك في المناجاة مع سوء أدبك وكثرة عصيانك وعظم في نفسك قدر مناجاته وانظر من تناجي وكيف تناجي وبماذا تناجي وعند هذا ينبغي أن يعرق جبينك من الخجل وترتعد فرائصك من الهيبة ويصفر وجهك من الخوف

وأما التكبير فإذا نطق به لسانك فينبغي أن لا يكذبه قلبك فإن كان في قلبك شيء هو أكبر من الـلـه سبحانه فالله يشهد إنك لكاذب وإن كان الكلام صدقا كما شهد على المنافقين في قولهم إنه صلى الـلـه عليه وسلم رسول الـلـه

فإن كان هواك أغلب عليك من أمر الـلـه عز وجل فأنت أطوع له منك لله تعالى فقد اتخذته إلهك وكبرته فيوشك أن يكون قولك الـلـه أكبر كلاما باللسان المجرد وقد تخلف القلب عن مساعدته وما أعظم الخطر في ذلك لولا التوبة والاستغفار وحسن الظن بكرم الـلـه تعالى وعفوه

وأما دعاء الاستفتاح فأول كلماته قولك وجهت وجهي للذي فطر السموات والأرض وليس المراد بالوجه الوجه الظاهر فإنك إنما وجهته إلى جهة القبلة و الـلـه سبحانه يتقدس

عن أن تحده الجهات حتى تقبل بوجه بدنك عليه

وإنما وجه القلب هو الذي تتوجه به إلى فاطر السماوات والأرض فانظر إليه أمتوجه هو إلى أمانيه وهمه في البيت والسوق ومتبع للشهوات أو مقبل على فاطر السموات وإياك أن تكون أول مفاتحتك للمناجاة بالكذب والاختلاق

ولن ينصرف الوجه إلى الله تعالى إلا بانصرافه عما سواه فاجتهد في الحال في صرفه إليه وإن عجزت عنه على الدوام فليكن قولك في الحال صادقا

وإذا قلت حنيفا مسلما فينبغي أن يخطر ببالك أن المسلم هو الذي سلم المسلمون من لسانه ويده فإن لم تكن كذلك كنت كاذبا فاجتهد في أن تعزم عليه في الاستقبال وتندم على ما سبق من الأحوال

وإذا قلت وما أنا من المشركين فأخطر ببالك الشرك الخفي فإن قوله تعالى فمن كان يرجو لقاء ربه فليعمل عملا صالحا ولا يشرك بعبادة ربه أحدا نزل فيمن يقصد بعبادته وجه الله وحمد الناس وكن حذرا مشفقا من هذا الشرك واستشعر الخجلة في قلبك إن وصفت نفسك بأنك لست من المشركين من غير براءة عن هذا الشرك فإن اسم الشرك يقع على القليل والكثير منه

وإذا قلت محياي ومماتي لله فاعلم أن هذا حال عبد مفقود لنفسه موجود لسيده وأنه إن صدر ممن رضاه وغضبه وقيامه وقعوده ورغبته في الحياة ورهبته من الموت لأمور الدنيا لم يكن ملائما للحال

وإذا قلت أعوذ بالله من الشيطان الرجيم فاعلم أنه عدوك ومترصد لصرف قلبك عن الله عز وجل حسدا لك على مناجاتك مع الله عز وجل وسجودك له مع أنه لعن بسبب سجدة واحدة تركها ولم يوفق لها وأن استعاذتك بالله سبحانه منه بترك ما يحبه وتبديله بما يحب الله عز وجل لا بمجرد قولك فإن من قصده سبع أو عدو ليفترسه أو يقتله فقال أعوذ منك بذلك الحصن الحصين وهو ثابت على مكانه فإن ذلك لا ينفعه بل لا يعيذه إلا تبديل المكان فكذلك من يتبع الشهوات التي هي محاب الشيطان ومكاره الرحمن فلا يغنيه مجرد القول فليقترن قوله بالعزم على التعوذ بحصن الله عز وجل عن شر الشيطان وحصنه لا إله إلا الله إذ قال عز وجل فيما أخبر عنه نبينا صلى الله عليه وسلم لا إله إلا الله حصني فمن دخل حصني أمن من عذابي حديث قال الله تعالى لا إله إلا الله حصني أخرجه الحاكم في التاريخ وأبو نعيم في الحلية من طريق أهل البيت من حديث علي بإسناد ضعيف جدا وقول أبي منصور الديلمي إنه حديث ثابت مردود عليه والمتحصن به لا معبود له سوى الله سبحانه فأما من اتخذ إلهه هواه فهو في ميدان الشيطان لا في حصن الله عز وجل

واعلم أن من مكايده أن يشغلك في صلاتك بذكر الآخرة وتدبير فعل الخيرات ليمنعك عن فهم ما تقرأ

فاعلم أن كل ما يشغلك عن فهم معاني قراءتك فهو وسواس فإن حركة اللسان غير مقصودة بل المقصود معانيها فأما القراءة فالناس فيها ثلاثة رجل يتحرك لسانه وقلبه غافل ورجل يتحرك لسانه وقلبه يتبع اللسان فيفهم ويسمع منه كأنه يسمعه من غيره وهي درجات أصحاب اليمين ورجل يسبق قلبه إلى المعاني أولا ثم يخدم اللسان القلب فيترجمه

ففرق بين أن يكون اللسان ترجمان القلب أو يكون معلم القلب والمقربون لسانهم ترجمان يتبع القلب ولا يتبعه القلب

وتفصيل ترجمة المعاني أنك إذا قلت بسم اللـه الرحمن الرحيم فانو به التبرك لابتداء القراءة لكلام اللـه سبحانه وافهم أن الأمور كلها بالله سبحانه

وأن المراد بالاسم ههنا هو المسمى

وإذا كانت الأمور بالله سبحانه فلا جرم كان الحمد لله ومعناه أن الشكر لله إذ النعم من اللـه

ومن يرى من غير اللـه نعمة أو يقصد غير اللـه سبحانه بشكر لا من حيث إنه مسخر من اللـه عز وجل ففي تسميته وتحميده نقصان بقدر التفاته إلى غير اللـه تعالى

فإذا قلت الرحمن الرحيم فأحضر في قلبك جميع أنواع لطفه لتتضح لك رحمته فينبعث بها رجاؤك

ثم استثر من قلبك التعظيم والخوف بقولك مالك يوم الدين أما العظمة فلأنه لا ملك إلا له

وأما الخوف فلهول يوم الجزاء والحساب الذي هو مالكه

ثم جدد الإخلاص بقولك إياك نعبد وجدد العجز والاحتياج والتبري من الحول والقوة بقولك وإياك نستعين وتحقق أنه ما تيسرت طاعتك إلا بإعانته وأن له المنة إذ وفقك لطاعته واستخدمك لعبادته وجعلك أهلا لمناجاته

ولو حرمك التوفيق لكنت من المطرودين مع الشيطان اللعين

ثم إذا فرغت من التعوذ ومن قولك بسم الله الرحمن الرحيم ومن التحميد ومن إظهار الحاجة إلى الإعانة مطلقا فعين سؤالك ولا تطلب إلا أهم حاجاتك وقل إهدنا الصراط المستقيم الذي يسوقنا إلى جوارك ويفضي بنا إلى مرضاتك

وزده شرحا وتفصيلا وتأكيدا واستشهادا بالذين أفاض عليهم نعمة الهداية من النبيين والصديقين والشهداء والصالحين دون الذين غضب عليهم من الكفار والزائغين من اليهود والنصارى والصابئين ثم التمس الإجابة وقل آمين فإذا تلوت الفاتحة كذلك فيشبه أن تكون من الذين قال الله تعالى فيهم فيما أخبر عنه النبي صلى الله عليه وسلم قسمت الصلاة بيني وبين عبدي نصفين نصفها لي ونصفها لعبدي ولعبدي ما سأل حديث قسمت الصلاة بيني وبينعبدي نصفين الحديث أخرجه مسلم عن أبي هريرة يقول العبد الحمد لله رب العالمين فيقول الله عز وجل حمدني عبدي وأثنى علي

وهو معنى قوله سمع الله لمن حمده الحديث الخ فلو لم يكن لك من صلاتك حظ سوى ذكر الله لك في جلاله وعظمته فناهيك بذلك غنيمة فكيف بما ترجوه من ثوابه وفضله وكذلك ينبغي أن تفهم ما تقرؤه من السور كما سيأتي في كتاب تلاوة القرآن فلا تغفل عن أمره ونهيه ووعده ووعيده ومواعظه وأخبار أنبيائه وذكر مننه وإحسانه

ولكل واحد حق فالرجاء حق الوعد والخوف حق الوعيد والعزم حق الأمر والنهي والاتعاظ حق الموعظة والشكر حق ذكر المنة والاعتبار حق إخبار الأنبياء

وروي أن زرارة بن أوفى لما انتهى إلى قوله تعالى ﴿ فإذا نقر في الناقور ﴾ خر ميتا وكان إبراهيم النخعي إذا سمع قوله تعالى ﴿ إذا السماء انشقت ﴾ اضطرب حتى تضطرب أوصاله

وقال عبد الله بن واقد رأيت ابن عمر يصلي مغلوبا عليه وحق له أن يحترق قلبه بوعد سيده ووعيده فإنه عبد مذنب ذليل بين يدي جبار قاهر

وتكون هذه المعاني بحسب درجات الفهم ويكون الفهم بحسب وفور العلم وصفاء القلب ودرجات ذلك لا تنحصر

والصلاة مفتاح القلوب فيها تنكشف أسرار الكلمات فهذا حق القراءة وهو حق الأذكار والتسبيحات أيضا

ثم يراعى الهيبة في ا لقراءة فيرتل ولا يسرد فإن ذلك أيسر للتأمل

ويفرق بين نغماته في آية الرحمة والعذاب والوعد والوعيد والتحميد والتعظيم والتمجيد

كان النخعي إذا مر بمثل قوله عز وجل ﴿ ما اتخذ الله من ولد وما كان معه من إله ﴾ يخفض صوته كالمستحيي عن أن يذكره بكل شيء لا يليق به

وروي أنه يقال لقارىء القرآن إقرأ وارق ورتل كما كنت ترتل في الدنيا حديث يقال لصاحب القرآن اقرأ وارق الحديث أخرجه أبو داود والترمذي والنسائي من حديث عبد الله بن عمر وقال الترمذي حسن صحيح وأما دوام القيام فإنه تنبيه على إقامة القلب مع الله عز وجل على نعت واحد من الحضور قال صلى الله عليه وسلم إن الله عز وجل مقبل على المصلي ما لم يلتفت إن الله يقبل على المصلي ما لم يلتفت أخرجه أبو داود والنسائي والحاكم وصحح إسناده أبي ذر وكما تجب حراسة الرأس والعين عن الالتفات إلى الجهات فكذلك تجب حراسة السر عن الالتفات إلى غير الصلاة

فإذا التفت إلى غيره فذكره باطلاع الله عليه وبقبح التهاون بالمناجي عند غفلة المناجي ليعود إليه

وألزم لخشوع القلب فإن الخلاص عن الالتفات باطنا وظاهرا ثمرة الخشوع

ومهما خشع الباطن خشع الظاهر قال صلى الله عليه وسلم وقد رأى رجلا مصليا يعبث بلحيته أما هذا

لو خشع قلبه لخشعت جوارحه فإن الرعية بحكم الراعي
ولهذا ورد في الدعاء اللهم أصلح الراعي والرعية حديث اللهم أصلح الراعي والرعية لم أقف له على أصل فسره المصنف بالقلب والجوارح وهو القلب والجوارح
وكان الصديق رضي الـلـه عنه في صلاته كأنه وتد
وابن الزبير رضي الـلـه عنه كأنه عود
وبعضهم كان يسكن في ركوعه بحيث تقع العصافير عليه كأنه جماد وكل ذلك يقتضيه الطبع بين يدي من يعظم من أبناء الدنيا فكيف لا يتقاضاه بين يدي ملك الملوك عند من يعرف ملك الملوك وكل من يطمئن بين يدي غير الـلـه عز وجل خاشعا وتضطرب أطرافه بين يدي الـلـه عابثا فذلك لقصور معرفته عن جلال الـلـه عز وجل وعن اطلاعه على سره وضميره
وقال عكرمة في قوله عز وجل الذي يراك حين تقوم وتقلبك في الساجدين قال قيامه وركوعه وسجوده وجلوسه
وأما الركوع والسجود فينبغي أن تجدد عندهما ذكر كبرياء الـلـه سبحانه وترفع يديك مستجيرا بعفو الـلـه عز وجل من عقابه بتجديد نية ومتبعا سنة نبيه صلى الـلـه عليه وسلم
ثم تستأنف له ذلا وتواضعا بركوعك وتجتهد في ترقيق قلبك وتجديد خشوعك وتستشعر ذلك وعز مولاك واتضاعك وعلو ربك
وتستعين على تقرير ذلك في قلبك بلسانك فتسبح ربك وتشهد له بالعظمة وأنه أعظم من كل عظيم وتكرر ذلك على قلبك لتؤكده بالتكرار
ثم ترتفع من ركوعك راجيا أنه راحم لك ومؤكدا للرجاء في نفسك بقولك سمع الـلـه لمن حمده أي أجاب لمن شكره
ثم تردف ذلك الشكر المتقاضي للمزيد فتقول ربنا لك الحمد وتكثر الحمد بقولك ملء السموات وملء الأرض
ثم تهوى إلى السجود وهو أعلى درجات الاستكانة فتمكن أعز أعضائك وهو الوجه من أذل الأشياء وهو التراب
وإن أمكنك أن لا تجعل بينهما حائلا فتسجد على الأرض فافعل فإنه أجلب للخشوع وأدل على الذل
وإذا وضعت نفسك موضع الذل فاعلم أنك وضعتها موضعها ورددت الفرع إلى أصله فإنك من التراب خلقت وإليه تعود فعند هذا جدد على قلبك عظمة الـلـه وقل سبحان ربي الأعلى وأكده بالتكرار فإن الكرة الواحدة ضعيفة الأثر فإذا رق قلبك وظهر ذلك فلتصدق رجاءك في رحمة الـلـه فإن رحمته تتسارع إلى الضعف والذل لا

إلى التكبر والبطر فارفع رأسك مكبرا وسائلا حاجتك وقائلا رب اغفر وارحم وتجاوز عما تعلم أو ما أردت من الدعاء

ثم أكد التواضع بالتكرار فعد إلى السجود ثانيا كذلك

وأما التشهد فإذا جلست له فاجلس متأدبا وصرح بأن جميع ما تدلي به من الصلوات والطيبات أي من الأخلاق الطاهرة لله

وكذلك الملك لله وهو معنى التحيات وأحضر في قلبك النبي صلى الـلـه عليه وسلم وشخصه الكريم وقل سلام عليك أيها النبي ورحمة الـلـه وبركاته وليصدق أملك في أنه يبلغه ويرد عليك ما هو أوفى منه

ثم تسلم على نفسك وعلى جميع عباد الـلـه الصالحين

ثم تأمل أن يرد الـلـه سبحانه عليك سلاما وافيا بعدد عباده الصالحين

ثم تشهد له تعالى بالوحدانية ولمحمد نبيه صلى الـلـه عليه وسلم بالرسالة مجددا عهد الـلـه سبحانه بإعادة كلمتي الشهادة ومستأنفا للتحصن بها ثم ادع في آخر صلاتك بالدعاء المأثور مع التواضع والخشوع والضراعة والابتهال وصدق الرجاء بالإجابة

وأشرك في دعائك أبويك وسائر المؤمنين

واقصد عند التسليم السلام على الملائكة والحاضرين وانو ختم الصلاة به

واستشعر شكر الـلـه سبحانه على توفيقه لإتمام هذه الطاعة

وتوهم أنك مودع لصلاتك هذه وأنك ربما لا تعيش لمثلها

وقال صلى الـلـه عليه وسلم للذي أوصاه صل صلاة مودع ثم أشعر قلبك الوجل والحياء من التقصير في ا الصلاة وخف أن لا تقبل صلاتك وأن تكون ممقوتا بذنب ظاهر أو باطن فترد صلاتك في وجهك وترجو مع ذلك أن يقبلها بكرمه وفضله

كان يحيى بن وثاب إذا صلى مكث ما شاء الـلـه تعرف عليه كآبة الصلاة

وكان إبراهيم يمكث بعد الصلاة ساعة كأنه مريض

فهذا تفصيل صلاة الخاشعين الذين هم في صلاتهم خاشعون والذين هم على صلواتهم يحافظون والذين هم على صلاتهم دائمون

والذين هم يناجون اللـه على قدر استطاعتهم في العبودية فليعرض الإنسان نفسه على هذه الصلاة فبالقدر الذي يسر له منه ينبغي أن يفرح وعلى ما يفوته ينبغي أن يتحسر وفي مداراة ذلك ينبغي أن يجتهد

وأما صلاة الغافلين فهي مخطرة إلا أن يتغمده اللـه برحمته والرحمة واسعة والكرم فائض فنسأل اللـه أن يتغمدنا برحمته ويغمرنا بمغفرته إذ لا وسيلة لنا إلا الاعتراف بالعجز عن القيام بطاعته

واعلم أن تخليص الصلاة عن الآفات وإخلاصها لوجه اللـه عز وجل وأداءها بالشروط الباطنة التي ذكرناها من الخشوع والتعظيم والحياء سبب لحصول أنوار في القلب تكون تلك الأنوار مفاتيح علوم المكاشفة

فأولياء اللـه المكاشفون بملكوت السموات والأرض وأسرار الربوبية إنما يكاشفون في الصلاة لا سيما في السجود إذ يتقرب العبد من ربه عز وجل بالسجود

ولذلك قال تعالى واسجد واقترب وإنما تكون مكاشفة كل مصل على قدر صفائه عن كدورات الدنيا ويختلف ذلك بالقوة والضعف والقلة والكثرة وبالجلاء والخفاء حتى ينكشف لبعضهم الشيء بعينه وينكشف لبعضهم الشيء بمثاله كما كشف لبعضهم الدنيا في صورة جيفة والشيطان في صورة كلب جاثم عليها يدعو إليها

ويختلف أيضا بما فيه المكاشفة فبعضهم ينكشف له من صفات اللـه تعالى وجلاله ولبعضهم من أفعاله ولبعضهم من دقائق علوم المعاملة

ويكون لتعين تلك المعاني في كل وقت أسباب خفية لا تحصى وأشدها مناسبة الهمة فإنها إذا كانت مصروفة إلى شيء معين كان ذلك أولى بالانكشاف ولما كانت هذه الأمور لا تتراءى إلا في المرائي الصقيلة وكانت المرآة كلها صدئة فاحتجبت عنها الهداية لا لبخل من جهة المنعم بالهداية بل لخبث متراكم الصدأ على مصب الهداية تسارعت الألسنة إلى إنكار مثل ذلك إذ الطبع مجبول على إنكار غير الحاضر ولو كان للجنين عقل لأنكر إمكان وجود الإنسان في متسع الهواء ولو كان للطفل تمييز ما ربما أنكر ما يزعم العقلاء إدراكه من ملكوت السموات والأرض وهكذا الإنسان في كل طور يكاد ينكر ما بعده

ومن أنكر طور الولاية لزمه أن ينكر طور النبوة وقد خلق الخلق أطوارا فلا ينبغي أن ينكر كل واحد ما وراء درجته نعم لما طلبوا هذا من المجادلة والمباحثة المشوشة ولم يطلبوها من تصفية القلوب عما سوى اللـه عز وجل فقدوه فأنكروه

ومن لم يكن من أهل المكاشفة فلا أقل من أن يؤمن بالغيب ويصدق به إلى أن يشاهد بالتجربة ففي الخبر إن العبد إذا قام في الصلاة رفع الـلـه سبحانه الحجاب بينه وبين عبده وواجهه بوجهه وقامت الملائكة من لدن منكبيه إلى الهواء بصلاته ويؤمنون على دعائه وإن المصلي لينثر عليه البر من عنان السماء إلى مفرق رأسه وينادي مناد لو علم هذا المناجي ما التفت وإن أبواب السماء تفتح للمصلين

وإن الـلـه عز وجل يباهي ملائكته بعبده المصلي حديث إن العبد إذا قام في الصلاة رفع الـلـه الحجاب بينه وبين عبده الحديث لم أجده ففتح أبواب السماء ومواجهة الـلـه تعالى إياه بوجهه كناية عن الكشف الذي ذكرناه

وفي التوراة مكتوب يا ابن آدم لا تعجز أن تقوم بين يدي مصليا باكيا فأنا الـلـه الذي اقتربت من قلبك وبالغيب رأيت نوري قال فكنا نرى أن تلك الرقة والبكاء والفتوح الذي يجده المصلي في قلبه من دنو الرب سبحانه من القلب

وإذا لم يكن هذا الدنو هو القرب بالمكان فلا معنى له إلا الدنو بالهداية والرحمة وكشف الحجاب

ويقال إن العبد إذا صلى ركعتين عجب منه عشرة صفوف من الملائكة كل صف منهم عشرة آلاف وباهى الـلـه به مائة ألف ملك

وذلك أن العبد قد جمع في الصلاة بين القيام والقعود والركوع والسجود وقد فرق الـلـه ذلك على أربعين ألف ملك فالقائمون

لا يركعون إلى يوم القيامة والساجدون لا يرفعون إلى يوم القيامة وهكذا الراكعون والقاعدون فإن ما رزق تعالى الملائكة من القرب والرتبة لازم مستمر على حال واحد لا يزيد ولا ينقص لذلك أخبر اللـه عنهم أنهم قالوا وما منا إلا له مقام معلوم وفارق الإنسان الملائكة في الترقي من درجة إلى درجة فإنه لا يزال يتقرب إلى اللـه تعالى فيستفيد مزيد قربه وباب المزيد مسدود على الملائكة عليهم السلام وليس لكل واحد إلا رتبته التي هي وقف عليه

وعبادته التي هو مشغول بها لا ينتقل إلى غيرها ولا يفتر عنها لا يستكبرون عن عبادته ولا يستحسرون يسبحون الليل والنهار لا يفترون ومفتاح مزيد الدرجات هي الصلوات

قال اللـه عز وجل قد أفلح المؤمنون الذين هم في صلاتهم خاشعون فمدحهم بعد الإيمان بصلاة مخصوصة وهي المقرونة بالخشوع

ثم ختم أوصاف المفلحين بالصلاة أيضا فقال تعالى والذين هم على صلواتهم يحافظون ثم قال تعالى في ثمرة تلك الصفات أولئك هم الوارثون الذين يرثون الفردوس هم فيها خالدون فوصفهم بالفلاح أولا وبوراثة الفردوس آخرا وما عندي أن هذرمة اللسان مع غفلة القلب تنتهي إلى هذا الحد ولذلك قال اللـه عز وجل في أضدادهم ما سلككم في سقر قالوا لم نك من المصلين فالمصلون هم ورثة الفردوس وهم المشاهدون لنور اللـه تعالى والمتمتعون بقربه ودنوه من قلوبهم

نسأل اللـه أن يجعلنا منهم وأن يعيذنا من عقوبة من تزينت أقواله وقبحت أفعاله إنه الكريم المنان القديم الإحسان وصلى اللـه على كل عبد مصطفى حكايات وأخبار في صلاة الخاشعين رضي اللـه عنهم

اعلم أن الخشوع ثمرة الإيمان ونتيجة اليقين الحاصل بجلال اللـه عز وجل ومن رزق ذلك فإنه يكون خاشعا في الصلاة وفي غير الصلاة بل في خلوته وفي بيت المال عند الحاجة فإن موجب الخشوع معرفته اطلاع اللـه تعالى على العبد ومعرفة جلاله ومعرفة تقصير العبد فمن هذه المعارف يتولد الخشوع وليست مختصة بالصلاة ولذلك روى عن بعضهم أنه لم يرفع رأسه إلى السماء أربعين سنة حياء من اللـه سبحانه وخشوعا له وكان الربيع بن خيثم من شدة غضه لبصره وإطراقه يظن بعض الناس أنه أعمى وكان يختلف إلى منزل ابن مسعود عشرين سنة فإذا رأته جاريته قالت لابن مسعود صديقك الأعمى قد جاء فكان يضحك ابن مسعود من قولها وكان إذا دق الباب تخرج الجارية إليه فتراه مطرقا غاضا بصره وكان ابن مسعود إذا نظر إليه يقول وبشر المخبتين أما و اللـه لو رآك محمد صلى اللـه عليه وسلم لفرح بك وفي لفظ آخر لأحبك وفي لفظ آخر لضحك ومشى ذات يوم مع ابن مسعود في الحدادين فلما نظر إلى الأكوار تنفخ وإلى النار تلتهب صعق وسقط مغشيا عليه

وقعد ابن مسعود عند رأسه إلى وقت الصلاة فلم يفق فحمله على ظهره إلى منزله فلم يزل مغشيا عليه إلى مثل الساعة التي صعق فيها ففاتته خمس صلوات وابن مسعود عند رأسه يقول هذا و اللـه هو الخوف وكان الربيع يقول ما دخلت في صلاة قط فأهمني فيها إلا ما أقول وما يقال لي وكان عامر بن عبد اللـه من خاشعي المصلين وكان إذا صلى ربما ضربت ابنته بالدف وتحدث النساء بما يردن في البيت ولم يكن يسمع ذلك ولا يعقله وقيل له ذات يوم هل تحدثك نفسك في الصلاة بشيء قال نعم بوقوفي بين يدي اللـه عز وجل ومنصرفي إحدى الدارين قيل فهل تجد شيئا مما نجد من أمور الدنيا فقال لأن تختلف الأسنة في أحب إلي من أن أجد في صلاتي ما تجدون وكان يقول لو كشف الغطاء ما ازددت يقينا

وقد كان مسلم بن يسار منهم وقد نقلنا أنه لم يشعر بسقوط اسطوانة في المسجد وهو في الصلاة وتآكل طرف من أطراف بعضهم واحتيج فيه إلى القطع فلم يمكن منه فقيل إنه في الصلاة لا يحس بما يجري عليه فقطع وهو في الصلاة

وقال بعضهم الصلاة من الآخرة فإذا دخلت فيها

_____

خرجت من الدنيا وقيل لآخر هل تحدث نفسك بشيء من الدنيا في الصلاة فقال لا في الصلاة ولا في غيرها وسئل بعضهم هل تذكر في الصلاة شيئا فقال وهل شيء أحب إلي من الصلاة فأذكره فيها وكان أبو الدرداء رضي اللـه عنه يقول من فقه الرجل أن يبدأ بحاجته قبل دخوله في الصلاة ليدخل في الصلاة وقلبه فارغ وكان بعضهم يخفف الصلاة خيفة الوسواس وروى أن عمار بن ياسر صلى صلاة فأخفها فقيل له خففت يا أبا اليقظان فقال هل رأيتموني نقصت من حدودها شيئا قالوا لا قال إني بادرت سهو الشيطان إن رسول اللـه صلى اللـه عليه وسلم قال إن العبد ليصلي الصلاة لا يكتب له نصفها ولا ثلثها ولا ربعها ولا خمسها ولا سدسها ولا عشرها وكان يقول إنما يكتب للعبد من صلاته ما عقل منها حديث إن عمار بن ياسر صلى فأخفها فقيل له خففت يا أبا اليقظان الحديث ﴿ وفيه ﴾ إن العبد ليصلي صلاة لا يكتب له نصفها ولا ثلثها إلى آخره أخرجه أحمد بإسناد صحيح وتقدم المرفوع عنه وهو عند أبي داود والنسائي ويقال إن طلحة والزبير وطائفة من الصحابة رضي اللـه عنهم كانوا أخف الناس صلاة وقالوا نبادر بها وسوسة الشيطان

وروي أن عمر بن الخطاب رضي اللـه عنه قال على المنبر إن الرجل ليشيب عارضاه في الإسلام وما أكمل لله تعالى صلاة قيل وكيف ذلك قال لا يتم خشوعها وتواضعها وإقباله على اللـه عز وجل فيها وسئل أبو العالية عن قوله تعالى الذين هم عن صلاتهم ساهون قال هو الذي يسهو في صلاته فلا يدري على كم ينصرف أعلى شفع أم على وتر وقال الحسن هو الذي يسهو عن وقت الصلاة حتى تخرج وقال بعضهم هو الذي إن صلاها في أول الوقت لم يفرح وإن أخرها عن الوقت لم يحزن فلا يرى تعجيلها خيرا ولا تأخيرا إثما واعلم أن الصلاة قد يحسب بعضها ويكتب بعضها دون بعض كما دلت الأخبار عليه وإن كان الفقيه يقول إن الصلاة في الصحة لا تتجزأ ولكن ذلك له معنى آخر ذكرناه وهذا المعنى دلت عليه الأحاديث إذ ورد جبر نقصان الفرائض بالنوافل حديث جبر نقصان الفرائض بالنوافل رواه أصحاب السنن والحاكم وصححه من حديث أبي هريرة إن أول ما يحاسب به العبد يوم القيامة من عمله صلاته وفيه فإن انتقص من فرضه شيئا قال الرب عز وجل انظروا هل لعبدي من تطوع فيكمل بها ما نقص من الفريضة وفي الخبر قال عيسى عليه السلام يقول اللـه تعالى بالفرائض نجا مني عبدي وبالنوافل تقرب إلي عبدي وقال النبي صلى اللـه عليه وسلم قال اللـه تعالى لا ينجو مني عبدي إلا بأداء ما افترضته عليه حديث قال اللـه تعالى لا ينجو مني عبدي إلا بأداء ما افترضت عليه لم أجده وروي أن النبي صلى اللـه عليه وسلم صلى صلاة فترك من قراءتها آية فلما انفتل قال ماذا قرأت فسكت القوم فسأل أبي بن كعب رضي اللـه عنه فقال قرأت سورة كذا وتركت آية كذا فما ندري أنسخت أم رفعت فقال أنت لها يا أبي ثم أقبل على الآخرين فقال ما بال أقوام يحضرون صلاتهم ويتمون صفوفهم ونبيهم بين أيديهم لا يدرون ما يتلو عليهم من كتاب ربهم ألا إن بني إسرائيل كذا فعلوا فأوحى اللـه عز

وجل إلى نبيهم أن قل لقومك تحضروني أبدانكم وتعطوني ألسنتكم وتغيبون عني بقلوبكم باطل ما تذهبون إليه حديث صلى صلاة فترك من قراءتها آية فلما التفت قال ماذا قرأت فسكت القوم فسأل أبي بن كعب الحديث رواه محمد بن نصر في كتاب الصلاة مرسلا وأبو منصور الديلمي من حديث أبي بن كعب ورواه النسائي مختصرا من حديث عبد الرحمن بن أبزى بإسناد صحيح وهذا يدل على أن استماع ما يقرأ الإمام وفهمه يدل على قراءة السور بنفسه وقال بعضهم إن الرجل يسجد السجدة عنده أنه تقرب بها إلى الله عز وجل ولو قسمت ذنوبه في سجدته على أهل مدينته لهلكوا قيل وكيف يكون ذلك قال يكون ساجدا عند الله وقلبه مصغ إلى هوى ومشاهد لباطل قد استولى عليه

فهذه صفة الخاشعين

فدلت هذه الحكايات والأخبار مع ما سبق على أن الأصل في الصلاة الخشوع وحضور القلب وأن مجرد الحركات مع الغفلة قليل الجدوى في المعاد و الله أعلم

نسأل الله حسن التوفيق

الباب الرابع في الإمامة والقدوة وعلى الإمام وظائف قبل الصلاة
وفي القراءة وفي أركان الصلاة وبعد السلام

أما الوظائف التي هي قبل الصلاة فستة أولها أن لا يتقدم للإمامة على قوم يكرهونه فإن اختلفوا كان النظر إلى الأكثرين فإن كان الأقلون هم أهل الخير والدين فالنظر إليهم أولى وفي الحديث ثلاثة لا تجاوز صلاتهم رءوسهم العبد الآبق وامرأة زوجها ساخط عليها وإمام أم قوما وهم له كارهون حديث ثلاثة لا تجاوز صلاتهم رءوسهم العبد الآبق الحديث أخرجه الترمذي من حديث أبي أمامة وقال حسن غريب وضعفه البيهقي وكما ينهى عن تقدمه مع كراهيتهم فكذلك ينهى عن التقدمة إن كان وراء من هو أفقه منه إلا إذا امتنع من هو أولى منه فله التقدم فإن لم يكن شيء من ذلك فليتقدم مهما قدم وعرف من نفسه القيام بشروط الإمامة

ويكره عند ذلك المدافعة فقد قيل إن قوما تدافعوا الإمامة بعد إقامة الصلاة فخسف بهم

وما روى من مدافعة الإمامة بين الصحابة رضي الله عنهم فسببه إيثارهم من رأوه أنه أولى بذلك أو خوفهم على أنفسهم السهو وخطر ضمان صلاتهم فإن الأئمة ضمناء وكأن من لم يتعود ذلك ربما يشتغل قلبه ويتشوش عليه الإخلاص في صلاته حياء من المقتدين لا سيما في جهره بالقراءة فكان لاحتراز من احترز أسباب من هذا الجنس

الثانية إذا خير المرء بين الأذان والإمامة فينبغي أن يختار الإمامة فإن لكل واحد منهما فضلا ولكن الجمع مكروه بل ينبغي أن يكون الإمام غير المؤذن وإذا تعذر الجمع فالإمامة أولى

وقال قائلون الأذان أولى لما نقلناه من فضيلة الأذان ولقوله صلى الله عليه وسلم الإمام ضامن والمؤذن مؤتمن حديث جبر الإمام ضامن والمؤذن مؤتمن أخرجه أبو داود والترمذي من حديث أبي هريرة وحكي عن ابن المديني أنه لم يثبته ورواه أحمد من حديث أبي أمامة بإسناد حسن فقالوا فيها خطر الضمان وقال صلى الله عليه وسلم الإمام أمين فإذا ركع فاركعوا وإذا سجد فاسجدوا حديث الإمام أمين فإذا ركع فاركعوا الحديث أخرجه البخاري من حديث أبي هريرة دون قوله الإمام أمين وهو بهذه الزيادة في مسند الحميري وهو متفق عليه من حديث أنس دون هذه الزيادة وفي الحديث فإن أتم فله ولهم وإن نقص فعليه لا عليهم حديث فإن أتم فله ولهم وإن انتقص فعليه ولا عليهم أخرجه أبو داود وابن ماجه والحاكم وصححه من حديث عقبة بن عامر والبخاري من حديث أبي هريرة يصلون بكم فإن أصابوا فلكم وإن أخطئوا فلكم وعليهم ولأنه صلى الله عليه وسلم قال اللهم أرشد الأئمة واغفر للمؤذنين حديث اللهم أرشد الأئمة واغفر للمؤذنين هو بقية حديث الإمام ضامن وتقدم قبل بحديثين والمغفرة أولى بالطلب فإن الرشد يراد للمغفرة وفي الخبر من أم في مسجد سبع سنين وجبت له الجنة بلا حساب

ومن أذن أربعين عاما دخل الجنة بغير حساب حديث من أذن في مسجد سبع سنين وجبت له الجنة ومن أذن أربعين عاما دخل الجنة بغير حساب أخرجه الترمذي وابن ماجه من حديث ابن عباس بالشطر الأول نحوه قال الترمذي حديث غريب ولذلك نقل عن الصحابة رضي الله عنهم أنهم كانوا يتدافعون الإمامة والصحيح أن الإمامة أفضل إذ واظب عليها رسول الله صلى الله عليه وسلم وأبو بكر وعمر رضي الله عنهما والأئمة بعدهم

نعم فيها خطر الضمان والفضيلة مع الخطر كما أن رتبة الإمارة أفضل لقوله صلى الله عليه وسلم ليوم من سلطان عادل أفضل من عبادة سبعين سنة حديث ليوم من سلطان عادل أفضل من عبادة سبعين سنة أخرجه الطبراني من حديث ابن عباس بسند حسن بلفظ ستين ولكن فيها خطر ولذلك وجب تقديم الأفضل

والأفقه فقد قال صلى الله عليه وسلم أئمتكم شفعاؤكم أو قال وفدكم إلى الله فإن أردتم أن تزكوا صلاتكم فقدموا خياركم حديث أئمتكم وفدكم إلى الله تعالى فإن أردتم أن تزكوا صلاتكم فقدموا خياركم أخرجه الدارقطني والبيهقي وضعف إسناده من حديث ابن عمر والبغوي وابن قانع والطبراني في معاجمهم والحاكم من حديث مرثد بن أبي مرثد نحوه وهو منقطع وفيه يحيى بن يحيى الأسلمي وهو ضعيف وقال بعض السلف ليس بعد الأنبياء أفضل من العلماء ولا بعد العلماء أفضل من الأئمة المصلين لأن هؤلاء قاموا بين يدي الله عز وجل وبين خلقه هذا بالنبوة وهذا بالعلم وهذا بعماد الدين وهو الصلاة وبهذه الحجة احتج الصحابة في تقديم أبي بكر الصديق رضي الله عنه وعنهم للخلافة إذ قالوا نظرنا فإذا الصلاة عماد الدين فاخترنا لدنيانا من رضيه رسول الله صلى الله عليه وسلم لديننا حديث تقديم الصحابة أبا بكر وقولهم اخترنا لدنيانا من اختاره رسول الله صلى الله عليه وسلم لديننا أخرجه ابن شاهين في شرح مذهب أهل السنة من حديث علي قال لقد أمر رسول الله صلى الله عليه وسلم أبا بكر أن يصلي بالناس وإني شاهد ما أنا بغائب ولا بي مرض فرضينا لدنيانا ما رضي به النبي صلى الله عليه وسلم لديننا والمرفوع منه متفق عليه من حديث عائشة وأبي موسى في حديث قال مروا أبا بكر فليصل بالناس وما قدموا بلالا احتجاجا بأنه رضيه للأذان حديث تقديم الصحابة بلالا احتجاجا بأن رسول الله صلى الله عليه وسلم رضيه للأذان أما المرفوع منه فرواه أبو داود والترمذي وصححه وابن ماجه وابن خزيمة وابن حبان من حديث عبد الله بن زيد في بدء الأذان وفيه قم مع بلال فألق عليه ما رأيت فيؤذن به الحديث وأما تقديمهم له بعد موت النبي صلى الله عليه وسلم فروى الطبراني أن بلالا جاء إلى أبي بكر فقال يا خليفة رسول الله صلى الله عليه وسلم أردت أن أربط نفسي في سبيل الله حتى أموت فقال أبو بكر أنشدك بالله يا بلال وحرمتي وحقي لقد كبرت سني وضعفت قوتي واقترب أجلي فأقام بلال معه فلما توفي أبو بكر جاء عمر فقال له مثل ما قال لأبي بكر فأبى عليه فقال عمر فمن يا بلال فقال إلى سعد فإنه قد أذن بقباء على عهد رسول الله صلى الله عليه وسلم فجعل عمر الأذان إلى سعد وعقبة وفي إسناده جهالة وما روي أنه قال له رجل يا رسول الله دلني على عمل أدخل به الجنة قال كن مؤذنا قال لا أستطيع قال كن إماما قال لا أستطيع قال صل بإزاء الإمام حديث قال له رجل يا رسول الله دلني على عمل أدخل به الجنة فقال كن مؤذنا الحديث أخرجه البخاري في التاريخ والعقيلي في الضعفاء والطبراني في الأوسط من حديث ابن عباس بإسناد ضعيف فلعله ظن أنه لا يرضى بإمامته إذ الأذان إليه والإمامة إلى الجماعة وتقديمهم له ثم بعد ذلك توهم أنه ربما يقدر عليها الثالثة أن يراعي الإمام أوقات الصلوات فيصلي في أوائلها ليدرك رضوان الله سبحانه ففضل أول الوقت على آخره كفضل الآخرة على الدنيا حديث فضل أول الوقت على آخره كفضل الآخرة على الدنيا أخرجه أبو منصور الديلمي في مسند الفردوس من حديث ابن عمر بسند ضعيف هكذا روي عن رسول الله صلى الله عليه وسلم وفي الحديث إن العبد ليصلي الصلاة في آخر وقتها ولم

تفته ولما فاته من أول وقتها خير له من الدنيا وما فيها حديث إن العبد ليصلي الصلاة في آخر وقتها ولم تفته الحديث أخرجه الدارقطني من حديث أبي هريرة نحوه بإسناد ضعيف ولا ينبغي أن يؤخر الصلاة لانتظار كثرة الجماعة بل عليهم المبادرة لحيازة فضيلة أول الوقت فهي أفضل من كثرة الجماعة ومن تطويل السورة وقد قيل كانوا إذا حضر اثنان في الجماعة لم ينتظروا الثالث وإذا حضر أربعة في الجنازة لم ينتظروا الخامس وقد تأخر رسول الله صلى الله عليه وسلم عن صلاة الفجر وكانوا في سفر وإنما تأخر للطهارة فلم ينتظر وقدم عبد الرحمن بن عوف فصلى بهم حتى فاتت رسول الله صلى الله عليه وسلم ركعة فقام يقضيها قال فأشفقنا من ذلك فقال رسول الله صلى الله عليه وسلم قد أحسنتم هكذا فافعلوا حديث تأخر رسول الله صلى الله عليه وسلم يوما عن صلاة الفجر وكان في سفر وإنما تأخر للطهارة فقدموا عبد الرحمن بن عوف الحديث متفق عليه من حديث المغيرة وقد تأخر في صلاة الظهر فقدموا أبا بكر رضي الله عنه حتى جاء رسول الله صلى الله عليه وسلم وهو في الصلاة فقام إلى جانبه حديث تأخر في صلاة الظهر فقدموا أبا بكر الحديث متفق عليه من حديث سهل بن سعد وليس على الإمام انتظار المؤذن وإنما على المؤذن انتظار الإمام للإقامة فإذا حضر فلا ينتظر غيره الرابعة أن يؤم مخلصا لله عز وجل ومؤديا أمانة الله تعالى في طهارته وجميع شروطصلاته أما الإخلاص

فبأن لا يأخذ عليها أجرة فقد أمر رسول اللـه صلى اللـه عليه وسلم عثمان بن أبي العاص الثقفي وقال اتخذ مؤذنا لا يأخذ على الأذان أجرا حديث اتخذ مؤذنا لا يأخذ على أذانه أجرة أخرجه أصحاب السنن والحاكم وصححه من حديث عثمان بن أبي العاص الثقفي فالأذان طريق إلى الصلاة فهي أولى بأن لا يؤخذ عليها أجر فإن أخذ رزقا من مسجد قد وقف على من يقوم بإمامته أو من السلطان أو آحاد الناس فلا يحكم بتحريمه ولكنه مكروه والكراهية في الفرائض أشد منها في التراويح وتكون أجرة له على مداومته على حضور الموضع ومراقبة مصالح المسجد في إقامة الجماعة لا على نفس الصلاة وأما الأمانة فهي الطهارة باطنا عن الفسق والكبائر والإصرار على الصغائر فالمترشح للإمامة ينبغي أن يحترز عن ذلك بجهده فإنه كالوفد والشفيع للقوم فينبغي أن يكون خير القوم وكذا الطهارة ظاهرا عن الحدث والخبث فإنه لا يطلع عليه سواه فإن تذكر في أثناء صلاته حدثا أو خرج منه ريح فلا ينبغي أن يستحي بل يأخذ بيد من يقرب منه ويستخلفه فقد تذكر رسول اللـه صلى اللـه عليه وسلم الجنابة في أثناء الصلاة فاستخلف واغتسل ثم رجعودخل في الصلاة حديث تذكر النبي صلى اللـه عليه وسلم الجنابة في صلاته فاستخلف واغتسل ثم رجع أخرجه أبو داود من حديث أبي بكرة بإسناد صحيح وليس فيه ذكر الاستخلاف وإنما قال ثم أومأ إليهم أن مكانكم الحديث وورد الاستخلاف من فعل عمر وعلي وعند البخاري استخلاف عمر في قصة طعنه وقال سفيان صل خلف كل بر وفاجر إلا مدمن خمر أو معلن بالفسوق أو عاق لوالديه أو صاحب بدعة أو عبد آبق الخامسة أن لا يكبر حتى تستوي الصفوف فليلتفت يمينا وشمالا فإن رأى خللا أمر بالتسوية قيل كانوا يتحاذون بالمناكب ويتضامون بالكعاب ولا يكبر حتى يفرغ المؤذن من الإقامة والمؤذن يؤخر الإقامة عن الأذان بقدر استعداد الناس في الصلاة ففي الخبر ليتمهل المؤذن بين الأذان والإقامة بقدر ما يفرغ الآكل من طعامه والمعتصر من اعتصاره حديث يمهل المؤذن بين الأذان والإقامة بقدر ما يفرغ الآكل من طعامه والمعتصر من اعتصاره أخرجه الترمذي والحاكم من حديث جابر يا بلال اجعل بين أذانك وإقامتك قدر ما يفرغ الآكل من أكله والشارب من شربه والمعتصر إذا دخل لقضاء حاجته قال الترمذي إسناده مجهول وقال الحاكم ليس في إسناده مطعون فيه غير عمرو بن قايد قلت بل فيه عبد المنعم الدياجي منكر الحديث قاله البخاري وغيره وذلك لأنه نهى عن مدافعة الأخبثين حديث النهي عن مدافعة الأخبثين أخرجه مسلم من حديث عائشة بلفظ صلاة وللبيهقي لا يصلين أحدكم الحديث وأمر بتقديم العشاء على العشاء الأمر بتقديم العشاء على العشاء تقدم من حديث ابن عمر وعائشة إذا حضر العشاء وأقيمت الصلاة فابدؤا بالعشاء متفق عليه طلبا لفراغ القلب السادسة أن يرفع صوته بتكبيرة الإحرام وسائر التكبيرات ولا يرفع المأموم صوته إلا بقدر ما يسمع نفسه وينوي الإمامة لينال الفضل فإن لم ينو صحت صلاته وصلاة القوم إذا نووا الاقتداء ونالوا فضل القدوة وهو لا ينال فضل الإمامة وليؤخر المأموم

تكبيره عن تكبيرة الإمام فيبتدىء بعد فراغه و اللـه أعلم واما وظائف القراءة فثلاثة أولها أن يسر بدعاء الاستفتاح والتعوذ كالمنفرد ويجهر بالفاتحة والسورة بعدها في جميع الصبح وأوليي العشاء والمغرب وكذلك المنفرد ويجهر بقوله آمين في الصلاة الجهرية وكذا المأموم ويقرن المأموم تأمينه بتأمين الإمام معا لا تعقيبا حديث الجهر ب بسم اللـه الرحمن الرحيم أخرجه الدارقطني والحاكم وصححه من حديث ابن عباس ويجهر ب بسم اللـه الرحمن الرحيم والأخبار فيه متعارضة حديث ترك الجهر بها أخرجه مسلم من حديث أنس صليت خلف النبي صلى اللـه عليه وسلم وأبي بكر وعمر فلم أسمع أحدا منهم يقرأ ببسم اللـه الرحمن الرحيم وللنسائي يجهر له ببسم اللـه الرحمن الرحيم واختيار الشافعي رضي اللـه عنه الجهر الثانية أن يكون للإمام في القيام ثلاث سكتات حديث سمرة بن جندب وعمران بن حصين في سكتات الإمام رواه الإمام أحمد من حديث سمرة قال كانت لرسول اللـه صلى اللـه عليه وسلم سكتات في صلاته وقال عمران أنا أحفظها عن رسول اللـه صلى اللـه عليه وسلم فكتبوا في ذلك إلى أبي بن كعب فكتب إن سمرة قد حفظ هكذا وجدته في غير نسخة صحيحة من المسند والمعروف أن عمران أنكر ذلك على سمرة هكذا في غير موضع من المسند رواه أبو داود وابن ماجه وابن حبان وروى الترمذي فأنكر ذلك عمران وقال حفظنا سكتة وقال حديث حسن انتهى وليس في حديث سمرة إلا سكتتان ولكن اختلف عنه في محل الثانية فروى عنه بعد الفاتحة وروى عنه بعد السورة وللدارقطني من حديث أبي هريرة وضعفه من صلى صلاة مكتوبة مع الإمام فليقرأ بفاتحة الكتاب في سكتاته هكذا رواه سمرة بن جندب وعمران بن الحصين عن

رسول اللـه صلى اللـه عليه وسلم أولاهن إذا كبر وهي الطولى منهن مقدار ما يقرأ من خلفه فاتحة الكتاب وذلك وقت قراءته لدعاء الاستفتاح فإنه إن لم يسكت يفوتهم الاستماع فيكون عليه ما نقص من صلاتهم فإن لم يقرءوا الفاتحة في سكوته واشتغلوا بغيرها فذلك عليه لا عليهم

السكتة الثانية إذا فرغ من الفاتحة ليتم من يقرأ الفاتحة في السكتة الأولى فاتحته وهي كنصف السكتة الأولى

السكتة الثالثة إذا فرغ من السورة قبل أن يركع وهي أخفها وذلك بقدر ما تنفصل القراءة عن التكبير فقد نهى عن الوصل فيه

ولا يقرأ المأموم وراء الإمام إلا الفاتحة فإن لم يسكت الإمام قرأ فاتحة الكتاب معه والمقصر هو الإمام

وإن لم يسمع المأموم في الجهرية لبعده أو كان في السرية فلا بأس بقراءة السورة

الوظيفة الثالثة أن يقرأ في الصبح سورتين من المثاني ما دون المائة فإن الإطالة في قراءة الفجر والتغليس بها سنة ولا يضره الخروج منها مع الإسفار ولا بأس بأن يقرأ في الثانية بأواخر السور نحو الثلاثين أو العشرين إلى أن يختمها لأن ذلك لا يتكرر على الأسماع كثيرا فيكون أبلغ في الوعظ وأدعى إلى التفكر وإنما كره بعض العلماء قراءة بعض أول السور وقطعها

وقد روي أنه صلى اللـه عليه وسلم قرأ بعض سورة يونس فلما انتهى إلى ذكر موسى وفرعون قطع فركع حديث قرأ بعض سورة يونس فلما انتهى إلى ذكر موسى وفرعون قطع وركع أخرجه مسلم من حديث عبد اللـه بن السائب وقال سورة المؤمنين وقال موسى وهارون وعلقه البخاري وروي أنه صلى اللـه عليه وسلم قرأ في الفجر آية من البقرة حديث قرأ في الفجر قولوا آمنا بالله الآية وفي الثانية ربنا آمنا بما أنزلت أخرجه مسلم من حديث ابن عباس كان يقرأ في ركعتي الفجر في الأولى منها قولوا آمنا بالله وما أنزل إلينا الآية التي في البقرة وفي الآخرة منها آمنا بالله واشهد بأنا مسلمون رواه أبو داود من حديث أبي هريرة قل آمنا بالله وما أنزل علينا الآية وفي الركعة الآخرة ربنا آمنا بما أنزلت ﴿ أو ﴾ إنا أرسلناك بالحق وهي قوله قولوا آمنا بالله وما أنزل إلينا وفي الثانية ربنا آمنا بما أنزلت وسمع بلالا يقرأ من ههنا وههنا فسأله عن ذلك فقال أخلط الطيب بالطيب فقال أحسنت حديث سمع بلالا يقرأ من ههنا ومن ههنا فسأله عن ذلك فقال أخلط الطيب بالطيب فقال أحسنت أخرجه أبو داود من حديث أبي هريرة بإسناد صحيح نحوه ويقرأ في الظهر بطوال المفصل إلى ثلاثين آية وفي العصر بنصف ذلك وفي المغرب بأواخر المفصل

وآخر صلاة صلاها رسول اللـه صلى اللـه عليه وسلم المغرب قرأ فيها سورة المرسلات ما صلى بعدها حتى قبض حديث قراءته في المغرب بالمرسلات وهي آخر صلاة صلاها متفق عليه من حديث أم الفضل

وبالجملة التخفيف أولى لا سيما إذا كثر الجمع قال صلى اللـه عليه وسلم في هذه الرخصة إذا صلى أحدكم بالناس فليخفف فإن فيهم الضعيف والكبير وذا الحاجة وإذا صلى لنفسه فليطول ما شاء حديث إذا صلى أحدكم بالناس فليخفف الحديث متفق عليه من حديث أبي هريرة وقد كان معاذ بن جبل يصلي بقوم العشاء فقرأ البقرة فخرج رجل من الصلاة وأتم لنفسه فقالوا نافق الرجل فتشاكيا إلى رسول اللـه صلى اللـه عليه وسلم فزجر رسول اللـه صلى اللـه عليه وسلم معاذا فقال أفتان أنت يا معاذ اقرأ سورة سبح والسماء والطارق والشمس وضحاها حديث صلى معاذ بقوم العشاء فقرأ البقرة فخرج رجل من الصلاة الحديث متفق عليه من حديث جابر وليس فيه ذكر والسماء والطارق وهي عند البيهقي

وأما وظائف الأركان فثلاثة

أولها أن يخفف ا لركوع والسجود فلا يزيد في التسبيحات على ثلاث فقد روي عن أنس أنه قال ما رأيت أخف صلاة من رسول اللـه صلى اللـه عليه وسلم في تمام حديث أنس ما رأيت أخف صلاة من رسول اللـه صلى اللـه عليه وسلم في تمام متفق عليه نعم روي أيضا أن أنس بن مالك لما صلى خلف عمر بن عبد العزيز وكان أميرا بالمدينة قال ما صليت وراء أحد أشبه صلاة بصلاة رسول اللـه صلى اللـه عليه وسلم

من هذا الشاب قال وكنا نسبح وراءه عشرا عشرا حديث أنس أنه صلى خلف عمر بن عبد العزيز فقال ما صليت وراء أحد أشبه صلاة برسول الله صلى الله عليه وسلم من هذا الشاب الحديث أخرجه أبو داود والنسائي بإسناد جيد وضعفه ابن القطان وروى مجملا أنهم قالوا كنا نسبح وراء رسول الله صلى الله عليه وسلم في الركوع والسجود عشرا عشرا حديث كنا نسبح وراء رسول الله صلى الله عليه وسلم في الركوع والسجود عشرا لم أجد له أصلا في الحديث الذي قبله وفيه فخررنا في ركوعه عشر تسبيحات وفي سجوده عشر تسبيحات وذلك حسن ولكن الثلاث إذا كثر الجمع أحسن

فإذا لم يحضر إلا المتجردون للدين فلا بأس بالعشر هذا وجه الجمع بين الروايات

وينبغي أن يقول الإمام عند رفع رأسه من الركوع سمع الله لمن حمده

الثانية في المأموم ينبغي أن لا يساوي الإمام في الركوع والسجود بل يتأخر فلا يهوى للسجود إلا إذا وصلت جبهة الإمام إلى المسجد هكذا كان اقتداء الصحابة برسول الله صلى الله عليه وسلم حديث كان الصحابة لا يهوون للسجود إلا إذا وصلت جبهة النبي صلى الله عليه وسلم إلى الأرض متفق عليه من حديث البراء بن عازب ولا يهوي للركوع حتى يستوي الإمام راكعا

وقد قيل إن الناس يخرجون من الصلاة على ثلاثة أقسام طائفة بخمس وعشرين صلاة وهم الذين يكبرون ويركعون بعد الإمام وطائفة بصلاة واحدة وهم الذين يساوونه وطائفة بلا صلاة وهم الذين يسابقون الإمام

وقد اختلف في أن الإمام في الركوع هل ينتظر لحوق من يدخل لينال فضل الجماعة وإدراكهم لتلك الركعة ولعل الأولى أن ذلك مع الإخلاص لا بأس به إذا لم يظهر تفاوت ظاهر للحاضرين فإن حقهم مرعي في ترك التطويل عليهم

الثالثة لا يزيد في دعاء التشهد على مقدار التشهد حذرا من التطويل ولا يخص نفسه في الدعاء بل يأتي بصيغة الجمع فيقول اللهم اغفر لنا ولا يقول ﴿ اغفر لي ﴾ فقد كره للإمام أن يخص نفسه ولا بأس أن يستعيذ في التشهد بالكلمات الخمس المأثورة عن رسول الله صلى الله عليه وسلم فيقول نعوذ بك من عذاب جهنم وعذاب القبر ونعوذ بك من فتنة المحيا والممات ومن فتنة المسيح الدجال وإذا أردت بقوم فتنة فاقبضنا إليك غير مفتونين حديث التعوذ في التشهد من عذاب جهنم وعذاب القبر الحديث تقدم وزاد فيه الغزالي هنا وإذا أردت بقوم فتنة فاقبضنا إليك غير مفتونين ولم أجده مقيدا بآخر الصلاة وللترمذي من حديث ابن عباس وإذا أردت بعبادك فتنة فاقبضني إليك غير مفتون روى الحاكم نحوه من حديث ثوبان وعبد الرحمن بن عايش وصححهما وسيأتي في الدعاء وقيل سمي مسيحا لأنه يمسح الأرض بطولها وقيل لأنه ممسوح العين أي مطموسها وأما وظائف التحلل فثلاثة أولها أن ينوي بالتسليمتين السلام على القوم والملائكة

الثانية أن يثبت عقيب السلام كذلك فعل رسول الله صلى الله عليه وسلم وأبو بكر وعمر رضي الله عنهما فيصلي النافلة في موضع آخر

فإن كان خلفه نسوة لم يقم حتى ينصرفن حديث المكث بعد السلام أخرجه البخاري من حديث أم سلمة وفي الخبر المشهور أنه صلى الله عليه وسلم لم يكن يقعد إلا قدر قوله اللهم أنت السلام ومنك السلام تباركت يا ذا الجلال والإكرام حديث إنه لم يكن يقعد إلا بقدر قوله اللهم أنت السلام ومنك السلام تباركت يا ذا الجلال والإكرام أخرجه مسلم من حديث عائشة

الثالثة إذا وثب فينبغي أن يقبل بوجهه على الناس ويكره للمأموم القيام قبل انتقال الإمام

فقد روى عن طلحة والزبير رضي الله عنهما أنهما صليا خلف إمام فلما سلما قالا للإمام ما أحسن صلاتك وأتمها إلا شيئا واحدا أنك لما سلمت لم تتفتل بوجهك

ثم قالا للناس ما أحسن صلاتكم إلا أنكم انصرفتم قبل أن ينفتل إمامكم

ثم ينصرف الإمام حيث شاء من يمينه وشماله واليمين أحب هذه وظيفة الصلوات وأما الصبح فزيد فيها القنوت فيقول اللهم اهدنا ولا يقول اللهم اهدني ويؤمن المأموم فإذا انتهى إلى قوله إنك تقضي ولا يقضى عليك فلا يليق به التأمين وهو ثناء فيقرأ معه فيقول مثل قوله أو يقول بلى وأنا على ذلك من الشاهدين أو صدقت وبررت وما أشبه ذلك

وقد روى حديث في رفع اليدين في القنوت حديث رفع اليدين في القنوت أخرجه البيهقي من حديث أنس بسند جيد في قصة قتل القراء ولقد رأيت رسول الله صلى الله عليه وسلم كلما صلى الغداة رفع يديه يدعو عليهم فإذا صح

الحديث استحب ذلك وإن كان على خلاف الدعوات في آخر التشهد إذ لا يرفع بسببها اليد بل التعويل على التوقيف وبينهما أيضا فرق أن للأيدي وظيفة في التشهد وهو الوضع على الفخذين على هيئة مخصوصة ولا وظيفة لهما ههنا فلا يبعد أن يكون رفع اليدين هو الوظيفة في القنوت فإنه لائق بالدعاء و الـلـه أعلم
فهذه جمل آداب القدوة والإمامة و الـلـه الموفق
الباب الخامس فضل الجمعة وآدابها وسننها وشروطها فضيلة الجمعة

اعلم أن هذا يوم عظيم عظم الـلـه به الإسلام وخصص به المسلمين
قال الـلـه تعالى ﴿ إذا نودي للصلاة من يوم الجمعة فاسعوا إلى ذكر الـلـه وذروا البيع ﴾ فحرم الاشتغال بأمور الدنيا وبكل صارف عن السعي إلى الجمعة
وقال صلى الـلـه عليه وسلم إن الـلـه عز وجل فرض عليكم الجمعة في يومي هذا في مقامي هذا حديث إن الـلـه فرض عليكم الجمعة في يومي هذا الحديث أخرجه ابن ماجه من حديث جابر بإسناد ضعيف وقال صلى الـلـه عليه وسلم من ترك الجمعة ثلاثا من غير عذر طبع الـلـه على قلبه حديث من ترك الجمعة ثلاثا من غير عذر طبع الـلـه على قلبه أخرجه أحمد واللفظ له وأصحاب السنن ورواه الحاكم وصححه من حديث أبي الجعد الضمري وفي لفظ آخر فقد نبذ الإسلام وراء ظهره حديث من ترك الجمعة ثلاثا من غير عذر فقد نبذ الإسلام وراء ظهره أخرجه البيهقي في الشعب من حديث ابن عباس واختلف رجل إلى ابن عباس يسأله عن رجل مات لم يكن يشهد جمعة ولا جماعة فقال في النار فلم يزل يتردد إليه شهرا يسأله عن ذلك وهو يقول في النار وفي الخبر إن أهل الكتابين أعطوا يوم الجمعة فاختلفوا فيه فصرفوا عنه وهدانا الـلـه تعالى له وأخره لهذه الأمة وجعله عيدا لهم فهم أولى الناس به سبقا وأهل الكتابين لهم تبع حديث إن أهل الكتابين أعطوا يوم الجمعة فاختلفوا فيه الحديث متفق عليه من حديث أبي هريرة بنحوه وفي حديث أنس عن النبي صلى الـلـه عليه وسلم أنه قال أتاني جبريل عليه السلام في كفة مرآة بيضاء وقال هذه الجمعة يفرضها عليك ربك لتكون لك عيدا ولأمتك من بعدك قلت فما لنا فيها قال لكم فيها خير ساعة من دعا فيها بخير قسم له أعطاه الـلـه سبحانه إياه أو ليس له قسم ذخر له ما هو أعظم منه أو تعوذ من شر مكتوب عليه إلا أعاذه الـلـه عز وجل من أعظم منه وهو سيد الأيام عندنا ونحن ندعوه في الآخرة يوم المزيد قلت ولم قال إن ربك عز وجل اتخذ في الجنة واديا أفيح من المسك أبيض فإذا كان يوم الجمعة نزل تعالى من عليين على كرسيه فيتجلى لهم حتى ينظروا إلى وجهه الكريم حديث أنس أتاني جبريل في كفة مرآة بيضاء فقال هذه الجمعة الحديث أخرجه الشافعي في المسند والطبراني في الأوسط وابن مردويه في التفسير بأسانيد ضعيفة مع اختلاف وقال صلى الـلـه عليه وسلم خير يوم طلعت عليه الشمس يوم

الجمعة فيه خلق آدم عليه السلام وفيه أدخل الجنة وفيه أهبط إلى الأرض وفيه تيب عليه وفيه مات وفيه تقوم الساعة وهو عند اللـه يوم المزيد كذلك تسميه الملائكة في السماء وهو يوم النظر إلى اللـه تعالى في الجنة حديث خير يوم طلعت عليه الشمس يوم الجمعة الحديث أخرجه مسلم من حديث أبي هريرة وفي الخبر إن لله عز وجل في كل جمعة ستمائة ألف عتيق من النار حديث إن لله في كل جمعة ستمائة ألف عتيق من النار أخرجه ابن عدي وابن حبان في الضعفاء وفي الشعب من حديث أنس قال الدارقطني في العلل والحديث غير ثابت وفي حديث أنس رضي اللـه عنه أنه صلى اللـه عليه وسلم

قال إذا سلمت الجمعة سلمت الأيام حديث أنس إذا سلمت الجمعة سلمت الأيام أخرجه ابن حبان في الضعفاء وأبو نعيم في الحلية والبيهقي في الشعب من حديث عائشة ولم أجده من حديث أنس وقال صلى الله عليه وسلم وسلم إن الجحيم تسعر في كل يوم قبل الزوال عند استواء الشمس في كبد السماء فلا تصلوا فى هذه الساعة إلا يوم الجمعة فإنه صلاة كله وإن جهنم لا تسعر فيه حديث إن الجحيم تسعر كل يوم قبل الزوال عند استواء الشمس إلى أن قال إلا يوم الجمعة الحديث أخرجه أبو داود من حديث أبي قتادة وأعله بالانقطاع وقال كعب إن الله عز وجل فضل من البلدان مكة ومن الشهور رمضان ومن الأيام الجمعة ومن الليالي ليلة القدر ويقال إن الطير والهوام يلقى بعضها بعضا في يوم الجمعة فتقول سلام سلام يوم صالح وقال صلى الله عليه وسلم من مات يوم الجمعة أو ليلة الجمعة كتب الله له أجر شهيد ووقي فتنة القبر حديث من مات يوم الجمعة كتب الله له أجر شهيد ووقي فتنة القبر أخرجه أبو نعيم في الحلية من حديث جابر روى الزندي نحوه مختصرا من حديث عبد الله بن عمر وقال غريب ليس إسناده بمتصل قلت وصله الترمذي الحكيم في النوادر بيان شروط الجمعة اعلم أنها تشارك جميع الصلوات في الشروط وتتميز عنها بستة شروط الأول الوقت فإن وقعت تسليمة الإمام في وقت العصر فاتت الجمعة وعليه أن يتمها ظهرا أربعا والمسبوق إذا وقعت ركعته الأخيرة خارجا من الوقت ففيه خلاف الثاني المكان فلا تصح في الصحاري والبراري وبين الخيام بل لا بد من بقعة جامعة لأبنية لا تنقل يجمع أربعين ممن تلزمهم الجمعة والقرية فيه كالبلد ولا يشترط فيه حضور السلطان ولا إذنه ولكن الأحب استئذانه الثالث العدد فلا تنعقد بأقل من أربعين ذكورا مكلفين أحرارا مقيمين لا يظعنون عنها شتاء ولا صيفا فإن انفضوا حتى نقص العدد إما في الخطبة أو في الصلاة لم تصح الجمعة بل لا بد منهم من الأول إلى الآخر الرابع الجماعة فلو صلى أربعون في قرية أو في بلد متفرقين لم تصح جمعتهم ولكن المسبوق إذا أدرك الركعة الثانية جاز له الانفراد بالركعة الثانية وإن لم يدرك ركوع الركعة الثانية اقتدى ونوى الظهر وإذا سلم الإمام تممها ظهرا الخامس أن لا تكون الجمعة مسبوقة بأخرى في ذلك البلد فإن تعذر اجتماعهم في جامع واحد جاز في جامعين وثلاثة وأربعة بقدر الحاجة وإن لم تكن حاجة فالصحيح الجمعة التي يقع بها التحريم أولا وإذا تحققت الحاجة فالأفضل الصلاة خلف الأفضل من الإمامين فإن تساويا فالمسجد الأقدم فإن تساويا ففي الأقرب ولكثرة الناس أيضا فضل يراعى السادس الخطبتان فهما فريضتان والقيام فيهما فريضة والجلسة بينهما فريضة وفي الأولى أربع فرائض التحميد وأقله الحمد لله والثانية الصلاة على النبي صلى الله عليه وسلم والثالثة الوصية بتقوى الله سبحانه وتعالى والرابعة قراءة آية من القرآن وكذا فرائض الثانية أربعة إلا أنه يجب فيها الدعاء بدل القراءة واستماع الخطبتين واجب من الأربعين وأما السنن فإذا زالت الشمس وأذن المؤذن وجلس الإمام على المنبر انقطعت الصلاة سوى التحية

والكلام لا ينقطع إلا بافتتاح الخطبة ويسلم الخطيب على الناس إذا أقبل عليهم بوجهه ويردون عليه السلام فإذا فرغ المؤذن قام مقبلا على الناس بوجهه لا يلتفت يمينا ولا شمالا ويشغل يديه بقائم السيف أو العنزة والمنبر كي لا يعبث بهما أو يضع إحداهما على الأخرى ويخطب خطبتين بينهما جلسة خفيفة ولا يستعمل غريب اللغة ولا يمطط ولا يتغنى وتكون الخطبة قصيرة بليغة جامعة ويستحب أن يقرأ آية في الثانية أيضا ولا يسلم من دخل والخطيب يخطب فإن سلم لم يستحق جوابا والإشارة بالجواب حسن ولا يشمت العاطسين أيضا هذه شروط الصحة فأما شروط الوجوب فلا تجب الجمعة إلا على ذكر بالغ عاقل مسلم حر مقيم في قرية تشتمل على أربعين جامعين

لهذه الصفات أو في قرية من سواد البلد يبلغها نداء البلد من طرف بابها والأصوات ساكنة والمؤذن رفيع الصوت لقوله تعالى ﴿ إذا نودي للصلاة من يوم الجمعة فاسعوا إلى ذكر الـلـه وذروا البيع ﴾ ويرخص لهؤلاء في ترك الجمعة لعذر المطر والوحل والفزع والمرض والتمريض إذا لم يكن للمريض قيم غيره

ثم يستحب لهم أعني أصحاب الأعذار تأخير الظهر إلى أن يفرغ الناس من الجمعة فإن حضر الجمعة مريض أو مسافر أو عبد أو امرأة صحت جمعتهم وأجزأت عن الظهر و الـلـه أعلم

بيان آداب الجمعة على ترتيب العادة وهي عشر جمل

﴿ الأول ﴾ أن يستعد لها يوم الخميس عزما عليها واستقبالا لفضلها فيشتغل بالدعاء والاستغفار والتسبيح بعد العصر يوم الخميس لأنها ساعة قوبلت بالساعة المبهمة في يوم الجمعة

قال بعض السلف إن لله عز وجل فضلا سوى أرزاق العباد لا يعطى من ذلك الفضل إلا من سأله عشية الخميس ويوم الجمعة ويغسل في هذا اليوم ثيابه ويبيضها ويعد الطيب إن لم يكن عنده ويفرغ قلبه من الأشغال التي تمنعه من البكور إلى الجمعة وينوي في هذه الليلة صوم يوم الجمعة فإن له فضلا وليكن مضموما إلى يوم الخميس أو السبت لا مفردا فإنه مكروه ويشتغل بإحياء هذه الليلة بالصلاة وختم القرآن فلها فضل كثير وينسحب عليها فضل يوم الجمعة

ويجامع أهله في هذه الليلة أو في يوم الجمعة فقد استحب ذلك قوم حملوا عليه قوله صلى الـلـه عليه وسلم رحم الـلـه من بكر وابتكر وغسل واغتسل حديث رحم الـلـه من بكر وابتكر وغسل واغتسل الحديث رواه أصحاب السنن وابن حبان والحاكم وصححه من حديث أوس بن أوس من غسل يوم الجمعة واغتسل وبكر وابتكر الحديث وحسنه الترمذي وهو حمل الأهل على الغسل وقيل معناه غسل ثيابه فروي بالتخفيف واغتسل لجسده وبهذا تتم آداب الاستقبال ويخرج من زمرة الغافلين الذين إذا أصبحوا قالوا ما هذا اليوم قال بعض السلف أوفى الناس نصيبا من الجمعة من انتظرها ورعاها من الأمس وأخفهم نصيبا من إذا أصبح يقول أيش اليوم وكان بعضهم يبيت ليلة الجمعة في الجامع لأجلها

الثاني إذا أصبح ابتدأ بالغسل بعد طلوع الفجر وإن كان لا يبكر فأقربه إلى الرواح أحب ليكون أقرب عهدا بالنظافة فالغسل مستحب استحبابا مؤكدا وذهب بعض العلماء إلى وجوبه قال صلى الـلـه عليه وسلم غسل الجمعة واجب على كل محتلم حديث غسل يوم الجمعة واجب على كل محتلم متفق عليه من حديث أبي سعيد والمشهور من حديث نافع عن ابن عمر رضي الـلـه عنهما من أتى الجمعة فليغتسل حديث نافع عن ابن عمر من أتى الجمعة من الرجال والنساء فليغتسل متفق عليه وهذا لفظ ابن حبان وقال صلى الـلـه عليه وسلم من شهد الجمعة من الرجال والنساء فليغتسل حديث من شهد الجمعة من الرجال والنساء فليغتسلوا أخرجه ابن حبان والبيهقي من

حديث ابن عمر وكان أهل المدينة إذا تساب المتسابان يقول أحدهما للآخر لأنت أشر ممن لا يغتسل يوم الجمعة

وقال عمر لعثمان رضي الله عنهما لما دخل وهو يخطب أهذه الساعة منكرا عليه ترك البكور فقال ما زدت بعد أن سمعت الأذان على أن توضأت وخرجت فقال والوضوء أيضا وقد علمت أن رسول الله صلى الله عليه وسلم كان يأمرنا بالغسل حديث قال عمر لعثمان لما دخل وهو يخطب أهذه الساعة الحديث إلى أن قال والوضوء أيضا وقد علمت أن رسول الله صلى الله عليه وسلم كان يأمر بالغسل متفق عليه من حديث أبي هريرة ولم يسم البخاري عثمان وقد عرف جواز ترك الغسل بوضوء عثمان رضي الله تعالى عنه وبما روي أنه صلى الله عليه وسلم قال من توضأ يوم الجمعة فبها ونعمت ومن اغتسل فالغسل أفضل حديث من توضأ يوم الجمعة فبها ونعمت الحديث أخرجه أبو داود والترمذي وحسنه ورواه النسائي من حديث سمرة ومن اغتسل للجنابة فليفض الماء على بدنه مرة أخرى

_____

على نية غسل الجمعة فإن اكتفى بغسل واحد أجزأه وحصل له الفضل إذا نوى كليهما ودخل غسل الجمعة في غسل الجنابة وقد دخل بعض الصحابة على ولده وقد اغتسل فقال له أللجمعة فقال بل عن الجنابة فقال أعد غسلا ثانيا وروى الحديث في غسل الجمعة على كل محتلم

وإنما أمره به لأنه لم يكن نواه

وكان لا يبعد أن يقال المقصود النظافة وقد حصلت دون النية ولكن هذا ينقدح في الوضوء أيضا وقد جعل في الشرع قربة فلا بد من طلب فضلها

ومن اغتسل ثم أحدث توضأ ولم يبطل غسله والأحب أن يحترز عن ذلك

﴿ الثالثة ﴾ الزينة وهي مستحبة في هذا اليوم وهي ثلاثة الكسوة والنظافة وتطييب الرائحة

أما النظافة فبالسواك وحلق الشعر وقلم الظفر وقص الشارب وسائر ما سبق في كتاب الطهارة

قال ابن مسعود من قلم أظفاره يوم الجمعة أخرج الله عز وجل منه داء وأدخل فيه شفاء فإن كان قد دخل الحمام في الخميس أو الأربعاء فقد حصل المقصود فليتطيب في هذا اليوم بأطيب طيب عنده ليغلب بها الروائح الكريهة ويوصل بها الروح والرائحة إلى مشام الحاضرين في جواره وأحب طيب الرجال ما ظهر ريحه وخفي لونه وطيب النساء ما ظهر لونه وخفي ريحه حديث طيب الرجال ما ظهر ريحه وخفي لونه وطيب النساء ما ظهر لونه وخفي ريحه أخرجه أبو داود والترمذي وحسنه والنسائي من حديث أبي هريرة وروي ذلك في الأثر

وقال الشافعي رضي الله عنه من نظف ثوبه قل همه ومن طاب ريحه زاد عقله

وأما الكسوة فأحبها البياض من الثياب إذ أحب الثياب إلى الله تعالى البيض ولا يلبس ما فيه شهرة

ولبس السواد ليس من السنة ولا فيه فضل بل كره جماعة النظر إليه لأنه بدعة محدثة بعد رسول الله صلى الله عليه وسلم والعمامة مستحبة في هذا اليوم

وروى واثلة بن الأسقع أن رسول الله صلى الله عليه وسلم قال إن الله وملائكته يصلون على أصحاب العمائم يوم الجمعة حديث واثلة بن الأسقع إن الله وملائكته يصلون على أصحاب العمائم يوم الجمعة أخرجه الطبراني وعدي وقال منكر من حديث أبي الدرداء ولم أره من حديث واثلة فإن أكربه الحر فلا بأس بنزعها قبل الصلاة وبعدها ولكن لا ينزع في وقت السعي من المنزل إلى الجمعة ولا في وقت الصلاة ولا عند صعود الإمام المنبر وفي خطبته

الرابع البكور إلى الجامع ويستحب أن يقصد الجامع من فرسخين وثلاث وليبكر ويدخل وقت البكور بطلوع الفجر وفضل البكور عظيم

وينبغي أن يكون في سعيه إلى الجمعة خاشعا متواضعا ناويا للاعتكاف في المسجد إلى وقت الصلاة قاصدا للمبادرة إلى جواب نداء الله عز وجل إلى الجمعة إياه والمسارعة إلى مغفرته ورضوانه وقد قال صلى الله عليه وسلم من راح إلى الجمعة في الساعة الأولى فكأنما قرب بدنة ومن راح في الساعة الثانية فكأنما قرب بقرة ومن راح في الساعة الثالثة فكأنما قرب كبشا أقرن ومن راح في الساعة الرابعة فكأنما أهدى دجاجة ومن راح في الساعة الخامسة فكأنما أهدى بيضة فإذا خرج الإمام طويت الصحف ورفعت الأقلام واجتمعت الملائكة عند المنبر يستمعون الذكر فمن جاء بعد ذلك فأنما جاء لحق الصلاة ليس له من الفضل شيء حديث من راح إلى الجمعة في الساعة الأولى فكأنما قرب بدنة الحديث متفق عليه من حديث أبي هريرة وأنس وفيه رفعت الأقلام وهذه اللفظة عند البيهقي من رواية عمرو بن شعيب عن أبيه عن جده والساعة الأولى طلوع الشمس والثانية إلى ارتفاعها والثالثة إلى انبساطها حين ترمض الأقدام والرابعة والخامسة بعد الضحى الأعلى إلى الزوال وفضلها قليل ووقت الزوال حق الصلاة ولا فضل فيه

وقال صلى الله عليه وسلم ثلاث لو يعلم الناس ما فيهن لركضوا ركض الإبل في طلبهن الأذان والصف الأول والغدو إلى الجمعة حديث ثلاث لو يعلم الناس ما فيهن لركضوا ركض الإبل في طلبهن الأذان والصف الأول والغدو إلى الجمعة أخرجه أبو الشيخ في ثواب الأعمال من حديث أبي هريرة ثلاث لو يعلم الناس ما فيهن ما أخذنهن إلا بالإستهام عليهن حرصا على ما فيهن من الخير والبركة الحديث قال والتهجير إلى الجمعة وفي الصحيحين من حديثه لو يعلم الناس ما في النداء والصف الأول ثم لم يجدوا إلا أن يستهموا لاستهموا ولو يعلمون ما في التهجير لاستبقوا إليه وقال أحمد بن حنبل رضي الله عنه أفضلهن الغدو إلى الجمعة وفي الخبر

إذا كان يوم الجمعة قعدت الملائكة على أبواب المساجد بأيديهم صحف من فضة وأقلام من ذهب يكتبون الأول فالأول على مراتبهم حديث إذا كان يوم الجمعة قعدت الملائكة على أبواب المسجد بأيديهم صحف من فضة وأقلام من ذهب الحديث أخرجه ابن مردويه في التفسير من حديث علي بإسناد ضعيف إذا كان يوم الجمعة نزل جبريل فركز لواء بالمسجد الحرام وغدا سائر الملائكة إلى المساجد التي يجمع فيها يوم الجمعة فركزوا ألويتهم وراياتهم بباب المسجد ثم نشروا قراطيس من فضة وأقلاما من ذهب وجاء في الخبر أن الملائكة يتفقدون الرجل إذا تأخر عن وقته يوم الجمعة فيسأل بعضهم بعضا عنه ما فعل فلان وما الذي أخره عن وقته فيقولون اللهم إن كان أخره فقر فأغنه وإن كان أخره مرض فاشفه وإن كان أخره شغل ففرغه لعبادتك وإن كان أخره لهو فأقبل بقلبه إلى طاعتك حديث إن الملائكة يفتقدون العبد إذا تأخر عن وقته يوم الجمعة فيسأل بعضهم بعضا ما فعل فلان أخرجه البيهقي من رواية عمرو بن شعيب عن أبيه عن جده مع زيادة ونقص بإسناد حسن واعلم أن المصنف ذكر هذا فإن لم يرد به حديثا مرفوعا فليس من شرطنا وإنما ذكرناه احتياطا وكان يرى في القرن الأول سحرا وبعد الفجر الطرقات مملوءة من الناس يمشون في السرج ويزدحمون بها إلى الجامع كأيام العيد حتى اندرس ذلك فقيل أول بدعة حدثت في الإسلام ترك البكور إلى الجامع

وكيف لا يستحي المسلمون من اليهود والنصارى وهم يبكرون إلى البيع والكنائس يوم السبت والأحد وطلاب الدنيا كيف يبكرون إلى رحاب الأسواق للبيع والشراء والربح فلم لا يسابقهم طلاب الآخرة ويقال إن الناس يكونون في قربهم عند النظر إلى وجه الله سبحانه وتعالى على قدر بكورهم إلى الجمعة

ودخل ابن مسعود رضي الله عنه بكرة الجامع فرأى ثلاثة نفر قد سبقوه بالبكور فاغتم لذلك وجعل يقول في نفسه معاتبا لها رابع أربعة وما رابع أربعة من البكور ببعيد

الخامس في هيئة الدخول ينبغي أن لا يتخطى رقاب الناس ولا يمر بين أيديهم والبكور يسهل ذلك عليه فقد ورد وعيد شديد في تخطي الرقاب وهو أنه يجعل جسرا يوم القيامة يتخطاه الناس حديث من تخطى رقاب الناس يوم الجمعة اتخذ جسرا إلى جهنم أخرجه الترمذي وضعفه وابن ماجه من حديث معاذ بن أنس وروى ابن جريج مرسلا أن رسول الله صلى الله عليه وسلم بينما هو يخطب يوم الجمعة إذ رأى رجلا يتخطى رقاب الناس حتى تقدم فجلس فلما قضى النبي صلى الله عليه وسلم صلاته عارض الرجل حتى لقيه فقال يا فلان ما منعك أن تجمع اليوم معنا قال يا نبي الله قد جمعت معكم فقال النبي صلى الله عليه وسلم ألم نرك تتخطى رقاب الناس حديث ابن جريج مرسلا أن النبي صلى الله عليه وسلم بينما هو يخطب إذ رأى رجلا يتخطى رقاب الناس الحديث وفيه ما منعك أن تجمع معنا اليوم أخرجه ابن المبارك في الرقائق أشار به إلى أنه أحبط عمله

وفي حديث مسند أنه قال ما منعك أن تصلي معنا قال أو لم ترني يا رسول الله فقال صلى الله عليه وسلم رأيتك تأنيت وآذيت حديث ما منعك أن تصلي معنا فقال أو لم ترني قال رأيتك آنيت وآذيت أخرجه أبو داود والنسائي وابن حبان والحاكم من حديث عبد الله بن بسر مختصرا أي تأخرت عن البكور وآذيت الحضور

ومهما كان الصف الأول متروكا خاليا فله أن يتخطى رقاب الناس لأنهم ضيعوا حقهم وتركوا موضع الفضيلة قال الحسن تخطوا رقاب الناس الذين يقعدون على أبواب الجوامع يوم الجمعة فإنه لا حرمة لهم

وإذا لم يكن في المسجد إلا من يصلي فينبغي أن لا يسلم لأنه تكليف جواب في غير محله

السادس أن لا يمر بين يدي الناس ويجلس حيث هو إلى قرب أسطوانة أو حائط حتى لا يمرون بين يديه أعني بين يدي المصلي فإن ذلك لا يقطع الصلاة ولكنه منهي عنه قال صلى الله عليه وسلم لأن يقف أربعين عاما خير له من أن يمر بين يدي المصلي حديث لأن يقف أربعين سنة خير له من أن يمر بين يدي المصلي أخرجه البزار من حديث زيد بن خالد وفي الصحيحين من حديث أبي جهم أن يقف أربعين قال أبو النضر لا أدري أربعين يوما أو شهرا أو سنة رواه أبو داود وابن حبان من حديث أبي هريرة مائة عام وقال صلى الله عليه وسلم لأن يكون الرجل رمادا أو رميما

تذروه الرياح خير من أن يمر بين يدي المصلي حديث لأن يكون الرجل رمادا تذروه الرياح خيرا له من أن يمر بين يدي المصلي أخرجه أبو نعيم في تاريخ أصبهان وابن عبد البر في التمهيد موقوفا على عبد الله بن عمر وزاد متعمدا وقد روي في حديث آخر في المار والمصلي حيث صلى على الطريق أو قصر في الدفع فقال لو يعلم المار بين يدي المصلي والمصلى ما عليهما في ذلك لكان أن يقف أربعين سنة خيرا له من أن يمر بين يديه حديث لو يعلم المار بين يدي المصلى والمصلي ما عليهما في ذلك الحديث رواه هكذا أبو العباس محمد بن يحيى السراج في مسنده من حديث زيد بن خالد بإسناد صحيح والأسطوانة والحائط والمصلى المفروش حد للمصلي فمن اجتاز به فينبغي أن يدفعه قال صلى الله عليه وسلم ليدفعه فإن أبى فليدفعه فإن أبى فليقاتله فإنه شيطان حديث أبي سعيد فليدفعه فإنأبى فليقابله فإنما هو شيطان متفق عليه وكان أبو سعيد الخدري رضي الله عنه يدفع من يمر بين يديه حتى يصرعه فربما تعلق به الرجل فاستعدى عليه عند مروان فيخبره أن النبي صلى الله عليه وسلم أمره بذلك فإن لم يجد أسطوانة فلينصب بين يديه شيئا طوله قدر ذراع ليكون ذلك علامة لحده

السابع أن يطلب الصف الأول فإن فضله كثير كما رويناه وفي الحديث من غسل واغتسل وبكر وابتكر ودنا من الإمام واستمع كان ذلك له كفارة لما بين الجمعتين وزيادة ثلاثة أيام حديث من غسل واغتسل وبكر وابتكر ودنا من الإمام واستمع الحديث أخرجه الحاكم من حديث أوس بن أوس وأصله عند أصحاب السنن وفي لفظ آخر غفر الله له إلى الجمعة الأخرى وقد اشترط في بعضها ولم يتخط رقاب الناس حديث أنه اشترط في بعضها ولم يتخط رقاب الناس أخرجه أبو داود وابن حبان والحاكم من حديث أبي سعيد وأبي هريرة وقال صحيح على شرط مسلم ولا يغفل في طلب الصف الأول عن ثلاثة أمور أولها أنه إذا كان يرى بقرب الخطيب منكرا يعجز عن تغييره من لبس حرير من الإمام أو غيره أو صلى في سلاح كثير ثقيل شاغل أو سلاح مذهب أو غير ذلك مما يجب فيه الإنكار فالتأخر له أسلم وأجمع للهم فعل ذلك جماعة من العلماء طلبا للسلامة

قيل لبشر بن الحرث نراك تبكر وتصلي في آخر الصفوف فقال إنما يراد قرب القلوب قرب الأجساد وأشار به إلى أن ذلك أقرب لسلامة قلبه

ونظر سفيان الثوري إلى شعيب بن حرب عند المنبر يسمع إلى الخطبة من أبي جعفر المنصور فلما فرغ من الصلاة قال شغل قلبي قربك من هذا هل أمنت أن تسمع كلاما يجب عليك إنكاره فلا تقوم به ثم ذكر ما أحدثوا من لبس السواد فقال يا أبا عبد الله أليس في الخبر أدن واستمع حديث ادن فاستمع أخرجه أبو داود من حديث سمرة احضروا الذكر وادنوا من الإمام وتقدم بلفظ من هجر ودنا واستمع وهو عند أصحاب

السنن من حديث شداد فقال ويحك ذاك للخلفاء الراشدين المهديين فأما هؤلاء فكلما بعدت عنهم ولم تنظر إليهم كان أقرب إلى الله عز وجل

وقال سعيد بن عامر صليت إلى جنب أبي الدرداء فجعل يتأخر في الصفوف حتى كنا في آخر صف فلما صلينا قلت له أليس يقال خير الصفوف أولها قال نعلم إلا أن هذه الأمة مرحومة منظور إليها من بين الأمم حديث أبي الدرداء إن هذه الأمة مرحومة منظور إليها من بين الأمم وإن الله إذا نظر إلى عبد في الصلاة غفر له ولمن وراءه من الناس لم أجده فإن الله تعالى إذا نظر إلى عبد في الصلاة غفر له ولمن وراءه من الناس فإنما تأخرت رجاء أن يغفر لي بواحد منهم ينظر الله إليه

وروى بعض الرواة أنه قال سمعت رسول الله صلى الله عليه وسلم قال ذلك فمن تأخر على هذه النية إيثارا وإظهارا لحسن الخلق فلا بأس وعند هذا يقال الأعمال بالنيات ثانيها إن لم تكن مقصورة عند الخطيب مقتطعة عن المسجد للسلاطين فالصف الأول محبوب وإلا فقد كره بعض العلماء دخول المقصورة

كان الحسن وبكر المزني لا يصليان في المقصورة ورأيا أنها قصرت على السلاطين وهي بدعة أحدثت بعد رسول الله صلى الله عليه وسلم في المساجد

والمسجد مطلق لجميع الناس وقد اقتطع ذلك على خلافة

وصلى أنس بن مالك

وعمران بن حصين في المقصورة ولم يكرها ذلك لطلب القرب

ولعل الكراهية تختص بحالة التخصيص والمنع فأما مجرد المقصورة إذا لم يكن منع فلا يوجد كراهة وثالثها أن المنبر يقطع بعض الصفوف وإنما الصف الأول الواحد المتصل الذي في فناء المنبر وما على طرفيه مقطوع

وكان الثوري يقول الصف الأول هو الخارج بين يدي المنبر وهو متجه لأنه متصل ولأن الجالس فيه يقابل الخطيب ويسمع منه

ولا يبعد أن يقال الأقرب إلى القبلة هو الصف الأول ولا يراعى هذا المعنى

وتكره الصلاة في الأسواق والرحاب الخارجة عن المسجد وكان بعض الصحابة يضرب الناس ويقيمهم من الرحاب

الثامن أن يقطع الصلاة عند خروج الإمام ويقطع الكلام أيضا بل يشتغل بجواب المؤذن ثم باستماع الخطبة وقد جرت عادة بعض العوام بالسجود عند قيام المؤذنين ولم يثبت له أصل في أثر ولا خبر ولكنه إن وافق سجود تلاوة فلا بأس بها للدعاء لأنه وقت فاضل ولا يحكم بتحريم هذا السجود فإنه لا سبب لتحريمه وقد روي عن علي وعثمان رضي الله عنهما أنهما قالا من استمع وأنصت فله أجران ومن لم يستمع وأنصت فله أجر ومن سمع ولغا فعليه وزران ومن لم يستمع ولغا فعليه وزر واحد

وقال صلى الله عليه وسلم من قال لصاحبه والإمام يخطب أنصت أو مه فقد لغا ومن لغا والإمام يخطب فلا جمعة له حديث من قال لصاحبه والإمام يخطب أنصت فقد لغا ومن لغا فلا جمعة له أخرجه الترمذي والنسائي عن أبي هريرة روى الترمذي قوله ومن لغا فلا جمعة له قال الترمذي حديث حسن صحيح وهو في الصحيحين بلفظ إذا قلت لصاحبك أخرجه أبو داود من حديث علي من قال صه فقد لغا ومن لغا فلا جمعة له وهذا يدل على أن الإسكات ينبغي أن يكون بإشارة أو رمي حصاة لا بالنطق

وفي حديث أبي ذر أنه لما سأل أبيا والنبي صلى الله عليه وسلم يخطب فقال متى أنزلت هذه السورة فأومأ إليه أن أسكت فلما نزل رسول الله صلى الله عليه وسلم قال له أبي اذهب فلا جمعة لك فشكاه أبو ذر إلى النبي صلى الله عليه وسلم فقال صدق أبي حديث أبي ذر لما سأل أبيا والنبي صلى الله عليه وسلم يخطب وقال متى أنزلت هذه السورة الحديث أخرجه البيهقي وقال في المعرفة إسناده صحيح أخرجه أبو داود وابن ماجه من حديث أبي بن كعب بسند صحيح أن السائل له أبو الدرداء وأبو ذر ولأحمد من حديث أبي الدرداء أنه سأل أبيا ولابن حبان من حديث جابر أن السائل عبد الله بن مسعود ولأبي يعلى من حديث جابر قال قال سعد بن أبي وقاص لرجل لا جمعة لك فقال له النبي صلى الله عليه وسلم لم يا سعد فقال لأنه كان يتكلم وأنت تخطب فقال صدق سعد وإن كان بعيدا من الإمام فلا ينبغي أن

يتكلم في العلم وغيره بل يسكت لأن كل ذلك يتسلل ويفضي إلى هينمة حتى ينتهي إلى المستمعين ولا يجلس في حلقة من يتكلم فمن عجز عن الاستماع بالبعد فلينصت فهو المستحب

وإذا كان تكره الصلاة في وقت خطبة الإمام فالكلام أولى بالكراهية

وقال علي كرم الله وجهه تكره الصلاة في أربع ساعات بعد الفجر وبعد العصر ونصف النهار والصلاة والإمام يخطب

التاسع أن يراعى في قدوة الجمعة ما ذكرناه في غيرها فإذا سمع قراءة الإمام لم يقرأ سوى الفاتحة فإذا فرغ من الجمعة قرأ الحمد لله سبع مرات قبل أن يتكلم وقل هو الله أحد والمعوذتين سبعا سبعا وروى بعض السلف أن من فعله عصم من الجمعة إلى الجمعة وكان حرزا له من الشيطان ويستحب أن يقول بعد الجمعة اللهم يا غني يا حميد يا مبدىء يا معيد يا رحيم يا ودود أغنني بحلالك عن حرامك وبفضلك عمن سواك يقال من داوم على هذا الدعاء أغناه الله سبحانه عن خلقه ورزقه من حيث لا يحتسب ثم يصلي بعد الجمعة ست ركعات فقد روى ابن عمر رضي الله عنهما أنه صلى الله عليه وسلم كان يصلي بعد الجمعة ركعتين حديث ابن عمر في الركعتين بعد الجمعة متفق عليه وروى أبو هريرة أربعا حديث أبي هريرة في الأربع ركعات بعد الجمعة أخرجه مسلم إذا صلى أحدكم الجمعة فليصل بعدها أربعا وروى علي وعبد الله ابن عباس رضي الله عنهم ستا حديث علي وعبد الله في صلاة ست ركعات بعد الجمعة أخرجه البيهقي مرفوعا عن علي وله موقوفا على ابن مسعود أربعا وأبو داود من حديث ابن عمر كان إذا كان بمكة صلى بعد الجمعة ستا والكل صحيح في أحوال مختلفة والأكمل أفضل

العاشر أن يلازم المسجد حتى يصلي العصر فإن أقام إلى المغرب فهو الأفضل يقال من صلى العصر في الجامع كان له ثواب الحج ومن صلى المغرب فله ثواب حجة وعمرة فإن لم يأمن التصبع ودخول الآفة عليه من نظر الخلق إلى اعتكافه أو خاف الخوض فيما لا يعني فالأفضل أن يرجع إلى بيته ذاكرا الله عز وجل مفكرا في آلائه شاكر الله تعالى على توفيقه خائفا من تقصيره مراقبا لقلبه ولسانه إلى غروب الشمس حتى لا تفوته الساعة الشريفة ولا ينبغي أن يتكلم في الجامع وغيره من المساجد بحديث الدنيا قال صلى الله عليه وسلم يأتي على الناس زمان يكون حديثهم في مساجدهم أمر دنياهم ليس لله تعالى فيهم حاجة فلا تجالسوهم ﴿ حديث ﴾ يأتي على أمتي زمن يكون حديثهم في مساجدهم أمر دنياهم الحديث أخرجه البيهقي في الشعب من حديث الحسن مرسلا وأسنده الحاكم من حديث أنس وصحح إسناده وأخرج ابن حبان نحوه من حديث ابن مسعود وقد تقدم

بيان الآداب والسنن الخارجة عن الترتيب السابق الذي يعم جميع النهار وهي سبعة أمور

الأول أن يحضر مجالس العلم بكرة أو بعد العصر ولا يحضر مجالس القصاص فلا خير في كلامهم

ولا ينبغي أن يخلو المريد في جميع يوم الجمعة عن الخيرات والدعوات حتى توافيه الساعة الشريفة وهو في خير ولا ينبغي أن يحضر الحلق قبل الصلاة

وروى عبد الله بن عمر رضي الله عنهما أن النبي صلى الله عليه وسلم نهى عن التحلق يوم الجمعة قبل الصلاة حديث عبد الله بن عمر في النهي عن التحلق يوم الجمعة أخرجه أبو داود والنسائي ورواه ابن ماجه من رواية عمرو بن شعيب عن أبيه عن جده من حديث ابن عمر إلا أن يكون عالما بالله يذكر بأيام الله ويفقه في دين الله يتكلم في الجامع بالغداة فيجلس إليه فيكون جامعا بين البكور وبين الاستماع

واستماع العلم النافع في الآخرة أفضل من اشتغاله بالنوافل فقد روى أبو ذر إن حضور مجلس علم أفضل من صلاة ألف ركعة حديث أبي ذر حضور مجلس علم أفضل من صلاة ألف ركعة تقدم في العلم قال أنس بن مالك في قوله تعالى فإذا قضيت الصلاة فانتشروا في الأرض وابتغوا من فضل الله أما إنه ليس بطلب دنيا لكن عيادة مريض وشهود جنازة وتعلم علم وزيارة أخ في الله عز وجل

وقد سمى الله عز وجل العلم فضلا في مواضع قال تعالى وعلمك ما لم تكن تعلم وكان فضل الله عليك عظيما وقال تعالى ولقد آتينا داود منا فضلا يعني العلم فتعلم العلم في هذا اليوم وتعليمه من أفضل القربات

والصلاة أفضل من مجالس القصاص إذ كانوا يرونه بدعة ويخرجون القصاص من الجامع بكر ابن عمر رضي الله عنهما إلى مجلسه في المسجد الجامع فإذا قاص في موضعه فقال قم عن مجلسي فقال لا أقوم وقد جلست وسبقتك إليه فأرسل ابن عمر إلى صاحب الشرطة فأقامه

فلو كان ذلك من السنة لما جازت إقامته فقد قال صلى الـله عليه وسلم لا يقيمن أحدكم أخاه من مجلسه ثم يجلس فيه ولكن تفسحوا وتوسعوا حديث لا يقيمن أحدكم أخاه من مجلسه الحديث متفق عليه من حديث ابن عمر وكان ابن عمر إذا قام الرجل له من مجلسه لم يجلس فيه حتى يعود إليه

وروى أن قاصا كان يجلس بفناء حجرة عائشة رضي الـله عنها فأرسلت إلى ابن عمر إن هذا قد آذاني بقصصه وشغلني عن سبحتي فضربه ابن عمر حتى كسر عصاه على ظهره ثم طرده

الثاني أن يكون حسن المراقبة للساعة الشريفة ففي الخبر المشهور إن في الجمعة ساعة لايوافقها عبد مسلم يسأل الـله عز وجل فيها شيئا إلا أعطاه حديث إن في الجمعة ساعة لا يوافقها عبد مسلم يسأل الـله فيها شيئا إلا أعطاه أخرجه الترمذي وابن ماجه من حديث عمرو بن عوف المزني وفي خبر آخر لا يصادفها عبد يصلي حديث لا يصادفها عبد يصلي متفق عليه من حديث أبي هريرة واختلف فيها فقيل إنها عند طلوع الشمس وقيل عند الزوال وقيل مع الأذان وقيل إذا صعد الإمام المنبر وأخذ في الخطبة وقيل إذا قا

الناس إلى الصلاة وقيل آخر وقت العصر أعني وقت الاختيار وقيل قبل غروب الشمس وكانت فاطمة رضي الله عنها تراعي ذلك الوقت وتأمر خادمتها أن تنظر إلى الشمس فتؤذنها بسقوطها فتأخذ في الدعاء والاستغفار إلى أن تغرب الشمس وتخبر بأن تلك الساعة هي المنتظرة وتؤثره عن أبيها صلى الله عليه وسلم وعليها حديث فاطمة في ساعة الجمعة أخرجه الدار قطني في العلل والبيهقي في الشعب وعلته الاختلاف وقال بعض العلماء هي مبهمة في جميع اليوم مثل ليلة القدر تتوفر الدواعي على مراقبتها

وقيل إنها تنتقل في ساعات يوم الجمعة كتنقل ليلة القدر وهذا هو الأشبه وله سر لا يليق بعلم المعاملة ذكره ولكن ينبغي أن يصدق بما قال صلى الله عليه وسلم إن لربكم في أيام دهركم نفحات ألا فتعرضوا لها حديث إن لربكم في أيام دهركم نفحات الحديث أخرجه الحكيم في النوادر والطبراني في الأوسط من حديث محمد بن مسلمة ولابن عبد البر في التمهيد نحوه من حديث أنس ورواه ابن أبي الدنيا في كتاب الفرج من حديث أبي هريرة واختلف في إسناده ويوم الجمعة من جملة تلك الأيام فينبغي أن يكون العبد في جميع نهاره متعرضا لها بإحضار القلب وملازمة الذكر والنزوع عن وساوس الدنيا فعساه يحطى بشيء من تلك النفحات

وقد قال كعب الأحبار إنها في آخر ساعة من يوم الجمعة وذلك عند الغروب فقال أبو هريرة وكيف تكون آخر ساعة وقد سمعت رسول الله صلى الله عليه وسلم يقول لا يوافقها عبد يصلي ولات حين صلاة فقال كعب ألم يقل رسول الله صلى الله عليه وسلم من قعد ينتظر الصلاة فهو في الصلاة حديث اختلاف كعب وأبي هريرة في ساعة الجمعة وقول أبي هريرة سمعت رسول الله صلى الله عليه وسلم يقول لا يوافقها عبد يصلي ولات حين صلاة فقال كعب ألم يقل صلى الله عليه وسلم من قعد ينتظر الصلاة فهو في صلاة قلت في الإحياء أن كعبا هو القائل إنها آخر ساعة وليس كذلك وإنما هو عبد الله بن سلام وأما كعب فإنما قال إنها في كل سنة مرة ثم رجع والحديث رواه أبو داود والترمذي والنسائي وابن حبان من حديث أبي هريرة وابن ماجه ونحوه من حديث عبد الله بن سلام قال بلى قال فذلك صلاة فسكت أبو هريرة

وكان كعب مائلا إلى أنها رحمة من الله سبحانه للقائمين بحق هذا اليوم وأوان إرسالها عند الفراغ من تمام العمل

وبالجملة هذا وقت شريف مع وقت صعود الإمام المنبر فليكثر الدعاء فيهما

الثالث يستحب أن يكثر الصلاة على رسول الله صلى الله عليه وسلم في هذا اليوم فقد قال صلى الله عليه وسلم من صلى علي في يوم الجمعة ثمانين مرة غفر الله له ذنوب ثمانين سنة قيل يا رسول الله كيف الصلاة عليك قال تقول اللهم صل على محمد عبدك ونبيك ورسولك النبي الأمي وتعقد واحدة وإن قلت اللهم صلي على محمد وعلى آل محمد صلاة تكون لك رضاء ولحقه أداء وأعطه الوسيلة وابعثه المقام المحمود الذي وعدته واجزه عنا ما هو أهله

واجزه أفضل ما جازيت نبيا عن أمته وصل عليه وعلى جميع إخوانه من النبيين والصالحين يا أرحم الراحمين حديث من صلى علي في يوم الجمعة ثمانين مرة الحديث أخرجه الدار قطني من رواية ابن المسيب قال أظنه عن أبي هريرة وقال حديث غريب وقال ابن النعمان حديث حسن تقول هذا سبع مرات فقد قيل من قالها في سبع جمع في كل جمعة سبع مرات وجبت له شفاعته صلى اللـه عليه وسلم

وإن أراد أن يزيد أتى بالصلاة المأثورة فقال اللهم اجعل فضائل صلواتك ونوامي بركاتك وشرائف زكواتك ورأفتك ورحمتك وتحيتك على محمد سيد المرسلين وإمام المتقين وخاتم النبيين ورسول رب العالمين قائد الخير وفاتح البر ونبي الرحمة وسيد الأمة اللهم ابعثه مقاما محمودا تزلف به قربه وتقر به عينه يغبطه به الأولون والآخرون اللهم أعطه الفضل والفضيلة والشرف والوسيلة والدرجة الرفيعة والمنزلة الشامخة المنيفة اللهم أعط محمدا سؤله وبلغه مأموله واجعله أول شافع وأول مشفع اللهم عظم برهانه وثقل ميزانه وأبلج حجته وارفع في أعلى المقربين درجته اللهم احشرنا في زمرته واجعلنا من أهل شفاعته وأحينا على سنته وتوفنا على ملته

وأوردنا حوضه واسقنا بكأسه غير خزايا ولا نادمين ولا شاكين ولا مبدلين ولا فاتنين ولا مفتونين آمين يا رب العالمين حديث اللهم اجعل فضائل صلواتك الحديث أخرجه ابن أبي عاصم في كتاب الصلاة على النبي صلى الـلـه عليه وسلم من حديث ابن مسعود نحوه بسند ضعيف وقفه على ابن مسعود

وعلى الجملة فكل ما أتى به من ألفاظ الصلاة ولو بالمشهورة في التشهد كان مصليا

وينبغي أن يضيف إليه الاستغفار فإن ذلك أيضا مستحب في هذا اليوم

الرابع قراءة القرآن فليكثر منه وليقرأ سورة الكهف خاصة

فقد روى عن ابن عباس وأبي هريرة رضي الـلـه عنهما أن من قرأ سورة الكهف ليلة الجمعة أو ليلة الجمعة أو يوم الجمعة أعطي نورا من حيث يقرؤها إلى مكة وغفر له إلى يوم الجمعة الأخرى وفضل ثلاثة أيام وصلى عليه سبعون ألف ملك حتى يصح وعوفي من الداء والدبيلة وذات الجنب والبرص والجذام وفتنة الدجال حديث ابن عباس وأبي هريرة من قرأ سورة الكهف ليلة الجمعة أو يوم الجمعة الحديث لم أجده من حديثهما ويستحب أن يختم القرآن في يوم الجمعة وليلتها إن قدر وليكن ختمه للقرآن في ركعتي الفجر إن قرأ بالليل أو في ركعتي المغرب أو بين الأذان والإقامة للجمعة فله فضل عظيم

وكان العابدون يستحبون أن يقرءوا يوم الجمعة قل هو الـلـه أحد ألف مرة

ويقال إن من قرأها في عشر ركعات أو عشرين فهو أفضل من ختمة وكانوا يصلون على النبي صلى الـلـه عليه وسلم ألف مرة وكانوا يقولون سبحان الـلـه والحمد لله ولا إله إلا الـلـه و الـلـه أكبر ألف مرة وإن قرأ المسبعات الست في يوم الجمعة أو ليلتها فحسن

وليس يروى عن النبي صلى الـلـه عليه وسلم أنه كان يقرأ سورا بأعيانها إلا في يوم الجمعة وليلتها كان يقرأ في صلاة المغرب ليلة الجمعة قل يا أيها الكافرون وقل هو الـلـه أحد وكان يقرأ في صلاة العشاء الآخرة ليلة الجمعة سورة الجمعة والمنافقين حديث القراءة في المغرب ليلة الجمعة قل يا أيها الكافرون وقل هو الـلـه أحد وفي عشائها الجمعة والمنافقين أخرجه ابن حبان والبيهقي من حديث سمرة وفي ثقات ابن حبان المحفوظ عن سماك مرسلا قلت لا يصح مسندا ولا مرسلا وروي أنه صلى الـلـه عليه وسلم كان يقرؤهما في ركعتي الجمعة

وكان يقرأ في الصبح يوم الجمعة سورة سجدة لقمان وسورة هل أتى على الإنسان حديث القراءة في الجمعة بالجمعة والمنافقين وفي صبح الجمعة بالسجدة وهل أتى أخرجه مسلم من حديث ابن عباس وأبي هريرة

الخامس الصلوات يستحب إذا دخل الجامع أن لا يجلس حتى يصلي أربع ركعات يقرأ فيهن قل هو الـلـه أحد مائتي مرة في كل ركعة خمسين مرة حديث من دخل يوم الجمعة المسجد فصلى أربع ركعات يقرأ فيها قل هو الـلـه أحد مائتي مرة الحديث أخرجه الخطيب في الرواة عن مالك من حديث ابن عمر وقال غريب

جدا فقد نقل عن رسول الله صلى الله عليه وسلم أن من فعله لم يمت حتى يرى مقعده من الجنة أو يرى له ولا يدع ركعتي التحية وإن كان الإمام يخطب ولكن يخفف

أمر رسول الله صلى الله عليه وسلم بذلك حديث الأمر بالتخفيف في التحية إذا دخل والإمام يخطب أخرجه مسلم من حديث جابر والبخاري والأمر بالركعتين ولم يذكر التخفيف وفي حديث غريب أنه صلى الله عليه وسلم سكت للداخل حتى صلاهما حديث سكوته صلى الله عليه وسلم عن الخطبة للداخل حتى فرغ من التحية أخرجه الدار قطني من حديث أنس وقال أسنده عبيد بن محمد ووهم فيه والصواب عن معتمر عن أبيه مرسلا فقال الكوفيون إن سكت له الإمام صلاهما

ويستحب في هذا اليوم أو في ليلته أن يصلي أربع ركعات بأربع سور الأنعام والكهف وطه ويس فإن لم يحسن قرأ يس وسورة سجدة لقمان وسورة الدخان وسورة الملك

ولا يدع قراءة هذه الأربع سور في ليلة الجمعة ففيها فضل كثير

ومن لا يحسن القرآن قرأ ما يحسن فهو له بمنزلة الختمة

ويكثر من قراءة سورة الإخلاص

ويستحب أن يصلي صلاة التسبيح كما سيأتي في باب التطوعات كيفيتها لأنه صلى الله عليه وسلم قال لعمه العباس صلها في كل جمعة حديث صلاة التسبيح وقوله لعمه العباس صلها في كل جمعة أخرجه أبو داود وابن ماجه وابن خزيمة والحاكم من حديث ابن عباس وقال العقيلي وغيره ليس فيها حديث صحيح وكان ابن عباس رضي الله عنهما لا يدع هذه الصلاة يوم الجمعة بعد الزوال

وكان يخبر عن جلالة فضلها

والأحسن أن يجعل وقته إلى الزوال للصلاة وبعد صلاة الجمعة إلى العصر لاستماع العلم وبعد العصر إلى المغرب للتسبيح والاستغفار

السادس الصدقة مستحبة في هذا اليوم خاصة فإنها تتضاعف إلا على من سأل والإمام يخطب وكان يتكلم في كلام الإمام فهذا مكروه

وقال صالح بن محمد سأل مسكين يوم الجمعة والإمام يخطب وكان إلى جانب أبي فأعطى رجل أبي قطعة ليناوله إياها فلم يأخذها منه أبي

وقال ابن مسعود إذا سأل الرجل في المسجد فقد استحق أن لا يعطى وإذا سأل على القرآن فلا تعطوه

ومن العلماء من كره الصدقة على السؤال في الجامع الذين يتخطون رقاب الناس إلا أن يسأل قائما أو قاعدا في مكانه من غير تخط

وقال كعب الأحبار من شهد الجمعة ثم انصرف فتصدق بشيئين مختلفين من الصدقة ثم رجع فركع ركعتين يتم ركوعهما وسجودهما وخشوعهما ثم يقول اللهم إني أسألك باسمك بسم الله الرحمن الرحيم وباسمك الذي لا إله إلا الله هو الحي القيوم الذي لا تأخذه سنة ولا نوم لم يسأل الله تعالى شيئا إلا أعطاه

وقال بعض السلف

من أطعم مسكينا يوم الجمعة ثم غدا وابتكر ولم يؤذ أحدا ثم قال حين يسلم الإمام بسم الله الرحمن الرحيم الحي القيوم أسألك أن تغفر لي وترحمني وتعافيني من النار ثم دعا بما بدا له استجيب له

السابع أن يجعل يوم الجمعة للآخرة فيكف فيه عن جميع أشغال الدنيا ويكثر فيه الأوراد ولا يبتدىء فيه السفر فقد روي أنه من سافر في ليلة الجمعة دعا عليه ملكاه حديث من سافر يوم الجمعة دعا عليه ملكاه أخرجه الدار قطني في الأفراد من حديث ابن عمر وفيه ابن لهيعة وقال غريب والخطيب في الرواة عن مالك من حديث أبي هريرة بسند ضعيف وهو بعد طلوع الفجر حرام إلا إذا كانت الرفقة تفوت

وكره بعض السلف شراء الماء في المسجد من السقاء ليشربه أو يسبله حتى لا يكون مبتاعا في المسجد فإن البيع والشراء في المسجد مكروه

وقالوا لا بأس لو أعطى القطعة خارج المسجد ثم شرب أو سبل في المسجد

وبالجملة ينبغي أن يزيد في الجمعة في أوراده وأنواع خيراته فإن الله سبحانه إذا أحب عبدا استعمله في الأوقات الفاضلة بفواضل الأعمال وإذا مقته استعمله في الأوقات الفاضلة بسيء الأعمال ليكون ذلك أوجع في عقابه وأشد لمقته لحرمانه بركة الوقت وانتهاكه حرمة الوقت

ويستحب في الجمعة دعوات وسيأتي ذكرها في كتاب الدعوات إن شاء الله تعالى

وصلى الله على كل عبد مصطفى

الباب السادس في مسائل متفرقة تعم بها البلوى ويحتاج المريد إلى

معرفتها فأما المسائل التي تقع نادرة فقد استقصيناها في كتب الفقه

مسألة الفعل القليل وإن كان لا يبطل الصلاة فهو مكروه إلا لحاجة وذلك في دفع المار وقتل العقرب التي

تخاف ويمكن قتلها بضربة أو ضربتين فإذا صارت ثلاثة فقد كثرت وبطلت الصلاة وكذلك القملة والبرغوث

مهما تأذى بهما كان له دفعهما وكذلك حاجته إلى الحك الذي يشوش عليه الخشوع

كان معاذ يأخذ القملة والبرغوث في الصلاة

وابن عمر كان يقتل القملة في الصلاة حتى يظهر الدم على يده

وقال النخعي يأخذها ويوهنها ولا شيء عليه إن قتلها

وقال ابن المسيب يأخذها ويخدرها ثم يطرحها

وقال مجاهد الأحب إلى أن يدعها إلا أن تؤذيه فتشغله عن صلاته فيوهنها قدر ما لا تؤذي ثم يلقيها

وهذه رخصة وإلا فالكمال الاحتراز عن الفعل وإن قل

ولذلك كان بعضهم لا يطرد الذباب وقال لا أعود نفسي ذلك فأفسد علي صلاتي

وقد سمعت أن الفساق بين يدي

الملوك يصبرون على أذى كثير ولا يتحركون

ومهما تثاءب فلا بأس أن يضع يده على فيه وهو الأولى

وإن عطس حمد الله عز وجل في نفسه ولا يحرك لسانه

وأن تجشأ فينبغي أن لا يرفع رأسه إلى السماء وإن سقط رداؤه فلا ينبغي أن يسويه وكذلك أطراف عمامته فكل ذلك مكروه إلا لضرورة

مسألة الصلاة في النعلين جائزة وإن كان نزع النعلين سهلا وليست الرخصة في الخف لعسر النزع بل هذه النجاسة معفو عنها

وفي معناها المداس صلى رسول الله صلى الله عليه وسلم في نعليه ثم نزع فنزع الناس نعالهم فقال لم خلعتم نعالكم قالوا رأيناك خلعت فخلعنا قال صلى الله عليه وسلم إن جبرائيل عليه السلام أتاني فأخبرني أن بهما خبثا فإذا أراد أحدكم المسجد فليقلب نعليه ولينظر فيهما فإن رأى خبثا فليمسحه بالأرض وليصل فيهما حديث صلى في نعليه ثم نزع فنزع الناس نعالهم الحديث أخرجه أحمد واللفظ لابن ماجه وأبو داود والحاكم وصححه من حديث أبي سعيد وقال بعضهم الصلاة في النعلين أفضل لأنه صلى الله عليه وسلم قال لم خلعتم نعالكم وهذه مبالغة فإنه صلى الله عليه وسلم سألهم ليبين لهم سبب خلعه إذ علم أنهم خلعوا على موافقته

وقد روى عبد الله بن السائب أن النبي صلى الله عليه وسلم خلع نعليه حديث عبد الله بن السائب في خلع النبي صلى الله عليه وسلم نعليه أخرجه مسلم فإذن قد فعل كليهما فمن خلع فلا ينبغي أن يضعهما عن يمينه ويساره فيضيق الموضع ويقطع الصف بل يضعهما بين يديه ولا يتركهما وراءه فيكون قلبه ملتفتا إليهما

ولعل من رأى الصلاة فيهما أفضل راعى هذا المعنى وهو التفات القلب إليهما

روى أبو هريرة رضي الله عنه أن النبي صلى الله عليه وسلم قال إذا صلى أحدكم فليجعل نعليه بين رجليه حديث أبي هريرة إذا صلى أحدكم فليجعل نعليه بين رجليه أخرجه أبو داود بسند صحيح وضعفه المنذري وليس بجيد وقال أبو هريرة لغيره اجعلهما بين رجليك ولا تؤذ بهما مسلما

ووضعهما رسول الله صلى الله عليه وسلم على يساره وكان إماما حديث وضعه نعليه على يساره أخرجه مسلم من حديث عبد الله بن السائب فللإمام أن يفعل ذلك إذ لا يقف أحد على يساره

والأولى أن لا يضعهما بين قدميه فتشغلانه ولكن قدام قدميه ولعله المراد بالحديث

وقد قال جبير بن مطعم وضع الرجل نعليه بين قدميه بدعة

مسألة إذا بزق في صلاته لم تبطل صلاته لأنه فعل قليل

وما لا يحصل به صوت لا يعد كلاما وليس على شكل حروف الكلام إلا أنه مكروه فينبغي أن يحترز منه إلا كما أذن رسول اللـه صلى اللـه عليه وسلم فيه إذ روى بعض الصحابة أن رسول اللـه صلى اللـه عليه وسلم رأى في القبلة نخامة فغضب غضبا شديدا ثم حكها بعرجون كان في يده وقال ائتوني بعبير فلطخ أثرها بزعفران ثم التفت إلينا وقال أيكم يحب أن يبزق في وجهه فقلنا لا أحد قال فإن أحدكم إذا دخل في الصلاة فإن اللـه عز وجل بينه وبين القبلة حديث رأى في القبلة نخامة فغضب الحديث أخرجه مسلم من حديث جابر واتفقا عليه مختصرا من حديث أنس وعائشة وأبي سعيد وأبي هريرة وابن عمر وفي لفظ آخر واجهه اللـه تعالى فلا يبزقن أحدكم تلقاء وجهه ولا عن يمينه ولكن عن شماله أو تحت قدمه اليسرى فإن بدرته بادرة فليبصق في ثوبه وليقل به هكذا ودلك بعضه ببعض

مسألة لوقوف المقتدي سنة وفرض أما السنة فأن يقف الواحد عن يمين الإمام متأخرا عنه قليلا والمرأة الواحدة تقف خلف الإمام فإن وقفت بجنب الإمام لم يضر ذلك ولكن خالفت السنة فإن كان معها رجل

وقف الرجل عن يمين الإمام وهي خلف الرجل

ولا يقف أحد خلف الصف منفردا بل يدخل في الصف أو يجر إلى نفسه واحدا من الصف

فإن وقف منفردا صحت صلاته مع الكراهية

وأما الفرض

فاتصال الصف وهو أن يكون بين المقتدي والإمام رابطة جامعة فإنهما في جماعة فإن كانا في مسجد كفى ذلك جامعا لأنه بنى له فلا يحتاج إلى اتصال صف بل إلى أن يعرف أفعال الإمام صلى أبو هريرة رضي الله عنه على ظهر المسجد بصلاة الإمام

وإذا كان المأموم على فناء المسجد في طريق أو صحراء مشتركة وليس بينهما اختلاف بناء مفرق فيكفي القرب بقدر غلوة سهم وكفى بها رابطة إذ يصل فعل أحدهما إلى الآخر

وإنما يشترط إذا وقف في صحن دار على يمين المسجد أو يساره وبابها لاطىء في المسجد فالشرط أن يمد صف المسجد في دهليزها من غير انقطاع إلى الصحن

ثم تصح صلاة من في ذلك الصف ومن خلفه دون من تقدم عليه وهكذا حكم الأبنية المختلفة فأما البناء الواحد والعرصة الواحدة فكالصحراء

مسألة المسبوق إذا أدرك آخر صلاة الإمام فهو أول صلاته فليوافق الإمام وليبن عليه وليقنت في الصبح في آخر صلاة نفسه

وإن قنت مع الإمام وإن أدرك مع الإمام بعض القيام فلا يشتغل بالدعاء وليبدأ بالفاتحة وليخففها

فإن ركع الإمام قبل تمامها وقدر على لحوقه في اعتداله من الركوع فليتم

فإن عجز وافق الإمام وركع وكان لبعض الفاتحة حكم جميعها فتسقط عنه بالسبق

وإن ركع الإمام وهو في السورة فليقطعها

وإن أدرك الإمام في السجود أو التشهد كبر للإحرام ثم جلس ولم يكبر بخلاف ما إذا أدركه في الركوع فإنه يكبر ثانيا في الهوى لأن ذلك انتقال محسوب له

والتكبيرات للانتقالات الأصلية في ا لصلاة لا للعوارض بسبب القدوة

ولا يكون مدركا الركعة ما لم يطمئن راكعا في الركوع والإمام بعد في حد الراكعين

فإن لم يتم طمأنينته إلا بعد مجاوزة الإمام حد الراكعين فاتته تلك الركعة

مسألة من فاتته صلاة الظهر إلى وقت العصر فليصل الظهر أولا ثم العصر فإن ابتدأ بالعصر أجزأه ولكن ترك الأولى واقتحم شبهة الخلاف

فإن وجد إماما فليصل العصر ثم ليصل الظهر بعده فإن الجماعة بالأداء أولى

فإن صلى منفردا في أول الوقت ثم أدرك جماعة صلى في الجماعة ونوى صلاة الوقت و الله يحتسب أيهما شاء

فإن نوى فائتة أو تطوعا جاز

وإن كان قد صلى في الجماعة فأدرك جماعة أخرى فلينو الفائتة أو النافلة فإعادة المؤداة بالجماعة مرة أخرى لا وجه له وإنما احتمل ذلك لدرك فضيلة الجماعة

مسألة من صلى ثم رأى على ثوبه نجاسة فالأحب قضاء الصلاة ولا يلزمه

ولو رأى النجاسة في أثناء الصلاة رمى بالثوب وأتم والأحب الاستئناف

وأصل هذا قصة خلع النعلين حين أخبر جبرائيل عليه السلام رسول الله صلى الله عليه وسلم بأن عليهما نجاسة فإنه صلى الله عليه وسلم لم يستأنف الصلاة

مسألة من ترك التشهد الأول أو القنوت أو ترك الصلاة على رسول الله صلى الله عليه وسلم في التشهد الأول أو فعل فعلا سهوا وكانت تبطل الصلاة بتعمده أو شك فلا يدر أصلى ثلاثا أو أربعا أخذ باليقين وسجد سجدتي السهو قبل السلام

فإن نسي فبعد السلام مهما تذكر على القرب

فإن سجد بعد السلام وبعد أن أحدث بطلت صلاته

فإنه لما دخل في السجود كأنه جعل سلامه نسيانا في غير محله فلا يحصل التحلل به وعاد إلى الصلاة فلذلك يستأنف السلام بعد السجود

فإن تذكر سجود السهو بعد خروجه من المسجد أو بعد طول الفصل فقد فات

مسألة الوسوسة في نية الصلاة سببها خبل في العقل أو جهل بالشرع لأن امتثال أمر الله عز وجل مثل

امتثال أمر غيره وتعظيمه كتعظيم غيره في حق القصد
ومن دخل عليه عالم فقام له فلو قال نويت أن أنتصب قائما تعظيما لدخول زيد الفاضل لأجل فضله مقبلا عليه بوجهي كان سفها في عقله بل كما يراه ويعلم فضله تنبعث داعية التعظيم فتقيمه ويكون معظما إلا إذا قام لشغل آخر أو في غفلة
واشتراط كون الصلاة ظهرا أداء فرضا في كونه امتثالا كاشتراط كون القيام مقرونا بالدخول مع الإقبال بالوجه على الداخل وانتفاء باعث آخر سواه
وقصد التعظيم به ليكون تعظيما
فإنه لو قام مدبرا عنه أو صبر فقام بعد ذلك بمدة لم يكن معظما
ثم هذه الصفات لا بد وأن تكون معلومة وأن تكون مقصودة ثم لا يطول حضورها في النفس في لحظة واحدة وإنما يطول نظم الألفاظ الدالة عليها إما تلفظا باللسان وإما تفكرا بالقلب
فمن لم يفهم نية الصلاة على هذا الوجه فكأنه لم يفهم النية
فليس فيه إلا أنك دعيت إلى أن تصلي في وقت فأجبت وقمت فالوسوسة محض الجهل
فإن هذه القصود وهذه العلوم تجتمع في النفس في حالة واحدة ولا تكون مفصلة الآحاد في الذهن بحيث تطالعها النفس وتتأملها
وفرق بين حضور الشيء في النفس وبين تفصيله بالفكر
والحضور مضاد للعزوب والغفلة وإن لم يكن مفصلا
فإن من علم الحادث مثلا فيعلمه بعلم واحد في حالة واحدة وهذا العلم يتضمن علوما هي حاضرة وإن لم تكن مفصلة فإن من علم الحادث فقد علم الموجود والمعدوم والتقدم والتأخر والزمان وأن التقدم للعدم وأن التأخر للوجود فهذه العلوم منطوية تحت العلم بالحادث بدليل أن العالم بالحادث إذا لم يعلم غيره لو قيل له هل علمت التقدم فقط أو التأخر أو العدم أو تقدم العدم أو تأخر الوجود أو الزمان المنقسم إلى المتقدم والمتأخر فقال ما عرفته قط كان كاذبا وكان قوله مناقضا لقوله إني أعلم الحادث
ومن الجهل بهذه الدقيقة يثور الوسواس فإن الموسوس يكلف نفسه أن يحضر في قلبه الظهرية والأدائية والفرضية في حالة واحدة مفصلة بألفاظها وهو يطالعها وذلك محال
ولو كلف نفسه ذلك في القيام لأجل العالم لتعذر عليه
فبهذه المعرفة يندفع الوسواس وهو أن امتثال أمر الـلـه سبحانه في النية كامتثال أمر غيره ثم أزيد على سبيل التسهيل والترخص

وأقول لو لم يفهم الموسوس النية إلا بإحضار هذه الأمور مفصلة ولم يمثل في نفسه الامتثال دفعة واحدة وأحضر جملة ذلك في أثناء التكبير من أوله إلى أخره بحيث لا يفرغ من التكبير إلا وقد حصلت النية كفاه ذلك ولا نكلفه أن يقرن الجميع بأول التكبير أو آخره فإن ذلك تكليف شطط

ولو كان مأمورا به لوقع للأولين سؤال عنه ولوسوس واحد من الصحابة في النية فعدم وقوع ذلك دليل على أن الأمر على التساهل فكيفما تيسرت النية للموسوس ينبغي أن يقنع به حتى يتعود ذلك وتفارقه الوسوسة ولا يطالب نفسه بتحقيق ذلك فإن التحقيق يزيد في الوسوسة

وقد ذكرنا في الفتاوى وجوها من التحقيق في تحقيق العلوم

والقصود المتعلقة بالنية تفتقر العلماء إلى معرفتها أما العامة فربما ضرها سماعها ويهيج عليها الوسواس فلذلك تركناها

مسألة ينبغي أن لا يتقدم المأموم على الإمام في الركوع والسجود والرفع منهما ولا في سائر الأعمال ولا ينبغي أن يساويه بل يتبعه ويقفو أثره فهذا معنى الاقتداء فإن ساواه عمدا لم تبطل صلاته كما لو وقف بجنبه غير متأخر عنه

فإن تقدم عليه ففي بطلان صلاته خلاف ولا يبعد أن يقضي بالبطلان تشبيها بما لو تقدم في الموقف على الإمام بل هذا أولى لأن الجماعة اقتداء في الفعل لا في الموقف فالتبعية في الفعل أهم

وإنما شرط ترك التقدم في الموقف تسهيلا للمتابعة في الفعل وتحصيلا لصورة التبعية إذ اللائق بالمقتدى به أن يتقدم فالتقدم عليه في الفعل لا وجه له إلا أن يكون سهوا

ولذلك شدد رسول الـلـه صلى الـلـه عليه وسلم النكير فيه فقال أما يخشى

الذي يرفع رأسه قبل الإمام أن يحول الـلـه رأسه رأس حمار حديث أما يخشى الذي يرفع رأسه قبل الإمام متفق عليه من حديث أبي هريرة وأما التأخر عنه بركن واحد فلا يبطل الصلاة وذلك بأن يعتدل الإمام عن ركوعه وهو بعد لم يركع ولكن التأخر إلى هذا الحد مكروه فإن وضع الإمام جبهته على الأرض وهو بعد لم ينته إلى حد الراكعين بطلت صلاته

وكذا إن وضع الإمام جبهته للسجود الثاني وهو بعد لم يسجد السجود الأول

مسألة حق على من حضر الصلاة إذا رأى من غيره إساءة في صلاته أن يغيره وينكر عليه

وإن صدر من جاهل رفق بالجاهل وعلمه

فمن ذلك الأمر بتسوية الصفوف ومنع المنفرد بالوقوف خارج الصف والإنكار على من يرفع رأسه قبل الإمام إلى غير ذلك من الأمور

فقد قال صلى الـلـه عليه وسلم ويل للعالم من الجاهل حيث لا يعلمه حديث ويل للعالم من الجاهل الحديث أخرجه صاحب مسند الفردوس من حديث أنس بسند ضعيف وقال ابن مسعود رضي الـلـه عنه من رأى من يسيء صلاته فلم ينهه فهو شريكه في وزرها

وعن بلال بن سعد أنه قال الخطيئة إذا أخفيت لم تضر إلا صاحبها فإذا أظهرت فلم تغير أضرت بالعامة

وجاء في الحديث أن بلالا كان يسوي الصفوف ويضرب عراقيبهم بالدرة حديث أن بلالا كان يسوي الصفوف ويضرب عراقيبهم بالدرة لم أجده وعن عمر رضي الـلـه عنه قال تفقدوا إخوانكم في الصلاة فإذا فقدتموهم فإن كانوا مرضى فعودوهم وإن كانوا أصحاء فعاتبوهم

والعتاب إنكار على من ترك الجماعة ولا ينبغي أن يتساهل فيه

وقد كان الأولون يبالغون فيه حتى كان بعضهم يحمل الجنازة إلى بعض من تخلف عن الجماعة إشارة إلى أن الميت هو الذي يتأخر عن الجماعة دون الحي

ومن دخل المسجد ينبغي أن يقصد يمين الصف ولذلك تزاحم الناس عليه في زمن رسول الـلـه صلى الـلـه عليه وسلم حتى قيل له تعطلت الميسرة فقال صلى الـلـه عليه وسلم من عمر ميسرة المسجد كان له كفلان من الأجر حديث قيل له قد تعطلت الميسرة فقال من عمر ميسرة المسجد الحديث أخرجه ابن ماجه من حديث عمر بسند ضعيف ومهما وجد غلاما في الصف ولم يجد لنفسه مكانا فله أن يخرجه إلى خلف ويدخل فيه أعني إذا لم يكن بالغا وهذا ما أردنا أن نذكره من المسائل التي تعم بها البلوى

وسيأتي أحكام الصلوات المتفرقة في كتاب الأوراد إن شاء الـلـه تعالى

الباب السابع في النوافل من الصلوات اعلم أن ما عدا الفرائض

من الصلوات ينقسم إلى ثلاثة أقسام سنن ومستحبات وتطوعات

ونعني بالسنن ما نقل عن رسول اللـه صلى اللـه عليه وسلم المواظبة عليه كالرواتب عقيب الصلوات وصلاة الضحى والوتر والتهجد وغيرها لأن السنة عبارة عن الطريق المسلوكة

ونعني بالمستحبات ما ورد الخبر بفضله ولم ينقل المواظبة عليه كما سننقله في صلوات الأيام والليالي في الأسبوع وكالصلاة عند الخروج من المنزل والدخول فيه وأمثاله

ونعني بالتطوعات ما وراء ذلك مما لم يرد في عينه أثر ولكنه تطوع به العبد من حيث رغب في مناجاة اللـه عز وجل بالصلاة التي ورد الشرع بفضلها مطلقا فكأنه متبرع به إذا لم يندب إلى تلك الصلاة بعينها وإن ندب إلى الصلاة مطلقا والتطوع عبارة عن التبرع

وسميت الأقسام الثلاثة نوافل من حيث إن النفل هو الزيادة وجملتها زائد على الفرائض

فلفظ النافلة والسنة والمستحب والتطوع أردنا الإصطلاح عليه لتعريف هذه المقاصد

ولا حرج على من يغير هذا الإصطلاح فلا مشاحة في الألفاظ بعد فهم المقاصد

وكل قسم من هذه الأقاسم تتفاوت درجاته في

الفضل بحسب ما ورد فيها من الأخبار والآثار المعرفة لفضلها وبحسب طول مواظبة رسول الله صلى الله عليه وسلم عليها وبحسب صحة الأخبار الواردة فيها واشتهارها ولذلك يقال سنن الجماعات أفضل من سنن الانفراد

وأفضل سنن الجماعات صلاة العيد ثم الكسوف ثم الاستسقاء

وأفضل سنن الانفراد الوتر ثم ركعتا الفجر ثم ما بعدهما من الرواتب على تفاوتها

واعلم أن النوافل باعتبار الإضافة إلى معلقاتها تنقسم إلى ما يتعلق بأسباب كالكسوف والاستسقاء وإلى ما يتعلق بأوقات والمتعلق بالأوقات ينقسم إلى ما يتكرر بتكرر اليوم والليلة أو بتكرر الأسبوع أو بتكرر السنة فالجملة أربعة أقسام القسم الأول ما يتكرر بتكرر الأيام والليالي وهي ثمانية خمسة هي رواتب الصلوات الخمس وثلاثة وراءها وهي صلاة الضحى وإحياء ما بين العشاءين والتهجد

الأولى راتبة الصبح وهي ركعتان قال رسول الله صلى الله عليه وسلم ركعتا الفجر خير من الدنيا وما فيها حديث ركعتا الفجر خير من الدنيا الحديث أخرجه مسلم من حديث عائشة ويدخل وقتها بطلوع الفجر الصادق وهو المستطير دون المستطيل

وإدراك ذلك بالمشاهدة عسير في أوله إلا أن يتعلم منازل القمر أو يعلم اقتراع طلوعه بالكواكب الظاهرة للبصر فيستدل بالكواكب عليه ويعرف بالقمر في ليلتين من الشهر فإن القمر يطلع مع الفجر في ليلة ست وعشرين ويطلع الصبح مع غروب القمر ليلة اثني عشر من الشهر هذا هو الغالب ويتطرق إليه تفاوت في بعض البروج وشرح ذلك يطول

وتعلم منازل القمر من المهمات للمريد حتى يطلع به على مقادير الأوقات بالليل وعلى الصبح ويفوت وقت ركعتي الفجر بفوات وقت فريضة الصبح وهو طلوع الشمس ولكن السنة أداؤهما قبل الفرض فإن دخل المسجد وقد قامت الصلاة فليشتغل بالمكتوبة فإنه صلى الله عليه وسلم قال إذا أقيمت الصلاة فلا صلاة إلا المكتوبة حديث إذا أقيمت الصلاة فلا صلاة إلا المكتوبة أخرجه مسلم من حديث أبي هريرة ثم إذا فرغ من المكتوبة قام إليهما وصلاهما

والصحيح أنهما أداء ما وقعتا قبل طلوع الشمس لأنهما تابعتان للفرض في وقته وإنما الترتيب بينهما سنة في التقديم والتأخير إذا لم يصادف جماعة فإذا صادف جماعة انقلب الترتيب وبقيتا أداء

والمستحب أن يصليهما في المنزل ويخففهما ثم يدخل المسجد ويصلي ركعتين تحية المسجد ثم يجلس ولا يصلي إلى أن يصلي المكتوبة وفيما بين الصبح إلى طلوع الشمس الأحب فيه الذكر والفكر والاقتصار على ركعتي الفجر والفريضة

الثانية راتبة الظهر وهي ست ركعات ركعتان بعدها وهي أيضا سنة مؤكدة وأربع قبلها وهي أيضا سنة وإن كانت دون الركعتين الأخيرتين روى أبو هريرة رضي اللـه عنه عن النبي صلى اللـه عليه وسلم أنه قال من صلى أربع ركعات بعد زوال الشمس يحسن قراءتهن وركوعهن وسجودهن صلى معه سبعون ألف ملك يستغفرون له حتى الليل حديث أبي هريرة من صلى أربع ركعات بعد زوال الشمس يحسن قراءتهن الحديث ذكره عبد الملك بن حبيب بلاغا من حديث أبي مسعود ولم أره من حديث أبي هريرة وكان صلى اللـه عليه وسلم لا يدع أربعا بعد الزوال يطيلهن ويقول إن أبواب السماء تفتح في هذه الساعة فأحب أن يرفع لي فيها عمل حديث أبي أيوب كان لا يدع أربعا بعد الزوال الحديث أخرجه أحمد بسند ضعيف نحوه وهو عند أبي داود وابن ماجه مختصرا وروى الترمذي نحوه من حديث عبد اللـه بن السائب وقال حسن رواه أبو أيوب الأنصاري وتفرد به ودل عليه أيضا ما روت أم حبيبة زوج النبي صلى اللـه عليه وسلم أنه قال من صلى في كل يوم اثنتي عشرة ركعة غير المكتوبة بني له بيت في الجنة

ركعتين قبل الفجر وأربعا قبل الظهر وركعتين بعدها وركعتين قبل العصر وركعتين بعد المغرب حديث أم حبيبة من صلى في يوم اثنتي عشرة ركعة الحديث أخرجه النسائي والحاكم وصحح إسناده على شرط مسلم ورواه مسلم مختصرا ليس فيه تعيين أوقات الركعات وقال ابن عمر رضي الله عنهما حفظت من رسول الله صلى الله عليه وسلم وسلم في كل يوم عشر ركعات حديث ابن عمر حفظت من النبي صلى الله عليه وسلم في كل يوم عشر ركعات الحديث متفق عليه واللفظ للبخاري ولم يقل في كل يوم فذكر ما ذكرته أم حبيبة رضي الله عنها إلا ركعتي الفجر فإنه قال تلك ساعة لم يكن يدخل فيها على رسول الله صلى الله عليه وسلم ولكن حدثتني أختي حفصة رضي الله عنها أنه صلى الله عليه وسلم كان يصلي ركعتين في بيتها ثم يخرج

وقال في حديثه ركعتين قبل الظهر وركعتين بعد العشاء فصارت الركعتان قبل الظهر آكد من جملة الأربعة ويدخل وقت ذلك بالزوال

والزوال يعرف بزيادة ظل الأشخاص المنتصبة مائلة إلى جهة الشرق إذ يقع للشخص ظل عند الطلوع في جانب المغرب يستطيل فلا تزال الشمس ترتفع والظل ينقص وينحرف عن جهة المغرب إلى أن تبلغ الشمس منتهى ارتفاعها وهو قوس نصف النهار فيكون ذلك منتهى نقصان الظل

فإذا زالت الشمس عن منتهى الارتفاع أخذ الظل في الزيادة فمن حيث صارت الزيادة مدركة بالحس دخل وقت الظهر

ويعلم قطعا أن الزوال في علم الله سبحانه وقع قبله ولكن التكاليف لا ترتبط إلا بما يدخل تحت الحس والقدر الباقي من الظل الذي منه يأخذ في الزيادة يطول في الشتاء ويقصر في الصيف ومنتهى طوله بلوغ الشمس أول الجدي ومنتهى قصره بلوغها أول السرطان

ويعرف ذلك بالأقدام والموازين

ومن الطرق القريبة من التحقيق لمن أحسن مراعاته أن يلاحظ القطب الشمالي بالليل ويضع على الأرض لوحا مربعا وضعا مستويا بحيث يكون أحد أضلاعه من جانب القطب بحيث لو توهمت سقوط حجر من القطب إلى الأرض ثم توهمت خطا من مسقط الحجر إلى الضلع الذي يليه من اللوح لقام الخط على الضلع على زاويتين قائمتين أي لا يكون الخط مائلا إلى أحد الضلعين ثم تنصب عمودا على اللوح نصبا مستويا في موضع علامة 5 وهو بإزاء القطب فيقع ظله على اللوح في أول النهار مائلا إلى جهة المغرب في صوب خط أ ثم لا يزال يميل على أن ينطبق على خط ب بحيث لو مد رأسه لانتهى على الاستقامة إلى مسقط الحجر ويكون موازيا للضلع الشرقي والغربي غير مائل إلى أحدهما فإذا بطل ميله إلى الجانب الغربي فالشمس في منتهى الإرتفاع فإذا انحرف الظل عن الخط الذي على اللوح إلى جانب الشرق فقد زالت الشمس

وهذا يدرك بالحس تحقيقا في وقت هو قريب من أول الزوال في علم الـلـه تعالى ثم يعلم على رأس الظل عند انحرافه علامة فإذا صار الظل من تلك العلامة مثل العمود دخل وقت العصر فهذا القدر لا بأس بمعرفته في علم الزوال وهذه صورته

الثالثة راتبة العصر وهي أربع ركعات قبل العصر

روى أبو هريرة رضي الـلـه عنه عن النبي صلى الـلـه عليه وسلم أنه قال رحم الـلـه عبدا صلى قبل العصر أربعا حديث أبي هريرة رحم الـلـه عبدا صلى أربعا قبل العصر أخرجه أبو داود والترمذي وابن حبان من حديث ابن عمر وأعله ابن القطان ولم أره من حديث أبي هريرة ففعل ذلك على رجاء الدخول في دعوة رسول الـلـه صلى الـلـه عليه وسلم مستحب استحبابا مؤكدا فإن دعوته تستجاب لا محالة له ولم تكن مواظبته على السنة قبل العصر كمواظبته على ركعتين قبل الظهر

الرابعة راتبة المغرب وهما ركعتان بعد الفريضة لم

تختلف الرواية فيهما وأما ركعتان قبلهما بين أذان المؤذن وإقامة المؤذن على سبيل المبادرة فقد نقل عن جماعة من الصحابة كأبي بن كعب وعبادة بن الصامت وأبي ذر وزيد بن ثابت وغيرهم قال عبادة أو غيره كان المؤذن إذا أذن لصلاة المغرب ابتدر أصحاب رسول الله صلى الله عليه وسلم السواري يصلون ركعتين حديث عبادة أو غيره في ابتدار أصحاب رسول الله صلى الله عليه وسلم السواري إذا أذن لصلاة المغرب متفق عليه من حديث أنس لا من حديث عبادة وروى عبد الله بن أحمد في زيادات المسند أن أبي بن كعب وعبد الرحمن بن عوف كانا يركعان حين تغرب الشمس ركعتين قبل المغرب وقال بعضهم كنا نصلي الركعتين قبل المغرب حتى يدخل الداخل فيحسب أنا صلينا فيسأل أصليتم المغرب حديث كنا نصلي الركعتين قبل المغرب حتى يدخل الداخل فيحسب أنا صلينا أخرجه مسلم من حديث أنس وذلك يدخل في عموم قوله صلى الله عليه وسلم بين كل أذانين صلاة لمن شاء حديث بين كل أذانين صلاة لمن شاء متفق عليه من حديث عبد الله بن مغفل وكان أحمد بن حنبل يصليهما فعابه الناس فتركهما فقيل له في ذلك فقال لم أر الناس يصلونهما فتركتهما وقال لئن صلاهما الرجل في بيته أو حيث لا يراه الناس فحسن

ويدخل وقت المغرب بغيبوبة الشمس عن الأبصار في الأراضي المستوية التي ليست محفوفة بالجبال فإن كانت محفوفة بها في جهة المغرب فيتوقف إلى أن يرى إقبال السواد من جانب المشرق قال صلى الله عليه وسلم إذا أقبل الليل من ههنا وأدبر النهار من ههنا فقد أفطر الصائم حديث إذا أقبل الليل من ههنا الحديث متفق عليه من حديث عمر والأحب المبادرة في صلاة المغرب خاصة وإن أخرت وصليت قبل غيبوبة الشفق الأحمر وقعت أداء ولكنه مكروه

وأخر عمر رضي الله عنه صلاة المغرب ليلة حتى طلع نجم فأعتق رقبة وأخرها ابن عمر حتى طلع كوكبان فأعتق رقبتين

الخامسة راتبة العشاء الآخرة أربع ركعات بعد الفريضة

قالت عائشة رضي الله عنها كان رسول الله صلى الله عليه وسلم يصلي بعد العشاء الآخرة أربع ركعات ثم ينام حديث عائشة كان يصلي بعد العشاء الآخرة أربع ركعات ثم ينام أخرجه أبو داود واختار بعض العلماء من مجموع الأخبار أن يكون عدد الرواتب سبع عشرة كعدد المكتوبة ركعتان قبل الصبح وأربع قبل الظهر وركعتان بعدها وأربع قبل العصر وركعتان بعد المغرب وثلاث بعد العشاء الآخرة وهي الوتر حديث الوتر بثلاث بعد العشاء أخرجه أحمد واللفظ له والنسائي من حديث عائشة كان يوتر بثلاث لا يفصل بينهن ومهما عرفت الأحاديث الواردة فيه فلا معنى للتقدير فقد قال صلى الله عليه وسلم الصلاة خير موضع فمن شاء أكثر ومن شاء أقل حديث الصلاة خير موضع أخرجه أحمد وابن حبان والحاكم وصححه من حديث أبي ذر فإذا اختيار كل مريد من

هذه الصلاة بقدر رغبته في الخير فقد ظهر فيما ذكرناه أن بعضها آكد من بعض وترك الآكد أبعد لا سيما والفرائض تكمل بالنوافل فمن لم يستكثر منها يوشك أن لا تسلم له فريضة من غير جابر

السادسة الوتر قال أنس بن مالك كان رسول الـلـه صلى الـلـه عليه وسلم يوتر بعد العشاء بثلاث ركعات يقرأ في الأولى سبح اسم ربك الأعلى وفي الثانية قل يا أيها الكافرون وفي الثالثة قل هو الـلـه أحد حديث أنس كان يوتر بعد العشاء بثلاث ركعات يقرأ في الأولى سبح الحديث أخرجه ابن عدي في ترجمة محمد بن أبان ورواه الترمذي وابن ماجه من حديث ابن عباس بسند صحيح وجاء في الخبر أنه صلى الـلـه عليه وسلم كان يصلي بعد الوتر ركعتين جالسا وفي بعضها متربعا حديث كان يصلي بعد الوتر ركعتين جالسا أخرجه مسلم من حديث عائشة وفي بعض الأخبار إذا أراد أن يدخل فراشه زحف إليه وصلى فوقه ركعتين قبل أن يرقد يقراء فيهما إذا زلزلت الأرض وسورة التكاثر حديث إذا أراد أن يدخل فراشه زحف إليه ثم صلى ركعتين الحديث أخرجه البيهقي من حديث أبي أمامة وأنس نحوه وضعفه وليس فيه زحف إليه ولا ذكر ألهاكم التكاثر وفي رواية أخرى قل يا أيها الكافرون ويجوز الوتر مفصولا وموصولا بتسليمة واحدة

وتسليمتين وقد أوتر رسول الله صلى الله عليه وسلم بركعة حديث الوتر بركعة متفق عليه من حديث ابن عمر وهو لمسلم من حديث عائشة وثلاث حديث الوتر بثلاث تقدم وخمس حديث الوتر بخمس من حديث عائشة يوتر من ذلك بخمس ولا يجلس في شيء إلا في آخرها وهكذا بالأوتار حديث الوتر بسبع أخرجه مسلم وأبو داود والنسائي واللفظ من حديث عائشة أن رسول الله صلى الله عليه وسلم لما كبر وضعف أوتر بسبع ركعات لا يقعد إلا في السادسة ثم ينهض ولا يسلم فيصلي السابعة ﴿ حديث ﴾ الوتر بتسع أخرجه مسلم من حديث عائشة وهو في الذي قبله إلى إحدى عشرة ركعة حديث الوتر بإحدى عشرة أخرجه أبو داود بإسناد صحيح من حديث عائشة كان يوتر أربع وثلاث وست وثلاث وثمان وثلاث وعشر وثلاث الحديث ولمسلم من حديثها كان يصلي بالليل إحدى عشرة ركعة الحديث والرواية مترددة في ثلاث عشرة حديث الوتر بثلاث عشرة تقدم في الذي قبله وللترمذي والنسائي من حديث أم سلمة كان يوتر بثلاث عشرة وقال الترمذي حسن ولمسلم من حديث عائشة كان يصلي من الليل ثلاث عشرة ركعة زاد في رواية بركعتي الفجر وفي حديث شاذ سبع عشرة ركعة حديث الوتر سبع عشرة أخرجه ابن المبارك من حديث طاوس مرسلا كان يصلي سبع عشرة ركعة من الليل وكانت هذه الركعات أعني ما سمينا جملتها وترا صلاة بالليل وهو التهجد والتهجد بالليل سنة مؤكدة وسيأتي ذكر فضائلها في كتاب الأوراد وفي الأفضل خلاف فقيل إن الإيتار بركعة فردة أفضل إذ صح أنه صلى الله عليه وسلم كان يواظب على الإيتار بركعة فردة وقيل الموصولة أفضل للخروج عن شبهة الخلاف لا سيما الإمام إذ قد يقتدي به من لا يرى الركعة الفردة صلاة فإن صلى موصولا نوى بالجميع الوتر وإن اقتصر على ركعة واحدة بعد ركعتي العشاء أو بعد فرض العشاء نوى الوتر وصح

لأن شرط الوتر أن يكون في نفسه وترا وأن يكون موترا لغيره مما سبق قبله وقد أوتر الفرض ولو أوتر قبل العشاء لم يصح أي لا ينال فضيلة الوتر الذي هو خير له من حمر النعم حديث الوتر خير من حمر النعم أخرجه أبو داود والترمذي وابن ماجه من حديث خارجة بن حذافة إن الله أمدكم بصلاة هي خير لكم من حمر النعم وضفه البخاري وغيره كما ورد به الخبر

وإلا فركعة فردة صحيحة في أي وقت كان وإنما لم يصح قبل العشاء لأنه خرق إجماع الخلق في الفعل ولأنه لم يتقدم ما يصير به وترا

فأما إذا أراد أن يوتر بثلاث مفصولة ففي نيته في الركعتين نظر

فإنه إن نوى بهما التهجد أو سنة العشاء لم يكن هو من الوتر

وإن نوى الوتر لم يكن هو في نفسه وترا وإنما الوتر ما بعده ولكن الأظهر أن ينوى الوتر كما ينوى في الثلاث الموصولة الوتر ولكن للوتر معنيان أحدهما أن يكون في نفسه وترا والآخر أن ينشأ ليجعل وترا بما بعده فيكون مجموع الثلاثة وترا والركعتان من جملة الثلاث إلا أن وتريته موقوفة على الركعة الثالثة

وإذا كان هو على عزم أن يوترهما بثالثة كان له أن ينوي بهما الوتر

والركعة الثالثة وتر بنفسها وموترة لغيرها

والركعتان لا يوتران غيرهما وليستا وترا بأنفسهما ولكنهما موترتان بغيرهما

والوتر ينبغي أن يكون آخر صلاة الليل فيقع بعد التهجد

وسيأتي فضائل الوتر والتهجد وكيفية الترتيب بينهما في كتاب ترتيب الأوراد

السابعة صلاة الضحى فالمواظبة عليها من عزائم الأفعال وفواضلها أما عدد ركعاتها فأكثر ما نقل فيه ثمان ركعات

روت أم هانىء أخت علي بن أبي طالب رضي اللـه عنهما أنه صلى اللـه عليه وسلم صلى الضحى ثماني ركعات أطالهن وحسنهن حديث أم هانىء صلى الضحى ثماني ركعات أطالهن وأحسنهن متفق عليه دون زيادة أطالهن وأحسنهن وهي منكرة ولم ينقل هذا القدر غيرها

فأما عائشة رضي اللـه عنها فإنها ذكرت أنه صلى اللـه عليه وسلم كان يصلي الضحى أربعا ويزيد ما شاء اللـه سبحانه حديث عائشة كان يصلي الضحى أربعا ويزيد ما شاء اللـه أخرجه مسلم فلم تحد الزيادة إلى أنه كان يواظب على الأربعة ولا ينقص منها وقد يزيد زيادات

وروى في حديث مفرد أن النبي صلى اللـه عليه وسلم كان يصلي الضحى ست ركعات حديث كان يصلي الضحى ست ركعات أخرجه الحاكم في فضل صلاة الضحى من حديث جابر ورجاله ثقات وأما وقتها فقد روى علي رضي اللـه عنه أنه

صلى اللـه عليه وسلم كان يصلي الضحى ستا في وقتين إذا أشرقت الشمس وارتفعت قام وصلى ركعتين وهو أول الورد الثاني من أوراد النهار كما سيأتي وإذا انبسطت الشمس وكانت في ربع السماء من جانب الشرق صلى أربعا حديث كان إذا أشرقت وارتفعت قام وصلى ركعتين وإذا انبسطت الشمس وكانت في ربع النهار من جانب المشرق صلى أربعا أخرجه الترمذي والنسائي وابن ماجه من حديث علي كان نبي اللـه صلى اللـه عليه وسلم إذا زالت الشمس من مطلعها قيد رمح أو رمحين كقدر صلاة العصر من مغربها صلى ركعتين ثم أمهل حتى إذا ارتفع الضحى صلى أربع ركعات لفظ النسائي وقال الترمذي حسن فالأول إنما يكون إذا ارتفعت الشمس قيد نصف رمح والثاني إذا مضى من النهار ربعه بإزاء صلاة العصر فإن وقته أن يبقى من النهار ربعه والظهر على منتصف النهار ويكون الضحى على منتصف ما بين طلوع الشمس إلى الزوال كما أن العصر على منتصف ما بين الزوال إلى

الغروب وهذا أفضل الأوقات

ومن وقت ارتفاع الشمس إلى ما قبل الزوال وقت للضحى على الجملة

الثامنة إحياء ما بين العشاءين وهي سنة مؤكدة ومما نقل عدده من فعل رسول اللـه صلى اللـه عليه وسلم بين العشاءين ست ركعات حديث صلى بين العشاءين ست ركعات أخرجه ابن منده في الضحى والطبراني في الأوسط والأصغر من حديث عمار بن ياسر بسند ضعيف والترمذي وضعفه من حديث أبي هريرة من صلى بعد المغرب ست ركعات لم يتكلم فيما بينهن بسوء عدلن له بعبادة ثنتي عشرة سنة ولهذه الصلاة فضل عظيم

وقيل إنها المراد بقوله عز وجل تتجافى جنوبهم عن المضاجع وقد روى عنه صلى اللـه عليه وسلم أنه قال من صلى بين المغرب والعشاء فإنها من صلاة الأوابين حديث من صلى بين والمغرب والعشاء فإنها من صلاة الأوابين أخرجه ابن المبارك في الرقائق من رواية ابن المنذر مرسلا وقال صلى اللـه عليه وسلم من عكف نفسه فيما بين المغرب والعشاء في مسجد جماعة لم يتكلم إلا بصلاة أو بقرآن كان حقا على اللـه أن يبني له قصرين في الجنة مسيرة كل قصر منهما مائة عام ويغرس له بينهما غراسا لوطافة أهل الأرض لوسعهم حديث من عكف نفسه بين المغرب والعشاء في مسجد جماعة أخرجه أبو الوليد الصفار في كتاب الصلاة من طريق عبد الملك بن حبيب بلاغا له من حديث عبد اللـه بن عمر وسيأتي بقية فضائلها في كتاب الأوراد إن شاء اللـه تعالى القسم الثاني ما يتكرر بتكرر الأسابيع وهي صلاة أيام الأسبوع ولياليه لكل يوم ولكل ليلة

أما الأيام فنبدأ فيها بيوم الأحد

يوم الأحد روى أبو هريرة رضي اللـه عنه عن النبي صلى اللـه عليه وسلم أنه قال من صلى يوم الأحد أربع ركعات يقرأ في كل ركعة بفاتحة الكتاب وآمن الرسول مرة كتب اللـه له بعدد كل نصراني ونصرانية حسنات وأعطاه اللـه ثواب

نبي وكتب له حجة وعمرة وكتب له بكل ركعة ألف صلاة وأعطاه الله في الجنة بكل حرف مدينة من مسك أذفر حديث من صلى يوم الأحد أربع ركعات الحديث أخرجه أبو موسى المديني من حديث أبي هريرة بسند ضعيف وروي عن علي بن أبي طالب رضي الله عنه عن النبي صلى الله عليه وسلم أنه قال وحدوا الله بكثرة الصلاة يوم الأحد فإنه سبحانه واحد لا شريك له فمن صلى يوم الأحد بعد صلاة الظهر أربع ركعات بعد الفريضة والسنة يقرأ في الأولى فاتحة الكتاب وتنزيل السجدة وفي الثانية فاتحة الكتاب وتبارك الملك ثم تشهد وسلم ثم قام فصلى ركعتين أخريين يقرأ فيهما فاتحة الكتاب وسورة الجمعة وسأل الله سبحانه حاجته كان حقا على الله أن يقضي حاجته حديث علي وحدوا الله بكثرة الصلاة يوم الأحد الحديث ذكره أبو موسى المديني فيه بغير إسناد

يوم الإثنين روى جابر عن رسول الله صلى الله عليه وسلم أنه قال من صلى يوم الإثنين عند ارتفاع النهار ركعتين يقرأ في كل ركعة فاتحة الكتاب مرة وآية الكرسي مرة وقل هو الله أحد والمعوذتين مرة مرة فإذا سلم

استغفر الـلـه عشر مرات وصلى على النبي صلى الـلـه عليه وسلم عشر مرات غفر الـلـه تعالى له ذنوبه كلها حديث جابر من صلى يوم الإثنين عند ارتفاع النهار ركعتين الحديث أخرجه أبو موسى المديني من حديث جابر عن عمر مرفوعا وهو حديث منكر وروى أنس بن مالك عن النبي صلى الـلـه عليه وسلم أنه قال من صلى يوم الإثنين ثنتي عشرة ركعة يقرأ في كل ركعة فاتحة الكتاب وآية الكرسي مرة فإذا فرغ قرأ قل هو الـلـه أحد اثنتي عشرة واستغفر اثنتي عشرة مرة ينادي به يوم القيامة أين فلان بن فلان ليقم فليأخذ ثوابه من الـلـه عز وجل فأول ما يعطى من الثواب ألف حلة ويتوج ويقال له ادخل الجنة فيستقبله مائة ألف ملك مع كل ملك هدية يشيعونه حتى يدور على ألف قصر من نور يتلألأ حديث أنس من صلى يوم الإثنين اثنتي عشرة ركعة الحديث ذكره أبو موسى المديني بغير سند وهو منكر

يوم الثلاثاء روى يزيد الرقاشي عن أنس بن مالك قال قال صلى الـلـه عليه وسلم من صلى يوم الثلاثاء عشر ركعات عند انتصاف النهار حديث يزيد الرقاشي عن أنس من صلى يوم الثلاثاء عشر ركعات عند انتصاف النهار الحديث أخرجه أبو موسى المديني بسند ضعيف ولم يقل عند انتصاف النهار ولا عند ارتفاعه وفي حديث آخر عند ارتفاع النهار يقرأ في كل ركعة فاتحة الكتاب وآية الكرسي مرة وقل هو الـلـه أحد ثلاث مرات لم تكتب عليه خطيئة إلى سبعين يوما فإن مات إلى سبعين يوما مات شهيدا وغفر له ذنوب سبعين سنة

يوم الأربعاء روى أبو إدريس الخولاني عن معاذ بن جبل رضي الـلـه عنه قال قال رسول الـلـه صلى الـلـه عليه وسلم من صلى يوم الأربعاء ثنتي عشرة ركعة عند ارتفاع النهار يقرأ في كل ركعة فاتحة الكتاب وآية الكرسي مرة وقل هو الـلـه أحد ثلاث مرات والمعوذتين ثلاث مرات نادى مناد عند العرش يا عبد الـلـه استأنف العمل فقد غفر لك ما تقدم من ذنبك ورفع الـلـه سبحانه عنك عذاب القبر وضيقه وظلمته ورفع عنك شدائد القيامة ورفع له من يومه عمل نبي حديث أبي إدريس الخولاني عن معاذ من صلى يوم الأربعاء اثنتي عشرة ركعة الحديث أخرجه أبو موسى المديني وقال رواته ثقات والحديث مركب قلت بل فيه غير مسمى وهو محمد بن حميد الرازي أحد الكذابين

يوم الخميس عن عكرمة عن ابن عباس قال قال رسول الـلـه صلى الـلـه عليه وسلم من صلى يوم الخميس بين الظهر والعصر ركعتين يقرأ في الأولى فاتحة الكتاب وآية الكرسي مائة مرة وفي الثانية فاتحة الكتاب وقل هو الـلـه أحد مائة مرة ويصلي على محمد مائة مرة أعطاه الـلـه ثواب من صام رجب وشعبان ورمضان وكان له من الثواب مثل حاج البيت وكتب له بعدد كل من آمن بالله سبحانه وتوكل عليه حسنة حديث عكرمة عن ابن عباس من صلى يوم الخميس بين الظهر والعصر ركعتين الحديث أخرجه أبو موسى المديني بسند ضعيف جدا

يوم الجمعة روي عن علي بن أبي طالب رضي الله عنه عن النبي صلى الله عليه وسلم أنه قال يوم الجمعة صلاة كله ما من عبد مؤمن قام إذا استقلت الشمس وارتفعت قدر رمح أو أكثر من ذلك فتوضأ ثم أسبغ الوضوء فصلى سبحة الضحى ركعتين إيمانا واحتسابا إلا كتب الله له مائتي حسنة ومحا عنه مائتي سيئة ومن صلى أربع ركعات رفع الله سبحانه له في الجنة أربعمائة درجة ومن صلى ثماني ركعات رفع الله تعالى له في الجنة ثمانمائة درجة وغفر له ذنوبه كلها ومن صلى ثنتي عشرة ركعة كتب الله له ألفين ومائتي حسنة ومحا عنه ألفين ومائتي سيئة ورفع له في الجنة ألفين ومائتي درجة حديث علي يوم الجمعة صلاة كله ما من عبد مؤمن قام إذا استقلت الشمس الحديث لم أجد له أصلا وهو باطل وعن نافع عن ابن عمر رضي الله عنهما عن النبي صلى الله عليه وسلم أنه قال من دخل الجامع

يوم الجمعة فصلى أربع ركعات قبل صلاة الجمعة يقرأ في كل ركعة الحمد لله وقل هو الله أحد خمسين مرة لم يمت حتى يرى مقعده من الجنة أو يرى له حديث نافع عن ابن عمر من دخل الجامع يوم الجمعة فصلى أربع ركعات الحديث أخرجه الدار قطني في غرائب مالك وقال لا يصح وعبد الله بن وصيف مجهول والخطيب في الرواة عن مالك وقال غريب جدا ولا أعرف له وجها غير هذا

يوم السبت روى أبو هريرة أن النبي صلى الله عليه وسلم قال من صلى يوم السبت أربع ركعات يقرأ في كل ركعة فاتحة الكتاب مرة وقل هو الله أحد ثلاث مرات فإذا فرغ قرأ آية الكرسي كتب الله له بكل حرف حجة وعمرة ورفع له بكل حرف أجر سنة صيام نهارها وقيام ليلها وأعطاه الله عز وجل بكل حرف ثواب شهيد وكان تحت ظل عرش الله مع النبيين والشهداء حديث أبي هريرة من صلى يوم السبت أربع ركعات الحديث أخرجه أبو موسى المديني في كتاب وظائف الليالي والأيام بسند ضعيف جدا

وأما الليالي

ليلة الأحد روى أنس بن مالك في ليلة الأحد أنه صلى الله عليه وسلم قال من صلى ليلة الأحد عشرين ركعة يقرأ في كل ركعة فاتحة الكتاب وقل هو الله أحد خمسين مرة والمعوذتين مرة مرة واستغفر الله عز وجل مائة مرة واستغفر لنفسه ولوالديه مائة مرة وصلى على النبي صلى الله عليه وسلم مائة مرة وتبرأ من حوله وقوته والتجأ الله إلى ثم قال أشهد أن لا إله إلا الله وأشهد أن آدم صفوة الله وفطرته وإبراهيم خليل الله وموسى كليم الله وعيسى روح الله ومحمدا حبيب الله كان له من الثواب بعدد من دعا لله ولدا ومن لم يدع لله ولدا وبعثه الله عز وجل يوم القيامة مع الآمنين وكان حقا على الله تعالى أن يدخله الجنة مع النبيين حديث من صلى ليلة الأحد عشرين ركعة الحديث ذكره أبو موسى المديني بغير إسناد وهو منكر وروى أبو موسى من حديث أنس في فضل الصلاة فيها ست ركعات وأربع ركعات وكلاهما ضعيف جدا

ليلة الإثنين روى الأعمش عن أنس قال قال رسول الله صلى الله عليه وسلم من صلى ليلة الإثنين أربع ركعات يقرأ في الركعة الأولى الحمد لله وقل هو الله أحد عشر مرات وفي الركعة الثانية الحمد لله وقل هو الله أحد عشر مرات وفي الركعة الثانية الحمد لله وقل هو الله أحد عشرين مرة وفي الثالثة الحمد لله وقل هو الله أحد ثلاثين مرة وفي الرابعة الحمد لله وقل هو الله أحد أربعين مرة ثم يسلم ويقرأ قل هو الله أحد خمسا وسبعين مرة واستغفر الله لنفسه ولوالديه خمسا وسبعين مرة ثم سأل الله حاجته كان حقا على الله أن يعطيه سؤله ما سأل حديث الأعمش عن أنس من صلى ليلة الإثنين أربع ركعات الحديث ذكره أبو موسى المديني هكذا عن الأعمش بغير إسناد من رواية يزيد الرقاشي عن أنس حديثا في صلاة ست ركعات فيها وهو منكر وهي صلاة الحاجة

ليلة الثلاثاء من صلى ركعتين يقرأ في كل ركعة فاتحة الكتاب وقل هو الله أحد والمعوذتين خمس عشرة مرة ويقرأ بعد التسليم خمس عشرة مرة آية الكرسي واستغفر الله تعالى خمس عشرة مرة كان له ثواب عظيم وأجر جسيم

وروي عن عمر رضي الله عنه عن النبي صلى الله عليه وسلم أنه قال من صلى ليلة الثلاثاء ركعتين يقرأ في كل ركعة فاتحة الكتاب مرة وإنا أنزلناه وقل هو الله أحد سبع مرات أعتق الله رقبته من النار ويكون له يوم القيامة قائده ودليله إلى الجنة حديث الصلاة في ليلة الثلاثاء ركعتين الحديث ذكره أبو موسى بغير إسناد حكاية عن بعض المصنفين وأسند من حديث ابن مسعود وجابر حديثا في صلاة أربع ركعات فيها وكلها منكرة ليلة الأربعاء روت فاطمة رضي الله عنها عن النبي صلى الله عليه وسلم أنه قال من صلى ليلة الأربعاء ركعتين يقرأ في الأول فاتحة الكتاب وقل أعوذ برب الفلق عشر مرات وفي الثانية بعد الفاتحة قل أعوذ برب الناس عشر مرات

ثم إذا سلم استغفر اللـه عشر مرات ثم يصلي على محمد صلى اللـه عليه وسلم وسلم عشر مرات نزل من كل سماء سبعون ألف ملك يكتبون ثوابه إلى يوم القيامة حديث من صلى ليلة الأربعاء ركعتين الحديث لم أجد فيه إلا حديث جابر في صلاة أربع ركعات فيها ورواه أبو موسى المديني وروى من حديث أنس ثلاثين ركعة وفي حديث آخر ست عشرة ركعة يقرأ بعد الفاتحة ما شاء اللـه ويقرأ في آخر الركعتين آية الكرسي ثلاثين مرة وفي الأوليين ثلاثين مرة قل هو اللـه أحد يشفع في عشرة من أهل بيته كلهم وجبت عليهم النار وروت فاطمة رضي اللـه عنها أنها قالت قال رسول اللـه صلى اللـه عليه وسلم من صلى ليلة الأربعاء ست ركعات قرأ في ركعة بعد الفاتحة قل اللهم مالك الملك إلى آخر الآية فإذا فرغ من صلاته يقول جزى اللـه محمدا عنا ما هو أهله غفر له ذنوب سبعين سنة وكتب له براءة من النار حديث فاطمة من صلى ست ركعات أي ليلة الأربعاء الحديث أخرجه أبو موسى المديني بسند ضعيف جدا

ليلة الخميس قال أبو هريرة رضي اللـه عنه قال النبي صلى اللـه عليه وسلم من صلى ليلة الخميس ما بين المغرب والعشاء ركعتين يقرأ في كل ركعة فاتحة الكتاب وآية الكرسي خمس مرات وقل هو اللـه أحد خمس مرات والمعوذتين خمس مرات فإذا فرغ من صلاته استغفر اللـه تعالى خمس عشرة مرة وجعل ثوابه لوالديه فقد أدى حق والديه عليه وإن كان عاقا لهما وأعطاه اللـه تعالى ما يعطي الصديقين والشهداء حديث أبي هريرة من صلى ليلة الخميس ما بين المغرب والعشاء ركعتين الحديث أخرجه أبو موسى المديني وأبو منصور الديلمي في مسند الفردوس بسند ضعيف جدا وهو منكر

ليلة الجمعة قال جابر قال رسول اللـه صلى اللـه عليه وسلم من صلى ليلة الجمعة بين المغرب والعشاء اثنتي عشرة ركعة يقرأ في كل ركعة فاتحة الكتاب مرة وقل هو اللـه أحد إحدى عشرة مرة فكأنما عبد اللـه تعالى اثنتي عشرة سنة صيام نهارها وقيام ليلها حديث جابر من صلى ليلة الجمعة بين المغرب والعشاء اثنتي عشرة ركعة الحديث باطل لا أصل له وقال أنس قال النبي صلى اللـه عليه وسلم من صلى ليلى الجمعة صلاة العشاء الآخرة في جماعة وصلى ركعتي السنة ثم صلى بعدهما عشر ركعات قرأ في كل ركعة فاتحة الكتاب وقل هو اللـه أحد والمعوذتين مرة مرة ثم أوتر بثلاث ركعات ونام على جنبه الأيمن وجهه إلى القبله فكأنما أحيا ليلة القدر حديث أنس من صلى ليلة الجمعة العشاء الآخرة في جماعة وصلى ركعتي السنة ثم صلى بعدها عشر ركعات الحديث باطل لا أصل له وروى المظفر بن الحسين الأرجاني في كتاب فضائل القرآن وإبراهيم بن المظفر في كتاب وصول القرآن للميت من حديث أنس من صلى ركعتين ليلة الجمعة قرأ فيهما بفاتحة الكتاب وإذا زلزلت خمس عشرة مرة وقال إبراهيم بن المظفر خمسين مرة أمنه اللـه من عذاب القبر ومن أهوال يوم القيامة ورواه أبو منصور الديلمي في مسند الفردوس من هذا الوجه ومن حديث ابن عباس أيضا وكلها ضعيفة منكرة وليس

يصح في أيام الأسبوع ولياليه شيء و اللـه أعلم وقال صلى اللـه عليه وسلم أكثروا من الصلاة علي في الليلة الغراء واليوم الأزهر ليلة الجمعة ويوم الجمعة حديث أكثروا علي من الصلاة في الليلة الغراء واليوم الأزهر أخرجه الطبراني في الأوسط من حديث أبي هريرة وفيه عبد المنعم بن بشير ضعف ابن معين وابن حبان

ليلة السبت قال أنس قال رسول اللـه صلى اللـه عليه وسلم من صلى ليلة السبت بين المغرب والعشاء اثنتي عشرة ركعة بني له قصر في الجنة وكأنما تصدق على كل مؤمن ومؤمنة وتبرأ من اليهود وكان حقا على اللـه أن يغفر له حديث أنس من صلى ليلة السبت بين المغرب والعشاء اثنتي عشرة ركعة الحديث لم أجد له أصلا

القسم الثالث ما يتكرر بتكرر السنين

وهي أربعة صلاة العيدين والتراويح وصلاة رجب وشعبان

الأولى صلاة العيدين وهي سنة مؤكدة وشعار من شعائر الدين وينبغي أن يراعى فيها سبعة أمور الأول التكبير ثلاثا نسقا فيقول اللـه أكبر اللـه أكبر

الله أكبر كبيرا والحمد لله كثيرا وسبحان الله بكرة وأصيلا لا إله إلا الله وحده لا شريك له مخلصين له الدين ولو كره الكافرون يفتتح بالتكبير ليلة الفطر إلى الشروع في صلاة العيد وفي العيد الثاني يفتتح التكبير عقيب الصبح يوم عرفة إلى آخر النهار يوم الثالث عشر وهذا أكمل الأقاويل

ويكبر عقيب الصلوات المفروضة وعقيب النوافل وهو عقيب الفرائض آكد

الثاني إذا أصبح يوم العيد يغتسل ويتزين ويتطيب كما ذكرناه في الجمعة والرداء والعمامة هو الأفضل للرجال وليجنب الصبيان الحرير والعجائز التزين عند الخروج

الثالث أن يخرج من طريق ويرجع من طريق آخر حديث الخروج في طريق والرجوع في أخرى أخرجه مسلم من حديث أبي هريرة هكذا فعل رسول الله صلى الله عليه وسلم وكان صلى الله عليه وسلم يأمر بإخراج العواتق وذوات الخدور حديث كان يأمر بإخراج العواتق وذوات الخدور متفق عليه من حديث أم عطية

الرابع المستحب الخروج إلى الصحراء إلا بمكة وبيت المقدس فإن كان يوم مطر فلا بأس بالصلاة في المسجد

ويجوز في يوم الصحو أن يأمر الإمام رجلا يصلي بالضعفة في المسجد ويخرج بالأقوياء مكبرين

الخامس يراعي الوقت فوقت صلاة العيد ما بين طلوع الشمس إلى الزوال

ووقت الذبح للضحايا ما بين ارتفاع الشمس بقدر خطبتين وركعتين إلى آخر اليوم الثالث عشر

ويستحب تعجيل صلاة الأضحى لأجل الذبح وتأخير صلاة الفطر لأجل تفريق صدقة الفطر قبلها

هذه سنة رسول الله صلى الله عليه وسلم حديث تعجيل صلاة الأضحى وتأخير صلاة الفطر أخرجه الشافعي من رواية أبي الحويرث مرسلا أن النبي صلى الله عليه وسلم كتب إلى عمرو بن حزم وهو بنجران أن عجل الأضحى وأخر الفطر

السادس في كيفية الصلاة فليخرج الناس مكبرين في الطريق

وإذا بلغ الإمام المصلى لم يجلس ولم يتنفل ويقطع الناس التنفل

ثم ينادي مناد الصلاة جامعة

ويصلي الإمام بهم ركعتين يكبر في الأولى سوى تكبيرة الإحرام والركوع سبع تكبيرات يقول بين كل تكبيرتين سبحان الله والحمد لله ولا إله إلا الله و الله أكبر ويقول وجهت وجهي للذي فطر السموات والأرض عقيب تكبيرة الافتتاح ويؤخر الاستعاذة إلى ما وراء الثامنة ويقرأ سورة ق في الأولى بعد الفاتحة واقتربت في الثانية

والتكبيرات الزائدة في الثانية خمس سوى تكبيرتي القيام والركوع

وبين كل تكبيرتين ما ذكرناه

ثم يخطب خطبتين بينهما جلسة ومن فاتته صلاة العيد قضاها

السابع أن يضحي بكبش ضحى رسول الله صلى الله عليه وسلم بكبشين أملحين وذبح بيده وقال بسم الله و الله أكبر هذا عني وعمن لم يضح من أمتي حديث ضحى بكبشين أملحين وذبح بيده وقال بسم الله و الله أكبر هذا عني وعمن لم يضح من أمتي متفق عليه دون قوله عني الخ من حديث أنس وهذه الزيادة عند أبي داود والترمذي من حديث جابر وقال الترمذي غريب ومنقطع وقال صلى الله عليه وسلم من رأى هلال ذي الحجة وأراد أن يضحي فلا يأخذ من شعره ولا من أظفاره شيئا حديث من رأى هلال ذي الحجة وأراد أن يضحي فلا يأخذ من شعره وأظفاره أخرجه من حديث أم سلمة قال أبو أيوب الأنصاري كان الرجل يضحي على عهد رسول الله صلى الله عليه وسلم بالشاة عن أهل بيته ويأكلون ويطعمون حديث أبي أيوب كان الرجل يضحي على عهد رسول الله صلى الله عليه وسلم الشاة عن أهله فيأكلون ويطعمون أخرجه الترمذي وابن ماجه قال الترمذي حسن صحيح

وله أن يأكل من الضحية بعد ثلاثة أيام فما فوق وردت فيه الرخصة بعد النهي عنه

وقال سفيان الثوري يستحب أن يصلي بعد عيد الفطر اثنتي عشرة ركعة وبعد عيد الأضحى ست ركعات قال سفيان الثوري من السنة أن يصلي بعد الفطر اثنتي عشرة ركعة وبعد الأضحى ست ركعات لم أجد له أصلا في كونه سنة وفي الحديث الصحيح ما يخالفه وهو أنه صلى الله عليه وسلم لم يصل قبلها ولا بعدها وقد اختلفوا في قول التابعي من السنة كذا وأما قول تابعي التابع كذلك كالثوري فهو مقطوع وقال هو من السنة الثانية التراويح وهي عشرون ركعة

وكيفيتها مشهورة وهي سنة مؤكدة وإن كانت دون العيدين واختلفوا في أن الجماعة فيها أفضل أم الانفراد وقد خرج رسول الـلـه صلى الـلـه عليه وسلم فيها ليلتين أو ثلاثا للجماعة ثم لم يخرج وقال أخاف أن توجب عليكم حديث خروجه لقيام رمضان ليلتين أو ثلاثا ثم لم يخرج وقال أخاف أن يوجب عليكم متفق عليه من حديث عائشة بلفظ خشيت أن تفرض عليكم وجمع عمر رضي الـلـه عنه الناس عليها في الجماعة حيث أمن من الوجوب بانقطاع الوحي فقيل إن الجماعة أفضل لفعل عمر رضى الـلـه عنه ولأن الاجتماع بركة وله فضيلة بدليل الفرائض ولأنه ربما يكسل في الانفراد وينشط عند مشاهدة الجمع

وقيل الإنفراد أفضل لأن هذه سنة ليست من الشعائر كالعيدين فإلحاقها بصلاة الضحى وتحية المسجد أولى ولم تشرع فيها جماعة

وقد جرت العادة بأن يدخل المسجد جمع معا ثم لم يصلوا التحية بالجماعة ولقوله صلى الـلـه عليه وسلم فضل صلاة التطوع في بيته على صلاته في المسجد كفضل صلاة المكتوبة في المسجد على صلاته في البيت حديث فضل صلاة التطوع في بيته على صلاته في المسجد كفضل صلاة المكتوبة في المسجد على صلاته في البيت رواه آدم بن أبي إياس في كتاب القوات من حديث ضمرة بن حبيب مرسلا ورواه ابن أبي شيبة في المصنف فجعله عن ضمرة بن حبيب عن رجل من أصحاب النبي صلى الـلـه عليه وسلم موقوفا

وفي سنن أبي داود بإسناد صحيح من حديث زيد بن ثابت صلاة المرء في بيته أفضل من صلاته في مسجدي هذا إلا المكتوبة وروي أنه صلى الـلـه عليه وسلم قال صلاة في مسجدي هذا أفضل من مائة صلاة في غيره من المساجد وصلاة في المسجد الحرام أفضل من ألف صلاة في مسجدي وأفضل من ذلك كله رجل يصلي في زاوية بيته ركعتين لا يعلمهما إلا الـلـه عز وجل حديث صلاة في مسجدي هذا أفضل من مائة صلاة في غيره وصلاة في المسجد الحرام أفضل من ألف صلاة في مسجدي وأفضل من هذا كله رجل يصلي ركعتين في زاوية بيته لا يعلمها إلا الـلـه أخرجه أبو الشيخ في الثواب من حديث أنس صلاة في مسجدي تعدل بعشرة آلاف صلاة وصلاة في المسجد الحرام تعدل بمائة ألف صلاة والصلاة بأرض الرباط تعدل بألفي ألف صلاة وأكثر من ذلك كله الركعتان يصليهما العبد في جوف الليل لا يريد بهما إلا وجه الـلـه عز وجل وإسناده ضعيف وذكر أبو الوليد الصفار في كتاب الصلاة تعليقا من حديث الأوزاعي قال دخلت على يحيى فأسند لي حديثا فذكره إلا أنه قال في الأولى ألف وفي الثانية مائة وهذا لأن الرياء والتصنع ربما يتطرق إليه في الجمع ويأمن منه في الوحدة فهذا ما قيل فيه

والمختار أن الجماعة أفضل كما رآه عمر رضي الـلـه عنه

فإن بعض النوافل قد شرعت فيها الجماعة وهذا جدير بأن يكون من الشعائر التي تظهر

وأما الإلتفات إلى الرياء في الجمع والكسل في الإنفراد عدول عن مقصود النظر في فضيلة الجمع من حيث إنه جماعة وكأن قائله يقول الصلاة خير من تركها بالكسل والإخلاص خير من الرياء

فلنفرض المسألة فيمن يثق بنفسه أنه لا يكسل لو انفرد ولا يرائي لو حضر الجمع فأيهما أفضل له فيدور النظر بين بركة الجمع وبين مزيد قوة الإخلاص وحضور القلب في الوحدة فيجوز أن يكون في تفضيل أحدهما على الآخر تردد ومما يستحب القنوت في الوتر في النصف الأخير من رمضان

أما صلاة رجب فقد روي بإسناد عن رسول الله صلى الله عليه وسلم أنه قال ما من أحد يصوم أول خميس من رجب ثم يصلي فيما بين العشاء والعتمة اثنتي عشرة ركعة يفصل بين كل ركعتين بتسليمة يقرأ في كل ركعة بفاتحة الكتاب مرة وإنا أنزلناه في ليلة القدر ثلاث مرات وقل هو الله أحد اثنتي عشرة مرة فإذا فرغ من صلاته صلى علي سبعين مرة يقول اللهم صل على محمد النبي الأمي وعلى آله ثم يسجد ويقول في سجوده سبعين مرة سبوح قدوس رب الملائكة والروح ثم يرفع رأسه ويقول سبعين مرة رب اغفر وارحم وتجاوز عما تعلم إنك أنت الأعز الأكرم ثم يسجد سجدة أخرى ويقول فيها مثل ما قال في السجدة الأولى ثم يسأل حاجته في سجوده فإنها تقضى حديث ما من أحد يصوم أول خميس من رجب الحديث في صلاة الرغائب أورده رزين في كتابه وهو حديث موضوع قال رسول الله صلى الله عليه وسلم لا يصلي أحد هذه الصلاة إلا غفر

الله تعالى له جميع ذنوبه ولو كانت مثل زبد البحر وعدد الرمل ووزن الجبال وورق الأشجار ويشفع يوم القيامة في سبعمائة من أهل بيته ممن قد استوجب النار فهذه صلاة مستحبة وإنما أوردناها في هذا القسم لأنها تتكرر بتكرر السنين وإن كانت رتبتها لا تبلغ رتبة التراويح وصلاة العيد لأن هذه الصلاة نقلها الآحاد ولكني رأيت أهل القدس بأجمعهم يواظبون عليها ولا يسمحون بتركها فأحببت إيرادها

وأما صلاة شعبان فليلة الخامس عشر منه يصلي مائة ركعة كل ركعتين بتسليمة يقرأ في كل ركعة بعد الفاتحة قل هو الله أحد إحدى عشرة مرة وإن شاء صلى عشر ركعات يقرأ في كل ركعة بعد الفاتحة مائة مرة قل هو الله أحد فهذا أيضا مروي في جملة الصلوات كان السلف يصلون هذه الصلاة ويسمونها صلاة الخير ويجتمعون فيها وربما صلوها جماعة

روي عن الحسن أنه قال حدثني ثلاثون من أصحاب النبي صلى الله عليه وسلم أن من صلى هذه الصلاة في هذه الليلة نظر الله إليه سبعين نظرة وقضى له بكل نظرة سبعين حاجة أدناها المغفرة حديث صلاة ليلة نصف شعبان حديث باطل رواه ابن ماجه من حديث علي إذا كانت ليلة النصف من شعبان فقوموا ليلها وصوموا نهارها وإسناده ضعيف القسم الرابع من النوافل ما يتعلق بأسباب عارضة ولا يتعلق بالمواقيت وهي تسعة

صلاة الخسوف والكسوف والاستسقاء وتحية المسجد وركعتي الوضوء وركعتين بين الأذان والإقامة وركعتين عند الخروج من المنزل والدخول فيه

ونظائر ذلك فنذكر منها ما يحضرنا الآن

الأولى صلاة الخسوف قال رسول الله صلى الله عليه وسلم إن الشمس والقمر آيتان من آيات الله لا يخسفان لموت أحد ولا لحياته فإذا رأيتم ذلك فافزعوا إلى ذكر الله والصلاة حديث إن الشمس والقمر آيتان من آيات الله الحديث أخرجاه من حديث المغيرة بن شعبة قال ذلك لما مات ولده إبراهيم صلى الله عليه وسلم وكسفت الشمس فقال الناس إنما كسفت لموته

والنظر في كيفيتها ووقتها أما الكيفية فإذا كسفت الشمس في وقت الصلاة فيه مكروهة أو غير مكروهة نودي الصلاة جامعة وصلى الإمام بالناس في المسجد ركعتين وركع في كل ركعة ركوعين أوائلهما أطول من أواخرهما ولا يجهر فيقرأ في الأولى من قيام الركعة الأولى الفاتحة والبقرة وفي الثانية الفاتحة وآل عمران وفي الثالثة الفاتحة وسورة النساء وفي الرابعة الفاتحة وسورة المائدة أو مقدار ذلك من القرآن من حيث أراد ولو اقتصر على الفاتحة في كل قيام أجزأه ولو اقتصر على سور قصار فلا بأس ومقصود التطويل دوام الصلاة إلى الإنجلاء

ويسبح في الركوع الأول قدر مائة آية وفي الثاني قدر ثمانين وفي الثالث قدر سبعين وفي الرابع قدر خمسين وليكن السجود على قدر الركوع في كل ركعة

ثم يخطب خطبتين بعد الصلاة بينهما جلسة ويأمر الناس بالصدقة والعتق والتوبة

وكذلك يفعل بخسوف القمر إلا أنه يجر فيها لأنها ليلية

فأما وقتها فعند ابتداء الكسوف إلى تمام الإنجلاء ويخرج وقتها بأن تغرب الشمس كاسفة

وتفوت صلاة خسوف القمر بأن يطلع قرص الشمس إذ يبطل سلطان الليل ولا تفوت بغروب القمر خاسفا لأن الليل كله سلطان القمر فإن انجلى في أثناء الصلاة أتمها مخففة

ومن أدرك الركوع الثاني مع الإمام فقد فاتته تلك الركعة لأن الأصل هو الركوع الأول

الثانية صلاة الاستسقاء فإذا غارت الأنهار وانقطعت الأمطار أو انهارت قناة فيستحب للإمام أن يأمر الناس أولا بصيام ثلاثة أيام وما أطاقوا من الصدقة والخروج من المظالم والتوبة من المعاصي ثم يخرج بهم في اليوم الرابع وبالعجائز والصبيان متنظفين في ثياب بذلة واستكانة متواضعين بخلاف العيد وقيل يستحب

إخراج الدواب لمشاركتها في الحاجة ولقوله صلى الله عليه وسلم لولا صبيان رضع ومشايخ ركع وبهائم رتع لصب عليكم العذاب صبا حديث لولا صبيان رضع ومشايخ ركع الحديث أخرجه البيهقي وضعفه من حديث أبي هريرة ولو خرج أهل الذمة أيضا متميزين لم يمنعوا فإذا اجتمعوا في المصلى الواصل من الصحراء نودي الصلاة جامعة فصلى بهم الإمام ركعتين مثل صلاة العيد بغير تكبير ثم يخطب خطبتين وبينهما جلسة خفيفة وليكن الإستغفار معظم الخطبتين وينبغي في وسط الخطبة الثانية أن يستدبر الناس ويستقبل القبلة ويحول رداءه في هذه الساعة تفاؤلا بتحويل الحال حديث استدار الناس واستقبال القبلة وتحويل الرداء في الإستسقاء أخرجاه من حديث عبد الله بن زيد المازني هكذا فعل رسول الله صلى الله عليه وسلم فيجعل أعلاه أسفله وما على اليمين على الشمال وما على الشمال وما على اليمين

وكذلك يفعل الناس ويدعون في هذه الساعة سرا ثم يستقبلهم فيختم الخطبة ويدعون أرديتهم محولة كما هي حتى ينزعوها متى نزعوا الثياب

ويقول في الدعاء اللهم إنك أمرتنا بدعائك ووعدتنا إجابتك فقد دعوناك كما أمرتنا فأجبنا كما وعدتنا اللهم فامنن علينا بمغفرة ما قارفنا وإجابتك في سقيانا وسعة أرزاقنا

ولا بأس بالدعاء أدبار الصلوات في الأيام الثلاثة قبل الخروج ولهذا الدعاء آداب وشروط باطنة من التوبة ورد المظالم وغيرها وسيأتي ذلك في كتاب الدعوات

الثالثة صلاة الجنائز وكيفيتها مشهورة وأجمع دعاء مأثور ما روي في الصحيح عن عوف بن مالك قال رأيت رسول الله صلى الله عليه وسلم صلى على جنازة فحفظت من دعائه اللهم اغفر له وارحمه وعافه واعف عنه وأكرم نزله ووسع مدخله واغسله بالماء والثلج والبرد ونقه من الخطايا كما ينقى الثوب الأبيض من الدنس وأبدله دارا خيرا من داره وأهلا خيرا من أهله وزوجا خيرا من زوجه وأدخله الجنة وأعذه من عذاب القبر ومن عذاب النار حديث عوف بن مالك في الصلاة على الجنازة اللهم اغفر لي وله وارحمني وارحمه وعافني وعافه الحديث أخرجه مسلم دون الدعاء للمصلي حتى قال عوف تمنيت أن أكون أنا ذلك الميت

ومن أدرك التكبيرة الثانية فينبغي أن يراعى ترتيب الصلاة في نفسه ويكبر مع تكبيرات الإمام فإذا سلم الإمام قضى تكبيره الذي فات كفعل المسبوق فإنه لو بادر التكبيرات لم تبق للقدوة في هذه الصلاة معنى فالتكبيرات هي الأركان الظاهرة وجدير بأن تقام مقام الركعات في سائر الصلوات هذا هو الأوجه عندي وإن كان غيره محتملا

والأخبار الواردة في فضل صلاة الجنازة وتشييعها مشهورة فلا نطيل بإيرادها وكيف لا يعظم فضلها وهي من فرائض الكفايات وإنما تصير نفلا في حق من لم تتعين عليه بحضور غيره ثم ينال بها فضل فرض الكفاية

وإن لم يتعين لأنهم بجملتهم قاموا بما هو فرض الكفاية وأسقطوا الحرج عن غيرهم فلا يكون ذلك كنفل لا يسقط به فرض عن أحد ويستحب طلب كثرة الجمع تبركا بكثرة الهمم والأدعية واشتماله على ذي دعوة مستجابة لما روى كريب عن ابن عباس أنه مات له ابن فقال يا كريب انظر ما اجتمع له من الناس قال فخرجت فإذا ناس قد اجتمعوا له فأخبرته فقال تقول هم أربعون قلت نعم قال أخرجوه فإني سمعت رسول الله صلى الله عليه وسلم يقول ما من رجل مسلم يموت فيقوم على جنازته أربعون رجلا لا يشركون بالله شيئا إلا شفعهم الله عز وجل فيه حديث ابن عباس ما من رجل مسلم يموت فيقوم على جنازته أربعون الحديث أخرجه مسلم وإذا شيع الجنازة فوصل المقابر أو دخلها ابتداء قال السلام عليكم أهل هذه الديار من المؤمنين والمسلمين ويرحم الله المستقدمين منا والمستأخرين وإنا إن شاء الله بكم لاحقون

والأولى أن لا ينصرف حتى يدفن الميت فإذا سوى على الميت قبره قام عليه وقال اللهم عبدك رد إليك فارأف به وارحمه اللهم جاف الأرض عن جنبيه وافتح أبواب ا لسماء لروحه وتقبله منك بقول حسن اللهم

إن كان محسنا فضاعف له في إحسانه وإن كان مسيئا فتجاوز عنه

الرابعة تحية المسجد ركعتان فصاعدا سنة مؤكدة حتى أنها لا تسقط وإن كان الإمام يخطب يوم الجمعة مع تؤكد وجوب الإصغاء إلى الخطيب

وإن اشتغل بفرض أو قضاء تأدى به التحية وحصل الفضل إذ المقصود أن لا يخلو ابتداء دخوله عن العبادة الخاصة بالمسجد قياما بحق المسجد

ولهذا يكره أن يدخل المسجد على غير وضوء فإن دخل لعبور أو جلوس فليقل سبحان الله والحمد لله ولا إله إلا الله و الله أكبر يقولها أربع مرات يقال إنها عدل ركعتين في الفضل

ومذهب الشافعي رحمه الله أنه لا تكره التحية في أوقات الكراهية وهي بعد العصر وبعد الصبح ووقت الزوال ووقت الطلوع والغروب لما روي أنه صلى الله عليه وسلم صلى ركعتين بعد العصر فقيل له أما نهيتنا عن هذا فقال هما ركعتان كنت أصليهما بعد الظهر فشغلني عنهما الوفد حديث صلى ركعتين بعد العصر قيل له أما نهيتنا عن هذا فقال هما ركعتان كنت أصليهما بعد الظهر الحديث أخرجاه من حديث أم سلمة ولمسلم من حديث عائشة كان يصلي ركعتين قبل العصر ثم إنه شغل عنهما الحديث فأفاد هذا الحديث فائدتين إحداهما أن الكراهية مقصورة على صلاة لا سبب لها ومن أضعف الأسباب قضاء النوافل إذ اختلف العلماء في أن النوافل هل تقضى وإذا فعل مثل ما فاته هل يكون قضاء وإذا انتفت الكراهية بأضعف الأسباب فبأحرى أن تنتفي بدخول المسجد وهو سبب قوي

ولذلك لا تكره صلاة الجنازة إذا حضرت ولا صلاة الخسوف والاستسقاء في هذه الأوقات لأن لها أسبابا

الفائدة الثانية قضاء النوافل إذ قضى رسول الله صلى الله عليه وسلم ذلك ولنا فيه أسوة حسنة

وقالت عائشة رضي الله عنها كان رسول الله صلى الله عليه وسلم رسول الله صلى الله عليه وسلم إذا غلبه نوم أو مرض فلم يقم تلك الليلة صلى من أول النهار اثنتي عشرة ركعة حديث عائشة كان إذا غلبه نوم أو مرض فلم يقم تلك الليلة الحديث أخرجه مسلم وقد قال العلماء من كان في الصلاة ففاته جواب المؤذن فإذا سلم قضى وأجاب وإن كان المؤذن سكت ولا معنى الآن لقول من يقول إن ذلك مثل الأول وليس يقضى إذ لو كان كذلك لما صلاها رسول الله صلى الله عليه وسلم في وقت الكراهة

نعم من كان له ورد فعاقه عن ذلك عذر فينبغي أن لا يرخص لنفسه في تركه بل يتداركه في وقت آخر حتى لا تميل نفسه إلى الدعة والرفاهية

وتداركه حسن على سبيل مجاهدة النفس ولأنه صلى الله عليه وسلم قال أحب الأعمال إلى الله تعالى أدومها وإن قل حديث أحب الأعمال إلى الله أدومها وإن قل أخرجاه من حديث عائشة فيقصد به أن لا يفتر في دوام عمله وروت

عائشة رضي الله عنها عن النبي صلى الله عليه وسلم أنه قال من عبد الله عز وجل بعبادة ثم تركها ملالة مقته الله عز وجل حديث عائشة من عبد الله عبادة ثم تركها ملالة مقته الله ورواه ابن السني في رياضة المتعبدين موقوفا على عائشة فليحذر أن يدخل تحت الوعيد

وتحقيق هذا الخبر

أنه مقته الله تعالى بتركها ملالة فلولا المقت والإبعاد لما سلطت الملالة عليه

الخامسة ركعتان بعد الوضوء مستحبتان لأن الوضوء قربة ومقصودها الصلاة والأحداث عارضة فربما يطرأ الحدث قبل صلاة فينتقض الوضوء ويضيع السعي فالمبادرة إلى ركعتين استيفاء المقصود الوضوء قبل الفوات

وعرف ذلك بحديث بلال إذ قال صلى الله عليه وسلم دخلت الجنة فرأيت بلالا فيها فقلت لبلال بم سبقتني إلى الجنة فقال بلال لا أعرف شيئا إلا أني لا أحدث وضوءا إلا أصلي عقيبه ركعتين حديث دخلت الجنة فرأيت بلالا فيها فقلت يا بلال بم سبقتني إلى الجنة الحديث أخرجاه من حديث أبي هريرة

السادسة ركعتان عند دخول المنزل وعند الخروج منه روى أبو هريرة رضي الله عنه قال قال رسول الله صلى الله عليه وسلم إذا خرجت من منزلك فصل ركعتين يمنعانك مخرج السوء وإذا دخلت إلى منزلك فصل ركعتين

يمنعانك مدخل السوء حديث أبي هريرة إذا خرجت من منزلك فصلي ركعتين يمنعانك مخرج السوء وإذا دخلت منزلك الحديث أخرجه البيهقي في الشعب من رواية بسكر بن بن عمرو عن صفوان بن سليم قال بكر حسبته عن أبي سلمة عن أبي هريرة فذكره وروى الخرائطي في مكارم الأخلاق وابن عدي في الكامل من حديث أبي هريرة إذا دخل أحدكم بيته فلا يجلس حتى يركع ركعتين فإن الله جاعل له من ركعتيه خيرا قال ابن عدي وهو بهذا الإسناد منكر وقال البخاري لا أصل له وفي معنى هذا كل أمر يبتدأ به مما له وقع ولذلك ورد ركعتان عند الإحرام حديث ركعتي الإحرام أخرجه البخاري من حديث ابن عمر وركعتان عند ابتداء السفر حديث صلاة ركعتين عند ابتداء السفر أخرجه الخرائطي في مكارم الأخلاق من حديث أنس ما استخلف في أهله من خليفة أحب إلى الله من أربع ركعات يصليهن العبد في بيته إذا شد عليه ثياب سفره الحديث وهو ضعيف وركعتان عند الرجوع من السفر حديث الركعتين عند القدوم من السفر أخرجاه من حديث كعب بن مالك في المسجد قبل دخول البيت فكل ذلك مأثور من فعل رسول الله صلى الله عليه وسلم

وكان بعض الصالحين إذا أكل أكلة صلى ركعتين وإذا شرب شربة صلى ركعتين وكذلك في كل أمر يحدثه وبداية الأمور ينبغي أن يتبرك فيها بذكر الله عز وجل وهي على ثلاث مراتب بعضها يتكرر مرارا كالأكل والشرب فيبدأ فيه باسم الله عز وجل وقال صلى الله عليه وسلم كل أمر ذي بال لا يبدأ فيه ببسم الله الرحمن الرحيم فهو أبتر حديث كل أمر ذي بال لا يبدأ فيه ببسم الله فهو أبتر أخرجه أبو داود والنسائي وابن ماجه وابن حبان في صحيحه من حديث أبي هريرة

الثانية ما لا يكثر تكرره وله وقع كعقد النكاح وابتداء النصيحة والمشورة فالمستحب فيها أن يصدر بحمد الله فيقول المزوج الحمد لله والصلاة على رسول الله صلى الله عليه وسلم زوجتك ابنتى ويقول القابل الحمد لله والصلاة على رسول الله صلى الله عليه وسلم قبلت النكاح وكانت عادة الصحابة رضي الله عنهم في ابتداء أداء الرسالة والنصيحة والمشورة تقديم التحميد

الثالثة ما لا يتكرر كثيرا وإذا وقع دام وكان له وقع كالسفر وشراء دار جديدة والإحرام وما يجري مجراه فيستحب تقديم ركعتين عليه وأدناه الخروج من المنزل والدخول إليه فإنه نوع سفر قريب

السابعة صلاة الاستخارة فمن هم بأمر وكان لا يدري عاقبته ولا يعرف أن الخير في تركه أو في الإقدام عليه فقد أمره رسول الله صلى الله عليه وسلم بأن يصلي ركعتين يقرأ في الأولى فاتحة الكتاب وقل يا أيها الكافرون وفي الثانية الفاتحة وقل هو الله أحد فإذا فرغ دعا وقال اللهم إني أستخيرك بعلمك وأستقدرك بقدرتك وأسألك من فضلك العظيم فإنك تقدر ولا أقدر وتعلم ولا أعلم وأنت علام الغيوب اللهم إن كنت تعلم أن

هذا الأمر خير لي في ديني ودنياي وعاقبة أمري وعاجله وآجله فاقدره لي وبارك لي فيه ثم يسره لي وإن كنت تعلم أن هذا الأمر شر لي في ديني ودنياي وعاقبة أمري وعاجله وآجله فاصرفني عنه واصرفه عني واقدر لي الخير أينما كان إنك على كل شيء قدير حديث صلاة الاستخارة أخرجه البخاري من حديث جابر قال أحمد حديث منكر رواه جابر بن عبد الله قال كان رسول الله صلى الله عليه وسلم يعلمنا الاستخارة في الأمور كلها كما يعلمنا السورة من القرآن وقال صلى الله عليه وسلم إذا هم أحدكم بأمر فليصل ركعتين ثم ليسم الأمر ويدعو بما ذكرناه وقال بعض الحكماء من أعطي أربعا لم يمنع أربعا من أعطي الشكر لم يمنع المزيد ومن أعطي التوبة لم يمنع القبول ومن أعطي الاستخارة لم يمنع الخيرة ومن أعطي المشورة لم يمنع الصواب

الثامنة صلاة الحاجة حديث ابن مسعود في صلاة الحاجة اثنتي عشرة ركعة أخرجه أبو منصور الديلمي في مسند الفردوس بإسنادين ضعيفين جدا فيهما عمرو بن هارون البلحي كذبه ابن معين وفيه علل أخرى وقد وردت صلاة الحاجة ركعتين رواه الترمذي وابن ماجه من حديث عبد الله بن أبي أوفى وقال الترمذي حديث غريب وفي إسناده مقال فمن ضاق عليه الأمر ومسته حاجة في صلاح دينه ودنياه إلى أمر تعذر عليه فليصل هذه الصلاة فقد روى عن وهيب بن الورد أنه قال إن من الدعاء الذي لا يرد أن يصلي العبد ثنتي عشرة ركعة يقرأ في كل ركعة

بأم الكتاب وآية الكرسي وقل هو اللـه أحد فإذا فرغ خر ساجدا ثم قال سبحان الذي لبس العز وقال به سبحان الذي تعطف بالمجد وتكرم به سبحان الذي أحصى كل شيء بعلمه سبحان الذي لا ينبغي التسبيح إلا له سبحان ذي المن والفضل سبحان ذي العز والكرم سبحان ذي الطول أسألك بمعاقد العز من عرشك ومنتهى الرحمة من كتابك وباسمك الأعظم وجدك الأعلى وكلماتك التامات العامات التي لا يجاوزهن بر ولا فاجر أن تصلى على محمد وعلى آل محمد ثم يسأل حاجته التي لا معصية فيها فيجاب إن شاء اللـه عز وجل

قال وهيب بلغنا أنه كان يقال لا تعلموها لسفهائكم فيتعاونون بها على معصية اللـه عز وجل

التاسعة صلاة التسبيح وهذه الصلاة مأثورة على وجها ولا تختص بوقت ولا بسبب ويستحب أن لا يخلو الأسبوع عنها مرة واحدة أو الشهر مرة

فقد روى عكرمة عن ابن عباس رضي اللـه منها أنه صلى اللـه عليه وسلم قال للعباس بن عبد المطلب ألا أعطيك ألا أمنحك ألا أحبوك بشيء إذا أنت فعلته غفر اللـه لك ذنبك أوله وآخره قديمه وحديثه خطأه وعمده سره وعلانيته تصلي أربع ركعات تقرأ في كل ركعة فاتحة الكتاب وسورة فإذا فرغت من القراءة في أول ركعة وأنت قائم تقول سبحان اللـه والحمد لله ولا إله إلا اللـه و اللـه أكبر

خمس عشرة مرة ثم تركع فتقولها وأنت راكع عشر مرات ثم ترفع من الركوع فتقولها قائما عشرا ثم تسجد فتقولها عشرا ثم ترفع من السجود فتقولها جالسا عشرا ثم تسجد فتقولها وأنت ساجد عشرا ثم ترفع من السجود فتقولها عشرا فذلك خمس وسبعون في كل ركعة تفعل ذلك في أربع ركعات إن استطعت أن تصليها في كل يوم مرة فافعل فإن لم تفعل ففي كل جمعة مرة فإن لم تفعل ففي كل شهر مرة فإن لم تفعل ففي السنة مرة حديث صلاة التسبيح تقدم وفي رواية أخرى أنه يقول في أول الصلاة سبحانك اللهم وبحمدك وتبارك اسمك وتعالى جدك وتقدست أسماؤك ولا إله غيرك ثم يسبح خمس عشرة تسبيحة قبل القراءة وعشرا بعد القراءة والباقي كما سبق عشرا عشرا ولا يسبح بعد السجود الأخير قاعدا وهذا هو الأحسن وهو اختيار ابن المبارك

والمجموع من الروايتين ثلثمائة تسبيحة فإن صلاها نهارا فبتسليمة واحدة وإن صلاها ليلا فبتسليمتين أحسن إذ ورد

أن صلاة الليل مثنى مثنى حديث صلاة الليل مثنى مثنى أخرجاه من حديث ابن عمر وإن زاد بعد التسبيح قوله لا حول ولا قوة إلا بالله العلي العظيم فهو حسن فقد ورد ذلك في بعض الروايات فهذه الصلوات المأثورة

ولا يستحب شيء من هذه النوافل في الأوقات المكروهة إلا تحية المسجد وما أوردناه بعد التحية من ركعتي الوضوء وصلاة السفر والخروج من المنزل والاستخارة فلا لأن النهي مؤكد وهذه الأسباب ضعيفة فلا تبلغ درجة الخسوف والاستسقاء والتحية

وقد رأيت بعض المتصوفة يصلي في الأوقات المكروهة ركعتي الوضوء وهو في غاية البعد لأن الوضوء لا يكون سببا الصلاة بل الصلاة سبب الوضوء

فينبغي أن يتوضأ ليصلي لا أنه يصلي لأنه توضأ

وكل محدث يريد أن يصلي في وقت الكراهية فلا سبيل له إلا أن يتوضأ ويصلي فلا يبقى للكراهية معنى

ولا ينبغي أن ينوي ركعتي الوضوء كما ينوي ركعتي التحية بل إذا توضأ صلى ركعتين تطوعا كيلا يتعطل وضوءه كما كان يفعله بلال فهو تطوع محض يقع عقيب الوضوء

وحديث بلال لم يدل على أن الوضوء سبب كالخسوف والتحية حتى ينوي ركعتي الوضوء فيستحيل أن ينوي بالصلاة الوضوء بل ينبغي أن ينوي بالوضوء الصلاة

وكيف ينتظم أن يقول في وضوئه أتوضأ لصلاتي وفي صلاته يقول أصلي لوضوئي بل من أراد أن يحرس وضوءه عن التعطيل في وقت الكراهية فلينو قضاء إن كان يجوز أن يكون في ذمته صلاة تطرق إليها خلل لسبب من الأسباب فإن قضاء الصلوات في أوقات الكراهية غير مكروه فأمانية التطوع فلا وجه لها

ففي النهي في أوقات الكراهية مهمات ثلاثة

أحدها التوقي من مضاهاة عبدة الشمس

والثاني الاحتراز من انتشار الشياطين إذ قال صلى الـلـه عليه وسلم إن الشمس لتطلع ومعها قرن الشيطان فإذا طلعت قارنها وإذا ارتفعت فارقها فإن استوت قارنها فإذا زالت فارقها فإذا تضيفت للغروب قارنها فإذا غربت فارقها حديث إن الشمس تطلع ومعها قرن الشيطان فإذا طلعت قارنها الحديث أخرجه النسائي من حديث عبد الـلـه الصنابحي وهو مرسل ومالك هو الذي يقول عبد الـلـه الصنابحي ووهم فيه والصواب عبد الرحمن ولم ير النبي صلى الـلـه عليه وسلم ونهى عن الصلوات في هذه الأوقات ونبه به على العلة

والثالث أن سالكي طريق الآخرة لا يزالون يواظبون على الصلوات في جميع الأوقات والمواظبة على نمط واحد من العبادات يورث الملل

ومهما منع منها ساعة زاد النشاط وانبعثت الدواعي والإنسان حريص على ما منع منه ففي تعطيل هذه الأوقات زيادة تحريض وبعث على انتظار انقضاء الوقت فخصصت هذه الأوقات بالتسبيح والاستغفار حذرا من الملل بالمداومة وتفرجا بالانتقال من نوع عبادة إلى نوع آخر

ففي الاستطراف والاستجداد لذة ونشاط وفي الاستمرار على شيء واحد استثقال وملالا ولذلك لم تكن الصلاة سجودا مجردا ولا ركوعا مجردا ولا قياما مجردا بل رتبت العبادات من أعمال مختلفة وأذكار متباينة فإن القلب يدرك من كل عمل منهما لذة جديدة عند الانتقال إليها ولو واظب على الشيء الواحد لتسارع إليه الملل

فإذا كانت هذه أمورا مهمة في النهي عن ارتكاب أوقات الكراهة إلى غير ذلك من أسرار أخرى ليس في قوة البشر الإطلاع عليها و الـلـه ورسوله أعلم بها

فهذه المهمات لا تترك إلا بأسباب مهمة في الشرع مثل قضاء الصلوات وصلاة الاستسقاء والخسوف وتحية المسجد

فأما ما ضعف عنها فلا ينبغي أن يصادم به مقصود النهي

هذا هو الأوجه عندنا و الـلـه أعلم

كمل كتاب أسرار الصلاة من كتاب إحياء علوم الدين

يتلوه إن شاء الـلـه كتاب أسرار الزكاة بحمد الـلـه وعونه وحسن توفيقه

والحمد لله وحده وصلاته على خير خلقه محمد وعلى آله وصحبه وسلم تسليما كثيرا

كتاب أسرار الزكاة

بسم الله الرحمن الرحيم الحمد لله الذي أسعد وأشقى وأمات وأحيا وأضحك وأبكى وأوجد وأفنى وأفقر وأغنى وأضر وأقنى الذي خلق الحيوان من نطفة تمنى ثم تفرد عن الخلق بوصف الغنى ثم خصص بعض عباده بالحسنى فأفاض عليهم من نعمة ما أيسر به من شاء واستغنى وأحوج إليه من أخفق في رزقه وأكدى إظهارا للامتحان والابتلا

ثم جعل الزكاة للدين أساسا ومبنى وبين أن بفضله تزكى من عباده من تزكى ومن غناه زكى ماله من زكى والصلاة على محمد المصطفى سيد الورى وشمس الهدى وعلى آله وأصحابه المخصوصين بالعلم والتقى

أما بعد فإن الله تعالى جعل الزكاة إحدى مباني الإسلام وأردف بذكرها الصلاة التي هي أعلى الأعلام فقال تعالى ﴿ وأقيموا الصلاة وآتوا الزكاة ﴾ وقال صلى الله عليه وسلم بني الإسلام على خمس شهادة أن لا إله إلا الله وأن محمدا عبده ورسوله وإقام الصلاة وإيتاء الزكاة حديث بني الإسلام على خمس أخرجاه من حديث ابن عمر وشدد الوعيد على المقصرين فيها فقال ﴿ والذين يكنزون الذهب والفضة ولا ينفقونها في سبيل الله فبشرهم بعذاب أليم ﴾ ومعنى الإنفاق في سبيل الله إخراج حق الزكاة قال

الأحنف بن بن قيس كنت في نفر من قريش فمر أبو ذر فقال بشر الكانزين بكى في ظهورهم يخرج من جنوبهم وبكى في أقفائهم يخرج من جباههم

وفي رواية أنه يوضع على حلمة ثدي أحدهم فيخرج من نغض كتفيه ويوضع على نغض كتفيه حتى يخرج من حلمة ثدييه يتزلزل وقال أبو ذر انتهيت إلى رسول اللـه صلى اللـه عليه وسلم وهو جالس في ظل الكعبة فلما رآني قال هم الأخسرون ورب الكعبة فقلت ومن هم قال الأكثرون أموالا إلا من قال هكذا وهكذا من بين يديه ومن خلفه وعن يمينه وعن شماله وقليل ما هم ما من صاحب إبل ولا بقر ولا غنم لا يؤدي زكاتها إلا جاءت يوم القيامة أعظم ما كانت وأسمنه تنطحه بقرونها وتطؤه بأظلافها كلما نفدت أخراها عادت عليه أولاها حتى يقضي بين الناس حديث أبي ذر انتهيت إلى النبي صلى اللـه عليه وسلم وهو جالس في ظل الكعبة فلما رآني قال هم الأخسرون ورب الكعبة الحديث أخرجاه مسلم والبخاري وإذا كان هذا التشديد مخرجا في الصحيحين فقد صار من مهمات الدين الكشف عن أسرار الزكاة وشروطها الجلية والخفية ومعانيها الظاهرة والباطنة مع الاقتصار على ما لا يستغنى عن معرفته مؤدى الزكاة وقابضها وينكشف ذلك في أربعة فصول

الفصل الأول في أنواع الزكاة وأسباب وجوبها

الثاني آدابها وشروطها الباطنة والظاهرة

الثالث في القابض وشروط استحقاقه وآداب قبضه

الرابع في صدقة التطوع وفضلها

الفصل الأول في أنواع الزكاة وأسباب وجوبها والزكوات باعتبار

متعلقاتها ستة أنواع زكاة النعم والنقدين والتجارة وزكاة الركاز والمعادن وزكاة المعشرات وزكاة الفطر النوع الأول زكاة النعم

ولا تجب هذه الزكاة وغيرها إلا على حر مسلم

ولا يشترط البلوغ بل تجب في مال الصبي والمجنون هذا شرط من عليه

وأما المال فشروطه خمسة أن يكون نعما سائمة باقية حولا نصابا كاملا مملوكا على الكمال

الشرط الأول كونه نعما فلا زكاة إلا في الإبل والبقر والغنم

أما الخيل والبغال والحمير والمتولد من بين الظباء والغنم فلا زكاة فيها

الثاني السوم فلا زكاة في معلوفة وإذا أسيمت في وقت وعلفت في وقت تظهر بذلك مؤنتها فلا زكاة فيها

الثالث الحول قال رسول اللـه صلى اللـه عليه وسلم لا زكاة في مال حتى يحول عليه الحول حديث لا زكاة في مال حتى يحول عليه الحول أخرجه أبو داود من حديث علي بإسناد جيد وابن ماجه من حديث عائشة بإسناد ضعيف ويستثنى من هذا نتاج الحول

الرابع كمال الملك والتصرف فتجب الزكاة في الماشية المرهونة لأنه الذي حجر على نفسه فيه ولا تجب في الضال والمغصوب إلا إذا عاد بجميع نمائه فيجب زكاة ما مضى عند عوده ولو كان عليه دين يستغرق ماله فلا زكاة عليه فإنه ليس غنيا به إذ الغنى ما يفضل عن الحاجة

الخامس كمال النصاب

أما الإبل فلا شيء فيها حتى تبلغ خمسا ففيها جذعة من الضأن والجذعة هي التي تكون في السنة الثانية أو ثنية من المعز وهي التي تكون في السنة الثالثة

وفي عشر شاتان وفي خمس عشرة ثلاث شياه

وفي عشرين أربع شياه

وفي خمس وعشرين بنت مخاض وهي التي في السنة الثانية فإن لم يكن في ماله بنت مخاض فابن لبون ذكر وهو الذي في السنة الثالثة يؤخذ إن كان قادرا على شرائها وفي ست وثلاثين ابنة لبون

ثم إذا بلغت ستا وأربعين ففيها حقة وهي التي في السنة الرابعة

فإذا صارت إحدى وستين ففيها جذعة وهي التي في السنة الخامسة

فإذا صارت ستا وسبعين ففيها بنتا لبون

فإذا صارت إحدى وتسعين ففيها حقتان

فإذا صارت إحدى وعشرين ومائة ففيها ثلاث بنات لبون

فإذا صارت مائة وثلاثين فقد استقر الحساب ففي كل خمسين حقة وفي كل أربعين بنت لبون

وأما البقر فلا شيء فيها حتى تبلغ ثلاثين ففيها تبيع وهو الذي في السنة الثانية

ثم في أربعين مسنة وهي التي في السنة الثالثة

ثم في ستين تبيعان

واستقر الحساب بعد ذلك

ففي كل أربعين مسنة

وفي كل ثلاثين تبيع

وأما الغنم فلا زكاة فيها حتى تبلغ أربعين ففيها شاة جذعة من الضأن أو ثنية من المعز

ثم لا شيء فيها حتى تبلغ مائة وعشرين وواحدة ففيها شاتان

إلى مائتي شاة وواحدة فيها ثلاث شياه إلى أربعمائة ففيها أربع شياه

ثم استقر الحساب في كل مائة شاة

وصدقة الخليطين كصدقة المالك الواحد في النصاب فإذا كان بين رجلين أربعون من الغنم ففيها شاة

وإن كان بين ثلاثة نفر مائة شاة وعشرون ففيها شاة واحدة

على جميعهم

وخلطة الجوار كخلطة الشيوع ولكن يشترط أن يريحا معا ويسقيا معا ويحلبا معا ويسرحا معا ويكون المرعى معا ويكون إنزاء الفحل معا

وأن يكونا جميعا من أهل الزكاة ولا حكم للخلطة مع الذمي والمكاتب

ومهما نزل في واجب الإبل عن سن إلى سن فهو جائز ما لم يجاوز بنت مخاض في النزول

ولكن تضم إليه جبران السن لسنة واحدة شاتين أو عشرين درهما

ولسنتين أربع شياه أو اربعين درهما

وله أن يصعد في السن ما لم يجاوز الجذعة في الصعود ويأخذ الجبران من الساعين من بيت المال

ولا تؤخذ في الزكاة مريضة إذا كان بعض المال صحيحا ولو واحدة

ويؤخذ من الكرائم كريمة ومن اللئام لئيمة

ولا يؤخذ من المال الأكولة ولا الماخض ولا الربا ولا الفحل ولا غراء المال

النوع الثاني زكاة المعشرات

فيجب العشر في كل مستنبت مقتات بلغ ثمانمائة من ولا شيء فيما دونها ولا في الفواكه والقطن ولكن في الحبوب التي تقتات وفي التمر والزبيب

ويعتبر أن تكون ثمانمائة من تمرا أو زبيبا لا رطبا وعنبا ويخرج ذلك بعد التجفيف

ويكمل مال أحد الخليطين بمال الآخر في خلطة الشيوع كالبستان المشترك بين ورثة لجميعهم ثمانمائة من من زبيب فيجب على جميعهم ثمانون منا من زبيب بقدر حصصهم

ولا يعتبر خلطة الجوار فيه

ولا يكمل نصاب الحنطة بالشعير

ويكمل نصاب الشعير بالسلت فإنه نوع منه هذا قدر الواجب إن كان يسقى بسيح أو قناة فإن كان يسقى بنضح أو دالية فيجب نصف العشر فإن اجتمعا فالأغلب يعتبر

وأما صفة الواجب فالتمر والزبيب اليابس والحب اليابس بعد التنقية

ولا يؤخذ عنب ولا رطب إلا إذا حلت بالأشجار آفة وكانت المصلحة في قطعها قبل تمام الإدراك فيؤخذ الرطب فيكال تسعة للمالك وواحد للفقير

ولا يمنع من هذه القسمة قولنا إن القسمة بيع بل يرخص في مثل هذا للحاجة

ووقت الوجوب أن يبدو الصلاح في الثمار وأن يشتد الحب

ووقت الأداء بعد الجفاف

النوع الثالث زكاة النقدين

فإذا تم الحول على وزن مائتي درهم بوزن مكة نقرة خالصة ففيها خمسة دراهم وهو ربع العشر وما زاد فبحسابه ولو درهما

ونصاب الذهب عشرون مثقالا خالصا بوزن مكة ففيها ربع العشر وما زاد فبحسابه وإن نقص من النصاب حبة فلا زكاة

وتجب على من معه دراهم مغشوشة إذا كان فيها هذا المقدار من النقرة الخالصة

وتجب الزكاة في التبر وفي الحلي المحظور كأواني الذهب والفضة ومراكب الذهب للرجال

ولا تجب في الحلي المباح

وتجب في الدين الذي هو على مليء ولكن تجب عند الاستيفاء وإن كان مؤجلا فلا تجب إلا عند حلول الأجل

النوع الرابع زكاة التجارة

وهي كزكاة النقدين وإنما ينعقد الحول من وقت ملك النقد الذي به اشترى البضاعة إن كان النقد نصابا فإن كان ناقصا أو اشترى بعرض على نية التجارة فالحول من وقت الشراء

وتؤدى الزكاة من نقد البلد وبه يقوم

فإن كان ما به الشراء نقدا وكان نصابا كاملا كان التقويم به أولى من نقد البلد

ومن نوى التجارة من مال قنية فلا ينعقد الحول بمجرد نيته حتى يشتري به شيئا ومهما قطع نية التجارة قبل تمام الحول سقطت الزكاة

والأولى أن تؤدى زكاة تلك السنة وما كان من ربح في السلعة في آخر الحول وجبت الزكاة فيه بحول رأس المال ولم يستأنف له حولا كما في النتاج

وأموال الصيارفة لا ينقطع حولها بالمبادلة الجارية بينهم كسائر التجارات وزكاة ربح مال القراض على العامل وإن كان قبل القسمة هذا هو الأقيس

النوع الخامس الركاز والمعدن

والركاز مال دفن في الجاهلية ووجد في أرض لم يجر عليها في الإسلام ملك فعلى واجده في الذهب والفضة منه الخمس والحول غير معتبر

والأولى أن لا يعتبر النصاب أيضا لأن إيجاب الخمس يؤكد شبهه بالغنيمة واعتباره أيضا ليس ببعيد لأن مصرف الزكاة ولذلك يخصص على الصحيح بالنقدين

وأما المعادن فلا زكاة فيما استخرج منها سوى الذهب والفضة ففيها بعد الطحن والتخليص ربع العشر على أصح القولين وعلى هذا يعتبر النصاب

وفي الحول قولان وفي قول يجب الخمس فعلى هذا لا يعتبر

وفي النصاب قولان والأشبه والعلم عند الله تعالى أن يلحق في قدر الواجب بزكاة التجارة فإنه نوع اكتساب وفي الحول بالمعشرات فلا يعتبر لأنه عين الرفق ويعتبر النصاب كالمعشرات والاحتياط أن يخرج الخمس من القليل والكثير ومن عين النقدين أيضا خروجا عن شبهة هذه الاختلافات فإنها ظنون قريبة من التعارض وجزم الفتوى فيها خطر لتعارض الاشتباه

النوع السادس في صدقة الفطر

وهي واجبة على لسان رسول الله صلى الله عليه وسلم على كل مسلم فضل عن قوته وقوت من يقوته يوم الفطر وليلته صاع مما يقتات حديث وجوب صدقة الفطر على كل مسلم أخرجاه من حديث ابن عمر قال فرض رسول الله صلى الله عليه وسلم

زكاة الفطر من رمضان الحديث بصاع رسول اللـه صلى اللـه عليه وسلم وهو منوان وثلثا من يخرجه من جنس قوته أو من أفضل منه

فإن اقتات بالحنطة لم يجز الشعير

وإن اقتات حبوبا مختلفة اختار خيرها ومن أيها أخرج أجزأه

وقسمتها كقسمة زكاة الأموال فيجب فيها استيعاب الأصناف ولا يجوز إخراج الدقيق والسويق

ويجب على الرجل المسلم فطرة زوجته ومماليكه وأولاده وكل قريب هو في نفقته أعني من تجب عليه نفقته من الآباء والأمهات والأولاد قال صلى اللـه عليه وسلم أدوا صدقة الفطر عمن تمونون حديث أدوا زكاة الفطر عمن تمونون أخرجه الدار قطني والبيهقي من حديث ابن عمر أمر رسول اللـه صلى اللـه عليه وسلم بصدقة الفطر عن الصغير والكبير والحر والعبد ممن تمونون قال البيهقي إسناده غير قوي وتجب صدقة العبد المشترك على الشريكين ولا تجب صدقة العبد الكافر

وإن تبرعت الزوجة بالإخراج عن نفسها أجزأها وللزوج الإخراج عنها دون إذنها

وإن فضل عنه ما يؤدي عن بعضهم أدى عن بعضهم وأولاهم بالتقديم من كانت نفقته آكد وقد

قدم رسول الله صلى الله عليه وسلم نفقة الولد على نفقة الزوجة ونفقتها على نفقة الخادم حديث قدم رسول الله صلى الله عليه وسلم نفقة الولد على نفقة الزوجة ونفقتها على نفقة الخادم أخرجه أبو داود من حديث أبي هريرة بسند صحيح وابن حبان والحاكم وصححه ورواه النسائي وابن حبان بتقديم الزوجة على الولد وسيأتي فهذه أحكام فقهية لا بد للغني من معرفتها وقد تعرض له وقائع نادرة خارجة عن هذا فله أن يتكل فيها على الاستفتاء عند نزول الواقعة بعد إحاطته بهذا المقدار الفصل الثاني في الأداء وشروطه الباطنة والظاهرة اعلم أنه يجب على مؤدي الزكاة خمسة أمور الأول النية وهو أن ينوي بقلبه زكاة الفرض ويسن عليه تعيين الأموال فإن كان له مال غائب فقال هذا عن مالي الغائب إن كان سالما وإلا فهو نافلة جاز لأنه إن لم يصرح به فكذلك يكون عند إطلاقه ونية الولي تقوم مقام نية المجنون والصبي ونية السلطان تقوم مقام نية المالك الممتنع عن الزكاة ولكن في ظاهر حكم الدنيا أعني في قطع المطالبة عنه أما في الآخرة فلا بل تبقى ذمته مشغولة إلى أن يستأنف الزكاة وإذا وكل بأداء الزكاة ونوى عند التوكيل أو وكل الوكيل بالنية كفاه لأن توكيله بالنية نية الثاني البدار عقيب الحول وفي زكاة الفطر لا يؤخرها عن يوم الفطر ويدخل وقت وجوبها بغروب الشمس من آخر يوم من شهر رمضان ووقت تعجيلها شهر رمضان كله ومن أخر زكاة ماله مع التمكن عصى ولم يسقط عنه بتلف ماله وتمكنه بمصادقة المستحق وإن أخر لعدم المستحق فتلف ماله سقطت الزكاة عنه وتعجيل الزكاة جائز بشرط أن يقع بعد كمال النصاب وانعقاد الحول ويجوز تعجيل زكاة حولين ومهما عجل فمات المسكين قبل الحول أو ارتد أو صار غنيا بغير ما عجل إليه أو تلف مال المالك أو مات فالمدفوع ليس بزكاة واسترجاعه غير ممكن إلا إذا قيد الدفع بالاسترجاع فليكن المعجل مراقبا آخر الأمور وسلامة العاقبة الثالث أن لا يخرج بدلا باعتبار القيمة بل يخرج المنصوص عليه فلا يجزىء ورق عن ذهب ولا ذهب عن ورق وإن زاد عليه في القيمة ولعل بعض من لا يدرك غرض الشافعي رضي الله عنه يتساهل في ذلك ويلاحظ المقصود من سد الخلة وما أبعده عن التحصيل فإن سد الخلة مقصود وليس هو كل المقصود بل واجبات الشرع ثلاثة أقسام قسم هو تعبد محض لا مدخل للحظوظ والأغراض فيه وذلك كرمي الجمرات مثلا إذ لا حظ للجمرة في وصول الحصى إليها فمقصود الشرع فيه الابتلاء بالعمل ليظهر العبد رقه وعبودته بفعل ما لا يعقل له معنى لأن ما يعقل معناه فقد يساعده الطبع عليه ويدعوه إليه فلا يظهر به خلوص الرق والعبودية إذ العبودية تظهر بأن تكون الحركة لحق أمر المعبود فقط لا لمعنى آخر وأكثر أعمال الحج كذلك ولذلك قال صلى الله عليه وسلم في إحرامه لبيك بحجة حقا تعبدا ورقا حديث لبيك بحجة حقا تعبدا ورقا أخرجه البزار والدار قطني في العلل من حديث أنس تنبيها على أن ذلك إظهار للعبودية بالانقياد لمجرد الأمر وامتثاله كما أمر من غير استئناس العقل منه بما يميل إليه ويحث عليه القسم الثاني من واجبات الشرع ما المقصود

منه حظ معقول وليس يقصد منه التعبد كقضاء دين الآدميين ورد المغصوب فلا جرم لا يعتبر فيه فعله ونيته ومهما وصل الحق إلى مستحقه بأخذ المستحق أو ببدل عنه عند رضاه تأدى الوجوب وسقط خطاب الشرع فهذان قسمان لا تركيب فيهما يشترك في دركهما جميع الناس والقسم الثالث هو المركب الذي يقصد منه الأمران جميعا وهو حظ العباد وامتحان المكلف بالاستعباد فيجتمع فيه تعبد رمي الجمار وحظ رد الحقوق فهذا قسم في نفسه معقول فإن ورد الشرع به وجب الجمع بين المعنيين ولا ينبغي أن

ينسى أدق المعنيين وهو التعبد والاسترقاق بسبب أجلاهما ولعل الأدق هو الأهم والزكاة من هذا القبيل ولم ينتبه له غير الشافعي رضي الـلـه عنه فحظ الفقير مقصود في سد الخلة وهو جلي سابق إلى الأفهام وحق التعبد في اتباع التفاصيل مقصود للشرع

وباعتباره صارت الزكاة قرينة للصلاة والحج في كونها من مباني الإسلام

ولا شك في أن على المكلف تعبا في تمييز أجناس ماله وإخراج حصة كل مال من نوعه وجنسه وصفته ثم توزيعه على الأصناف الثمانية كما سيأتي والتساهل فيه غير قادح في حظ الفقير لكنه قادح في التعبد

ويدل على أن التعبد مقصود بتعيين الأنواع أمور ذكرناها في كتب الخلاف من الفقهيات

ومن أوضحها أن الشرع أوجب في خمس من الإبل شاة فعدل من الإبل إلى الشاة ولم يعدل إلى النقدين والتقويم وإن قدر أن ذلك لقلة النقود في أيدي العرب بطل بذكره عشرين درهما في الجبران مع الشاتين فلم يذكر في الجبران قدر النقصان من القيمة ولمقدر بعشرين درهما وشاتين وإن كانت الثياب والأمتعة كلها في معناها

فهذا وأمثاله من التخصيصات يدل على أن الزكاة لم تترك خالية عن التعبدات كما في الحج ولكن جمع بين المعنيين والأذهان الضعيفة تقصر عن درك المركبات فهذا شأن الغلط فيه

الرابع أن لا ينقل الصدقة إلى بلد آخر فإن أعين المساكين في كل بلدة تمتد إلى أموالها وفي النقل تخييب للظنون فإن فعل ذلك أجزأه في قول ولكن الخروج عن شبهة الخلاف أولى فليخرج زكاة كل مال في تلك البلدة ثم لا بأس أن يصرف إلى الغرباء في تلك البلدة

الخامس أن يقسم ماله بعدد الأصناف الموجودين في بلده فإن استيعاب الأصناف واجب وعليه يدل ظاهر قوله تعالى إنما الصدقات للفقراء والمساكين الآية فإنه يشبه قول المريض إنما ثلث مال للفقراء والمساكين وذلك يقتضي التشريك في التمليك

والعبادات ينبغي أن يتوقى عن الهجوم فيها على الظواهر

وقد عدم من الثمانية صنفان في أكثر البلاد وهم المؤلفة قلوبهم والعاملون على الزكاة

ويوجد في جميع البلاد أربعة أصناف الفقراء والمساكين والغارمون والمسافرون أعني أبناء السبيل وصنفان يوجدان في بعض البلاد دون البعض وهم الغزاة والمكاتبون

فإن وجد خمسة أصناف مثلا قسم بينهم زكاة ماله بخمسة أقسام متساوية أو متقاربة وعين لكل صنف قسم ثم قسم كل قسم ثلاثة أسهم فما فوقه إما متساوية أو متفاوتة وليس عليه التسوية بين آحاد الصنف فإن له أن يقسمه على عشرة وعشرين فينقص نصيب كل واحد

وأما الأصناف فلا تقبل الزيادة والنقصان فلاينبغي أن ينقص في كل صنف عن ثلاثة إن وجد ثم لو لم يجب إلا صاع للفطرة ووجد خمسة أصناف فعليه أن يوصله إلى خمسة عشر نفرا ولو نقص منهم واحد مع الإمكان غرم نصيب ذلك الواحد فإن عسر عليه ذلك لقلة الواجب فليتشارك جماعة ممن عليهم الزكاة وليخلط مال نفسه بمالهم وليجمع المستحقين وليسلم إليهم حتى يتساهموا فيه فإن ذلك لا بد منه

بيان دقائق الآداب الباطنة في الزكاة

اعلم أن على مريد طريق الآخرة بزكاته وظائف الوظيفة الأولى فهم وجوب الزكاة ومعناها ووجه الامتحان فيها وأنها لم جعلت من مباني الإسلام مع أنها تصرف مالي وليست من عبادة الأبدان وفيه ثلاث معان الأول أن التلفظ بكلمتي الشهادة التزام للتوحيد وشهادة بإفراد المعبود وشرط تمام الوفاء به أن لا يبقى للموحد محبوب سوى الواحد الفرد فإن المحبة لا تقبل الشركة والتوحيد باللسان قليل الجدوى وإنما يمتحن به درجة المحب بمفارقة المحبوب والأموال محبوبة عند الخلائق لأنها آلة تمتعهم بالدنيا وبسببها يأنسون بهذا العالم وينفرون عن الموت مع أن فيه لقاء المحبوب فامتحنوا بتصديق دعواهم في المحبوب واستنزلوا عن المال الذي هو مرموقهم ومعشوقهم ولذلك قال

﴿ الـلـه تعالى ﴾ إن الـلـه اشترى من المؤمنين أنفسهم وأموالهم بأن لهم الجنة وذلك بالجهاد وهو مسامحة بالمهجة شوقا إلى لقاء الـلـه عز وجل والمسامحة بالمال أهون

ولما فهم هذا المعنى في بذل الأموال انقسم الناس إلى ثلاثة أقسام قسم صدقوا التوحيد ووفوا بعهدهم ونزلوا عن جميع أموالهم فلم يدخروا دينارا ولا درهما فأبوا أن يتعرضوا لوجوب الزكاة عليهم حتى قيل لبعضهم كم يجب من الزكاة في مائتي درهم فقال أما على العوام بحكم الشرع فخمسة دراهم وأما نحن فيجب علينا بذل الجميع ولهذا تصدق أبو بكر رضي الـلـه عنه بجميع ماله وعمر رضي الـلـه عنه بشطر ماله فقال صلى الـلـه عليه وسلم ما أبقيت لأهلك فقال مثله وقال لأبي بكر رضي الـلـه عنه ما أبقيت لأهلك قال الـلـه ورسوله فقال صلى الـلـه عليه وسلم بينكما ما بين كلمتيكما حديث جاء أبو بكر بجميع ماله وعمر بشطر ماله الحديث أخرجه أبو داود والترمذي والحاكم وصححه من حديث ابن عمر وليس فيه قوله بينكما ما بين كلمتيكما فالصديق وفى بتمام الصدق فلم يمسك سوى المحبوب عنده وهو الـلـه ورسوله

القسم الثاني درجتهم دون درجة هذا وهم الممسكون أموالهم المراقبون لمواقيت الحاجات ومواسم الخيرات فيكون قصدهم في الادخار الإنفاق على قدر الحاجة دون التنعم وصرف الفاضل عن الحاجة إلى وجوه البر مهما ظهر وجوهها وهؤلاء لا يقتصرون على مقدار الزكاة

وقد ذهب جماعة من التابعين إلى أن في المال حقوقا سوى الزكاة كالنخعي والشعبي وعطاء ومجاهد قال الشعبي بعد أن قيل له هل في المال حق سوى الزكاة قال نعم أما سمعت قوله عز وجل وآتى المال على حبه ذوي القربى الآية واستدلوا بقوله عز وجل ومما رزقناهم ينفقون وبقوله تعالى وأنفقوا مما رزقناكم وزعموا أن ذلك غير منسوخ بآية الزكاة بل هو داخل في حق المسلم على المسلم ومعناه أنه يجب على الموسر مهما وجد محتاجا أن يزيل حاجته فضلا عن مال الزكاة والذي يصح في الفقه من هذا الباب أنه مهما أرهقته حاجته كانت إزالتها فرض كفاية إذ لا يجوز تضييع مسلم ولكن يحتمل أن يقال ليس على الموسر إلا تسليم ما يزيل الحاجة فرضا ولا يلزمه بذله بعد أن أسقط الزكاة عن نفسه ويحتمل أن يقال يلزمه بذله في الحال ولا يجوز له الاقتراض أي لا يجوز له تكليف الفقير قبول القرض وهذا مختلف فيه والاقتراض نزول إلى الدرجة الأخيرة من درجات العوام وهي درجة القسم الثالث الذين يقتصرون على أداء الواجب فلا يزيدون عليه ولا ينقصون عنه وهي أقل الرتب وقد اقتصر جميع العوام عليه لبخلهم بالمال وميلهم إليه وضعف حبهم للآخرة قال الـلـه تعالى إن يسألكموها فيحفكم تبخلوا يحفكم أي يستقص عليكم فكم بين عبد اشترى منه ماله ونفسه بأن له الجنة وبين عبد لا يستقصى عليه لبخله فهذا أحد معاني أمر الـلـه سبحانه عباده ببذل الأموال

المعنى الثاني التطهير من صفة البخل فإنه من المهلكات قال صلى اللـه عليه وسلم ثلاث مهلكات شح مطاع وهوى متبع وإعجاب المرء بنفسه حديث ثلاث مهلكات الحديث تقدم وقال تعالى ومن يوق شح نفسه فأولئك هم المفلحون وسيأتي في ربع المهلكات وجه كونه مهلكا وكيفية التقصي منه وإنما تزول صفة البخل بأن تتعود بذل المال فحب الشيء لا ينقطع إلا بقهر النفس على مفارقته حتى يصير ذلك اعتيادا فالزكاة بهذا المعنى طهرة أي تطهر صاحبها عن خبث البخل المهلك وإنما طهارته بقدر بذله وبقدر فرحه بإخراجه واستبشاره بصرفه إلى اللـه تعالى

المعنى الثالث شكر النعمة فإن لله عز وجل على عبده نعمة في نفسه وفي ماله فالعبادات البدنية شكر لنعمة البدن والمالية شكر لنعمة المال وما أخس من ينظر إلى الفقير وقد ضيق عليه الرزق وأحوج إليه ثم لا تسمح نفسه بأن يؤدي شكر اللـه تعالى على إغنائه عن السؤال وإحواج غيره إليه بربع العشر أو العشر من ماله

الوظيفة الثانية في وقت الأداء ومن آداب ذوي الدين التعجيل عن وقت الوجوب إظهارا للرغبة في الامتثال بإيصال السرور إلى قلوب الفقراء ومبادرة لعوائق الزمان أن تعوقه عن الخيرات وعلما بأن في التأخير آفات مع ما يتعرض العبد له من العصيان لو أخر عن وقت الوجوب

ومهما ظهرت داعية الخير من الباطن فينبغي أن يغتنم فإن ذلك لمة الملك وقلب المؤمن بين أصبعين من أصابع الرحمن فما أسرع تقلبه والشيطان يعد الفقر ويأمر بالفحشاء والمنكر وله لمة عقيب لمة الملك فليغتنم الفرصة فيه وليعين لزكاتها إن كان يؤديها جميعا شهرا معلوما وليجتهد أن يكون من أفضل الأوقات ليكون ذلك سببا لنماء قربته وتضاعف زكاته وذلك كشهر المحرم فإنه أول السنة وهو من الأشهر الحرم أو رمضان فقد كان صلى الله عليه وسلم أجود الخلق وكان في رمضان كالريح المرسلة لا يمسك فيه شيئا حديث كان رسول الله صلى الله عليه وسلم أجود الخلق وأجود ما يكون في رمضان الحديث أخرجاه من حديث ابن عباس ولرمضان فضيلة ليلة القدر وأنه أنزل فيه القرآن

وكان مجاهد يقول لا تقولوا رمضان فإنه اسم من أسماء الله تعالى ولكن قولوا شهر رمضان

وذو الحجة أيضا من الشهور الكثيرة الفضل فإنه شهر حرام وفيه الحج الأكبر وفيه الأيام المعلومات وهي العشر الأول والأيام المعدودات وهي أيام التشريق وأفضل أيام شهر رمضان العشر الأواخر وأفضل أيام ذي الحجة العشر الأول

الوظيفة الثالثة الإسرار فإن ذلك أبعد عن الرياء والسمعة قال صلى الله عليه وسلم أفضل الصدقة جهد المقل إلى فقير في سر حديث أفضل الصدقة جهد المقل إلى فقير في سر أخرجه أحمد وابن حبان والحاكم من حديث أبي ذر ولأبي داود من حديث أبي هريرة أي الصدقة أفضل قال جهد المقل وقال بعض العلماء ثلاث من كنوز البر منها إخفاء الصدقة حديث ثلاث من كنوز البر فذكر منها إخفاء الصدقة أخرجه أبو نعيم في كتاب الإيجاز وجوامع الكلم من حديث ابن عباس بسند ضعيف وقد روي أيضا مسندا

وقال صلى الله عليه وسلم إن العبد ليعمل عملا في السر فيكتبه الله له سرا فإن أظهره نقل من السر وكتب في العلانية فإن تحدث به نقل من السر والعلانية وكتب رياء حديث إن العبد ليعمل عملا في السر فيكتبه الله له سرا فإن أظهره نقل من السر الحديث أخرج الخطيب في التاريخ من حديث أنس نحوه بإسناد ضعيف وفي الحديث المشهور سبعة يظلهم الله يوم لا ظل إلا ظله أحدهم رجل تصدق بصدقة فلم تعلم شماله بما أعطت يمينه حديث سبعة يظلهم الله في ظله الحديث أخرجاه من حديث أبي هريرة وفي الخبر صدقة السر تطفىء غضب الرب حديث صدقة السر تطفىء غضب الرب أخرجه الطبراني من حديث أبي أمامة ورواه أبو الشيخ في كتاب الثواب والبيهقي في الشعب من حديث أبي سعيد كلاهما ضعيف والترمذي وحسنه من

حديث أبي هريرة إن الصدقة لتطفىء غضب الرب ولابن حبان نحوه من حديث أنس وهو ضعيف أيضا وقال تعالى وإن تخفوها وتؤتوها الفقراء فهو خير لكم وفائدة الإخفاء الخلاص من آفات الرياء والسمعة فقد قال صلى الله عليه وسلم لا يقبل الله من مسمع ولا مراء ولا منان والمتحدث بصدقته يطلب السمعة والمعطي في ملأ من الناس يبغي الرياء والإخفاء والسكوت هو المخلص منه حديث لا يقبل الله من مسمع ولا مراء ولا منان لم أظفر به هكذا وقد بالغ في فضل الإخفاء جماعة حتى اجتهدوا أن لا يعرف القابض المعطى فكان بعضهم يلقيه في يد أعمى وبعضهم يلقيه في طريق الفقير وفي موضع جلوسه حيث يراه ولا يرى المعطى وبعضهم كان يصره في ثوب الفقير وهو نائم وبعضهم كان يوصل إلى يد الفقير على يد غيره بحيث لا يعرف المعطي وكان يستكتم المتوسط شأنه ويوصيه بأن لا يفشيه كل ذلك توصلا إلى إطفاء غضب الرب سبحانه واحترازا من الرياء والسمعة

ومهما لم يتمكن إلا بأن يعرفه شخص واحد فتسليمه إلى وكيل ليسلم إلى المسكين والمسكين لا يعرف أولى إذ في معرفة المسكين الرياء والمنة جميعا وليس في معرفة المتوسط إلا الرياء ومهما كانت الشهرة مقصودة له

حبط عمله لأن الزكاة إزالة للبخل وتضعيف لحب المال وحب الجاه أشد استيلاء على النفس من حب المال وكل واحد منهما مهلك في الآخرة ولكن صفة البخل تنقلب في القبر في حكم المثال عقربا لادغا وصفة الرياء تقلب في القبر أفعى من الأفاعي وهو مأمور بتضعيفها أو قتلهما لدفع أذاهما أو تخفيف أذاهما فمهما قصد الرياء والسمعة فكأنه جعل بعض أطراف العقرب مقويا للحية فبقدر ما ضعف من العقرب زاد في قوة الحية ولو ترك الأمر كما كان لكان الأمر أهون عليه

وقوة هذه الصفات التي بها قوتها العمل بمقتضاها وضعفت هذه الصفات بمجاهدتها ومخالفتها والعمل بخلاف مقتضاها فأي فائدة في أن يخالف دواعي البخل ويجيب دواعي الرياء فيضعف الأدنى ويقوي الأقوى وستأتي أسرار هذه المعاني في ربع المهلكات

الوظيفة الرابعة أن يظهر حيث يعلم أن في إظهاره ترغيبا للناس في الاقتداء ويحرس سره من داعية الرياء بالطريق الذي سنذكره في معالجة الرياء في كتاب الرياء فقد قال الله عز وجل إن تبدوا الصدقات فنعما هي وذلك حيث يقتضي الحال الإبداء إما للاقتداء وإما لأن السائل إنما سأل على ملأ من الناس فلا ينبغي أن يترك التصدق خيفة من الرياء في الإظهار بل ينبغي أن يتصدق ويحفظ سره عن الرياء بقدر الإمكان وهذا لأن في الإظهار محذورا ثالثا سوى المن والرياء وهو هتك ستر الفقير فإنه ربما يتأذى بأن يرى في صورة المحتاج فمن أظهر السؤال فهو الذي هتك ستر نفسه فلا يحذر هذا المعنى في إظهاره وهو كإظهار الفسق على من تستر به فإنه محظور والتجسس فيه والاعتياد بذكره منهي عنه فأما من أظهره فإقامة الحد عليه إشاعة ولكن هو السبب فيها وبمثل هذا المعنى قال صلى الله عليه وسلم من ألقى جلباب الحياء فلا غيبة له حديث من ألقى جلباب الحياء فلا غيبة له أخرجه ابن عدي وابن حبان في الضعفاء من حديث أنس بسند ضعيف وقد قال الله تعالى وأنفقوا مما رزقناهم سرا وعلانية ندب إلى العلانية أيضا لما فيها من فائدة الترغيب فليكن العبد دقيق التأمل في وزن هذه الفائدة بالمحذور الذي فيه فإن ذلك يختلف بالأحوال والأشخاص فقد يكون الإعلان في بعض الأحوال لبعض الأشخاص أفضل ومن عرف الفوائد والغوائل ولم ينظر بعين الشهوة اتضح له الأولى والأليق بكل حال

الوظيفة الخامسة أن لا يفسد صدقته بالمن والأذى قال الله تعالى لا تبطلوا صدقاتكم بالمن والأذى واختلفوا في حقيقة المن والأذى فقيل المن أن يذكرها والأذى أن يظهرها وقال سفيان من من فسدت صدقته فقيل له كيف المن فقال أن يذكره ويتحدث به وقيل المن أن يستخدمه بالعطاء والأذى أن يعيره بالفقر وقيل المن أن يتكبر عليه لأجل عطائه والأذى أن ينتهره أو يوبخه بالمسألة

وقد قال صلى الله عليه وسلم لا يقبل الله صدقة منان حديث لا يقبل الله صدقة منان هو كالذي قبله بحديث لم أجده وعندي أن المن له أصل ومغرس وهو من أحوال القلب وصفاته ثم يتفرع عليه أحوال ظاهرة على اللسان والجوارح فأصله أن يرى نفسه محسنا إليه ومنعما عليه وحقه أن يرى الفقير محسنا إليه بقبول حق الله عز وجل منه الذي هو طهرته ونجاته من النار وأنه لو يقبله لبقي مرتهنا به فحقه أن يتقلد منه الفقير إذ جعل كفه نائبا عن الله عز وجل في قبض حق الله عز وجل

قال رسول الله صلى الله عليه وسلم إن الصدقة تقع بيد الله عز وجل قبل أن تقع في يد السائل حديث إن الصدقة تقع بيد الله قبل أن تقع في يد السائل أخرجه الدار قطني في الأفراد من حديث ابن عباس وقال غريب من حديث عكرمة عنه ورواه البيهقي في الشعب بسند ضعيف فليتحقق أنه مسلم إلى الله عز وجل حقه والفقير آخذ من الله تعالى رزقه بعد صيرورته إلى الله عز وجل

ولو كان عليه دين لإنسان فأحال به عبده أو خادمه الذي هو متكفل برزقه

لكان اعتقاد مؤدى الدين كون القابض تحت منته سفها وجهلا فإن المحسن إليه هو المتكفل برزقه
أما هو فإنما يقضي الذي لزمه بشراء ما أحبه فهو ساع في حق نفسه فلم يمن به على غيره
ومهما عرف المعاني الثلاثة التي ذكرناها في فهم وجوب الزكاة أو أحدها لم ير نفسه محسنا إلا إلى نفسه إما ببذل ماله إظهارا لحب الله تعالى أو تطهيرا لنفسه عن رذيلة البخل أو شكرا على نعمة المال طلبا للمزيد وكيفما كان فلا معاملة بينه وبين الفقير حتى يرى نفسه محسنا إليه ومهما حصل هذا الجهل بأن رأى نفسه محسنا إليه تفرع منه على ظاهره ما ذكر في معنى المن وهو التحدث به وإظهاره وطلب المكافأة منه بالشكر والدعاء والخدمة والتوقير والتعظيم والقيام بالحقوق والتقديم في المجالس والمتابعة في الأمور فهذه كلها ثمرات المنة ومعنى المنة في الباطن ما ذكرناه
وأما الأذى فظاهره التوبيخ والتعيير وتخشين الكلام وتقطيب الوجه وهتك الستر بالإظهار وفنون الاستخفاف وباطنه وهو منبعه أمران أحدهما كراهيته لرفع اليد عن المال وشدة ذلك على نفسه فإن ذلك يضيق الخلق لا محالة
والثاني رؤيته أنه خير من الفقير وأن الفقير لسبب حاجته أخس منه وكلاهما منشؤه الجهل
أما كراهية تسليم المال فهو حمق لأن من كره بذل درهم في مقابلة ما يساوي ألفا فهو شديد الحمق
ومعلوم أنه يبذل المال لطلب رضا الله عز وجل والثواب في الدار الآخرة وذلك أشرف مما بذله أو يبذله لتطهير نفسه عن رذيلة البخل أو شكرا لطلب المزيد وكيفما فرض فالكراهة لا وجه لها
وأما الثاني فهو أيضا جهل لأنه لو عرف فضل الفقر على الغنى وعرف خطر الأغنياء لما استحقر الفقير بل تبرك به وتمنى درجته فصلحاء الأغنياء يدخلون الجنة بعد الفقراء بخمسمائة عام ولذلك قال صلى الله عليه وسلم هم الأخسرون ورب الكعبة فقال أبو ذر من هم قال هم الأكثرون أموالا الحديث ثم كيف يستحقر الفقير وقد جعله الله تعالى متجرة له إذ يكتسب المال بجهدك ويستكثر منه ويجتهد في حفظه بمقدار الحاجة وقد ألزم أن يسلم إلى الفقير قدر حاجته ويكف عنه الفاضل الذي يضره لو سلم إليه فالغني مستخدم للسعي في رزق الفقير ويتميز عليه بتقليد المظالم والتزام المشاق وحراسة الفضلات إلى أن يموت فيأكله أعداؤه فإن مهما انتقلت الكراهية وتبدلت بالسرور والفرح بتوفيق الله تعالى له أداء الواجب وتفضيله الفقير حتى يخلصه عن عهدته بقبوله منه انتفى الأذى والتوبيخ وتقطيب الوجه وتبدل بالاستبشار والثناء وقبول المنة فهذا منشأ المن والأذى
فإن قلت فرؤيته نفسه في درجة المحسن أمر غامض فهل من علامة يمتحن بها قلبه فيعرف بها أنه لم ير نفسه محسنا فاعلم أن له علامة دقيقة واضحة وهو أن يقدر أن الفقير لو جنى عليه جناية أو مالا عدوا له

عليه مثلا هل كان يزيد في استنكاره واستبعاده له على استنكاره قبل التصدق فإن زاد لم تخل صدقته عن شائبة المنة لأنه توقع بسببه ما لم يكن يتوقع قبل ذلك

فإن قلت فهذا أمر غامض ولا ينفك قلب أحد عنه فما دواؤه فاعلم أن له دواء باطنا ودواء ظاهرا أما الباطن فالمعرفة بالحقائق التي ذكرناها في فهم الوجوب وأن الفقير هو المحسن إليه في تطهيره بالقبول

وأما الظاهر فالأعمال التي يتعاطاها متقلد المنة فإن الأفعال التي تصدر عن الأخلاق تصبغ القلب بالأخلاق كما سيأتي أسراره في الشطر الأخير من الكتاب ولهذا كان بعضهم يضع الصدقة بين يدي الفقير ويتمثل قائما بين يديه حتى يسأله قبولها حتى يكون هو في صورة السائلين وهو يستشعر مع ذلك كراهية لو رده وكان بعضهم يبسط كفه ليأخذ الفقير من كفه وتكون يد الفقير هي العليا

وكانت عائشة وأم سلمة رضي اللـه عنهما إذا أرسلتا معروفا إلى فقير قالتا للرسول احفظ ما يدعو به ثم كانتا تردان عليه مثل قوله وتقولان هذا بذاك حتى تخلص لنا صدقتنا فكانوا لا يتوقعون الدعاء لأنه شبه المكافأة وكانوا يقابلون الدعاء

بمثله وهكذا فعل عمر بن الخطاب وابنه عبد الله رضي الله عنهما وهكذا كان أرباب القلوب يداوون قلوبهم ولا دواء من حيث الظاهر إلا هذه الأعمال الدالة على التذلل والتواضع وقبول المنة ومن حيث الباطن المعارف التي ذكرناها هذا من حيث العمل وذلك من حيث العلم ولا يعالج القلب إلا بمعجون العلم والعمل وهذه الشريطة من الزكوات تجري مجرى الخشوع من الصلاة وثبت ذلك بقوله صلى الله عليه وسلم ليس للمرء من صلاته إلا ما عقل منها حديث ليس للمؤمن من صلاته إلا ما عقل منها تقدم في الصلاة وهذا كقوله صلى الله عليه وسلم لا يتقبل الله صدقة منان وكقوله عز وجل لا تبطلوا صدقاتكم بالمن والأذى وأما فتوى الفقيه بوقوعها موقعها وبراءة ذمته عنها دون هذا الشرط فحديث آخر وقد أشرنا إلى معناه في كتاب الصلاة الوظيفة السادسة أن يستصغر العطية فإنه إن استعظمها أعجب بها والعجب من المهلكات وهو محبط للأعمال قال تعالى ويوم حنين إذا أعجبتكم كثرتكم فلم تغن عنكم شيئا ويقال إن الطاعة كلما استصغرت عظمت عند الله عز وجل والمعصية كلما استعظمت صغرت عند الله عز وجل وقيل لا يتم المعروف إلا بثلاثة أمور تصغيره وتعجيله وستره وليس الاستعظام هو المن والأذى فإنه لو صرف ماله إلى عمارة مسجد أو رباط أمكن فيه الاستعظام ولا يمكن فيه المن والأذى بل العجب والاستعظام يجري في جميع العبادات ودواؤه علم وعمل امام العلم فهو أن يعلم أن العشر أو ربع العشر قليل من كثير وأنه قد قنع لنفسه بأخس درجات البذل كما ذكرنا في فهم الوجوب فهو جدير بأن يستحيي منه فكيف يستعظمه وإن ارتقى إلى الدرجة العليا فبذل كل ماله أو أكثره فليتأمل أنه من أين له المال وإلى ماذا يصرفه فالمال لله عز وجل وله المنة عليه إذ أعطاه ووفقه لبذله فلم يستعظم في حق الله تعالى ما هو عين حق الله سبحانه وإن كان مقامه يقتضي أن ينظر إلى الآخرة وأنه يبذله للثواب فلم يستعظم بذل ما ينتظر عليه أضعافه وأما العمل فهو أن يعطيه عطاء الخجل من بخل بإمساك بقية ماله عن الله عز وجل فتكون هيئته الانكسار والحياء كهيئة من يطالب برد وديعة فيمسك بعضها ويرد البعض لأن المال كله لله عز وجل وبذل جميعه هو الأحب عند الله سبحانه وإنما لم يأمر به عبده لأنه يشق عليه بسبب بخله كما قال الله عز وجل فيحفكم تبخلوا الوظيفة السابعة أن ينتقي من ماله أجوده وأحبه إليه وأجله وأطيبه فإن الله تعالى طيب لا يقبل إلا طيبا وإذا كان المخرج من شبهة فربما لا يكون ملكا له مطلقا فلا يقع الموقع وفي حديث أبان عن أنس بن مالك طوبى لعبد أنفق من مال اكتسبه من غير معصية حديث أنس طوبى لعبد أنفق من مال اكتسبه من غير معصية أخرجه ابن عدي والبزار وإذا لم يكن المخرج من جيد المال فهو من سوء الأدب إذ قد يمسك الجيد لنفسه أو لعبده أو لأهله فيكون قد آثر على الله عز وجل غيره ولو فعل هذا بضيفه وقدم إليه أردأ طعام في بيته لأوغر بذلك صدره هذا إن كان نظره إلى الله عز وجل وإن كان نظره إلى نفسه وثوابه في الآخرة فليس بعاقل من يؤثر غيره على نفسه وليس له من ماله إلا ما تصدق

به فأبقى أو أكل فأفنى والذي يأكله قضاء وطر في الحال فليس من العقل قصر النظر على العاجلة وترك الادخار وقد قال الـلـه تعالى يا أيها الذين آمنوا أنفقوا من طيبات ما كسبتم ومما أخرجنا لكم من الأرض ولا تيمموا الخبيث منه تنفقون ولستم بآخذيه إلا أن تغمضوا فيه أي لا تأخذوه إلا مع كراهية وحياء وهو معنى الإغماض فلا تؤثروا به ربكم وفي الخبر سبق درهم مائة ألف درهم حديث سبق درهم مائة ألف أخرجه النسائي وابن حبان وصححه من حديث أبي هريرة

وذلك بأن يخرجه الإنسان وهو من أحل ماله وأجوده فيصدر ذلك عن الرضا والفرح بالبذل وقد يخرج مائة ألف درهم مما يكره من ماله فيدل ذلك على أنه ليس يؤثر الـلـه عز وجل بشيء مما يحبه

وبذلك ذم الـلـه تعالى قوما جعلوا لله ما يكرهون فقال تعالى ويجعلون لله ما يكرهون وتصف ألسنتهم الكذب أن لهم الحسنى لا وقف بعض القراء على النفي تكذيبا لهم ثم ابتدأ وقال جرم أن لهم النار أي كسب لهم جعلهم لله ما يكرهون النار

الوظيفة الثامنة أن يطلب لصدقته من تزكو به الصدقة ولا يكتفي بأن يكون من عموم الأصناف الثمانية فإن في عمومهم خصوص صفات فليراع خصوص تلك الصفات وهي ستة

الأولى أن يطلب الأتقياء المعرضين عن الدينا المتجردين لتجارة الآخرة قال صلى الـلـه عليه وسلم لا تأكل إلا طعام تقي ولا يأكل طعامك إلا تقي حديث لا تأكل إلا طعام تقي ولا يأكل طعاعته إلا تقي أخرجه أبو داود والترمذي من حديث أبي سعيد بلفظ لا تصحب إلا مؤمنا ولا يأكل طعامك إلا تقي وهذا لأن التقي يستعين به على التقوى فتكون شريكا في طاعته بإعانتك إياه وقال صلى الـلـه عليه وسلم أطعموا طعامكم الأتقياء وأولوا معروفكم المؤمنين حديث أطعموا طعامكم الأتقياء وأولوا معروفكم المؤمنين أخرجه ابن المبارك في البر والصلة من حديث أبي سعيد الخدري قال ابن طاهر غريب فيه مجهول وفي لفظ آخر أضف بطعامك من تحبه في الـلـه تعالى حديث أضف بطعامك من يحبه الـلـه أخرجه ابن المبارك أنبأنا جويبر عن الضحاك مرسلا وكان بعض العلماء يؤثر بالطعام فقراء الصوفية دون غيرهم فقيل له لو عممت بمعروفك جميع الفقراء لكان أفضل فقال لا هؤلاء قوم هممهم لله سبحانه فإذا طرقتهما فاقة تشتت هم أحدهم فلأن أرد همة واحد إلى الـلـه عز وجل أحب إلي من أن أعطى ألفا ممن همته الدنيا فذكر هذا الكلام للجنيد فاستحسنه وقال هذا ولي من أولياء الـلـه تعالى وقال ما سمعت منذ زمان كلاما أحسن من هذا ثم حكى أن هذا الرجل اختل حاله وهم بترك الحانوت فبعث إليه الجنيد مالا وقال اجعله بضاعتك ولا تترك الحانوت فإن التجارة لا تضر مثلك وكان هذا الرجل بقالا لا يأخذ من الفقراء ثمن ما يبتاعون منه

الصفة الثانية أن يكون من أهل العلم خاصة فإن ذلك إعانة له على العلم والعلم أشرف العبادات مهما صحت فيه النية

وكان ابن المبارك يخصص بمعروفه أهل العلم فقيل له لو عممت فقال إني لا أعرف بعد مقام النبوة أفضل من مقام العلماء فإذا اشتغل قلب أحدهم بحاجته لم يتفرغ للعلم ولم يقبل على التعلم فتفريغهم للعلم أفضل

الصفة الثالثة أن يكون صادقا في تقواه وعلمه بالتوحيد

وتوحيده أنه إذا أخذ العطاء حمد الله عز وجل وشكره ورأى أن النعمة منه ولم ينظر إلى واسطة فهذا هو أشكر العباد لله سبحانه وهو أن يرى أن النعمة كلها منه

وفي وصية لقمان لابنه لا تجعل بينك وبين الله منعما واعدد نعمة غيره عليك مغرما

ومن شكر غير الله سبحانه فكأنه لم يعرف المنعم ولم يتيقن أن الواسطة مقهور مسخر بتسخير الله عز وجل إذ سلط الله تعالى عليه دواعي الفعل ويسر له الأسباب فأعطى وهو مقهور ولو أراد تركه لم يقدر عليه بعد أن ألقى الله عز وجل في قلبه أن صلاح دينه ودنياه في فعله

فمهما قوي الباعث أوجب ذلك جزم الإرادة وانتهاض القدرة ولم يستطع العبد مخالفة الباعث القوي الذي لا تردد فيه و الله عز وجل خالق للبواعث ومهيجها ومزيل للضعف والتردد عنها ومسخر القدرة للانتهاض بمقتضى البواعث فمن تيقن هذا لم يكن له نظر إلا إلى مسبب الأسباب وتيقن مثل هذا العبد أنفع للمعطي من ثناء غيره وشكره فذلك حركة لسان يقل في الأكثر جدواه وإعانة مثل هذا العبد الموحد لا تضيع وأما الذي يمدح بالعطاء ويدعو بالخير فسيذم بالمنع ويدعو بالشر عند الإيذاء وأحواله متفاوتة

وقد روي أنه صلى الله عليه وسلم بعث معروفا إلى بعض الفقراء وقال للرسول احفظ ما يقول فلما أخذ قال الحمد لله الذي لا ينسى من ذكره ولا يضيع من شكره ثم قال اللهم إنك لم تنس فلانا يعني نفسه فاجعل فلانا لا ينساك يعني بفلان نفسه فأخبر رسول الله صلى الله عليه وسلم بذلك

فسر وقال صلى الـلـه عليه وسلم علمت أنه يقول ذلك حديث بعث معروفا إلى بعض الفقراء وقال للرسول احفظ ما يقول فلما أخذه قال الحمد لله الذي لا ينسى من ذكره الحديث لم أجد له أصلا إلا في حديث ضعيف من حديث ابن عمر وروى ابن منده في الصحابة أوله ولم يسق هذه القطعة التي أوردها المصنف وسمى الرجل حديرا فقد رويا من طريق البيهقي أنه وصل لحدير من أبي الدرداء شيء فقال اللهم إنك لم تنس حديرا فاجعل حديرا لا ينساك وقيل إن هذا آخر لا صحبة له يكنى أبا جريرة وقد ذكره ابن حبان في ثقات التابعين فانظر كيف قصر التفاته على الـلـه وحده وقال صلى الـلـه عليه وسلم لرجل تب فقال أتوب إلى الـلـه وحده ولا أتوب إلى محمد فقال صلى الـلـه عليه وسلم عرف الحق لأهله حديث قال لرجل تب فقال أتوب إلى الـلـه ولا اتوب إلى محمد الحديث أخرجه أحمد والطبراني من حديث الأسود ابن سريع بسند ضعيف ولما نزلت براءة عائشة رضي الـلـه عنها في قصة الإفك قال أبو بكر رضي الـلـه عنه قومي فقبلي رأس رسول الـلـه صلى الـلـه عليه وسلم فقالت و الـلـه لا أفعل ولا أحمد إلا الـلـه فقال صلى الـلـه عليه وسلم دعها يا أبا بكر حديث لما نزلت براءة عائشة قال أبو بكر قومي فقبلي رأس رسول الـلـه صلى الـلـه عليه وسلم الحديث أخرجه أبو داود من حديث عائشة بلفظ فقال أبواي قومي فقبلي رأس رسول الـلـه صلى الـلـه عليه وسلم فقلت أحمد الـلـه لا إياكما وللبخاري تعليقا فقال أبواي قومي إليه فقلت لا و الـلـه لا أقوم إليه ولا أحمدكما ولكن أحمد الـلـه وله ولمسلم فقالت لي أمي قومي إليه فقلت لا و الـلـه لا أقوم إليه ولا أحمد إلا الـلـه وللطبراني فقالت بحمد الـلـه لا بحمد صاحبك وله من حديث ابن عباس فقالت لا بحمدك ولا بحمد صاحبك وله من حديث ابن عمر فقال أبو بكر قومي فاحتضني رسول الـلـه صلى الـلـه عليه وسلم فقالت لا و الـلـه لا أدنو منه الحديث وفيه أنها قالت للنبي صلى الـلـه عليه وسلم بحمد الـلـه لا بحمدك وفي لفظ آخر أنها رضي الـلـه عنها قالت لأبي بكر رضي الـلـه عنه بحمد الـلـه لا بحمدك ولا بحمد صاحبك فلم ينكر رسول الـلـه صلى الـلـه عليه وسلم عليها ذلك مع أن الوحي وصل إليها على لسان رسول الـلـه صلى الـلـه عليه وسلم

ورؤية الأشياء من غير الـلـه سبحانه وصف الكافرين قال الـلـه تعالى ﴿ وإذا ذكر الـلـه وحده اشمأزت قلوب الذين لا يؤمنون بالآخرة وإذا ذكر الذين من دونه إذا هم يستبشرون ﴾ ومن لم يصف باطنه عن رؤية الوسائط إلا من حيث إنهم وسائط فكأنه لم ينفك عن الشرك الخفي سره

فليتق الـلـه سبحانه في تصفية توحيده عن كدورات الشرك وشوائبه

الصفة الرابعة أن يكون مستترا مخفيا حاجته لا يكثر البث والشكوى أو يكون من أهل المروءة ممن ذهبت نعمته وبقيت عادته فهو يتعيش في جلباب التجمل قال الـلـه تعالى ﴿ يحسبهم الجاهل أغنياء من التعفف تعرفهم بسيماهم لا يسألون الناس إلحافا ﴾ أي لا يلحون في السؤال لأنهم أغنياء بيقينهم أعزة بصبرهم وهذا ينبغي أن يطلب بالتفحص عن أهل الدين في كل محلة ويستكشف عن بواطن أحول أهل الخير والتجمل فثواب صرف المعروف إليهم أضعاف ما يصرف إلى المجاهرين بالسؤال

الصفة الخامسة أن يكون معيلا أو محبوسا بمرض أو بسبب من الأسباب فيوجد فيه معنى قوله عز وجل ﴿ للفقراء الذين أحصروا في سبيل الله ﴾ أي حبسوا في طريق الآخرة بعيلة أو ضيق معيشة أو إصلاح قلب ﴿ لا يستطيعون ضربا في الأرض ﴾ لأنهم مقصوصوا الجناح مقيدوا الأطراف

فبهذه الأسباب كان عمر رضي الله عنه يعطي أهل البيت القطيع من الغنم العشرة فما فوقها وكان صلى الله عليه وسلم يعطي العطاء على مقدار العيلة حديث كان يعطي العطاء على مقدار العيلة لم أر له أصلا ولأبي داود من حديث عوف بن مالك أن رسول الله صلى الله عليه وسلم كان إذا أتاه الفيء قسمه في يومه وأعطى الآهل حظين وأعطى العزب حظا وسأل عمر رضي الله عنه عن جهد البلاء فقال كثرة العيال وقلة المال

الصفة السادسة أن يكون من الأقارب وذوي الأرحام فتكون صدقة وصلة رحم وفي صلة الرحم من الثواب ما لا يحصى قال علي رضي الله عنه لأن أصل أخا من إخواني بدرهم أحب إلي من أن أتصدق بعشرين درهما ولأن أصله بعشرين درهما أحب إلي من أن أتصدق بمائة درهم ولأن أصله بمائة درهم أحب إلي من أن أعتق رقبة

والأصدقاء وإخوان الخير أيضا

يقدمون على المعارف كما يتقدم الأقارب على الأجانب فليراع هذه الدقائق فهذه هي الصفات المطلوبة وفي كل صفة درجات فينبغي أن يطلب أعلاها فإن وجد من جمع جملة من هذه الصفات فهي الذخيرة الكبرى والغنيمة العظمى ومهما اجتهد في ذلك وأصاب فله أجران وإن أخطأ فله أجر واحد فإن أحد أجريه في الحال تطهيره نفسه عن صفة البخل وتأكيد حب الـلـه عز وجل في قلبه واجتهاده في طاعته وهذه الصفات هي التي تقوى في قلبه فتشوقه إلى لقاء الـلـه عز وجل والأجر الثاني ما يعود إليه من فائدة دعوة الآخذ وهمته فإن قلوب الأبرار لها آثار في الحال والمآل فإن أصاب حصل الأجران وإن أخطأ حصل الأول دون الثاني فبهذا يضاعف أجر المصيب في الاجتهاد ههنا وفي سائر المواضع و الـلـه أعلم الفصل الثالث في القابض وأسباب استحقاقه ووظائف قبضه بيان أسباب الاستحقاق اعلم أنه لا يستحق الزكاة إلا حر مسلم ليس بهاشمي ولا مطلبي اتصف بصفة من صفات الأصناف الثمانية المذكورين في كتاب الـلـه عز وجل ولا تصرف زكاة إلى كافر ولا إلى عبد ولا إلى هاشمي ولا إلى مطلبي أما الصبي والمجنون فيجوز الصرف إليهما إذا قبض وليهما فلنذكر صفات الأصناف الثمانية الصنف الأول الفقراء والفقير هو الذي ليس له مال ولا قدرة له على الكسب فإن كان معه قوت يومه وكسوة حاله فليس بفقير ولكنه مسكين وإن كان معه نصف قوت يومه فهو فقير وإن كان معه قميص وليس معه منديل ولا خف ولا سراويل ولم تكن قيمة القميص بحيث تفي بجميع ذلك كما يليق بالفقراء فهو فقير لأنه في الحال قد عدم ما هو محتاج إليه وما هو عاجز عنه فلا ينبغي أن يشترط في الفقير أن لا يكون له كسوة سوى ساتر العورة فإن هذا غلو والغالب أنه لا يوجد مثله ولا يخرجه عن الفقر كونه معتادا للسؤال فلا يجعل السؤال كسبا بخلاف ما لو قدر على كسب فإن ذلك يخرجه عن الفقر فإن قدر على الكسب بآلة فهو فقير ويجوز أن يشتري له آلة وإن قدر على كسب لا يليق بمروءة وبحال مثله فهو فقير وإن كان متفقها ويمنعه الاشتغال بالكسب عن التفقه فهو فقير ولا تعتبر قدرته وإن كان متعبدا يمنعه الكسب من وظائف العبادات وأوراد الأوقات فليكتسب لأن الكسب أولى من ذلك قال صلى الـلـه عليه وسلم طلب الحلال فريضة بعد الفريضة حديث طلب الحلال فريضة بعد الفريضة أخرجه الطبراني والبيهقي في شعب الإيمان من حديث ابن مسعود بسند ضعيف وأراد به السعي في الاكتساب وقال عمر رضي الـلـه عنه كسب في شبهة خير من مسألة وإن كان مكتفيا بنفقة أبيه أو من تجب عليه نفقته فهذا أهون من الكسب فليس بفقير الصنف الثاني المساكين والمسكين هو الذي لا يفي دخله بخرجه فقد يملك ألف درهم وهو مسكين وقد لا يملك إلا فأسا وحبلا وهو غني والدويرة التي يسكنها والثوب الذي يستره على قدر حاله لا يسلبه اسم المسكين وكذا أثاث البيت أعني ما يحتاج إليه وذلك ما يليق به وكذا كتب الفقه لا تخرجه عن المسكنة وإذا لم يملك إلا الكتب فلا تلزمه صدقة الفطر وحكم الكتاب حكم الثوب وأثاث البيت فإنه محتاج

إليه ولكن ينبغي أن يحتاط في قطع الحاجة بالكتاب فالكتاب محتاج إليه لثلاثة أغراض التعليم والاستفادة والتفرج بالمطالعة أما حاجة التفرج فلا تعتبر كاقتناء كتب الأشعار وتواريخ الأخبار وأمثال ذلك مما لا ينفع في الآخرة ولا يجري في الدنيا إلا مجرى التفرج والاستئناس فهذا يباع في الكفارة وزكاة الفطر وتمنع اسم المسكنة وأما حاجة التعليم إن كان لأجل الكسب كالمؤدب والمعلم والمدرس بأجره فهذه آلته فلا تباع في الفطرة كأدوات الخياط وسائر المحترفين وإن كان يدرس للقيام بفرض

الكفاية فلا تباع ولا يسلبه ذلك اسم المسكين لأنها حاجة مهمة

وأما حاجة الاستفادة والتعلم من الكتاب كادخاره كتب طب ليعالج بها نفسه أو كتاب وعظ ليطالع فيه ويتعظ به فإن كان في البلد طبيب وواعظ فهذا مستغنى عنه وإن لم يكن فهو محتاج إليه ثم ربما لا يحتاج إلى مطالعة الكتاب إلا بعد مدة فينبغي أن يضبط مدة الحاجة والأقرب أن يقال ما لا يحتاج إليه في السنة فهو مستغنى عنه فإن من فضل من قوت يومه شيء لزمته الفطرة فإذا قدرنا القوت باليوم فحاجة أثاث البيت وثياب البدن ينبغي أن تقدر بالسنة فلا تباع ثياب الصيف في الشتاء والكتب بالثياب والأثاث أشبه وقد يكون له من كتاب نسختان فلا حاجة إلى إحداهما

فإن قال إحداهما أصح والأخرى أحسن فأنا محتاج إليهما قلنا اكتف بالأصح وبع الأحسن ودع التفرج والترفه وإن كان نسختان من علم واحد إحداهما بسيطة والأخرى وجيزة فإن كان مقصوده الاستفادة فليكتف بالبسيطة وإن كان قصده التدريس فيحتاج إليهما إذ في كل واحدة فائدة ليست في الأخرى

وأمثال هذه الصور لا تنحصر ولم يتعرض له في فن الفقه وإنما أوردناه لعموم البلوى والتنبيه بحسن هذا النظر على غيره فإن استقصاء هذه الصور غير ممكن إذ يتعدى مثل هذا النظر في أثاث البيت في مقدارها وعددها ونوعها وفي ثياب البدن وفي الدار وسعتها وضيقها وليس لهذه الأمور حدود محدودة ولكن الفقيه يجتهد فيها برأيه ويقرب في التحديدات بما يراه ويقتحم فيه خطر الشبهات

والمتورع يأخذ فيه بالأحوط ويدع ما يريبه إلى ما لا يريبه والدرجات المتوسطة المشكلة بين الأطراف المتقابلة الجلية كثيرة ولا ينجي منها إلا الاحتياط و الـلـه أعلم

الصنف الثالث العاملون وهم السعاة الذين يجمعون الزكوات سوى الخليفة والقاضي ويدخل فيه العريف والكاتب والمستوفي والحافظ والنقال ولا يزاد واحد منهم على أجرة المثل فإن فضل شيء من الثمن عن أجر مثلهم رد على بقية الأصناف وإن نقص كمل من مال المصالح

الصنف الرابع المؤلفة قلوبهم على الإسلام وهم الأشراف الذين أسلموا وهم مطاعون في قومهم وفي إعطائهم تقريرهم على الإسلام وترغيب نظائرهم وأتباعهم

الصنف الخامس المكاتبون فيدفع إلى السيد سهم المكاتب وإن دفع إلى المكاتب جاز ولا يدفع السيد زكاته إلى مكاتب نفسه لأنه يعد عبدا له

الصنف السادس الغارمون والغارم هو الذي استقرض في طاعة أو مباح وهو فقير فإن استقرض في معصية فلا يعطى إلا إذا تاب وإن كان غنيا لم يقض دينه إلا إذا كان قد استقرض لمصلحة أو إطفاء فتنة

الصنف السابع الغزاة الذين ليس لهم مرسوم في ديوان المرتزقة فيصرف إليهم سهم وإن كانوا أغنياء إعانة لهم على الغزو

الصنف الثامن ابن السبيل وهو الذي شخص من بلده ليسافر في غير معصية أو اجتاز بها فيعطى إن كان فقيرا وإن كان له مال ببلد آخر أعطى بقدر بلغته

فإن قلت فبم تعرف هذه الصفات قلنا أما الفقر والمسكنة فبقول الآخذ ولا يطالب ببينة ولا يحلف بل يجوز اعتماد قوله إذا لم يعلم كذبه

وأما الغزو والسفر فهو أمر مستقبل فيعطى بقوله إني غاز فإن لم يف به استرد وأما بقية الأصناف فلا بد فيها من البينة فهذه شروط الاستحقاق وأما مقدار ما يصرف إلى كل واحد فسيأتي

بيان وظائف القابض وهي خمسة

الأولى أن يعلم أن الله عز وجل أوجب صرف الزكاة إليه ليكفي همه ويجعل همومه هما واحدا فقد تعبد الله عز وجل الخلق بأن يكون همهم واحدا وهو الله سبحانه واليوم الآخر وهو المعني بقوله تعالى ﴿ وما خلقت الجن والإنس إلا ليعبدون ﴾ ولكن لما اقتضت الحكمة أن يسلط على العبد الشهوات والحاجات وهي تفرق همه

اقتضى الكرم إفاضة نعمة تكفي الحاجات فأكثر الأموال وصبها في أيدي عباده لتكون آلة لهم في دفع حاجاتهم ووسيلة لتفرغهم لطاعاتهم فمنهم من أكثر ماله فتنة وبلية فأقحمه في الخطر ومنهم من أحبه فحماه عن الدنيا كما يحمى المشفق مريضه فزوى عنه فضولها وساق إليه قدر حاجته على يد الأغنياء ليكون سهل الكسب والتعب في الجمع والحفظ عليهم وفائدته تنصب إلى الفقراء فيتجردون لعبادة الله والاستعداد لما بعد الموت فلا تصرفهم عنها فضول الدنيا ولا تشغلهم عن التأهب الفاقة وهذا منتهى النعمة فحق الفقير أن يعرف قدر نعمة الفقر ويتحقق أن فضل الله عليه فيما زواه عنه أكثر من فضله فيما أعطاه كما سيأتي في كتاب الفقر تحقيقه وبيانه إن شاء الله تعالى فليأخذ ما يأخذه من الله سبحانه رزقا له وعونا له على الطاعة ولتكن نيته فيه أن يتقوى به على طاعة الله فإن لم يقدر عليه فليصرفه إلى ما أباحه الله عز وجل فإن استعان به على معصية الله كان كافرا لأنعم الله عز وجل مستحقا للبعد والمقت من الله سبحانه

الثانية أن يشكر المعطي ويدعو له ويثني عليه ويكون شكره ودعاؤه بحيث لا يخرجه عن كونه واسطة ولكنه طريق وصول نعمة الله سبحانه إليه وللطريق حق من حيث جعله الله طريقا وواسطة وذلك لا ينافي رؤية النعمة من الله سبحانه فقد قال صلى الله عليه وسلم من لم يشكر الناس لم يشكر الله حديث من لم يشكر الناس لم يشكر الله أخرجه الترمذي وحسنه من حديث أبي سعيد وله ولأبي داود وابن حبان نحوه من حديث أبي هريرة وقال حسن صحيح وقد أثنى الله عز وجل على عباده في مواضع على أعمالهم وهو خالقها وفاطر القدرة عليها نحو قوله تعالى ﴿ نعم العبد إنه أواب ﴾ إلى غير ذلك وليقل القابض في دعائه طهر الله قلبك في قلوب الأبرار وزكى عملك في عمل الأخيار وصلى على روحك في أرواح الشهداء وقد قال صلى الله عليه وسلم من أسدى إليكم معروفا فكافئوه فإن لم تستطيعوا فادعوا له حتى تعلموا أنكم قد كافأتموه حديث من أسدى إليكم معروفا فكافئوه الحديث أخرجه أبو داود والنسائي من حديث ابن عمر بإسناد صحيح بلفظ من صنع ومن تمام الشكر أن يستر عيوب العطاء إن كان فيه عيب ولا يحقره ولا يذمه ولا يعيره بالمنع إذا منع ويفخم عند نفسه وعند الناس صنيعه

فوظيفة المعطي الاستصغار ووظيفة القابض تقلد المنة والاستعظام وعلى كل عبد القيام بحقه وذلك لا تناقض فيه إذ موجبات التصغير والتعظيم تتعارض

والنافع للمعطي ملاحظة أسباب التصغير ويضره خلافه والآخذ بالعكس منه وكل ذلك لا يناقض رؤية النعمة من الله عز وجل فإن من لا يرى الواسطة واسطة فقد جهل وإنما المنكر أن يرى الواسطة أصلا

الثالثة أن ينظر فيما يأخذه فإن لم يكن من حل تورع عنه ﴿ ومن يتق الله يجعل له مخرجا ويرزقه من حيث لا يحتسب ﴾ ولن يعدم المتورع عن الحرام فتوحا من الحلال فلا يأخذ من أموال الأتراك والجنود

وعمال السلاطين ومن أكثر كسبه من الحرام إلا إذا ضاق الأمر عليه وكان ما يسلم إليه لا يعرف له مالكا معينا فله أن يأخذ بقدر الحاجة فإن فتوى الشرع في مثل هذا أن يتصدق به على ما سيأتي بيانه في كتاب الحلال والحرام وذلك إذا عجز عن الحلال فإذا أخذ لم يكن أخذه أخذ زكاة إذ لا يقع زكاة عن مؤديه وهو حرام

الرابعة أن يتوقى مواقع الريبة والاشتباه في مقدار ما يأخذه فلا يأخذ إلا المقدار المباح ولا يأخذ إلا إذا تحقق أنه موصوف بصفة الاستحققا فإن كان يأخذه بالكتابة والغرامة فلا يزيد على مقدار الدين وأن كان يأخذ بالعمل فلا يزيد على أجرة المثل وإن أعطى زيادة أبى وامتنع إذ ليس المال للمعطي حتى يتبرع به وإن كان مسافرا لم يزد على الزاد وكراء الدابة إلى مقصده وإن كان غازيا لم يأخذ إلا ما يحتاج إليه للغزو خاصة من خيل وسلاح ونفقة

وتقدير ذلك بالاجتهاد وليس له حد وكذا زاد السفر والورع ترك ما يريبه إلى ما لا يريبه

وإن أخذ بالمسكنة فلينظر أولاالى أثاث بيته وثيابه

وكتبه هل فيها ما يستغنى عنه بعينه أو يستغنى عن نفاسته فيمكن أن يبدل بما يكفي ويفضل بعض قيمته وكل ذلك إلى اجتهاده وفيه طرف ظاهر يتحقق معه أنه مستحق وطرف آخر مقابل يتحقق معه أنه غير مستحق وبينهما أوساط مشتبهة ومن حام حول الحمى يوشك أن يقع فيه والاعتماد في هذا على قول الآخذ ظاهرا وللمحتاج في تقدير الحاجات مقامات في التضييق والتوسيع ولا تحصر مراتبه وميل الورع إلى التضييق وميل المتساهل إلى التوسيع حتى يرى نفسه محتاجا إلى فنون من التوسع وهو ممقوت في الشرع

ثم إذا تحققت حاجته فلا يأخذن مالا كثيرا بل ما يتمم كفايته من وقت أخذه إلى سنة

فهذا أقصى ما يرخص فيه من حيث أن السنة إذا تكررت تكررت أسباب الدخل ومن حيث إن رسول الله صلى الله عليه وسلم ادخر لعياله قوت سنة حديث ادخر لعياله قوت سنة أخرجاه من حديث عمر كان يعزل نفقة أهله سنة وللطبراني في الأوسط من حديث أنس كان إذا ادخر لأهله قوت سنة تصدق بما بقي قال الذهبي حديث منكر فهذا أقرب ما يحد به حد الفقير والمسكين ولو اقتصر على حاجة شهره أو حاجة يومه فهو أقرب للتقوى

ومذاهب العلماء في قدر المأخوذ بحكم الزكاة والصدقة مختلفة فمن مبالغ في التقليل إلى حد أوجب الاقتصار على قدر قوت يومه وليلته وتمسكوا بما روى سهل بن الحنظلية أنه صلى الله عليه وسلم نهى عن السؤال مع الغنى فسئل عن غناه فقال صلى الله عليه وسلم غداؤه وعشاؤه حديث سهل بن الحنظلية في النهي عن السؤال مع الغنى فيسأل ما يغنيه فقال غداؤه وعشاؤه أخرجه أبو داود وابن حبان بلفظ من سأل وله ما يغنيه فإنما يستكثر من جمر جهنم الحديث وقال آخرون يأخذ إلى حد الغنى

حد الغنى نصاب الزكاة إذ لم يوجب الله تعالى الزكاة إلا على الأغنياء فقالوا له أن يأخذ بنفسه ولكل واحد من عياله نصاب زكاة وقال آخرون حد الغنى خمسون درهما أو قيمتها من الذهب لما روى ابن مسعود أنه صلى الله عليه وسلم قال من سأل وله مال يغنيه جاء يوم القيامة وفي وجهه خموش فسئل وما غناه قال خمسون درهما أو قيمتها من الذهب حديث ابن مسعود من سأل وله ما يغنيه جاء يوم القيامة وفي وجهه خموش الحديث أخرجه أصحاب السنن وحسنه الترمذي وضعفه النسائي والخطابي وقيل راويه ليس بقوي وقال قوم أربعون لما رواه عطاء بن يسار منقطعا أنه صلى الله عليه وسلم قال من سأل وله أوقية فقد ألحف في السؤال حديث عطاء بن يسار منقطعا من سأل وله أوقية فقد ألحف في السؤال أخرجه أبو داود والنسائي من رواية عطاء عن رجل من بني أسد متصلا وليس بمنقطع كما ذكر المصنف لأن الرجل صحابي فلا يضر عدم تسميته وأخرجه أبو داود والنسائي وابن حبان من حديث أبي سعيد وبالغ آخرون في التوسيع فقالوا له أن يأخذ مقدار ما يشتري به ضيعة فيستغني به طول عمره أو يهيىء بضاعة ليتجر بها ويستغني بها طول عمره لأن هذا هو الغنى وقد

قال عمر رضي الـلـه عنه إذا أعطيتم فأغنوا حتى ذهب قوم إلى أن من افتقر فله أن يأخذ بقدر ما يعود به إلى مثل حاله ولو عشرة آلاف درهم إلا إذا خرج عن حد الاعتدال

ولما شغل أبو طلحة ببستانه عن الصلاة قال جعلته صدقه

فقال صلى الـلـه عليه وسلم اجعله في قرابتك فهو خير لك حديث لما شغل أبا طلحة بستانه عن الصلاة قال جعلته صدقة تقدم في الصلاة فأعطاه حسان وأبا قتادة

فحائط من نخل لرجلين كثير مغن وأعطى عمر رضي الـلـه عنه أعرابيا ناقة معها ظئر لها فهذا ما حكى فيه فأما التقليل إلى قوت اليوم أو الأوقية فذلك ورد في كراهية السؤال والتردد على الأبواب وذلك مستنكر وله حكم آخر بل التجويز إلى أن يشتري ضيعة فيستغني بها أقرب إلى الاحتمال وهو أيضا مائل إلى الإسراف والأقرب إلى الاعتدال كفاية سنة فما وراءه فيه خطر وفيما دونه تضييق

وهذه الأمور إذا لم يكن فيها تقدير جزم بالتوقيف فليس للمجتهد إلا الحكم بما يقع

له ثم يقال للورع استفت قلبك وإن أفتوك وأفتوك حديث استفت قلبك وإن أفتوك تقدم في العلم كما قاله صلى الـلـه عليه وسلم إذ الإثم حزاز القلوب فإذا وجد القابض في نفسه شيئا مما يأخذه فليتق الـلـه فيه ولا يترخص تعللا بالفتوى من

علماء الظاهر فإن لفتواهم قيودا ومطلقات من الضرورات وفيها تخمينات واقتحام شبهات والتوقي من الشبهات من شيم ذوي الدين وعادات السالكين لطريق الآخرة

الخامسة أن يسأل صاحب المال عن قدر الواجب عليه فإن كان ما يعطيه فوق الثمن فلا يأخذه منه فإنه لا يستحق مع شريكه إلا الثمن فلينقص من الثمن مقدار ما يصرف إلى اثنين من صنفه وهذا السؤال واجب على أكثر الخلق فإنهم لا يراعون هذه القسمة إما لجهل وإما لتساهل وإنما يجوز ترك السؤل عن مثل هذه الأمور إذا لم يغلب على الظن احتمال التحريم وسيأتي ذكر مظان السؤال ودرجة الاحتمال في كتاب الحلال والحرام إن شاء الـلـه تعالى

الفصل الرابع في صدقة التطوع وفضلها وآداب أخذها وإعطائها بيان فضيلة الصدقة

من الأخبار قوله صلى الـلـه عليه وسلم تصدقوا ولو بتمرة فإنها تسد من الجائع وتطفىء الخطيئة كما يطفىء الماء النار حديث تصدقوا ولو بتمرة فإنها تسد من الجائع وتطفىء الخطيئة كما يطفىء الماء النار أخرجه ابن المبارك في الزهد من حديث عكرمة مرسلا ولأحمد من حديث عائشة بسند حسن استتري من النار ولو بشق تمرة فإنها تسد من الجائع مسدها من الشيعان ولأبي يعلى والبزار من حديث أبي بكر اتقوا النار ولو بشق تمرة فإنها تقوم العوج وتدفع ميتة السوء وتقع من الجائع موقعها من الشبعان وإسناده ضعيف وللترمذي والنسائي في الكبرى وابن ماجه في حديث معاذ والصدقة تطفىء الخطيئة كما يطفىء الماء النار وقال صلى الـلـه عليه وسلم اتقوا النار ولو بشق تمرة فإن لم تجدوا فبكلمة طيبة حديث اتقوا النار ولو بشق تمرة فإن لم تجدوا فبكلمة طيبة أخرجاه من حديث عدي بن حاتم وقال صلى الـلـه عليه وسلم ما من عبد مسلم يتصدق بصدقة من كسب طيب ولا يقبل الـلـه إلا طيبا إلا كان الـلـه آخذها بيمينه فيربيها كما يربي أحدكم فصيله حتى تبلغ التمرة مثل أحد حديث ما من عبد مسلم يتصدق بصدقة من كسب طيب ولا يقبل الـلـه إلا طيبا الحديث أخرجه البخاري تعليقا ومسلم والترمذي والنسائي في الكبرى واللفظ لابن ماجه من حديث أبي هريرة وقال صلى الـلـه عليه وسلم لأبي الدرداء إذا طبخت مرقة فأكثر ماءها ثم انظر إلى أهل بيت من جيرانك فأصبهم منه بمعروف حديث قال لأبي الدرداء إذا طبخت مرقة فأكثر ماءها الحديث أخرجه من حديث أبي ذر أنه قال ذلك له وما ذكره المصنف أنه قال لأبي الدرداء وهم وقال صلى الـلـه عليه وسلم ما أحسن عبد الصدقة إلا أحسن الـلـه عز وجل الخلافة على تركته حديث ما أحسن عبد الصدقة إلا أحسن الـلـه الخلافة على تركته أخرجه ابن المبارك في الزهد من حديث ابن شهاب مرسلا بإسناد صحيح وأسنده الخطيب فيمن روى عن مالك من حديث ابن عمر وضعفه وقال صلى الـلـه عليه وسلم كل امرىء في ظل صدقته حتى يقضى بين الناس حديث كل امرىء في ظل صدقته حتى يقضى بين الناس أخرجه ابن حبان والحاكم وصححه على شرط مسلم من حديث عقبة بن عامر وقال صلى الـلـه عليه وسلم الصدقة تسد سبعين بابا من الشر حديث الصدقة تسد سبعين بابا من

الشر أخرجه ابن المبارك في البر من حديث أنس بسند ضعيف إن الله ليدرأ بالصدقة سبعين بابا من ميتة السوء وقال صلى الله عليه وسلم صدقة السر تطفىء غضب الرب عز وجل وقال رسول الله صلى الله عليه وسلم ما الذي أعطى من سعة بأفضل أجرا من الذي يقبل من حاجة حديث ما المعطي من سعة بأفضل أجرا من الذي يقبل من حاجة أخرجه ابن حبان في الضعفاء والطبراني في الأوسط من حديث أنس ورواه في الكبير من حديث ابن عمر بسند ضعيف ولعل المراد به الذي يقصد من دفع حاجته التفرغ للدين فيكون مساويا للمعطي الذي يقصد بإعطائه عمارة دينه

وسئل رسول الله صلى الله عليه وسلم أي الصدقة أفضل قال أن تصدق وأنت صحيح تأمل البقاء وتخشى الفاقة ولا تمهل حتى إذا بلغت الحلقوم قلت لفلان كذا ولفلان كذا وقد كان لفلان حديث سئل أي الصدقة أفضل قال أن تصدق وأنت صحيح شحيح الحديث أخرجاه من حديث أبي هريرة وقد قال صلى الله عليه وسلم يوما لأصحابه تصدقوا فقال رجل إن عندي دينارا فقال أنفقه على نفسك فقال إن عندي آخر قال أنفقه

على زوجتك قال إن عندي آخر قال أنفقه على ولدك قال إن عندي آخر قال أنفقه على خادمك قال إن عندي آخر قال صلى الـلـه عليه وسلم أنت أبصربه حديث قال يوما لأصحابه تصدقوا فقال رجل إن عندي دينارا فقال أنفقه على نفسك الحديث أخرجه أبو داود والنسائي واللفظ له وابن حبان والحاكم من حديث أبي هريرة وقد تقدم قبل بيسير وقال صلى الـلـه عليه وسلم لا تحل الصدقة لآل محمد إنما هي أوساخ الناس حديث لا تحل الصدقة لآل محمد الحديث أخرجه مسلم من حديث المطلب بن ربيعة وقال ردوا مذمة السائل ولو بمثل رأس الطائر من الطعام حديث ردوا مذمة السائل ولو بمثل رأس الطائر من الطعام أخرجه العقيلي في الضعفاء من حديث عائشة وقال صلى الـلـه عليه وسلم لو صدق السائل ما أفلح من رده حديث لو صدق السائل ما أفلح من رده أخرجه العقيلي في الضعفاء وابن عبد البر في التمهيد من حديث عائشة قال العقيلي لا يصح في هذا الباب شيء وللطبراني نحوه من حديث أبي أمامة بسند ضعيف وقال عيسى عليه السلام

من رد سائلا خائبا من بيته لم تغش الملائكة ذلك البيت سبعة أيام وكان نبينا صلى الـلـه عليه وسلم لا يكل خصلتين إلى غيره كان يضع طهوره بالليل ويخمره وكان يناول المسكين بيده حديث كان لا يكل خصلتين إلى غيره الحديث أخرجه الدارقطني من حديث ابن عباس بسند ضعيف ورواه ابن المبارك في البر مرسلا وقال صلى الـلـه عليه وسلم ليس المسكين الذي ترده التمرة والتمرتان واللقمة واللقمتان إنما المسكين المتعفف اقرءوا إن شئتم لا يسألون الناس إلحافا حديث ليس المسكين الذي ترده التمرة والتمرتان الحديث متفق عليه من حديث عائشة وقال صلى الـلـه عليه وسلم ما من مسلم يكسو مسلما إلا كان في حفظ الـلـه عز وجل ما دامت عليه منه رقعه حديث ما من مسلم يكسو مسلما إلا كان في حفظ الـلـه الحديث أخرجه الترمذي وحسنه والحاكم وصحح إسناده من حديث ابن عباس وفيه خالد بن طهمان ضعيف

الآثار قال عروة بن الزبير لقد تصدقت عائشة رضي الـلـه عنها بخمسين ألفا وإن درعها لمرقع وقال مجاهد في قول الـلـه عز وجل ويطعمون الطعام على حبه مسكينا ويتيما وأسيرا فقال وهم يشتهونه وكان عمر رضي الـلـه عنه يقول اللهم اجعل الفضل عند خيارنا لعلهم يعودون به على ذوي الحاجة منا وقال عمر عبد العزيز الصلاة تبلغك نصف الطريق والصوم يبلغك باب الملك والصدقة تدخلك عليه وقال ابن أبي الجعد إن الصدقة لتدفع سبعين بابا من السوء وفضل سرها على علانيتها بسبعين ضعفا وإنها لتفك لحيي سبعين شيطانا

وقال ابن مسعود إن رجلا عبد الـلـه سبعين سنة ثم أصاب فاحشة فأحبط عمله ثم مر بمسكين فتصدق عليه برغيف فغفر الـلـه له ذنبه ورد عليه عمل السبعين سنة

وقال لقمان لابنه إذا أخطأت خطيئة فأعط الصدقة وقال يحيى بن معاذ ما أعرف حبة تزن جبال الدنيا إلا الحبة من الصدقة

وقال عبد العزيز بن أبي رواد كان يقال ثلاثة من كنوز الجنة كتمان المرض وكتمان الصدقة وكتمان المصائب وروى مسندا وقال عمر بن الخطاب رضي الله عنه إن الأعمال تباهت فقالت الصدقة أنا أفضلكن

وكان عبد الله بن عمر يتصدق بالسكر ويقول سمعت الله يقول لن تنالوا البر حتى تنفقوا مما تحبون و الله يعلم أني أحب السكر

وقال النخعي إذا كان الشيء لله عز وجل لا يسرني أن يكون فيه عيب

وقال عبيد بن عمير يحشر الناس يوم القيامة أجوع ما كانوا قط وأعطش ما كانووا قط وأعرى ما كانوا قط فمن أطعم لله عز وجل أشبعه الله ومن سقى لله عز وجل سقاه الله ومن كسا لله عز وجل كساه الله

وقال الحسن لو شاء الله لجعلكم أغنياء لا فقير فيكم ولكنه ابتلى بعضكم ببعض

وقال الشعبي من لم ير نفسه إلى ثواب الصدقة أحوج من الفقير إلى صدقته فقد أبطل صدقته وضرب بها وجهه

وقال مالك لا نرى بأسا بشرب المؤمن من الماء الذي يتصدق به ويسقي في المسجد لأنه إنما جعل للعطشان من كان ولم يرد به أهل الحاجة والمسكنة على الخصوص ويقال إن الحسن مر به نخاس

ومعه جارية فقال للنخاس أترضى في ثمنها الدرهم والدرهمين قال لا قال فاذهب فإن الـلـه عز وجل رضي في الحور العين بالفلس واللقمة

بيان إخفاء الصدقة وإظهارها

قد اختلف طريق طلاب الإخلاص في ذلك فمال قوم إلى أن الإخفاء أفضل ومال قوم إلى أن الإظهار أفضل ونحن نشير إلى ما في كل واحد من المعاني والآفات ثم نكشف الغطاء عن الحق فيه

أما الإخفاء ففيه خمسة معان

الأول أنه أبقى للستر على الآخذ فإن أخذه ظاهرا هتك لستر المروءة وكشف عن الحاجة وخروج عن هيئة التعفف والتصون المحبوب الذي يحسب الجاهل أهله أغنياء من التعفف

الثاني أنه أسلم لقلوب الناس وألسنتهم فإنهم ربما يحسدون أو ينكرون عليه أخذه ويظنون أنه آخذ مع الاستغناء أو ينسبونه إلى أخذ زيادة

والحسد وسوء الظن والغيبة من الذنوب الكبائر وصيانتهم عن هذه الجرائم أولى

وقال أبو أيوب السختياني إني لأترك لبس الثوب الجديد خشية أن يحدث في جيران حسدا

وقال بعض الزهاد ربما تركت استعمال الشيء لأجل إخواني يقولون من أين له هذا وعن إبراهيم التيمي أنه رؤي عليه قميص جديد فقال بعض إخوانه من أين لك هذا فقال كسانيه أخي خيثمة ولو علمت أن أهله علموا به ما قبلته

الثالث إعانة المعطي على إسرار العمل فإن فضل السر على الجهر في الإعطاء أكثر والإعانة على إتمام المعروف معروف والكتمان لا يتم إلا باثنين فمهما أظهر هذا انكشف أمر المعطي ودفع رجل إلى بعض العلماء شيئا ظاهرا فرده إليه ودفع إليه آخر شيئا في السر فقبله فقيل له في ذلك فقال إن هذا عمل الأدب في إخفاء معروفه فقبلته وذاك أساء أدبه في عمله فرددته عليه وأعطى رجل لبعض الصوفية شيئا في الملأ فرده فقال له لم ترد على الـلـه عز وجل ما أعطاك فقال إنك أشركت غير الـلـه سبحانه فيما كان لله تعالى ولم تقنع بالله عز وجل فرددت عليك شركك

وقبل بعض العارفين في السر شيئا كان رده في العلانية فقيل له في ذلك فقال عصيت الـلـه بالجهر فلم أك عونا لك على المعصية وأطعته بالإخفاء فأعنتك على برك

وقال الثوري لو علمت أن أحدكم لا يذكر صدقته ولا يتحدث بها لقبلت صدقته

الرابع أن في إظهار الأخذ ذلا وامتهانا وليس للمؤمن أن يذل نفسه

كان بعض العلماء يأخذ في السر ولا يأخذ في العلانية ويقول إن في إظهاره إذلالا للعلم وامتهانا لأهله فما كنت بالذي أرفع شيئا من الدنيا بوضع العلم وإذلال أهله

الخامس الاحتراز عن شبهة الشركة قال صلى اللـه عليه وسلم من أهدى له هدية وعنده قوم فهم شركاؤه فيها حديث من أهدى له هدية وعنده قوم فهم شركاؤه فيها أخرجه العقيلي وابن حبان في الضعفاء والطبراني في الأوسط والبيهقي من حديث ابن عباس قال العقيلي لا يصح في هذا المتن حديث وبأن يكون ورقا أو ذهبا لا يخرج عن كونه هدية قال صلى اللـه عليه وسلم أفضل ما يهدي الرجل إلى أخيه ورقا أو يطعمه خبزا حديث أفضل ما يهدي الرجل إلى أخيه ورقا أو يعطيه خبزا أخرجه ابن عدي وضعفه من حديث ابن عمر أفضل العمل عند اللـه أن يقضي عن مسلم دينه أو يدخل عليه سرورا أو يطعمه خبزا ولأحمد والترمذي وصححه من حديث البراء من منح منحة ورق أو منحة لبن أو أهدى رقاقا فهو كعتاق نسمة فجعل الورق هدية بانفراده فما يعطى في الملأ مكروه إلا برضا جميعهم ولا يخلو عن شبهة فإذا انفرد سلم من هذه الشبهة

أما الإظهار والتحدث به ففيه معان أربعة

الأول الإخلاص والصدق والسلامة عن تلبيس الحال والمراءاة

والثاني إسقاط الجاه والمنزلة وإظهار العبودية والمسكنة والتبري عن الكبرياء ودعوى الاستغناء وإسقاط النفس من أعين الخلق

قال بعض العارفين لتلميذه أظهر الأخذ على كل حال إن كنت آخذ فإنك لا تخلو عن أحد رجلين

رجل تسقط من قلبه إذا فعلت ذلك فذلك هو المراد لأنه أسلم لدينك وأقل لآفات نفسك أو رجل تزداد في قلبه بإظهارك الصدق فذلك الذي يريده أخوك لأنه يزداد ثوابا بزيادة حبه لك وتعظيمه إياك فتؤجر أنت إذ كنت سبب مزيد ثوابه

الثالث هو أن العارف لا نظر له إلا إلى الله عز وجل والسر والعلانية في حقه واحد فاختلاف الحال شرك في التوحيد قال بعضهم كنا لا نعبأ بدعاء من يأخذ في السر ويرد في العلانية

والالتفات إلى الخلق حضروا أم غابوا نقصان في الحال بل ينبغي أن يكون النظر مقصور على الواحد الفرد

حكي أن بعض الشيوخ كان كثير الميل إلى واحد من جملة المريدين فشق على الآخرين فأراد أن يظهر لهم فضيلة ذلك المريد فأعطى كل واحد منهم دجاجة وقال لينفرد كل واحد منكم بها وليذبحها حيث لا يراه أحد فانفرد كل واحد وذبح إلا ذلك المريد فإنه رد الدجاجة فسألهم فقالوا فعلنا ما أمرنا به الشيخ فقال الشيخ للمريد ما لك لم تذبح كما ذبح أصحابك فقال ذلك المريد لم أقدر على مكان لا يراني فيه أحد فإن الله يراني في كل موضع فقال الشيخ لهذا أميل إليه لأنه لا يلتفت لغير الله عز وجل

الرابع أن الإظهار إقامة لسنة الشكر وقد قال تعالى وأما بنعمة ربك فحدث والكتمان كفران النعمة وقد ذم الله عز وجل من كتم ما آتاه الله عز وجل وقرنه بالبخل فقال تعالى الذين يبخلون ويأمرون الناس بالبخل ويكتمون ما آتاهم الله من فضله وقال صلى الله عليه وسلم إذا أنعم الله على عبد نعمة أحب أن ترى نعمته عليه حديث إذا أنعم الله تعالى على عبد نعمة أحب أن ترى عليه أخرجه أحمد من حديث عمران بن حصين بسند صحيح وحسنه الترمذي من حديث عمرو بن شعيب عن أبيه عن جده وأعطى رجل بعض الصالحين شيئا في السر فرفع به يده وقال هذا من الدنيا والعلانية فيها أفضل والسر في أمور الآخرة أفضل ولذلك قال بعضهم إذا أعطيت في الملأ فخذ ثم اردد في السر والشكر فيه محثوث عليه

قال صلى الله عليه وسلم من لم يشكر الناس لم يشكر الله عز وجل حديث من لم يشكر الناس لم يشكر الله تقدم والشكر قائم مقام المكافأة حتى قال صلى الله عليه وسلم من أسدى إليكم معروفا فكافئوه فإن لم تستطيعوا فأثنوا عليه به خيرا وادعوا له حتى تعلموا أنكم قد كافأتموه ولما قال المهاجرين في الشكر يا رسول الله ما رأينا خيرا من قوم نزلنا عندهم قاسمونا الأموال حتى خفنا أن يذهبوا بالأجر كله فقال صلى الله عليه وسلم كل ما شكرتم لهم وأثنيتم عليهم به فهو مكافإة حديث قالت المهاجرون يا رسول الله ما رأينا خيرا من قوم نزلنا عليهم الحديث أخرجه الترمذي وصححه من حديث أنس ورواه مختصرا أبو داود والنسائي في اليوم والليلة والحاكم وصححه ابن ماجه

فالآن إذا عرفت هذه المعاني فاعلم أن ما نقل من اختلاف الناس فيه ليس اختلافا في المسئلة بل هو اختلاف حال فكشف الغطاء في هذا أنا لا نحكم حكما بتا بأن الإخفاء أفضل في كل حال أو الإظهار أفضل بل يختلف ذلك باختلاف النيات وتختلف النيات باختلاف الأحول والأشخاص فينبغي أن يكون المخلص مراقبا لنفسه حتى لا يتدلى بحبل الغرور ولا ينخدع بتلبيس الطبع ومكر الشيطان والمكر والخداع أغلب في معاني الإخفاء منه في الإظهار مع أن له دخلا في كل واحد منهما

فأما مدخل الخداع في الإسرار فمن ميل الطبع إليه لما فيه من في خفض الجاه والمنزلة وسقوط القدر عن أعين الناس ونظر الخلق إليه بعين الازدراء وإلى المعطي بعين المنعم المحسن فهذا هو الداء الدفين ويستكن في النفس وللشيطان بواسطته يظهر معاني الخير حتى يتعلل بالمعاني الخمسة التي ذكرناها

ومعيار كل ذلك ومحكه أمر واحد وهو أن يكون تألمه بانكشاف أخذه الصدقة كتألمه بانكشاف صدقة أخذها بعض نظرائه وأمثاله فإنه إن كان يبغي صيانة الناس عن الغيبة والحسد وسوء الظن أو يتقي

انتهاك الستر أو إعانة المعطي على الإسرار أو صيانة العلم عن الابتذال فكل ذلك مما يحصل بانكشاف صدقة أخيه فإن كان انكشاف أمره أثقل عليه من انكشاف أمر غيره فتقديره الحذر من هذه المعاني أغاليظ وأباطيل من مكر الشيطان وخدعه فإن إذلال العلم محذور من حيث إنه علم لا من حيث إنه علم زيد أو علم عمرو والغيبة محذورة من حيث إنها تعرض لعرض مصون لا من حيث إنها تعرض لعرض زيد على الخصوص ومن أحسن من ملاحظة مثل هذا ربما يعجز الشيطان عنه وإلا فلا يزال كثير العمل قليل الحظ

وأما جانب الإظهار فميل الطبع إليه من حيث إنه تطييب لقلب المعطي واستحثاث له على مثله وإظهاره عند غيره أنه من المبالغين في الشكر حتى يرغبوا في إكرامه وتفقده وهذا داء دفين في الباطن والشيطان لا يقدر على المتدين إلا بأن يروج عليه هذا الخبث في معرض السنة ويقول له الشكر من السنة والإخفاء من الرياء ويورد عليه المعاني التي ذكرناها ليحمله على الإظهار وقصده الباطن ما ذكرناه ومعيار ذلك ومحكه أن ينظر إلى ميل نفسه إلى الشكر حيث لا ينتهي الخبر إلى المعطي ولا إلى من يرغب في عطائه وبين يدي جماعة يكرهون إظهار العطية ويرغبون في إخفائها وعادتهم أنهم لا يعطون إلا من يخفى ولا يشكر

فإن استوت هذه الأحوال عنده فليعلم أن باعثه هو إقامة السنة في الشكر والتحدث بالنعمة وإلا فهو مغرور ثم إذا علم أن باعثه السنة في الشكر فلا ينبغي أن يغفل عن قضاء حق المعطي فينظر فإن كان هو ممن يحب الشكر والنشر فينبغي أن يخفى ولا يشكر لأن قضاء حقه أن لا ينصره على الظلم وطلبه الشكر ظلم

وإذا علم من حاله أنه لا يحب الشكر ولايقصده فعند ذلك يشكره ويظهر صدقته ولذلك قال صلى اللـه عليه وسلم للرجل الذي مدح بين يديه ضربتم عنقه لو سمعها ما أفلح حديث قال للرجل الذي مدح بين يديه ضربتم عنقه لو سمعها ما أفلح متفق عليه من حديث أبي بكرة بلفظ ويحك قطعت عنق صاحبك زاد الطبراني في رواية و اللـه لو سمعها ما أفلح أبدا وفي سنده علي بن زيد بن جدعان متكلم فيه وابن ماجه نحوه من حديث أبي موسى مع أنه صلى اللـه عليه وسلم كان يثني على قوم في وجوههم لثقته بيقينهم وعلمه بأن ذلك لا يضرهم بل يزيد في رغبتهم في الخير فقال لواحد إنه سيد أهل الوبر حديث إنه سيد الوبر أخرجه العنبري والطبراني وابن قانع في معاجمهم وابن حبان في الثقات من حديث قيس بن عاصم المقري أن النبي صلى اللـه عليه وسلم قال له ذلك وقال صلى اللـه عليه وسلم في آخر إذا جاءكم كريم قوم فأكرموه حديث إذا جاءكم كريم قوم فأكرموه أخرجه ابن ماجه من حديث ابن عمر ورواه أبو داود في المراسيل من حديث الشعبي مرسلا بسند صحيح وقال روى متصلا وهو ضعيف والحاكم نحوه من حديث معبد بن خالد الأنصاري عن أبيه وصحح إسناده وسمع كلام رجل فأعجبه فقال صلى اللـه عليه وسلم إن من البيان لسحرا حديث إن من البيان لسحرا أخرجه البخاري من حديث ابن عمر وقال صلى اللـه عليه وسلم إذا

علم أحدكم من أخيه خيرا فليخبره فإنه يزداد رغبة في الخير حديث إذا علم أحدكم من أخيه خيرا فليخبره فإنه يزداد رغبة في الخير أخرجه الدار قطني في العلل من رواية ابن المسيب عن أبي هريرة وقال لايصح عن الزهري وروي عن ابن المسيب مرسلا وقال صلى اللـه عليه وسلم إذا مدح المؤمن ربا الإيمان في قلبه حديث إذا مدح المؤمن ربا الإيمان في قلبه أخرجه الطبراني من حديث أسامة بن زيد بسند ضعيف وقال الثوري من عرف نفسه لم يضره مدح الناس وقال أيضا ليوسف بن أسباط إذا أوليتك معروفا كنت أنا أسر به منك ورأيت ذلك نعمة من اللـه عز وجل علي فاشكر وإلا فلا تشكر

ورقائق هذه المعاني ينبغي أن يلحظها من يراعى قلبه فإن أعمال الجوارح مع إهمال هذه الدقائق ضحكة للشيطان وشماته له لكثرة التعب وقلة النفع ومثل هذا العلم هو الذي يقال فيه إن تعلم مسألة واحدة منه أفضل من عبادة سنة إذ بهذا العلم تحيا عبادة العمل وبالجهل به تموت عبادة العمل كله وتتعطل وعلى الجملة فالأخذ في الملأ والرد في السر أحسن المسالك وأسلمها فلا ينبغي أن يدفع بالتزويقات إلا أن تكمل المعرفة

بحيث يستوي السر والعلانية وذلك هو الكبريت الأحمر الذي يتحدث به ولا يرى نسأل الله الكريم حسن العون والتوفيق

بيان الأفضل من أخذ الصدقة أو الزكاة

كان إبراهيم الخواص والجنيد وجماعة يرون أن الأخذ من الصدقة أفضل فإن في أخذ الزكاة مزاحمة للمساكين وتضييقا عليهم ولأنه ربما لا يكمل في أخذه صفة الاستحقاق كما وصف في الكتاب العزيز وأما الصدقة فالأمر فيها أوسع وقال قائلون بأخذ الزكاة دون الصدقة لأنها إعانة على الواجب ولو ترك المساكين كلهم أخذ الزكاة لأثموا ولأن الزكاة لامنه فيها وإنما هو حق واجب لله سبحانه رزقا لعبادة المحتاجين ولأنه أخذ بالحاجة والإنسان يعلم حاجة نفسه قطعا وأخذ الصدقة أخذ بالدين فإن الغالب أن المتصدق يعطى من يعتقد فيه خيرا ولأن مرافقة المساكين أدخل في الذل والمسكنة وأبعد من التكبر إذ قد يأخذ الإنسان الصدقة في معرض الهدية فلا تتميز عنه وهذا تنصيص على ذل الأخذ وحاجته

والقول الحق في هذا يختلف بأحوال الشخص وما يغلب عليه وما يحضره من النية فإن كان في شبهة من اتصافه بصفة الاستحقاق فلا ينبغي أن يأخذ الزكاة فإذا علم أنه مستحق قطعا إذا حصل عليه دين صرفه إلى خير وليس له وجه في قضائه فهو مستحق قطعا فإذا خير هذا بين الزكاة وبين الصدقة فإذا كان صاحب الصدقة لا يتصدق بذلك المال لو لم يأخذه هو فليأخذ الصدقة فإن الزكاة الواجبة يصرفها صاحبها إلى مستحقها ففي ذلك تكثير للخير وتوسيع على المساكين

وإن كان المال معرضا للصدقة ولم يكن في أخذ الزكاة تضييق على المساكين فهو مخير والأمر فيهما يتفاوت وأخذ الزكاة أشد في كسر النفس وإذلالها في أغلب الأحوال و الله أعلم

كمل كتاب أسرار الزكاة بحمد الله وعونه وحسن توفيقه ويتلوه إن شاء الله تعالى كتاب أسرار الصوم والحمد لله رب العالمين وصلى الله على سيدنا محمد وعلى جميع الأنبياء والمرسلين وعلى الملائكة والمقربين من أهل السموات والأرضين وعلى آله وصحبه وسلم تسليما كثيرا دائما إلى يوم الدين والحمد لله وحده وحسبنا الله ونعم الوكيل

كتاب أسرار الصوم

بسم الله الرحمن الرحيم الحمد لله الذي أعظم على عباده المنة بما دفع عنهم كيد الشيطان وفنه ورد أمله وخيب ظنه إذ جعل الصوم حصنا لأوليائه وجنة وفتح لهم به أبواب الجنة وعرفهم أن وسيلة الشيطان إلى قلوبهم الشهوات المستكنة وإن بقمعها تصبح النفس المطمئنة ظاهرة الشوكة في قصم خصمها قوية المنة

والصلاة على محمد قائد الخلق وممهد السنة وعلى آله وأصحابه ذوي الأبصار الثاقبة والعقول المرجحة وسلم تسليما كثيرا

أما بعد فإن الصوم ربع الإيمان بمقتضى قوله صلى الله عليه وسلم الصوم نصف الصبر حديث الصوم نصف الصبر أخرجه الترمذي وحسنه من حديث رجل من بني سليم وابن ماجه من حديث أبي هريرة وبمقتضى قوله صلى الله عليه وسلم الصبر نصف

﴿ الأيمان ﴾ حديث الصبر نصف الإيمان أخرجه أبو نعيم في الحلية والخطيب في التاريخ من حديث ابن مسعود بسند حسن ثم هو متميز بخاصية النسبة إلى الله تعالى من بين سائر الأركان إذ قال الله تعالى فيما حكاه عنه نبيه صلى الله عليه وسلم كل حسنة بعشر أمثالها إلى سبعمائة ضعف إلا الصيام فإنه لي وأنا أجزي به حديث كل حسنة بعشر أمثالها إلى سبعمائة ضعف إلا الصوم الحديث ... أخرجاه من حديث أبي هريرة وقد قال الله تعالى ﴿ إنما يوفى الصابرون أجرهم بغير حساب ﴾ والصوم نصف الصبر فقد جاوز ثوابه قانون التقدير والحساب وناهيك في معرفة فضله قوله صلى الله عليه وسلم والذي نفسي بيده لخلوف فم الصائم أطيب عند الله من ريح المسك يقول الله عز وجل إنما يذر شهوته وطعامه وشرابه لأجلي فالصوم لي وأنا أجزي به حديث والذي نفسي بيده لخلوف فم الصائمالحديث أخرجاه من حديثه وهو بعض الذي قبله وقال صلى الله عليه وسلم للجنة باب يقال له الريال لا يدخله إلا الصائمون وهو موعود بلقاء الله تعالى في جزء صومه حديث للجنة باب يقال له الريان الحديث أخرجاه من حديث سهل بن سعد وقال صلى الله عليه وسلم للصائم فرحتان فرحة عند إفطاره وفرحة عند لقاء ربه حديث للصائم فرحتانالحديث أخرجاه من حديث أبي هريرة وقال صلى الله عليه وسلم لكل شيء باب وباب العبادة الصوم حديث لكل شيء باب وباب العبادة الصوم أخرجه ابن المبارك في الزهد ومن طريقه أبو الشيخ في الثواب من حديث أبي الدرداء بسند ضعيف وقال صلى الله عليه وسلم نوم الصائم عبادة حديث نوم الصائم عبادة رويناه في أمالي ابن منده من رواية ابن المغيرة القواس عن عبد الله بن عمر بسند ضعيف ولعله عبد الله بن عمرو فإنهم لم يذكروا لابن المغيرة رواية إلا عنه ورواه أبو منصور الديلمي في مسند الفردوس من حديث عبد الله بن أبي أوفى وفيه سليمان بن عمرو النخعي أحد الكذابين وروى أبو هريرة رضي الله عنه أنه صلى الله عليه وسلم قال إذا دخل شهر رمضان فتحت أبواب الجنة وغلقت أبواب النار وصفدت الشياطين ونادى مناد يا باغي الخير هلم ويا باغي الشر أقصر حديث إذا دخل شهر رمضان فتحت أبواب الجنة أخرجه الترمذي وقال غريب وابن ماجه والحاكم وصححه على شرطهما من حديث أبي هريرة وصحح البخاري وقفه على مجاهد وأصله متفق عليه دون قوله ونادى مناد وقال وكيع في قوله تعالى ﴿ كلوا واشربوا هنيئا بما أسلفتم في الأيام الخالية ﴾ هي أيام الصيام إذ تركوا فيها الأكل والشرب وقد جمع رسول الله صلى الله عليه وسلم في رتبة المباهاة بين الزهد في الدنيا وبين الصوم فقال إن الله تعالى يباهي ملائكته بالشاب العابد فيقول أيها الشاب التارك شهوته لأجلي المبذل شبابه لي أنت عندي كبعض ملائكتي حديث إن الله تعالى يباهي ملائكته بالشاب العابد فيقول أيها الشاب التارك شهوته الحديث أخرجه ابن عدي من حديث ابن مسعود بسند ضعيف وقال صلى الله عليه وسلم في الصائم يقول الله عز وجل انظروا يا ملائكتي إلى عبدي ترك شهوته ولذته وطعامه وشرابه من أجلي حديث يقول الله تعالى لملائكته يا ملائكتي انظروا إلى عبدي ترك شهوته ولذته وطعامه وشرابه من أجلي وقيل في قوله

تعالى ﴿ فلا تعلم نفس ما أخفي لهم من قرة أعين جزاء بما كانوا يعملون ﴾ قيل كان عملهم الصيام لأنه قال ﴿ إنما يوفى الصابرون أجرهم بغير حساب ﴾ فيفرغ للصائم جزاؤه إفراغا ويجازف جزافا فلا يدخل تحت وهم وتقدير وجدير بأن يكون كذلك لأن الصوم إنما كان له ومشرفا بالنسبة إليه وإن كانت العبادات كلها له كما شرف البيت بالنسبة إلى نفسه والأرض كلها له لمعنيين

أحدهما أن الصوم كف وترك وهو في نفسه سر ليس فيه عمل يشاهد

وجميع أعمال الطاعات بمشهد من الخلق ومرأى والصوم لا يراه إلا الله عز وجل فإنه عمل في الباطن بالصبر المجرد

والثاني أنه قهر لعدو الله عز وجل فإن وسيلة الشيطان لعنه الله الشهوات وإنما تقوى الشهوات بالأكل والشرب ولذلك قال صلى الله عليه وسلم ﴿ إن الشيطان ﴾

ليجري من ابن آدم مجرى الدم فضيقوا مجاريه بالجوع حديث إن الشيطان يجري من ابن آدم مجرى الدم الحديث متفق عليه من حديث صفية دون قوله فضيقوا مجاريه بالجوع ولذلك قال صلى الله عليه وسلم لعائشة رضي الله عنها داومي قرع باب الجنة قالت بماذا قال صلى الله عليه وسلم بالجوع حديث قال لعائشة داومي قرع باب الجنة الحديث لم أجد له أصلا وسيأتي فضل الجوع في كتاب شره الطعام وعلاجه من ربع المهلكات فلما كان الصوم على الخصوص قمعا للشيطان وسدا لمسالكه وتضييقا لمجاريه استحق التخصيص بالنسبة إلى الله عز وجل ففي قمع عدو الله نصرة لله سبحانه وناصر الله تعالى موقوف على النصرة له قال الله تعالى ﴿ إن تنصروا الله ينصركم ويثبت أقدامكم ﴾ فالبداية بالجهد من العبد والجزاء بالهداية من الله عز وجل ولذلك قال تعالى ﴿ والذين جاهدوا فينا لنهدينهم سبلنا ﴾ وقال تعالى ﴿ إن الله لا يغير ما بقوم حتى يغيروا ما بأنفسهم ﴾ وإنما التغير تكثير الشهوات فهي مرتع الشياطين ومرعاهم فما دامت مخصبة لم ينقطع ترددهم وما داموا يترددون لم ينكشف للعبد جلال الله سبحانه وكان محجوبا عن لقائه

وقال صلى الله عليه وسلم لولا أن الشياطين يحومون على قلوب بني آدم لنظروا إلى ملكوت السموات حديث لولا أن الشياطين يحومون على قلوب بني آدم الحديث أخرجه أحمد من حديث أبي هريرة بنحوه فمن هذا الوجه صار الصوم باب العبادة وصار جنة وإذا عظمت فضيلته إلى هذا الحد فلا بد من بيان شروطه الظاهرة والباطنة بذكر أركانه وسننه وشروطه الباطنة ونبين ذلك بثلاثة فصول

الفصل الأول في الواجبات والسنن الظاهرة واللوازم بإفساده أما الواجبات الظاهرة فستة

الأول مراقبة أول شهر رمضان وذلك برؤية الهلال فإن غم فاستكمال ثلاثين يوما من شعبان

ونعني بالرؤية العلم ويحصل ذلك بقول عدل واحد ولا يثبت هلال شوال إلا بقول عدلين احتياطا للعبادة ومن سمع عدلا ووثق بقوله وغلب على ظنه صدقه لزمه الصوم وإن لم يقض القاضي به فليتبع كل عبد في عبادته موجب ظنه وإذا رؤي الهلال ببلدة ولم ير بأخرى وكان بينهما أقل من مرحلتين وجب الصوم على الكل وإن كان أكثر كان لكل بلدة حكمها ولا يتعدى الوجوب

الثاني النية ولا بد لكل ليلة من نية مبيتة معينة جازمة فلو نوى أن يصوم شهر رمضان دفعة واحدة لم يكفه وهو الذي عنينا بقولنا كل ليلة ولو نوى بالنهار لم يجزه صوم رمضان ولا صوم الفرض إلا التطوع وهو الذي عنينا بقولنا مبيتة ولو نوى الصوم مطلقا أو الفرض مطلقا لم يجزه حتى ينوي فريضة الله عز وجل صوم رمضان ولو نوى ليلة الشك أن يصوم غدا إن كان من رمضان لم يجزه فإنها ليست جازمة إلا أن تستند نيته إلى قول شاهد عدل واحتمال غلط العدل أو كذبه لايبطل الجزم أو يستند إلى استصحاب حال كالشك في

الليلة الأخيرة من رمضان فذلك لا يمنع جزم النية أو يستند إلى اجتهاد كالمحبوس في المطمورة إذا غلب على ظنه دخول رمضان باجتهاده فشكه لا يمنعه من النية

ومهما كان شاكا ليلة الشك لم ينفعه جزمه النية باللسان فإن النية محلها القلب

ولا يتصور فيه جزم القصد مع الشك كما لو قال في وسط رمضان أصوم غدا إن كان من رمضان فإن ذلك لايضره لأنه ترديد لفظ ومحل النية لا يتصور فيه تردد بل هو قاطع بأنه من رمضان ومن نوى ليلا ثم أكل لم تفسد نيته ولو نوت امرأة في الحيض ثم طهرت قبل الفجر صح صومها

الثالث الإمساك عن إيصال شيء إلى الجوف عمدا مع ذكر الصوم فيفسد صومه بالأكل والشرب والسعوط والحقنة

ولا يفسد بالفصد والحجامة

والاكتحال وإدخال الميل في الأذن والإحليل إلا أن يقطر فيه ما يبلغ المثانة وما يصل بغير قصد من غبار الطريق أو ذبابة تسبق إلى جوفه أو ما يسبق إلى جوفه في المضمضة فلا يفطر إلا إذا بالغ في المضمضة فيفطر لأنه مقصر وهو الذي أردنا بقولنا عمدا فأما ذكر الصوم فأردنا به الاحتراز عن الناسي فإنه لايفطر

أما من أكل عامدا في طرفي النهار ثم ظهر له أنه أكل نهارا بالتحقيق فعليه القضاء وإن بقى على حكم ظنه واجتهاده فلا قضاء عليه ولا ينبغي أن يأكل في طرفى النهار إلا بنظر واجتهاد

الرابع الإمساك عن الجماع وحده مغيب الحشفة وإن جامع ناسيا لم يفطر وإن جامع ليلا أو احتلم فأصبح جنبا لم يفطر وإن طلع الفجر وهو مخالط أهله فنزع في الحال صح صومه فإن صبر فسد ولزمته الكفارة

الخامس الإمساك عن الاستمناء وهو إخراج المني قصدا بجماع أو بغير جماع فإن ذلك يفطر ولا يفطر بقبلة زوجته ولا بمضاجعتها ما لم ينزل لكن يكره ذلك إلا أن يكون شيخا أو مالكا لإربه فلا بأس بالتقبيل وتركه أولى وإذا كان يخاف من التقبيل أن ينزل فقبل وسبق المني أفطر لتقصيره

السادس الإمساك عن إخراج القيء فالاستقاء يفسد الصوم وإن ذرعه القيء لم يفسد صومه وإذا ابتلع نخامة من حلقه أو صدره لم يفسد صومه رخصة لعموم البلوى به إلا أن يبتلعه بعد وصوله إلى فيه فإنه يفطر عند ذلك وأما لوازم الإفطار فأربعة

القضاء والكفارة والفدية وإمساك بقية النهار تشبيها بالصائمين

أما القضاء فوجوبه عام على كل مسلم مكلف ترك الصوم بعذر أو بغير عذر فالحائض تقضي الصوم وكذا المرتد وأما الكافر والصبي والمجنون فلا قضاء عليهم ولا يشترط التتابع في قضاء رمضان ولكن يقضي كيف شاء متفرقا ومجموعا

وأما الكفارة فلا تجب إلا بالجماع وأما الاستمناء والأكل والشرب وما عدا الجماع لا يجب به كفارة فالكفارة عتق رقبة فإن أعسر فصوم شهرين متتابعين وإن عجز فإطعام ستين مسكينا مدا مدا

وأما إمساك بقية النهار فيجب على من عصى بالفطر أو قصر فيه ولا يجب على الحائض إذا طهرت إمساك بقية نهارها ولا على المسافر إذا قدم مفطرا من سفر بلغ مرحلتين ويجب الإمساك إذا شهد بالهلال عدل واحد يوم الشك والصوم في السفر أفضل من الفطر إلا إذا لم يطق ولا يفطر يوم يخرج وكان مقيما في أوله ولا يوم يقدم إذا قدم صائما

وأما الفدية فتجب على الحامل والمرضع إذا أفطرتا خوفا على ولديهما لكل يوم مد حنطة لمسكين واحد مع القضاء والشيخ الهرم إذا لم يصم تصدق عن كل يوم مدا

وأما السنن فست تأخير السحور وتعجيل الفطر بالتمر أو الماء قبل الصلاة وترك السواك بعد الزوال والجود في شهر رمضان لما سبق من فضائله في الزكاة ومدارسة القرآن والاعتكاف في المسجد لا سيما في العشر الأخير فهو عادة رسول الله صلى الله عليه وسلم كان إذا دخل العشر الأواخر طوى الفراش وشد المئزر ودأب وأدأب أهله حديث كان إذا دخل العشر الأواخر طوى الفراش الحديث متفق عليه من حديث عائشة بلفظ أحيا الليل وأيقظ أهله وجد وشد المئزر أي أداموا النصب في العبادة إذ فيها ليلة القدر والأغلب أنها في أوتارها وأشبه الأوتار ليلة إحدى وثلاث وخمس وسبع

والتتابع في هذا الاعتكاف أولى فإن نذر اعتكافا متتابعا أو نواه انقطع تتابعه بالخروج من

غير ضرورة كما لو خرج لعيادة أو شهادة أو جنازة أو زيارة أو تجديد طهارة وإن خرج لقضاء الحاجة لم ينقطع وله أن يتوضأ في البيت ولا ينبغي أن يعرج على شغل آخر كان صلى الله عليه وسلم لا يخرج إلا لحاجة الإنسان ولا يسأل عن المريض إلا مارا حديث كان لا يخرج إلا لحاجة ولا يسأل عن المريض إلا مارا متفق على الشطر الأول من حديث عائشة والشطر الثاني رواه أبو داود بنحوه بسند لين ويقطع التتابع بالجماع ولا ينقطع بالتقبيل ولا بأس في المسجد بالطيب وعقد النكاح وبالأكل والنوم وغسل اليد في الطست فكل ذلك قد يحتاج إليه في التتابع ولا ينقطع التتابع بخروج بعض بدنه كان صلى الله عليه وسلم يدني رأسه فترجله عائشة رضي الله عنها وهي في الحجرة حديث كان يدني رأسه لعائشة متفق عليه من حديثها ومهما خرج المعتكف لقضاء حاجته فإذا عاد ينبغي أن يستأنف النية إلا إذا كان قد نوى أولا عشرة أيام مثلا والأفضل مع ذلك التجديد

الفصل الثاني في أسرار الصوم وشروطه الباطنة اعلم أن الصوم ثلاث

درجات صوم العموم وصوم الخصوص وصوم خصوص الخصوص

وأما صوم العموم فهو كف البطن والفرج عن قضاء الشهوة كما سبق تفصيله

وأما صوم الخصوص فهو كف السمع والبصر واللسان واليد والرجل وسائر الجوارح عن الآثام

وما صوم خصوص الخصوص فصوم القلب عن الهضم الدنية والأفكار الدنيوية وكفه عما سوى الله عز وجل بالكلية ويحصل الفطر في هذا الصوم بالفكر فيما سوى الله عز وجل واليوم الآخر وبالفكر في الدنيا إلا دنيا تراد للدين فإن ذلك من زاد الآخرة وليس من الدنيا حتى قال أرباب القلوب من تحركت همته بالتصرف في نهاره لتدبير ما يفطر عليه كتبت عليه خطيئة فإن ذلك من قلة الوثوق بفضل الله عز وجل وقلة اليقين برزقه الموعود وهذه رتبة الأنبياء والصديقين والمقربين ولا يطول النظر في تفصيلها قولا ولكن في تحقيقها عملا فإنه إقبال بكنه الهمة على الله عز وجل وانصراف عن غير الله سبحانه وتلبس بمعنى قوله عز وجل قل الله ثم ذرهم في خوضهم يلعبون

وأما صوم الخصوص وهو صوم الصالحين فهو كف الجوارح عن الآثام وتمامه بستة أمور

الأول غض البصر وكفه عن الاتساع في النظر إلى كل ما يذم ويكره وإلى كل ما يشغل القلب ويلهي عن ذكر الله عز وجل قال صلى الله عليه وسلم النظرة سهم مسموم من سهام إبليس لعنه الله فمن تركها خوفا من الله آتاه الله عز وجل إيمانا يجد حلاوته في قلبه حديث النظرة سهم مسموم من سهام إبليس الحديث أخرجه الحاكم وصحح إسناده من حديث حذيفة وروى جابر عن أنس عن رسول الله صلى الله عليه وسلم أنه قال خمس يفطرن الصائم الكذب والغيبة والنميمة واليمين الكاذبة والنظر بشهوة حديث جابر عن أنس خمس يفطرن الصائم الحديث أخرجه الأزدي في الضعفاء من رواية جابان عن أنس وقوله جابر تصحيف قال أبو حاتم الرازي هذا كذاب

الثاني حفظ اللسان عن الهذيان والكذب والغيبة والنميمة والفحش والجفاء والخصومة والمراء وإلزامه السكوت وشغله بذكر الـلـه سبحانه وتلاوة القرآن فهذا صوم اللسان

وقد قال سفيان الغيبة تفسد الصوم رواه بشر بن الحارث عنه

وروى ليث عن مجاهد خصلتان يفسدان الصيام الغيبة والكذب

وقال صلى الـلـه عليه وسلم إنما الصوم جنة فإذا كان أحدكم صائما فلا يرفث ولا يجهل وإن امرؤ قاتله أو شاتمه فليقل إني صائم إني صائم حديث الصوم جنة فإذا كان أحدكم صائما الحديث أخرجاه من حديث أبي هريرة وجاء في الخبر أن امرأتين صامتا على عهد رسول الـلـه صلى الـلـه عليه وسلم فأجهدهما الجوع والعطش من آخر النهار حتى كادتا أن تتلفا فبعثتا إلى رسول الـلـه صلى الـلـه عليه وسلم يستأذناه في الإفطار فأرسل إليهما قدحا وقال صلى الـلـه عليه وسلم قل لهما

قيئا فيه ما أكلتما فقاءت إحداهما نصفه دما عبيطا ولحما غريضا وقاءت الأخرى مثل ذلك حتى ملأتاه فعجب الناس من ذلك فقال صلى الله عليه وسلم هتان صامتا عما أحل الله لهما وأفطرتا على ما حرم الله تعالى عليهما قعدت إحداهما إلى الأخرى فجعلتا يغتابان الناس فهذا ما أكلتا من لحومهم حديث إن امرأتين صامتا على عهد رسول الله صلى الله عليه وسلم الحديث في الغيبة للصائم أخرجه أحمد من حديث عبيد مولى رسول الله صلى الله عليه وسلم الحديث بسند فيه مجهول

الثالث كف السمع عن الإصغاء إلى كل مكروه لأن كل ما حرم قوله حرم الإصغاء إليه ولذلك سوى الله عز وجل بين المستمع وآكل السحت فقال تعالى سماعون للكذب أكالون للسحت وقال عز وجل لولا ينهاهم الربانيون والأحبار عن قولهم الإثم وأكلهم السحت فالسكوت على الغيبة حرام وقال تعالى إنكم إذا مثلهم ولذلك قال صلى الله عليه وسلم المغتاب والمستمع شريكان في لإثم حديث المغتاب والمستمع شريكان في الإثم غريب وللطبراني من حديث ابن عمر بسند ضعيف نهى رسول الله صلى الله عليه وسلم عن الغيبة وعن الاستماع إلى الغيبة

الرابع كف بقية الجوارح عن الآثام من اليد والرجل عن المكاره وكف البطن عن الشبهات وقت الإفطار فلا معنى للصوم وهو الكف عن الطعام الحلال ثم الإفطار على الحرام فمثال هذا الصائم مثال من يبني قصرا ويهدم مصرا فإن الطعام الحلال إنما يضر بكثرته لا بنوعه فالصوم لتقليله

وتارك الاستكثار من الدواء خوفا من ضرره إذا عدل إلى تناول السم كان سفيها والحرام سم مهلك للدين والحلال دواء ينفع قليله ويضر كثيره وقصد الصوم تقليله وقد قال صلى الله عليه وسلم كم من صائم ليس له من صومه إلا الجوع والعطش حديث كم من صائم ليس له من صيامه إلا الجوع والعطش أخرجه النسائي وابن ماجه من حديث أبي هريرة فقيل هو الذي يفطر على الحرام وقيل هو الذي يمسك عن الطعام الحلال ويفطر على لحوم الناس بالغيبة وهو حرام وقيل هو الذي لا يحفظ جوارحه عن الآثام

الخامس أن لا يستكثر من الطعام الحلال وقت الإفطار بحيث يمتلىء جوفه فما من وعاء أبغض إلى الله عز وجل من بطن مليء من حلال

وكيف يستفاد من الصوم قهر عدو الله وكسر الشهوة إذا تدارك الصائم عند فطره ما فاته ضحوة نهاره وربما يزيد عليه في ألوان الطعام حتى استمرت العادات بأن تدخر جميع الأطعمة لرمضان فيؤكل من الأطعمة فيه ما لا يؤكل في عدة أشهر

ومعلوم أن مقصود الصوم الخواء وكسر الهوى لتقوى النفس على التقوى وإذا دفعت المعدة من ضحوة نهار إلى العشاء حتى هاجت شهوتها وقويت رغبتها ثم أطعمت من اللذات وأشبعت زادت لذتها وتضاعفت قوتها وانبعث من الشهوات ما عساها كانت راكدة لو تركت على عادتها

فروح الصوم وسره تضعيف القوى التي هي وسائل الشيطان في العود إلى الشرور ولن يحصل ذلك إلا بالتقليل وهو أن يأكل أكلته التي كان يأكلها كل ليلة لو لم يصم فأما إذا جمع ما كان يأكل ضحوة إلى ما كان يأكل ليلا فلم ينتفع بصومه بل من الآداب أن لا يكثر النوم بالنهار حتى يحس بالجوع والعطش ويستشعر ضعف القوى فيصفو عند ذلك قلبه ويستديم في كل ليلة قدرا من الضعف حتى يخف عليه تهجده وأوراده فعسى الشيطان أن لا يحوم على قلبه فينظر إلى ملكوت السماء

وليلة القدر عبارة عن الليلة التي ينكشف فيها شيء من الملكوت وهو المراد بقوله تعالى إنا أنزلناه في ليلة القدر ومن جعل بين قلبه وبين صدره مخلاة من الطعام فهو عنه محجوب ومن أخلى معدته فلا يكفيه ذلك لرفع الحجاب ما لم يخل همته عن غير اللـه عز وجل وذلك هو الأمر كله ومبدأ جميع ذلك تقليل الطعام وسيأتي له مزيد بيان في كتاب الأطعمة إن شاء اللـه عز وجل

السادس أن يكون قلبه بعد الإفطار معلقا مضطربا بين الخوف والرجاء إذ ليس يدرى أيقبل صومه فهو من المقربين أو يرد عليه فهو من الممقوتين وليكن كذلك في آخر كل عبادة يفرغ

منها فقد روى عن الحسن بن أبي الحسن البصري أنه مر بقوم وهم يضحكون فقال إن الله عز وجل جعل شهر رمضان مضمارا لخلقه يستبقون فيه لطاعته فسبق قوم ففازوا وتخلف أقوام فخابوا فالعجب كل العجب للضاحك اللاعب في اليوم الذي فاز فيه السابقون وخاب فيه المبطلون

أما و الله لو كشف الغطاء لاشتغل المحسن بإحسانه والمسيء بإساءته أي كان سرور المقبول يشغله عن اللعب وحسرة المردود تسد عليه باب الضحك وعن الأحنف بن قيس أنه قيل له إنك شيخ كبير وإن الصيام يضعفك فقال إني أعده لسفر طويل والصبر على طاعة الله سبحانه أهون من الصبر على عذابه فهذه هي المعاني الباطنة في الصوم

فإن قلت فمن اقتصر على كف شهوة البطن والفرج وترك هذه المعاني فقد قال الفقهاء

صومه صحيح فما معناه فاعلم أن فقهاء الظاهر يثبتون شروط الظاهر بأدلة هي أضعف من هذه الأدلة التي أوردناها في هذه الشروط الباطنة لا سيما الغيبة وأمثالها ولكن ليس إلى فقهاء الظاهر من التكليفات إلا ما يتيسر على عموم الغافلين المقبلين على الدنيا الدخول تحته

فأما علماء الآخرة فيعنون بالصحة القبول وبالقبول الوصول إلى المقصود ويفهمون أن المقصود من الصوم التخلق بخلق من أخلاق الله عز وجل وهو الصمدية والاقتداء بالملائكة في الكف عن الشهوات بحسب الإمكان فإنهم منزهون عن الشهوات

والإنسان رتبته فوق رتبة البهائم لقدرته بنور العقل على كسر شهوته ودون رتبة الملائكة لاستيلاء الشهوات عليه وكونه مبتلى بمجاهدتها فكلما انهمك في الشهوات انحط إلى أسفل السافلين والتحق بغمار البهائم وكلما قمع الشهوات ارتفع إلى أعلى عليين والتحق بأفق الملائكة

والملائكة مقربون من الله عز وجل والذي يقتدى بهم ويتشبه بأخلاقهم يقرب من الله عز وجل كقربهم فإن الشبيه من القريب قريب وليس القريب ثم بالمكان بل بالصفات

وإذا كان هذا سر الصوم عند أرباب الألباب وأصحاب القلوب فأي جدوى لتأخير أكلة وجمع أكلتين عند العشاء مع الإنهماك في الشهوات الآخر طول النهار ولو كان لمثله جدوى فأي معنى لقوله صلى الله عليه وسلم كم من صائم ليس له من صومه إلا الجوع والعطش ولهذا قال أبو الدرداء يا حبذا نوم الأكياس وفطرهم كيف لا يعيبون صوم الحمقى وسهرهم ولذرة من ذوي يقين وتقوى أفضل وأرجح من أمثال الجبال عبادة من المغتربين ولذلك قال بعض العلماء كم من صائم مفطر وكم من مفطر صائم

والمفطر الصائم هو الذي يحفظ جوارحه عن الآثام ويأكل ويشرب والصائم المفطر هو الذي يجوع ويعطش ويطلق جوارحه

ومن فهم معنى الصوم وسره علم أن مثل من كف عن الأكل والجماع وأفطر بمخالطة الآثام كمن مسح على عضو من أعضائه في الوضوء ثلاث مرات فقد وافق في الظاهر العدد إلا أنه ترك المهم وهو الغسل فصلاته مردودة عليه بجهله ومثل من أفطر بالأكل وصام بجوارحه عن المكاره كمن غسل أعضاؤه مرة مرة فصلاته متقبلة إن شاء الله لإحكامه الأصل وإن ترك الفضل

ومثل من جمع بينهما كمن غسل كل عضو ثلاث مرات فجمع بين الأصل والفضل وهو الكمال وقد قال صلى الله عليه وسلم إن الصوم أمانة فليحفظ أحدكم أمانته حديث إنما الصوم أمانة فليحفظ أحدكم أمانته أخرجه الخرائطي في مكارم الأخلاق من حديث ابن مسعود في حديث في الأمانة والصوم وإسناده حسن ولما تلا قوله عز وجل إن الله يأمركم أن تؤدوا الأمانات إلى أهلها وضع يده على سمعه وبصره فقال السمع أمانة والبصر أمانة حديث لما تلا قوله تعالى إن الله يأمركم أن تؤدوا الأمانات إلى أهلها وضع يده على سمعه وبصره وقال السمع أمانة والبصر أمانة أخرجه أبو داود من حديث أبي هريرة دون قوله السمع أمانة ولولا أنه من أمانات الصوم لما قال صلى الله عليه وسلم فليقل إني صائم أي إني أودعت لساني لأحفظه فكيف أطلقه بجوابك فإذن قد ظهر أن لكل عبادة ظاهرا وباطنا

وقشرا ولبا ولقشرها درجات ولكل درجة طبقات فإليك الخيرة الآن في أن تقنع بالقشر عن اللباب أو تتحيز إلى غمار أرباب الألباب

الفصل الثالث في التطوع بالصيام وترتيب الأوراد فيه

اعلم أن استحباب الصوم يتأكد في الأيام الفاضلة وفواضل الأيام بعضها يوجد في كل سنة وبعضها يوجد في كل شهر وبعضها في كل أسبوع

أما في السنة بعد أيام رمضان فيوم عرفة ويوم عاشوراء والعشر الأول من ذي الحجة والعشر الأول من المحرم وجميع الأشهر الحرم مظان الصوم وهي أوقات فاضلة وكان رسول الله صلى الله عليه وسلم يكثر صوم شعبان حتى كان يظن أنه في رمضان حديث كان يكثر صيام شعبان الحديث متفق عليه من حديث عائشة وفي الخبر أفضل الصيام بعد شهر رمضان شهر الله المحرم حديث أفضل الصيام بعد شهر رمضان شهر الله المحرم أخرجه مسلم من حديث أبي هريرة لأنه ابتداء السنة فبناؤها على الخير أحب وأرجى لدوام بركته

وقال صلى الله عليه وسلم صوم يوم من شهر حرام أفضل من ثلاثين من غيره وصوم يوم من رمضان أفضل من ثلاثين من شهر حرام حديث صوم يوم من شهر حرام أفضل من صوم ثلاثين الحديث لم أجده هكذا وفي المعجم الصغير للطبراني من حديث ابن عباس من صام يوما من المحرم فله بكل يوم ثلاثون يوما

وفي الحديث من صام ثلاثة أيام من شهر حرام الخميس والجمعة والسبت كتب الله له بكل يوم عبادة تسعمائة عام حديث من صام ثلاثة أيام من شهر حرام الخميس والجمعة والسبت الحديث أخرجه الأزدي في الضعفاء من حديث أنس

وفي الخبر إذا كان النصف من شعبان فلا صوم حتى رمضان حديث إذا كان النصف من شعبان فلا صوم حتى رمضان أخرجه الأربعة من حديث أبي هريرة وابن حبان في صحيحه عنه إذا كان النصف من شعبان فأفطروا حتى يجيء رمضان وصححه الترمذي ولهذا يستحب أن يفطر قبل رمضان أياما فإن وصل شعبان برمضان فجائز حديث وصل شعبان برمضان مرة أخرجه الأربعة من حديث أم سلمة لم يكن يصوم من السنة شهرا تاما إلا شعبان يصل به رمضان وأخرج أبو داود والنسائي نحوه من حديث عائشة فعل ذلك رسول الله صلى الله عليه وسلم مرة وفصل مرارا كثيرة حديث فصل شعبان من رمضان مرارا أخرجه أبو داود من حديث عائشة قالت كان رسول الله صلى الله عليه وسلم يتحفظ من هلال شعبان ما لا يتحفظ من غيره فإن غم عليه عد ثلاثين يوما ثم صام وأخرجه الدارقطني وقال إسناده صحيح والحاكم وقال صحيح على شرط الشيخين ولا يجوز أن يقصد استقبال رمضان بيومين أو ثلاثة إلا أن يوافق وردا له وكره بعض الصحابة أن يصام رجب كله حتى لا يضاهي بشهر رمضان

فالأشهر الفاضلة ذو الحجة والمحرم ورجب وشعبان

والأشهر الحرم ذو القعدة وذو الحجة والمحرم ورجب واحد فرد وثلاثة سرد

وأفضلها ذو الحجة لأن فيه الحج والأيام المعلومات والمعدودات وذو القعدة من الأشهر الحرم وهو من أشهر الحج وشوال من أشهر الحج وليس من الحرم والمحرم ورجب ليسا من أشهر الحج وفي الخبر ما من أيام العمل فيهن أفضل وأحب إلى اللـه عز وجل من أيام عشر ذي الحجة إن صوم يوم منه يعدل صيام سنة وقيام ليلة منه تعدل قيام ليلة القدر قيل ولا الجهاد في سبيل اللـه تعالى قال ولا الجهاد في سبيل اللـه عز وجل إلا من عقر جواده وأهريق دمه حديث ما من أيام العمل فيهن أفضل وأحب إلى اللـه من عشر ذي الحجة الحديث أخرجه الترمذي وابن ماجه من حديث أبي هريرة دون قوله قيل ولا الجهاد الخ وعند البخاري من حديث ابن عباس ما العمل في أيام أفضل من العمل في هذا العشر قالوا ولا الجهاد قال ولا الجهاد إلا رجل خرج يخاطر بنفسه وماله فلم يرجع بشيء

وأما ما يتكرر في الشهر فأول الشهر وأوسطه وآخره ووسطه الأيام البيض وهي الثالث عشر والرابع عشر والخامس عشر

وأما في الأسبوع فالإثنين والخميس والجمعة فهذه هي الأيام الفاضلة فيستحب فيها الصيام وتكثير الخيرات لتضاعف أجورها ببركة هذه الأوقات

وأما صوم الدهر فإنه

شامل للكل وزيادة وللسالكين فيه طرق فمنهم من كره ذلك إذ وردت أخبار تدل على كراهته والصحيح أنه إنما يكره لشيئين أحدهما أن لا يفطر في العيدين وأيام التشريق فهو الدهر كله الأحاديث الدالة على كراهة صيام الدهر أخرجها البخاري ومسلم من حديث عبد الله بن عمرو وفي حديث لابن ماجه لا صام من صام الأبد ولمسلم من حديث أبي قتادة قيل يا رسول الله كيف بمن صام الدهر قال لا صام ولا أفطر وأخرج النسائي نحوه من حديث عبد الله بن عمر وعمران بن حصين وعبد الله بن الشخير والآخر أن يرغب عن السنة في الإفطار ويجعل الصوم حجرا على نفسه مع أن الله سبحانه يحب أن تؤتى رخصه كما يحب أن تؤتى عزائمه

فإذا لم يكن شيء من ذلك ورأى صلاح نفسه في صوم الدهر فليفعل ذلك فقد فعله جماعة من الصحابة والتابعين رضي الله عنهم

وقال صلى الله عليه وسلم فيما رواه أبو موسى الأشعري من صام الدهر كله ضيقت عليه جهنم وعقد تسعين حديث أبي موسى الأشعري من صام الدهر كله ضيقت عليه جهنم هكذا وعقد تسعين أخرجه أحمد والنسائي في الكبرى وابن حبان وحسنه أبو علي الطوسي ومعناه لم يكن له فيها موضع ودونه درجة أخرى وهو صوم نصف الدهر بأن يصوم يوما ويفطر يوما وذلك أشد على النفس وأقوى في قهرها وقد ورد في فضله أخبار كثيرة لأن العبد فيه بين صوم يوم وشكر يوم فقد قال صلى الله عليه وسلم عرضت علي مفاتيح خزائن الدنيا وكنوز الأرض فرددتها وقلت أجوع يوما وأشبع يوما أحمدك إذا شبعت وأتضرع إليك إذا جعت حديث عرضت علي مفاتيح خزائن الدنيا الحديث أخرجه الترمذي من حديث أبي أمامة بلفظ عرض علي ربي ليجعل لي بطحاء مكة ذهبا وقال حسن وقال صلى الله عليه وسلم أفضل الصيام صوم أخي داود كان يصوم ويفطر يوما حديث أفضل الصيام صوم أخي داود الحديث أخرجاه من حديث عبد الله بن عمر ومن ذلك منازلته صلى الله عليه وسلم لعبد الله بن عمرو رضي الله عنهما في الصوم وهو يقول إني أطيق أكثر من ذلك فقال صلى الله عليه وسلم صم يوما وأفطر يوما فقال إني أريد أفضل من ذلك قال صلى الله عليه وسلم لا أفضل من ذلك حديث منازلته لعبد الله بن عمر وقوله صلى الله عليه وسلم صم يوما وأفطر يوما الحديث أخرجاه من حديثه وقد روي أنه صلى الله عليه وسلم ما صام شهرا كاملا قط إلا رمضان حديث ما صام شهرا كاملا قط إلا رمضان أخرجاه من حديث عائشة بل كان يفطر منه ومن لا يقدر على صوم نصف الدهر فلا بأس بثلثه وهو أن يصوم ويفطر يومين

وإذا صام ثلاثة من من أول الشهر وثلاثة من الوسط وثلاثة من الآخر فهو ثلث وواقع في الأوقات الفاضلة وإن صام الإثنين والخميس والجمعة فهو قريب من الثلث

وإذا ظهرت أوقات الفضيلة فالكمال في أن يفهم الإنسان معنى الصوم وأن مقصوده تصفية القلب وتفريغ الهم لله عز وجل

والفقيه بدقائق الباطن ينظر إلى أحواله فقد يقتضي حاله دوام الصوم وقد يقتضي دوام الفطر وقد يقتضي مزج الإفطار بالصوم

وإذا فهم المعنى وتحقق حده في سلوك طريق الآخرة بمراقبة القلب لم يخف عليه صلاح قلبه وذلك لا يوجب ترتيبا مستمرا ولذلك روي أنه صلى الله عليه وسلم كان يصوم حتى يقال لا يفطر ويفطر حتى يقال لا يصوم وينام حتى يقال لا يقوم ويقوم حتى يقال لا ينام حديث كان يصوم حتى يقال لا يفطر الحديث أخرجاه من حديث عائشة وابن عباس دون ذكر القيام والنوم والبخاري من حديث أنس كان يفطر من الشهر حتى يظن أن لا يصوم منه شيئا ويصوم حتى يظن أن لا يفطر منه شيئا وكان لا تشاء تراه من الليل مصليا إلا رأيته ولا نائما إلا رأيته وكان ذلك بحسب ما ينكشف له بنور النبوة من القيام بحقوق الأوقات

وقد كره العلماء أن يوالي بين الإفطار أكثر من أربعة أيام تقديرا بيوم العيد وأيام التشريق وذكروا أن ذلك يقسي القلب ويولد رديء العادات ويفتح أبواب الشهوات ولعمري هو كذلك في حق أكثر الخلق لا سيما من يأكل في اليوم والليل مرتين فهذا ما أردنا ذكره من ترتيب الصوم المتطوع به و الله أعلم بالصواب

تم كتاب أسرار الصوم والحمد لله بجميع محامده كلها ما علمنا منها وما لم نعلم على جميع نعمه كلها ما علمنا منها

وما لم نعلم وصلى الله على سيدنا محمد وآله وصحبه وسلم وكرم وعلى كل عبد مصطفى من أهل الأرض والسماء يتلوه إن شاء الله تعالى كتاب أسرار الحج و الله المعين لا رب غيره وما توفيقي إلا بالله وحسبنا الله ونعم الوكيل

كتاب أسرار الحج

بسم الله الرحمن الرحيم الحمد لله الذي جعل كلمة التوحيد لعباده حرزا وحصنا وجعل البيت العتيق مثابة للناس وأمنا وأكرمه بالنسبة إلى نفسه تشريفا وتحصينا ومنا وجعل زيارته والطواف به حجابا بين العبد وبين العذاب ومجنا والصلاة على محمد نبي الرحمة وسيد الأمة وعلى آله وصحبه قادة الحق وسادة الخلق وسلم تسليما كثيرا

أما بعد فإن الحج من بين أركان الإسلام ومبانيه عبادة العمر وختام الأمر وتمام الإسلام وكمال الدين فيه أنزل الله عز وجل ﴿ اليوم أكملت لكم دينكم وأتممت عليكم نعمتي ورضيت لكم الإسلام دينا ﴾ وفيه قال صلى الله عليه وسلم من مات ولم يحج فليمت إن شاء يهوديا وإن شاء نصرانيا حديث من مات ولم يحج فليمت إن شاء يهوديا وإن شاء نصرانيا أخرجه ابن عدي من حديث أبي هريرة والترمذي نحوه من حديث علي وقال غريب وفي إسناده مقال فأعظم بعبادة يعدم الدين بفقدها الكمال ويساوي تاركها اليهود والنصارى في الضلال وأجدر بها أن تصرف العناية إلى شرحها وتفصيل أركانها وسننها وآدابها وفضائلها وأسرارها

وجملة ذلك ينكشف بتوفيق الله عز وجل في ثلاثة أبواب

الباب الأول في فضائلها وفضائل مكة والبيت العتيق وجمل أركان وشرائط وجوبها

الباب الثاني في أعمالها الظاهرة على الترتيب من مبدأ السفر إلى الرجوع

الباب الثالث في آدابها الدقيقة وأسرارها الخفية وأعمالها الباطنة فلنبدأ بالباب الأول وفيه فصلان

الفصل الأول في فضائل الحج وفضيلة البيت ومكة والمدينة حرسهما الله تعالى وشد الرحال إلى المساجد

فضيلة الحج

قال الله عز وجل ﴿ وأذن في الناس بالحج يأتوك رجالا وعلى كل ضامر يأتين من كل فج عميق ﴾ وقال قتادة لما أمر الله عز وجل إبراهيم صلى الله عليه وسلم وعلى نبينا وعلى كل عبد مصطفى أن يؤذن في الناس بالحج نادى يا أيها الناس إن الله عز وجل بنى بيتا فحجوه وقال تعالى ﴿ ليشهدوا منافع لهم ﴾ قيل التجارة في الموسم والأجر في الآخرة

ولما سمع بعض السلف هذا قال غفر لهم ورب الكعبة وقيل في تفسير قوله عز وجل ﴿ لأقعدن لهم صراطك المستقيم ﴾ أي طريق مكة يقعد الشيطان عليها ليمنع الناس منها وقال صلى الله عليه وسلم من حج البيت فلم يرفث ولم يفسق خرج من ذنوبه كيوم ولدته أمه حديث من حج البيت فلم يرفث ولم يفسق خرج من ذنوبه كيوم ولدته أمه أخرجاه من حديث أبي هريرة وقال أيضا صلى الله عليه وسلم ما رؤي

الشيطان في يوم أصغر ولا أدحر ولا أحقر ولا أغيظ منه يوم عرفة حديث ما رؤي الشيطان في يوم هو أصغر الحديث أخرجه مالك عن إبراهيم بن أبي عيلة عن طلحة بن عبد الله بن كريز مرسلا وما ذلك إلا لما يرى من نزول الرحمة وتجاوز الله سبحانه عن الذنوب العظام إذ يقال إن من الذنوب ذنوبا لا يكفرها إلا الوقوف بعرفة حديث من الذنوب ذنوب لا يكفرها إلا الوقوف بعرفة لم أجد له أصلا وقد أسنده جعفر بن محمد إلى رسول الله صلى الله عليه وسلم

وذكر بعض المكاشفين من المقربين أن إبليس لعنة الله عليه ظهر له في صورة شخص بعرفة فإذا هو ناحل الجسم مصفر اللون باكي العين مقصوف الظهر فقال له ما الذي أبكى عينك قال خروج الحاج إليه بلا تجارة أقول قد قصدوه أخاف أن لا يخيبهم فيحزنني ذلك قال فما الذي أنحل جسمك قال صهيل الخيل في سبيل الله عز وجل ولو كانت في سبيلي كان أحب إلي قال فما الذي غير لونك قال تعاون الجماعة على الطاعة ولو تعاونوا على المعصية كان أحب إلي قال فما الذي قصف ظهرك قال قول العبد أسألك حسن الخاتمة أقول يا ويلتى متى يعجب هذا بعمله أخاف أن يكون قد فطن وقال صلى الله عليه وسلم من خرج من بيته حاجا أو معتمرا فمات أجرى له أجر الحاج المعتمر إلى يوم القيامة ومن مات في أحد الحرمين لم يعرض ولم يحاسب وقيل له ادخل الجنة حديث من خرج من بيته حاجا أو معتمرا فمات أجرى الله له أجر الحاج المعتمر إلى يوم القيامة ومن مات في أحد الحرمين لم يعرض ولم يحاسب وقيل له ادخل الجنة أخرجه البيهقي في الشعب بالشطر الأول من حديث أبي هريرة وروى هو والدار قطني من حديث عائشة الشطر الثاني نحوه وكلاهما ضعيف وقال صلى الله عليه وسلم حجة مبرورة خير من الدنيا وما فيها وحجة مبرورة ليس لها جزاء إلا الجنة حديث حجة مبرورة خير من الدنيا وما فيها وحجة مبرورة ليس لها جزاء إلا الجنة أخرجاه من حديث أبي هريرة الشطر الثاني بلفظ الحج المبرور وقال إن الحجة المبرورة وعند ابن عدي حجة مبرورة وقال صلى الله عليه وسلم الحجاج والعمار وفد الله عز وجل وزواره إن سألوه أعطاهم وإن استغفروه غفر لهم وإن دعوا استجيب لهم وإن شفعوا شفعوا حديث الحجاج والعمار وفد الله وزواره الحديث أخرجه من حديث أبي هريرة دون قوله وزواره ودون قوله إن سألوه أعطاهم وإن شفعوا شفعوا وله من حديث ابن عمر وسألوه فأعطاهم ورواه ابن حبان وفي حديث مسند من طريق أهل البيت عليهم السلام أعظم الناس ذنبا من وقف بعرفة فظن أن الله تعالى لم يغفر له حديث أعظم الناس ذنبا من وقف بعرفة فظن أن الله لم يغفر له أخرجه الخطيب في المتفق والمفترق وأبو منصور شهر دار بن شيرويه الديلمي في مسند الفردوس من حديث ابن عمر بإسناد ضعيف وروى ابن عباس رضي الله عنهما عن النبي صلى الله عليه وسلم أنه قال ينزل على هذا البيت في كل يوم مائة

وعشرون رحمة ستون للطائفين وأربعون للمصلين وعشرون للناظرين حديث ينزل على هذا البيت في كل يوم مائة وعشرون رحمة أخرجه ابن حبان في الضعفاء والبيهقي في الشعب من حديث ابن عباس بإسناد حسن وقال أبو حاتم حديث منكر وفي الخبر استكثروا من الطواف بالبيت فإنه من أجل شيء تجدونه في صحفكم يوم القيامة وأغبط عمل تجدونه حديث استكثروا من الطواف بالبيت الحديث أخرجه ابن حبان والحاكم من حديث ابن عمر استمتعوا من هذا البيت فإنه هدم مرتين ويرفع في الثالثة وقال الحاكم صحيح على شرط الشيخين ولهذا يستحب الطواف ابتداء من غير حج ولا عمرة وفي الخبر من طاف أسبوعا حافيا حاسرا كان له كعتق رقبة ومن طاف أسبوعا في المطر غفر له ما سلف من ذنبه حديث من طاف أسبوعا حافيا حاسرا كان له كعتق رقبة ومن طاف أسبوعا في المطر غفر له ما سلف من ذنوبه لم أجده هكذا وعند الترمذي وابن ماجه من حديث ابن عمر من طاف بهذا البيت أسبوعا فأحصاه كان كعتق رقبة لفظ الترمذي وحسنه ويقال إن الله عز وجل إذا غفر لعبد ذنبا في الموقف غفره لكل من أصابه في ذلك الموقف وقال بعض السلف إذا وافق يوم عرفة يوم جمعة غفر لكل أهل عرفة وهو أفضل

يوم في الدنيا وفيه حج رسول اللـه صلى اللـه عليه وسلم حجة الوداع وكان واقفا إذ نزل قوله عز وجل ﴿ اليوم أكملت لكم دينكم وأتممت عليكم نعمتي ورضيت لكم الإسلام دينا ﴾ حديث وقوله وقوفه في حجة الوداع يوم الجمعة ونزول اليوم أكملت لكم دينكم ﴿ الحديث ﴾ أخرجاه من حديث عمر قال أهل الكتاب لو أنزلت هذه الآية علينا لجعلناها يوم عيد فقال عمر رضي اللـه عنه أشهد لقد نزلت هذه الآية في يوم عيدين اثنين يوم عرفة ويوم جمعة على رسول اللـه صلى اللـه عليه وسلم وهو واقف بعرفة

وقال صلى اللـه عليه وسلم اللهم اغفر للحاج ولمن استغفر له الحاج حديث اللهم اغفر للحاج ولمن استغفر له الحاج أخرجه الحاكم من حديث أبي هريرة وقال صحيح على شرط مسلم ويروى أن علي بن موفق حج عن رسول اللـه صلى اللـه عليه وسلم حججا قال فرأيت رسول اللـه صلى اللـه عليه وسلم في المنام فقال لي يا ابن موفق حججت عني قلت نعم قال ولبيت عني قلت نعم

قال فإني أكافئك بها يوم القيامة آخذ بيدك في الموقف فأدخلك الجنة والخلائق في كرب الحساب

وقال مجاهد وغيره من العلماء إن الحجاج إذا قدموا مكة تلقتهم الملائكة فسلموا على ركبان الإبل وصافحوا ركبان الحمر واعتنقوا المشاة اعتناقا

وقال الحسن من مات عقيب رمضان أو عقيب غزو أو عقيب حج مات شهيدا

وقال عمر رضي اللـه عنه الحاج مغفور له ولمن يستغفر له في شهر ذي الحجة والمحرم وصفر وعشرين من ربيع الأول

وقد كان من سنة السلف رضي اللـه عنهم أن يشيعوا الغزاة وأن يستقبلوا الحاج ويقبلوا بين أعينهم ويسألوهم الدعاء ويبادرون ذلك قبل أن يتدنسوا بالآثام

ويروى عن علي بن موفق قال حججت سنة فلما كان ليلة عرفة نمت بمنى في مسجد الخيف فرأيت في المنام كأن ملكين قد نزلا من السماء عليهما ثياب خضر فنادى أحدهما صاحبه يا عبد اللـه فقال الآخر لبيك يا عبد اللـه قال تدري كم حج بيت ربنا عز وجل في هذه السنة قال لا أدري قال حج بيت ربنا ستمائة ألف أفتدري كم قبل منهم قال لا قال ستة أنفس قال ثم ارتفعا في الهواء فغابا عني فانتبهت فزعا واغتممت غما شديدا وأهمني أمري فقلت إذا قبل حج ستة أنفس فأين أكون أنا في ستة أنفس فلما أفضت من عرفة قمت عند المشعر الحرام فجعلت أفكر في كثرة الخلق وفي قلة من قبل منهم فحملني النوم فإذا الشخصان قد نزلا على هيئتهما فنادى أحدهما صاحبه وأعاد الكلام بعينه ثم قال أتدري ماذا حكم ربنا عز وجل في هذه الليلة قال لا قال فإنه وهب لكل واحد من الستة مائة ألف قال فانتبهت وبي من السرور ما يجل عن الوصف

وعنه أيضا رضي الله عنه قال حججت سنة فلما قضيت مناسكي تفكرت فيمن لا يقبل حجه فقلت اللهم إني قد وهبت حجتي وجعلت ثوابها لمن لم تقبل حجته قال فرأيت رب العزة في النوم جل جلاله فقال لي يا علي تتسخى علي وأنا خلقت السخاء والأسخياء وأنا أجود الأجودين وأكرم الأكرمين وأحق بالجود والكرم من العالمين قد وهبت كل من لم أقبل حجه لمن قبلته فضيلة البيت ومكة المشرفة

قال صلى الله عليه وسلم ان الله عز وجل قد وعد هذا البيت أن يحجه كل سنة ستمائة ألف فإن نقصوا أكملهم الله عز وجل من الملائكة حديث إن الله قد وعد هذا البيت أن يحجه في كل سنة ستمائة ألف الحديث لم أجد له أصلا وإن الكعبة تحشر كالعروس المزفوفة وكل من حجها يتعلق بأستارها يسعون حولها حتى تدخل الجنة فيدخلون معها وفي الخبر إن الحجر الأسود ياقوتة من يواقيت الجنة وإنه يبعث يوم القيامة له عينان ولسان ينطق

به يشهد لكل من استلمه بحق وصدق حديث إن الحجر ياقوتة من يواقيت الجنة ويبعث يوم القيامة له عينان الحديث أخرجه الترمذي وصححه النسائي من حديث ابن عباس الحجر الأسود من الجنة لفظ النسائي وباقي الحديث رواه الترمذي وحسنه وابن ماجه وابن حبان والحاكم وصحح إسناده من حديث ابن عباس أيضا وللحاكم من حديث أنس إن الركن والمقام ياقوتتان من يواقيت الجنة وصحح إسناده ورواه النسائي وابن حبان والحاكم من حديث عبد اللـه بن عمرو وكان صلى اللـه عليه وسلم يقبله كثيرا حديث أنه صلى اللـه عليه وسلم كان يقبله كثيرا أخرجاه من حديث عمر دون قوله كثيرا والنسائي أنه كان يقبله كل مرة ثلاثا إن رآه خاليا وروي أنه صلى اللـه عليه وسلم سجد عليه وكان يطوف على الراحلة فيضع المحجن عليه ثم يقبل طرف المحجن حديث إنه كان يسجد عليه أخرجه البزار والحاكم من حديث عمر وصحح إسناده وقبله عمر رضي اللـه عنه ثم قال إني لأعلم أنك حجر لا تضر ولا تنفع قبله عمر وقال إني لأعلم أنك حجر أخرجاه دون الزيادة التي رواها علي ورواه بتلك الزيادة الحاكم وقال ليس من شرط الشيخين ولولا أني رأيت رسول اللـه صلى اللـه عليه وسلم يقبلك ما قبلتك ثم بكى حتى علا نشيجه فالتفت إلى ورائه فرأى عليا كرم اللـه وجهه ورضي اللـه عنه فقال يا أبا الحسن ههنا تسكب العبرات وتستجاب الدعوات فقال علي رضي اللـه عنه يا أمير المؤمنين بل هو يضر وينفع قال وكيف قال إن اللـه تعالى لما أخذ الميثاق على الذرية كتب عليهم كتابا ثم ألقمه هذا الحجر فهو يشهد للمؤمن بالوفاء ويشهد على الكافر بالجحود قيل فذلك هو معنى قول الناس عند الاستلام اللهم إيمانا بك وتصديقا بكتابك ووفاء بعهدك

وروي عن الحسن البصري رضي اللـه عنه أن صوم يوم فيها بمائة ألف يوم وصدقة درهم بمائة ألف درهم وكذلك كل حسنة بمائة ألف ويقال طواف سبعة أسابيع أيام يعدل عمرة وثلاث عمر تعدل حجة

وفي الخبر الصحيح عمرة في رمضان كحجة معي حديث عمرة في رمضان كحجة معي أخرجاه من حديث ابن عباس دون قوله معي فهي عند مسلم على الشك تقضي حجة أو حجة معي ورواه الحاكم بزيادتها من غير شك وقال صلى اللـه عليه وسلم أنا أول من تنشق عنه الأرض ثم آتي أهل البقيع فيحشرون معي ثم آتي أهل مكة فأحشر بين الحرمين حديث أنا أول من تنشق عنه الأرض ثم آتي أهل البقيع فيحضرون معي الحديث أخرجه الترمذي وحسنه ابن حبان من حديث ابن عمر

وفي الخبر إن آدم صلى اللـه عليه وسلم لما قضى مناسكه لقيته الملائكة فقالوا بر حجك يا آدم لقد حججنا هذا البيت قبلك بألفي عام حديث إن آدم لما قضى مناسكه لقيته الملائكة فقالوا بر حجك يا آدم الحديث رواه المفضل الجعدي ومن طريقه ابن الجوزي في العلل من حديث ابن عباس وقال لا يصح ورواه الأزرقي في تاريخ مكة موقوفا على ابن عباس

وجاء في الأثر إن الله عز وجل ينظر في كل ليلة إلى أهل الأرض فأول من ينظر إليه أهل الحرم وأول من ينظر إليه من أهل الحرم أهل المسجد الحرام فمن رآه طائفا غفر له ومن رآه مصليا غفر له ومن رآه قائما مستقبل الكعبة غفر له

وكوشف بعض الأولياء رضي الله عنهم قال إني رأيت الثغور كلها تسجد لعبادان ورأيت عبادان ساجدة لجدة

ويقال لا تغرب الشمس من يوم إلا ويطوف بهذا البيت رجل من الأبدال ولا يطلع الفجر من ليلة إلا طاف به واحد من الأوتاد وإذا انقطع ذلك كان سبب رفعه من الأرض فيصبح الناس وقد رفعت الكعبة لا يرى الناس لها أثرا وهذا إذا أتى عليها سبع سنين لم يحجها أحد ثم يرفع القرآن من المصاحف فيصبح الناس فإذا الورق أبيض يلوح ليس فيه حرف ثم ينسخ القرآن من القلوب فلا يذكر منه كلمه ثم يرجع الناس إلى الأشعار والأغاني وأخبار الجاهلية ثم يخرج الدجال وينزل عيسى عليه السلام فيقتله والساعة عند ذلك بمنزلة الحامل المقرب التي تتوقع ولادتها

وفي الخبر استكثروا من الطواف بهذا البيت قبل أن يرفع فقد هدم مرتين ويرفع في الثالثة حديث استكثروا من الطواف بهذا البيت الحديث أخرجه البزار وابن حبان والحاكم وصححه من حديث ابن عمر استمتعوا من هذا البيت فإنه هدم مرتين ويرفع في الثالثة

وروي عن علي رضي الله عنه عن النبي صلى الله عليه وسلم أنه قال قال

الله تعالى إذا أردت أن أخرب الدنيا بدأت ببيتي فخربته ثم أخرب الدنيا على أثره حديث قال الله إذا أردت أن أخرب الدنيا بدأت ببيتي فخربته ثم أخرب الدنيا على أثره ليس له أصل فضيلة المقام بمكة حرسها الله تعالى وكراهيته كره الخائفون المحتاطون من العلماء المقام بمكة لمعان ثلاثة الأول خوف التبرم والأنس بالبيت فإن ذلك ربما يؤثر في تسكين حرقة القلب في الاحترام وهكذا كان عمر رضي الله عنه يضرب الحجاج إذا حجوا ويقول يا أهل اليمن يمنكم ويا أهل الشام شامكم ويا أهل العراق عراقكم ولذلك هم عمر رضي الله عنه بمنع الناس من كثرة الطواف وقال خشيت أن يأنس الناس بهذا البيت الثاني تهييج الشوق بالمفارقة لتنبعث داعية العودة فإن الله تعالى جعل البيت مثابة للناس وأمنا أي يثوبون ويعودون إليه مرة بعد أخرى ولا يقضون منه وطرا وقال بعضهم تكون في بلد وقلبك مشتاق إلى مكة متعلق بهذا البيت خير لك من أن تكون فيه وأنت متبرم بالمقام وقلبك في بلد آخر وقال بعض السلف كم من رجل بخراسان هو أقرب إلى هذا البيت ممن يطوف به ويقال إن لله تعالى عبادا تطوف بهم الكعبة تقربا إلى الله عز وجل الثالث الخوف من ركوب الخطايا والذنوب بها فإن ذلك مخطر وبالحرى أن يورث مقت الله عز وجل لشرف الموضع وروي عن وهيب بن الورد المكي قال كنت ذات ليلة في الحجر أصلي فسمعت كلاما بين الكعبة والأستار يقول إلى الله أشكو ثم إليك يا جبرائيل ما ألقى من الطائفين حولي من تفكرهم في الحديث ولغوهم ولهوهم لئن لم ينتهوا عن ذلك لأنتفضن انتفاضة يرجع كل حجر مني إلى الجبل الذي قطع منه وقال ابن مسعود رضي الله عنه ما من بلد يؤاخذ فيه العبد بالنية قبل العمل إلا مكة وتلا قوله تعالى ومن يرد فيه بإلحاد بظلم نذقه من عذاب أليم أي أنه على مجرد الإرادة ويقال إن السيئات تضاعف بها كما تضاعف الحسنات وكان ابن عباس رضي الله عنه يقول الاحتكار بمكة من الإلحاد في الحرم وقيل الكذب أيضا وقال ابن عباس لأن أذنب سبعين ذنبا بركية أحب إلي من أن أذنب ذنبا واحدا بمكة وركية منزل بين مكة والطائف والخوف ذلك انتهى بعض المقيمين إلى أن لم يقض حاجته في الحرم بل كان يخرج إلى الحل عند قضاء الحاجة وبعضهم أقام شهرا وما وضع جنبه على الأرض وللمنع من الإقامة كره بعض العلماء أجور دور مكة ولا تظنن أن كراهة المقام يناقض فضل البقعة لأن هذه كراهة علتها ضعف الخلق وقصورهم عن القيام بحق الموضع فمعنى قولنا إن ترك المقام به أفضل أي بالإضافة إلى مقام مع التقصير والتبرم أما أن يكون أفضل من المقام مع الوفاء بحقه فهيهات وكيف لا ولما عاد رسول الله صلى الله عليه وسلم إلى مكة استقبل الكعبة وقال إنك لخير أرض الله عز وجل وأحب بلاد الله تعالى إلي ولولا أني أخرجت منك لما خرجت حديث إنك لخير أرض الله وأحب بلاد الله إلى الله ولولا أني أخرجت منك ما خرجت أخرجه الترمذي وصححه النسائي في الكبرى وابن ماجه وابن حبان من حديث عبد الله بن عدي بن الحمراء

وكيف لا والنظر إلى البيت عبادة والحسنات فيها مضاعفة كما ذكرناه فضيلة المدينة الشريفة على سائر البلاد ما بعد مكة بقعة أفضل من مدينة رسول اللـه صلى اللـه عليه وسلم فالأعمال فيها أيضا مضاعفة قال صلى اللـه عليه وسلم صلاة في مسجدي هذا خير من ألف صلاة فيما سواه إلا المسجد الحرام حديث صلاة في مسجدي هذا خير من ألف صلاة فيما سواه إلا المسجد الحرام متفق عليه من حديث أبي هريرة ورواه مسلم من حديث ابن عمر وكذلك كل عمل بالمدينة بألف

وبعد مدينته الأرض المقدسة فإن الصلاة فيها بخمسمائة صلاة فيما سواها إلا المسجد الحرام وكذلك سائر الأعمال

وروى ابن عباس عن النبي صلى الـلـه عليه وسلم أنه قال صلاة في مسجد المدينة بعشرة آلاف صلاة وصلاة في المسجد الأقصى بألف صلاة وصلاة في المسجد الحرام بمائة ألف صلاة حديث ابن عباس صلاة في مسجد المدينة بعشرة آلاف صلاة وصلاة في المسجد الأقصى بألف صلاة وصلاة في المسجد الحرام بمائة ألف صلاة غريب لم أجده بجملته هكذا وأخرجه ابن ماجه من حديث ميمونة بإسناد جيد في بيت المقدس ائتوه فصلوا فيه فإن الصلاة فيه كألف صلاة في غيره ولابن ماجه من حديث أنس صلاة بالمسجد الأقصى بخمسين ألف صلاة وصلاة في مسجدي بخمسين ألف صلاة وليس في إسناده من ضعف وقال الذهبي إنه منكر وقال صلى الـلـه عليه وسلم من صبر على شدتها ولأوائها كنت له شفيعا يوم القيامة حديث لا يصبر على لأوائها وشدتها أحد إلا كنت له شفيعا يوم القيامة من حديث أبي هريرة وابن عمر وأبي سعيد وقال صلى الـلـه عليه وسلم من استطاع أن يموت بالمدينة فليمت فإنه لن يموت بها أحد إلا كنت له شفيعا يوم القيامة حديث من استطاع أن يموت بالمدينة فليمت بها الحديث أخرجه الترمذي وابن ماجه من حديث ابن عمر قال الترمذي حسن صحيح وما بعد هذه البقاع الثلاث فالمواضع فيها متساوية إلا الثغور فإن المقام بها للمرابطة فيها فيه فضل عظيم

ولذلك قال صلى الـلـه عليه وسلم لا تشد الرحال إلا إلى ثلاثة مساجد المسجد الحرام ومسجدي هذا والمسجد الأقصى حديث لا تشد الرحال إلا إلى ثلاثة مساجد الحديث متفق عليه من حديث أبي هريرة وأبي سعيد وقد ذهب بعض العلماء إلى الاستدلال بهذا الحديث في المنع من الرحلة لزيارة المشاهد وقبور العلماء والصلحاء وما تبين لي أن الأمر كذلك بل الزيارة مأمور بها قال صلى الـلـه عليه وسلم كنت نهيتكم عن زيارة القبور فزوروها ولا تقولوا هجرا حديث كنت نهيتكم عن زيارة القبور فزوروها أخرجه مسلم من حديث بريدة بن الحصيب والحديث إنما ورد في المساجد وليس في معناها المشاهد لأن المساجد بعد المساجد الثلاثة متماثلة ولا بلد إلا وفيه مسجد فلا معنى للرحلة إلى مسجد آخر وأما المشاهد فلا تتساوى بل بركة زيارتها على قدر درجاتهم عند الـلـه عز وجل نعم لو كان في موضع لا مسجد فيه فله أن يشد الرحال إلى موضع فيه مسجد وينتقل إليه بالكلية إن شاء ثم ليت شعري هل يمنع هذا القائل من شد الرحال إلى قبور الأنبياء عليهم السلام مثل إبراهيم وموسى ويحيى وغيرهم عليهم السلام فالمنع من ذلك في غاية الإحالة فإذا جوز هذا فقبور الأولياء والعلماء والصلحاء في معناها فلا يبعد أن يكون ذلك من أغراض الرحلة كما أن زيارة العلماء في الحياة من المقاصد هذا في الرحلة أما المقام فالأولى بالمريد أن يلازم مكانه إذا لم يكن قصده من السفر استفادة العلم مهما سلم له حاله في وطنه فإن لم يسلم فيطلب من المواضع ما هو أقرب إلى الخمول وأسلم للدين وأفرغ للقلب وأيسر للعبادة فهو أفضل

المواضع له قال صلى اللـه عليه وسلم البلاد بلاد اللـه عز وجل والخلق عباده فأي موضع رأيت فيه رفقا فأقم واحمد اللـه تعالى حديث البلاد بلاد اللـه والعباد عباد اللـه فأي موضع رأيت فيه رفقا فأقم أخرجه أحمد والطبراني من حديث الزبير بسند ضعيف وفي الخبر من بورك له في شيء فليلزمه ومن جعلت معيشته في شيء فلا ينتقل عنه حتى يتغير عليه حديث من رزق في شيء فليلزمه ومن جعلت معيشته في شيء فلا ينتقل عنه حتى يتغير عليه أخرجه ابن ماجه من حديث أنس بالجملة الأولى بسند حسن ومن حديث عائشة بسند فيه جهالة بلفظ إذا سبب اللـه لأحدكم رزقا من وجه فلا يدعه حتى يتغير أو يتنكر له وقال أبو نعيم رأيت سفيان الثوري وقد جعل جرابه على كتفه وأخذ نعليه بيده فقلت إلى أين يا أبا عبد اللـه قال إلى بلد أملأ فيه جرابي بدرهم

وفي حكاية أخرى بلغني عن قرية فيها رخص أقيم فيها قال فقلت وتفعل هذا يا أبا عبد اللـه فقال نعم إذا سمعت برخص في بلد فاقصده فإنه أسلم لدينك وأقل لهمك وكان يقول هذا زمان سوء لا يؤمن فيه على الخاملين فكيف

بالمشهورين هذا زمان تنقل يتنقل الرجل من قرية إلى قرية يفر بدينه من الفتن
ويحكى عنه أنه قال و الـلـه ما أدري أي البلاد أسكن فقيل له خراسان فقال مذاهب مختلفة وآراء فاسدة قيل فالشام قال يشار إليك بالأصابع أراد الشهرة قيل فالعراق قال بلد الجبابرة قيل مكة قال مكة تذيب الكيس والبدن وقال له رجل غريب عزمت على المجاورة بمكة فأوصني قال أوصيك بثلاث لا تصلين في الصف الأول ولا تصحبن قرشيا ولا تظهرن صدقة وإنما كره الصف الأول لأنه يشتهر فيفتقد إذا غاب فيختلط بعمله التزين والتصنع

الفصل الثاني في شروط وجوب الحج وصحة أركانه وواجباته ومحظوراته

أما الشرائط فشرط صحة الحج اثنان الوقت والإسلام فيصح حج الصبي ويحرم بنفسه إن كان مميزا ويحرم عنه وليه إن كان صغيرا ويفعل به ما يفعل في الحج من الطواف والسعي وغيره
وأما الوقت فهو شوال وذو القعدة وتسع من ذي الحجة إلى طلوع الفجر من يوم النحر فمن أحرم بالحج في غير هذه المدة فهي عمرة وجميع السنة وقت العمرة ولكن من كان معكوفا على النسك أيام منى فلا ينبغي أن يحرم بالعمرة لأنه لا يتمكن من الاشتغال عقيبه لاشتغاله بأعمال منى
وأما شروط وقوعه عن حجة الإسلام فخمسة الإسلام والحرية والبلوغ والعقل والوقت
فإن أحرم الصبي أو العبد ولكن عتق العبد وبلغ الصبي بعرفة أو بمزدلفة وعاد إلى عرفة قبل طلوع الفجر أجزأهما عن حجة الإسلام لأن الحج عرفة وليس عليهما دم إلا شاة
وتشترط هذه الشرائط في وقوع العمرة عن فرض الإسلام إلا الوقت وأما شروط وقوع الحج نفلا عن الحر البالغ فهو بعد براءة ذمته عن حجة الإسلام فحج الإسلام متقدم ثم القضاء لمن أفسده في حالة الوقوف ثم النذر ثم النيابة ثم النفل وهذا الترتيب مستحق وكذلك يقع وإن نوى خلافه
وأما شروط لزوم الحج فخمسة البلوغ والإسلام والعقل والحرية والاستطاعة
ومن لزمه فرض الحج لزمه فرض العمرة ومن أراد دخول مكة لزيارة أو تجارة ولم يكن حطابا لزمه الإحرام على قول ثم يتحلل بعمل عمرة أو حج
وأما الاستطاعة فنوعان أحدهما المباشرة وذلك له أسباب أما في نفسه فبالصحة وأما في الطريق فبأن تكون خصبة آمنة بلا بحر مخطر ولا عدو قاهر وأما في المال فبأن يجد نفقة ذهابه وإيابه إلى وطنه كان له أهل أو لم يكن لأن مفارقة الوطن شديدة وأن يملك نفقة من تلزمه نفقته في هذه المدة وأن يملك ما يقضي به ديونه وأن يقدر على راحلة أو كرائها بمحمل أو زاملة إن استمسك على الزاملة

وأما النوع الثاني فاستطاعة المغضوب بماله وهو أن يستأجر من يحج عنه بعد فراغ الأجير عن حجة الإسلام لنفسه ويكفي نفقة الذهاب بزاملة في هذا النوع والابن إذا عرض طاعته على الأب الزمن صار به مستطيعا ولو عرض ماله لم يصر به مستطيعا لأن الخدمة بالبدن فيها شرف للولد وبذل المال فيه منة على الوالد

ومن استطاع لزمه الحج وله التأخير ولكنه فيه على خطر فإن تيسر له ولو في آخر عمره سقط عنه

وإن مات قبل الحج لقي الـلـه عز وجل عاصيا بترك الحج وكان الحج في تركته يحج عنه وإن لم يوص كسائر ديونه

وإن استطاع في سنة فلم يخرج مع الناس وهلك ماله في تلك السنة قبل حج الناس ثم مات لقي الـلـه عز وجل ولا حج عليه

ومن مات ولم يحج مع اليسار فأمره شديد عند الـلـه تعالى قال عمر رضي الـلـه عنه لقد هممت أن أكتب في الأمصار بضرب الجزية على من لم يحج ممن يستطيع إليه سبيلا

وعن سعيد بن جبير وإبراهيم النخعي ومجاهد وطاوس لو علمت رجلا غنيا وجب عليه الحج ثم مات قبل أن يحج ما صليت عليه وبعضهم كان له جار موسر فمات ولم يحج فلم يصل عليه

وكان ابن عباس يقول من مات ولم يزك ولم يحج سأل الرجعة إلى الدنيا وقرأ قوله عز وجل رب ارجعون لعلي أعمل صالحا فيما تركت ﴿ قال ﴾

الحج

وأما الأركان التي لا يصح الحج بدونها فخمسة الإحرام والطواف والسعي بعده والوقوف بعرفة والحلق بعده على قول وأركان العمرة كذلك إلا الوقوف

والواجبات المجبورة بالدم ست الإحرام من الميقات فمن تركه وجاوز الميقات محلا فعليه شاة والرمي فيه الدم قولا واحدا وأما الصبر بعرفة إلى غروب الشمس والمبيت بمزدلفة والمبيت بمنى وطواف الوداع فهذه الأربعة يجبر تركها بالدم على أحد القولين وفي القول الثاني فيها دم على وجه الاستحباب

وأما وجوه أداء الحج والعمرة فثلاثة

الأول الإفراد وهو الأفضل وذلك أن يقدم الحج وحده فإذا فرغ خرج إلى الحل فأحرم واعتمر وأفضل الحل لإحرام العمرة الجعرانة ثم التنعيهم ثم الحديبية وليس على المفرد دم إلا أن يتطوع

الثاني القران وهو أن يجمع فيقول لبيك بحجة وعمرة معا فيصير محرما بهما ويكفيه أعمال الحج وتندرج العمرة تحت الحج كما يندرج الوضوء تحت الغسل إلا أنه إذا طاف وسعى قبل الوقوف بعرفة فسعيه محسوب من النسكين وأما طوافه فغير محسوب لأن شرط الطواف الفرض في الحج أن يقع بعد الوقوف وعلى القارن دم شاة إلا أن يكون مكيا فلا شيء عليه لأنه لم يترك ميقاته إذ ميقاته مكة

الثالث التمتع وهو أن يجاوز الميقات محرما بعمرة ويتحلل بمكة ويتمتع بالمحظورات إلى وقت الحج ثم يحرم بالحج ولا يكون متمتعا إلا بخمس شرائط

أحدها أن لا يكون من حاضري المسجدد الحرام وحاضره من كان منه على مسافة لا تقصر فيها الصلاة

الثاني أن يقدم العمرة على الحج

الثالث أن تكون عمرته في أشهر الحج

الرابع أن لا يرجع إلى ميقات الحج ولا إلى مثل مسافته لإحرام الحج

الخامس أن يكون حجه وعمرته عن شخص واحد فإذا وجدت هذه الأوصاف كان متمتعا ولزمه دم شاة فإن لم يجد فصيام ثلاثة أيام في الحج قبل يوم النحر متفرقة أو متتابعة وسبعة إذا رجع إلى الوطن وإن لم يصم الثلاثة حتى رجع إلى الوطن صام العشرة تتابعا أو متفرقا وبدل دم القران والتمتع سواء

والأفضل الإفراد ثم التمتع ثم القرن

وأما محظورات الحج والعمرة فستة

الأول اللبس للقميص والسراويل والخف والعمامة بل ينبغي أن يلبس إزارا ورداء ونعلين فإن لم يجد نعلين فمكعبين فإن لم يجد إزارا فسراويل ولا بأس بالمنطقة والاستظلال في المحمل ولكن لا ينبغي أن يغطي رأسه فإن إحرامه في الرأس وللمرأة أن تلبس كل مخيط بعد أن لا تستر وجهها بما يماسه فإن إحرامها في وجهها

الثاني الطيب فليجتنب كل ما يعده العقلاء طيبا فإن تطيب أو لبس فعليه دم شاة

الثالث الحلق والقلم وفيهما الفدية أعني دم شاة ولا بأس بالكحل ودخول الحمام والفصد والحجامة وترجيل الشعر

الرابع الجماع وهو مفسد قبل التحلل الأول وفيه بدنة أو بقرة أو سبع شياه وإن كان بعد التحلل الأول لزمه البدنة ولم يفسد حجه

والخامس مقدمات الجماع كالقبلة والملامسة التي تنقض الطهر مع النساء فهو محرم وفيه شاة وكذا في الاستمناء ويحرم النكاح والإنكاح ولا دم فيه لأنه لا ينعقد

السادس قتل صيد البر أعني ما يؤكل أو هو متولد من الحلال والحرام فإن قتل صيدا فعليه مثله من النعم يراعى فيه التقارب في الخلقة وصيد البحر حلال ولا جزاء فيه

الباب الثاني في ترتيب الأعمال الظاهرة من أول السفر إلى الرجوع وهي

عشر جمل الجملة الأولى في السير من أول الخروج إلى الإحرام وهي ثمانية

الأولى في المال فينبغي أن يبدأ بالتوبة ورد المظالم وقضاء الديون وإعداد النفقة لكل من تلزمه نفقته إلى وقت الرجوع ويرد ما عنده من الودائع ويستصحب من المال الحلال الطيب ما يكفيه لذهابه وإيابه من غير

تقتير بل على وجه يمكنه معه التوسع في الزاد والرفق بالضعفاء والفقراء

ويتصدق بشيء قبل خروجه ويشتري لنفسه دابة قوية على الحمل لا تضعف أو يكتريها فإن اكترى فليظهر للمكاري كل ما يريد أن يحمله من قليل أو كثير ويحصل رضاه فيه

الثانية في الرفيق ينبغي أن يلتمس رفيقا صالحا محبا للخير معينا عليه إن نسي ذكره وإن ذكر أعانه وإن جبن شجعه وإن عجز قواه وإن ضاق صدره صبره

ويودع رفقاءه المقيمين وإخوانه وجيرانه فيودعهم ويلتمس أدعيتهم فإن الله تعالى جاعل في أدعيتهم خيرا والسنة في الوداع أن يقول أستودع الله دينك وأمانتك وخواتيم عملك حديث أستودع الله دينك وأمانتك وخواتيم عملك أخرجه الترمذي وصححه والنسائي من حديث ابن عمر أنه كان يقول للرجل إذا أراد سفرا ادن حتى أودعك كما كان رسول الله صلى الله عليه وسلم يودعنا وكان صلى الله عليه وسلم يقول لمن أراد السفر في حفظ الله وكنفه زودك الله التقوى وغفر ذنبك ووجهك للخير أينما كنت حديث كان صلى الله عليه وسلم يقول لمن أراد سفرا في حفظ الله وكنفه زودك الله التقوى وغفر الله ذنبك ووجهك للخير أينما توجهت أخرجه الطبراني في الدعاء من حديث أنس وهو عند الترمذي وحسنه دون قوله في حفظ الله وكنفه

الثالثة في الخروج من الدار ينبغي إذا هم بالخروج أن يصلي ركعتين أولا يقرأ في الأولى بعد الفاتحة قل يا أيها الكافرون وفي الثانية الإخلاص فإذا فرغ رفع يديه ودعا الله سبحانه عن إخلاص صاف ونية صادقة وقال اللهم أنت الصاحب في السفر وأنت الخليفة في الأهل والمال والولد والأصحاب احفظنا وإياهم من كل آفة وعاهة اللهم إنا نسألك في مسيرنا هذا البر والتقوى ومن العمل ما ترضى اللهم إنا نسألك أن تطوي لنا الأرض وتهون علينا السفر وأن ترزقنا في سفرنا سلامة البدن والدين والمال وتبلغنا حج بيتك وزيارة قبر نبيك محمد صلى الله عليه وسلم اللهم إنا نعوذ بك من وعثاء السفر وكآبة المنظر وسوء المنقلب في الأهل والمال والولد والأصحاب اللهم اجعلنا وإياهم في جوارك ولا تسلبنا وإياهم نعمتك ولا تغير ما بنا وبهم من عافيتك

الرابعة إذا حصل على باب الدار قال بسم الله توكلت على الله ولا حول ولا قوة إلا بالله أعوذ بالله رب أعوذ بك أن أضل أو أضل أو أذل أو أذل أو أزل أو أزل أو أظلم أو أظلم أو أجهل أو يجهل علي اللهم إني لم أخرج أشرا ولا بطرا ولا رياء ولا سمعة بل خرجت اتقاء سخطك وابتغاء مرضاتك وقضاء فرضك واتباع سنة نبيك وشوقا إلى لقائك فإذا مشى قال اللهم بك انتشرت وعليك توكلت وبك اعتصمت وإليك توجهت اللهم أنت ثقتي وأنت رجائي فاكفني ما أهمني وما لا أهتم به وما أنت أعلم به مني عز جارك وجل ثناؤك ولا إله غيرك اللهم زودني التقوى واغفر لي ذنبي ووجهني للخير أينما توجهت ويدعو بهذا الدعاء في كل منزل يدخل عليه

الخامسة في الركوب فإذا ركب الراحلة يقول بسم اللـه وبالله و اللـه أكبر توكلت على اللـه ولا حول ولا قوة إلا بالله العلي العظيم ما شاء اللـه كان وما لم يشأ لم يكن سبحان الذي سخر لنا هذا وما كنا له مقرنين وإنا إلى ربنا لمنقلبون اللهم إني وجهت وجهي إليك وفوضت أمري كله إليك وتوكلت في جميع أموري عليك أنت حسبي ونعم الوكيل

فإذا استوى على الراحلة واستوت تحته قال سبحان اللـه والحمد لله ولا إله إلا اللـه و اللـه أكبر سبع مرات وقال الحمد لله الذي هدانا لهذا وما كنا لنهتدي لولا أن هدانا اللـه اللهم أنت الحامل على الظهر وأنت المستعان على الأمور

السادسة في النزول والسنة أن لا ينزل حتى يحمى النهار ويكون أكثر سيره بالليل قال صلى اللـه عليه وسلم عليكم بالدلجة فإن الأرض تطوى بالليل ما لا تطوى بالنهار حديث عليكم بالدلجة فإن الأرض تطوى بالليل ما لا تطوى بالنهار أخرجه أبو داود من حديث أنس دون قوله ما لا تطوى بالنهار وهذه الزيادة في الموطأ من حديث خالد بن معدان مرسلا وليقلل نومه بالليل حتى يكون

عونا على السير

ومهما أشرف على المنزل فليقل اللهم رب السموات السبع وما أظللن ورب الأرضين السبع وما أقللن ورب الشياطين وما أضللن ورب الرياح وما ذرين ورب البحار وما جرين أسألك خير هذا المنزل وخير أهله وأعوذ بك من شره وشر ما فيه اصرف عني شر شرارهم

فإذا نزل المنزل صلى ركعتين فيه ثم قال أعوذ بكلمات الله التامات التي لا يجاوزهن بر ولا فاجر من شر ما خلق

فإذا جن عليه الليل يقول يا أرض ربي وربك الله أعوذ بالله من شرك وشر ما فيك وشر ما دب عليك أعوذ بالله من شر كل أسد وأسود وحية وعقرب ومن شر ساكن البلد ووالد وما ولد وله ما سكن في الليل والنهار وهو السميع العليم

السابعة في الحراسة ينبغي أن يحتاط بالنهار فلا يمشي منفردا خارج القافلة لأنه ربما يغتال أو ينقطع ويكون بالليل متحفظا عند النوم فإن نام في ابتداء الليل افترش ذراعه وإن نام في آخر الليل نصب ذراعه نصبا وجعل رأسه في كفه هكذا كان ينام رسول الله صلى الله عليه وسلم في سفره حديث كان إذا نام في أول الليل افترش ذراعه وإذا نام في آخر الليل نصب ذراعه نصبا وجعل ذراعه في كفه أخرجه أحمد والترمذي في الشمائل من حديث أبي قتادة بإسناد صحيح وعزاه أبو مسعود الدمشقي والحميدي إلى مسلم ولم أره فيه لأنه ربما استثقل النوم فتطلع الشمس وهو لا يدري فيكون ما يفوته من الصلاة أفضل مما يناله من الحج والأحب في الليل أن يتناوب الرفيقان في الحراسة فإن نام أحدهما حرس الآخر حديث تناوب الرفيقين في الحراسة فإذا نام أحدهما حرس الآخر أخرجه البيهقي من طريق ابن إسحاق من حديث جابر في حديث فيه فقال الأنصاري أي الليل أحب إليك أن أكفيكه أوله أو آخره فقال بل اكفني أوله فاضطجع المهاجري الحديث والحديث عند أبي داود ولكن ليس فيه قول الأنصاري للمهاجرين فهو السنة فإن قصده عدو أو سبع في ليل أو نهار فليقرأ آية الكرسي وشهد الله والإخلاص والمعوذتين وليقل بسم الله ما شاء الله لا قوة إلا بالله حسبي الله توكلت على الله ما شاء الله لا يأتي بالخير إلا الله ما شاء الله لا يصرف السوء إلا الله حسبي الله وكفى سمع الله لمن دعا ليس وراء الله منتهى ولا دون الله ملجأ كتب الله لأغلبن أنا ورسلي إن الله قوي عزيز تحصنت بالله العظيم واستغثت بالحي الذي لا يموت اللهم احرسنا بعينك التي لا تنام واكنفنا بركنك الذي لا يرام اللهم ارحمنا بقدرتك علينا فلا نهلك وأنت ثقتنا ورجاؤنا اللهم اعطف علينا قلوب عبادك وإمائك برأفة ورحمة إنك أنت أرحم الراحمين

الثامنة مهما علا نشزا من الأرض في الطريق فيستحب أن يكبر ثلاثا ثم يقول اللهم لك الشرف على كل شرف ولك الحمد على كل حال ومهما هبط سبح ومهما خاف الوحشة في سفره قال سبحان الـلـه الملك القدوس رب الملائكة والروح جللت السموات بالعزة والجبروت الجملة الثانية في آداب الإحرام من الميقات إلى دخول مكة وهي خمسة

الأول أن يغتسل وينوي به غسل الإحرام أعني إذا انتهى إلى الميقات المشهور الذي يحرم الناس منه ويتمم غسله بالتنظيف ويسرح لحيته ورأسه ويقلم أظفاره ويقص شاربه ويستكمل النظافة التي ذكرناها في الطهارة

الثاني أن يفارق الثياب المخيطة ويلبس ثوبي الإحرام فيرتدي ويتزر بثوبين أبيضين فالأبيض هو أحب الثياب إلى الـلـه عز وجل ويتطيب في ثيابه وبدنه ولا بأس بطيب يبقى جرمه بعد الإحرام فقد رؤي بعض المسك على مفرق رسول الـلـه صلى الـلـه عليه وسلم بعد الإحرام مما كان استعمله قبل الإحرام حديث رؤية وبيص المسك على مفرق رسول الـلـه صلى الـلـه عليه وسلم بعد الإحرام متفق عليه من حديث عائشة قالت كأنما أنظر إلى وبيص المسك الحديث

الثالث أن يصبر بعد لبس الثياب حتى تنبعث به راحلته إن كان راكبا أو يبدأ بالسير إن كان راجلا فعند ذلك ينوي الإحرام بالحج أو بالعمرة

قرانا أو إفرادا كما أراد

ويكفي مجرد النية لانعقاد الإحرام ولكن السنة أن يقرن بالنية لفظ التلبية فيقول لبيك اللهم لبيك لبيك لا شريك لك لبيك إن الحمد والنعمة لك والملك لا شريك لك وإن زاد قال لبيك وسعديك والخير كله بيديك والرغباء إليك لبيك بحجة حقا تعبدا ورقا اللهم صل على محمد وعلى آل محمد

الرابع إذا انعقد إحرامه بالتلبية المذكورة فيستحب أن يقول اللهم إني أريد الحج فيسره لي وأعني على أداء فرضه وتقبله مني اللهم إني نويت أداء فريضتك في الحج فاجعلني من الذين استجابوا لك وآمنوا بوعدك واتبعوا أمرك واجعلني من وفدك الذين رضيت عنهم وارتضيت وقبلت منهم اللهم فيسر لي أداء ما نويت من الحج اللهم قد أحرم لك لحمي وشعري ودمي وعصبي ومخي وعظامي وحرمت على نفسي النساء والطيب ولبس المخيط ابتغاء وجهك والدار الآخرة

ومن وقت الإحرام حرم عليه المحظورات الستة التي ذكرناها من قبل فليجتنبها

الخامس يستحب تجديد التلبية في دوام الإحرام خصوصا عند اصطدام الرفاق وعند اجتماع الناس وعند كل صعود وهبوط وعند كل ركوب ونزول رافعا بها صوته بحيث لا يبح حلقه ولا ينبهر فإنه لا ينادي أصم ولا غائبا حديث إنكم لا تنادون أصم ولا غائبا متفق عليه من حديث أبي موسى كما ورد في الخبر

ولا بأس برفع الصوت بالتلبية في المساجد الثلاثة فإنها مظنة المناسك أعني المسجد الحرام ومسجد الخيف ومسجد الميقات وأما سائر المساجد فلا بأس فيها بالتلبية من غير رفع صوت وكان صلى الله عليه وسلم إذا أعجبه شيء قال لبيك إن العيش عيش الآخرة حديث كان إذا أعجبه شيء قال لبيك إن العيش عيش الآخرة أخرجه الشافعي في المسند من حديث مجاهد مرسلا بنحوه وللحاكم وصححه من حديث ابن عباس أن رسول الله صلى الله عليه وسلم وقف بعرفات فلما قال لبيك اللهم لبيك ﴿ قال ﴾ إنما الخير خير الآخرة

الجملة الثالثة في آداب دخول مكة إلى الطواف وهي ستة

الأول أن يغتسل بذي طوى لدخول مكة

والاغتسالات المستحبة المسنونة في الحج تسعة

الأول للإحرام من الميقات ثم لدخول مكة ثم لطواف القدوم ثم للوقوف بعرفة ثم للوقوف بمزدلفة ثم ثلاثة أغسال لرمي الجمار الثلاث ولا غسل لرمي جمرة العقبة ثم لطواف الوداع ولم ير الشافعي رضي الله عنه في الجديد الغسل لطواف الزيارة ولطواف الوداع فتعود إلى سلعة

الثاني أن يقول عند الدخول في أول الحرم وهو خارج مكة اللهم هذا حرمك وأمنك فحرم لحمي ودمي وشعري وبشري على النار وآمني من عذابك يوم تبعث عبادك واجعلني من أوليائك وأهل طاعتك

الثالث أن يدخل مكة من جانب الأبطح وهو ثنية كدا بفتح الكاف عدل رسول الله صلى الله عليه وسلم من جادة الطريق إليها حديث دخول رسول الله صلى الله عليه وسلم من ثنية كداء بفتح الكاف متفق عليه من حديث ابن عمر قال كان رسول الله صلى الله عليه وسلم إذا دخل مكة دخل من الثنية العلياء التي بالبطحاء الحديث فالتأسي به أولى وإذا خرج خرج من ثنية كدى بضم الكاف وهي الثنية السفلى والأولى هي العليا

الرابع إذا دخل مكة وانتهى إلى رأس الردم فعنده يقع بصره على البيت فليقل لا إله إلا الله و الله أكبر اللهم أنت السلام ومنك السلام ودارك دار السلام تباركت يا ذا الجلال والإكرام اللهم إن هذا بيتك عظمته وكرمته وشرفته اللهم فزده تعظيما وزده تشريفا وتكريما وزده مهابة وزد من حجه برا وكرامة اللهم افتح لي أبواب رحمتك وأدخلني جنتك وأعذني من الشيطان الرجيم

الخامس إذا دخل المسجد الحرام فليدخل من باب بني شيبة وليقل بسم الله وبالله ومن الله وإلى الله وفي سبيل الله وعلى ملة رسول الله صلى الله عليه وسلم فإذا قرب من البيت قال الحمد لله وسلام على عباده الذين اصطفى اللهم

صل على محمد عبدك ورسولك وعلى إبراهيم خليلك وعلى جميع أنبيائك ورسلك وليرفع يديه وليقل اللهم إني أسألك في مقامي هذا في أول مناسكي أن تتقبل توبتي وأن تتجاوز عن خطيئتي وتضع عني وزري الحمد لله الذي بلغني بيته الحرام الذي جعله مثابة للناس وأمنا وجعله مباركا وهدى للعالمين اللهم إني عبدك والبلد بلدك والحرم حرمك والبيت بيتك جئتك أطلب رحمتك وأسألك مسألة المضطر الخائف من عقوبتك الراجي لرحمتك الطالب مرضاتك

السادس أن تقصد الحجر الأسود بعد ذلك وتمسه بيدك اليمنى وتقبله وتقول اللهم أمانتي أديتها وميثاقي وفيته اشهد لي بالموافاة فإن لم يستطع التقبيل وقف في مقابلته ويقول ذلك ثم لا يعرج على شيء دون الطواف وهو طواف القدوم إلا أن يجد الناس في المكتوبة فيصلي معهم ثم يطوف الجملة الرابعة في الطواف

فإذا أراد افتتاح الطواف إما للقدوم وإما لغيره فينبغي أن يراعي أمورا ستة

الأول أن يراعي شروط الصلاة من طهارة الحدث والخبث في الثوب والبدن والمكان وستر العورة

فالطواف بالبيت صلاة ولكن الله سبحانه أباح فيه الكلام وليضطبع قبل ابتداء الطواف وهو أن يجعل وسط ردائه تحت إبطه اليمنى ويجمع طرفيه على منكبه الأيسر فيرخى طرفا وراء ظهره وطرفا على صدره ويقطع التلبية عند ابتداء الطواف ويشتغل بالأدعية التي سنذكرها

الثاني إذا فرغ من الاضطباع فليجعل البيت على يساره وليقف عند الحجر الأسود وليتنح عنه قليلا ليكون الحجر قدامه فيمر بجميع الحجر بجميع بدنه في ابتداء طوافه

وليجعل بينه وبين البيت قدر ثلاث خطوات ليكون قريبا من البيت فإنه أفضل ولكيلا يكون طائفا على الشاذروان فإنه من البيت وعند الحجر الأسود قد يتصل الشاذروان بالأرض ويلتبس به والطائف عليه لا يصح طوافه لأنه طائف في البيت والشاذروان هو الذي فضل عن عرض جدار البيت بعد أن ضيق أعلى الجدار ثم من هذا الموقف يبتدىء الطواف

الثالث أن يقول قبل مجاوزة الحجر بل في ابتداء الطواف بسم الله و الله أكبر اللهم إيمانا بك وتصديقا بكتابك ووفاء بعهدك واتباعا لسنة نبيك محمد صلى الله عليه وسلم ويطوف

فأول ما يجاوز الحجر ينتهي إلى باب البيت فيقول اللهم هذا البيت بيتك وهذا الحرم حرمك وهذا الأمن أمنك وهذا مقام العائذ بك من النار

وعند ذكر المقام يشير بعينه إلى مقام إبراهيم عليه السلام اللهم إن بيتك عظيم ووجهك كريم وأنت أرحم الراحمين فأعذني من النار ومن الشيطان الرجيم وحرم لحمي ودمي على النار وآمني من أهوال يوم القيامة واكفني مؤنة الدنيا والآخرة

ثم يسبح الـلـه تعالى ويحمده حتى يبلغ الركن العراقي فعنده يقول اللهم إني أعوذ بك من الشرك الشك والكفر والنفاق والشقاق وسوء الأخلاق وسوء المنظر في الأهل والمال والولد

فإذا بلغ الميزاب قال اللهم أظلنا تحت عرشك يوم لا ظل إلا ظلك اللهم اسقني بكأس محمد صلى الـلـه عليه وسلم شربة لا أظمأ بعدها أبدا

فإذا بلغ الركن الشامي قال اللهم اجعله حجا مبرورا وسعيا مشكورا وذنبا مغفورا وتجارة لن تبور يا عزيز يا غفور رب اغفر وارحم وتجاوز عما تعلم إنك أنت الأعز الأكرم فإذا بلغ الركن اليماني قال اللهم إني أعوذ بك من الكفر وأعوذ بك من الفقر ومن عذاب القبر ومن فتنة المحيا والممات وأعوذ بك من الخزي في الدنيا والآخرة ويقول بين الركن اليماني والحجر الآسود اللهم ربنا آتنا في الدنيا حسنة وفي الآخرة حسنة وقنا برحمتك فتنة القبر وعذاب النار فإذا بلغ الحجر الأسود قال اللهم اغفر لي برحمتك أعوذ برب هذا الحجر من الدين والفقر وضيق الصدر وعذاب القبر وعند ذلك قد تم شوط واحد فيطوف كذلك سبعة أشواط فيدعو بهذه الأدعية في كل شوط

الرابع أن يرمل في ثلاثة أشواط ويمشي في الأربعة الأخر

على الهيئة المعتادة ومعنى الرمل الإسراع في المشي مع تقارب الخطا وهو دون العدو وفوق المشي المعتاد والمقصود منه ومن الاضطباع إظهار الشطارة والجلادة والقوة هكذا هكذا كان القصد أولا قطعا لطمع الكفار وبقيت تلك السنة حديث مشروعية الرمل والاضطباع قطعا لطمع الكفار وبقيت تلك السنة أما الرمل فمتفق عليه من حديث ابن عباس قال قدم رسول الله صلى الله عليه وسلم وأصحابه فقال المشركون إنه يقدم عليكم قوم قد وهنتهم حمى يثرب فأمرهم النبي صلى الله عليه وسلم أن يرملوا الأشواط الثلاثة الحديث وأما الاضطباع فروى أبو داود وابن ماجه والحاكم وصححه من حديث عمر قال فيم الرملان الآن والكشف عن المناكب وقد أظهر الله الإسلام ونفى الكفر وأهله ومع ذلك لا ندع شيئا كنا نفعله على عهد رسول الله صلى الله عليه وسلم والأفضل الرمل مع الدنو من البيت فإن لم يمكنه للزحمة فالرمل مع البعد أفضل فيخرج إلى حاشية المطاف وليرمل ثلاثا ثم ليقرب إلى البيت في المزدحم وليمش أربعا وأن إمكنه استلام الحجر في كل شوط فهو الأحب وإن منعه الزحمة أشار باليد وقبل يده وكذلك استلام الركن اليماني يستحب من سائر الأركان وروي أنه صلى الله عليه وسلم كان يستلم الركن اليماني حديث استلامه صلى الله عليه وسلم للركن اليماني متفق عليه من حديث ابن عمر قال رأيت رسول الله صلى الله عليه وسلم حين يقدم مكة إذا استلم الركن الأسود الحديث ولهما من حديثه لم أر رسول الله صلى الله عليه وسلم يمس من الأركان إلا اليمانيين ولمسلم من حديث ابن عباس لم أره يستلم غير الركنين اليمانيين وله من حديث جابر الطويل حتى إذا أتيت البيت معه استلم الركن ويقبله حديث تقبيله صلى الله عليه وسلم له متفق عليه من حديث عمر أنه قبل الحجر وقال لولا أني رأيت رسول الله صلى الله عليه وسلم قبلك ما قبلتك وللبخاري من حديث ابن عمر رأيت رسول الله صلى الله عليه وسلم يستلمه ويقبله وله في التاريخ من حديث ابن عباس كان النبي صلى الله عليه وسلم إذا استلم الركن اليماني قبله ويضع خده عليه حديث وضع الخد عليه أخرجه الدارقطني من حديث ابن عباس أن رسول الله صلى الله عليه وسلم قبل الركن اليماني الحديث قال الحاكم صحيح الإسناد قلت فيه عبد الله بن مسلم بن هرمز ضعفه الجمهور ومن أراد تخصيص الحجر بالتقبيل واقتصر في الركن اليماني على الاستلام أغنى عن اللمس باليد فهو أولى الخامس إذا تم الطواف سبعا فليأت الملتزم وهو بين الحجر والباب وهو موضع استجابة الدعوة وليلتزق بالبيت وليتعلق بالأستار وليلصق بطنه بالبيت وليضع عليه خده الأيمن وليبسط عليه ذراعيه وكفيه وليقل اللهم يا رب البيت العتيق أعتق رقبتي من النار وأعذني من الشيطان الرجيم وأعذني من كل سوء وقنعني بما رزقتني وبارك لي فيما آتيتني اللهم إن هذا البيت بيتك والعبد عبدك وهذا مقام العائذ بك من النار اللهم اجعلني من أكرم وفدك عليك ثم ليحمد الله كثيرا في هذا الموضع وليصل على رسوله صلى الله عليه وسلم وعلى جميع الرسل كثيرا وليدع بحوائجه الخاصة وليستغفر من ذنوبه كان بعض السلف في هذا الموضع يقول لمواليه تنحوا عني حتى أقر لربي بذنوبي السادس إذا فرغ من ذلك ينبغي أن يصلي خلف المقام ركعتين يقرأ في الأولى قل يا أيها الكافرون وفي

الثانية الإخلاص وهما ركعتا الطواف قال الزهري مضت السنة أن يصلي لكل سبع ركعتين حديث الزهري مضت السنة أن يصلي لكل أسبوع ركعتين ذكره البخاري تعليقا السنة أفضل لم يطف النبي صلى الله عليه وسلم أسبوعا إلا صلى ركعتين وفي الصحيحين من حديث ابن عمر قدم رسول الله صلى الله عليه وسلم وطاف بالبيت سبعا وصلى خلف المقام ركعتين وإن قرن بين أسابيع وصلى ركعتين جاز حديث قرانه صلى الله عليه وسلم بين أسابيع رواه ابن أبي حاتم من حديث ابن عمر أن النبي صلى الله عليه وسلم قرن ثلاثة أطواف ليس بينهما صلاة ورواه العقيلي في الضعفاء وابن شاهين في أماليه من حديث أبي هريرة وزاد ثم صلى لكل أسبوع ركعتين وفي إسنادهما عبد السلام بن أبي الحبوب منكر الحديث فعل ذلك رسول الله صلى الله عليه وسلم وكل أسبوع طواف وليدع بعد ركعتي الطواف وليقل اللهم يسر لي اليسرى وجنبني العسرى واغفر لي في الآخرة والأولى واعصمني بألطافك حتى لا أعصيك وأعني على طاعتك بتوفيقك وجنبني معاصيك واجعلني ممن يحبك ويحب ملائكتك ورسلك ويحب عبادك الصالحين اللهم حببني إلى ملائكتك ورسلك وإلى عبادك الصالحين اللهم فكما هديتني إلى الإسلام فثبتني عليه بألطافك وولايتك واستعملني لطاعتك وطاعة رسولك وأجرني من مضلات

الفتن ثم ليعد إلى الحجر وليستلمه وليختم به الطواف قال صلى الـلـه عليه وسلم من طاف بالبيت أسبوعا وصلى ركعتين فله من الأجر كعتق رقبة حديث من طاف بالبيت أسبوعا وصلى ركعتين فله من الأجر كعتق رقبة أخرجه الترمذي وحسنه والنسائي وابن ماجه من حديث ابن عمر من طاف بالبيت وصلى ركعتين كان كعتق رقبة لفظ ابن ماجه وقال الآخر من طاف بهذا البيت أسبوعا فأحصاه كان كعتق رقبة وللبيهقي في الشعب من طاف أسبوعا وركع ركعتين كانت كعتاق رقبة وهذه كيفية الطواف والواجب من جملته بعد شروط الصلاة أن يستكمل عدد الطواف سبعا بجميع البيت وأن يبتدىء بالحجر الأسود ويجعل البيت على يساره وأن يطوف داخل المسجد وخارج البيت لا على الشاذروان ولا في الحجر وأن يوالي بين الأشواط ولا يفرقها تفريقا خارجا عن المعتاد وما عدا هذا فهو سنن وهيئات الجملة الخامسة في السعي فإذا فرغ من الطواف فليخرج من باب الصفا وهو في محاذاة الضلع الذي بين الركن اليماني والحجر فإذا خرج من ذلك الباب وانتهى إلى الصفا وهو جبل فيرقى فيه درجات في حضيض الجبل بقدر قامة الرجل رقى رسول الـلـه صلى الـلـه عليه وسلم حتى بدت له الكعبة حديث أنه رقى على الصفا حتى بدت له الكعبة أخرجه مسلم من حديث جابر فبدأ بالصفا فرقي عليه حتى رأى البيت وله من حديث أبي هريرة أتى الصفا فعلا عليه حتى نزل إلى البيت وابتداء السعي من أصل الجبل كاف وهذه الزيادة مستحبة ولكن بعض تلك الدرج مستحدثة فينبغي أن لا يخلفها وراء ظهره فلا يكون متمما للسعي وإذا ابتدأ من ههنا سعى بينه وبين المروة سبع مرات وعند رقيه في الصفا ينبغي أن يستقبل البيت ويقول الـلـه أكبر الـلـه أكبر الحمد لله على ما هدانا الحمد لله بمحامده كلها على جميع نعمه كلها لا إله إلا الـلـه وحده لا شريك له له الملك وله الحمد يحيي ويميت بيده الخير وهو على كل شيء قدير لا إله إلا الـلـه وحده صدق وعده ونصر عبده وأعز جنده وهزم الأحزاب وحده لا إله إلا الـلـه مخلصين له الدين ولو كره الكافرون لا إله إلا الـلـه مخلصين له الدين الحمد لله رب العالمين فسبحان الـلـه حين تمسون وحين تصبحون وله الحمد في السموات والأرض وعشيا وحين تظهرون يخرج الحي من الميت ويخرج الميت من الحي ويحيي الأرض بعد موتها وكذلك تخرجون ومن آياته أن خلقكم من تراب ثم إذا أنتم بشر تنتشرون اللهم إني أسألك إيمانا دائما ويقينا صادقا وعلما نافعا وقلبا خاشعا ولسانا ذاكرا وأسألك العفو والعافية والمعافاة الدائمة في الدنيا والآخرة ويصلي على محمد صلى الـلـه عليه وسلم ويدعو الـلـه عز وجل بما شاء من حاجته عقيب هذا الدعاء ثم ينزل ويبتدىء السعي وهو يقول رب اغفر وارحم وتجاوز عما تعلم إنك أنت الأعز الأكرم اللهم آتنا في الدنيا حسنة وفي الآخرة حسنة وقنا عذاب النار ويمشي على هينه حتى ينتهي إلى الميل الأخضر وهو أول ما يلقاه إذا نزل من الصفا وهو على زاوية المسجد الحرام فإذا بقي بينه وبين محاذاة الميل ستة أذرع أخذ في السير السريع وهو الرمل حتى ينتهي إلى الميلين الأخضرين ثم يعود إلى الهينة فإذا

انتهى إلى المروة صعدها كما صعد الصفا وأقبل بوجهه على الصفا ودعا بمثل ذلك الدعاء وقد حصل السعي مرة واحدة فإذا عاد إلى الصفا حصلت مرتان يفعل ذلك سبعا ويرمل في موضع الرمل في كل مرة ويسكن في موضع السكون كما سبق وفي كل نوبة يصعد الصفا والمروة فإذا فعل ذلك فقد فرغ من طواف القدوم والسعي وهما سنتان والطهارة مستحبة للسعي وليست بواجبة بخلاف الطواف وإذا سعى فينبغي أن لا يعيد السعي بعد الوقوف ويكتفي بهذا ركنا فإنه ليس من شروط السعي أن يتأخر عن الوقوف وإنما ذلك شرط في طواف الركن نعم شرط كل سعي أن يقع بعد طواف أي طواف كان

الجملة السادسة في الوقوف وما قبله

الحاج إذا انتهى يوم عرفة إلى عرفات يتفرغ لطواف القدوم ودخول مكة قبل الوقوف وإذا وصل قبل ذلك بأيام فطاف طواف القدوم فيمكث محرما إلى اليوم السابع من ذي الحجة فيخطب الإمام بمكة خطبة بعد الظهر عند الكعبة ويأمر الناس بالاستعداد للخروج إلى منى يوم التروية والمبيت بها وبالغدو منها إلى عرفة لإقامة فرض الوقوف بعد الزوال إذ وقت الوقوف من الزوال إلى طلوع الفجر الصادق من يوم النحر فينبغي أن يخرج إلى منى ملبيا ويستحب له المشي من مكة في المناسك إلى انقضاء حجته إن قدر عليه والمشي من مسجد إبراهيم عليه السلام إلى الموقف أفضل وآكد

فإذا انتهى إلى منى قال اللهم هذه منى فامنن علي بما مننت به على أوليائك وأهل طاعتك وليمكث هذه الليلة بمنى وهو مبيت منزل لا يتعلق به نسك فإذا أصبح يوم عرفة صلى الصبح فإذا طلعت الشمس على ثبير سار إلى عرفات ويقول اللهم اجعلها خير غدوة غدوتها قط وأقربها من رضوانك وأبعدها من سخطك اللهم إليك غدوت وإياك رجوت وعليك اعتمدت ووجهك أردت فاجعلني ممن تباهي به اليوم من هو خير مني وأفضل

فإذا أتى عرفات فليضرب خباءه بنمرة قريبا من المسجد فثم ضرب رسول الله صلى الله عليه وسلم قبته حديث ضربه صلى الله عليه وسلم قبته بنمرة أخرجه مسلم من حديث جابر الطويل أمر بقبة من شعر تضرب له بثمرة الحديث ونمرة هي بطن عرنة دون الموقف ودون عرفة وليغتسل للوقوف فإذا زالت الشمس خطب الإمام خطبة وجيزة وقعد وأخذ المؤذن في المؤذن في الأذان والإمام في الخطبة الثانية ووصل الإقامة بالأذان وفرغ الإمام مع تمام إقامة المؤذن ثم جمع بين الظهر والعصر بأذان وإقامتين وقصر الصلاة وراح إلى الموقف فليقف بعرفة ولا يقفن في وادي عرنة وأما مسجد إبراهيم عليه السلام فصدره في الوادي وأخرياته من عرفة فمن وقف في صدر المسجد لم يحصل له الوقوف بعرفة

ويتميز مكان عرفة من المسجد بصخرات كبار فرشت ثم

والأفضل أن يقف عند الصخرات بقرب الإمام مستقبلا للقبلة راكبا وليكثر من أنواع التحميد والتسبيح والتهليل والثناء على الله عز وجل والدعاء والتوبة

ولا يصوم في هذا اليوم ليقوى على المواظبة على الدعاء

ولا يقطع التلبية يوم عرفة بل الأحب أن يلبي تارة ويكب على الدعاء أخرى

وينبغي أن لا ينفصل من طرف عرفة إلا بعد الغروب ليجمع في عرفة بين الليل والنهار وإن أمكنه الوقوف يوم الثامن ساعة عند إمكان الغلط في الهلال فهو الحزم وبه الأمن من الفوات

ومن فاته الوقوف حتى طلع الفجر يوم النحر فقد فاته الحج فعليه أن يتحلل عن إحرامه بأعمال العمرة ثم يريق دما لأجل الفوات ثم يقضي العام الآتي وليكن أهم اشتغاله في هذا اليوم الدعاء ففي مثل تلك البقعة ومثل ذلك الجمع ترجى إجابة الدعوات

والدعاء المأثور عن رسول الـلـه صلى الـلـه عليه وسلم حديث الدعاء المأثور في يوم عرفة لا إله إلا الـلـه وحده لا شريك له الحديث أخرجه الترمذي من رواية عمرو بن شعيب عن أبيه عن جده أن النبي صلى الـلـه عليه وسلم قال خير الدعاء دعاء يوم عرفة وخير ما قلت أنا والنبيون من قبلي لا إله إلا الـلـه وحده لا شريك له له الملك وله الحمد وهو على كل شيء قدير وقال حسن غريب وله من حديث علي قال أكثر ما دعا به رسول الـلـه صلى الـلـه عليه وسلم عشية عرفة في الموقف اللهم لك الحمد كالذي تقول وخيرا مما نقول لك صلاتي ونسكي ومحياي ومماتي وإليك مآبي ولك رب تراثي اللهم إني أعوذ بك من شر ما تجيء به الريح وقال ليس بالقوي إسناده وروى المستغفري في الدعوات من حديثه يا علي إن أكثر دعاء من قبلي يوم عرفة أن أقول لا إله إلا الـلـه وحده لا شريك له له الملك وله الحمد وهو على كل شيء قدير اللهم اجعل في صدري نورا وفي سمعي نورا وفي قلبي نورا اللهم اشرح لي صدري ويسر لي أمري اللهم إني أعوذ بك من وسواس الصدر وشتات الأمر وفتنة القبر وشر ما يلج في الليل وشر ما يلج في النهار وشر ما تهب به الرياح ومن شر بوائق الدهر وإسناده ضعيف وروى الطبراني في المعجم الصغير من حديث ابن عباس قال كان مما دعا به رسول الـلـه صلى الـلـه عليه وسلم عشية عرفة اللهم إنك ترى مكاني وتسمع كلامي وتعلم سري وعلانيتي ولا يخفى عليك شيء من أمري أنا البائس الفقير فذكر الحديث إلى قوله يا خير المسئولين ويا خير المعطين وإسناده ضعيف وباقي الدعاء من دعاء بعض السلف في بعضه ما هو مرفوع ولكن ليس مقيدا بموقف عرفة وعن السلف

في يوم عرفة أول ما يدعو به فليقل لا إله إلا الـلـه وحده لا شريك له له الملك وله الحمد يحيي ويميت وهو حي لا يموت بيده الخير وهو على كل شيء قدير

اللهم اجعل في قلبي نورا وفي سمعي نورا وفي بصري نورا وفي لساني نورا

اللهم اشرح لي صدري ويسر لي أمري وليقل

اللهم رب الحمد لك الحمد كما تقول وخيرا مما نقول لك صلاتي ونسكي ومحياي ومماتي وإليك مآبي وإليك ثوابي

اللهم إني أعوذ بك من وساوس الصدر وشتات الأمر وعذاب القبر

اللهم إني أعوذ بك من شر ما يلج في الليل ومن شر ما يلج في النهار ومن شر ما تهب به الرياح ومن شر بوائق الدهر

اللهم إني أعوذ بك من تحول عافيتك وفجأة نقمتك وجميع سخطك

اللهم اهدني بالهدى واغفر لي في الآخرة والأولى يا خير مقصود وأسنى منزول به وأكرم مسئول ما لديه أعطني العشية أفضل ما أعطيت أحدا من خلقك وحجاج بيتك يا أرحم الراحمين

اللهم يا رفيع الدرجات ومنزل البركات ويا فاطر الأرضين والسموات ضجت إليك الأصوات بصنوف اللغات يسألونك الحاجات وحاجتي إليك أن لا تنساني في دار البلاء إذا نسيني أهل الدنيا

اللهم إنك تسمع كلامي وترى مكاني وتعلم سري وعلانيتي ولا يخفى عليك شيء من أمري أنا البائس الفقير المستغيث المستجير الوجل المشفق المعترف بذنه أسألك مسألة المسكين وأبتهل إليك ابتهال المذنب الذليل وأدعوك دعاء الخائف الضرير دعاء من خضعت لك رقبته وفاضت لك عبرته وذل لك جسده ورغم لك أنفه

اللهم لا تجعلني بدعائك رب شقيا وكن بي رءوفا رحيما يا خير المسئولين وأكرم المعطين

إلهي من مدح لك نفسه فإني لائم نفسي

إلهي أخرست المعاصي لساني فما لي وسيلة عن عمل ولا شفيع سوى الأمل

إلهي إني أعلم أن ذنوبي لم تبق لي عندك جاها ولا للاعتذار وجها ولكنك أكرم الأكرمين

إلهي إن لم أكن أهلا أن أبلغ رحمتك فإن رحمتك أهل أن تبلغني ورحمتك وسعت كل شيء وأنا شيء

إلهي إن ذنوبي وإن كانت عظاما ولكنها صغار في جنب عفوك فاغفرها لي يا كريم

إلهي أنت أنت وأنا أنا العواد إلى الذنوب وأنت العواد إلى المغفرة

إلهي إن كنت لا ترحم إلا أهل طاعتك فإلى من يفزع المذنبون

إلهي تجنبت عن طاعتك عمدا وتوجهت إلى معصيتك قصدا فسبحانك ما أعظم حجتك علي وأكرم عفوك عني فبوجوب حجتك علي وانقطاع حجتي عنك وفقري إليك وغناك عني إلا غفرت لي يا خير من دعاه داع وأفضل من رجاه راج بحرمة الإسلام وبذمة محمد صلى الله عليه وسلم أتوسل إليك فاغفر لي جميع ذنوبي واصرفني من موقفي هذا مقضي الحوائج وهب لي ما سألت وحقق رجائي فيما تمنيت

إلهي دعوتك بالدعاء الذي علمتنيه فلا تحرمني الرجاء الذي عرفتنيه

إلهي ما أنت صانع العشية بعبد مقر لك بذنبه خاشع لك بذلته مستكين بجرمه متضرع إليك من عمله تائب إليك من اقترافه مستغفر لك من ظلمه مبتهل إليك في العفو عنه طالب إليك نجاح حوائجه راج إليك في موقفه مع كثرة ذنوبه فيا ملجأ كل حي وولي كل مؤمن من أحسن فبرحمتك يفوز ومن أخطأ فبخطيئته يهلك

اللهم إليك خرجنا وبفنائك أنخنا وإياك أملنا وما عندك طلبنا ولإحسانك تعرضنا ورحمتك رجونا ومن عذابك أشفقنا وإليك بأثقال الذنوب هربنا ولبيتك الحرام حججنا يا من يملك حوائج السائلين ويعلم ضمائر الصامتين يا من ليس معه رب يدعى ويا من ليس فوقه خالق يخشى ويا من ليس له وزير يؤتى ولا حاجب يرشى يا من لا يزداد على كثرة السؤال إلا جودا وكرما وعلى كثرة الحوائج إلا تفضلا وإحسانا

اللهم إنك جعلت لكل ضيف قرى ونحن أضيافك فاجعل قرانا منك الجنة

اللهم إن لكل وفد جائزة ولكل زائر كرامة ولكل سائل عطية ولكل راج ثوابا ولكل ملتمس لم عندك جزاء ولكل

مسترحم عندك رحمة ولكل راغب إليك زلفى ولكل متوسل إليك عفوا وقد وفدنا إلى بيتك الحرام ووقفنا بهذه المشاعر العظام وشهدنا هذه المشاهد الكرام رجاء لما عندك فلا تخيب رجاءنا

إلهنا تابعت النعم حتى اطمأنت الأنفس بتتابع نعمك وأظهرت العبر حتى نطقت الصوامت بحجتك وظاهرت المنن حتى اعترف أولياؤك بالتقصير عن حقك وأظهرت الآيات حتى أفصحت السموات والأرضون بأدلتك وقهرت بقدرتك حتى خضع كل شيء لعزتك وعنت الوجوه لعظمتك إذا أساءت عبادك حلمت وأمهلت وإن أحسنوا تفضلت وقبلت وإن عصوا سترت وإن أذنبوا عفوت وغفرت وإذا دعونا أجبت وإذا نادينا سمعت وإذا أقبلنا إليك قربت وإذا ولينا عنك دعوت

إلهنا إنك قلت في كتابك المبين لمحمد خاتم النبيين ﴿ قل للذين كفروا إن ينتهوا يغفر لهم ما قد سلف ﴾ فأرضاك عنهم بالإقرار بكلمة التوحيد بعد الجحود وإنا نشهد لك بالتوحيد مخبتين ولمحمد بالرسالة مخلصين فاغفر لنا بهذه الشهادة سوالف الإجرام ولا تجعل حظنا فيه أنقص من حظ من دخل في الإسلام

إلهنا إنك أحببت التقرب إليك بعتق ما ملكت أيماننا ونحن عبيدك وأنت أولى بالتفضل فاعتقنا وإنك أمرتنا أن نتصدق على فقرائنا ونحن فقراؤك وأنت أحق بالتطول فتصدق علينا ووصيتنا بالعفو عمن ظلمنا وقد ظلمنا أنفسنا وأنت أحق بالكرم فاعف عنا

ربنا اغفر لنا وارحمنا أنت مولانا ربنا آتنا في الدنيا حسنة وفي الآخرة حسنة وقنا برحمتك عذاب النار

وليكثر من دعاء الخضر عليه السلام وهو أن يقول يا من لا يشغله شأن عن شأن ولا سمع عن سمع ولا تشتبه عليه الأصوات يا من لا تغلطه المسائل ولا تختلف عليه اللغات يا من لا يبرمه إلحاح الملحين ولا تضجره مسألة السائلين أذقنا برد عفوك وحلاوة مناجاتك

وليدع بما بدا له وليستغفر له ولوالديه ولجميع المؤمنين والمؤمنات وليلح في الدعاء وليعظم المسأله فإن الله لا يتعاظمه شيء وقال مطرف بن عبد الله هو بعرفة اللهم لا ترد الجميع من أجلي

وقال بكر المزني قال رجل لما نظرت إلى أهل عرفات ظننت أنهم قد غفر لهم لولا أني كنت فيهم الجملة السابعة في بقية أعمال الحج بعد الوقوف من المبيت والرمي والنحر والحلق والطواف

فإذا أفاض من عرفة بعد غروب الشمس فينبغي أن يكون على السكينة والوقار وليجتنب وجيف الخيل وإيضاع الإبل كما يعتاده بعض الناس فإن رسول الله صلى الله عليه وسلم نهى عن وجيف الخيل وإيضاع الإبل وقال اتقوا الله وسيروا سيرا جميلا لا تطأوا ضعيفا ولا تؤذوا مسلما حديث نهى النبي عن وجيف الخيل وإيضاع الإبل أخرجه النسائي والحاكم وصححه من حديث أسامة بن زيد عليكم بالسكينة والوقار فإن البر ليس في إيضاع الإبل وقال الحاكم ليس البر بإيجاف الخيل والإبل وللبخاري من حديث ابن عباس فإن البر ليس بالإيضاع

فإذا بلغ المزدلفة اغتسل لها لأن المزدلفة من الحرم فليدخله بغسل وإن قدر على دخوله ماشيا فهو أفضل وأقرب إلى توقير الحرم ويكون في الطريق رافعا صوته بالتلبية فإذا بلغ المزدلفة قال اللهم إن هذه مزدلفة جمعت فيها ألسنة مختلفة تسألك حوائج مؤتنفة فاجعلني ممن دعاك فاستجبت له وتوكل عليك فكفيته ثم يجمع بين المغرب والعشاء بمزدلفة في وقت العشاء قاصرا له بأذان وإقامتين ليس بينهما نافلة ولكن يجمع نافلة المغرب والعشاء والوتر بعد الفريضتين ويبدأ بنافلة المغرب ثم بنافلة العشاء كما في الفريضتين فإن ترك النوافل في السفر خسران ظاهر وتكليف إيقاعها في الأوقات إضرار وقطع للتبعية بينهما وبين الفرائض فإذا جاز أن يؤدي النوافل مع الفرائض بتيمم واحد بحكم التبعية فبأن يجوز أداؤهما على حكم الجمع بالتبعية أولى ولا يمنع من هذا مفارقة النفل للفرض في جواز أدائه على الراحلة لما أو مأنا إليه من التبعية والحاجة ثم يمكث تلك الليلة

بمزدلفة وهو مبيت نسك ومن خرج منها في النصف الأول من الليل ولم يبت فعليه دم وإحياء هذه الليلة الشريفة من محاسن القربات لمن يقدر عليه ثم إذا انتصف الليل يأخذ في التأهب للرحيل ويتزود الحصى منها ففيها أحجار رخوة فليأخذ سبعين حصاة فإنها قدر الحاجة ولا بأس بأن يستظهر بزيادة فربما يسقط منه بعضها ولتكن الحصى خفافا بحيث يحتوي عليه أطراف البراجم

ثم ليغلس بصلاة الصبح وليأخذ في المسير حتى إذا انتهى إلى المشعر الحرام وهو آخر المزدلفة فيقف ويدعو إلى الإسفار ويقول اللهم بحق المشعر الحرام والبيت الحرام والشهر الحرام والركن والمقام أبلغ روح محمد منا التحية والسلام وأدخلنا دار السلام يا ذا الجلال والإكرام ثم يدفع منها قبل طلوع الشمس حتى ينتهي إلى موضع يقال له وادي محسر فيستحب له أن يحرك دابته حتى يقطع عرض الوادي وإن كان راجلا أسرع في المشي

ثم إذا أصبح يوم النحر خلط التلبية بالتكبير فيلبي تارة ويكبر أخرى فينتهي إلى منى ومواضع الجمرات وهي ثلاثة فيتجاوز الأولى والثانية فلا شغل له معهما يوم النحر حتى ينتهي إلى جمرة العقبة وهي على يمين مستقبل القبلة في الجادة والمرمى مرتفع قليلا في سفح الجبل وهو ظاهر بمواقع الجمرات ويرمي جمرة العقبة بعد طلوع الشمس بقدر رمح وكيفيته أن يقف مستقبلا القبلة وإن استقبل الجمرة فلا بأس ويرمي سبع حصيات رافعا يده ويبدل التلبية بالتكبير ويقول مع كل حصاة الله أكبر على طاعة الرحمن ورغم الشيطان اللهم تصديقا بكتابك واتباعا لسنة نبيك فإذا رمى قطع التلبية والتكبير إلا التكبير عقيب فرائض الصلوات من ظهر يوم النحر إلى عقيب الصبح من آخر أيام التشريق ولا يقف في هذا اليوم للدعاء بل يدعو في منزله

وصفة التكبير أن يقول الله أكبر الله أكبر الله أكبر كبيرا والحمد لله كثيرا وسبحان الله بكرة وأصيلا لا إله إلا الله وحده لا شريك له مخلصين له الدين ولو كره الكافرون لا إله إلا الله وحده صدق وعده ونصر عبده وهزم الأحزاب وحده لا إله إلا الله والله أكبر ثم ليذبح الهدي إن كان معه والأولى أن يذبح بنفسه وليقل بسم الله والله أكبر اللهم منك وبك وإليك تقبل مني كما تقبلت من خليلك إبراهيم والتضحية بالبدن أفضل ثم بالبقر ثم بالشاة والشاة أفضل من مشاركة ستة في البدنة أو البقرة والضأن أفضل من المعز قال رسول الله صلى الله عليه وسلم خير الأضحية الكبش الأقرن والبيضاء أفضل من الغبراء والسوداء حديث خير الأضحية الكبش أخرجه أبو داود من حديث عبادة بن الصامت والترمذي من حديث أبي أمامة قال الترمذي غريب وعفير يضعف في الحديث وقال أبو هريرة البيضاء أفضل في الأضحى من دم سوداوين وليأكل منه إن كانت من هدي التطوع ولا يضحين بالعرجاء والجدعاء والعضباء والجرباء والشرقاء والخرقاء والمقابلة والمدابرة والعجفاء والجدع في الأنف والأذن للقطع منهما والعضب في القرن وفي نقصان القوائم والشرقاء المشقوقة الأذن من فوق والخرقاء

من أسفل والمقابلة المخروقة في الأذن من قدام والمدابرة من خلف والعجفاء المهزولة التي لا تنقى أي لا مخ فيها من الهزال ثم ليحلق بعد ذلك والسنة أن يستقبل القبلة ويبتدىء بمقدم رأسه فيحلق الشق الأيمن إلى العظمين المشرفين على القفا ثم ليحلق الباقي ويقول اللهم أثبت لي بكل شعرة حسنة وامح عني بها سيئة وارفع لي بها عندك درجة والمرأة تقصر الشعر والأصلع يستحب له إمرار الموسى على رأسه ومهما حلق بعد رمي الجمرة فقد حصل له التحلل الأول وحل له كل المحذورات إلا النساء والصيد

ثم يفيض إلى مكة ويطوف كما وصفناه وهذا الطواف ركن في الحج ويسمى طواف الزيارة وأول وقته بعد نصف الليل من ليلة النحر وأفضل وقته يوم النحر ولا آخر لوقته بل له أن يؤخر إلى أي وقت شاء ولكن يبقى مقيدا بعلقة الإحرام فلا تحل له النساء إلى أن يطوف فإذا طاف تم التحلل وحل الجماع وارتفع الإحرام بالكلية ولم يبق

إلا رمي أيام التشريق والمبيت بمنى وهي واجبات بعد زوال الإحرام على سبيل الاتباع للحق وكيفية هذا الطواف مع الركعتين كما سبق في طواف القدوم فإذا فرغ من الركعتين فليسع كما وصفنا إن لم يكن سعى بعد طواف القدوم وإن كان قد سعى فقد وقع ذلك ركنا فلا ينبغي أن يعيد السعي

وأسباب التحلل ثلاثة الرمي والحلق والطواف الذي هو ركن

ومهما أتى باثنين من هذه الثلاثة فقد تحلل أحد التحللين ولا حرج عليه في التقديم والتأخير بهذه الثلاث مع الذبح ولكن الأحسن أن يرمى ثم يذبح ثم يحلق ثم يطوف

والسنة للإمام في هذا اليوم أن يخطب بعد الزوال وهي خطبة وداع رسول الله صلى الله عليه وسلم ففي الحج أربع خطب خطبة يوم السابع وخطبة يوم عرفة وخطبة يوم النحر حديث الخطبة يوم النحر وهي خطبة وداع رسول الله صلى الله عليه وسلم أخرجه البخاري من حديث أبي بكرة خطبنا رسول الله صلى الله عليه وسلم يوم النحر وله من حديث ابن عباس خطب الناس يوم النحر وفي حديث علقمة البخاري ووصله ابن ماجه من حديث ابن عمر وقف النبي صلى الله عليه وسلم يوم النحر بين الجمرات في الحجة التي حج فيها فقال أي يوم هذا الحديث وفيه ثم ودع الناس فقالوا هذه حجة الوداع وخطبة يوم النفر الأول وكلها عقيب الزوال وكلها إفراد إلا خطبة يوم عرفة فإنها خطبتان بينهما جلسة

ثم إذا فرغ من الطواف عاد إلى منى للمبيت والرمي فيبيت تلك الليلة بمنى وتسمى ليلة القر لأن الناس في غد يقرون بمنى ولا ينفرون

فإذا أصبح اليوم الثاني من العيد وزالت الشمس اغتسل للرمي وقصد الجمرة الأولى التي تلي عرفة وهي على يمين الجادة ويرمي إليها بسبع حصيات فإذا تعداها انحرف قليلا عن يمين الجادة ووقف مستقبل القبلة وحمد الله تعالى وهلل وكبر ودعا مع حضور القلب وخشوع الجوارح ووقف مستقبل القبلة قدر قراءة سورة البقرة مقبلا على الدعاء ثم يتقدم إلى الجمرة الوسطى ويرمي كما رمى الأولى ويقف كما وقف للأولى ثم يتقدم إلى جمرة العقبة ويرمي سبعا ولا يعرج على شغل بل يرجع إلى منزله ويبيت تلك الليلة بمنى وتسمى هذه الليلة ليلة النفر الأول ويصبح فإذا صلى الظهر في اليوم الثاني من أيام التشريق رمى في هذا اليوم إحدى وعشرين حصاة كاليوم الذي قبله

ثم هو مخير بين المقام بمنى وبين العود إلى مكة

فإن خرج من منى قبل غروب الشمس فلا شيء عليه وإن صبر إلى الليل فلا يجوز له الخروج بل لزمه المبيت حتى يرمي في يوم النفر الثاني أحدا وعشرين حجرا كما سبق

وفي ترك المبيت والرمي إراقة دم وليتصدق باللحم

وله أن يزور البيت في ليالي منى بشرط أن لا يبيت إلا بمنى كان رسول الله صلى الله عليه وسلم يفعل ذلك حديث زيارة البيت في ليالي منى والمبيت بمنى أخرجه أبو داود في المراسيل من حديث طاوس قال أشهد أن ابن عباس قال كان رسول الله صلى الله عليه وسلم يزور البيت أيام منى وفيه عمرو بن رباح ضعيف والمرسل صحيح الإسناد ولأبي داود من حديث عائشة أن النبي صلى الله عليه وسلم مكث بمنى ليالي أيام التشريق ولا يتركن حضور الفرائض مع الإمام في مسجد الخيف فإن فضله عظيم فإذا أفاض من منى فالأولى أن يقيم بالمحصب من منى ويصلي العصر والمغرب والعشاء ويرقد رقدة حديث نزول المحصب وصلاة العصر والمغرب والعشاء به والرقود به رقدة أخرجه البخاري من حديث أنس أن النبي صلى الله عليه وسلم صلى الظهر والعصر والمغرب والعشاء بالبطحاء ثم هجع هجعة الحديث فهو السنة

رواه جماعة من الصحابة رضي الله عنهم فإن لم يفعل ذلك فلا شيء عليه الجملة الثامنة في صفة العمرة وما بعدها إلى طواف الوداع

من أراد أن يعتمر قبل حجه أو بعده كيفما أراد فليغتسل ويلبس ثياب الإحرام كما سبق في الحج ويحرم بالعمرة من ميقاتها وأفضل مواقيتها الجعرانة ثم التنعيم ثم الحديبية

وينوي العمرة ويلبي ويقصد مسجد عائشة رضي الله

عنها ويصلي ركعتين ويدعو بما شاء ثم يعود إلى مكة وهو يلبي حتى يدخل المسجد الحرام فإذا دخل المسجد ترك التلبية وطاف سبعا وسعى سبعا كما وصفنا فإذا فرغ حلق رأسه وقد تمت عمرته والمقيم بمكة ينبغي أن يكثر الاعتمار والطواف وليكثر النظر إلى البيت فإذا دخله فليصل ركعتين بين العمودين فهو الأفضل وليدخله حافيا موقرا قيل لبعضهم هل دخلت بيت ربك اليوم فقال و الـلـه ما أرى هاتين القدمين أهلا للطواف حول بيت ربي فكيف أراهما أهلا لأن أطأ بهما بيت ربي وقد علمت حيث مشيتا وإلى أين مشيتا وليكثر شرب ماء زمزم وليستق بيده من غير استنابة إن أمكنه وليرتو منه حتى يتضلع وليقل اللهم اجعله شفاء من كل داء وسقم وارزقني الإخلاص واليقين والمعافاة في الدنيا والآخرة قال صلى الـلـه عليه وسلم ماء زمزم لما شرب له حديث ماء زمزم لما شرب له أخرجه ابن ماجه من حديث جابر بسند ضعيف ورواه الدار قطني والحاكم في المستدرك من حديث ابن عباس قال الحاكم صحيح الإسناد إن سلم من محمد بن حبيب الجلارودي قال ابن القطان سلم منه فإن الخطيب قال فيه كان صدوقا قال ابن القطان لكن الراوي عنه مجهول وهو محمد بن هشام المروزي أي يشفى ما قصد به الجملة التاسعة في طواف الوداع مهما عن له الرجوع إلى الوطن بعد الفراغ من إتمام الحج والعمرة فلينجز أولا أشغاله وليشد رحاله وليجعل آخر أشغاله وداع البيت ووداعه بأن يطوف به سبعا ما سبق ولكن من غير رمل واضطباع فإذا فرغ منه صلى ركعتين خلف المقام وشرب من ماء زمزم ثم يأتي الملتزم ويدعو ويتضرع ويقول اللهم إن البيت بيتك والعبد عبدك وابن عبدك وابن أمتك حملتني على ما سخرت لي من خلقك حتى سيرتني في بلادك وبلغتني بنعمتك حتى أعنتني على قضاء مناسكك فإن كنت رضيت عني فازدد عني رضا وإلا فمن الآن قبل تباعدي عن بيتك هذا أوان انصرافي إن أذنت لي غير مستبدل بك ولا ببيتك ولا راغب عنك ولا عن بيتك اللهم أصحبني العافية في بدني والعصمة في ديني وأحسن منقلبي وارزقني طاعتك أبدا ما أبقيتني واجمع لي خير الدنيا والآخرة إنك على كل شيء قدير اللهم لا تجعل هذا آخر عهدي ببيتك الحرام وإن جعلته آخر عهدي فعوضني عنه الجنة والأحب أن لا يصرف بصره عن البيت حتى يغيب عنه الجملة العاشرة في زيارة المدينة وآدابها قال صلى الـلـه عليه وسلم من زارني بعد وفاتي فكأنما زارني في حياتي حديث من زارني بعد وفاتي فكأنما زارني في حياتي أخرجه الطبراني والدار قطني من حديث ابن عمر وقال صلى الـلـه عليه وسلم من وجد سعة ولم يفد إلي فقد جفاني حديث من وجد سعة ولم يفد إلي فقد جفاني أخرجه ابن عدي والدار قطني في غرائب مالك وابن حبان في الضعفاء والخطيب في الرواة عن مالك في حديث ابن عمر من حج ولم يزرني فقد جفاني وذكره ابن الجوزي في الموضوعات وروى ابن النجار في تاريخ المدينة من حديث أنس ما من أحد من أمتي له سعة ثم لم يزرني فليس له عذر وقال صلى الـلـه عليه وسلم من جاءني زائرا لا يهمه إلا زيارتي كان حقا على الـلـه سبحانه أن أكون له شفيعا حديث من جاءني زائرا

لا تهمه إلا زيارتي كان حقا على الله أن أكون له شفيعا أخرجه الطبراني من حديث ابن عمر وصححه ابن السكن فمن قصد زيارة المدينة فليصل على رسول الله صلى الله عليه وسلم في طريقه كثيرا فإذا وقع بصره على حيطان المدينة وأشجاره قال اللهم هذا حرم رسولك فاجعله لي وقاية من النار وأمانا من العذاب وسوء الحساب وليغتسل قبل الدخول من بئر الحرة وليتطيب وليلبس أنظف ثيابه فإذا دخلها فليدخلها

متواضعا معظما وليقل بسم الله وعلى ملة رسول الله صلى الله عليه وسلم رب أدخلني مدخل صدق وأخرجني مخرج صدق واجعل لي من لدنك سلطانا نصيرا ثم يقصد المسجد ويدخله ويصلي بجنب المنبر ركعتين ويجعل عمود المنبر حذاء منكبه الأيمن ويستقبل السارية التي إلى جانبها الصندوق وتكون الدائرة التي في قبلة المسجد بين عينيه فذلك موقف رسول الله صلى الله عليه وسلم قبل أن يغير المسجد وليجتهد أن يصلي في المسجد الأول قبل أن يزاد فيه ثم يأتي قبر النبي صلى الله عليه وسلم فيقف عند وجهه وذلك بأن يستدبر القبلة ويستقبل جدار القبر على نحو من أربعة أذرع من السارية التي في زاوية جدار القبر ويجعل القنديل على رأسه وليس من السنة أن يمس الجدار ولا أن يقبله بل الوقوف من بعد أقرب للاحترام فيقف ويقول السلام عليك يا رسول الله السلام عليك يا نبي الله السلام عليك يا أمين الله السلام عليك يا حبيب الله السلام عليك يا صفوة الله السلام عليك يا خيرة الله السلام عليك يا أحمد السلام السلام عليك يا محمد السلام عليك يا أبا القاسم السلام عليك يا ماحي السلام عليك يا عاقب السلام عليك يا حاشر السلام عليك يا بشير السلام عليك يا نذير السلام عليك يا طهر السلام عليك يا طاهر السلام عليك يا أكرم ولد آدم السلام عليك يا سيد المرسلين السلام عليك يا خاتم النبيين السلام عليك يا رسول رب العالمين السلام عليك يا قائد الخير السلام عليك يا فاتح البر السلام عليك يا نبي الرحمة السلام عليك يا هادي الأمة السلام عليك يا قائد الغر المحجلين السلام عليك وعلى أهل بيتك الذين أذهب الله عنهم الرجس وطهرهم تطهيرا السلام عليك وعلى أصحابك الطيبين وعلى أزواجك الطاهرات أمهات المؤمنين جزاك الله عنا أفضل ما جزى نبيا عن قومه ورسولا عن أمته وصلى عليك كلما ذكرك الذاكرون وكلما غفل عنك الغافلون وصلى عليك في الأولين والآخرين أفضل وأكمل وأعلى وأجل وأطيب وأطهر ما صلى على أحد من خلقه كما استنقذنا بك من الضلالة وبصرنا بك من العماية وهدانا بك من الجهالة أشهد أن لا إله إلا الله وحده لا شريك له وأشهد أنك عبده ورسوله وأمينه وصفيه وخيرته من خلقه وأشهد أنك قد بلغت الرسالة وأديت الأمانة ونصحت الأمة وجاهدت عدوك وهديت أمتك وعبدت ربك حتى أتاك اليقين فصلى الله عليك وعلى أهل بيتك الطيبين وسلم وشرف وكرم وعظم وإن كان قد أوصى بتبليغ سلام فيقول السلام عليك من فلان السلام عليك من فلان ثم يتأخر قدر ذراع ويسلم على أبي بكر الصديق رضي الله عنه لأن رأسه عند منكب رسول الله صلى الله عليه وسلم ورأس عمر رضي الله عنه عند منكب أبي بكر رضي الله عنه ثم يتأخر قدر ذراع ويسلم على الفاروق عمر رضي الله عنه ويقول السلام عليكما يا وزيري رسول الله صلى الله عليه وسلم والمعاونين له على القيام بالدين ما دام حيا والقائمين في أمته بعده بأمور الدين تتبعان في ذلك آثاره وتعملان بسنته فجزاكما الله خير ما جزى وزيري نبي عن دينه ثم يرجع فيقف عند رأس رسول الله صلى الله عليه وسلم بين القبر والاسطوانة اليوم ويستقبل القبلة وليحمد الله عز وجل وليمجده وليكثر من الصلاة

على رسول الـلـه صلى الـلـه عليه وسلم ثم يقول اللهم إنك قد قلت وقولك الحق ولو أنهم إذ ظلموا أنفسهم جاءوك فاستغفروا الـلـه واستغفر لهم الرسول لوجدوا الـلـه توابا رحيما اللهم إنا قد سمعنا قولك وأطعنا أمرك وقصدنا نبيك متشفعين به إليك في ذنوبنا وما أثقل ظهورنا من أوزارنا تائبين من زللنا معترفين بخطايانا وتقصيرنا فتب اللهم علينا وشفع نبيك هذا فينا وارفعنا بمنزلته عندك وحقه عليك اللهم اغفر للمهاجرين والأنصار واغفر لنا ولإخواننا الذين سبقونا بالأيمان اللهم لا تجعله آخر العهد من قبر نبيك ومن حرمك يا أرحم الراحمين ثم يأتي الروضة فيصلى فيها ركعتين ويكثر من الدعاء ما استطاع لقوله صلى الـلـه عليه وسلم

ما بين قبري ومنبري روضة من رياض الجنة ومنبري على حوضي حديث ما بين قبري ومنبري روضة من رياض الجنة ومنبري على حوضي متفق عليه من حديث أبي هريرة وعبد الله ابن زيد ويدعو عند المنبر ويستحب أن يضع يده على الرمانة السفلى التي كان رسول الله صلى الله عليه وسلم يضع يده عليها عند الخطبة حديث وضعه صلى الله عليه وسلم يده عند الخطبة على رمانة المنبر لم أقف له على أصل وذكر محمد بن الحسن ابن زبالة في تاريخ المدينة أن طول رمانتي المنبر اللتين كان يمسكهما صلى الله عليه وسلم بيديه الكريمتين إذا جلس شبر وأصبعان ويستحب له أن يأتي أحدا يوم الخميس ويزور قبور الشهداء فيصلي الغداة في مسجد النبي صلى الله عليه وسلم ثم يخرج ويعود إلى المسجد لصلاة الظهر فلا يفوته فريضة في الجماعة في المسجد

ويستحب أن يخرج كل يوم إلى البقيع بعد السلام على رسول الله صلى الله عليه وسلم ويزور قبر عثمان رضي الله عنه وقبر الحسن بن علي رضي الله عنهما وفيه أيضا قبر علي ابن الحسين ومحمد بن علي وجعفر بن محمد رضي الله عنهم ويصلي في مسجد فاطمة رضي الله عنها ويزور قبر إبراهيم ابن رسول الله صلى الله عليه وسلم وقبر صفية عمة رسول الله صلى الله عليه وسلم فذلك كله بالبقيع

ويستحب له أن يأتي مسجد قباء في كل سبت ويصلي فيه لما روى أن رسول الله صلى الله عليه وسلم قال من خرج من بيته حتى يأتي مسجد قباء ويصلي فيه كان له عدل عمرة حديث من خرج من بيته حتى يأتي مسجد قباء ويصلي فيه كان عدل عمرة أخرجه النسائي وابن ماجه من حديث سهل بن حنيف بإسناد صحيح ويأتي بئر أريس يقال إن النبي صلى الله عليه وسلم تفل فيها وهي عند المسجد فيتوضأ منها ويشرب من مائها حديث إن النبي صلى الله عليه وسلم تفل في بئر أريس لم أقف له على أصل وإنما ورد أنه تفل في بئر البصة وبئر غرس كما سيأتي عند ذكرها ويأتي مسجد الفتح وهو على الخندق

وكذا يأتي سائر المساجد والمشاهد ويقال إن جميع المشاهد والمساجد بالمدينة ثلاثون موضعا يعرفها أهل البلد فيقصد ما قدر عليه وكذلك يقصد الآبار التي كان رسول الله صلى الله عليه وسلم يتوضأ منها ويغتسل ويشرب منها حديث الآبار التي كان النبي صلى الله عليه وسلم يتوضأ ويغتسل ويشرب منها وهي سبعة آبار قلت وهي بئر أريس وبئر حا وبئر رومة وبئر غرس وبئر بضاعة وبئر البصة وبئر السقيا أو العهن أو بئر جمل فحديث بئر أريس رواه مسلم من حديث أبي موسى الأشعري في حديث فيه حتى دخل بئر أريس قال فجلست عند بابها وبابها من حديد حتى قضى رسول الله صلى الله عليه وسلم حاجته وتوضأ الحديث وحديث بئر حا متفق عليه من حديث أنس قال كان أبو طلحة أكثر أنصاري بالمدينة نخلا وكان أحب أمواله إليه بئر حال وكانت مستتقبلة المسجد وكان رسول الله صلى الله عليه وسلم يدخلها ويشرب من ماء فيها طيب الحديث وحديث بئر رومة رواه الترمذي والنسائي من حديث عثمان أنه قال أنشدكم الله والإسلام هل تعلمون أن رسول الله صلى الله عليه وسلم قدم المدينة وليس بها ماء يستعذب غير

بئر رومة فقال من يشتري بئر رومة ويجعل دلوه مع دلاء المسلمين الحديث قال الترمذي حديث حسن وفي رواية لهما هل تعلمون أن رومة لم يكن يشرب منها أحد إلا بالثمن فابتعتها فجعلتها للغني والفقير وابن السبيل الحديث وقال حسن صحيح وروى البغوي والطبراني من حديث بشير الأسلمي قال لما قدم المهاجرون المدينة استنكروا الماء وكانت لرجل من بني غفار عين يقال لها رومة وكان يبيع منها القربة بمد الحديث وحديث بئر غرس رواه ابن حبان في الثقات من حديث أنس أنه قال ائتوني بماء من بئر غرس فإني رأيت رسول الله صلى الله عليه وسلم يشرب منها ويتوضأ ولابن ماجه بإسناد جيد مرفوعا إذا أنا مت فاغسلوني بسبع قرب من بئري بئر غرس وروينا في تاريخ المدينة لابن النجار بإسناد ضعيف مرسلا أن النبي صلى الله عليه وسلم توضأ منها وبزق فيها وغسل منها حين توفي وحديث بئر بضاعة رواه أصحاب السنن من حديث أبي سعيد الخدري أنه قيل لرسول الله صلى الله عليه وسلم أنتوضأ من بئر بضاعة وفي رواية أنه يستقى لك من بئر بضاعة الحديث قال يحيى بن معين إسناده جيد وقال الترمذي حسن وللطبراني من حديث أبي أسيد بصق النبي صلى الله عليه وسلم في بئر بضاعة ورويناه أيضا في تاريخ ابن النجار من حديث سهل بن سعد وحديث بئر البصة رواه ابن عدي من حديث أبي سعيد الخدري أن النبي صلى الله عليه وسلم جاءه يوما فقال هل عندكم من سدر أغسل به رأسي فإن اليوم الجمعة قال نعم فأخرج له سدرا وخرج معه إلى البصة فغسل رسول الله صلى الله عليه وسلم رأسه وصب غسالة رأسه ومراق شعره في البصة وفيه محمد بن الحسن بن زبالة ضعيف وحديث بئر السقيا رواه أبو داود من حديث عائشة أن النبي صلى الله عليه وسلم كان يستعذب له من بيوت السقيا زاد البزار في مسنده أو من بئر السقيا ولأحمد من حديث علي خرجنا مع رسول الله صلى الله عليه وسلم حتى إذا كنا بالسقيا التي كانت لسعد بن أبي وقاص قال رسول الله صلى الله عليه وسلم ائتوني بوضوء فلما توضأ قام الحديث وأما بئر جمل ففي الصحيحين من حديث أبي الجهم أقبل رسول الله صلى الله عليه وسلم نحو بئر جمل الحديث وصله البخاري وعلقه مسلم والمشهور أن الآثار بالمدينة سبعة وقد روى الدارمي من حديث عائشة أن النبي صلى الله عليه وسلم قال في مرضه صبوا علي سبع قرب من آبار شتى الحديث وهو عند البخاري دون قوله من آبار شتى وهي سبع آبار طلبا للشفاء

وتبركا به صلى اللـه عليه وسلم وسلم وإن أمكنه الأقامة بالمدينة مع مراعاة الحرمة فلها فضل عظيم قال صلى اللـه عليه وسلم لا يصبر على لاوائها وشدتها أحد إلا كنت له شفيعا يوم القيامة حديث لا يصبر على لأوائها وشدتها أحد إلا كنت له شفيعا يوم القيامة تقدم في الباب قبله وقال صلى اللـه عليه وسلم من استطاع أن يموت بالمدينة فليمت فإنه لن يموت بها أحد إلا كنت له شفيعا أو شهيدا يوم القيامة حديث من استطاع أن يموت بالمدينة فليمت بها الحديث تقدم في الباب قبله ثم إذا فرغ من أشغاله وعزم على الخروج من المدينة فالمستحب أن يأتي القبر الشريف ويعيد دعاء الزيارة كما سبق ويودع رسول اللـه صلى اللـه عليه وسلم ويسأل اللـه عز وجل أن يرزقه العودة إليه ويسأل السلامة في سفره

ثم يصلي ركعتين في الروضة الصغيرة وهي موضع مقام رسول اللـه صلى اللـه عليه وسلم قبل أن زيدت المقصورة في المسجد فإذا خرج فليخرج رجله اليسرى أولا ثم اليمنى وليقل اللهم صل على محمد وعلى آل محمد ولا تجعله آخر العهد بنبيك وحط أوزاري بزيارته وأصحبني في سفري السلامة ويسر رجوعي إلى أهلي ووطني سالما يا ارحم الراحمين وليتصدق على جيران رسول اللـه صلى اللـه عليه وسلم بما قدر عليه وليتتبع المساجد التي بين المدينة ومكة فيصلي فيها وهي عشرون موضعا

فصل في سنن الرجوع من السفر كان رسول اللـه صلى اللـه عليه وسلم إذا

قفل من غزو أو حج أو عمرة يكبر على رأس كل شرف من الأرض ثلاث تكبيرات ويقول لا إله إلا اللـه وحده لا شريك له له الملك وله الحمد وهو على كل شيء قدير آيبون تائبون عابدون ساجدون لربنا حامدون صدق اللـه وعده ونصر عبده وهزم الأحزاب وحده حديث كان النبي صلى اللـه عليه وسلم إذا قفل من غزو أو حج أو عمرة يكبر على كل شرف من الأرض الحديث متفق عليه من حديث ابن عمر وما زاده في آخره في بعض الروايات من قوله وكل شيء هالك إلا وجهه له الحكم وإليه ترجعون رواه المحاملي في الدعاء بإسناد جيد وفي بعض الروايات وكل شيء هالك إلا وجهه له الحكم وإليه ترجعون فينبغي أن يستعمل هذه السنة في رجوعه

وإذا أشرف على مدينته يحرك الدابة ويقول اللهم اجعل لنا بها قرارا ورزقا حسنا

ثم ليرسل إلى أهله من يخبرهم بقدومه كي لا يقدم عليهم بغتة فذلك هو السنة حديث إرسال المسافر إلى أهل بيته من يخبرهم بقدومه كيلا يقدم عليهم بغتة لم أجد فيه ذكر الإرسال وفي الصحيحين من حديث جابر كنا مع رسول اللـه صلى اللـه عليه وسلم في غزاة فلما قدمنا المدينة ذهبنا لندخل فقالوا أمهلوا حتى ندخل ليلا أن عشاء كي تمتشط الشعثة وتستحد المغيبة ولا ينبغي أن يطرق أهله ليلا فإذا دخل البلد فليقصد المسجد أولا وليصل

ركعتين فهو السنة حديث صلاة ركعتين في المسجد عند القدوم من السفر تقدم في الصلاة كذلك كان يفعل رسول الله صلى الله عليه وسلم فإذا دخل بيته قال توبا توبا لربنا أو با لا يغادر علينا حوبا فإذا استقر في منزله فلا ينبغي أن ينسى ما أنعم الله به عليه من زيارة بيته وحرمه وقبر نبيه صلى الله عليه وسلم فيكفر تلك النعمة بأن يعود إلى الغفلة واللهو والخوض في المعاصي فما ذلك علامة الحج المبرور بل علامته أن يعود زاهدا في الدنيا راغبا في الآخرة متأهبا للقاء رب البيت بعد لقاء البيت

الباب الثالث في الآداب الدقيقة والأعمال الباطنة بيان دقائق

الآداب وهي عشرة

الأول أن تكون النفقة حلالا وتكون اليد خالية من تجارة تشغل القلب وتفرق الهم حتى يكون الهم مجردا

لله تعالى والقلب مطمئنا منصرفا إلى ذكر الـلـه تعالى وتعظيم شعائره

وقد روي في خبر من طريق أهل البيت إذا كان آخر الزمان خرج الناس إلى الحج أربعة أصناف سلاطينهم للنزهة وأغنياؤهم للتجارة وفقراؤهم للمسألة وقراؤهم للسمعة حديث إذا كان في آخر الزمان خرج الناس للحج أربعة أصناف سلاطينهم للنزهة وأغنياؤهم للتجارة وفقراؤهم للسؤال وقراؤهم للسمعة أخرجه الخطيب من حديث أنس بإسناد مجهول وليس فيه ذكر السلاطين ورواه أبو عثمان الصابوني في كتاب المائتين فقال تحج أغنياء أمتي للنزهة وأوساطهم للتجارة وفقراؤهم للمسألة وقراؤهم للرياء والسمعة وفي الخبر إشارة إلى جملة أغراض الدنيا التي يتصور أن تتصل بالحج فكل ذلك مما يمنع فضيلة الحج ويخرجه عن حيز حج الخصوص لا سيما إذا كان متجردا بنفس الحج بأن يحج لغيره بأجرة فيطلب الدنيا بعمل الآخرة

وقد كره الورعون وأرباب القلوب ذلك إلا أن يكون قصده المقام بمكة ولم يكن له ما يبلغه فلا بأس أن يأخذ ذلك على هذا القصد لا ليتوصل بالدين إلى الدنيا بل بالدنيا إلى الدين

فعند ذلك ينبغي أن يكون قصده زيارة بيت الـلـه عز وجل ومعاونة أخيه المسلم بإسقاط الفرض عنه

وفي مثله ينزل قول رسول الـلـه صلى الـلـه عليه وسلم يدخل الـلـه سبحانه بالحجة الواحدة ثلاثة الجنة الموصى بها والمنفذ لها ومن حج بها عن أخيه حديث يدخل بالحجة الواحدة ثلاثة الجنة الموصى بها والمنفذ لها ومن حج بها عن أخيه أخرجه البيهقي من حديث جابر بسند ضعيف ولست أقول لا تحل الأجرة أو يحرم ذلك بعد أن أسقط فرض الإسلام عن نفسه ولكن الأولى أن لا يفعل ولا يتخذ ذلك مكسبه ومتجره فإن الـلـه عز وجل يعطي الدنيا بالدين ولا يعطى الدين بالدنيا

وفي الخبر مثل الذي يغزو في سبيل الـلـه عز وجل ويأخذ أجرا مثل أم موسى عليه السلام ترضع ولدها وتأخذ أجرها حديث مثل الذي يغزو ويأخذ أجرا مثل أم موسى ترضع ولدها وتأخذ أجرها أخرجه ابن عدي من حديث معاذ وقال مستقيم الإسناد منكر المتن فمن كان مثاله في أخذ الأجرة على الحج مثال أم موسى فلا بأس بأخذه فإنه يأخذ ليتمكن من الحج والزيارة فيه وليس يحج ليأخذ الأجرة بل يأخذ الأجرة ليحج كما كانت تأخذ أم موسى ليتيسر لها الإرضاع بتلبيس حالها عليهم

الثاني أن لا يعاون أعداء الـلـه سبحانه بتسليم المكس وهم الصادون عن المسجد الحرام من أمراء مكة والأعراب المترصدين في الطريق

فإن تسليم المال إليهم إعانة على الظلم وتيسير لأسبابه عليهم فهو كالإعانة بالنفس فليتلطف في حيلة الخلاص فإن لم يقدر فقد قال بعض العلماء ولا بأس بما قاله إن ترك التنفل بالحج والرجوع عن الطريق

أفضل من إعانة الظلمة فإن هذه بدعة أحدثت وفي الإنقياد لها ما يجعلها سنة مطردة وفيه ذل وصغار على المسلمين ببذل جزية

ولا معنى لقول القائل إن ذلك يؤخذ مني وأنا مضطر فإنه لو قعد في البيت أو رجع من الطريق لم يؤخذ منه شيء بل ربما يظهر أسباب الترفه فتكثر مطالبته فلو كان في زي الفقراء لم يطالب فهو الذي ساق نفسه إلى حالة الاضطرار

الثالث التوسع في الزاد وطيب النفس بالبذل والإنفاق من غير تقتير ولا إسراف بل على اقتصاد وأعني بالإسراف التنعم بأطيب الأطعمة والترفه بشرب أنواعها على عادة المترفين

فأما كثرة البذل فلا سرف فيه إذ لا خير في السرف ولا سرف في الخير كما قيل وبذل الزاد في طريق الحج نفقته في سبيل عز وجل والدرهم بسبعمائة درهم

قال ابن عمر رضي الله عنهما من كرم الرجل طيب زاده في سفره وكان يقول أفضل الحاج أخلصهم نية وأزكاهم نفقة وأحسنهم يقينا وقال صلى الله عليه وسلم الحج المبرور ليس له جزاء إلا الجنة فقيل له يا رسول الله ما بر الحج فقال طيب الكلام وإطعام الطعام حديث الحج المبرور ليس له جزاء إلا الجنة فقيل له ما بر الحج قال طيب الكلام وإطعام الطعام أخرجه أحمد من حديث جابر بإسناد لين ورواه الحاكم مختصرا وقال صحيح الإسناد

الرابع ترك الرفث والفسوق

والجدال كما نطق به القرآن والرفث اسم جامع لكل لغو وخنى وفحش من الكلام ويدخل فيه مغازلة النساء ومداعبتهن والتحدث بشأن الجماع ومقدماته فإن ذلك يهيج داعية الجماع المحظور والداعي إلى المحظور محظور والفسق اسم جامع لكل خروج عن طاعة الـلـه عز وجل والجدال هو المبالغة في الخصومة والمماراة بما يورث الضغائن ويفرق في الحال الهمة ويناقض حسن الخلق وقد قال سفيان من رفث فسد حجه وقد جعل رسول الـلـه صلى الـلـه عليه وسلم طيب الكلام مع إطعام الطعام من بر الحج والمماراة تناقض طيب الكلام فلا ينبغي أن يكون كثير الاعتراض على رفيقه وجماله وعلى غيره من أصحابه بل يلين جانبه ويخفض جناحه للسائرين إلى بيت الـلـه عز وجل ويلزم حسن الخلق وليس حسن الخلق كف الأذى بل احتمال الأذى وقيل سمي السفر سفرا لأنه يسفر عن أخلاق الرجال ولذلك قال عمر رضي الـلـه عنه لمن زعم أنه يعرف رجلا هل صحبته في السفر الذي يستدل به على مكارم الأخلاق قال لا فقال ما أراك تعرفه الخامس أن يحج ماشيا إن قدر عليه فذلك الأفضل أوصى عبد الـلـه بن عباس رضي الـلـه عنهما بنيه عند موته فقال يا بني حجوا مشاة فإن للحاج الماشي بكل خطوة يخطوها سبعمائة حسنة من حسنات الحرم قيل وما حسنات الحرم قال الحسنة بمائة ألف والاستحباب في المشي في المناسك والتردد من مكة إلى الموقف وإلى منى آكد منه في الطريق وإن أضاف إلى المشي الإحرام من دويرة أهله فقد قيل إن ذلك من إتمام الحج قاله عمر وعلي وابن مسعود رضي الـلـه عنهم في معنى قوله عز وجل وإتموا الحج والعمرة لله وقال بعض العلماء الركوب أفضل لما فيه من الإنفاق والمؤنة ولأنه أبعد عن ضجر النفس وأقل لأذاه وأقرب إلى سلامته وتمام حجه وهذا عند التحقيق ليس مخالفا للأول بل ينبغي أن يفصل ويقال من سهل عليه المشي فهو أفضل فإن كان يضعف ويؤدى به ذلك إلى سوء الخلق وقصور عن عمل فالركوب له أفضل كما أن الصوم للمسافر أفضل وللمريض ما لم يفض إلى ضعف وسوء خلق وسئل بعض العلماء عن العمرة أيمشي فيها أو يكتري حمارا بدرهم فقال إن كان وزن الدرهم أشد عليه فالكراء أفضل من المشي وإن كان المشي أشد عليه كالأغنياء فالمشي له أفضل فكأنه ذهب فيه إلى طريق مجاهدة النفس وله وجه ولكن الأفضل له أن يمشي ويصرف ذلك الدرهم إلى خير فهو أولى من صرفه إلى المكاري عوضا عن ابتذال الدابة فإذا كانت لا تتسع نفسه للجمع بين مشقة النفس ونقصان المال فما ذكره غير بعيد فيه السادس أن لا يركب إلا زاملة أما المحمل فليجتنبه إلا إذا كان يخاف على الزاملة أن لا يستمسك عليها لعذر وفيه معنيان أحدهما التخفيف على البعير فإن المحمل يؤذيه والثاني اجتنات زي المترفين المتكبرين حج رسول الـلـه صلى الـلـه عليه وسلم على راحلة وكان تحته رحل رث وقطيفة خلقة قيمتها أربعة دراهم حديث حج رسول الـلـه صلى الـلـه عليه وسلم على راحلته وكان تحته رحل رث وقطيفة خلقة قيمتها أربعة دراهم أخرجه الترمذي في الشمائل وابن ماجه من حديث أنس بسند ضعيف وطاف على الراحلة لينظر الناس إلى

هديه وشمائله حديث طوافه صلى الله عليه وسلم على راحلته تقدم وقال صلى الله عليه وسلم خذوا عني مناسككم حديث خذوا عني مناسككم أخرجه مسلم والنسائي واللفظ له من حديث جابر وقيل إن هذه المحامل أحدثها الحجاج وكان العلماء في وقته ينكرونها فروى سفيان الثوري عن أبيه أنه قال برزت من الكوفة إلى القادسية للحج ووافيت الرفاق من البلدان فرأيت الحاج كلهم على زوامل وجوالقات ورواحل وما رأيت في جميعهم إلا محملين وكان ابن عمر إذا نظر إلى ما أحدث الحجاج من الزي والمحامل يقول الحاج قليل والركب كثير ثم نظر إلى رجل مسكين رث الهيئة تحته جوالق فقال هذا نعم من الحجاج

السابع أن يكون رث الهيئة أشعث أغبر غير مستكثر من الزينة ولا مائل إلى أسباب التفاخر والتكاثر فيكتب في ديوان المتكبرين المترفهين ويخرج عن حزب الضعفاء والمساكين وخصوص الصالحين فقد أمر صلى الله عليه وسلم بالشعث والاختفاء حديث الأمر بالشعث والاختفاء أخرجه البغوي والطبراني من حديث عبد الله بن أبي حدرد قال قال رسول الله صلى الله عليه وسلم تمعددوا واخشوشنوا وانتضلوا وامشوا حفاة وفيه اختلاف ورواه ابن عدي من حديث أبي هريرة وكلاهما ضعيف ونهى عن التنعم والرفاهية حديث فضالة بن عبيد في النهي عن التنعم والرفاهية وأن النبي صلى الله عليه وسلم كان ينهى عن كثير من الإرفاه ولأحمد من حديث معاذ إياك والتنعم الحديث في حديث فضالة بن عبيد وفي الحديث إنما الحاج الشعث النفث حديث إنما الحاج الشعث التفث أخرجه الترمذي وابن ماجه من حديث ابن عمر وقال غريب ويقول الله تعالى انظروا إلى زوار بيتي قد جاءوني شعثا غبرا من كل فج عميق حديث يقول الله تعالى انظروا إلى زوار بيتي قد جاءوا شعثا غبرا من كل فج عميق أخرجه الحاكم وصححه من حديث أبي هريرة دون قوله من كل فج عميق وكذا رواه أحمد من حديث عبد الله بن عمر وقال تعالى ثم ليقضوا تفثهم والتفث الشعث والاغبرار وقضاؤه بالحلق وقص الشارب والأظفار

وكتب عمر بن الخطاب رضي الله عنه إلى أمراء الأجناد اخلولقوا واخشوشنوا أي البسوا الخلقان واستعملوا الخشونة في الأشياء وقد قيل زين الحجيج أهل اليمن لأنهم على هيئة التواضع والضعف وسيرة السلف

فينبغي أن يجتنب الحمرة في زيه على الخصوص والشهرة كيفما كانت على العموم فقد روي أنه صلى الله عليه وسلم كان في سفر فنزل أصحابه منزلا فسرحت الإبل فنظر إلى أكسية حمر على الأقتاب فقال صلى الله عليه وسلم أرى هذه الحمرة قد غلبت عليكم حديث أنه صلى الله عليه وسلم كان في سفر فنزل أصحابه منزلا فسرحت الإبل فنظر إلى أكسية حمر على الأقتاب فقال أرى هذه الحمرة قد غلبت عليكم الحديث أخرجه أبو داود من حديث رافع بن خديج وفيه رجل لم يسم قالوا فقمنا إليها ونزعناها عن ظهورها حتى شرد بعض الإبل

الثامن أن يرفق بالدابة فلا يحملها ما لا تطيق والمحمل خارج عن حد طاقتها والنوم عليها يؤذيها ويثقل عليها كان أهل الورع لا ينامون على الدواب إلا غفوة عن قعود وكانوا لا يقفون عليها الوقوف الطويل قال صلى الله عليه وسلم لا تتخذوا ظهور دوابكم كراسي حديث لا تتخذوا ظهور دوابكم كراسي أخرجه أحمد من حديث سهل بن معاذ بسند ضعيف ورواه الحاكم وصححه من رواية معاذ بن أنس عن أبيه ويستحب أن ينزل عن دابته غدوة وعشية يروحها بذلك فهو سنة حديث النزول عن الدابة غدوة وعشية يريحها بذلك أخرجه الطبراني في الأوسط من حديث أنس بإسناد جيد أن النبي صلى الله عليه وسلم كان إذا صلى الفجر في السفر مشى ورواه البيهقي في الأدب وقال مشى قليلا وناقته تقاد وفيه آثار عن السلف

وكان بعض السلف يكتري بشرط أن لا ينزل ويوفي الأجرة ثم كان ينزل عنها ليكون بذلك محسنا إلى الدابة فيكون في حسناته ويوضع في ميزانه لا في ميزان المكاري

وكل من آذى بهيمة وحملها ما لا تطيق طولب به يوم القيامة قال أبو الدرداء لبعير له عند الموت يا أيها البعير لا تخاصمني إلى ربك فإني لم أكن أحملك فوق طاقتك

وعلى الجملة في كل كبد حراء أجر فليراع حق الدابة وحق المكاري جميعا وفي نزوله ساعة ترويح الدابة وسرور قلب المكاري

قال رجل لابن المبارك احمل لي هذا الكتاب معك لتوصله فقال حتى أستأمر الجمال فإني قد اكتريت فانظر كيف تورع من استصحاب كتاب لا وزن له وهو طريق الحزم في الورع فإنه إذا فتح باب القليل انجر إلى الكثير يسيرا يسيرا

التاسع أن يتقرب بإراقة دم وإن لم يكن واجبا عليه ويجتهد أن يكون من سمين النعم ونفيسه وليأكل منه إن كان تطوعا ولا يأكل منه إن كان واجبا قيل في تفسير قوله تعالى ذلك ومن يعظم شعائر اللـه إنه تحسينه وتسمينه

وسوق الهدي من الميقات أفضل إن كان لا يجهده ولا يكده وليترك المكاس في شرائه فقد كانوا يغالون في ثلاث ويكرهون

المكاس فيهن الهدي والأضحية والرقبة فإن أفضل ذلك أغلاه ثمنا وأنفسه عند أهله وروى ابن عمر أن عمر رضي اللـه عنهما أهدى بختية فطلبت منه بثلثمائة دينار فسأل رسول اللـه صلى اللـه عليه وسلم أن يبيعها ويشتري بثمنها بدنا فنهاه عن ذلك وقال بل أهدها حديث ابن عمر أن عمر أهدى نجيبة فطلبت منه بثلثمائة دينار فسأل رسول اللـه صلى اللـه عليه وسلم أن يبيعها ويشتري بثمنها بدنا فنهاه عن ذلك وقال بل اهدها أخرجه أبو داود وقال انحرها وذلك لأن القليل الجيد خير من الكثير الدون وفي ثلثمائة دينار قيمة ثلاثين بدنة وفيها تكثير اللحم ولكن ليس المقصود اللحم إنما المقصود تزكية النفس وتطهيرها عن صفة البخل وتزيينها بجمال التعظيم لله عز وجل ف لن ينال اللـه لحومها ولا دماؤها ولكن يناله التقوى منكم وذلك يحصل بمراعاة النفاسة في القيمة كثر العدد أو قل وسأل رسول اللـه صلى اللـه عليه وسلم ما بر الحج فقال العج والثج حديث سئل رسول اللـه صلى اللـه عليه وسلم ما بر الحج فقال العج والثج أخرجه الترمذي واستغربه وابن ماجه والحاكم وصححه والبزار واللفظ له من حديث أبي بكر وقال الباقولي أي الحج أفضل والعج هو رفع الصوت بالتلبية والثج هو نحر البدن وروت عائشة رضي اللـه عنها أن رسول اللـه صلى اللـه عليه وسلم قال ما عمل آدمي يوم النحر أحب إلى اللـه عز وجل من إهراقه دما وإنها لتأتي يوم القيامة بقرونها وأظلافها وإن الدم يقع من اللـه عز وجل بمكان قبل أن يقع بالأرض فطيبوا بها نفسا حديث عائشة ما عمل ابن آدم يوم النحر أحب إلى اللـه من إهراقه دما الحديث أخرجه الترمذي وحسنه ابن ماجه وضعفه ابن حبان وقال البخاري إنه مرسل ووصله ابن خزيمة وفي الخبر لكم بكل صوفة من جلدها حسنة وكل قطرة من دمها حسنة وإنها لتوضع في الميزان فأبشروا حديث لكم بكل صوفة من جلدها حسنة وكل قطرة من دمها حسنة وإنها لتوضع في الميزان فأبشروا أخرجه ابن ماجه وصححه البيهقي من حديث زيد بن أرقم في حديث فيه بكل شعرة حسنة قالوا فالصوف قال بكل شعرة من الصوف حسنة وفي رواية للبيهقي لكل قطرة حسنة قال البخاري لا يصح وروى أبو الشيخ في كتاب الضحايا من حديث علي أما إنها يجاء بها يوم القيامة بلحومها ودمائها حتى توضع في ميزانك يقولها لفاطمة وقال صلى اللـه عليه وسلم استنجدوا هداياكم فإنها مطاياكم يوم القيامة العاشر أن يكون طيب النفس بما أنفقه من نفقة وهدي وبما أصابه من خسران ومصيبة في مال أو بدن إن أصابه ذلك فإن ذلك من دلائل قبول حجه فإن المصيبة في طريق الحج تعدل النفقة في سبيل اللـه عز وجل الدرهم بسبعمائة درهم بمثابة الشدائد في طريق الجهاد فله بكل أذى احتمله وخسران أصابه ثواب فلا يضيع منه شيء عند اللـه عز وجل ويقال إن من علامة قبول الحج أيضا ترك ما كان عليه من المعاصي وأن يتبدل بإخوانه البطالين إخوانا صالحين وبمجالس اللهو والغفلة مجالس الذكر واليقظة بيان الأعمال الباطنة ووجه الإخلاص في النية وطريق الاعتبار بالمشاهد الشريفة وكيفية الافتكار فيها والتذكر لأسرارها ومعانيها من أول الحج إلى آخره اعلم أن أول الحج الفهم أعني فهم موقع

الحج في الدين ثم الشوق إليه ثم العزم عليه ثم قطع العلائق المانعة منه ثم شراء ثوب الإحرام ثم شراء الزاد ثم اكتراء الراحلة ثم الخروج ثم المسير في البادية ثم الإحرام من الميقات بالتلبية ثم دخول مكة ثم استتمام الأفعال كما سبق وفي كل واحد من هذه الأمور تذكرة للمتذكر وعبرة للمعتبر وتنبيه للمريد الصادق وتعريف وإشارة للفطن فلنرمز إلى مفاتحها حتى إذا انفتح بابها وعرفت أسبابها انكشفت لكل حاج من أسرارها ما يقتضيه صفاء قلبه وطهارة باطنه وغزارة فهمه أما الفهم اعلم أنه لا وصول إلى الله سبحانه وتعالى إلا بالتنزه عن الشهوات والكف عن اللذات والاقتصار على الضرورات فيها والتجرد لله سبحانه في جميع الحركات والسكنات ولأجل هذا انفرد الرهبانيون في الملل السالفة

عن الخلق وانحازوا إلى قلل الجبال وآثروا التوحش عن الخلق لطلب الأنس بالله عز وجل فتركوا لله عز وجل اللذات الحاضرة وألزموا أنفسهم المجاهدات الشاقة طمعا في الآخرة وأثنى الـلـه عز وجل عليهم في كتابه فقال ﴿ ذلك بأن منهم قسيسين ورهبانا وأنهم لا يستكبرون ﴾ فلما اندرس ذلك وأقبل الخلق على اتباع الشهوات وهجروا التجرد لعبادة الـلـه عز وجل وفتروا عنه بعث الـلـه عز وجل نبيه محمدا صلى الـلـه عليه وسلم لإحياء طريق الآخرة وتجديد سنة المرسلين في سلوكها

فسأله أهل الملل عن الرهبانية والسياحة في دينه فقال صلى الـلـه عليه وسلم أبدلنا الـلـه بها الجهاد والتكبير على كل شرف حديث سئل عن الرهبانية والسياحة فقال بدلنا الـلـه بها الجهاد والتكبير على كل شرف أخرجه أبو داود من حديث أبي أمامة أن رجلا قال يا رسول الـلـه ائذن لي في السياحة فقال إن سياحة أمتي الجهاد في سبيل الـلـه رواه الطبراني بلفظ إن لكل أمة سياحة وسياحة أمتي الجهاد في سبيل الـلـه ولكل أمة رهبانية ورهبانية امتي الرباط في نحر العدو وللبيهقي في الشعب من حديث أنس رهبانية أمتي الجهاد في سبيل الـلـه وكلاهما ضعيف والترمذي وحسنه والنسائي في اليوم والليلة وابن ماجه من حديث أبي هريرة أن رجلا قال يا رسول الـلـه إني أريد أن أسافر فأوصني قال عليك بتقوى الـلـه والتكبير على كل شرف يعني الحج وسئل صلى الـلـه عليه وسلم عن السائحين فقال هم الصائمون حديث سئل عن السائحين فقال هم الصائمون أخرجه البيهقي في الشعب من حديث أبي هريرة وقال المحفوظ عن عبيد بن عمير عن عمر مرسلا فأنعم الـلـه عز وجل على هذه الأمة بأن جعل الحج رهبانية لهم فشرف البيت العتيق بالإضافة إلى نفسه تعالى ونصبه مقصدا لعباده وجعل ما حواليه حرما لبيته تفخيما لأمره

وجعل عرفات كالميزاب على فناء حوضه وأكد حرمة الموضع بتحريم صيده وشجره

ووضعه على مثال حضرة الملوك يقصده الزوار من كل فج عميق ومن كل أوب سحيق شعثا غبرا متواضعين لرب البيت ومستكينين له خضوعا لجلاله واستكانة لعزته مع الاعتراف بتنزيهه عن أن يحويه بيت أو يكتنفه بلد ليكون ذلك أبلغ في رقهم وعبوديتهم وأتم في إذعانهم وانقيادهم

ولذلك وظف عليهم فيها أعمالا لا تأنس بها النفوس ولا تهتدي إلى معانيها العقول كرمي الجمار بالأحجار والتردد بين الصفا والمروة على سبيل التكرار

وبمثل هذه الأعمال يظهر كمال الرق والعبودية

فإن الزكاة إرفاق ووجهه مفهوم وللعقل إليه ميل

والصوم كسر للشهوة التي هي آلة عدو الـلـه وتفرغ للعبادة بالكف عن الشواغل

والركوع والسجود في الصلاة تواضع لله عز وجل بأفعال هي هيئة التواضع وللنفوس أنس بتعظيم اللـه عز وجل

فأما ترددات السعي ورمي الجمار وأمثال هذه الأعمال فلا حظ للنفوس ولا أنس فيها ولا اهتداء للعقل إلى معانيها فلا يكون في الإقدام عليها باعث إلا الأمر المجرد وقصد الامتثال للأمر من حيث إنه أمر واجب الإتباع فقط وفيه عزل للعقل عن تصرفه وصرف النفس والطبع عن محل أنسه فإن كل ما أدرك العقل معناه مال الطبع إليه ميلا ما فيكون ذلك الميل معينا للأمر وباعثا معه على الفعل فلا يكاد يظهر به كمال الرق والانقياد ولذلك قال صلى اللـه عليه وسلم في الحج على الخصوص لبيك بحجة حقا تعبدا ورقا حديث لبيك بحجة حقا تعبدا ورقا تقدم في الزكاة ولم يقل ذلك في صلاة ولا غيرها

وإذا اقتضت حكمة اللـه سبحانه وتعالى ربط نجاة الخلق بأن تكون أعمالهم على خلاف هوى طباعهم وأن يكون زمامها بيد الشرع فيترددون في أعمالهم على سنن الانقياد وعلى مقتضى الإستعباد كان ما لا يهتدى إلى معانيه أبلغ أنواع التعبدات في تزكية النفوس وصرفها عن مقتضى الطباع والأخلاق مقتضى الإسترقاق

وإذا تفطنت لهذا فهمت أن تعجب النفوس من هذه الأفعال العجيبة مصدره الذهول عن أسرار التعبدات وهذا القدر كاف في تفهم أصل الحج إن شاء اللـه تعالى

وأما الشوق فإنما ينبعث بعد الفهم والتحقق بأن البيت بيت اللـه عز وجل وأنه وضع على مثال حضرة الملوك

فقاصده قاصد إلى الله عز وجل وزائر له وأن من قصد البيت في الدنيا جدير بأن لا يضيع زيارته فيرزق مقصود الزيارة في ميعاده المضروب له وهو النظر إلى وجه الله الكريم في دار القرار من حيث إن العين القاصرة الفانية في دار الدنيا لا تتهيألقبول النظر إلى وجه الله عز وجل ولا تطيق احتماله ولا تستعد للاكتحال به لقصورها وأنها إن أمدت في الدار الآخرة بالبقاء ونزهت عن أسباب التغير والفناء استعدت للنظر والإبصار ولكنها بقصد البيت والنظر إليه تستحق لقاء رب البيت بحكم الوعد الكريم

فالشوق إلى لقاء الله عز وجل يشوقه إلى أسباب اللقاء لا محالة هذا مع أن المحب مشتاق إلى كل ماله إلى محبوبه إضافة والبيت مضاف إلى الله عز وجل فبالحرى أن يشتاق إليه لمجرد هذه الإضافة فضلا عن الطلب لنيل ما وعد عليه من الثواب الجزيل

وأما العزم فليعلم أنه بعزمه قاصدا إلى مفارقة الأهل والوطن ومهاجرة الشهوات واللذات متوجها إلى زيارة بيت الله عز وجل وليعظم في نفسه قدر البيت وقدر رب البيت وليعلم أنه عزم على أمر رفيع شأنه خطير أمره وأن من طلب عظيما خاطر بعظيم

وليجعل عزمه خالصا لوجه الله سبحانه بعيدا عن شوائب الرياء والسمعة وليتحقق أنه لا يقبل من قصده وعمله إلا الخالص وإن من أفحش الفواحش أن يقصد بيت الله وحرمه والمقصود غيره

فليصحح مع نفسه العزم وتصحيحه بإخلاصه وإخلاصه باجتناب كل ما فيه رياء وسمعة فليحذر أن يستبدل الذي هو أدنى بالذي هو خير

وأما قطع العلائق فمعناه رد المظالم والتوبة الخالصة لله تعالى عن جملة المعاصي فكل مظلمة علاقة وكل علاقة مثل غريم حاضر متعلق بتلابيبه ينادي عليه ويقول إلى أين تتوجه أتقصد بيت ملك الملوك وأنت مضيع أمره في منزلك هذا ومستهين به ومهمل له أولا تستحي أن تقدم عليه قدوم العبد العاصي فيردك ولا يقبلك فإن كنت راغبا في قبول زيارتك فنفذ أوامره ورد المظالم وتب إليه أولا من جميع المعاصي واقطع علاقة قلبك عن الالتفات إلى ما وراءك لتكون متوجها إليه بوجه قلبك كما أنك متوجه إلى بيته بوجه ظاهرك

فإن لم تفعل ذلك لم يكن لك من سفرك أولا إلا النصب والشقاء وآخرا إلا الطرد والرد

وليقطع العلائق عن وطنه انقطع من قطع عنه وقدر أن لا يعود إليه وليكتب وصيته لأولاده وأهله فإن المسافر وماله لعلى خطر إلا من وقى الله سبحانه

وليتذكر عند قطعه العلائق لسفر الحج قطع العلائق لسفر الآخرة فإن ذلك بين يديه على القرب وما يقدمه من هذا السفر طمع في تيسير ذلك السفر فهو المستقر وإليه المصير

فلا ينبغي أن يغفل عن ذلك السفر عند الاستعداد بهذا السفر

وأما الزاد فليطلبه من موضع حلال وإذا أحس من نفسه الحرص على استكثاره وطلب ما يبقى منه على طول السفر ولا يتغير ولا يفسد قبل بلوغ المقصد فليتذكر أن سفر الآخرة أطول من هذا السفر وأن زاده التقوى وأن ما عداه مما يظن أنه زاده يتخلف عنه عند الموت ويخونه فلا يبقى معه كالطعام الرطب الذي يفسد في أول منازل السفر فيبقى وقت الحاجة متحير محتاجا لا حيلة له

فليحذر أن تكون أعماله التي هي زاده إلى الآخرة لا تصحبه بعد الموت بل يفسدها شوائب الرياء وكدورات التقصير

وأما الراحلة إذا أحضرها فليشكر الله بقلبه على تسخير الله عز وجل له الدواب لتحمل عنه الأذى وتخفف عنه المشقة

وليتذكر عنده المركب الذي يركبه إلى دار الآخرة وهي الجنازة التي يحمل عليها فإن أمر الحج من وجه يوازي أمر السفر إلى الآخرة ولينظر أيصلح سفره على هذا المركب لأن يكون زادا له لذلك السفر على ذلك المركب فما أقرب ذلك منه وما يدريه لعل الموت قريب ويكون ركوبه للجنازة قبل ركوبه للجمل وركوب

الجنازة مقطوع به وتيسر أسباب السفر مشكوك فيه فكيف يحتاط في أسباب السفر المشكوك فيه ويستظهر في زاده وراحلته ويهمل أمر السفر المستيقن وأما شراء ثوبي الإحرام فليتذكر عنده الكفن ولفه فيه فإنه فيه سيرتديه ويتزر بثوبي الإحرام عند القرب من بيت الله عز وجل وربما لا يتم سفره إليه وأنه سيلقى الله عز وجل ملفوفا في ثياب الكفن لا محالة فكما لا يلقى بيت الله عز وجل إلا مخالفا عاداته في الزي والهيئة فلا يلقى الله عز وجل بعد الموت إلا في زي مخالف لزي الدنيا وهذا الثوب قريب من ذلك الثوب إذ ليس فيه مخيط كما في الكفن وأما الخروج من البلد فليعلم عنده أنه فارق الأهل والوطن متوجها إلى الله عز وجل في سفر لا يضاهي أسفار الدنيا فليحضر في قلبه أنه ماذا يريد وأين يتوجه وزيارة من يقصد وأنه متوجه إلى ملك الملوك في زمرة الزائرين له الذين نودوا فأجابوا وشوقوا فاشتاقوا واستنهضوا فنهضوا وقطعوا العلائق وفارقوا الخلائق وأقبلوا على بيت الله عز وجل الذي فخم أمره وعظم شأنه ورفع قدره تسليا بلقاء البيت عن لقاء رب البيت إلى أن يرزقوا منتهى مناهم ويسعدوا بالنظر إلى مولاهم وليحضر في قلبه رجاء الوصول والقبول لا إدلالا بأعماله في الارتحال ومفارقة الأهل والمال ولكن ثقة بفضل الله عز وجل ورجاء لتحقيقه وعده لمن زار بيته وليرج أنه إن لم يصل إليه وأدركته المنية في الطريق لقي الله عز وجل وافدا إليه إذ قال جل جلاله ومن يخرج من بيته مهاجرا إلى الله ورسوله ثم يدركه الموت فقد وقع أجره على الله وأما دخول البادية إلى الميقات ومشاهدة تلك العقبات فليتذكر فيها ما بين الخروج من الدنيا بالموت إلى ميقات يوم القيامة وما بينهما من الأهوال والمطالبات وليتذكر من هول قطاع الطريق هول سؤال منكر ونكير ومن سباع البوادي عقارب القبر وديدانه وما فيه من الأفاعي والحيات ومن انفراده من أهله وأقاربه وحشة القبر وكربته ووحدته وليكن في هذه المخاوف في أعماله وأقواله متزودا لمخاوف القبر وأما الإحرام والتلبية من الميقات فليعلم أن معناه إجابة نداء الله عز وجل فارج أن تكون مقبولا واخش أن يقال لك لا لبيك ولا سعديك فكن بين الرجاء والخوف مترددا وعن حولك وقوتك متبرئا وعلى فضل الله عز وجل وكرمه متكلا فإن وقت التلبية هو بداية الأمر وهي محل الخطر قال سفيان بن عيينة حج علي بن الحسين رضي الله عنهما فلما أحرم واستوت به راحلته اصفر لونه وانتفض ووقعت عليه الرعدة ولم يستطع أن يلبي فقيل له لم لا تلبي فقال أخشى أن يقال لي لا لبيك ولا سعديك فلما لبى غشي عليه ووقع عن راحلته فلم يزل يعتريه ذلك حتى قضى حجه وقال أحمد بن أبي الحواري كنت مع أبي سليمان الداراني رضي الله عنه حين أراد الإحرام فلم يلب حتى سرنا ميلا فأخذته الغشية ثم أفاق وقال يا أحمد إن الله سبحانه أوحى إلى موسى عليه السلام مر ظلمة بني إسرائيل أن يقلوا من ذكري فإني أذكر من ذكرني منهم باللعنة ويحك يا أحمد بلغني أن من حج من غير حلة ثم لبى قال الله عز وجل لا لبيك ولا سعديك حتى ترد ما في يديك

فما نأمن أن يقال لنا ذلك وليتذكر الملبي عند رفع الصوت بالتلبية في الميقات إجابته لنداء الله عز وجل إذ قال وأذن في الناس بالحج ونداء الخلق بنفخ الصور وحشرهم من القبور وازدحامهم في عرصات القيامة مجيبين لنداء الله سبحانه ومنقسمين إلى مقربين وممقوتين ومقبولين ومردودين ومترددين في أول الأمر بين الخوف والرجاء تردد الحاج في الميقات حيث لا يدرون أيتيسر لهم إتمام الحج وقبوله أم لا

وأما دخول مكة فليتذكر عندها أنه قد انتهى إلى حرم الله تعالى آمنا وليرج عنده أن يأمن بدخوله من عقاب الله عز وجل وليخش أن لا يكون أهلا للقرب فيكون بدخوله الحرم خائبا ومستحقا للمقت وليكن رجاؤه في جميع الأوقات غالبا فالكرم عميم والرب رحيم وشرف البيت عظيم وحق الزائر مرعي وذمام المستجير اللائذ غير مضيع

وأما وقوع البصر على البيت فينبغي أن يحضر عنده عظمة البيت في القلب ويقدر كأنه مشاهد لرب البيت لشدة تعظيمه إياه وارج أن يرزقك الله تعالى النظر إلى وجهه الكريم كما رزقك الله النظر إلى بيته العظيم واشكر الله تعالى على تبليغه إياك هذه الرتبة وإلحاقه إياك بزمرة الوافدين عليه واذكر عند ذلك انصباب الناس في القيامة إلى جهة الجنة آملين لدخولها كافة ثم انقسامهم إلى مأذونين في الدخول ومصروفين انقسام الحاج إلى مقبولين ومردودين ولا تغفل عن تذكر أمور الآخرة في شيء مما تراه فإن كل أحوال الحاج دليل على أحوال الآخرة

وأما الطواف بالبيت فاعلم أنه صلاة فأحضر في قلبك فيه من التعظيم والخوف والرجاء والمحبة ما فصلناه في كتاب الصلاة واعلم أنك بالطواف متشبه بالملائكة المقربين الحافين حول العرش الطائفين حوله ولا تظنن أن المقصود طواف جسمك بالبيت بل المقصود طواف قلبك بذكر رب البيت حتى لا تبتدىء الذكر إلا منه ولا تختم إلا به كما تبتدىء الطواف من البيت وتختم بالبيت

واعلم أن الطواف الشريف هو طواف القلب بحضرة الربوبية وأن البيت مثال ظاهر في عالم الملك لتلك الحضرة التي لا تشاهد بالبصر وهي عالم الملكوت كما أن البدن مثال ظاهر في عالم الشهادة للقلب الذي لا يشاهد بالبصر وهو في عالم الغيب

وأن عالم الملك والشهادة مدركة إلى عالم الغيب والملكوت لمن فتح الله له الباب وإلى هذه الموازنة وقعت الإشارة بأن البيت المعمور في السموات بإزاء الكعبة فإن طواف الملائكة به كطواف الإنس بهذا البيت ولما قصرت رتبة أكثر الخلق عن مثل ذلك الطواف أمروا بالتشبه بهم بحسب الإمكان ووعدوا بأن من تشبه بقوم فهو منهم حديث من تشبه بقوم فهو منهم أخرجه أبو داود من حديث ابن عمر بسند صحيح والذي يقدر على مثل ذلك الطواف هو الذي يقال إن الكعبة تزوره وتطوف به على ما رآه بعض المكاشفين لبعض أولياء الله سبحانه وتعالى

وأما الاستلام فاعتقد عنده أنك مبايع لله عز وجل على طاعته فصمم عزيمتك على الوفاء ببيعتك فمن غدر في المبايعة استحق المقت وقد روى ابن عباس رضي الله عنه عن رسول الله صلى الله عليه وسلم أنه قال الحجر الأسود يمين

الله عز وجل في الأرض يصافح بها خلقه كما يصافح الرجل أخاه حديث ابن عباس الحجر الأسود يمين الله في الأرض يصافح بها خلقه الحديث تقدم في العلم من حديث عبد الله بن عمرو

وأما التعلق بأستار الكعبة والالتصاق بالملتزم فلتكن نيتك في الالتزام طلب القرب حبا وشوقا للبيت ولرب البيت وتبركا بالمماسة ورجاء للتحصن عن النار في كل جزء من بدنك لا في البيت ولتكن نيتك في التعلق بالستر الإلحاح في طلب المغفرة وسؤال الأمان كالمذنب المتعلق بثياب من أذنب إليه المتضرع إليه في عفوه عنه المظهر له أنه لا ملجأ له منه إلا إليه ولا مفزع له إلا كرمه وعفوه وأنه لا يفارق ذيله إلا بالعفو وبذل الأمن في المستقبل

وأما السعي بين الصفا والمروة في فناء البيت فإنه يضاهي تردد العبد بفناء دار الملك جائيا وذاهبا مرة بعد أخرى

إظهارا للخلوص في الخدمة ورجاء للملاحظة بعين الرحمة كالذي دخل على الملك وخرج وهو لا يدري ما الذي يقضي به الملك في حقه من قبول أو رد فلا يزال يتردد على فناء الدار مرة بعد أخرى يرجو أن يرحم في الثانية إن لم يرحم في الأولى وليتذكر عند تردده بين الصفا والمروة تردده بين كفتي الميزان في عرصات القيامة وليمثل الصفا بكفة الحسنات والمروة بكفة السيئات وليتذكر تردده بين الكفتين ناظرا إلى الرجحان والنقصان مترددا بين العذاب والغفران

وأما الوقوف بعرفة فاذكر بما ترى من ازدحام الخلق وارتفاع الأصوات وباختلاف اللغات واتباع الفرق أئمتهم في الترددات على المشاعر اقتفاء لهم وسيرا بسيرهم عرصات القيامة واجتماع الأمم مع الأنبياء والأئمة واقتفاء كل أمة نبيها وطمعهم في شفاعتهم وتحيرهم في ذلك الصعيد الواحد بين الرد والقبول وإذا تذكرت ذلك فألزم قلبك الضراعة والابتهال إلى الله عز وجل وجل فتحشر في زمرة الفائزين المرحومين وحقق رجاءك بالإجابة فالموقف شريف والرحمة إنما تصل من حضرة الجلال إلى كافة الخلق بواسطة القلوب العزيزة من أوتاد الأرض

ولا ينفك الموقف عن طبقة من الأبدال والأوتاد وطبقة من الصالحين وأرباب القلوب فإذا اجتمعت هممهم وتجردت للضراعة والابتهال قلوبهم وارتفعت إلى الله سبحانه أيديهم وامتدت إلى أعناقهم وشخصت نحو السماء أبصارهم مجتمعين بهمة واحدة على طلب الرحمة فلا تظنن أنه يخيب أملهم ويضيع سعيهم ويدخر عنهم رحمة تغمرهم ولذلك قيل إن من أعظم الذنوب أن يحضر عرفات ويظن أن الله تعالى لم يغفر له وكأن اجتماع الهمم والاستظهار بمجاورة الأبدال والأوتاد المجتمعين من أقطار البلاد هو سر الحج وغاية مقصوده فلا طريق إلى استدرار رحمة الله سبحانه مثل اجتماع الهمم وتعاون القلوب في وقت واحد

وأما رمي الجمار فاقصد به الإنقياد للأمر إظهارا للرق والعبودية وانتهاضا لمجرد الإمتثال من غير حظ للعقل والنفس فيه ثم اقصد به التشبه بإبراهيم عليه السلام حيث عرض له إبليس لعنه الله تعالى في ذلك الموضع ليدخل على حجه شبهة أو يفتنه بمعصية فأمره الله عز وجل أن يرميه بالحجارة طردا له وقطعا لأمله

فإن خطر لك أن الشيطان عرض له وشاهده فلذلك رماه وأما أنا فليس يعرض لي الشيطان فاعلم أن هذا الخاطر من الشيطان وأنه الذي ألقاه في قلبك ليفتر عزمك في الرمي ويخيل إليك أنه فعل لا فائدة فيه وأنه يضاهي اللعب فلم تشتغل به فاطرده عن نفسك بالجد والتشمير في الرمي فيه برغم أنف الشيطان

واعلم أنك في الظاهر ترمي الحصى إلى العقبة وفي الحقيقة ترمي به وجه الشيطان وتقصم به ظهره إذ لا يحصل إرغام أنفه إلا بامتثالك أمر الله سبحانه وتعالى تعظيما له بمجرد الأمر من غير حظ للنفس والعقل فيه

وأما ذبح الهدي فاعلم أنه تقرب إلى الله تعالى بحكم الإمتثال فأكمل الهدي وارج أن يعتق الله بكل جزء منه جزءا منك من النار حديث أنه يعتق بكل جزء من الأضحية جزءا من المضحي من النار لم أقف له على أصل وفي كتاب الضحايا لأبي الشيخ من حديث أبي سعيد فإن لك بأول قطرة تقطر من دمها أن يغفر لك ما تقدم من ذنوبك يقوله لفاطمة رضي الله عنها وإسناده ضعيف فهكذا ورد الوعد فكلما كان الهدي أكبر وأجزاؤه أوفر كان فداؤك من النار أعم

وأما زيارة المدينة فإذا وقع بصرك على حيطانها فتذكر أنها البلدة التي اختارها الله عز وجل لنبيه صلى الله عليه وسلم وجعل إليها هجرته وأنها داره التي شرع فيها فرائض ربه عز وجل وسنته وجاهد عدوه وأظهر بها دينه إلى أن

توفاه الله عز وجل ثم جعل تربته فيها وتربة وزيريه القائمين بالحق بعده رضي الله عنهما

ثم مثل في نفسك مواقع أقدام رسول الله صلى الله عليه وسلم عند تردداته فيها وأنه ما من موضع قدم تطؤه إلا وهو موضع أقدامه العزيزة فلا تضع قدمك عليه إلا عن سكينة ووجل

وتذكر مشيه وتخطيه في سككها وتصور خشوعه وسكينته في المشي وما استودع الله سبحانه قلبه من عظيم معرفته ورفعة ذكره مع ذكره تعالى حتى قرنه بذكر نفسه وإحباطه عمل من هتك حرمته ولو برفع صوته فوق صوته

ثم تذكر ما من الله تعالى به على الذين أدركوا صحبته وسعدوا بمشاهدته واستماع كلامه وأعظم تأسفك على ما فاتك من صحبته وصحبة أصحابه رضي الله عنهم

ثم اذكر أنك قد فاتتك رؤيته في الدنيا وأنك من رؤيته في الآخرة على خطر وأنك ربما لا تراه إلا بحسرة وقد حيل بينك وبين قبوله إياك بسوء عملك كما قال صلى الله عليه وسلم يرفع الله إلي أقواما فيقولون يا محمد فأقول يا رب أصحابي فيقول إنك لا تدري ما أحدثوا بعدك فأقول بعدا وسحقا حديث يرفع إلي أقوام فيقولون يا محمد يا محمد فأقول يا رب أصحابي فيقول إنك لا تدري ما أحدثوا بعدك فأقول بعدا وسحقا متفق عليه من حديث ابن مسعود وأنس وغيرهم دون قوله يا محمد يا محمد فإن تركت حرمة شريعته ولو في دقيقة من الدقائق فلا تأمن أن يحال بينك وبينه بعدولك عن محجته

وليعظم مع ذلك رجاؤك أن لا يحول الله تعالى بينك وبينه بعد أن رزقك الإيمان وأشخصك من وطنك لأجل زيارته من غير تجارة ولا حظ في الدنيا بل لمحض حبك له وشوقك إلى أن تنظر إلى آثاره وإلى حائط قبره إذ سمحت نفسك بالسفر بمجرد ذلك لما فاتتك رؤيته فما أجدرك بأن ينظر الله تعالى إليك بعين الرحمة

فإذا بلغت المسجد فاذكر أنها العرصة التي اختارها الله سبحانه لنبيه صلى الله عليه وسلم ولأول المسلمين وأفضلهم عصابة وأن فرائض الله سبحانه أول ما أقيمت في تلك العرصة وأنها جمعت أفضل خلق الله حيا وميتا فليعظم أملك في الله سبحانه أن يرحمك بدخولك إياه فادخله خاشعا معظما

وما أجدر هذا المكان بأن يستدعي الخشوع من قلب كل مؤمن كما حكي عن أبي سليمان أنه قال حج أويس القرني رضي الله عنه ودخل المدينة فلما وقف على باب المسجد قيل له هذا قبر النبي صلى الله عليه وسلم فغشي عليه فلما أفاق قال أخرجوني فليس يلذ لي بلد فيه محمد صلى الله عليه وسلم مدفون

وأما زيارة رسول الله صلى الله عليه وسلم فينبغي أن تقف بين يديه كما وصفنا وتزوره ميتا كما تزوره حيا ولا تقرب من قبره إلا كما كنت تقرب من شخصه الكريم لو كان حيا

وكما كنت ترى الحرمة في أن لا تمس شخصه ولا تقبله بل تقف من بعد ماثلا بين يديه فكذلك فافعل فإن المس والتقبيل للمشاهد عادة النصارى واليهود

واعلم أنه عالم بحضورك وقيامك وزيارتك وأنه يبلغه سلامك وصلاتك فمثل صورته الكريمة في خيالك موضوعا في اللحد بإزائك وأحضر عظيم رتبته في قلبك فقد روي عنه صلى الله عليه وسلم أن الله تعالى وكل بقبره ملكا يبلغه سلام من سلم عليه من أمته حديث إن الله وكل بقبره صلى الله عليه وسلم ملكا يبلغه سلام من سلم عليه من أمته أخرجه النسائي وابن حبان والحاكم من حديث ابن مسعود بلفظ إن لله ملائكة سياحين في الأرض يبلغوني عن أمتي السلام وهذا في حق من لم يحضر قبره فكيف بمن فارق الوطن وقطع البوادي شوقا إلى لقائه واكتفى بمشاهدة مشهده الكريم إذ فاته مشاهدة غرته الكريمة وقد قال صلى الله عليه وسلم من صلى علي مرة واحدة صلى الله عليه عشرا حديث من صلى علي واحدة صلى الله عليه عشرا أخرجه مسلم من حديث أبي هريرة وعبد الله بن عمرو فهذا جزاءه في الصلاة عليه بلسانه فكيف بالحضور لزيارته ببدنه ثم ائت منبر الرسول صلى الله عليه وسلم وتوهم صعود النبي صلى الله عليه وسلم المنبر ومثل في قلبك طلعته البهية كأنها على المنبر

وقد أحدق به المهاجرون والأنصار رضي اللـه عنهم وهو صلى اللـه عليه وسلم يحثهم على طاعة اللـه عز وجل بخطبته وسل اللـه عز وجل أن لا يفرق في القيامة بينك وبينه فهذه وظيفة القلب في أعمال الحج فإذا فرغ منها كلها فينبغي أن يلزم قلبه الحزن والهم والخوف وأنه ليس يدري أقبل منه حجه وأثبت في زمرة المحبوبين أم رد حجه وألحق بالمطرودين وليتعرف ذلك من قلبه وأعماله فإن صادف قلبه قد ازداد تجافيا عن دار الغرور وانصرافا إلى دار الأنس باللـه تعالى ووجد أعماله قد اتزنت بميزان الشرع فليثق بالقبول فإن اللـه تعالى لا يقبل إلا من أحبه ومن أحبه تولاه وأظهر عليه آثار محبته وكف عنه سطوة عدوه إبليس لعنه اللـه

فإذا ظهر ذلك عليه دل على القبول وإن كان الأمر الآخر بخلافه فيوشك أن يكون حظه من سفره العناء والتعب نعوذ باللـه سبحانه وتعالى من ذلك

تم كتاب أسرار الحج يتلوه إن شاء اللـه تعالى كتاب آداب تلاوة القرآن

كتاب آداب تلاوة القرآن

بسم اللـه الرحمن الرحيم

الحمد لله الذي امتن على عباده بنبيه المرسل صلى اللـه عليه وسلم وكتابه المنزل الذي لا يأتيه الباطل من بين يديه ولا من خلفه تنزيل من حكيم حميد حتى اتسع على أهل الأفكار طريق الاعتبار بما فيه من القصص والأخبار واتضح به سلوك المنهج القويم والصراط المستقيم بما فصل فيه من الأحكام وفرق بين الحلال والحرام فهو الضياء والنور وبه النجاة من الغرور وفيه شفاء لما في الصدور ومن خالفه من الجبابرة قصمه اللـه ومن ابتغى العلم في غيره أضله اللـه هو حبل اللـه المتين ونوره المبين والعروة الوثقى والمعتصم الأوفى وهو المحيط بالقليل والكثير والصغير والكبير لا تنقضي عجائبه ولا تتناهى غرائبه لا يحيط بفوائده عند أهل العلم تحديد ولا يخلقه عند أهل التلاوة كثرة الترديد هو الذي أرشد الأولين والآخرين ولما سمعه الجن لم يلبثوا أن ولوا إلى قومهم منذرين ﴿ فقالوا إنا سمعنا قرآنا عجبا يهدي إلى الرشد فآمنا به ولن نشرك بربنا أحدا ﴾ فكل من آمن به فقد وفق ومن قال به فقد صدق ومن تمسك به فقد هدي ومن عمل به فقد فاز وقال تعالى ﴿ إنا نحن نزلنا الذكر وإنا له لحافظون ﴾ ومن أسباب حفظه في القلوب والمصاحف استدامة تلاوته والمواظبة على دراسته مع القيام بآدابه وشروطه والمحافظة على ما فيه من الأعمال الباطنة والآداب الظاهرة وذلك لا بد من بيانه وتفصيله وتنكشف مقاصده في أربعة أبواب

الباب الأول في فضل القرآن وأهله

الباب الثاني في آداب التلاوة في الظاهر

الباب الثالث في الأعمال الباطنة عند التلاوة

الباب الرابع في فهم القرآن وتفسيره بالرأي وغيره

الباب الأول في فضل القرآن وأهله وذم المقصرين في تلاوته فضيلة

القرآن

قال صلى الله عليه وسلم من قرأ القرآن ثم رأى أن أحدا أوتي أفضل مما أوتي فقد استصغر ما عظمه الله

تعالى حديث من قرأ القرآن ثم رأى أن أحدا أوتي أفضل مما أوتي فقد استصغر ما عظمه اللـه أخرجه الطبراني من حديث عبد اللـه بن عمرو بسند ضعيف

وقال صلى اللـه عليه وسلم ما من شفيع أفضل منزلة عند اللـه تعالى من القرآن لا نبي ولا ملك ولا غيره حديث ما من شفيع أعظم منزلة عند اللـه من القرآن لا نبي ولا ملك ولا غيره رواه عبد الملك بن حبيب من رواية سعيد بن سليم مرسلا وللطبراني من حديث ابن مسعود القرآن شافع مشفع ولمسلم من حديث أبي أمامة اقرءوا القرآن فإنه يجيء يوم القيامة شفيعا لصاحبه

وقال صلى اللـه عليه وسلم لو كان القرآن في إهاب ما مسته النار حديث لو كان القرآن في إهاب ما مسته النار أخرجه الطبراني وابن حبان في الضعفاء من حديث سهل بن سعد ولأحمد والدارمي والطبراني من حديث عقبة بن عامر وفيه ابن لهيعة ورواه ابن عدي والطبراني والبيهقي في الشعب من حديث عصمة بن مالك بإسناد ضعيف

وقال صلى اللـه عليه وسلم أفضل عبادة أمتي تلاوة القرآن حديث أفضل عبادة أمتي تلاوة القرآن أخرجه أبو نعيم في فضائل القرآن من حديث النعمان بن بشير وأنس وإسنادهما ضعيف

وقال صلى اللـه عليه وسلم أيضا إن اللـه عز وجل قرأ طه ويس قبل أن يخلق الخلق بألف عام فلما سمعت الملائكة القرآن قالت طوبى لأمة ينزل عليهم هذا وطوبى لأجواف تحمل هذا وطوبى لألسنة تنطق بهذا حديث إن اللـه عز وجل قرأ طه ويس قبل أن يخلق الخلق بألف عام الحديث أخرجه الدارمي من حديث أبي هريرة بسند ضعيف

وقال صلى اللـه عليه وسلم خيركم من تعلم القرآن وعلمه حديث خيركم من تعلم القرآن وعلمه أخرجه البخاري من حديث عثمان بن عفان

وقال صلى اللـه عليه وسلم يقول اللـه تبارك وتعالى من شغله قراءة القرآن عن دعائي ومسألتي أعطيته أفضل ثواب الشاكرين حديث يقول اللـه من شغله قراءة القرآن عن دعائي ومسألتي أعطيته ثواب الشاكرين أخرجه الترمذي من حديث أبي سعيد من شغله القرآن عن ذكري أو مسألتي أعطيته أفضل ما أعطي السائلين وقال حسن غريب ورواه ابن شاهين بلفظ المصنف

وقال صلى اللـه عليه وسلم ثلاثة يوم القيامة على كثيب من مسك أسود لا يهولهم فزع ولا ينالهم حساب حتى يفرغ ما بين الناس رجل قرأ القرآن ابتغاء وجه اللـه عز وجل والخ أم به قوما وهم به راضون حديث ثلاثة يوم القيامة على كثيب من مسك الحديث تقدم في الصلاة

وقال صلى الـلـه عليه وسلم أهل القرآن أهل الـلـه وخاصته حديث أهل القرآن أهل الـلـه وخاصته أخرجه النسائي في السكبرى وابن ماجه والحاكم من حديث أنس بإسناد حسن

وقال صلى الـلـه عليه وسلم إن القلوب تصدأ كما يصدأ الحديد فقيل يا رسول الـلـه وما جلاؤها فقال تلاوة القرآن وذكر الموت حديث إن هذه القلوب تصدأ كما يصدأ الحديد قيل ما جلاؤها قال تلاوة القرآن وذكر الموت أخرجه البيهقي في الشعب من حديث ابن عمر بسند ضعيف

وقال صلى الـلـه عليه وسلم لله أشد أذنا إلى قارىء القرآن من صاحب القينة إلى قينته حديث لله أشد أذنا إلى قارىء القرآن من صاحب القينة إلى قينته أخرجه ابن ماجه وابن حبان والحاكم وصححه من حديث فضالة بن عبيد

الآثار قال أبو أمامة الباهلي اقرءوا القرآن ولا تغرنكم هذه المصاحف المعلقة فإن الـلـه لا يعذب قلبا هو وعاء للقرآن

وقال ابن مسعود إذا أردتم العلم فانثروا القرآن فإن فيه علم الأولين والآخرين

وقال أيضا اقرءوا القرآن فإنكم تؤجرون عليه بكل حرف منه عشر حسنات أما إني لا أقول الحرف ألم ولكن الألف حرف واللام حرف والميم حرف

وقال أيضا لا يسأل أحدكم عن نفسه إلا القرآن فإن كان يحب القرآن ويعجبه فهو يحب الـلـه سبحانه ورسوله صلى الـلـه عليه وسلم وإن كان يبغض القرآن فهو يبغض الـلـه سبحانه ورسوله صلى الـلـه عليه وسلم

وقال عمرو بن العاص كل آية في القرآن درجة في الحنة ومصباح في بيوتكم وقال أيضا من قرأ القرآن فقد أدرجت النبوة بين جنبيه إلا أنه لا يوحى إليه

وقال أبو هريرة

إن البيت الذى يتلى فيه القرآن اتسع بأهله وكثر خيره وحضرته الملائكة وخرجت منه الشياطين وإن البيت الذي لايتلى فيه كتاب الله عز وجل ضاق بأهله وقل خيره وخرجت منه الملائكة وحضرته الشياطين

وقال أحمد بن حنبل رأيت الله عز وجل في المنام فقلت يا رب ما أفضل ما تقرب به المتقربون إليك قال بكلامي يا أحمد قال قلت يا رب بفهم أو بغير فهم قال بفهم وبغير فهم

وقال محمد بن كعب القرظي إذا سمع الناس القرآن من الله عز وجل يوم القيامة فكأنهم لم يسمعوه قط

وقال الفضيل بن عياض ينبغي لحامل القرآن أن لا يكون له إلى أحد حاجة ولا إلى الخلفاء فمن دونهم فينبغي أن تكون حوائج الخلق إليه

وقال أيضا حامل القرآن حامل راية الإسلام فلا ينبغي أن يلهو مع من يلهو ولا يسهو مع من يسهو ولا يلغو مع من يلغو تعظيما لحق القرآن

وقال سفيان الثوري إذا قرأ الرجل القرآن قبل الملك بين عينيه

وقال عمرو بن ميمون من نشر مصحفا حين يصلي الصبح فقرأ منه مائة آية رفع الله عز وجل له مثل عمل جميع أهل الدنيا

ويروى أن خالد بن عقبة جاء إلى رسول الله صلى الله عليه وسلم وقال اقرأ علي القرآن فقرأ عليه إن الله يأمر بالعدل والإحسان وإيتاء ذي القربى الآية فقال له فأعاد فقال و الله إن له لحلاوة وإن عليه لطلاوة وإن أسفله لمورق وأن أعلاه لمثمر وما يقول هذا بشر حديث أن خالد بن عقبة جاء إلى رسول الله صلى الله عليه وسلم وقال اقرأ علي القرآن فقرأ عليه إن الله يأمر بالعدل والإحسان وإيتاء ذي القربى فقال أعد فأعاد فقال إن له لحلاوة وإن عليه لطلاوة وإن أسفله لمغدق وإن أعلاه لمثمر وما يقول هذا بشر ذكره ابن عبد البر في الاستيعاب بغير إسناد ورواه البيهقي في الشعب من حديث ابن عباس بسند جيد إلا أنه قال الوليد بن المغيرة بدل خالد بن عقبة وكذا ذكره ابن إسحاق في السيرة بنحوه

وقال الحسن و الله ما دون القرآن من غنى ولا بعده من فاقه

وقال الفضيل من قرأ خاتمة سورة الحشر حين يصبح ثم مات من يومه ختم له بطابع الشهداء ومن قرأها حين يمسي ثم مات من ليلته ختم له بطابع الشهداء

وقال القاسم بن عبد الرحمن قلت لبعض النساك ما ههنا أحد نستأنس به فمد يده إلى المصحف ووضعه على حجره وقال هذا

وقال علي بن أبي طالب رضي الله عنه ثلاث يزدن في الحفظ ويذهبن البلغم السواك والصيام وقراءة القرآن في ذم تلاوة الغافلين

قال أنس بن مالك رب تال للقرآن والقرآن يلعنه وقال ميسرة الغريب هو القرآن في جوف الفاجر وقال أبو سليمان الداراني الزبانية أسرع إلى حملة القرآن الذين يعصون الله عز وجل منهم إلى عبدة الأوثان حين عصوا الله سبحانه بعد القرآن

وقال بعض العلماء إذا قرأ ابن آدم القرآن ثم خلط ثم عاد فقرأ قيل له مالك ولكلامي وقال ابن الرماح ندمت على استظهاري القرآن لأنه بلغني أن أصحاب القرآن يسألون عما يسأل عنه الأنبياء يوم القيامة وقال ابن مسعود ينبغي لحامل القرآن أن يعرف بليله إذا الناس ينامون وبنهاره إذا الناس يفرطون وبحزنه إذا الناس يفرحون وببكائه إذا الناس يضحكون وبصمته إذا الناس يخوضون وبخشوعه إذا الناس يختالون وينبغي لحامل القرآن أن يكون مستكينا لينا ولاينبغي له أن يكون جافيا ولا مماريا ولا صياحا ولا صخابا ولا حديدا

وقال صلى الله عليه وسلم أكثر منافقي هذه الأمة قراؤها حديث أكثر منافقي أمتي قراؤها أخرجه أحمد من حديث عقبة بن عامر وعبد الله بن عمرو وفيهما ابن لهيعة وقال صلى الله عليه وسلم اقرأ القرآن ما نهاك فإن لم ينهك فلست تقرؤه حديث إقرأ القرآن ما نهاك فإن لم ينهك فلست تقرؤه أخرجه الطبراني من حديث عبد الله بن عمرو بسند ضعيف وقال صلى الله عليه وسلم ما آمن بالقرآن من استحل محارمه حديث ما آمن بالقرآن من استحل محارمه أخرجه الترمذي من حديث صهيب وقال ليس إسناده بالقوي وقال بعض السلف

إن العبد ليفتتح سورة فتصلي عليه الملائكة حتى يفرغ منها وإن العبد ليفتتح سورة فتلعنه حتى يفرغ منها فقيل له وكيف ذلك فقال إذا أحل حلالها وحرم حرامها صلت عليه وإلا لعنته

وقال بعض العلماء إن العبد ليتلو القرآن فيلعن نفسه وهو لا يعلم يقول ﴿ ألا لعنة الله على الظالمين ﴾ وهو ظالم نفسه ألا لعنة الله على الكاذبين وهو منهم

وقال الحسن إنكم اتخذتم قراءة القرآن مراحل وجعلتم الليل جملا فأنتم تركبونه فتقطعون به مراحله وإن من كان قبلكم رأوه رسائل من ربهم فكانوا يتدبرونها بالليل وينفذونها بالنهار

وقال ابن مسعود أنزل القرآن عليهم ليعملوا به فاتخذوا دراسته عملا إن أحدكم ليقرأ القرآن من فاتحته إلى خاتمته ما يسقط منه حرفا وقد أسقط العمل به

وفي حديث ابن عمر وحديث جندب رضي الله عنهما لقد عشنا دهرا طويلا وأحدنا يؤتى الإيمان قبل القرآن فتنزل السورة على محمد صلى الله عليه وسلم فيتعلم حلالها وحرامها وآمرها وزاجرها وما ينبغي أن يقف عنده منها

ثم لقد رأيت رجالا يؤتى أحدهم القرآن قبل الإيمان فيقرأ ما بين فاتحة الكتاب إلى خاتمته لا يدري ما آمره ولا زاجره ولا ما ينبغي أن يقف عنده منه ينثره نثر الدقل حديث ابن عمر وحديث جندب لقد عشنا دهرا وأحدنا يؤتى الإيمان قبل القرآن الحديث تقدما في العلم وقد ورد في التوراة يا عبدي أما تستحي مني يأتيك كتاب من بعض إخوانك وأنت في الطريق تمشي فتعدل عن الطريق وتقعد لأجله وتقرؤه وتتدبره حرفا حرفا حتى لا يفوتك شيء منه وهذا كتابي أنزلته إليك انظر كم فصلت لك فيه من القول وكم كررت عليك فيه لتتأمل طوله وعرضه ثم أنت معرض عنه أفكنت أهون عليك من بعض إخوانك يا عبدي يقعد إليك بعض إخوانك فتقبل عليه بكل وجهك وتصغي إلى حديثه بكل قلبك فإن تكلم متكلم أو شغلك شاغل عن حديثه أومأت إليه أن كف وها أنا ذا مقبل عليك ومحدث لك وأنت معرض بقلبك عني أفجعلتني أهون عندك من بعض إخوانك

الباب الثاني في ظاهر آداب التلاوة وهي عشرة الأول في حال

القارىء وهو أن يكون على الوضوء واقعا على هيئة الأدب والسكون إما قائما وإما جالسا مستقبل القبلة مطرقا رأسه غير متربع ولا متكىء ولا جالس على هيئة التكبر ويكون جلوسه وحده كجلوسه بين يدي أستاذه وأفضل الأحوال أن يقرأ في الصلاة قائما وأن يكون في المسجد فذلك من أفضل الأعمال

فإن قرأ على غير وضوء وكان مضطجعا في الفراش فله أيضا فضل ولكنه دون ذلك قال الله تعالى الذين يذكرون الله قياما وقعودا وعلى جنوبهم ويتفكرون في خلق السموات والأرض فأثنى على الكل ولكن قدم القيام في الذكر ثم القعود ثم الذكر مضطجعا

قال علي رضي الله عنه من قرأ القرآن وهو قائم في الصلاة كان له بكل حرف مائة حسنة ومن قرأه وهو جالس في الصلاة فله بكل حرف خمسون حسنة ومن قرأه في غير صلاة وهو على وضوء فخمس وعشرون حسنة ومن قرأه على غير وضوء فعشر حسنات

وما كان من القيام بالليل فهو أفضل لأنه أفرغ للقلب قال أبو ذر الغفاري رضي الله عنه إن كثرة السجود بالنهار وإن طول القيام بالليل أفضل

الثاني في مقدار القرآن وللقراء عادات مختلفة في الاستكثار والاختصار فمنهم من يختم القرآن في اليوم والليلة مرة وبعضهم مرتين وانتهى بعضهم إلى ثلاث ومنهم من يختم في الشهر مرة وأولى ما يرجع إليه في التقديرات قول رسول الله صلى الله عليه وسلم من قرأ القرآن في أقل من ثلاث لم يفقهه حديث من قرأ القرآن في أقل من ثلاث لم يفقهه أخرجه أصحاب السنن من حديث عبد الله بن عمرو وصححه الترمذي وذلك لأن الزيادة عليه تمنعه الترتيل وقد قالت عائشة

رضي الله تعالى عنها لما سمعت رجلا يهذر القرآن هذرا إن هذا ما قرأ القرآن ولا سكت وأمر النبي صلى الله عليه وسلم عبد الله بن عمر رضي الله عنهما أن يختم القرآن في كل سبع حديث أمر رسول الله صلى الله عليه وسلم عبد الله بن عمرو أن يختم القرآن في كل أسبوع متفق عليه من حديثه وكذلك كان جماعة من الصحابة رضي الله عنهم يختمون القرآن في كل جمعة كعثمان وزيد بن ثابت وابن مسعود وأبي بن كعب رضي الله عنهم ففي الختم أربع درجات الختم في يوم وليلة وقد كرهه جماعة والختم في كل شهر كل يوم جزء من ثلاثين جزءا وكأنه مبالغة في الاقتصار كما أن الأول مبالغة في الاستكثار وبينهما درجتان معتدلتان إحداهما في الأسبوع مرة والثانية في الأسبوع مرتين تقريبا من الثلاث والأحب أن يختم ختمة بالليل وختمة بالنهار ويجعل ختمه بالنهار يوم الاثنين في ركعتي الفجر أو بعدهما ويجعل ختمه بالليل ليلة الجمعة في ركعتي المغرب أو بعدهما ليستقبل أول النهار وأول الليل بختمته فإن الملائكة عليهم السلام تصلي عليه إن كانت ختمته ليلا حتى يصبح وإن كان نهارا حتى يمسي فتشمل بركتهما جميع الليل والنهار والتفصيل في مقدار القراءة أنه إن كان من العابدين السالكين طريق العمل فلا ينبغي أن ينقص عن ختمتين في الأسبوع وإن كان من السالكين بأعمال القلب وضروب الفكر أو من المشتغلين بنشر العلم فلا بأس أن يقتصر في الأسبوع على مرة وإن كان نافذ الفكر في معاني القرآن فقد يكتفي في الشهر بمرة لكثرة حاجته إلى كثرة الترديد والتأمل الثالث في وجه القسمة أما من ختم في الأسبوع مرة فيقسم القرآن سبعة أحزاب فقد حزب الصحابة رضي الله عنهم أحزابا حديث تحزيب القرآن على سبعة أجزاء أخرجه ابن ماجه من حديث أوس بن حذيفة في حديث فيه طرأ على حزبي من القرآن قال أوس فسألت أصحاب رسول الله صلى الله عليه وسلم كيف تحزبون القرآن قالوا ثلاث وخمس وسبع وتسع وإحدى عشرة وثلاث عشرة وحزب المفصل وفي رواية للطبراني فسألنا أصحاب رسول الله صلى الله عليه وسلم كيف كان رسول الله صلى الله عليه وسلم يجزىء القرآن فقالوا كان يجزئه ثلاثا فذكره مرفوعا وإسناده حسن فروي أن عثمان رضي الله عنه كان يفتتح ليلة الجمعة بالبقرة إلى المائدة وليلة السبت بالأنعام إلى هود وليلة الأحد بيوسف إلى مريم وليلة الاثنين بطه إلى طسم موسى وفرعون وليلة الثلاثاء بالعنكبوت إلى ص وليلة الأربعاء بتنزيل إلى الرحمن ويختم ليلة الخميس وابن مسعود كان يقسمه أقساما لا على هذا الترتيب وقيل أحزاب القرآن سبعة فالحزب الأول ثلاث سور والحزب الثاني خمس سور والحزب الثالث سبع سور والرابع تسع سور والخامس إحدى عشرة سورة والسادس ثلاث عشرة سورة والسابع المفصل من ق إلى آخره فهكذا حزبه الصحابة رضي الله عنهم وكانوا يقرءونه كذلك وفيه خبر عن رسول الله صلى الله عليه وسلم وهذا قبل أن تعمل الأخماس والأعشار والأجزاء فما سوى هذا محدث الرابع في الكتابة يستحب تحسين كتابة القرآن وتبيينه ولا بأس بالنقط والعلامات بالحمرة وغيرها فإنها تزيين وتبيين وصد عن الخطأ واللحن لمن يقرؤه وقد كان الحسن

وابن سيرين ينكرون الأخماس والعواشر والأجزاء وروي عن الشعبي وإبراهيم كراهية النقط بالحمرة وأخذ الأجرة على ذلك وكانوا يقولون جردوا القرآن والظن بهؤلاء أنهم كرهوا فتح هذا الباب خوفا من أن يؤدي إلى إحداث زيادات وحسما للباب وتشوقا إلى حراسة القرآن عما يطرق إليه تغييرا وإذا لم يؤد إلى محظور واستقر أمر الأمة فيه على ما يحصل به مزيد معرفة فلا بأس به ولا يمنع من ذلك كونه محدثا فكم من محدث حسن كما قيل في إقامة الجماعات في التراويح إنها من محدثات عمر رضي الله عنه وأنها بدعة حسنة إنما البدعة المذمومة ما يصادم السنة القديمة أو يكاد يفضي إلى تغييرها وبعضهم كان يقول أقرأ من المصحف في المنقوط ولا أنقطه بنفسي وقال الأوزاعي عن يحيى بن أبي كثير كان القرآن مجردا في المصاحف فأول ما أحدثوا فيه النقط على الباء والتاء وقالوا

لا بأس به فإنه نور له

ثم أحدثوا بعده نقطا كبارا عند منتهى الآي فقالوا لا بأس به يعرف به رأس الآية

ثم أحدثوا بعد ذلك الخواتم والفواتح

قال أبو بكر الهذلي سألت الحسن عن تنقيط المصاحف بالأحمر فقال وما تنقيطها قال يعربون الكلمة بالعربية قال أما إعراب القرآن فلا بأس به وقال خالد الحذاء دخلت على ابن سيرين فرأيته يقرأ في مصحف منقوط وقد كان يكره النقط

وقيل إن الحجاج هو الذي أحدث ذلك وأحضر القراء حتى عدوا كلمات القرآن وحروفه وسووا أجزاءه وقسموه إلى ثلاثين جزءا وإلى أقسام أخر

الخامس الترتيل هو المستحب في هيئة القرآن لأنا سنبين أن المقصود من القراءة التفكر والترتيل معين عليه ولذلك نعتت أم سلمة رضي الله عنها قراءة رسول الله صلى الله عليه وسلم فإذا هي تنعت قراءة مفسرة حرفا حرفا حديث نعتت أم سلمة قراءة النبي صلى الله عليه وسلم فإذا هي تنعت قراءة مفسرة حرفا حرفا أخرجه أبو داود والنسائي والترمذي وقال حسن صحيح وقال ابن عباس رضي الله عنه لأن أقرأ البقرة وآل عمران أرتلهما وأتدبرهما أحب إلي من أن أقرأ القرآن هذرمة

وقال أيضا لأن أقرأ إذا زلزلت والقارعة أتدبرهما أحب إلي من أن أقرأ البقرة وآل عمران تهذيرا

وسئل مجاهد عن رجلين دخلا في الصلاة فكان قيامهما واحدا إلا أن أحدهما قرأ البقرة فقط والآخر القرآن كله فقال هما في الأجر سواء

واعلم أن الترتيل مستحب لا لمجرد التدبر فإن العجمي الذي لا يفهم معنى القرآن يستحب له في القراءة أيضا الترتيل والتؤدة لأن ذلك أقرب إلى التوقير والاحترام وأشد تأثيرا في القلب من الهذرمة والاستعجال

السادس البكاء مستحب مع القراءة قال رسول الله صلى الله عليه وسلم اتلوا القرآن وابكوا فإن لم تبكوا فتباكوا حديث اتلوا القرآن وابكوا فإن لم تبكوا فتباكوا أخرجه ابن ماجه من حديث سعد بن أبي وقاص بإسناد جيد وقال صلى الله عليه وسلم ليس منا من لم يتغن بالقرآن حديث ليس منا من لم يتغن بالقرآن أخرجه البخاري من حديث أبي هريرة وقال صالح المري قرأت القرآن على رسول الله صلى الله عليه وسلم في المنام فقال لي يا صالح هذه القراءة فأين البكاء وقال ابن عباس رضي الله عنهما إذا قرأتم سجدة سبحان فلا تعجلوا بالسجود حتى تبكوا فإن لم تبك عين أحدكم فليبك قلبه وإنما طريق تكلف البكاء أن يحضر قلبه الحزن فمن الحزن ينشأ البكاء قال صلى الله عليه وسلم إن القرآن نزل بحزن فإذا قرأتموه فتحازنوا حديث إن القرآن نزل بحزن فإذا قرأتموه فتحازنوا أخرجه أبو يعلى وأبو نعيم في الحلية من حديث ابن عمر بسند ضعيف ووجه إحضار الحزن أن يتأمل ما فيه من

التهديد والوعيد والمواثيق والعهود ثم يتأمل تقصيره في أوامره وزواجره فيحزن لا محالة ويبكي فإن لم يحضره حزن وبكاء كما يحضر أرباب القلوب الصافية فليبك على فقد الحزن والبكاء فإن ذلك أعظم المصائب السابع أن يراعي حق الآيات فإذا مر بآية سجدة سجد وكذلك إذا سمع من غيره سجدة سجد إذا سجد التالي ولا يسجد إلا إذا كان على طهارة وفي القرآن أربع عشرة سجدة وفي الحج سجدتان وليس في ص سجدة وأقله أن يسجد بوضع جبهته على الأرض وأكمله أن يكبر فيسجد ويدعو في سجوده بما يليق بالآية التي قرأها مثل أن يقرأ قوله تعالى ﴿ خروا سجدا وسبحوا بحمد ربهم وهم لا يستكبرون ﴾ فيقول اللهم اجعلني من الساجدين لوجهك المسبحين بحمدك وأعوذ بك أن أكون من المستكبرين عن أمرك أو على أوليائك وإذا قرأ قوله تعالى ﴿ ويخرون للأذقان يبكون ويزيدهم خشوعا ﴾ فيقول اللهم اجعلني من الباكين إليك الخاشعين لك وكذلك كل سجدة ويشترط في هذه السجدة شروط الصلاة من ستر العورة واستقبال القبلة وطهارة الثوب والبدن من الحدث والخبث

ومن لم يكن على طهارة عند السماع فإذا تطهر يسجد وقد قيل في كمالها أنه يكبر رافعا يديه لتحريمه ثم يكبر للهوى للسجود ثم يكبر للارتفاع ثم يسلم وزاد زائدون

التشهد ولا أصل لهذا إلا القياس على سجود الصلاة وهو بعيد فإنه ورد الأمر في السجود فليتبع فيه الأمر وتكبيرة الهوى أقرب للبداية وما عدا ذلك ففيه بعد ثم المأموم ينبغي أن يسجد عند سجود الإمام ولا يسجد لتلاوة نفسه إذا كان مأموما الثامن أن يقول في مبتدأ قراءته أعوذ بالله السميع العليم من الشيطان الرجيم رب أعوذ بك من همزات الشياطين وأعوذ بك رب أن يحضرون وليقرأ قل أعوذ برب الناس وسورة الحمد لله وليقل عند فراغه من القراءة صدق الـلـه تعالى وبلغ رسول الـلـه صلى الـلـه عليه وسلم وسلم اللهم انفعنا به وبارك لنا فيه الحمد لله رب العالمين وأستغفر الـلـه الحي القيوم وفي أثناء القراءة إذا مر بآية تسبيح سبح وكبر وإذا مر بآية دعاء واستغفار دعا واستغفر وإن مر بمرجو سأل وإن مر بمخوف استعاذ يفعل ذلك بلسانه أو بقلبه فيقول سبحان الـلـه نعوذ بالله اللهم ارزقنا اللهم ارحمنا قال حذيفة صليت مع رسول الـلـه صلى الـلـه عليه وسلم فابتدأ سورة البقرة فكان لا يمر بآية رحمة إلا سأل ولا بآية عذاب إلا استعاذ ولا بآية تنزيه إلا سبح حديث حذيفة كان لا يمر بآية عذاب إلا تعوذ ولا بآية رحمة إلا سأل ولا بآية تنزيه إلا سبح أخرجه مسلم مع اختلاف لفظ فإذا فرغ قال ما كان يقول صلوات الـلـه وسلامه عند ختم القرآن اللهم ارحمني بالقرآن واجعله لي إماما ونورا وهدى ورحمة اللهم ذكرني منه ما نسيت وعلمني منه ما جهلت وارزقني تلاوته آناء الليل وأطراف النهار واجعله لي حجة يا رب العالمين حديث كان رسول الـلـه صلى الـلـه عليه وسلم يقول عند ختم القرآن اللهم ارحمني بالقرآن واجعله لي إماما وهدى ورحمة اللهم ذكرني منه ما نسيت وعلمني منه ما جهلت وارزقني تلاوته آناء الليل وأطراف النهار واجعله لي حجة يا رب العالمين رواه أبو منصور المظفر بن الحسين الأرجاني في فضائل القرآن وأبو بكر بن الضحاك في الشمائل كلاهما من طريق أبي ذر الهروي من رواية داود بن قيس معضلا التاسع في الجهر بالقراءة ولا شك في أنه لا بد أن يجهر به إلى حد يسمع نفسه إذ القراءة عبارة عن تقطيع الصوت بالحروف ولا بد من صوت فأقله ما يسمع نفسه فإن لم يسمع نفسه لم تصح صلاته فأما الجهر بحيث يسمع غيره فهو محبوب على وجه ومكروه على وجه آخر ويدل على استحباب الإسرار ما روي أنه صلى الـلـه عليه وسلم قال فضل قراءة السر على قراءة العلانية كفضل صدقة السر على صدقة العلانية وفي لفظ آخر الجاهر بالقرآن كالجاهر بالصدقة والمسر به كالمسر بالصدقة حديث فضل قراءة السر على قراءة العلانية كفضل صدقة السر على صدقة العلانية قال وفي لفظ آخر الجاهر بالقرآن كالجاهر بالصدقة والمسر بالقرآن كالمسر بالصدقة أخرجه أبو داود والنسائي والترمذي وحسنه من حديث عقبة بن عامر باللفظ الثاني وفي الخبر العام يفضل عمل السر على العلانية سبعين ضعفا حديث يفضل عمل السر على عمل العلانية بسبعين ضعفا أخرجه البيهقي في الشعب من حديث عائشة وكذلك قوله صلى الـلـه عليه وسلم خير الرزق ما يكفي وخير الذكر الخفي حديث خير الرزق ما يكفي وخير الذكر الخفي أخرجه أحمد وابن حبان من حديث سعد بن أبي وقاص

وفي الخبر لا يجهر بعضكم على بعض في القراءة بين المغرب والعشاء حديث لا يجهر بعضكم على بعض في القراءة بين المغرب والعشاء رواه أبو داود من حديث البياضي دون قوله بين المغرب والعشاء والبيهقي في الشعب من حديث علي قبل العشاء وبعدها وفيه الحارث الأعور وهو ضعيف وسمع سعيد بن المسيب ذات ليلة في مسجد رسول الله صلى الله عليه وسلم عمر بن عبد العزيز يجهر بالقراءة في صلاته وكان حسن الصوت فقال لغلامه اذهب إلى هذا المصلي فمره أن يخفض صوته فقال الغلام إن المسجد ليس لنا وللرحل فيه نصيب فرفع سعيد صوته وقال يا أيها المصلي إن كنت تريد الله عز وجل بصلاتك فاخفض صوتك وإن كنت تريد الناس فإنهم لن يغنوا عنك من الله شيئا فسكت عمر بن عبد العزيز وخفف ركعته فلما سلم أخذ نعليه وانصرف وهو يومئذ أمير المدينة ويدل على استحباب الجهر ما روي أن النبي صلى الله عليه وسلم سمع جماعة من أصحابه يجهرون في صلاة الليل فصوب ذلك حديث أنه سمع جماعة من الصحابة يجهرون في صلاة الليل فصوب ذلك ففي الصحيحين من حديث عائشة أن رجلا قام من الليل فقرأ فرفع صوته بالقرآن فقال رسول الله صلى الله عليه وسلم رحم الله فلانا الحديث ومن حديث أبي موسى قال قال رسول الله صلى الله عليه وسلم لو رأيتني وأنا أسمع قراءتك البارحة الحديث ومن حديث أيضا إنما أعرف أصوات رفقة الأشعريين بالقرآن حين يدخلون بالليل وأعرف منازلهم من أصواتهم بالقرآن الحديث وقد قال صلى الله عليه وسلم

إذا قام أحدكم من الليل يصلي فليجهر بالقراءة فإن الملائكة وعمار الدار يستمعون قراءته ويصلون بصلاته حديث إذا قام أحدكم من الليل يصلي فليجهر بقراءته فإن الملائكة وعمار الدار يستمعون إلى قراءته ويصلون بصلاته رواه بنحوه بزيادة فيه أبو بكر البزار ونصر المقدسي في المواعظ وأبو شجاع من حديث معاذ بن جبل وهو حديث منكر منقطع ومر صلى الله عليه وسلم بثلاثة من أصحابه رضي الله عنهم مختلفي الأحوال فمر على أبي بكر رضي الله عنه وهو يخافت فسأله عن ذلك فقال إن الذي أناجيه هو يسمعني ومر على عمر رضي الله عنه وهو يجهر فسأله عن ذلك فقال أوقظ الوسنان وأزجر الشيطان ومر على بلال وهو يقرأ آيا من هذه السورة وآيا من هذه السورة فسأله عن ذلك فقال أخلط الطيب بالطيب فقال صلى الله عليه وسلم كلكم قد أحسن وأصاب حديث مروره صلى الله عليه وسلم بأبي بكر وهو يخافت وبعمر وهو يجهر وببلال وهو يقرأ من هذه السورة ومن هذه السورة الحديث تقدم في الصلاة فالوجه في الجمع بين هذه الأحاديث أن الإسرار أبعد عن الرياء والتصنع فهو أفضل في حق من يخاف ذلك على نفسه فإن لم يخف ولم يكن في الجهر ما يشوش الوقت على مصل آخر فالجهر أفضل لأن العمل فيه أكثر ولأن فائدته أيضا تتعلق بغيره فالخير المتعدي أفضل من اللازم ولأنه يوقظ قلب القارىء ويجمع همه إلى الفكر فيه ويصرف إليه سمعه ولأنه يطرد النوم في رفع الصوت ولأنه يزيد في نشاطه للقراءة ويقلل من كسله ولأنه يرجو بجهره تيقظ نائم فيكون هو سبب إحيائه ولأنه قد يراه بطال غافل فينشط بسبب نشاطه ويشتاق إلى الخدمة فمتى حضره شيء من هذه النيات فالجهر أفضل وإن اجتمعت هذه النيات تضاعف الأجر وبكثرة النيات تزكو أعمال الأبرار وتتضاعف أجورهم فإن كان في العمل الواحد عشر نيات كان فيه عشر أجور ولهذا نقول قراءة القرآن في المصاحف أفضل إذ يزيد في العمل النظر وتأمل المصحف وحمله فيزيد الأجر بسببه وقد قيل الختمة في المصحف بسبع لأن النظر في المصحف أيضا عبادة وخرق عثمان رضي الله عنه مصحفين لكثرة قراءته منهما فكان كثير من الصحابة يقرؤون في المصاحف ويكرهون أن يخرج يوم ولم ينظروا في المصحف ودخل بعض فقهاء مصر على الشافعي رضي الله عنه في السحر وبين يديه مصحف فقال له الشافعي شغلكم الفكر عن القرآن إني لأصلي العتمة وأضع المصحف بين يدي فما أطبقه حتى أصبح العاشر تحسين القراءة وترتيلها بترديد الصوت من غير تمطيط مفرط يغير النظم فذلك سنة قال صلى الله عليه وسلم زينوا القرآن بأصواتكم حديث زينوا القرآن بأصواتكم أخرجه أبو داود والنسائي وابن ماجه وابن حبان والحاكم وصححه من حديث البراء بن عازب وقال عليه السلام ما أذن الله لشيء إذنه لحسن الصوت بالقرآن حديث ما أذن الله لشيء إذنه لحسن الصوت بالقرآن متفق عليه من حديث أبي هريرة بلفظ ما أذن الله لشيء ما أذن لنبي يتغنى بالقرآن زاد مسلم لنبي حسن الصوت وفي رواية له كإذنه لنبي يتغنى بالقرآن وقال صلى الله عليه وسلم ليس منا من لم يتغن بالقرآن فقيل أراد به الاستغناء وقيل أراد به الترنم

وترديد الألحان به وهو أقرب عند أهل اللغة وروي أن رسول الـلـه صلى الـلـه عليه وسلم كان ليلة ينتظر عائشة رضي الـلـه عنها فأبطأت عليه فقال صلى الـلـه عليه وسلم ما حبسك قالت يا رسول الـلـه كنت أستمع قراءة رجل ما سمعت أحسن صوتا منه فقام صلى الـلـه عليه وسلم حتى استمع إليه طويلا ثم رجع فقال صلى الـلـه عليه وسلم هذا سالم مولى أبي حذيفة الحمد لله الذي جعل في أمتي مثله حديث كان ينتظر عائشة فأبطأت عليه فقال ما حبسك قالت يا رسول الـلـه كنت أسمع قراءة رجل ما سمعت أحسن صوتا منه فقام صلى الـلـه عليه وسلم حتى استمع إليه طويلا ثم رجع فقال هذا سالم مولى أبي حذيفة الحمد لله الذي جعل في أمتي مثله أخرجه أبو داود من حديث عائشة ورجال إسناده ثقات واستمع صلى الـلـه عليه وسلم أيضا ذات ليلة إلى عبد الـلـه بن مسعود ومعه أبو بكر وعمر رضي الـلـه عنهما فوقفوا طويلا ثم قال

صلى الله عليه وسلم من أراد أن يقرأ القرآن غضا طريا كما أنزل فليقرأه على قراءة ابن أم عبد حديث استمع ذات ليلة إلى عبد الله بن مسعود ومعه أبو بكر وعمر فوقفوا طويلا ثم قال من أراد أن يقرأ القرآن غضا كما أنزل فليقرأه على قراءة ابن أم عبد أخرجه أحمد والنسائي في الكبرى من حديث عمر والترمذي وابن ماجه من حديث ابن مسعود أن أبا بكر وعمر بشراه أن رسول الله صلى الله عليه وسلم قال من أحب أن يقرأ القرآن الحديث قال الترمذي حسن صحيح وقال صلى الله عليه وسلم لابن مسعود اقرأ علي فقال يا رسول الله أقرأ عليك وعليك أنزل فقال صلى الله عليه وسلم إني أحب أن أسمعه من غيري فكان يقرأ وعينا رسول الله صلى الله عليه وسلم تفيضان حديث أنه قال لابن مسعود اقرأ فقال يا رسول الله اقرأ وعليك أنزل فقال إني أحب أن أسمعه من غيري الحديث متفق عليه من حديث ابن مسعود واستمع صلى الله عليه وسلم إلى قراءة أبي موسى فقال لقد أوتي هذا من مزامير آل داود فبلغ ذلك أبا موسى فقال يا رسول الله لو علمت أنك تسمع لحبرته لك تحبيرا حديث استمع إلى قراءة أبي موسى فقال لقد أوتي هذا من مزامير آل داود متفق عليه من حديث أبي موسى ورأى هيثم القارىء رسول الله صلى الله عليه وسلم في المنام قال فقال لي أنت الهيثم الذي تزين القرآن بصوتك قلت نعم قال جزاك الله خيرا

وفي الخبر كان أصحاب رسول الله صلى الله عليه وسلم إذا اجتمعوا أمروا أحدهم أن يقرأ سورة من القرآن وقد كان عمر يقول لأبي موسى رضي الله عنهما ذكرنا ربنا فيقرأ عنده حتى يكاد وقت الصلاة أن يتوسط فيقال يا أمير المؤمنين الصلاة الصلاة فيقول أولسنا في صلاة إشارة إلى قوله عز وجل ولذكر الله أكبر وقال صلى الله عليه وسلم من استمع إلى آية من كتاب الله عز وجل كانت له نورا يوم القيامة حديث من استمع إلى آية من كتاب الله كانت له نورا يوم القيامة وفي الخبر كتب له عشر حسنات أخرجه أحمد من حديث أبي هريرة من استمع إلى آية من كتاب الله كتب له حسنة مضاعفة ومن تلاها كانت له نورا يوم القيامة وفيه ضعف وانقطاع وفي الخبر كتب له عشر حسنات ومهما عظم أجر الاستماع وكان التالي هو السبب فيه كان شريكا في الأجر إلا أن يكون قصده الرياء والتصنع

الباب الثالث في أعمال الباطن في التلاوة وهي عشرة فهم

أصل الكلام ثم التعظيم ثم حضور القلب ثم التدبر ثم التفهم ثم التخلي عنموانع الفهم ثم التخصيص ثم التأثر ثم الترقي ثم التبري

فالأول فهم عظمة الكلام وعلوه وفضل الله سبحانه وتعالى ولطفه بخلقه في نزوله عن عرش جلاله إلى درجة إفهام خلقه

فلينظر كيف لطف بخلقه في إيصال معاني كلامه الذي هو صفة قديمة قائمة بذاته إلى أفهام خلقه وكيف تجلت لهم تلك الصفة في طي حروف وأصوات هي صفات البشر إذ يعجز البشر عن الوصول إلى فهم صفات الـلـه عز وجل إلا بوسيلة صفات نفسه

ولولا استتار كنه جلالة كلامه بكسوة الحروف لما ثبت لسماع الكلام عرش ولا ثرى ولتلاشى ما بينهما من عظمة سلطانه وسبحات نوره ولولا تثبيت الـلـه عز وجل لموسى عليه السلام لما أطاق لسماع كلامه كما لم يطق الجبل مبادي تجليه حيث صار دكا ولا يمكن تفهيم عظمة الكلام إلا بأمثلة على حد فهم الخلق

ولهذا عبر بعض العارفين عنه فقال إن كل حرف من كلام الـلـه عز وجل في اللوح المحفوظ أعظم من جبل قاف وإن الملائكة عليهم السلام لو اجتمعت على الحرف الواحد أن يقلوه ما أطاقوه حتى يأتي إسرافيل عليه السلام وهو ملك اللوح فيرفعه فيقله بإذن الـلـه عز وجل ورحمته لا بقوته وطاقته ولكن الـلـه عز وجل طوقه ذلك واستعمله به ولقد تألق بعض الحكماء في التعبير عن وجه اللطف في إيصال معاني الكلام مع علو درجته إلى فهم الإنسان وتثبيته مع قصور رتبته وضرب له مثلا لم يقصر فيه وذلك أنه دعا

بعض الملوك حكيم إلى شريعة الأنبياء عليهم السلام فسأله الملك عن أمور فأجاب بما لا يحتمله فهمه فقال الملك أرأيت ما تأتي به الأنبياء إذا ادعت أنه ليس بكلام الناس وأنه كلام الـلـه عز وجل فيكف يطيق الناس حمله فقال الحكيم إنا رأينا الناس لما أرادوا أن يفهموا بعض الدواب والطير ما يريدون من تقديمها وتأخيرها وإقبالها وإدبارها ورأوا الدواب يقصر تمييزها عن فهم كلامهم الصادر عن أنوار عقولهم مع حسنه وتزيينه وبديع نظمه فنزلوا إلى درجة تمييز البهائم وأوصلوا مقاصدهم إلى بواطن البهائم بأصوات يضعونها لائقة بهم من النقر والصفير والأصوات القريبة من أصواتها لكي يطيقوا حملها وكذلك الناس يعجزون عن حمل كلام الـلـه عز وجل بكنهه وكمال صفاته فصاروا بما تراجعوا بينهم من الأصوات التي سمعوا بها الحكمة كصوت النقر والصفير الذي سمعت به الدواب من الناس

ولم يمنع ذلك معاني الحكمة المخبوءة في تلك الصفات من أن شرف الكلام أي الأصوات لشرفها وعظم لتعظيمها فكان الصوت للحكمة جسدا ومسكنا والحكمة للصوت نفسا وروحا

فكما أن أجساد البشر تكرم وتعز لمكان الروح فكذلك أصوات الكلام تشرف للحكمة التي فيها

والكلام على المنزلة رفيع الدرجة قاهر السلطان نافذ الحكم في الحق والباطل وهو القاضي العدل والشاهد المرتضى يأمر وينهى ولا طاقة للباطل أن يقوم قدام كلام الحكمة كما لا يستطيع الظل أن يقول قدام شعاع الشمس ولا طاقة للبشر أن ينفذوا غور الحكمة كما لا طاقة لهم أن ينفذوا بأبصارهم ضوء عين الشمس ولكنهم ينالون من ضوء عين الشمس ما تحيا به أبصارهم ويستدلون به على حوائجهم فقط

فالكلام كالملك المحجوب الغائب وجهه النافذ أمره وكالشمس الغزيرة الظاهرة مكنون عنصرها وكالنجوم الزهرة التي قد يهتدي بها من لا يقف على سيرها فهو مفتاح الخزائن النفيسة وشراب الحياة الذي من شرب منه لم يمت ودواء الأسقام الذي من سقى منه لم يسقم فهذا الذي ذكره الحكيم نبذة من تفهيم معنى الكلام والزيادة عليه لا تليق بعلم المعاملة فينبغي أن يقتصر عليه

الثاني التعظيم للمتكلم فالقارئ عند البداية بتلاوة القرآن ينبغي أن يحضر في قلبه عظمة المتكلم ويعلم أن ما يقرؤه ليس من كلام البشر وإن في تلاوة كلام الـلـه عز وجل غاية الخطر فإنه تعالى قال ﴿ لا يمسه إلا المطهرون ﴾ وكما أن ظاهر جلد المصحف وورقه محروس عن ظاهر بشرة اللامس إلا إذا كان متطهرا فباطن معناه أيضا بحكم عزه وجلاله محجوب عن باطن القلب إلا إذا كان متطهرا عن كل رجس ومستنيرا بنور التعظيم والتوقير وكما لا يصلح لمس جلد المصحف كل يد فلا يصلح لتلاوة حروفه كل لسان ولا لنيل معانيه كل قلب ولمثل هذا التعظيم كان عكرمة بن أبي جهل إذا نشر المصحف غشي عليه ويقول هو كلام ربي هو كلام ربي فتعظيم الكلام تعظيم المتكلم ولن تحضره عظمة المتكلم ما لم يتفكر في صفاته وجلاله وأفعاله فإذا

حضر بباله العرش والكرسي والسموات والأرض وما بينهما من الجن والإنس والدواب والأشجار وعلم أن الخالق لجميعها والقادر عليها والرازق لها واحد وأن الكل في قبضة قدرته مترددون بين فضله ورحمته وبين نقمته وسطوته إن أنعم فبفضله وإن عاقب فبعدله وأنه الذي يقول هؤلاء إلى الجنة ولا أبالي وهؤلاء إلى النار ولا أبالي وهذا غاية العظمة والتعالي فبالتفكر في أمثال هذا يحضر تعظيم المتكلم ثم تعظيم الكلام الثالث حضور القلب وترك حديث النفس قيل في تفسير ﴿ يا يحيى خذ الكتاب بقوة ﴾ أي بجد واجتهاد وأخذه بالجد أن يكون متجردا له عند قراءته منصرف الهمة إليه عن غيره وقيل لبعضهم إذا قرأت القرآن تحدث نفسك بشيء فقال أو شيء أحب إلي من القرآن حتى أحدث به نفسي وكان بعض السلف إذا قرأ آية لم يكن قلبه فيها أعادها ثانية وهذه الصفة تتولد عما قبلها من التعظيم فإن المعظم للكلام الذي يتلوه يستبشر به ويستأنس ولا يغفل عنه ففي القرآن ما يستأنس به القلب إن كان التالي أهلا له فكيف يطلب الأنس بالفكر في غيره وهو في متنزه ومتفرج

والذي يتفرج في المتنزهات لا يتفكر في غيرها فقد قيل إن في القرآن ميادين وبساتين ومقاصير وعرائس ودبابيج ورياضا وخانات فالميمات ميادين القرآن والراءات بساتين القرآن والحاءات مقاصيره والمسبحات عرائس القرآن والحاميمات ديابيج القرآن والمفصل رياضه والخانات ما سوى ذلك فإذا دخل القارىء الميادين وقطف من البساتين ودخل المقاصير وشهد العرائس ولبس الديابيج وتنزه في الرياض وسكن غرف الخانات استغرقه ذلك وشغله عما سواه فلم يعزب قلبه ولم يتفرق فكره

الرابع التدبر وهو وراء حضور القلب فإنه قد لا يتفكر في غير القرآن ولكنه يقتصر على سماع القرآن من نفسه وهو لا يتدبره

والمقصود من القراءة التدبر ولذلك سن لأن الترتيل فيه الترتيل في الظاهر ليتمكن من التدبر بالباطن

قال علي رضي الـلـه عنه لا خير في عبادة لا فقه فيها ولا في قراءة لا تدبر فيها

وإذا لم يتمكن من التدبر إلا بترديد فليردد إلا أن يكون خلف إمام فإنه لو بقي في تدبر آية وقد اشتغل الإمام بآية أخرى كان مسيئا مثل من يشتغل بالتعجب من كلمة واحدة ممن يناجيه عن فهم بقية كلامه وكذلك إن كان في تسبيح الركوع وهو متفكر في آية قرأها إمامه فهذا وسواس فقد روى عن عامر بن عبد قيس أنه قال الوسواس يعتريني في الصلاة فقيل في أمر الدنيا فقال لأن تختلف في الأسنة أحب إلي من ذلك ولكن يشتغل قلبي بموقفي بين يدي ربي عز وجل وأنى كيف انصرف فعد ذلك وسواسا وهو كذلك فإنه يشغله عن فهم ما هو فيه والشيطان لا يقدر على مثله إلا بأن يشغله بمهم ديني ولكن يمنعه به عن الأفضل ولما ذكر ذلك للحسن قال إن كنتم صادقين عنه فما اصطنع الـلـه ذلك عندنا ويروى أنه صلى الـلـه عليه وسلم قرأ بسم الـلـه الرحمن الرحيم فرددها عشرين مرة حديث أنه قرأ بسم الـلـه الرحمن الرحيم فرددها عشرين مرة رواه أبو ذر الهروي في معجمه من حديث أبي هريرة بسند ضعيف وإنما رددها صلى الـلـه عليه وسلم لتدبره في معانيها

وعن أبي ذر قال قام رسول الـلـه صلى الـلـه عليه وسلم بنا ليلة فقام بآية يرددها وهي إن تعذبهم فإنهم عبادك وإن تغفر لهم حديث أبي ذر قام رسول الـلـه صلى الـلـه عليه وسلم فينا ليلة بآية يرددها وهي ﴿ إن تعذبهم فإنهم عبادك ﴾ أخرجه النسائي وابن ماجه بسند صحيح الآية وقام تميم الداري ليلة بهذه الآية ﴿ أم حسب الذين اجترحوا السيئات ﴾ الآية

وقام سعيد بن جبير ليلة يردد هذه الآية وامتازوا اليوم أيها المجرمون وقال بعضهم إني لأفتتح السورة فيوقفني بعض ما أشهد فيها عن الفراغ منها حتى يطلع الفجر وكان بعضهم يقول آية لا أتفهمها ولا يكون قلبي فيها لا أعد لها ثوابا وحكي عن أبي سليمان الداراني أنه قال إني لأتلو الآية فأقيم فيها أربع ليال أو خمس ليال ولولا أني أقطع الفكر فيها ما جاوزتها إلى غيرها

وعن بعض السلف أنه بقي في سورة هود ستة أشهر يكررها ولا يفرغ من التدبر فيها

وقال بعض العارفين لي في كل جمعة ختمة وفي كل شهر ختمة وفي كل سنة ختمة ولي ختمة منذ ثلاثين سنة ما فرغت منها بعد وذلك بحسب درجات تدبره وتفتيشه وكان هذا أيضا يقول أقمت نفسي مقام الأجراء فأنا أعمل مياومة ومجامعة ومشاهرة ومسانهة

الخامس التفهم وهو أن يستوضح من كل آية ما يليق بها إذ القرآن يشتمل على ذكر صفات اللـه عز وجل وذكر أفعاله وذكر أحوال الأنبياء عليهم السلام وذكر أحوال المكذبين لهم وأنهم كيف أهلكوا وذكر أوامره وزواجره وذكر الجنة والنار

أما صفات اللـه عز وجل فكقوله تعالى ليس كمثله شيء وهو السميع البصير وكقوله تعالى الملك القدوس السلام المؤمن المهيمن العزيز الجبار المتكبر فليتأمل معاني هذه الأسماء والصفات لينكشف له أسرارها فتحتها معان

مدفونة لا تنكشف إلا للموفقين وإليه أشار علي رضي الـلـه عنه بقوله ما أسر إلى رسول الـلـه صلى الـلـه عليه وسلم شيئا كتمه عن الناس إلا أن يؤتى الـلـه عز وجل عبدا فهما في كتابه فليكن حريصا على طلب ذلك الفهم حديث علي ما أسر إلي رسول الـلـه صلى الـلـه عليه وسلم شيئا كتمه عن الناس إلا أن يؤتي الـلـه عبدا فهما في كتابه أخرجه النسائي من رواية أبي جحيفة قال سألنا عليا فقلنا هل عندكم من رسول الـلـه صلى الـلـه عليه وسلم شيء سوى القرآن قال لا والذي فلق الحبة وبرأ النسمة إلا أن يعطي الـلـه عبدا فهما في كتابه الحديث وهو عند البخاري بلفظ هل عندكم من رسول الـلـه صلى الـلـه عليه وسلم ما ليس في القرآن وفي رواية وقال مرة ما ليس عند الناس ولأبي داود والنسائي فقلنا هل عهد إليك رسول الـلـه صلى الـلـه عليه وسلم شيئا لم يعهده إلى الناس قال لا إلا ما في كتابي هذا الحديث ولم يذكر الفهم في القرآن وقال ابن مسعود رضي الـلـه عنه من أراد علم الأولين والآخرين فليثور القرآن وأعظم علوم القرآن تحت أسماء الـلـه عز وجل وصفاته إذ لم يدرك أكثر الخلق منها إلا أمورا لائقة بأفهامهم ولم يعثروا على أغوارها

وأما أفعاله تعالى فكذكره خلق السموات والأرض وغيرها فليفهم التالي منها صفات الـلـه عز وجل وجلاله إذا الفعل يدل على الفاعل فتدل عظمته على عظمته فينبغي أن يشهد في العقل الفاعل دون الفعل فمن عرف الحق رآه في كل شيء إذ كل شيء فهو منه وإليه وبه وله فهو الكل على التحقيق ومن لا يراه في كل ما يراه فكأنه ما عرفه ومن عرفه عرف أن كل شيء ما خلا الـلـه باطل وأن كل شيء هالك إلا وجهه لا أنه سيبطل في ثاني الحال بل هو الآن باطل إن اعتبر ذاته من حيث هو إلا أن يعتبر وجوده من حيث إنه موجود بالله عز وجل وبقدرته فيكون له بطريق التبعية ثبات وبطريق الاستقلال بطلان محض وهذا مبدأ من مبادىء علم المكاشفة ولهذا ينبغي إذا قرأ التالي قوله عز وجل أفرأيتم ما تحرثون أفرأيتم ما تمنون أفرأيتم الماء الذي تشربون أفرأيتم النار التي تورون فلا يقصر نظره على الماء والنار والحرث والمني بل يتأمل في المني وهو نطفة متشابهة الأجزاء ثم ينظر في كيفية انقسامها إلى اللحم والعظم والعروق والعصب وكيفية تشكل أعضائها بالأشكال المختلفة من الرأس واليد والرجل والكبد والقلب وغيرها ثم إلى ما ظهر فيها من الصفات الشريفة من السمع والبصر والعقل وغيرها ثم إلى ما ظهر فيها من الصفات المذمومة من الغضب والشهوة والكبر والجهل والتكذيب والمجادلة كما قال تعالى أولم ير الإنسان أنا خلقناه من نطفة فإذا هو خصيم مبين فليتأمل هذه العجائب ليترقى منها إلى عجب العجائب وهو الصفة التي منها صدرت هذه الأعاجيب فلا يزال ينظر إلى الصنعة فيرى الصانع

وأما أحوال الأنبياء عليهم السلام فإذا سمع منها كيف كذبوا وضربوا وقتل بعضهم فليفهم منه صفة الاستغناء لله عز وجل عن الرسل والمرسل إليهم وأنه لو أهلك جميعهم لم يؤثر في ملكه شيئا وإذا سمع نصرتهم في آخر الأمر فليفهم قدرة الـلـه عز وجل وإرادته لنصرة الحق

وأما أحوال المكذبين كعاد وثمود وما جرى عليهم فليكن فهمه منه استشعار الخوف من سطوته ونقمته وليكن حظه منه الاعتبار في نفسه وأنه إن غفل وأساء الأدب واغتر بما أمهل فربما تدركه النقمة وتنفذ فيه القضية وكذلك إذا سمع وصف الجنة والنار وسائر ما في القرآن فلا يمكن استقصاء ما يفهم منه لأن ذلك لا نهاية له وإنما لكل عبد بقدر رزقه فلا رطب ولا يابس إلا في كتاب مبين قل لو كان البحر مدادا لكلمات ربي لنفد البحر قبل أن تنفد كلمات ربي ولو جئنا بمثله مددا ولذلك قال علي رضي الله عنه لو شئت لأوقرت سبعين بعيرا من تفسير فاتحة الكتاب

فالغرض مما ذكرناه التنبيه على طريق التفهيم لينفتح بابه فأما الاستقصاء فلا مطمع فيه ومن لم يكن له فهم ما في القرآن ولو في أدنى الدرجات دخل في قوله تعالى ومنهم من يستمع إليك حتى إذا

فليس من ذوي الألباب ولذلك لا تنكشف له أسرار الكتاب
رابعها أن يكون قد قرأ تفسيرا ظاهرا واعتقد أنه لا معنى لكلمات القرآن إلا ما تناوله النقل عن ابن عباس ومجاهد وغيرهما وأن ما وراء ذلك تفسير بالرأي وأن من فسر القرآن برأيه فقد تبوأ مقعده من النار فهذا أيضا من الحجب العظيمة
وسنبين معنى التفسير بالرأي في الباب الرابع وأن ذلك لا يناقض قول علي رضي الله عنه إلا أن يؤتي الله عبدا فهما في القرآن وأنه لو كان المعنى هو الظاهر المنقول لما اختلفت الناس فيه
السابع التخصيص وهو أن يقدر أنه المقصود بكل خطاب في القرآن فإن سمع أمرا أو نهيا قدر أنه المنهي والمأمور وإن سمع وعدا أو وعيدا فكمثل ذلك وإن سمع قصص الأولين والأنبياء علم أن السمر غير مقصود وإنما المقصود ليعتبر به وليأخذ من تضاعيفه ما يحتاج إليه فما من قصة في القرآن إلا وسياقها لفائدة في حق النبي صلى الله عليه وسلم وأمته ولذلك قال تعالى ﴿ ما نثبت به فؤادك ﴾ فليقدر العبد أن الله ثبت فؤاده بما يقصه عليه من أحوال الأنبياء وصبرهم على الإيذاء وثباتهم في الدين لانتظار نصر الله تعالى
وكيف لا يقدر هذا والقرآن ما أنزل على رسول الله صلى الله عليه وسلم لرسول الله خاصة بل هو شفاء وهدى ورحمة ونور للعالمين ولذلك أمر الله تعالى الكافة بشكر نعمة الكتاب فقال تعالى ﴿ واذكروا نعمة الله عليكم وما أنزل عليكم من الكتاب والحكمة يعظكم به ﴾ وقال عز وجل لقد أنزلنا إليكم كتابا فيه ذكركم أفلا تعقلون وأنزلنا إليك الذكر لتبين للناس ما نزل إليهم كذلك يضرب الله للناس أمثالهم واتبعوا أحسن ما أنزل إليكم من ربكم هذا بصائر للناس وهدى ورحمة لقوم يوقنون هذا بيان للناس وهدى وموعظة للمتقين وإذا قصد بالخطاب جميع الناس فقد قصد الآحاد فهذا القارىء الواحد مقصود فما له ولسائر الناس فليقدر أنه المقصود قال الله تعالى وأوحى إلي هذا القرآن لأنذركم به ومن بلغ قال محمد بن كعب القرظي من بلغه القرآن فكأنما كلمه الله وإذا قدر ذلك لم يتخذ دراسة القرآن عمله بل يقرؤه كما يقرأ العبد كتاب مولاه الذي كتبه إليه ليتأمله ويعمل بمقتضاه ولذلك قال بعض العلماء هذا القرآن رسائل أتتنا من قبل ربنا عز وجل بعهوده نتدبرها في الصلوات ونقف عليها في الخلوات وننفذها في الطاعات والسنن المتبعات
وكان مالك بن دينار يقول ما زرع القرآن في قلوبكم يا أهل القرآن إن القرآن ربيع المؤمن كما أن الغيث ربيع الأرض
وقال قتادة لم يجالس أحد هذا القرآن إلا قام بزيادة أو نقصان قال تعالى هو شفاء ورحمة للمؤمنين ولا يزيد الظالمين إلا خسارا

الثامن التأثر وهو أن يتأثر قلبه بآثار مختلفة بحسب اختلاف الآيات فيكون له بحسب كل فهم حال ووجد يتصف به قلبه من الحزن والخوف والرجاء وغيره

ومهما تمت معرفته كانت الخشية أغلب الأحوال على قلبه فإن التضييق غالب على آيات القرآن فلا يرى ذكر المغفرة والرحمة إلا مقرونا بشروط يقصر العارف عن نيلها كقوله عز وجل وإني لغفار ثم أتبع ذلك بأربعة شروط لمن تاب وآمن وعمل صالحا ثم اهتدى وقوله تعالى والعصر إن الإنسان لفي خسر إلا الذين آمنوا وعملوا الصالحات وتواصوا بالحق وتواصوا بالصبر ذكر أربعة شروط وحيث اقتصر ذكر شرطا جامعا فقال تعالى إن رحمة الله قريب من المحسنين فالإحسان يجمع الكل وهكذا من يتصفح القرآن من أوله إلى آخره ومن فهم ذلك فجدير بأن يكون حاله الخشية والحزن ولذلك قال الحسن و الله ما أصبح اليوم عبد يتلو القرآن يؤمن به إلا كثر حزنه وقل فرحه وكثر بكاؤه وقل ضحكه وكثر نصبه وشغله وقلت راحته وبطالته وقال وهيب بن الورد نظرنا في هذه الأحاديث والمواعظ فلم نجد شيئا أرق للقلوب ولا أشد استجلابا للحزن من قراءة القرآن وتفهمه وتدبره

فتأثر العبد بالتلاوة أن يصير بصفة الآية المتلوة فعند الوعيد وتقييد المغفرة بالشروط يتضاءل من خيفته كأنه يكاد يموت وعند التوسع ووعد المغفرة يستبشر كأنه يطير من

الفرح وعند ذكر الله وصفاته وأسمائه يتطأطأ خضوعا لجلاله واستشعارا لعظمته وعند ذكر الكفار ما يستحيل على الله عز وجل كذكرهم لله عز وجل ولدا وصاحبة يغض صوته وينكسر في باطنه حياء قبح مقالتهم وعند وصف الجنة ينبعث بباطنه شوقا إليها وعند وصف النار ترتعد فرائصه خوفا منها ولما قال رسول الله صلى الله عليه وسلم لابن مسعود اقرأ علي حديث أنه قال لابن مسعود اقرأ علي الحديث تقدم في الباب قبله قال فافتتحت سورة النساء فلما بلغت ﴿ فكيف إذا جئنا من كل أمة بشهيد وجئنا بك على هؤلاء شهيدا ﴾ رأيت عينيه تذرفان بالدمع فقال لي حسبك الآن وهذا لأن مشاهدة تلك الحالة استغرقت قلبه بالكلية

ولقد كان في الخائفين من خر مغشيا عليه عند آيات الوعيد

ومنهم من مات في سماع الآيات فمثل هذه الأحوال يخرجه عن أن يكون حاكيا في كلامه فإذا قال إني أخاف إن عصيت ربي عذاب يوم عظيم ولم يكن خائفا كان حاكيا

وإذا قال عليك توكلنا وإليك أنبنا وإليك المصير ولم يكن حاله التوكل والإنابة كان حاكيا

وإذا قال ولنصبرن على ما آذيتمونا فليكن حاله الصبر أو العزيمة عليه حتى يجد حلاوة التلاوة

فإن لم يكن بهذه الصفات ولم يتردد قلبه بين هذه الحالات كان حظه من التلاوة حركة اللسان مع صريح اللعن على نفسه في قوله تعالى ألا لعنة الله على الظالمين وفي قوله تعالى كبر مقتا عند الله أن تقولوا ما لا تفعلون وفي قوله عز وجل وهم في غفلة معرضون وفي قوله فأعرض عمن تولى عن ذكرنا ولم يرد إلا الحياة الدنيا وفي قوله تعالى ومن لم يتب فأولئك هم الظالمون إلى غير ذلك من الآيات وكان داخلا في معنى قوله عز وجل ومنهم أميون لا يعلمون الكتاب إلا أماني يعني التلاوة المجردة وقوله عز وجل وكأين من آية في السموات والأرض يمرون عليها وهم عنها معرضون لأن القرآن هو المبين لتلك الآيات في السموات والأرض ومهما تجاوزها ولم يتأثر بها كان معرضا عنها ولذلك قيل إن من لم يكن متصفا بأخلاق القرآن فإذا قرأ القرآن ناداه الله تعالى مالك ولكلامي وأنت معرض عني دع عنك كلامي إن لم تتب إلي

ومثال العاصي إذا قرأ القرآن وكرره مثال من يكرر كتاب الملك في كل يوم مرات وقد كتب إليه في عمارة مملكته وهو مشغول بتخريبها ومقتصر على دراسة كتابه فلعله لو ترك الدراسة عند المخالفة لكان أبعد عن الاستهزاء واستحقاق المقت

ولذلك قال يوسف بن أسباط إني لأهم بقراءة القرآن فإذا ذكرت ما فيه خشيت المقت فاعدل إلى التسبيح والاستغفار

والمعرض عن العمل به أريد بقوله عز وجل فنبذوه وراء ظهورهم واشتروا به ثمنا قليلا فبئس ما يشترون ولذلك قال رسول الله صلى الله عليه وسلم اقرءوا القرآن ما ائتلفت عليه قلوبكم ولانت له جلودكم فإذا اختلفتم فلستم

تقرءونه وفي بعضها فإذا اختلفتم فقوموا عنه حديث اقرءوا القرآن ما ائتلفت عليه قلوبكم ولانت له جلودكم فإذا اختلفتم فلستم تقرءونه وفي بعضها فإذا اختلفتم فقوموا عنه متفق عليه من حديث جندب بن عبد الله البجلي في اللفظ الثاني دون قوله ولانت جلودكم قال الله تعالى الذين إذا ذكر الله وجلت قلوبهم وإذا تليت عليهم آياته زادتهم إيمانا وعلى ربهم يتوكلون وقال صلى الله عليه وسلم إن أحسن الناس صوتا بالقرآن الذي إذا سمعته يقرأ رأيت أنه يخشى الله تعالى حديث إن أحسن الناس صوتا بالقرآن الذي إذا سمعته يقرأ رأيت أنه يخشى الله تعالى أخرجه ابن ماجه بسند ضعيف وقال صلى الله عليه وسلم لا يسمع القرآن من أحد أشهى ممن يخشى الله عز وجل حديث لا يسمع القرآن من أحد أشهى ممن يخشى الله تعالى رواه أبو عبد الله الحاكم فيما ذكره أبو القاسم الغافقي في كتاب فضائل القرآن يراد لاستجلاب هذه الأحوال إلى القلب والعمل به وإلا فالمؤنة في تحريك اللسان بحروفه خفيفة ولذلك قال بعض القراء قرأت القرآن على شيخ لي ثم رجعت لأقرأ ثانيا فانتهرني وقال جعلت القرآن علي عملا اذهب فاقرأ على الله عز وجل فانظر بماذا يأمرك وبماذا ينهاك

وبهذا كان شغل

الصحابة رضي الـلـه عنهم في الأحوال والأعمال فمات رسول الـلـه صلى الـلـه عليه وسلم عن عشرين ألفا من الصحابة لم يحفظ القرآن منهم إلا ستة اختلف في اثنين منهم

وكان أكثرهم يحفظ السورة والسورتين وكان الذي يحفظ البقرة والأنعام من علمائهم حديث مات رسول الـلـه صلى الـلـه عليه وسلم عن عشرين ألفا من الصحابة لم يحفظ القرآن منهم إلا ستة اختلف في اثنين منهم وكان أكثرهم يحفظ السورة والسورتين وكان الذي يحفظ البقرة والأنعام من علمائهم قلت قوله مات عن عشرين ألفا لعله أراد بالمدينة وإلا فقد رويا عن أبي زرعة الرازي أنه قال قبض عن مائة ألف وأربعة عشر ألفا من الصحابة ممن روى عنه وسمع منه انتهى وأما من حفظ القرآن على عهده ففي الصحيحين من حديث أنس قال جمع القرآن على عهد رسول الـلـه صلى الـلـه عليه وسلم أربعة كلهم من الأنصار أبي بن كعب ومعاذ بن جبل وزيد وأبو زيد قلت ومن أبو زيد قال أحد عمومتي وزاد ابن أبي شيبة كالمصنف من رواية الشعبي مرسلا وأبو الدرداء وسعيد بن عبيد وفي الصحيحين من حديث عبد الـلـه بن عمرو استقرئوا القرآن من أربعة من عبد الـلـه بن مسعود وسالم مولى أبي حذيفة ومعاذ بن جبل وأبي بن كعب وروى ابن الأنباري بسنده إلى عمر قال كان الفاضل من أصحاب رسول الـلـه صلى الـلـه عليه وسلم في صدر هذه الأمة من يحفظ من القرآن السورة ونحوها الحديث وسنده ضعيف وللترمذي وحسنه من حديث أبي هريرة قال بعث رسول الـلـه صلى الـلـه عليه وسلم بعثا وهم ذو عدد فاستقرأهم فاستقرأ كل رجل ما معه من القرآن فأتي على رجل من أحدثهم سنا فقال ما معك يا فلان قال معي كذا وكذا وسورة البقرة فقال أمعك سورة البقرة قال نعم قال اذهب فأنت أميرهم الحديث ولما جاء واحد ليتعلم القرآن فانتهى إلى قوله عز وجل ﴿ فمن يعمل مثقال ذرة خيرا يره ومن يعمل مثقال ذرة شرا يره ﴾ حديث الرجل الذي جاء ليتعلم فانتهى إلى قوله تعالى فمن يعمل مثقال ذرة خيرا يره ومن يعمل مثقال ذرة شرا يره فقال يكفني هذا وانصرف فقال النبي صلى الـلـه عليه وسلم انصرف الرجل وهو فقيه أخرجه أبو داود والنسائي في الكبرى وابن حبان والحاكم وصححه من حديث عبد الـلـه بن عمرو قال أتى رجل رسول الـلـه صلى الـلـه عليه وسلم فقال أقرئني يا رسول الـلـه الحديث وفيه فأقرأه رسول الـلـه صلى الـلـه عليه وسلم إذا زلزلت حتى فرغ منها فقال الرجل والذي بعثك بالحق لا أزيد عليهما أبدا ثم أدبر الرجل فقال رسول الـلـه صلى الـلـه عليه وسلم أفلح الرويجل أفلح الرويجل ولأحمد والنسائي في الكبرى من حديث صعصعة عم الفرزدق أنه صاحب النصة فقال حسبي لا أبالي أن لا أسمع غيرها قال يكفي هذا وانصرف فقال صلى الـلـه عليه وسلم انصرف الرجل وهو فقيه وإنما العزيز مثل تلك الحالة التي من الـلـه عز وجل بها على قلب المؤمن عقيب فهم الآية

فأما مجرد حركة اللسان فقليل الجدوى بل التالي باللسان المعرض عن العمل جدير بأن يكون هو المراد بقوله تعالى ﴿ ومن أعرض عن ذكري فإن له معيشة ضنكا ونحشره يوم القيامة أعمى ﴾ وبقوله عز وجل ﴿

كذلك أتتك آياتنا فنسيتها وكذلك اليوم تنسى ﴾ أي تركتها ولم تنظر إليها ولم تعبأ بها فإن المقصر في الأمر يقال إنه نسي الأمر وتلاوة القرآن حق تلاوته هو أن يشترك فيه اللسان والعقل والقلب فحظ اللسان تصحيح الحروف بالترتيل وحظ العقل تفسير المعاني وحظ القلب الاتعاظ والتأثر بالانزجار والائتمار

فاللسان يرتل والعقل يترجم والقلب يتعظ

التاسع الترقي وأعني به أن يترقى إلى أن يسمع الكلام من الـلـه عز وجل لا من نفسه فدرجات القراءة ثلاث أدناها أن يقدر العبد كأنه يقرؤه على الـلـه عز وجل واقفا بين يديه وهو ناظر إليه ومستمع منه فيكون حاله عند هذا التقدير السؤال والتملق والتضرع والابتهال

الثانية أن يشهد بقلبه كأن الـلـه عز وجل يراه ويخاطبه بألطافه ويناجيه بإنعامه وإحسانه فمقامه الحياء والتعظيم والإصغاء والفهم

الثالثة أن يرى في الكلام المتكلم وفي الكلمات الصفات فلا ينظر إلى نفسه ولا إلى قراءته ولا إلى تعلق الإنعام به من حيث إنه منعم عليه بل يكون مقصور الهم على المتكلم موقوف الفكر عليه كأنه مستغرق بمشاهدة المتكلم عن غيره

وهذه درجة المقربين وما قبله درجة أصحاب اليمين وما خرج عن هذا فهو درجات الغافلين

وعن الدرجة العليا أخبر جعفر بن محمد الصادق رضي الـلـه عنه قال و الـلـه لقد تجلى الـلـه عز وجل لخلقه في كلامه ولكنهم لا يبصرون وقال أيضا وقد سألوه عن حالة لحقته في الصلاة حتى خر مغشيا عليه فلما سرى عنه قيل له في ذلك فقال ما زلت أردد الآية على قلبي حتى سمعتها من المتكلم

بها فلم يثبت جسمي لمعاينة قدرته ففي مثل هذه الدرجة تعظم الحلاوة ولذة المناجاة ولذلك قال بعض الحكماء كنت أقرأ القرآن فلا أجد له حلاوة حتى تلوته كأني أسمعه من رسول الله صلى الله عليه وسلم وسلم يتلوه على أصحابه ثم رفعت إلى مقام فوقه كنت أتلوه كأني أسمعه من جبريل عليه السلام يلقيه على رسول الله صلى الله عليه وسلم ثم جاء الله بمنزلة أخرى فأنا الآن أسمعه من المتكلم به فعندها وجدت له لذة ونعيما لا أصبر عنه

وقال عثمان وحذيفة رضي الله عنهما لو طهرت القلوب لم تشبع من قراءة القرآن وإنما قالوا ذلك لأنها بالطهارة تترقى إلى مشاهدة المتكلم في الكلام ولذلك قال ثابت البناني كابدت القرآن عشرين سنة وتنعمت به عشرين سنة وبمشاهدة المتكلم دون ما سواه يكون العبد ممتثلا لقوله عز وجل ففروا إلى الله ولقوله ولا تجعلوا مع الله إلها آخر فمن لم يره في كل شيء فقد رأى غيره وكل ما التفت إليه العبد سوى الله تعالى تضمن التفاته شيئا من الشرك الخفي بل التوحيد الخالص أن لا يرى في كل شيء إلا الله عز وجل

العاشر التبري وأعني به أن يتبرأ من حوله وقوته والالتفات إلى نفسه بين الرضا والتزكية فإذا تلا بآيات الوعد والمدح للصالحين فلا يشهد نفسه عند ذلك بل يشهد الموقنين والصديقين فيها ويتشوف إلى أن يلحقه الله عز وجل بهم وإذا تلا آيات المقت وذم العصاة والمقصرين شهد على نفسه هناك وقدر أنه المخاطب خوفا وإشفاقا ولذلك كان ابن عمر رضي الله عنهما يقول اللهم إني أستغفرك لظلمي وكفري فقيل له هذا الظلم فما بال الكفر فتلا قوله عز وجل إن الإنسان لظلوم كفار وقيل ليوسف ابن أسباط إذا قرأت القرآن بماذا تدعو فقال بماذا أدعو أستغفر الله عز وجل من تقصيري سبعين مرة فإذا رأى نفسه بصورة التقصير في القراءة كان رؤيته سبب قربه فإن من شهد البعد في القرب لطف به في الخوف حتى يسوقه الخوف إلى درجة أخرى في القرب وراءها ومن شهد القرب في البعد مكر به بالأمن الذي يفضيه إلى درجة أخرى في البعد أسفل مما هو فيه ومهما كان مشاهدا نفسه بعين الرضا صار محجوبا بنفسه فإذا جاوز حد الالتفات إلى نفسه ولم يشاهد إلا الله تعالى في قراءته كشف له سر الملكوت

قال أبو سليمان الداراني رضي الله عنه وعد ابن ثوبان أخا له أن يفطر عنده فأبطأ عليه حتى طلع الفجر فلقيه أخوه من الغد فقال له وعدتني أنك تفطر عندي فأخلفت فقال لولا ميعادي معك ما أخبرتك الذي حبسني عنك إني لما صليت العتمة قلت أوتر قبل أن أجيئك لأني لا آمن ما يحدث من الموت فلما كنت في الدعاء من الوتر رفعت إلى روضة خضراء فيها أنواع الزهر من الجنة فما زلت أنظر إليها حتى أصبحت

وهذه المكاشفات لا تكون إلا بعد التبري عن النفس وعدم الالتفات إليها وإلى هواها ثم تخصص هذه المكاشفات بحسب أحوال المكاشف فحيث يتلو آيات الرجاء ويغلب على حاله الاستبشار تنكشف له صورة الجنة فيشاهدها كأنه يراها عيانا وإن غلب عليه الخوف كوشف بالنار حتى يرى أنواع عذابها وذلك لأن

كلام اللـه عز وجل يشتمل على السهل اللطيف والشديد العسوف والمرجو والمخوف وذلك بحسب أوصافه إذ منها الرحمة واللطف والانتقام والبطش فبحسب مشاهدة الكلمات والصفات يتقلب في اختلاف الحالات وبحسب كل حالة منها يستعد للمكاشفة بأمر يناسب تلك الحالة ويقاربها إذ يستحيل أن يكون حالة المستمع واحدا والمسموع مختلفا إذ فيه كلام راض وكلام غضبان وكلام منعم وكلام منتقم وكلام جبار متكبر لا يبالي وكلام حنان متعطف لا يهمل

الباب الرابع في فهم القرآن وتفسيره بالرأي من غير نقل لعلك

تقول عظمت الأمر فيما سبق في فهم أسرار القرآن وما ينكشف لأرباب القلوب الزكية من معانيه

فكيف يستحب ذلك وقد قال صلى الـلـه عليه وسلم من فسر القرآن برأيه فليتبوأ مقعده من النار حديث من فسر القرآن برأية فليتبوأ مقعده من النار تقدم في الباب الثالث من العلم وعن هذا شنع أهل العلم بظاهر التفسير على أهل التصوف من المقصرين المنسوبين إلى التصوف في تأويل كلمات في القرآن على خلاف ما نقل عن ابن عباس وسائر المفسرين وذهبوا إلى أنه كفر فإن صح ما قاله أهل التفسير فما معنى فهم القرآن سوى حفظ تفسيره وإن لم يصح ذلك فما معنى قوله صلى الـلـه عليه وسلم من فسر القرآن برأيه فليتبوأ مقعده من النار فاعلم أن من زعم أن لا معنى للقرآن إلا ما ترجمه ظاهر التفسير فهو مخبر عن حد نفسه وهو مصيب في الإخبار عن نفسه ولكنه مخطئ في الحكم برد الخلق كافة إلى درجته التي هي حده ومحطه بل الأخبار والآثار تدل على أن في معاني القرآن متسعا لأرباب الفهم حديث الأخبار والآثار الدالة على أن في معاني القرآن متسعا لأرباب الفهم تقدم قول علي في الباب إلا أن يؤتي الـلـه عبدا فهما في كتابه قال علي رضي الـلـه عنه إلا أن يؤتى الـلـه عبدا فهما في القرآن فإن لم يكن سوى الترجمة المنقولة فما ذلك الفهم وقال صلى الـلـه عليه وسلم إن للقرآن ظهرا وبطنا وحدا ومطلعا حديث إن للقرآن ظهرا وبطنا وحدا ومطلعا تقدم في قواعد العقائد ويروى أيضا عن ابن مسعود موقوفا عليه وهو من علماء التفسير فما معنى الظهر والبطن والحد والمطلع وقال علي كرم الـلـه وجهه لو شئت لأوقرت سبعين بعيرا من تفسير فاتحة الكتاب فما معناه وتفسير ظاهرها في غاية الاقتصار وقال أبو الدرداء لا يفقه الرجل حتى يجعل للقرآن وجوها

وقد قال بعض العلماء لكل آية ستون ألف فهم وما بقي من فهمها أكثر وقال آخرون القرآن يحوى سبعة وسبعين ألف علم ومائتي علم إذ كل كلمة علم ثم يتضاعف ذلك أربعة أضعاف إذ لكل كلمة ظاهر وباطن وحد ومطلع وترديد رسول الـلـه صلى الـلـه عليه وسلم بسم الـلـه الرحمن الرحيم عشرين مرة حديث تكرير النبي صلى الـلـه عليه وسلم البسملة عشرين مرة تقدم في الباب قبله لا يكون إلا لتدبره باطن معانيها وإلا فترجمتها وتفسيرها ظاهر لا يحتاج مثله إلى تكرير وقال ابن مسعود رضي الـلـه عنه من أراد علم الأولين والآخرين فليتدبر القرآن وذلك لا يحصل بمجرد تفسير الظاهر وبالجملة فالعلوم كلها داخلة في أفعال الـلـه عز وجل وصفاته وفي القرآن شرح ذاته وأفعاله وصفاته وهذه العلوم لا نهاية لها وفي القرآن إشارة إلى مجامعها والمقامات في التعمق في تفصيله راجع إلى فهم القرآن ومجرد ظاهره التفسير لا يشير إلى ذلك بل كل ما أشكل فيه على النظار واختلف فيه الخلائق في النظريات والمعقولات ففي القرآن إليه رموز ودلالات عليه يختص أهل الفهم بدركها فيكف يفي بذلك ترجمة ظاهره وتفسيره ولذلك قال صلى الـلـه عليه وسلم اقرءوا القرآن والتمسوا غرائبه حديث اقرءوا القرآن والتمسوا غرائبه أخرجه ابن أبي شيبة في المصنف وأبو يعلى الموصلي والبيهقي في الشعب من حديث أبي هريرة بلفظ أعربوا وسنده ضعيف وقال صلى الـلـه عليه وسلم في حديث علي كرم الـلـه وجهه والذي بعثني بالحق نبيا ليفترقن أمتي عن

أصل دينها وجماعتها على اثنتين وسبعين فرقة كلها ضالة مضلة يدعون إلى النار فإذا كان ذلك فعليكم بكتاب الـلـه عز وجل فإن فيه نبأ من كان قبلكم ونبأ ما يأتي بعدكم وحكم ما بينكم من خالفه من الجبابرة قصمه الـلـه عز وجل ومن ابتغى العلم في غيره أضله الـلـه عز وجل وهو حبل الـلـه المتين ونوره المبين وشفاؤه النافع عصمة لمن تمسك به ونجاة لمن اتبعه لا يموج فيقوم ولا يزيغ فيستقيم ولا تنقضي عجائبه ولا يخلقه كثرة الترديد حديث علي والذي بعثني بالحق لتفترقن أمتي على أصل دينها وجماعتها على اثنتين وسبعين فرقة كلها ضالة مضلة يدعو إلى النار فإذا كان ذلك فعليكم بكتاب الـلـه فإن فيه نبأ من كان قبلكم الحديث بطوله وهو عند الترمذي دون ذكر افتراق الأمة بلفظ ألا إنها ستكون فتنة مضلة فقلت ما المخرج منها يا رسول الـلـه قال كتاب الـلـه فيه نبأ من كان قبلكم فذكره مع اختلاف وقال غريب وإسناده مجهول

الحديث وفي حديث حذيفة لما أخبره رسول الله صلى الله عليه وسلم بالاختلاف والفرقة بعده قال فقلت يا رسول الله فماذا تأمرني إن أدركت ذلك فقال تعلم كتاب الله واعمل بما فيه فهو المخرج من ذلك قال فأعدت عليه ذلك ثلاثا فقال صلى الله عليه وسلم ثلاثا تعلم كتاب الله عز وجل واعمل بما فيه ففيه النجاة حديث حذيفة في الاختلاف والفرقة بعده فقلت ما تأمرني إن أدركت ذلك قال تعلم كتاب الله واعمل بما به الحديث أخرجه أبو داود والنسائي في الكبرى وفيه تعلم كتاب الله واتبع ما فيه ثلاث مرات وقال علي كرم الله وجهه من فهم القرآن فسر به جمل العلم أشار به إلى أن القرآن يشير إلى مجامع العلوم كلها وقال ابن عباس رضي الله عنهما في قوله تعالى ومن يؤت الحكمة فقد أوتي خيرا كثيرا يعني الفهم في القرآن وقال عز وجل ففهمناها سليمان وكلا آتينا حكما وعلما سمى ما آتاهما علما وحكما وخصص ما انفرد به سليمان بالتفطن له باسم الفهم وجعله مقدما على الحكم والعلم فهذه الأمور تدل على أن في فهم معاني القرآن مجالا رحبا ومتسعا بالغا وأن المنقول من ظاهر التفسير ليس منتهى الإدراك فيه

فأما قوله صلى الله عليه وسلم من فسر القرآن برأيه ونهيه عنه حديث النهي عن تفسير القرآن بالرأي غريب صلى الله عليه وسلم وقول أبي بكر رضي الله عنه أي أرض تقلني وأي سماء تظلني إذا قلت في القرآن برأيي إلى غير ذلك مما ورد في الأخبار والآثار في النهي عن تفسير القرآن بالرأي فلا يخلو إما أن يكون المراد به الاقتصار على النقل والمسموع وترك الاستنباط والاستقلال بالفهم أو المراد به أمرا آخر وباطل قطعا أن يكون المراد به أن لا يتكلم أحد في القرآن إلا بما يسمعه لوجوه

أحدها أنه يشترط أن يكون ذلك مسموعا من رسول الله صلى الله عليه وسلم ومسندا إليه وذلك مما لا يصادف إلا في بعض القرآن فأما ما يقوله ابن عباس وابن مسعود من أنفسهم فينبغي أن لا يقبل ويقال هو تفسير بالرأي لأنهم لم يسمعوه من رسول الله صلى الله عليه وسلم وكذا غيرهم من الصحابة رضي الله عنهم

والثاني أن الصحابة والمفسرين اختلفوا في تفسير بعض الآيات فقالوا فيها أقاويل مختلفة لا يمكن الجمع بينها وسماع جميعها من رسول الله صلى الله عليه وسلم محال ولو كان الواحد مسموعا لرد الباقي فتبين على القطع أن كل مفسر قال في المعنى بما ظهر له باستنباطه حتى قالوا في الحروف التي في أوائل السور سبعة أقاويل مختلفة لا يمكن الجمع بينها فقيل إن الر هي حروف من الرحمن وقيل إن الألف الله واللام لطيف والراء رحيم وقيل غير ذلك والجمع بين الكل غير ممكن فكيف يكون الكل مسموعا

والثالث أنه صلى الله عليه وسلم دعا لابن عباس رضي الله عنه وقال اللهم فقه في الدين وعلمه التأويل حديث دعائه لابن عباس اللهم فقهه في الدين وعلمه التأويل تقدم في الباب الثاني من العلم فإن كان التأويل مسموعا كالتنزيل ومحفوظا مثله فما معنى تخصيصه بذلك

والرابع أنه قال عز وجل لعلمه الذي يستنبطونه منهم فأثبت لأهل العلم استنباطا ومعلوم أنه وراء السماع وجملة ما نقلناه من الآثار في فهم القرآن يناقض هذا الخيال فبطل أن يشترط السماع في التأويل وجاز لكل واحد أن يستنبط من القرآن بقدر فهمه وحد عقله وأما النهي فإنه ينزل على أحد وجهين أحدهما أن يكون له في الشيء رأي وإليه ميل من طبعه وهواه فيتأول القرآن على وفق رأيه وهواه وليحتج على تصحيح غرضه ولو لم يكن له ذلك الرأي والهوى لكان لا يلوح له من القرآن ذلك المعنى وهذا تارة يكون مع العلم كالذي يحتج ببعض آيات القرآن على تصحيح بدعته وهو يعلم أنه ليس المراد بالآية ذلك ولكن يلبس به على خصمه وتارة يكون مع الجهل ولكن إذا كانت الآية محتملة فيميل فهمه إلى الوجه الذي

يوافق غرضه ويرجح ذلك الجانب برأيه وهواه فيكون قد فسر برأيه أي رأيه هو الذي حمله على ذلك التفسير ولولا رأيه لما كان يترجح عنده ذلك الوجه وتارة قد يكون له غرض صحيح فيطلب له دليلا من القرآن ويستدل عليه مما يعلم أنه ما أريد به كمن يدعو إلى الاستغفار بالأسحار فيستدل بقوله صلى اللـه عليه وسلم تسحروا فإن في السحور بركة حديث تسحروا فإن في السحور بركة تقدم في الباب الثالث من العلم ويزعم أن المراد به التسحر بالذكر وهو يعلم أن المراد به الأكل وكالذي يدعو إلى مجاهدة القلب القاسي فيقول قال اللـه عز وجل إذهب إلى فرعون إنه طغى ويشير إلى قلبه ويومئ إلى أنه المراد بفرعون وهذا الجنس قد يستعمله بعض الوعاظ في المقاصد الصحيحة تحسينا للكلام وترغيبا للمستمع وهو ممنوع وقد تستعمله الباطنية في المقاصد الفاسدة لتغرير الناس ودعوتهم إلى مذهبهم الباطل فينزلون القرآن على وفق رأيهم ومذهبهم على أمور يعلمون قطعا أنها غير مرادة به فهذه الفنون أحد وجهي المنع من التفسير بالرأي ويكون المراد بالرأي الرأي الفاسد الموافق للهوى دون الاجتهاد الصحيح والرأي يتناول الصحيح والفاسد والموافق للهوى قد يخصص باسم الرأي

والوجه الثاني أن يتسارع إلى تفسير القرآن بظاهر العربية من غير استظهار بالسماع والنقل فيما يتعلق بغرائب القرآن وما فيه من الألفاظ المبهمة والمبدلة وما فيه من الاختصار والحذف والإضمار والتقديم والتأخير فمن لم يحكم بظاهر التفسير وبادر إلى استنباط المعاني بمجرد فهم العربية كثر غلطه ودخل في زمرة من يفسر بالرأي

فالنقل والسماع لا بد منه في ظاهر التفسير أولا ليتقي به مواضع الغلط ثم بعد ذلك يتسع التفهم والاستنباط والغرائب التي لا تفهم إلا بالسماع كثيرة ونحن نرمز إلى جمل منها ليستدل بها على أمثالها ويعلم أنه لا يجوز التهاون بحفظ التفسير الظاهر أولا ولا مطمع في الوصول إلى الباطن قبل إحكام الظاهر

ومن ادعى فهم أسرار القرآن ولم يحكم التفسير الظاهر فهو كمن يدعي البلوغ إلى صدر البيت قبل مجاوزة الباب أو يدعي فهم مقاصد الأتراك من كلامهم وهو لا يفهم لغة الترك فإن ظاهر التفسير يجري مجرى تعليم اللغة التي لا بد منها للفهم وما لا بد فيه من السماع فنون كثيرة منها الإيجار بالحذف والإضمار كقوله تعالى وآتينا ثمود الناقة مبصرة فظلموا بها معناه آية مبصرة فظلموا أنفسهم بقتلها فالناظر إلى ظاهر العربية يظن أن المراد به أن الناقة كانت مبصرة ولم تكن عمياء ولم يدر أنهم بماذا ظلموا غيرهم أو أنفسهم وقوله تعالى وأشربوا في قلوبهم العجل بكفرهم أي حب العجل فحذف الحب وقوله عز وجل إذا لأذقناك ضعف الحياة وضعف الممات أي ضعف عذاب الأحياء وضعف عذاب الموتى فحذف العذاب وأبدل الأحياء والموتى بذكر الحياة والموت وكل ذلك جائز في فصيح اللغة

وقوله تعالى واسئل القرية التي كنا فيها والعير التي أقبلنا فيها أي أهل العير فالأهل فيهما محذوف مضمر وقوله عز وجل ثقلت في السموات والأرض معناه خفيت على أهل السموات والأرض والشيء إذا خفي ثقل فأبدل اللفظ به وأقيم في مقام على وأضمر الأهل وحذف

وقوله تعالى وتجعلون رزقكم أنكم تكذبون أي شكر رزقكم وقوله عز وجل وآتنا ما وعدتنا على رسلك أي على ألسنة رسلك فحذف ألسنة وقوله تعالى إنا أنزلناه في ليلة القدر أراد القرآن وما سبق له ذكر

وقال عز وجل حتى توارت الحجاب أراد الشمس وما سبق لها ذكر وقوله تعالى والذين اتخذوا من دونه أولياء ما نعبدهم إلا ليقربونا إلى الله زلفى أي يقولون ما نعبدهم

وقوله عز وجل فمال هؤلاء القوم لا يكادون يفقهون حديثا ما أصابك من حسنة فمن الله وما أصابك من سيئة فمن نفسك معناه لا يفقهون حديثا يقولون ما أصابك من حسنة فمن الله فإن لم يرد هذا كان مناقضا لقوله قل كل من عند الله وسبق إلى الفهم منه مذهب القدرية ومنها المنقول المنقلب كقوله تعالى وطور سينين أي طور

سيناء سلام على إل ياسين أي على الياس وقيل إدريس لأن في حرف ابن مسعود سلام على إدراسين ومنها المكرر القاطع لوصل الكلام في الظاهر كقوله عز وجل وما يتبع الذين يدعون من دون الله شركاء إن يتبعون إلا الظن وقوله عز وجل قال الملأ الذين استكبروا من قومه للذين استضعفوا لمن آمن منهم معناه الذين استكبروا لمن آمن من الذين استضعفوا ومنها المقدم والمؤخر وهو مظنة الغلط كقوله عز وجل ولولا كلمة سبقت من ربك لكان لزاما وأجل مسمى معناه لولا الكلمة وأجل مسمى لكان لزاما ولولاه لكان نصبا كاللزام وقوله تعالى يسألونك كأنك حفى عنها أي يسألونك عنها كأنك حفي بها وقوله عز وجل لهم مغفرة ورزق كريم كما أخرجك ربك من بيتك بالحق فهذا الكلام غير متصل وإنما هو عائد إلى قوله السابق قل الانفال لله والرسول كما أخرجك ربك من بيتك بالحق أي فصارت أنفال الغنائم لك إذ أنت راض بخروجك وهم كارهون فاعترض بين الكلام الأمر بالتقوى وغيره ومن هذا النوع قوله عز وجل حتى تؤمنوا بالله وحده إلا قول إبراهيم لأبيه الآية ومنها المبهم وهو اللفظ المشترك بين معن من كلمة أو حرف أما الكلمة فكالشيء والقرين والأمة والروح ونظائرها قال الله تعالى ضرب الله مثلا عبدا مملوكا لا يقدر على شيء أراد به النفقة مما رزق وقوله عز وجل وضرب الله مثلا رجلين أحدهما أبكم لا يقدر على شيء أي الأمر بالعدل والاستقامة وقوله عز وجل فإن اتبعتني فلا تسألني عن شيء اراد به من صفات الربوبية وهو العلوم التي لا يحل السؤال عنها حتى يبتدئ بها العارف في أوان الاستحقاق

وقوله عز وجل أم خلقوا من غير شي أم هم الخالقون أي من غير خالق فربما يتوهم به أنه يدل على أنه لا يخلق شيء إلا من شيء

وأما القرين فكقوله عز وجل وقال قرينه هذا ما لدى عتيد ألقيا في جهنم كل كفار أراد به الملك الموكل به وقوله تعالى قال قرينه ربنا ما أطغيته ولكن كان أراد به الشيطان

وأما الأمة فتطلق على ثمانية أوجه الأمة الجماعة كقوله تعالى وجد عليه أمة من الناس يسقون وأتباع الأنبياء كقولك عن أمة محمد صلى الله عليه وسلم ورجل جامع للخير يقتدي به كقوله تعالى إن إبراهيم كان أمة قانتا لله والأمة الدين كقوله عز وجل إنا وجدنا آباءنا على أمة والأمة الحين والزمان كقوله عز وجل إلى أمة معدودة وقوله عز وجل وادكر بعد أمة والأمة القامة يقال فلان حسن الأمة أي القامة وأمة رجل منفرد بدين لا يشركه فيه أحد قال صلى الله عليه وسلم يبعث زيد بن عمرو بن نفيل أمة وحده حديث يبعث زيد بن عمرو بن نفيل أمة واحدة أخرجه النسائي في الكبرى من حديث زيد بن حارثة وأسماء بنت أبي بكر بإسنادين جيدين والأمة يقال هذه أمة زيد أي أم زيد والروح أيضا ورد في القرآن على معان كثيرة فلا نطول بإيرادها وكذلك قد يقع الأبهام في الحروف مثل قوله عز وجل فأثرن به نقعا فوسطن به جمعا فالهاء الأولى كناية عن الحوافر وهي

الموريات أي أثرن بالحوافر نقعا والثانية كناية عن الإغارة وهي المغيرات صبحا فوسطن به جمعا جمع المشركون فأغاروا بجمعهم وقوله تعالى فأنزلنا به الماء يعني السحاب فأخرجنا به من كل الثمرات يعني الماء وأمثال هذا في القرآن لا ينحصر ومنها التدريج في البيان كقوله عز وجل شهر رمضان الذي أنزل فيه القرآن إذ لم يظهر به أنه ليل أو نهار وبان بقوله عز وجل إنا أنزلناه في ليلة مباركة ولم يظهر به أي ليلة فظهر بقوله تعالى إنا أنزلناه في ليلة القدر وربما يظن في الظاهر الاختلاف بين هذه الآيات فهذا وأمثاله مما لا يغني فيه إلا النقل والسماع فالقرآن من أوله إلى آخره غير خال عن هذا الجنس لأنه أنزل بلغة العرب فكان مشتملا على أصناف كلامهم من إيجاز وتطويل وإضمار وحذف وإبدال وتقديم وتأخير ليكون ذلك مفحما لهم ومعجزا في حقهم فكل من اكتفى بفهم ظاهر العربية وبادر إلى تفسير القرآن ولم يستظهر بالسماع والنقل في هذه الأمور فهو داخل فيمن فسر القرآن برأيه مثل أن يفهم من الأمة المعنى الأشهر منه فيميل طبعه ورأيه إليه فإذا سمعه في موضع آخر مال برأيه إلى ما سمعه من مشهور

معناه وترك تتبع النقل في كثير معانيه فهذا ما يمكن أن يكون منهيا عنه دون التفهم لأسرار المعاني كما سبق فإذا حصل السماع بأمثال هذه الأمور علم ظاهر التفسير وهو ترجمة الألفاظ ولا يكفى ذلك في فهم حقائق المعاني ويدرك الفرق بين حقائق المعاني وظاهر التفسير بمثال وهو أن الـلـه عز وجل قال وما رميت إذ رميت ولكن الـلـه رمى فظاهره تفسير واضح وحقيقة معناه غامض فإنه إثبات للرمي ونفي له وهما متضادان في الظاهر ما لم يفهم أنه رمى من وجه ولم يرم من وجه ومن الوجه الذي لم يرم رماه الـلـه عز وجل

وكذلك قال تعالى قاتلوهم يعذبهم الـلـه بأيديكم فإذا كانوا هم المقاتلين كيف يكون الـلـه سبحانه هو المعذب وإن كان الـلـه تعالى هو المعذب بتحريك أيديهم فما معنى أمرهم بالقتال فحقيقة هذا يستمد من بحر عظيم من علوم المكاشفات لا يغنى عنه ظاهر التفسير وهو أن يعلم وجه ارتباط الأفعال بالقدرة الحادثة ويفهم وجه ارتباط القدرة بقدرة الـلـه عز وجل حتى ينكشف بعد إيضاح أمور كثيرة غامضة صدق قوله عز وجل وما رميت إذ رميت ولكن الـلـه رمى ولعل العمر لو أنفق في استكشاف أسرار هذا المعنى وما يرتبط بمقدماته ولواحقه لانقضى العمر قبل استيفاء جميع لواحقه وما من كلمة من القرآن إلا وتحقيقها محوج إلى مثل ذلك وإنما ينكشف للراسخين في العلم من أسراره بقدر غزارة علومهم وصفاء قلوبهم وتوفر دواعيهم على التدبر وتجردهم للطلب ويكون لكل واحد حد في الترقي إلى درجة أعلى منه فأما الاستيفاء فلا مطمع فيه ولو كان البحر مدادا والأشجار أقلاما فأسرار كلمات الـلـه لا نهاية لها فتنفد الأبحر قبل أن تنفد كلمات الـلـه عز وجل

فمن هذا الوجه تتفاوت الخلق في الفهم بعد الاشتراك في معرفة ظاهر التفسير وظاهر التفسير لا يغنى عنه ومثاله فهم بعض أرباب القلوب من قوله صلى الـلـه عليه وسلم في سجوده أعوذ برضاك من سخطك وأعوذ بمعافاتك من عقوبتك وأعوذ بك منك لا أحصى ثناء عليك أنت كما أثنيت على نفسك حديث قوله صلى الـلـه عليه وسلم في سجوده أعوذ برضاك من سخطك وأعوذ بمعافاتك من عقوبتك الحديث أخرجه مسلم من حديث عائشة أنه قبل له اسجد واقترب فوجد القرب في السجود فنظر إلى الصفات فاستعاذ ببعضها من بعض فإن الرضا والسخط وصفان ثم زاد قربه فاندرج القرب الأول فيه فرقى إلى الذات فقال أعوذ بك منك ثم زاد قربه بما استحيا به من الاستعاذة على بساط القرب فالتجأ إلى الثناء فأثنى بقوله لا أحصى ثناء عليك ثم علم أن ذلك قصور فقال أنت كما أثنيت على نفسك فهذه خواطر تفتح لأرباب القلوب ثم لها أغوار وراء هذا وهو فهم معنى القرب واختصاصه بالسجود ومعنى الاستعاذة من صفة بصفة ومنه به

وأسرار ذلك كثيرة ولا يدل تفسير ظاهر عليه وليس اللفظ هو مناقضا لظاهر التفسير بل هو استكمال له ووصول إلى لبابه عن ظاهره فهذا ما نورده لفهم المعاني الباطنة لا ما يناقض الظاهر و الـلـه أعلم

تم كتاب آداب التلاوة والحمد لله رب العالمين والصلاة والسلام على محمد خاتم النبيين وعلى كل عبد مصطفى من كل العالمين وعلى آل محمد وصحبه وسلم

يتلوه إن شاء اللـه تعالى كتاب الأذكار والدعوات و اللـه المستعان لا رب سواه

كتاب الأذكار والدعوات بسم اللـه الرحمن الرحيم الحمد لله الشاملة

رأفته العامة رحمته الذي جازى عباده عن ذكرهم بذكرهم فقال تعالى فاذكروني أذكركم

ورغبهم في السؤال والدعاء بأمره فقال ادعوني أستجب لكم فأطمع المطيع والعاصي والداني والقاصي في الانبساط إلى حضرة جلاله برفع الحاجات والأماني بقوله فإني قريب أجيب دعوة الداع إذا دعان والصلاة على محمد سيد أنبيائه وعلى آله وأصحابه خيرة أصفيائه وسلم تسليما كثيرا

أما بعد

فليس بعد تلاوة كتاب الله عز وجل عبادة تؤدى باللسان أفضل من ذكر الله تعالى ورفع الحاجات بالأدعية الخالصة إلى الله تعالى فلا بد من شرح فضيلة الذكر على الجملة ثم على التفصيل في أعيان الأذكار وشرح فضيلة الدعاء وشروطه وآدابه ونقل المأثور من الدعوات الجامعة لمقاصد الدين والدنيا والدعوات الخاصة لسؤال المغفرة والاستعاذة وغيرها

ويتحرر المقصود من ذلك بذكر أبواب خمسة

الباب الأول في فضيلة الذكر وفائدته جملة وتفصيلا

الباب الثاني في فضيلة الدعاء وآدابه وفضيلة الاستغفار والصلاة على رسول الله صلى الله عليه وسلم

الباب الثالث في أدعية مأثورة ومعزية إلى أصحابها وأسبابها

الباب الرابع في أدعية منتخبة محذوفة الإسناد من الأدعية المأثورة

الباب الخامس في الأدعية المأثورة عند حدوث الحوادث

الباب الأول في فضيلة الذكر وفائدته على الجملة والتفصيل من الآيات

والأخبار والآثار

ويدل على فضيلة الذكر على الجملة من الآيات قوله سبحانه وتعالى فاذكروني أذكركم قال ثابت البناني رحمه الله إني أعلم متى يذكرني ربي عز وجل ففزعوا منه وقالوا كيف تعلم ذلك فقال إذا ذكرته ذكرني وقال تعالى اذكروا الله ذكرا كثيرا وقال تعالى فإذا أفضتم من عرفات فاذكروا الله عند المشعر الحرام واذكروه كما هداكم وقال عز وجل فإذا قضيتم مناسككم فاذكروا الله كذكركم آباءكم أو أشد ذكرا وقال تعالى الذين يذكرون الله قياما وقعودا وعلى جنوبهم وقال تعالى فإذا قضيتم الصلاة فاذكروا الله قياما وقعودا وعلى جنوبكم قال ابن عباس رضي الله عنهما أي بالليل والنهار في البر والبحر والسفر والحضر والغنى والفقر والمرض والصحة والسر والعلانية

وقال تعالى في ذم المنافقين ولا يذكرون الله إلا قليلا وقال عز وجل واذكر ربك في نفسك تضرعا وخيفة ودون الجهر من القول بالغدو والآصال ولا تكن من الغافلين وقال تعالى ولذكر الله أكبر قال ابن عباس رضي الله

عنهما له وجهان أحدهما أن ذكر الـلـه تعالى لكم أعظم من ذكركم إياه والآخر أن ذكر الـلـه أعظم من كل عبادة سواه إلى غير ذلك من الآيات

وأما الأخبار فقد قال رسول الـلـه صلى الـلـه عليه وسلم ذاكر الـلـه في الغافلين كالشجرة في وسط الهشيم حديث ذاكر الـلـه في الغافلين كالشجرة الخضراء في وسط الهشيم أخرجه أبو نعيم في الحلية والبيهقي في الشعب من حديث ابن عمر بسند ضعيف وقال في وسط الشجر الحديث وقال صلى الـلـه عليه وسلم ذاكر الـلـه في الغافلين كالمقاتل بين الفارين وقال صلى الـلـه عليه وسلم يقول الـلـه عز وجل أنا مع عبدي ما ذكرني وتحركت شفتاه بي حديث يقول الـلـه تعالى أنا مع عبدي ما ذكرني وتحركت بي شفتاه أخرجه البيهقي وابن حبان من حديث أبي هريرة والحاكم من حديث أبي الدرداء وقال صحيح الإسناد وقال صلى الـلـه عليه وسلم ما عمل ابن آدم من عمل أنجى له من عذاب الـلـه من ذكر الـلـه عز وجل قالوا يا رسول الـلـه ولا الجهاد في سبيل الـلـه قال ولا الجهاد في سبيل الـلـه إلا أن تضرب بسيفك حتى ينقطع ثم

تضرب به حتى ينقطع ثم تضرب به حتى ينقطع حديث ما عمل ابن آدم من عمل أنجى له من عذاب الله من ذكر الله قالوا يا رسول الله ولا الجهاد في سبيل الله قال ولا الجهاد في سبيل الله إلا أن تضرب بسيفك حتى ينقطع ثلاث مرات أخرجه ابن أبي شيبة في المصنف والطبراني من حديث معاذ بإسناد حسن فقال صلى الله عليه وسلم من أحب أن يرتع في رياض الجنة فليكثر ذكر الله عز وجل حديث من أحب أن يرتع في رياض الجنة فليكثر ذكر الله تعالى أخرجه ابن أبي شيبة في المصنف والطبراني من حديث معاذ بسند ضعيف ورواه الطبراني في الدعاء من حديث أنس وهو عند الترمذي بلفظ إذا مررتم برياض الجنة فارتعوا وقد تقدم في الباب الثالث من العلم وسئل رسول الله صلى الله عليه وسلم أي الأعمال أفضل فقال أن تموت ولسانك رطب بذكر الله عز وجل حديث سئل أي الأعمال أفضل قال أن تموت ولسانك رطب من ذكر الله تعالى أخرجه ابن حبان والطبراني في الدعاء والبيهقي في الشعب من حديث معاذ وقال صلى الله عليه وسلم أصبح وأمس ولسانك رطب بذكر الله تصبح وتمسي وليس عليك خطيئة حديث أمس وأصبح ولسانك رطب بذكر الله تصبح وتمسي وليس عليك خطيئة أخرجه أبو القاسم الأصبهاني في الترغيب والترهيب من حديث أنس من أصبح وأمسى ولسانه رطب من ذكر الله يمسي ويصبح وليس عليه خطيئة أخرجهوفيه من لا يعرف وقال صلى الله عليه وسلم لذكر الله عز وجل بالغداة والعشي أفضل من حطم السيوف في سبيل الله ومن إعطاء المال سحا حديث لذكر الله بالغداة والعشي أفضل من حطم السيوف في سبيل الله ومن إعطاء المال سحا رويناه من حديث أنس بسند ضعيف في الأصل وهو معروف من قول ابن عمر كما رواه ابن عبد البر في التمهيد وقال صلى الله عليه وسلم يقول الله تبارك وتعالى إذا ذكرني عبدي في نفسه ذكرته في نفسي وإذا ذكرني في ملأ ذكرته في ملأ خير من ملئه وإذا تقرب مني شبرا تقربت منه ذراعا وإذا تقرب مني ذراعا تقربت منه باعا وإذا مشى إلي هرولت إليه حديث قال الله عز وجل إذا ذكرني عبدي في نفسه ذكرته في نفسي الحديث متفق عليه من حديث أبي هريرة يعني بالهرولة سرعة الإجابة

وقال صلى الله عليه وسلم سبعة يظلهم الله عز وجل في ظله يوم لا ظل إلا ظله من جملتهم رجل ذكر الله خاليا ففاضت عيناه من خشية الله حديث سبعة يظلهم الله في ظله يوم لا ظل إلا ظله من جملتهم رجل ذكر الله خاليا ففاضت عيناه متفق عليه من حديث أبي هريرة أيضا وقال أبو الدرداء قال رسول الله صلى الله عليه وسلم ألا أنبئكم بخير أعمالكم وأزكاها عند مليككم وأرفعها في درجاتكم وخير لكم من إعطاء الورق والذهب وخير لكم من أن تلقوا عدوكم فتضربون أعناقهم ويضربون أعناقكم قالوا وما ذاك يا رسول الله قال ذكر الله عز وجل دائما حديث ألا أنبئكم بخير أعمالكم وأزكاها عند مليككم وأرفعها في درجاتكم الحديث أخرجه الترمذي والحاكم وابن ماجه وصحح إسناده من حديث أبي الدرداء وقال صلى الله عليه وسلم قال الله عز وجل من شغله ذكري عن مسألتي

أعطيته أفضل ما أعطي السائلين حديث قال الله تعالى من شغله ذكري عن مسألتي أعطيته أفضل ما أعطي السائلين أخرجه البخاري في التاريخ والبزار في المسند والبيهقي في الشعب من حديث عمر بن الخطاب وفيه صفوان بن أبي الصفا ذكره ابن حبان في الضعفاء وفي الثقات أيضا وأما الآثار فقد قال الفضيل بلغنا أن الله عز وجل قال عبدي اذكرني بعد الصبح ساعة وبعد العصر ساعة أكفك ما بينهما

وقال بعض العلماء إن الله عز وجل يقول أيما عبد اطلعت على قلبه فرأيت الغالب عليه التمسك بذكري توليت سياسته وكنت جليسه ومحادثه وأنيسه

وقال الحسن الذكر ذكران ذكر الله عز وجل بين نفسك وبين الله عز وجل ما أحسنه وأعظم أجره وأفضل من ذلك ذكر الله سبحانه عند ما حرم الله عز وجل

ويروى أن كل نفس تخرج من الدنيا عطشى إلا ذاكر الله عز وجل وقال معاذ بن جبل رضي الله عنه ليس يتحسر أهل الجنة على شيء إلا على ساعة مرت بهم لم يذكروا الله سبحانه فيها و الله تعالى أعلم

فضيلة مجالس الذكر

قال رسول الله صلى الله عليه وسلم ما جلس قوم مجلسا يذكرون الله عز وجل إلا حفت بهم الملائكة وغشيتهم الرحمة وذكرهم الله تعالى فيمن عنده حديث ما جلس قوم مجلسا يذكرون الله تعالى إلا حفت بهم الملائكة وغشيتهم الرحمة وذكرهم الله فيمن عنده أخرجه مسلم من حديث أبي هريرة وقال صلى الله عليه وسلم ما من قوم اجتمعوا يذكرون الله تعالى لا يريدون بذلك إلا وجهه إلا ناداهم مناد من السماء قوموا مغفورا لكم قد بدلت لكم سيئاتكم حسنات حديث ما من قوم اجتمعوا يذكرون الله تعالى لا يريدون بذلك إلا وجهه إلا ناداهم مناد من السماء قوموا مغفورا لكم قد بدلت سيئاتكم حسنات أخرجه أحمد وأبو يعلى والطبراني بسند ضعيف من حديث أنس وقال أيضا صلى الله عليه وسلم ما قعد قوم مقعدا لم يذكروا الله سبحانه وتعالى فيه ولم يصلوا على النبي صلى الله عليه وسلم إلا كان عليهم حسرة يوم القيامة حديث ما قعد قوم مقعدا لم يذكروا الله ولم يصلوا على النبي صلى الله عليه وسلم فيه إلا كان عليهم حسرة يوم القيامة أخرجه الترمذي وحسنه من حديث أبي هريرة وقال داود صلى الله عليه وسلم إلهي إذا رأيتني أجاوز مجالس الذاكرين إلى مجالس الغافلين فاكسر رجلي دونهم فإنها نعمة تنعم بها علي

وقال صلى الله عليه وسلم المجلس الصالح يكفر عن المؤمن ألفى ألف مجلس من مجالس السوء حديث المجلس الصالح يكفر عن المؤمن ألفي ألف مجلس من مجالس السوء ذكره صاحب الفردوس من حديث ابن وداعة وهو مرسل ولم يخرجه ولده وكذلك لم أجد له إسنادا وقال أبو هريرة رضي الله عنه إن أهل السماء ليتراءون بيوت أهل الأرض التي يذكر فيها اسم الله تعالى كما تتراءى النجوم

وقال سفيان بن عيينة رحمه الله إذا اجتمع قوم يذكرون الله تعالى اعتزل الشيطان والدنيا فيقول الشيطان للدنيا ألا ترين ما يصنعون فتقول الدنيا دعهم فإنهم إذا تفرقوا أخذت بأعناقهم إليك

وعن أبي هريرة رضي الله عنه أنه إذا دخل السوق وقال أراكم ههنا وميراث رسول الله صلى الله عليه وسلم يقسم في المسجد فذهب الناس إلى المسجد وتركوا السوق فلم يروا ميراثا فقالوا يا أبا هريرة ما رأينا ميراثا يقسم في المسجد قال فماذا رأيتم قالوا رأينا قوما يذكرون الله عز وجل ويقرءون القرآن قال فذلك ميراث رسول الله صلى الله عليه وسلم حديث أبي هريرة أنه دخل السوق وقال أراكم ههنا وميراث رسول الله صلى الله عليه وسلم يقسم في المسجد فذهب الناس إلى المسجد وتركوا السوق الحديث أخرجه الطبراني في المعجم الصغير بإسناد فيه جهالة أو انقطاع وروى الأعمش عن أبي صالح عن أبي هريرة وأبي سعيد الخدري عنه صلى الله عليه وسلم أنه قال إن لله عز وجل ملائكة سياحين في الأرض فضلا عن كتاب الناس فإذا وجدوا قوما يذكرون الله عز وجل تنادوا هلموا بغيتكم فيجيئون فيحفون بهم إلى السماء فيقول الله تبارك وتعالى أي شيء تركتم عبادي يصنعونه فيقولون تركناهم يحمدونك ويمجدونك ويسبحونك فيقول الله تبارك وتعالى وهل رأوني فيقولون لا فيقول جل جلاله كيف لو

رأوني فيقولون لو رأوك لكانوا أشد تسبيحا وتحميدا وتمجيدا فيقول لهم من أي شيء يتعوذون فيقولون من النار فيقول تعالى وهل رأوها فيقولون لا فيقول الله عز وجل فكيف لو رأوها فيقولون لو رأوها لكانوا أشد هربا منها وأشد نفورا فيقول الله عز وجل وأي شيء يطلبون فيقولون الجنة فيقول تعالى وهل رأوها فيقولون لا فيقول تعالى فكيف لو رأوها فيقولون لو رأوها لكانوا أشد عليها حرصا فيقول جل جلاله إني أشهدكم أني قد غفرت لهم فيقولون كان فيهم فلان لم يردهم إنما جاء لحاجة فيقول الله عز وجل هم القوم لا يشقى جليسهم حديث الأعمش عن أبي صالح عن أبي هريرة أو أبي سعيد الخدري عنه صلى الله عليه وسلم أنه قال إن لله عز وجل ملائكة سياحين في الأرض فضلا عن كتاب الناس الحديث رواه الترمذي من هذا الوجه والحديث في الصحيحين من حديث أبي هريرة وحده وقد تقدم في الباب الثالث من العلم

فضيلة التهليل

قال صلى اللـه عليه وسلم أفضل ما قلته أنا والنبيون من قبلي لا إله إلا اللـه وحده لا شريك له حديث أفضل ما قلته أنا والنبيون من قبلي لا إله إلا اللـه الحديث تقدم في الباب الثاني من الحج وقال صلى اللـه عليه وسلم من قال لا إله إلا اللـه وحده لا شريك له له الملك وله الحمد وهو على كل شيء قدير كل يوم مائة مرة كانت له عدل عشر رقاب وكتبت له مائة حسنة ومحيت عنه مائة سيئة وكانت له حرزا من الشيطان يومه ذلك حتى يمسي ولم يأت أحد بأفضل مما جاء به إلا أحد عمل أكثر من ذلك حديث من قال لا إله إلا اللـه وحده لا شريك له له الملك وله الحمد وهو على كل شيء قدير مائة مرة الحديث متفق عليه من حديث أبي هريرة وقال صلى اللـه عليه وسلم ما من عبد توضأ فأحسن الوضوء ثم رفع طرفه إلى السماء فقال أشهد أن لا إله إلا اللـه وحده لا شريك له وأشهد أن محمدا عبده ورسوله إلا فتحت له أبواب الجنة يدخل من أيها شاء حديث ما من عبد توضأ فأحسن الوضوء ثم رفع طرفه إلى السماء فقال أشهد أن لا إله إلا اللـه الحديث أخرجه من حديث عقبة بن عامر وقد تقدم في الطهارة وقال صلى اللـه عليه وسلم ليس على أهل لا إله إلا اللـه وحشة في قبورهم ولا في نشورهم كأني أنظر إليهم عند الصيحة ينفضون رؤوسهم من التراب ويقولون الحمد لله الذي أذهب عنا الحزن إن ربنا لغفور شكور حديث ليس على أهل لا إله إلا اللـه وحشة في قبورهم ولا في النشور الحديث أخرجه أبو يعلى والطبراني والبيهقي في الشعب من حديث ابن عمر بسند ضعيف وقال صلى اللـه عليه وسلم أيضا لأبي هريرة يا أبا هريرة إن كل حسنة تعملها توزن يوم القيامة إلا شهادة أن لا إله إلا اللـه فإنها لا توضع في ميزان لأنها لو وضعت في ميزان من قالها صادقا ووضعت السموات السبع والأرضون السبع وما فيهن كان لا إله إلا اللـه أرجح من ذلك حديث يا أبا هريرة إن كل حسنة تعملها توزن يوم القيامة إلا شهادة أن لا إله إلا اللـه فإنها لا توضع في ميزان لأنها لو وضعت في ميزان من قالها صادقا ووضعت السموات السبع والأرضون السبع وما فيهن كان لا إله إلا اللـه أرجح من ذلك قلت وصية أبي هريرة هذه موضوعة وآخر الحديث رواه المستغفري في الدعوات ولو جعلت لا إله إلا اللـه وهو معروف من حديث أبي سعيد مرفوعا لو أن السموات السبع والأرضين السبع في كفة مالت بهن لا إله إلا اللـه رواه النسائي في اليوم والليلة وابن حبان والحاكم وصححه وقال صلى اللـه عليه وسلم لو جاء قائل لا إله إلا اللـه صادقا بقراب الأرض ذنوبا لغفر اللـه له ذلك حديث لو جاء حامل لا إله إلا اللـه صادقا بقراب الأرض ذنوبا لغفر اللـه له غريب بهذا اللفظ وللترمذي في حديث لأنس يقول اللـه يا بن آدم إنك لو أتيتني بقراب الأرض خطايا ثم لقيتني لا تشرك بي شيئا لأتيتك بقرابها مغفرة ولأبي الشيخ في الثواب من حديث أنس يا رب ما جزاء من هلل مخلصا من قلبه قال جزاؤه أن يكون كيوم ولدته أمه من الذنوب وفيه انقطاع وقال صلى اللـه عليه وسلم يا أبا هريرة لقن الموتى شهادة أن لا إله إلا اللـه فإنها تهدم الذنوب هدما قلت يا رسول

الـلـه هذا للموتى فكيف للأحياء قال صلى الـلـه عليه وسلم هي أهدم وأهدم حديث يا أبا هريرة لقن الموتى شهادة أن لا إله إلا الـلـه فإنها تهدم الذنوب الحديث أخرجه أبو منصور الديلمي في مسند الفردوس من طريق ابن المقري من حديث أبي هريرة وفيه موسى ابن وردان مختلف فيه ورواه أبو يعلى من حديث أنس بسند ضعيف ورواه ابن أبي الدنيا في المحتصرين من حديث الحسن مرسلا وقال صلى الـلـه عليه وسلم من قال لا إله إلا الـلـه مخلصا دخل الجنة حديث من قال لا إله إلا الـلـه مخلصا دخل الجنة أخرجه الطبراني من حديث زيد بن أرقم بإسناد ضعيف وقال صلى الـلـه عليه وسلم لتدخلن الجنة كلكم إلا من أبى وشرد عن الـلـه عز وجل شراد البعير عن أهله فقيل يا رسول الـلـه من الذي يأبى ويشرد عن الـلـه قال من لم يقل لا إله إلا الـلـه حديث لتدخلن الجنة كلكم إلا من أبى وشرد على الـلـه شرود البعير على أهله أخرجه البخاري من حديث أبي هريرة كل أمتي يدخلون الجنة إلا من أبى زاد الحاكم وصححها وشرد على الـلـه شرود البعير على أهله قال البخاري قالوا يا رسول الـلـه ومن يأبى قال من أطاعني دخل الجنة ومن عصاني فقد أبى ولابن عدي وأبي يعلى والطبراني في الدعاء من حديثه أكثروا من قول لا إله إلا الـلـه قبل أن يحال بينكم وبينها وفيه ابن وردان أيضا ولأبي الشيخ في الثواب من حديث الحكم بن عمير الثمالي مرسلا إذا قلت لا إله إلا الـلـه وهي كلمة التوحيد الحديث والحكم ضعيف ولأبي بكر بن الضحاك في الشمائل من حديث ابن مسعود في إجابة المؤذن اللهم رب هذه الدعوة المجابة المستجاب لها دعوة الحق وكلمة الإخلاص ولابن عدي من حديث ابن عمر في إجابة المؤذن ﴿ دعوة الحق ﴾ وللطبراني في الدعاء عن عبد الـلـه بن عمرو كلمة الإخلاص لا إله إلا الـلـه الحديث وللطبراني من حديث سلمة بن الأكوع وألزمهم كلمة التقوى قال لا إله إلا الـلـه وللطبراني في الدعاء عن ابن عباس كلمة طيبة قال شهادة أن لا إله إلا الـلـه وله عنه في قوله ﴿ دعوة الحق ﴾ قال شهادة أن لا إله إلا الـلـه وله عنه فقد استمسك بالعروة الوثقى قال لا إله الا الـلـه ولابن عدى والمستغفري من حديث أنس ثمن الجنة لا اله إلا الـلـه ولا يصح شيء منها فأكثروا من قول لا إله إلا الـلـه قبل أن

يحال بينكم وبينها فإنها كلمة التوحيد وهي كلمة الإخلاص وهي كلمة التقوى وهي كلمة طيبة وهي دعوة الحق وهي العروة الوثقى وهي ثمن الجنة وقال الله عز وجل ﴿ هل جزاء الإحسان إلا الإحسان ﴾ فقيل الإحسان في الدنيا قول لا إله إلا الله وفي الآخرة الجنة وكذا قوله تعالى ﴿ للذين أحسنوا الحسنى وزيادة ﴾ وروى البراء بن عازب أنه صلى الله عليه وسلم قال من قال لا إله إلا الله وحده لا شريك له له الملك وله الحمد وهو على كل شيء قدير عشر مرات كانت له عدل رقبة أو قال نسمة حديث البراء من قال لا إله إلا الله وحده لا شريك له الحديث أخرجه الحاكم وقال صحيح الإسناد على شرط الشيخين وهو في مسند أحمد دون قوله عشر مات وروى عمرو بن شعيب عن أبيه عن جده أنه قال قال رسول الله صلى الله عليه وسلم من قال في يوم مائتي مرة لا إله إلا الله وحده لا شريك له له الملك وله الحمد وهو على كل شيء قدير لم يسبقه أحد كان قبله ولا يدركه أحد بعده إلا من عمل بأفضل من عمله حديث عمرو بن شعيب عن أبيه عن جده أنه صلى الله عليه وسلم قال من قال في كل يوم مائة مرة لا إله إلا الله وحده لا شريك له الحديث أخرجه أحمد بلفظ مائة وكذا رواه الحاكم في المستدرك وإسناده جيد وهكذا هو في بعض نسخ الإحياء وقال صلى الله عليه وسلم من قال في سوق من الأسواق لا إله إلا الله وحده لا شريك له له الملك وله الحمد يحيى ويميت وهو على كل شيء قدير كتب الله له ألف ألف حسنة ومحا عنه ألف ألف سيئة وبنى له بيتا في الجنة ويروى إن العبد إذا قال لا إله إلا الله أتت إلى صحيفته فلا تمر على خطيئه إلى محتها حتى تجد حسنة مثلها فتجلس إلى جنبها حديث إن العبد إذا قال لا إله إلا الله أتت إلى صحيفته فلا تمر على خطيئة إلا محتها حتى تجد حسنة مثلها فتجلس إليها أخرجه أبو يعلى من حديث أنس بسند ضعيف وفي الصحيح عن أيوب عن النبي صلى الله عليه وسلم أنه قال من قال لا إله إلا الله وحده لا شريك له له الملك وله الحمد وهو على كل شيء قدير عشر مرات كان كمن أعتق أربعة أنفس من ولد إسماعيل صلى الله عليه وسلم حديث أبي أيوب من قال لا إله إلا الله وحده لا شريك له له الملك وله الحمد وهو على كل شيء قدير عشر مرات كان كمن أعتق أربعة أنفس من ولد إسماعيل متفق عليه وفي الصحيح أيضا عن عبادة بن الصامت عن النبي صلى الله عليه وسلم أنه قال من تعار من الليل فقال لا إله إلا الله وحده لا شريك له له الملك وله الحمد وهو على كل شيء قدير سبحان الله والحمد لله ولا إله إلا الله و الله أكبر ولا حول ولا قوة إلا بالله العلي العظيم ثم قال اللهم اغفر لي غفر له أو دعا استجيب له فإن توضأ وصلى قبلت صلاته حديث عبادة بن الصامت من تعار من الليل فقال لا إله إلا الله الحديث رواه البخاري فضيلة التسبيح والتحميد وبقية الأذكار

قال صلى الله عليه وسلم من سبح دبر كل صلاة ثلاثا وثلاثين وحمد ثلاثا وثلاثين وكبر ثلاثا وثلاثين وختم المائة بلا إله إلا الله لا شريك له له الملك وله الحمد وهو على كل شيء قدير غفرت ذنوبه ولو كانت مثل زبد البحر حديث

من سبح دبر كل صلاة ثلاثا وثلاثين الحديث أخرجه مسلم من حديث أبي هريرة وقال صلى الله عليه وسلم من قال سبحان الله وبحمده في اليوم مائة مرة حطت عنه خطاياه وإن كانت مثل زبد البحر حديث من قال سبحان الله وبحمده مائة مرة حطت خطاياه وإن كانت مثل زبد البحر متفق عليه من حديث أبي هريرة وروى أن رجلا جاء إلى رسول الله صلى الله عليه وسلم فقال تولت عني الدنيا وقلت ذات

يدي فقال رسول الـلـه صلى الـلـه عليه وسلم فأين أنت من صلاة الملائكة وتسبيح الخلائق وبها يرزقون قال فقلت وماذا يا رسول الـلـه قال قل سبحان الـلـه وبحمده سبحان الـلـه العظيم أستغفر الـلـه مائة مرة ما بين طلوع الفجر إلى أن تصلى الصبح تأتيك الدنيا راغمة صاغرة ويخلق الـلـه عز وجل من كل كلمة ملكا يسبح الـلـه تعالى إلى يوم القيامة لك ثوابه حديث أن رجلا جاء إلى النبي صلى الـلـه عليه وسلم فقال تولت عني الدنيا وقلت ذات يدي فقال رسول الـلـه صلى الـلـه عليه وسلم فأين أنت عن صلاة الملائكة وتسبيح الخلائق وبها يرزقون الحديث أخرجه المستغفري في الدعوات من حديث ابن عمر وقال غريب من حديث مالك ولا أعرف له أصلا في حديث مالك ولأحمد من حديث عبد الـلـه بن عمرو أن نوحا قال لابنه آمرك بلا إله إلا الـلـه الحديث ﴿ ثم قال ﴾ وسبحان الـلـه وبحمده فإنها صلاة كل شيء وبها يرزق الخلق وإسناده صحيح وقال صلى الـلـه عليه وسلم إذا قال العبد الحمد لله ملأت ما بين السماء والأرض فإذا قال الحمد لله الثانية ملأت ما بين السماء السابعة إلى الأرض السفلى فإذا قال الحمد لله الثالثة قال الـلـه عز وجل سل تعط حديث إذا قال العبد الحمد لله ملأت ما بين السماء والأرض وإذا قال الحمد لله الثانية ملأت ما بين السماء السابعة إلى الأرض وإذا قال الحمد لله الثالثة قال الـلـه تعالى سل تعطه غريب بهذا اللفظ لم أجده وقال رفاعة الزرقي كنا يوما نصلي وراء رسول الـلـه صلى الـلـه عليه وسلم فلما رفع رأسه من الركوع وقال سمع الـلـه لمن حمده قال رجل وراء رسول الـلـه صلى الـلـه عليه وسلم ربنا لك الحمد حمدا كثيرا طيبا مباركا فيه فلما انصرف رسول الـلـه صلى الـلـه عليه وسلم عن صلاته قال من المتكلم آنفا قال أنا يا رسول الـلـه فقال صلى الـلـه عليه وسلم لقد رأيت بضعة وثلاثين ملكا يبتدرونها أيهم يكتبها أولا حديث رفاعة الزرقي كنا يوما نصلي وراء النبي صلى الـلـه عليه وسلم فلما رفع رأسه من الركوع وقال سمع الـلـه لمن حمده قال رجل وراءه ربنا لك الحمد حمدا كثيرا طيبا مباركا فيه الحديث رواه البخاري وقال رسول الـلـه صلى الـلـه عليه وسلم الباقيات الصالحات هن لا إله إلا الـلـه وسبحان الـلـه والحمد لله و الـلـه أكبر ولا حول ولا قوة إلا بالله حديث الباقيات الصالحات هن لا إله إلا الـلـه وسبحان الـلـه و الـلـه أكبر والحمد لله ولا حول ولا قوة إلا بالله أخرجه النسائي في اليوم والليلة وابن حبان والحاكم وصححه من حديث أبي سعيد والنسائي والحاكم من حديث أبي هريرة دون قوله ولا حول ولا قوة إلا بالله وقال صلى الـلـه عليه وسلم ما على الأرض رجل يقول لا إله إلا الـلـه و الـلـه أكبر وسبحان الـلـه والحمد لله ولا حول ولا قوة إلا بالله إلا غفرت ذنوبه ولو كانت مثل زبد البحر حديث ما على الأرض رجل يقول لا إله إلا الـلـه و الـلـه أكبر وسبحان الـلـه والحمد لله ولا حول ولا قوة إلا بالله إلا غفرت ذنوبه ولو كانت مثل زبد البحر أخرجه الحاكم من حديث عبد الـلـه بن عمرو وقال صحيح على شرط مسلم وهو عند الترمذي وحسنه والنسائي في اليوم والليلة مختصرا دون قوله سبحان الـلـه والحمد لله رواه ابن عمر وروى النعمان بن بشير عنه صلى الـلـه عليه وسلم أنه قال الذين يذكرون من جلال الـلـه وتسبيحه وتكبيره وتحميده ينعطفن حول العرش لهن دوى كدوي النحل يذكرون بصاحبهن أو لا يحب

أحدكم أن لا يزال عند الله ما يذكر به حديث النعمان بن بشير الذين يذكرون من جلال الله وتسبيحه وتمجيده وتهليله وتحميده ينعطف حول العرش له دوي كدوي النحل يذكرون بصاحبهن الحديث أخرجه ابن ماجه والحاكم وصححه على شرط مسلم وروى أبو هريرة أنه صلى الله عليه وسلم قال لأن أقول سبحان الله والحمد لله ولا إله إلا الله و الله أكبر أحب إلي مما طلعت عليه الشمس حديث أبي هريرة لأن أقول سبحان الله والحمد لله ولا إله إلا الله و الله أكبر أحب إلي مما طلعت عليه الشمس وزاد في رواية ولا حول ولا قوة إلا بالله وقال خير من الدنيا وما فيها أخرجه مسلم باللفظ الأول وللمستغفري في الدعوات من رواية مالك بن دينار أن أبا أمامة قال للنبي صلى الله عليه وسلم قلت سبحان الله والحمد لله ولا إله إلا الله و الله أكبر خير من الدنيا وما فيها قال أنت أغنم القوم وهو مرسل جيد الإسناد وفي رواية أخرى زاد لا حول ولا قوة إلا بالله وقال هي خير من الدنيا وما فيها وقال صلى الله عليه وسلم أحب الكلام إلى الله تعالى أربع سبحان الله والحمد لله ولا إله إلا الله و الله أكبر لا يضرك بأيهن بدأت حديث سمرة بن جندب أحب الكلام إلى الله أربع الحديث رواه مسلم رواه سمرة بن جندب

وروى أبو مالك الأشعري أن رسول الـلـه صلى الـلـه عليه وسلم كان يقول الطهور شطر الإيمان والحمد لله تملأ الميزان وسبحان الـلـه و الـلـه أكبر يملآن ما بين السماء والأرض والصلاة نور والصدقة برهان والصبر ضياء والقرآن حجة لك أو عليك كل الناس يغدو فبائع نفسه فموبقها أو مشتر نفسه فمعتقها حديث أبي مالك الأشعري الطهور شطر الإيمان والحمد لله تملأ الميزان الحديث رواه مسلم وقد تقدم في الطهارة وقال أبو هريرة قال رسول الـلـه صلى الـلـه عليه وسلم كلمتان خفيفتان على اللسان ثقيلتان في الميزان حبيبتان إلى الرحمن سبحان الـلـه وبحمده سبحان الـلـه العظيم حديث أبي هريرة كلمتان خفيفتان على اللسان الحديث متفق عليه وقال أبو ذر رضي الـلـه عنه قلت لرسول الـلـه صلى الـلـه عليه وسلم أي الكلام أحب إلى الـلـه عز وجل قال صلى الـلـه عليه وسلم ما اصطفى الـلـه سبحانه لملائكته سبحان الـلـه وبحمده سبحان الـلـه العظيم حديث أبي ذر أي الكلام أحب إلى الـلـه قال ما اصطفى الـلـه لملائكته سبحان الـلـه وبحمده سبحان الـلـه العظيم رواه مسلم وأبو داود والنسائي قوله سبحان الـلـه العظيم وقال أبو هريرة قال رسول الـلـه صلى الـلـه عليه وسلم إن الـلـه تعالى اصطفى من الكلام سبحان الـلـه والحمد لله ولا إله إلا الـلـه و الـلـه أكبر حديث إن الـلـه اصطفى من الكلام سبحان الـلـه والحمد لله الحديث أخرجه النسائي في اليوم والليلة والحاكم وقال صحيح على شرط مسلم وصححه من حديث أبي هريرة وأبي سعيد إلا أنهما قالا في ثواب الحمد لله كتبت له ثلاثون حسنة وحطت عنه ثلاثون سيئة فإذا قال العبد سبحان الـلـه كتبت له عشرون حسنة وتحط عنه عشرون سيئة وإذا قال الـلـه أكبر فمثل ذلك وذكر إلى آخر الكلمات

وقال جابر قال رسول الـلـه صلى الـلـه عليه وسلم من قال سبحان الـلـه وبحمده غرست له نخلة في الجنة حديث جابر من قال سبحان الـلـه وبحمده غرست له نخلة في الجنة أخرجه الترمذي وقال حسن والنسائي في اليوم والليلة وابن حبان والحاكم وقال صحيح على شرط مسلم وصححه وعن أبي ذر رضي الـلـه عنه أنه قال قال الفقراء لرسول الـلـه صلى الـلـه عليه وسلم ذهب أهل الدثور بالأجور يصلون كما نصلي ويصومون كما نصوم ويتصدقون بفضول أموالهم فقال أو ليس قد جعل لكم ما تصدقون به إن بكل تسبيحة صدقة وتحميدة صدقة وتهليلة صدقة وتكبيرة صدقة وأمر بمعروف صدقة ونهي عن منكر صدقة ويضع أحدكم اللقمة في في أهله فهي له صدقة وفي بضع أحدكم صدقة قالوا يا رسول الـلـه يأتي أحدنا شهوته ويكون له فيها أجر قال صلى الـلـه عليه وسلم أرأيتم لو وضعها في حرام أكان عليه فيها وزر قالوا نعم قال كذلك إن وضعها في الحلال كان له فيها أجر حديث أبي ذر قال الفقراء لرسول الـلـه صلى الـلـه عليه وسلم ذهب أهل الدثور بالأجور يصلون كما نصلي الحديث رواه مسلم

وقال أبو ذر رضي الـلـه عنه قلت لرسول الـلـه صلى الـلـه عليه وسلم سبق أهل الأموال بالأجر يقولون كما نقول وينفقون ولا ننفق فقال رسول الـلـه صلى الـلـه عليه وسلم أفلا أدلك على عمل إذا أنت عملته أدركت من قبلك وفقت من بعدك إلا من قال مثل قولك تسبح الـلـه بعد كل صلاة ثلاثا وثلاثين وتحمده ثلاثا وثلاثين وتكبر أربعا وثلاثين حديث أبي ذر قلت

لرسول اللـه صلى اللـه عليه وسلم سبق أهل الأموال بالأجر يقولون كما نقول وينفقون ولا ننفق الحديث رواه ابن ماجه إلا أنه قال قال سفيان لا أدري أيتهن أربع ولأحمد في هذا الحديث وتحمد أربعا وثلاثين وإسنادهما جيد ولأبي الشيخ في الثواب من حديث أبي الدرداء وتكبر أربعا وثلاثين كما ذكر المصنف وروت بسرة عن النبي صلى اللـه عليه وسلم أنه قال عليكن بالتسبيح والتهليل والتقديس فلا تغفلن واعقدن بالأنامل فإنها مستنطقات حديث بسرة عليكن بالتسبيح والتهليل والتقديس ولا تغفلن واعقدن بالأنامل فإنها مستنطقات أخرجه أبو داود والترمذي والحاكم بإسناد جيد يعني بالشهادة في القيامة

وقال ابن عمر رأيته صلى اللـه عليه وسلم يعقد التسبيح حديث ابن عمر رأيته صلى اللـه عليه وسلم يعقد التسبيح قلت إنما هو عبد اللـه بن عمرو بن العاص كما رواه أبو داود والنسائي والترمذي وحسنه والحاكم وقد قال صلى اللـه عليه وسلم فيما شهد عليه أبو هريرة وأبو سعيد الخدري إذا قال العبد لا إله إلا اللـه و اللـه أكبر قال اللـه عز وجل صدق عبدي لا إله إلا أنا وأنا أكبر وإذا قال العبد لا إله إلا اللـه وحده لا شريك له قال تعالى صدق عبدي لا إله إلا أنا وحدي لا شريك لي وإذا قال لا إله إلا اللـه ولا حول ولا قوة

إلا بالله يقول الله سبحانه صدق عبدي لا حول ولا قوة إلا بي ومن قالهن عند الموت لم تمسه النار حديث أبي هريرة وأبي سعيد إذا قال العبد لا إله إلا الله و الله أكبر قال الله صدق عبدي الحديث أخرجه الترمذي وقال حسن والنسائي في اليوم والليلة وابن ماجه والحاكم وصححه وروى مصعب بن سعد عن أبيه عنه صلى الله عليه وسلم أنه قال أيعجز أحدكم أن يكسب كل يوم ألف حسنة فقيل كيف ذلك يا رسول الله فقال صلى الله عليه وسلم يسبح الله مائة تسبيحة فيكتب له ألف حسنة ويحط عنه ألف سيئة حديث مصعب بن سعد عن أبيه أيعجز أحدكم أن يكسب كل يوم ألف حسنة الحديث أخرجه مسلم إلا أنه قال أو يحط كما ذكره المصنف وقال حسن صحيح وقال صلى الله عليه وسلم يا عبد الله بن قيس أو يا أبا موسى أولا أدلك على كنز من كنوز الجنة قال بلى قال قل لا حول ولا قوة إلا بالله حديث يا عبد الله بن قيس أو يا أبا موسى ألا أدلك على كنز من كنوز الجنة قال بلى قال لا حول ولا قوة إلا بالله متفق عليه وفي رواية أخرى ألا أعلمك كلمة من كنز تحت العرش لا حول ولا قوة إلا بالله وقال أبو هريرة قال رسول الله صلى الله عليه وسلم ألا أدلك على عمل من كنوز الجنة من تحت العرش قول لا حول ولا قوة إلا بالله يقول الله تعالى أسلم عبدي واستسلم حديث أبي هريرة عمل من كنز الجنة ومن تحت العرش قول لا حول ولا قوة إلا بالله يقول الله أسلم عبدي واستسلم أخرجه النسائي في اليوم والليلة والحاكم من قال سبحان الله والحمد لله ولا إله إلا الله و الله أكبر ولا حول ولا قوة إلا بالله قال أسلم عبدي واستسلم وقال صحيح الإسناد قال صلى الله عليه وسلم من قال حين يصبح رضيت بالله ربا وبالإسلام دينا وبالقرآن إماما وبمحمد صلى الله عليه وسلم نبيا رسولا كان حقا على الله أن يرضيه يوم القيامة حديث من قال حين يصبح رضيت بالله ربا الحديث أخرجه أبو داود والنسائي في اليوم والليلة والحاكم وقال صحيح الإسناد من حديث خادم النبي صلى الله عليه وسلم ورواه الترمذي من حديث ثوبان وحسنه وفيه نظر ففيه سعد بن المرزبان ضعيف جدا وفي رواية من قال ذلك رضي الله عنه وقال مجاهد إذا خرج الرجل من بيته فقال بسم الله قال الملك هديت فإذا قال توكلت على الله قال الملك كفيت وإذا قال لا حول ولا قوة إلا بالله قال الملك وقيت فتتفرق عنه الشياطين فيقولون ما تريدون من رجل قد هدي وكفي ووقي لا سبيل لكم إليه

فإن قلت فما بال ذكر الله سبحانه مع خفته على اللسان وقلة التعب فيه صار أفضل وأنفع من جملة العبادات مع كثرة المشقات فيها فاعلم أن تحقيق هذا لا يليق إلا بعلم المكاشفة

والقدر الذي يسمح بذكره في علم المعاملة أن المؤثر النافع هو الذكر على الدوام مع حضور القلب فأما الذكر باللسان والقلب لاه فهو قليل الجدوى

وفي الأخبار ما يدل عليه أيضا حديث الدال على أن الذكر والقلب لاه قليل الجدوى أخرجه الترمذي وقال حسن والحاكم وقال حديث مستقيم الإسناد من حديث أبي هريرة واعلموا أن الله لا يقبل الدعاء من قلب

لاه وحضور القلب في لحظة بالذكر والذهول عن الله عز وجل مع الاشتغال بالدنيا أيضا قليل الجدوى بل حضور القلب مع الله تعالى على الدوام أو في أكثر الأوقات هو المقدم على العبادات بل به تشرف سائر العبادات وهو غاية ثمرة العبادات العملية

وللذكر أول وآخر فأوله يوجب الأنس والحب لله وآخره يوجب الأنس والحب ويصدر عنه والمطلوب ذلك الأنس والحب فإن المريد في بداية أمره قد يكون متكلفا بصرف قلبه ولسانه عن الوسواس إلى ذكر الله عز وجل فإن وفق للمداومة أنس به وانغرس في قلبه حب المذكور ولا ينبغي أن يتعجب من هذا فإن من المشاهد في العادات أن تذكر غائبا غير مشاهد بين يدي شخص وتكرر ذكر خصاله عنده فيحبه وقد يعشق بالوصف وكثرة الذكر ثم إذا عشق بكثرة الذكر المتكلف أولا صار مضطرا إلى كثرة الذكر آخرا بحيث لا يصبر عنه فإن من أحب شيئا أكثر من ذكره

ومن أكثر من ذكر شيء وإن كان تكلفا أحبه فكذلك أول الذكر متكلف إلى أن يثمر الأنس بالمذكور والحب له ثم يمتنع الصبر عنه آخرا فيصير الموجب موجبا

والثمر مثمرا
وهذا معنى قول بعضهم كابدت القرآن عشرين سنة ثم تنعمت به عشرين سنة ولا يصدر التنعيم إلا من الأنس والحب ولا يصدر الأنس إلا من المداومة على المكابدة والتكلف مدة طويلة حتى يصير التكلف طبعا فكيف يستبعد هذا وقد يتكلف الإنسان تناول طعام يستبشعه أولا ويكابد أكله ويواظب عليه فيصير موافقا لطبعه حتى لا يصبر عنه فالنفس معتادة متحملة لما تتكلف
هي النفس ما عودتها تتعود

أي ما كلفتها أولا يصير لها طبعا آخرا
ثم إذا حصل الأنس بذكر الله سبحانه انقطع عن غير ذكر الله وما سوى الله عز وجل هو الذي يفارقه عند الموت فلا يبقى معه في القبر أهل ولا مال ولا ولد ولا ولاية ولا يبقى إلا ذكر الله عز وجل
فإن كان قد أنس به تمتع به وتلذذ بانقطاع العوائق الصارفة عنه إذ ضرورات الحاجات في الحياة الدنيا تصد عن ذكر الله عز وجل ولا يبقى بعد الموت عائق فكأنه خلى بينه وبين محبوبه فعظمت غبطته وتخلص من السجن الذي كان ممنوعا فيه عما به أنسه ولذلك قال صلى الله عليه وسلم إن روح القدس نفث في روعي أحبب من أحببت فإنك مفارقه حديث إن روح القدس نفث في روعي أحبب من أحببت فإنك مفارقه تقدم في الكتاب السابع من العلم أراد به كل ما يتعلق بالدنيا فإن ذلك يفنى في حقه بالموت ف كل من عليها فان ويبقى وجه ربك ذو الجلال والإكرام وإنما تفنى الدنيا بالموت في حقه إلى أن تفنى في نفسها عند بلوغ الكتاب أجله
وهذا الأنس يتلذذ به العبد بعد موته إلى أن ينزل في جوار الله عز وجل ويترقى من الذكر إلى اللقاء وذلك بعد أن يبعثر ما في القبور ويحصل ما في الصدور ولا ينكر بقاء ذكر الله عز وجل معه الموت فيقول إنه أعدم فكيف يبقى معه ذكر الله عز وجل فإنه لم يعدم عدما يمنع الذكر بل عدما من الدنيا وعالم الملك والشهادة لا من عالم الملكوت
وإلى ما ذكرناه الإشارة بقوله صلى الله عليه وسلم القبر إما حفرة من حفر النار أو روضة من رياض الجنة حديث القبر إما حفرة من حفر النار أو روضة من رياض الجنة أخرجه الترمذي من حديث أبي سعيد بتقديم وتأخير وقال غريب قلت فيه عبيد الله بن الوليد الوصافي

ضعيف وبقوله صلى الـلـه عليه وسلم أرواح الشهداء في حواصل طيور خضر حديث أرواح الشهداء في حواصل طيور خضر أخرجه مسلم من حديث ابن مسعود أنه سئل عن هذه الآية ﴿ ولا تحسبن الذين قتلوا في سبيل الـلـه أمواتا ﴾ الآية قال أما إنا قد سألنا عن ذلك فقال أرواحهم في جوف طير خضر فلم يسم فيه النبي صلى الـلـه عليه وسلم وفي رواية الترمذي أما إنا سألنا عن ذلك فأخبرنا وذكر صاحب مسند الفردوس أن ابن منيع صرح برفعه في مسنده وبقوله صلى الـلـه عليه وسلم لقتلى بدر من المشركين يا فلان ويا فلان وقد سماهم النبي صلى الـلـه عليه وسلم هل وجدتم ما وعد ربكم حقا فإني وجدت ما وعدني ربي حقا حديث ندائه لقتلى بدر من المشركين يا فلان يا فلان وقد سماهم إني قد وجدت ما وعدني ربي حقا فهل وجدتم ما وعدكم ربكم حقا أخرجه مسلم من حديث أنس فسمع عمر رضي الـلـه عنه قوله صلى الـلـه عليه وسلم فقال يا رسول الـلـه كيف يسمعون وأنى يجيبون وقد جيفوا فقال صلى الـلـه عليه وسلم والذي نفسي بيده ما أنتم بأسمع لكلامي منهم ولكنهم لا يقدرون أن يجيبوا والحديث في الصحيح هذا قوله صلى الـلـه عليه وسلم في المشركين فأما المؤمنون والشهداء فقد قال صلى الـلـه عليه وسلم أرواحهم في حواصل طيور خضر معلقة تحت العرش حديث أرواح المؤمنين في حواصل طيور خضر معلقة تحت العرش أخرجه ابن ماجه من حديث كعب بن مالك أن أرواح المؤمنين في حواصل طير خضر تعلق بشجر الجنة وروى النسائي بلفظ إنما نسمة المؤمن طائر ورواه الترمذي بلفظ أرواح الشهداء وقال حسن صحيح وهذه الحالة وما أشير بهذه الألفاظ إليه لا ينافي ذكر الـلـه عز وجل وقال تعالى ولا تحسبن الذين قتلوا في سبيل الـلـه أمواتا بل أحياء عند ربهم يرزقون فرحين بما آتاهم الـلـه من فضله ويستبشرون بالذين لم يلحقوا بهم من خلفهم الآية ولأجل شرف ذكر الـلـه عز وجل عظمت رتبة الشهادة لأن المطلوب الخاتمة ونعني بالخاتمة وداع الدنيا والقدوم على الـلـه والقلب مستغرق بالله عز وجل منقطع العلائق

عن غيره

فإن قدر عبد على أن يجعل همه مستغرقا بالله عز وجل فلا يقدر على أن يموت على تلك الحالة إلا في صف القتال

فإنه قطع الطمع عن مهجته وأهله وماله وولده بل من الدنيا كلها فإنه يريدها لحياته وقد هون على قلبه حياته في حب الله عز وجل وطلب مرضاته فلا تجرد لله أعظم من ذلك ولذلك عظم أمر الشهادة وورد فيه من الفضائل ما لا يحصى

فمن ذلك أنه لما استشهد عبد الله بن عمرو الأنصاري يوم أحد قال رسول الله صلى الله عليه وسلم لجابر ألا أبشرك يا جابر قال بلى بشرك الله بالخير قال إن الله عز وجل أحيا أباك فأقعده بين يديه وليس بينه وبينه ستر فقال تعالى تمن علي يا عبدي ما شئت أعطيكه فقال يا رب أن تردني إلى الدنيا حتى أقتل فيك وفي نبيك مرة أخرى فقال عز وجل سبق القضاء مني بأنهم إليها لا يرجعون حديث ألا أبشرك يا جابر قال بلى بشرك الله بالخير قال إن الله أحيا أباك وأقعده بين يديه وليس بينه وبينه ستر فقال تعالى تمن علي الحديث أخرجه الترمذي وقال حسن وابن ماجه والحاكم وصحح إسناده من حديث جابر ثم القتل سبب الخاتمة على مثل هذه الحالة فإنه لو لم يقتل وبقي مدة ربما عادت شهوات الدنيا إليه وغلبت على ما استولى على قلبه من ذكر الله عز وجل

ولهذا عظم خوف أهل المعرفة من الخاتمة فإن القلب وإن ألزم ذكر الله عز وجل فهو متقلب لا يخلو عن الالتفات إلى شهوات الدنيا ولا ينفك عن فترة تعتريه

فإذا تمثل في آخر الحال في قلبه أمر من الدنيا واستولى عليه وارتحل عن الدنيا والحالة هذه فيوشك أن يبقى استيلاؤه عليه فيحن بعد الموت إليه ويتمنى الرجوع إلى الدنيا

وذلك لقلة حظه في الآخرة إذ يموت المرء على ما عاش عليه ويحشر على ما مات عليه

فأسلم الأحوال عن هذا الخطر خاتمة الشهادة إذ لم يكن قصد الشهيد نيل مال أو أن يقال شجاع أو غير ذلك حديث الرجل يقاتل لنيل مال أو أن يقال شجاع أو غير ذلك متفق عليه من حديث أبي موسى قال جاء رجل إلى النبي صلى الله عليه وسلم فقال الرجل يقاتل للذكر والرجل يقاتل للمغنم والرجل يقاتل ليرى مكانه فمن في سبيل الله قال من قاتل لتكون كلمة الله هي العليا فهو في سبيل الله كما ورد به الخبر بل حب الله عز وجل وإعلاء كلمته فهذه الحالة هي التي عبر عنها ﴿ إن الله اشترى من المؤمنين أنفسهم وأموالهم بأن لهم الجنة ﴾ ومثل هذا الشخص هو البائع للدنيا بالآخرة

وحالة الشهيد توافق معنى قولك ﴿ لا إله إلا اللـه ﴾ فإنه لا مقصود له سوى اللـه عز وجل وكل مقصود معبود وكل معبود إله فهذا الشهيد قائل بلسان حاله ﴿ لا إله إلا اللـه ﴾ إذ لا مقصود له سواه

ومن يقول ذلك بلسانه ولم يساعده حاله فأمره في مشيئة اللـه عز وجل ولا يؤمن في حقه الخطر

ولذلك فضل رسول اللـه صلى اللـه عليه وسلم قول لا إله إلا اللـه على سائر الأذكار حديث تفضيل لا إله إلا اللـه على سائر الأذكار أخرجه الترمذي وقال حسن والنسائي في اليوم والليلة وابن ماجه من حديث جابر وذكر ذلك مطلقا في مواضع الترغيب ثم ذكر في بعض المواضع الترغيب

ثم ذكر في بعض المواضع الصدق والإخلاص فقال مرة من قال لا إله إلا اللـه مخلصا ومعنى الإخلاص مساعدة الحال للمقال

فنسأل اللـه تعالى أن يجعلنا في الخاتمة من أهل لا إله إلا اللـه حالا ومقالا ظاهرا وباطنا حتى نودع الدنيا غير متلفتين إليها بل متبرمين بها ومحبين للقاء اللـه فإن من أحب لقاء اللـه تعالى أحب اللـه لقاءه ومن كره لقاء اللـه كره اللـه لقاءه فهذه مرامز إلى معاني الذكر التي لا يمكن الزيادة عليها في علم المعاملة

الباب الثاني في آداب الدعاء وفضله وفضل بعض الأدعية المأثورة

وفضيلة الاستغفار والصلاة على رسول اللـه صلى اللـه عليه وسلم فضيلة الدعاء

قال اللـه تعالى ﴿ وإذا سألك عبادي عني فإني قريب أجيب دعوة الداع إذا دعان فليستجيبوا لي ﴾ وقال تعالى

﴿ ادعوا ربكم تضرعا وخفية إنه لا يحب المعتدين ﴾ **وقال تعالى** ﴿ وقال ربكم ادعوني أستجب لكم إن الذين يستكبرون عن عبادتي سيدخلون جهنم داخرين ﴾ **وقال عز وجل** ﴿ قل ادعوا الله أو ادعوا الرحمن أيا ما تدعوا فله الأسماء الحسنى ﴾ وروى النعمان بن بشير عن النبي صلى الله عليه وسلم أنه قال إن الدعاء هو العبادة ثم قرأ ادعوني أستجب لكم حديث النعمان بن بشير إن الدعاء هو العبادة أخرجه أصحاب السنن والحاكم وقال صحيح الإسناد وقال الترمذي حسن صحيح الآية وقال صلى الله عليه وسلم الدعاء مخ العبادة حديث الدعاء مخ العبادة أخرجه الترمذي من حديث أنس وقال غريب من هذا الوجه لا نعرفه إلا من حديث ابن لهيعة وروى أبو هريرة أنه صلى الله عليه وسلم قال ليس شيء أكرم على الله عز وجل من الدعاء حديث أبي هريرة ليس شيء أكرم عند الله من الدعاء أخرجه الترمذي وقال غريب وابن ماجه وابن حبان والحاكم وقال صحيح الإسناد وقال صلى الله عليه وسلم إن العبد لا يخطئه من الدعاء إحدى ثلاث إما ذنب يغفر له وإما خير يعجل له وإما خير يدخر له حديث إن العبد لا يخطئه من الدعاء إحدى ثلاث إما ذنب يغفر له وإما خير يعجل له وإما خير يدخر له أخرجه الديلمي في الفردوس من حديث أنس وفيه روح أخرجه ابن مسافر عن أبان بن عياش وكلاهما ضعيف ولأحمد والبخاري في الأدب والحاكم وصحح إسناده من حديث أبي سعيد إما أن تعجل له دعوته وإما أن يدخر له في الآخرة وإما أن يدفع عنه من السوء مثلها وقال أبو ذر رضي الله عنه يكفي من الدعاء مع البر ما يكفي الطعام من الملح وقال صلى الله عليه وسلم سلوا الله تعالى من فضله فإن الله تعالى يحب أن يسأل وأفضل العبادة انتظار الفرج حديث سلوا الله من فضله فإن الله يحب أن يسأل وأفضل العبادة انتظار الفرج أخرجه الترمذي من حديث ابن مسعود وقال حماد بن واقد ليس بالحافظ قلت وضعفه ابن معين وغيره آداب الدعاء وهي عشرة

الأول أن يترصد لدعائه الأوقات الشريفة كيوم عرفة من السنة ورمضان من الأشهر ويوم الجمعة من الأسبوع ووقت السحر من ساعات الليل قال تعالى وبالأسحار هم يستغفرون وقال صلى الله عليه وسلم ينزل الله تعالى كل ليلة إلى سماء الدنيا حين يبقى ثلث الليل الأخير فيقول عز وجل من يدعوني فأستجيب له من يسألني فأعطيه من يستغفرني فأغفر له حديث ينزل الله كل ليلة إلى سماء الدنيا حين يبقى ثلث الليل الحديث متفق عليه من حديث أبي هريرة وقيل إن يعقوب صلى الله عليه وسلم إنما قال سوف أستغفر لكم ربي ليدعو في وقت السحر فقيل إنه قام في وقت السحر يدعو وأولاده يؤمنون خلفه فأوحى الله عز وجل إني قد غفرت لهم وجعلتهم أنبياء

الثاني أن يغتنم الأحوال الشريفة قال أبو هريرة رضي الله عنه إن أبواب السماء تفتح عند زحف الصفوف في سبيل الله تعالى وعند نزول الغيث وعند إقامة الصلوات المكتوبة فاغتنموا الدعاء فيها وقال مجاهد إن الصلاة جعلت في خير الساعات فعليكم بالدعاء خلف الصلوات

وقال صلى الـله عليه وسلم الدعاء بين الأذان والإقامة لا يرد حديث الدعاء بين الأذان والإقامة لايرد أخرجه أبو داود والنسائي في اليوم والليلة والترمذي وحسنه من حديث أنس وضعفه ابن عدي وابن القطان ورواه في اليوم والليلة بإسناد آخر جيد وابن حبان والحاكم وصححه وقال صلى الـله عليه وسلم أيضا الصائم لا ترد دعوته حديث الصائم لا ترد دعوته أخرجه الترمذي وقال حسن وابن ماجه من حديث أبي هريرة بزيادة فيه وبالحقيقة يرجع شرف الأوقات إلى شرف الحالات أيضا إذ وقت السحر وقت صفاء القلب وإخلاصه وفراغه من المشوشات ويوم عرفة ويوم الجمعة وقت اجتماع الهمم وتعاون القلوب على استدرار رحمة الـله عز وجل فهذا أحد أسباب شرف الأوقات سوى ما فيها من أسرار لا يطلع البشر عليها

وحالة السجود أيضا أجدر بالإجابة قال أبو هريرة رضي الـله عنه قال النبي

صلى الـلـه عليه وسلم أقرب ما يكون العبد من ربه عز وجل وهو ساجد فأكثروا فيه من الدعاء حديث أبي هريرة أقرب ما يكون العبد من ربه وهو ساجد فأكثروا من الدعاء رواه مسلم وروى ابن عباس رضي الـلـه عنهما عن النبي صلى الـلـه عليه وسلم أنه قال إني نهيت أن أقرأ القرآن راكعا أو ساجدا فأما الركوع فعظموا فيه الرب تعالى وأما السجود فاجتهدوا فيه بالدعاء فإنه قمن أن يستجاب لكم حديث ابن عباس إنني نهيت أن أقرأ القرآن راكعا أو ساجدا الحديث أخرجه مسلم أيضا

الثالث أن يدعو مستقبل القبلة ويرفع يديه بحيث يرى بياض إبطيه وروى جابر بن عبد الـلـه أن رسول الـلـه صلى الـلـه عليه وسلم أتى الموقف بعرفة واستقبل القبلة ولم يزل يدعو حتى غربت الشمس حديث جابر أن رسول الـلـه صلى الـلـه عليه وسلم أتي الموقف بعرفة واستقبل القبلة ولم يزل يدعو حتى غربت الشمس الحديث أخرجه مسلم دون قوله يدعو فقال مكانها واقفا والنسائي من حديث أسامة بن زيد كنت ردفه بعرفات فرفع يديه يدعو ورجاله ثقات

وقال سلمان قال رسول الـلـه صلى الـلـه عليه وسلم إن ربكم حيي كريم يستحي من عبيده إذا رفعوا أيديهم إليه أن يردها صفرا حديث سلمان إن ربكم حيي كريم يستحي من عبده إذا رفع يديه أن يردهما صفرا أخرجه أبو داود والترمذي وحسنه وابن ماجه والحاكم وقال إسناده صحيح على شرطهما

وروى أنس أنه صلى الـلـه عليه وسلم كان يرفع يديه حتى يرى بياض إبطيه في الدعاء ولا يشير بأصبعيه حديث أنس كان يرفع يديه حتى يرى بياض إبطيه في الدعاء ولا يشير بأصبعه أخرجه مسلم دون قوله ولا يشير بأصبعه والحديث متفق عليه لكن مقيد بالاستسقاء

وروى أبو هريرة رضي الـلـه عنه أنه صلى الـلـه عليه وسلم مر على إنسان يدعو ويشير بإصبعيه السبابتين فقال صلى الـلـه عليه وسلم أحد أحد حديث أبي هريرة مر على إنسان يدعو بأصبعيه السبابتين فقال رسول الـلـه صلى الـلـه عليه وسلم أحد أحد أخرجه النسائي وقال حسن وابن ماجه والحاكم وقال صحيح الإسناد أي اقتصر على الواحدة

وقال أبو الدرداء رضي الـلـه عنه ارفعوا هذه الأيدي قبل أن تغل بالأغلال ثم ينبغي أن يمسح بهما وجهه في آخر الدعاء قال عمر رضي الـلـه عنه كان رسول الـلـه صلى الـلـه عليه وسلم إذا مد يديه في الدعاء لم يردهما حتى يمسح بهما وجهه حديث عمر كان رسول الـلـه صلى الـلـه عليه وسلم إذا مد يديه في الدعاء لم يردهما حتى يمسح بهما وجهه أخرجه الترمذي وقال غريب والحاكم في المستدرك وسكت عليه وهو ضعيف

وقال ابن عباس كان صلى الـلـه عليه وسلم إذا دعا ضم كفيه وجعل بطونهما مما يلي وجهه حديث ابن عباس كان صلى الـلـه عليه وسلم إذا دعا ضم كفيه وجعل بطونهما مما يلي وجهه أخرجه الطبراني في الكبير بسند ضعيف

فهذه هيئات اليد ولا يرفع بصره إلى السماء قال صلى الـله عليه وسلم لينتهين أقوام عن رفع أبصارهم إلى السماء عند الدعاء أو لتخطفن أبصارهم حديث لينتهين أقوام عن رفع أبصارهم إلى السماء عند الدعاء أو لتخطفن أبصارهم أخرجه مسلم من حديث أبي هريرة وقال عند الدعاء في الصلاة

الرابع خفض الصوت بين المخافتة والجهر لما روى أن أبا موسى الأشعري قال قدمنا مع رسول الـله فلما دنونا من المدينة كبر وكبر الناس ورفعوا أصواتهم فقال النبي صلى الـله عليه وسلم يا أيها الناس إن الذي تدعون ليس بأصم ولا غائب إن الذي تدعون بينكم وبين أعناق ركابكم حديث أبي موسى الأشعري يا أيها الناس إن الذي تدعون ليس بأصم ولا غائب متفق عليه مع اختلاف واللفظ الذي ذكره المصنف لأبي داود

وقالت عائشة رضي الـله عنه في قوله عز وجل ﴿ ولا تجهر بصلاتك ولا تخافت بها ﴾ حديث عائشة في قوله تعالى ﴿ ولا تجهر بصلاتك ولا تخافت بها ﴾ أي بدعائك متفق عليه أي بدعائك وقد أثنى الـله عز وجل على نبيه زكرياء عليه السلام حيث قال ﴿ إذ نادى ربه نداء خفيا ﴾ وقال عز وجل ﴿ ادعوا ربكم تضرعا وخفية ﴾

الخامس أن لا يتكلف السجع في الدعاء فإن حال الداعي ينبغي أن يكون حال متضرع والتكلف لا يناسبه قال صلى الـله عليه وسلم سيكون قوم يعتدون في الدعاء حديث سيكون قوم يعتدون في الدعاء وفي رواية والطهور أخرجه أبو داود وابن ماجه وابن حبان والحاكم من حديث عبد الـله بن مغفل وقد قال عز وجل ﴿ ادعوا ربكم تضرعا وخفية إنه ﴾

﴿ لا يحب المعتدين ﴾ قيل معناه التكلف للأسجاع والأولى أن لا يجاوز الدعوات المأثورة فإنه قد يعتدى في دعائه فيسأل ما لا تقتضيه مصلحته فما كل أحد يحسن الدعاء ولذلك روي عن معاذ رضي اللـه عنه إن العلماء يحتاج إليهم في الجنة إذ يقال لأهل الجنة تمنوا فلا يدرون كيف يتمنون حتى يتعلموا من العلماء وقد قال صلى اللـه عليه وسلم إياكم والسجع في الدعاء حسب أحدكم أن يقول اللهم إني أسألك الجنة وما قرب إليها من قول وعمل وأعوذ بك من النار وما قرب إليها من قول وعمل حديث إياكم والسجع في الدعاء بحسب أحدكم أن يقول اللهم إني أسألك الجنة وما قرب إليها من قول وعمل وأعوذ بك من النار وما قرب إليها من قول وعمل غريب بهذا السياق وللبخاري عن ابن عباس وانظر السجع من الدعاء فاجتنبه فإني عهدت أصحاب رسول اللـه صلى اللـه عليه وسلم لا يفعلون إلا ذلك وابن ماجه والحاكم واللفظ له وقال صحيح الإسناد من حديث عائشة عليك بالكوامل وفيه وأسألك الجنة إلى آخره وفي الخبر سيأتي قوم يعتدون في الدعاء والطهور ومر بعض السلف بقاص يدعو بسجع فقال له أعلى اللـه تبالغ أشهد لقد رأيت حبيبا العجمي يدعو وما يزيد على قوله اللهم اجعلنا جيدين اللهم لا تفضحنا يوم القيامة اللهم وفقنا للخير والناس يدعون من كل ناحية وراءه وكان يعرف بركة دعائه

وقال بعضهم ادع بلسان الذلة والافتقار لا بلسان الفصاحة والانطلاق

ويقال إن العلماء الأبدال لا يزيدون في الدعاء على سبع كلمات فما دونها ويشهد له آخر سورة البقرة فإن اللـه تعالى لم يخبر في موضع من أدعية عبادة أكثر من ذلك

واعلم أن المراد بالسجع هو المتكلف من الكلام فإن ذلك لا يلائم الضراعة والذلة وإلا ففي الأدعية المأثورة عن رسول اللـه صلى اللـه عليه وسلم كلمات متوازنة لكنها غير متكلفة كقوله صلى اللـه عليه وسلم أسألك الأمن من يوم الوعيد والجنة يوم الخلود مع المقربين الشهود والركع السجود الموفين بالعهود إنك رحيم ودود وإنك تفعل ما تريد حديث أسألك الأمن يوم الوعيد والجنة يوم الخلود مع المقربين الشهود والركع السجود الموفين بالعهود إنك رحيم ودود وإنك تفعل ما تريد أخرجه الترمذي من حديث ابن عباس سمعت رسول اللـه صلى اللـه عليه وسلم يقول ليلة حين فرغ من صلاته فذكر حديثا طويلا مع جملته هذا وقال حديث غريب انتهى وفيه محمد بن عبد الرحمن بن أبي ليلى سيىء الحفظ وأمثال ذلك فليقتصر على المأثور من الدعوات أو ليلتمس بلسان التضرع والخشوع من غير سجع وتكلف فالتضرع هو المحبوب عند اللـه عز وجل

السادس التضرع والخشوع والرغبة والرهبة قال اللـه تعالى ﴿ إنهم كانوا يسارعون في الخيرات ويدعوننا رغبا ورهبا ﴾ وقال عز وجل ﴿ ادعوا ربكم تضرعا وخفية ﴾ وقال صلى اللـه عليه وسلم إذا أحب اللـه عبدا ابتلاه حتى يسمع تضرعه حديث إذا أحب اللـه عبدا ابتلاه حتى يسمع تضرعه أخرجه أبو منصور الديلمي في مسند الفردوس

من حديث أنس إذا أحب الله عبدا صب عليه البلاء صبا الحديث وفيه دعه فإني أحب أن أسمع صوته وللطبراني من حديث أبي أمامة إن الله يقول للملائكة انطلقوا إلى عبدي فصبوا عليه البلاء الحديث ﴿ وفيه فإني أحب أن أسمع صوته وسندهما ضعيف ﴾

السابع أن يجزم الدعاء ويوقن بالإجابة ويصدق رجاءه فيه

قال رسول الله صلى الله عليه وسلم لا يقل أحدكم إذا دعا اللهم اغفر لي إن شئت اللهم ارحمني إن شئت ليعزم المسألة فإنه لا مكره له حديث لا يقل أحدكم اللهم اغفر لي إن شئت اللهم ارحمني إن شئت ليعزم المسألة فإنه لا مكره له متفق عليه من حديث أبي هريرة وقال رسول الله صلى الله عليه وسلم إذا دعا أحدكم فليعظم الرغبة فإن الله لا يتعاظمه شيء حديث إذا دعا أحدكم فليعظم الرغبة فإن الله لا يتعاظمه شيء أخرجه ابن حبان من حديث أبي هريرة وقال صلى الله عليه وسلم ادعوا الله وأنتم موقنون بالإجابة واعلموا أن الله عز وجل لا يستجيب دعاء من قلب غافل حديث ادعوا الله وأنتم موقنون بالإجابة واعلموا أن الله لا يستجيب دعاء من قلب غافل أخرجه الترمذي من حديث أبي هريرة وقال غريب والحاكم وقال مستقيم الإسناد وتفرد به صالح المري وهو أحد زهاد البصرة قلت لكنه ضعيف في الحديث وقال سفيان بن عيينة لا يمنعن أحدكم من الدعاء ما يعلم من نفسه فإن الله عز وجل أجاب دعاء شر الخلق إبليس لعنه الله إذ قال رب فانظرني إلى يوم يبعثون قال إنك من المنظرين

الثامن أن يلح في الدعاء ويكرره ثلاثا قال ابن مسعود

كان صلى الله عليه وسلم إذا دعا دعا ثلاثا وإذا سأل سأل ثلاثا حديث ابن مسعود كان صلى الله عليه وسلم إذا دعا دعا ثلاثا وإذا سأل سأل ثلاثا رواه مسلم وأصله متفق عليه وينبغي أن لا يستبطىء الإجابة لقوله صلى الله عليه وسلم يستجاب لأحدكم ما لم يعجل فيقول قد دعوت فلم يستجب لي فإذا دعوت فاسأل الله كثيرا فإنك تدعو كريما حديث يستجاب لأحدكم ما لم يعجل فيقول دعوت فلم يستجب لي متفق عليه من حديث أبي هريرة وقال بعضهم إني أسأل الله عز وجل منذ عشرين سنة حاجة وما أجابني وأنا أرجو الإجابة سألت الله تعالى أن يوفقني لترك ما لا يعنيني وقال صلى الله عليه وسلم إذا سأل أحدكم ربه مسألة فتعرف الإجابة فليقل الحمد لله الذي بنعمته تتم الصالحات ومن أبطأ عنه من ذلك فليقل الحمد لله على كل حال حديث إذا سأل أحدكم مسألة فتعرف الإجابة فليقل الحمد لله الذي بنعمته تتم الصالحات ومن أبطأ عنه من ذلك شيء فليقل الحمد لله على كل حال أخرجه البيهقي في الدعوات من حديث أبي هريرة وللحاكم نحوه من حديث عائشة مختصرا بإسناد ضعيف التاسع أن يفتتح الدعاء بذكر الله عز وجل فلا يبدأ بالسؤال قال سلمة بن الأكوع ما سمعت رسول الله صلى الله عليه وسلم يستفتح الدعاء إلا استفتحه بقول سبحان ربي العلي الأعلى الوهاب حديث سلمة بن الأكوع ما سمعت رسول الله صلى الله عليه وسلم يستفتح الدعاء إلا استفتحه وقال سبحان ربي العلي الأعلى الوهاب أخرجه أحمد والحاكم وقال صحيح الإسناد قلت فيه عمر بن راشد اليماني ضعفه الجمهور قال أبو سليمان الداراني رحمه الله من أراد أن يسأل الله حاجة فليبدأ بالصلاة على النبي صلى الله عليه وسلم ثم يسأله حاجته ثم يختم بالصلاة على النبي صلى الله عليه وسلم فإن الله عز وجل يقبل الصلاتين وهو أكرم من أن يدع ما بينهما وروى في الخبر عن رسول الله صلى الله عليه وسلم أنه قال إذا سألتم الله عز وجل حاجة فابتدئوا بالصلاة علي فإن الله تعالى أكرم من أن يسئل حاجتين فيقضي إحداهما ويرد الأخرى حديث إذا سألتم الله حاجة فابدءوا بالصلاة علي فإن الله تعالى أكرم من أن يسأل حاجتين فيعطي إحداهما ويرد الأخرى لم أجده مرفوعا وإنما هو موقوف على أبي الدرداء رواه أبو طالب المكي العاشر وهو الأدب الباطن وهو الأصل في الإجابة التوبة ورد المظالم والإقبال على الله عز وجل بكنه الهمة فذلك هو السبب القريب في الإجابة فيروى عن كعب الأحبار أنه قال أصاب الناس قحط شديد على عهد موسى رسول الله صلى الله عليه وسلم فخرج موسى ببني إسرائيل يستسقى بهم فلم يسقوا حتى خرج ثلاث مرات ولم يسقوا فأوحى الله عز وجل إلى موسى عليه السلام إني لا أستجيب لك ولا لمن معك وفيكم نمام فقال موسى يا رب ومن هو حتى نخرجه من بيننا فأوحى الله عز وجل إليه يا موسى أنهاكم عن النميمة وأكون نماما فقال موسى لبني إسرائيل توبوا إلى ربكم بأجمعكم عن النميمة فتابوا فأرسل الله تعالى عليهم الغيث وقال سعيد بن جبير قحط الناس في زمن ملك من ملوك بني إسرائيل فاستسقوا فقال الملك لبني إسرائيل ليرسلن الله تعالى علينا السماء أو لنؤذينه قيل له وكيف تقدر أن تؤذيه وهو في السماء فقال أقتل أولياءه وأهل طاعته

فيكون ذلك أذى له فأرسل الـلـه تعالى عليهم السماء وقال سفيان الثوري بلغني أن بني إسرائيل قحطوا سبع سنين حتى أكلوا الميتة من المزابل وأكلوا الأطفال وكانوا كذلك يخرجون إلى الجبال يبكون ويتضرعون فأوحى الـلـه عز وجل إلى أنبيائهم عليهم السلام لو مشيتم إلي بأقدامكم حتى تحفى ركبكم وتبلغ أيديكم عنان السماء وتكل ألسنتكم عن الدعاء فإني لا أجيب لكم داعيا ولا أرحم لكم باكيا حتى تردوا المظالم إلى أهلها ففعلوا فمطروا من يومهم وقال مالك بن دينار أصاب الناس في بني إسرائيل قحط فخرجوا مرارا فأوحى الـلـه عز وجل إلى نبيهم أن أخبرهم أنكم تخرجون إلى بأبدان نجسة وترفعون إلي أكفا قد سفكتم بها الدماء وملأتم بطونكم من الحرام الآن قد اشتد غضبي عليكم ولن تزدادوا مني إلا بعدا وقال أبو الصديق الناجي خرج سليمان عليه السلام يستسقى فمر بنملة ملقاة على ظهرها رافعة قوائمها

إلى السماء وهي تقول اللهم إنا خلق من خلقك ولا غنى بنا عن رزقك فلا تهلكنا بذنوب غيرنا فقال سليمان عليه السلام ارجعوا فقد سقيتم بدعوة غيركم وقال الأوزاعي خرج الناس يستسقون فقام فيهم بلال بن سعد فحمد الـلـه وأثنى عليه ثم قال يا معشر من حضر ألستم مقرين بالإساءة فقالوا اللهم نعم فقال اللهم إنا قد سمعناك تقول ما على المحسنين من سبيل وقد أقررنا بالإساءة فهل تكون مغفرتك إلا لمثلنا اللهم فاغفر لنا وارحمنا واسقنا فرفع يديه ورفعوا أيديهم فسقوا وقيل لمالك بن دينار ادع لنا ربك فقال إنكم تستبطئون المطر وأنا أستبطىء الحجارة وروى أن عيسى صلوات الـلـه عليه وسلامه خرج يستسقي فلما ضجروا قال لهم عيسى عليه السلام من أصاب منكم ذنبا فليرجع فرجعوا كلهم ولم يبق معه في المفازة إلا واحد فقال له عيسى عليهم السلام أما لك من ذنب فقال و الـلـه ما علمت من شيء غير أني كنت ذات يوم أصلي فمرت بي امرأة فنظرت إليها بعيني هذه فلما جاوزتني أدخلت أصبعي في عيني فانتزعتها وتبعت المرأة بها فقال له عيسى عليه السلام فادع الـلـه حتى أؤمن على دعائك قال فدعا فتجللت السماء سحابا ثم صبت فسقوا وقال يحيى الغساني أصاب الناس قحط على عهد داود عليه السلام فاختاروا ثلاثة من علمائهم فخرجوا حتى يستسقوا بهم فقال أحدهم اللهم إنك أنزلت في توراتك أن نعفو عمن ظلمنا اللهم إنا قد ظلمنا أنفسنا فاعف عنا وقال الثاني اللهم إنك أنزلت في توراتك أن نعتق أرقاءنا اللهم إنا أرقاؤك فأعتقنا وقال الثالث اللهم إنك أنزلت في توراتك أن لا نرد المساكين إذا وقفوا بأبوابنا اللهم إنا مساكينك وقفنا ببابك فلا ترد دعاءنا فسقوا وقال عطاء السلمي منعنا الغيث فخرجنا نستسقي فإذا نحن بسعدون المجنون في المقابر فنظر إلي فقال يا عطاء أهذا يوم النشور أوبعثر ما في القبور فقلت لا ولكنا منعنا الغيث فخرجنا نستسقي فقال يا عطاء بقلوب أرضية أم بقلوب سماوية فقلت بل بقلوب سماوية فقال هيهات يا عطاء قل للمتبهرجين لا تتبهرجوا فإن الناقد بصير ثم رمق السماء بطرفه وقال إلهي وسيدي ومولاي لا تهلك بلادك بذنوب عبادك ولكن بالسر المكنون من أسمائك وما وارت الحجب من آلائك إلا ما سقيتنا ماء غدقا فراتا تحيي به العباد وتروي به البلاد يا من هو على كل شيء قدير قال عطاء فما استتم الكلام حتى أرعدت السماء وأبرقت وجادت بمطر كأفواه القرب فولى وهو يقول أفلح الزاهدون والعابدونا إذ لمولاهم أجاعوا البطونا أسهروا الأعين العليلة حبا فانقضى ليلهم وهم ساهرونا شغلتهم عبادة الـلـه حتى حسب الناس أن فيهم جنونا وقال ابن المبارك قدمت المدينة في عام شديد القحط فخرج الناس يستسقون فخرجت معهم إذ أقبل غلام أسود عليه قطعتا خيش قد اتزر بإحداهما وألقى الأخرى على عاتقه فجلس إلى جنبي فسمعته يقول إلهي أخلقت الوجوه عندك كثرة الذنوب ومساوي الأعمال وقد حبست عنا غيث السماء لتؤدب عبادك بذلك فأسألك يا حليما ذا أناة يا من لا يعرف عباده منه إلا الجميل أن تسقيهم الساعة الساعة فلم يزل يقول الساعة الساعة حتى اكتست

السماء بالغمام وأقبل المطر من كل جانب قال ابن المبارك فجئت إلى الفضيل فقال ما لي أراك كئيبا فقلت أمر سبقنا إليه غيرنا فتولاه دوننا وقصصت عليه القصة فصاح الفضيل وخر مغشيا عليه ويروى أن عمر بن الخطاب رضي الله عنه استسقى بالعباس رضي الله عنه فلما فرغ عمر من دعائه قال العباس اللهم إنه لم ينزل بلاء من السماء إلا بذنب ولم يكشف إلا بتوبة وقد توجه بي القوم إليك لمكاني من نبيك صلى الله عليه وسلم وهذه أيدينا إليك بالذنوب ونواصينا بالتوبة وأنت

الراعي لا تهمل الضالة ولا تدع الكبير بدار مضيعة فقد ضرع الصغير ورق الكبير وارتفعت الأصوات بالشكوى وأنت تعلم السر وأخفى اللهم فأغثهم بغياثك قبل أن يقنطوا فيهلكوا فإنه لا ييأس من روح الـلـه إلا القوم الكافرون قال فما تم كلامه حتى ارتفعت السماء مثل الجبال فضيلة الصلاة على رسول الـلـه صلى الـلـه عليه وسلم وفضله صلى الـلـه عليه وسلم

قال الـلـه تعالى ﴿ إن الـلـه وملائكته يصلون على النبي يا أيها الذين آمنوا صلوا عليه وسلموا تسليما ﴾ وروى أنه صلى الـلـه عليه وسلم جاء ذات يوم والبشرى ترى في وجهه فقال صلى الـلـه عليه وسلم إنه جاءني جبريل عليه السلام فقال أما ترضى يا محمد أن لا يصلي عليك أحد من أمتك صلاة واحدة إلا صليت عليه عشرا ولا يسلم عليك أحد من أمتك إلا سلمت عليه عشرا حديث أنه صلى الـلـه عليه وسلم جاء ذات يوم والبشرى ترى في وجهه فقال إنه جاءني جبريل عليه الصلاة والسلام فقال أما ترضى يا محمد أن لا يصلي عليك أحد من أمتك إلا صليت عليه عشرا ولا يسلم عليك أحد من أمتك إلا سلمت عليه عشرا أخرجه النسائي وابن حبان من حديث أبي طلحة بإسناد جيد وقال صلى الـلـه عليه وسلم من صلى علي صلت عليه الملائكة ما صلى علي فليقلل عند ذلك أو ليكثر حديث من صلى علي صلت عليه الملائكة ما صلى فليقلل عبد من ذلك أو ليكثر أخرجه ابن ماجه من حديث عامر بن ربيعة بإسناد ضعيف والطبراني في الأوسط بإسناد حسن وقال صلى الـلـه عليه وسلم إن أولى الناس بي أكثرهم علي صلاة حديث إن أولى الناس بي أكثرهم علي صلاة أخرجه الترمذي من حديث ابن مسعود وقال حسن غريب وابن حبان وقال صلى الـلـه عليه وسلم بحسب المؤمن من البخل أن أذكر عنده فلا يصلي علي حديث بحسب امرىء من البخل أن أذكر عنده فلا يصلي علي أخرجه قاسم بن أصبغ من حديث الحسن بن علي هكذا والنسائي وابن حبان من حديث أخيه الحسين البخيل من ذكرت عنده فلم يصل علي ورواه الترمذي من رواية الحسين بن علي عن أبيه وقال حسن صحيح وقال صلى الـلـه عليه وسلم أكثروا من الصلاة علي يوم الجمعة حديث أكثروا علي من الصلاة يوم الجمعة أخرجه أبو داود والنسائي وابن ماجه وابن حبان والحاكم وقال صحيح على شرط البخاري من حديث أوس بن أوس وذكره ابن أبي حاتم في العلل وحكى عن أبيه أنه حديث منكر وقال صلى الـلـه عليه وسلم من صلى علي من أمتي كتبت له عشر حسنات ومحيت عنه عشر سيئات حديث من صلى علي من أمتي كتبت له عشر حسنات ومحيت عنه عشر سيئات أخرجه النسائي في اليوم والليلة من حديث عمرو بن دينار وزاد فيه مخلصا من قلبه صلى الـلـه عليه بها عشر صلوات ورفعه بها عشر درجات وله في السير ولابن حبان من حديث أنس نحوه دون قوله مخلصا من قلبه ودون ذكر محو السيئات ولم يذكر ابن حبان أيضا رفع الدرجات وقال صلى الـلـه عليه وسلم من قال حين يسمع الأذان والإقامة اللهم رب هذه الدعوة التامة والصلاة القائمة صل على محمد عبدك ورسولك وأعطه الوسيلة والفضيلة والدرجة الرفيعة والشفاعة يوم القيامة حلت له شفاعتي

حديث من قال حين يسمع الأذان والإقامة اللهم رب هذه الدعوة التامة والصلاة القائمة صل على محمد عبدك ورسولك وأعطه الوسيلة والفضيلة والشفاعة يوم القيامة حلت له شفاعتي أخرجه البخاري من حديث جابر دون ذكر الإقامة والشفاعة والصلاة على النبي صلى اللـه عليه وسلم وقال النداء وللمستغفري في الدعوات حين يسمع الدعاء للصلاة وزاد ابن وهب ذكر الصلاة والشفاعة فيه بسند ضعيف وزاد الحسن بن علي المعمري في اليوم والليلة من حديث أبي الدرداء ذكر الصلاة فيه وله وللمستغفري في الدعوات سند ضعيف من حديث أبي رافع كان رسول اللـه صلى اللـه عليه وسلم إذا سمع الأذان فذكر حديثا فيه وإذا قال قد قامت الصلاة قال اللهم رب هذه الدعوة التامة الحديث وزاد وتقبل شفاعته في أمته ولمسلم من حديث عبد اللـه بن عمرو إذا سمعتم المؤذن فقولوا مثل ما يقول ثم صلوا علي ثم سلوا اللـه لي الوسيلة وفيه فمن سأل الوسيلة حلت عليه الشفاعة وقال رسول اللـه صلى اللـه عليه وسلم من صلى علي في كتاب لم تزل الملائكة يستغفرون له ما دام اسمي في ذلك الكتاب حديث من صلى علي في كتاب لم تزل الملائكة تستغفر له ما دام اسمي في ذلك الكتاب أخرجه الطبراني في الأوسط وأبو الشيج في الثواب والمستغفرى في الدعوات من حديث أبي هريرة بسند ضعيف وقال صلى اللـه عليه وسلم إن في الأرض ملائكة سياحين يبلغوني عن أمتي السلام حديث إن في الأرض ملائكة سياحين يبلغوني عن أمتي السلام تقدم في آخر الحج وقال صلى اللـه عليه وسلم

ليس أحد يسلم علي إلا رد الله علي روحي حتى أرد عليه السلام حديث ليس أحد يسلم علي إلا رد الله علي روحي حتى أرد عليه السلام أخرجه أبو داود من حديث أبي هريرة بسند جيد و قيل له يا رسول الله كيف نصلي عليك فقال قولوا اللهم صل على محمد عبدك وعلى آله وأزواجه وذريته كما صليت على إبراهيم وآل إبراهيم وبارك على محمد وأزواجه وذريته كما باركت على إبراهيم وآل إبراهيم إنك حميد مجيد حديث قيل له يا رسول الله كيف نصلي عليك قال قولوا اللهم صل على محمد وعلى آله وأزواجه وذريته الحديث متفق عليه من حديث أبي حميد الساعدي وروي أن عمر بن الخطاب رضي الله عنه سمع بعد موت رسول الله صلى الله عليه وسلم يبكي ويقول بأبي أنت وأمي يا رسول الله لقد كان جذع تخطب الناس عليه فلما كثر الناس اتخذت منبرا لتسمعهم فحن الجذع لفراقك حتى جعلت يدك عليه فسكن فأمتك كانت أولى بالحنين إليك لما فارقتهم بأبي أنت وأمي يا رسول الله لقد بلغ من فضيلتك عنده أن جعل طاعتك طاعته فقال عز وجل من يطع الرسول فقد أطاع الله بأبي أنت وأمى يا رسول الله لقد بلغ من فضيلتك عنده أن أخبرك بالعفو عنك قبل أن يخبرك بالذنب فقال تعالى عفا الله عنك لم أذنت لهم بأبي أنت وأمي يا رسول الله لقد بلغ من فضيلتك عنده أن بعثك آخر الأنبياء وذكرك في أولهم فقال عز وجل وإذ أخذنا من النبيين ميثاقهم ومنك ومن نوح وإبراهيم الآية بأبي أنت وأمي يا رسول الله لقد بلغ من فضيلتك عنده أن أهل النار يودون أن يكونوا قد أطاعوك وهم بين أطباقها يعذبون يقولون يا ليتنا أطعنا الله وأطعنا الرسولا بأبي أنت وأمي يا رسول الله لئن كان موسى بن عمران أعطاه الله حجرا تنفجر منه الأنهار فماذا بأعجب من أصابعك حين نبع منها الماء صلى الله عليك بأبي أنت وأمي يا رسول الله لئن كان سليمان بن داود أعطاه الله الريح غدوها شهر ورواحها شهر فماذا بأعجب من البراق حين سريت عليه إلى السماء السابعة ثم صليت الصبح من ليلتك بالأبطح صلى الله عليك بأبي أنت وأمي يا رسول الله لئن كان عيسى بن مريم أعطاه الله إحياء الموتى فماذا بأعجب من الشاة المسمومة حين كلمتك وهي مشوية فقالت لك الذراع لا تأكلني فأني مسمومة بأبي أنت وأمي يا رسول الله لقد دعا نوح على قومه فقال رب لا تذر على الأرض من الكافرين ديارا ولو دعوت علينا بمثلها لهلكنا فلقد وطىء ظهرك وأدمى وجهك وكسرت رباعيتك فأبيت أن تقول إلا خيرا فقلت اللهم اغفر لقومي فإنهم لا يعلمون بأبي أنت وأمي يا رسول الله لقد اتبعك في قلة سنك وقصر عمرك ما لم يتبع نوحا في كثرة سنه وطول عمره ولقد آمن بك الكثير وما آمن معه إلا القليل بأبي أنت وأمي يا رسول الله لو لم تجالس إلا كفؤا لك ما جالستنا ولو لم تنكح إلا كفؤا لك ما نكحت إلينا ولو لم تؤاكل إلا كفؤا لك ما واكلتنا فلقد و الله جالستنا ونكحت إلينا وواكلتنا ولبست الصوف وركبت الحمار وأردفت خلفك ووضعت طعامك على الأرض ولعقت أصابعك تواضعا منك صلى الله عليه وسلم حديث عمر في حنين الجذع ونبع الماء من

بين أصابعه والإسراء به على البراق إلى السماء السابعة ثم صلاة الصبح من ليلته بالأبطح وكلام الشاة المسمومة وأنه دمى وجهه وكسرت رباعيته فقال اللهم اغفر لقومي فإنهم لا يعلمون وأنه لبس الصوف وركب الحمار وأردف خلفه ووضع طعامه بالأرض ولعق أصابعه وهو غريب بطوله من حديث عمر وهو معروف من أوجه أخرى فحديث حنين الجذع متفق عليه من حديث جابر وابن عمر وحديث نبع الماء من بين أصابعه متفق عليه من حديث أنس وغيره وحديث الإسراء متفق عليه من حديث أنس دون ذكر صلاة الصبح بالأبطح وحديث كلام الشاة المسمومة رواه أبو داود من حديث جابر وفيه انقطاع وحديث أنه دمى وجهه وكسرت رباعيته متفق عليه من حديث سهل بن سعد في غزوة أحد وحديث اللهم اغفر لقومي فإنهم لا يعلمون رواه البيهقي في دلائل النبوة والحديث في الصحيح من حديث ابن مسعود أنه صلى الله عليه وسلم حكاه عن نبي من الأنبياء ضربه قومه وحديث لبس الصوف رواه الطيالسي من حديث سهل بن سعد وحديث ركوبه الحمار وإردافه خلفه متفق عليه من حديث أسامة بن زيد وحديث وضع طعامه بالأرض رواه أحمد في الزهد من حديث الحسن مرسلا وللبخاري من حديث أنس ما أكل رسول الله صلى الله عليه وسلم على خوان قط وحديث لعقه أصابعه رواه مسلم من حديث كعب بن مالك وأنس بن مالك وقال بعضهم كنت أكتب

الحديث وأصلي على النبي صلى الله عليه وسلم فيه ولا أسلم فرأيت النبي صلى الله عليه وسلم في المنام فقال لي أما تتم الصلاة علي في كتابك فما كتبت بعد ذلك إلا صليت وسلمت عليه

وروي عن أبي الحسن قال رأيت النبي صلى الله عليه وسلم في المنام فقلت يا رسول الله بم جوزي الشافعي عنك حيث يقول في كتابه الرسالة وصلى الله على محمد كلما ذكره الذاكرون وغفل عن ذكره الغافلون فقال صلى الله عليه وسلم جوزي عني أنه لا يوقف للحساب فضيلة الاستغفار

قال عز وجل والذين إذا فعلوا فاحشة أو ظلموا أنفسهم ذكروا الله فاستغفروا لذنوبهم وقال علقمة والأسود قال عبد الله بن مسعود رضي الله عنهم في كتاب الله عز وجل آيتان ما أذنب عبد ذنبا فقرأهما واستغفر الله عز وجل إلا غفر الله تعالى له والذين إذا فعلوا فاحشة أو ظلموا أنفسهم الآية وقوله عز وجل ومن يعمل سوءا أو يظلم به ثم يستغفر الله يجد الله غفورا رحيما وقال عز وجل فسبح بحمد ربك واستغفره إنه كان توابا وقال تعالى والمستغفرين بالأسحار وكان صلى الله عليه وسلم يكثر أن يقول سبحانك اللهم وبحمدك اللهم اغفر لي إنك أنت التواب الرحيم حديث كان النبي صلى الله عليه وسلم يكثر أن يقول سبحانك اللهم وبحمدك اللهم اغفر لي إنك أنت التواب الرحيم أخرجه الحاكم من حديث ابن مسعود وقال صحيح إن كان أبو عبيدة سمع من أبيه والحديث متفق عليه من حديث عائشة أنه كان يكثر أن يقول ذلك في ركوعه وسجوده دون قوله إنك أنت التواب الرحيم وقال صلى الله عليه وسلم من أكثر من الاستغفار جعل الله عز وجل له من كل هم فرجا ومن كل ضيق مخرجا وارزقه من حيث لا يحتسب حديث من أكثر من الاستغفار جعل الله له من كل هم فرجا ومن كل غم مخرجا ورزقه من حيث لا يحتسب أخرجه أبو داود والنسائي في اليوم والليلة وابن ماجه والحاكم وقال صحيح الإسناد من حديث ابن عباس وضعفه ابن حبان وقال صلى الله عليه وسلم إني لأستغفر الله تعالى وأتوب إليه في اليوم سبعين مرة حديث إني لأستغفر الله وأتوب إليه في اليوم سبعين مرة أخرجه البخاري من حديث أبي هريرة إلا أنه قال أكثر من سبعين وهو في الدعاء للطبراني كما ذكره المصنف هذا مع أنه صلى الله عليه وسلم غفر له ما تقدم من ذنبه وما تأخر وقال صلى الله عليه وسلم إنه ليغان على قلبي حتى إني لأستغفر الله تعالى في كل يوم مائة مرة حديث إنه ليغان على قلبي حتى إني لأستغفر الله في كل يوم مائة مرة أخرجه مسلم من حديث الأغر وقال صلى الله عليه وسلم من قال حين يأوي إلى فراشه أستغفر الله العظيم الذي لا إله إلا هو الحي القيوم وأتوب إليه ثلاث مرات غفر الله له ذنوبه وإن كانت مثل زبد البحر أو عدد رمل عالج أو عدد ورق الشجر أو عدد أيام الدنيا حديث من قال حين يأوي إلى فراشه أستغفر الله العظيم الذي لا إله إلا هو الحي القيوم وأتوب إليه ثلاث مرات غفر الله له ذنوبه وإن كانت مثل زبد البحر الحديث أخرجه الترمذي من حديث أبي سعيد وقال غريب لا نعرفه إلا من حديث عبد الله بن الوليد الوصافي قلت الوصافي وإن كان ضعيفا فقد تابعه عليه عصام بن

قدامة وهو ثقة ورواه البخاري في التاريخ دون قوله حين يأوي إلى فراشه وقوله ثلاث مرات وقال صلى الله عليه وسلم في حديث آخر من قال ذلك غفرت ذنوبه وإن كان فارا من الزحف حديث من قال ذلك غفرت ذنوبه وإن كان فارا من الزحف أخرجه أبو داود والترمذي من حديث زيد مولى النبي صلى الله عليه وسلم وقال غريب قلت ورجاله موثقون ورواه ابن مسعود والحاكم من حديث ابن مسعود وقال صحيح على شرط الشيخين وقال حذيفة كنت ذرب اللسان على أهلي فقلت يا رسول الله لقد خشيت أن يدخلني لساني النار فقال النبي صلى الله عليه وسلم فأين أنت من الاستغفار فإني لأستغفر الله في اليوم مائة مرة حديث حذيفة كنت ذرب اللسان على أهلي الحديث وفيه أين أنت من الاستغفار أخرجه النسائي في اليوم والليلة وابن ماجه والحاكم وقال صحيح على شرط الشيخين وقالت عائشة رضي الله عنها قال لي رسول الله صلى الله عليه وسلم إن كنت ألممت بذنب فاستغفري الله وتوبي إليه فإن التوبة من الذنب الندم والاستغفار حديث عائشة إن كنت ألممت بذنب فاستغفري الله فإن التوبة من الذنب الندم والاستغفار متفق عليه دون قوله فإن التوبة الخ وزاد أو توبي إليه فإن العبد إذا اعترف بذنبه ثم تاب تاب الله عليه وللطبراني في الدعاء فإن العبد إذا أذنب ثم استغفر الله غفر له وكان صلى الله عليه وسلم

يقول في الاستغفار اللهم اغفر لي خطيئتي وجهلي وإسرافي في أمري وما أنت أعلم به مني اللهم اغفر لي هزلي وجدي وخطئي وعمدي وكل ذلك عندي اللهم اغفر لي ما قدمت وما أخرت وما أسررت وما أعلنت وما أنت أعلم به مني أنت المقدم وأنت المؤخر وأنت على كل شيء قدير حديث كان يقول اللهم اغفر لي خطيئتي وجهلي وإسرافي في أمري وما أنت أعلم به مني اللهم اغفر لي جدي وهزلي متفق عليه من حديث أبي موسى واللفظ لمسلم وقال علي رضي الله عنه كنت رجلا إذا سمعت من رسول الله صلى الله عليه وسلم حديثا نفعني الله عز وجل بما شاء أن ينفعني منه وإذا حدثني أحد من أصحابه استحلفته فإذا حلف صدقته قال وحدثني أبو بكر وصدق أبو بكر رضي الله عنه قال سمعت رسول الله صلى الله عليه وسلم يقول ما من عبد يذنب ذنبا فيحسن الطهور ثم يقوم فيصلي ركعتين ثم يستغفر الله عز وجل إلا غفر له ثم تلا قوله عز وجل والذين إذا فعلوا فاحشة أو ظلموا أنفسهم حديث علي عن أبي بكر ما من عبد يذنب ذنبا فيحسن الطهور ثم يقوم فيصلي ركعتين ثم يستغفر الله إلا غفر الله له أخرجه أصحاب السنن وحسنه الترمذي الآية وروى أبو هريرة عن النبي صلى الله عليه وسلم أنه قال إن المؤمن إذا أذنب ذنبا كانت نكتة سوداء في قلبه فإن تاب ونزع واستغفر صقل قلبه منها فإن زاد زادت حتى تغلف قلبه حديث أبي هريرة إن المؤمن إذا أذنب ذنبا كانت نكتة سوداء في قلبه فإن تاب ونزع واستغفر صقل قلبه الحديث أخرجه الترمذي وصححه والنسائي في اليوم والليلة وابن ماجه وابن حبان والحاكم فذلك الران الذي ذكره الله عز وجل في كتابه ﴿ كلا بل ران على قلوبهم ما كانوا يكسبون ﴾ وروى أبو هريرة رضي الله عنه أنه صلى الله عليه وسلم قال إن الله سبحانه ليرفع الدرجة للعبد في الجنة فيقول يا رب أنى لي هذه فيقول عز وجل باستغفار ولدك لك حديث أبي هريرة إن الله ليرفع العبد الدرجة في الجنة فيقول يا رب أنى لي هذه فيقول باستغفار ولدك لك رواه أحمد بإسناد حسن وروت عائشة رضي الله عنها أنه صلى الله عليه وسلم قال اللهم اجعلني من الذين إذا أحسنوا استبشروا وإذا أساؤوا استغفروا حديث عائشة اللهم اجعلني من الذين إذا أحسنوا استبشروا وإذا أساؤوا استغفروا أخرجه ابن ماجه وفيه علي بن زيد بن جدعان مختلف فيه وقال صلى الله عليه وسلم إذا أذنب العبد ذنبا فقال اللهم اغفر لي فيقول الله عز وجل أذنب عبدي ذنبا فعلم أن له ربا يأخذ بالذنب ويغفر الذنب عبدي اعمل ما شئت فقد غفرت لك حديث إذا أذنب العبد فقال اللهم اغفر لي يقول الله أذنب عبدي ذنبا فعلم أن له ربا يأخذ بالذنب ويغفر الذنب الحديث متفق عليه من حديث أبي هريرة وقال صلى الله عليه وسلم ما أصر من استغفر وإن عاد في اليوم سبعين مرة حديث ما أصر من استغفر وإن عاد في اليوم سبعين مرة أخرجه أبو داود والترمذي من حديث أبي بكر وقال غريب وليس إسناده بالقوي وقال صلى الله عليه وسلم إن رجلا لم يعمل خيرا قط نظر إلى السماء فقال إن لي ربا يا رب فاغفر لي فقال الله عز وجل قد غفرت لك حديث إن رجلا لم يعمل خيرا قط نظر إلى السماء فقال إن لي ربا يا رب اغفر

لي فقال الله تعالى قد غفرت لك لم أقف له على أصل وقال صلى الله عليه وسلم من أذنب ذنبا فعلم أن الله قد اطلع عليه غفر له وإن لم يستغفر حديث من أذنب فعلم أن الله قد اطلع عليه غفر له وإن لم يستغفر أخرجه الطبراني في الأوسط من حديث ابن مسعود بسند ضعيف وقال صلى الله عليه وسلم يقول الله تعالى يا عبادي كلكم مذنب إلا من عافيته فاستغفروني أغفر لكم ومن علم أني ذو قدرة على أن أغفر له غفرت له ولا أبالي حديث يقول الله يا عبادي كلكم مذنب إلا من عافيته فاستغفروني أغفر لكم ومن علم أني ذو قدرة على أن أغفر له غفرت له ولا أبالي أخرجه الترمذي وابن ماجه من حديث أبي ذر وقال الترمذي حسن وأصله عند مسلم بلفظ آخر وقال صلى الله عليه وسلم من قال سبحانك ظلمت نفسي وعملت سوءا فاغفر لي فإنه لا يغفر الذنوب إلا أنت غفرت له ذنوبه ولو كانت كمدب النمل حديث من قال سبحانك ظلمت نفسي وعملت سوءا فاغفر لي إنه لا يغفر الذنوب إلا أنت غفرت ذنوبه وإن كانت كمدب النمل أخرجه البيهقي في الدعوات من حديث علي أن رسول الله صلى الله عليه وسلم قال ألا أعلمك كلمات تقولهن لو كان عليك كعدد النمل أو كعدد الذر ذنوبا غفرها الله لك فذكره بزيادة لا إله إلا أنت في أوله وفيه ابن لهيعة وروى

إن أفضل الاستغفار اللهم أنت ربي وأنا عبدك خلقتني وأنا على عهدك ووعدك ما استطعت أعوذ بك من شر ما صنعت أبوء لك بنعمتك علي وأبوء على نفسي بذنبي فقد ظلمت نفسي واعترفت بذنبي فاغفر لي ذنوبي ما قدمت منها وما أخرت فإنه لا يغفر الذنوب جميعا إلا أنت حديث أفضل الاستغفار اللهم أنت ربي وأنا عبدك وأنا على عهدك ووعدك ما استطعت الحديث أخرجه البخاري من حديث شداد بن أوس دون قوله وقد ظلمت نفسي واعترفت بذنبي ودون قوله ذنوبي ما قدمت منها وما أخرت ودون قوله جميعا والآثار قال خالد بن معدان يقول الله عز وجل إن أحب عبادي إلي المتحابون بحبي والمتعلقة قلوبهم بالمساجد والمستغفرون بالأسحار أولئك الذين إذا أردت أهل الأرض بعقوبة ذكرتهم فتركتهم وصرفت العقوبة عنهم

وقال قتادة رحمه الله القرآن يدلكم عن دائكم ودوائكم أما داؤكم فالذنوب وأما دواؤكم فالاستغفار وقال علي كرم الله وجهه العجب ممن يهلك ومعه النجاة قيل وما هي قال الاستغفار وكان يقول ما ألهم الله سبحانه عبدا الاستغفار وهو يريد أن يعذبه

وقال الفضيل قول العبد أستغفر الله تفسيرها أقلني وقال بعض العلماء العبد بين ذنب ونعمة لا يصلحهما إلا الحمد والاستغفار وقال الربيع بن خيثم رحمه الله لا يقولن أحدكم أستغفر الله وأتوب إليه فيكون ذنبا وكذبا إن لم يفعل ولكن ليقل اللهم اغفر لي وتب علي

قال الفضيل رحمه الله الاستغفار بلا إقلاع توبة الكذابين وقالت رابعة العدوية رحمها الله استغفارنا يحتاج إلى استغفار كثير

قال بعض الحكماء من قدم الاستغفار على الندم كان مستهزئا بالله عز وجل وهو لا يعلم وسمع أعرابي وهو متعلق بأستار الكعبة يقول اللهم إن استغفاري مع إصراري للؤم وإن تركي استغفارك مع علمي بسعة عفوك لعجز فكم تتحبب إلي بالنعم مع غناك عني وكم أتبغض إليك بالمعاصي مع فقري إليك يا من إذا وعد وفى وإذا أوعد عفا أدخل عظيم جرمي في عظيم عفوك يا أرحم الراحمين وقال أبو عبد الله الوراق لو كان عليك مثل عدد القطر وزبد البحر ذنوبا لمحيت عنك إذا دعوت ربك بهذا الدعاء مخلصا إن شاء الله تعالى اللهم إني أستغفرك من كل ذنب تبت إليك منه ثم عدت فيه وأستغفرك من كل ما وعدتك به من نفسي ولم أوف لك به وأستغفرك من كل عمل أرد به وجهك فخالطه غيرك وأستغفرك من كل نعمة أنعمت بها علي فاستعنت بها على معصيتك وأستغفرك يا عالم الغيب والشهادة من كل ذنب أتيته في ضياء النهار وسواد الليل في ملأ أو خلاء وسر وعلانية يا حليم ويقال إنه استغفار آدم عليه السلام وقيل الخضر عليه الصلاة والسلام

الباب الثالث في أدعية مأثورة ومعزية إلى أسبابها وأربابها مما يستحب

أن يدعو بها المرء صباحا ومساء وبعقب كل صلاة

فمنها دعاء رسول الـلـه صلى الـلـه عليه وسلم بعد ركعتي الفجر قال ابن عباس رضي الـلـه عنهما بعثني العباس إلى رسول الـلـه صلى الـلـه عليه وسلم فأتيته ممسيا وهو في بيت خالتي ميمونة فقام يصلي من الليل فلما صلى ركعتي الفجر قبل صلاة الصبح قال اللهم إني أسألك رحمة من عندك تهدي بها قلبي وتجمع بها شملي وتلم بها شعثي وترد بها الفتن عني وتصلح بها ديني وتحفظ بها غائبي وترفع بها شاهدي وتزكي بها عملي وتبيض بها وجهي وتلهمني بها رشدي وتعصمني بها من كل سوء

اللهم أعطني إيمانا صادقا ويقينا ليس بعده كفر ورحمة أنال بها شرف كرامتك في الدنيا والآخرة

اللهم إني أسألك الفوز عند القضاء ومنازل الشهداء وعيش السعداء والنصر على الأعداء ومرافقة الأنبياء

اللهم إني

أنزل بك حاجتي وإن ضعف رأيي وقلت حيلتي وقصر عملي وافتقرت إلى رحمتك فأسألك يا كافي الأمور ويا شافي الصدور كما تجير بين البحور أن تجيرني من عذاب السعير ومن دعوة الثبور ومن فتنة القبور

اللهم ما قصر عنه رأيي وضعف عنه عملي ولم تبلغه نيتي وأمنيتي من خير وعدته أحدا من عبادك أو خير أنت معطيه أحدا من خلقك فإني أرغب إليك فيه وأسألكه يا رب العالمين

اللهم اجعلنا هادين مهتدين غير ضالين ولا مضلين حربا لأعدائك وسلما لأوليائك نحبب بحبك من أطاعك من خلقك ونعادي بعداوتك من خالفك من خلقك

اللهم هذا الدعاء وعليك الإجابة وهذا الجهد وعليك التكلان وإنا لله وإنا إليه راجعون ولا حول ولا قوة إلا بالله العلي العظيم ذي الحبل الشديد والأمر الرشيد أسألك الأمن يوم الوعيد والجنة يوم الخلود مع المقربين الشهود والركع السجود الموفين بالعهود إنك رحيم ودود وأنت تفعل ما تريد

سبحان الذي لبس العز وقال به سبحان الذى تعطف بالمجد وتكرم به سبحان الذى لا ينبغي التسبيح إلا له سبحان ذي الفضل والنعم سبحان ذي العزة والكرم سبحان الذي أحصى كل شيء بعلمه

اللهم اجعل لي نورا في قلبي ونورا في قبري ونورا في سمعي ونورا في بصري ونورا في شعري ونورا في بشري ونورا في لحمي ونورا في دمي ونورا في عظامي ونورا من بين يدي ونورا من خلفي ونورا عن يميني ونورا عن شمالي ونورا من فوقي ونورا من تحتي اللهم زدني نورا وأعطني نورا واجعل لي نورا حديث ابن عباس اللهم إني أسألك رحمة من عندك تهدي بها قلبي وتجمع بها شملي وتلم بها شعثي الحديث أخرجه الترمذي وقال غريب ولم يذكر في أوله بعث العباس لابنه عبد الله ولا نومه في بيت ميمونة وهو بهذه الزيادة في الدعاء للطبراني دعاء عائشة رضي الله عنها

قال رسول الله صلى الله عليه وسلم لعائشة رضي الله عنها عليك بالجوامع الكوامل قولي اللهم إني أسألك من الخير كله عاجله وآجله ما علمت منه وما لم أعلم وأعوذ بك من الشر كله عاجله وآجله ما علمت وما لم أعلم وأسألك الجنة وما قرب إليها من قول وعمل وأعوذ بك من النار وما قرب إليها من قول وعمل وأسألك من الخير ما سألك عبدك ورسولك محمد صلى الله عليه وسلم وأستعيذك مما استعاذك منه عبدك ورسولك محمد صلى الله عليه وسلم وأسألك ما قضيت لي من أمر أن تجعل عاقبته رشدا برحمتك يا أرحم الراحمين حديث قوله لعائشة عليك بالجوامع الكوامل قولي اللهم إني أسألك من الخير كله عاجله وآجله ما علمت منه وما لم أعلم الحديث أخرجه ابن ماجه والحاكم وصححه من حديثها دعاء فاطمة رضي الله عنها

قال رسول الله صلى الله عليه وسلم يا فاطمة ما يمنعك أن تسمعي ما أوصيك به أن تقولي يا

حي يا قيوم برحمتك أستغيث لا تكلني إلى نفسي طرفة عين وأصلح لي شأني كله حديث يا فاطمة ما يمنعك أن تسمعي ما أوصيك به أن تقولي يا حي يا قيوم برحمتك أستغيث لا تكلني إلى نفسي طرفة عين وأصلح لي شأني كله أخرجه النسائي في اليوم والليلة والحاكم من حديث أنس وقال صحيح على شرط الشيخين دعاء أبي بكر الصديق رضي الله عنه

علم رسول الله صلى الله عليه وسلم أبا بكر الصديق رضي الله عنه أن يقول اللهم إني أسألك بمحمد نبيك وإبراهيم خليلك وموسى نجيك وعيسى كلمتك وروحك وبتوراة موسى وإنجيل عيسى وزبور داود وفرقان محمد صلى الله عليه وسلم

وعليهم أجمعين وبكل وحي أوحيته أو قضاء قضيته أو سائل أعطيته أو غني أفقرته أو فقير أغنيته أو ضال هديته وأسألك باسمك الذي أنزلته على موسى صلى الـلـه عليه وسلم وأسألك باسمك الذي بثثت به أرزاق العباد وأسألك باسمك الذي وضعته على الأرض فاستقرت وأسألك باسمك الذي وضعته على السموات فاستقلت وأسألك باسمك الذي وضعته على الجبال فرست وأسألك باسمك الذي استقل به عرشك وأسألك باسمك الطهر الطاهر الأحد الصمد الوتر المنزل في كتابك من لدنك من النور المبين وأسألك باسمك الذي وضعته على النهار فاستنار وعلى الليل فأظلم وبعظمتك وكبريائك وبنور وجهك الكريم أن ترزقني القرآن والعلم به وتخلطه بلحمي ودمي وسمعي وبصري وتستعمل به جسدي بحولك وقوتك فإنه لا حول ولا قوة إلا بك يا أرحم الراحمين حديث علم رسول الـلـه صلى الـلـه عليه وسلم أبا بكر الصديق رضي الـلـه عنه أن يقول اللهم إني أسألك بمحمد نبيك وإبراهيم خليلك وموسى نجيك وعيسى كلمتك الحديث في الدعاء لحفظ القرآن رواه أبو الشيخ ابن حبان في كتاب الثواب من رواية عبد الملك بن هارون بن عنترة عن أبيه أن أبا بكر أتى النبي صلى الـلـه عليه وسلم فقال إني أتعلم القرآن وينفلت مني فذكره وعبد الملك وأبوه ضعيفان وهو منقطع بين هارون وأبي بكر دعاء بريدة الأسلمي رضي الـلـه عنه

وروي أنه قال له رسول الـلـه صلى الـلـه عليه وسلم يا بريدة ألا أعلمك كلمات من أراد بهن خيرا علمهن إياه ثم لم ينسهن إياه أبدا قال فقلت بلى يا رسول الـلـه قال قل اللهم إني ضعيف فقو في رضاك ضعفي وخذ إلى الخير بناصيتي واجعل الإسلام منتهى رضاي اللهم إني ضعيف فقوني وإني ذليل فأعزني وإني فقير فأغنني يا أرحم الراحمين حديث يا بريدة ألا أعلمك كلمات من أراد الـلـه به خيرا علمهن إياه الحديث أخرجه الحاكم من حديث بريدة وقال صحيح الإسناد دعاء قبيصة بن المخارق

إذ قال لرسول الـلـه صلى الـلـه عليه وسلم علمني كلمات ينفعني الـلـه عز وجل بها فقد كبر سني وعجزت عن أشياء كثيرة كنت أعملها فقال صلى الـلـه عليه وسلم أما لدنياك فإذا صليت الغداة فقل ثلاث مرات سبحان الـلـه وبحمده سبحان الـلـه العظيم لا حول ولا قوة إلا بالله العلي العظيم فإنك إذا قلتهن أمنت من الغم والجذام والبرص والفالج وأما لآخرتك فقل اللهم أهدني من عندك وأفض علي من فضلك وانشر علي من رحمتك وأنزل علي من بركاتك ثم قال صلى الـلـه عليه وسلم أما إنه إذا وافى بهن عبد يوم القيامة لم يدعهن فتح له أربعة أبواب من الجنة يدخل من أيها شاء حديث إن قبيصة بن المخارق قال لرسول الـلـه صلى الـلـه عليه وسلم علمني كلمات ينفعني الـلـه بها فقد كبرت سني وعجزت الحديث أخرجه ابن السني في اليوم والليلة من حديث ابن عباس وهو عند أحمد في المسند مختصرا من حديث قبيصة نفسه وفيه رجل لم يسم دعاء أبي الدرداء رضي الـلـه عنه

قيل لأبي الدرداء رضي اللـه عنه قد احترقت دارك وكانت النار قد وقعت في محلته فقال ما كان اللـه ليفعل ذلك فقيل له ذلك ثلاثا وهو يقول ما كان اللـه ليفعل ذلك ثم أتاه آت فقال يا أبا الدرداء إن النار حين دنت من دارك طفئت قال قد علمت ذلك فقيل له ما ندري أي قوليك أعجب قال إني سمعت رسول اللـه صلى اللـه عليه وسلم قال من يقول هؤلاء الكلمات في ليل أو نهار لم يضره شيء وقد قلتهن وهي اللهم أنت ربي لا إله إلا أنت عليك توكلت وأنت رب العرش العظيم لا حول ولا قوة إلا بالله العلي العظيم ما شاء اللـه كان وما لم يشأ لم يكن أعلم أن اللـه على كل شيء قدير وأن اللـه قد أحاط بكل شيء علما وأحصى كل شيء عددا اللهم إني أعوذ بك من شر نفسي

ومن شر كل دابة أنت آخذ بناصيتها إن ربي على صراط مستقيم حديث قيل لأبي الدرداء أحرقت دارك فقال ما كان الله ليفعل ذلك الحديث أخرجه الطبراني في الدعاء من حديث أبي الدرداء ضعيف دعاء الخليل إبراهيم عليه الصلاة والسلام كان يقول إذا أصبح اللهم إن هذا خلق جديد فافتحه علي بطاعتك واختمه لي بمغفرتك ورضوانك وارزقني فيه حسنة تقبلها مني وزكها وضعفها لي وما عملت فيه من سيئة فاغفرها لي إنك غفور رحيم ودود كريم قال ومن دعا بهذا الدعاء إذا أصبح فقد أدى شكر يومه دعاء عيسى عليه الصلاة والسلام كان يقول اللهم إني أصبحت لا أستطيع دفع ما أكره ولا أملك نفع ما أرجو وأصبح الأمر بيد غيري وأصبحت مرتهنا بعملي فلا فقير أفقر مني اللهم لا تشمت بي عدوي ولا تسؤ بي صديقي ولا تجعل مصيبتي في ديني ولا تجعل الدنيا أكبر همي ولا تسلط علي من لا يرحمني يا حي يا قيوم دعاء الخضر عليه السلام يقال إن الخضر وإلياس عليهما السلام إذا التقيا في كل موسم لم يفترقا إلا عن هذه الكلمات بسم الله ما شاء الله لا قوة إلا بالله ما شاء الله كل نعمة من الله ما شاء الله الخير كله بيد الله ما شاء الله لا يصرف السوء إلا الله فمن قالها ثلاث مرات إذا أصبح أمن من الحرق والغرق والسرق إن شاء الله تعالى دعاء معروف الكرخي رضي الله عنه قال محمد بن حسان قال لي معروف الكرخي رحمه الله ألا أعلمك عشر كلمات خمس للدنيا وخمس للآخرة من دعا الله عز وجل بهن وجد الله تعالى عندهن قلت اكتبها لي قال لا ولكن أرددها عليك كما رددها علي بكر بن خنيس رحمه الله حسبي الله لديني حسبي الله لدنياي حسبي الله الكريم لما أهمني حسبي الله الحليم القوي لمن بغى علي حسبي الله الشديد لمن كادني بسوء حسبي الله الرحيم عند الموت حسبي الله الرؤوف عند المسألة في القبر حسبي الله الكريم عند الحساب حسبي الله اللطيف عند الميزان حسبي الله القدير عند الصراط حسبي الله لا إله إلا هو عليه توكلت وهو رب العرش العظيم وقد روي عن أبي الدرداء أنه قال من قال في كل يوم سبع مرات فإن تولوا فقل حسبى الله لا إله إلا هو عليه توكلت وهو رب العرش العظيم كفاه الله عز وجل ما أهمه من أمر آخرته صادقا كان أو كاذبا دعاء عتبة الغلام وقد رؤي في المنام بعد موته فقال دخلت الجنة بهذه الكلمات اللهم يا هادي المضلين ويا راحم المذنبين ويا مقيل عثرات العاثرين ارحم عبدك ذا الخطر العظيم والمسلمين كلهم أجمعين واجعلنا مع الأخيار المرزوقين الذين أنعمت عليهم من النبيين والصديقين والشهداء والصالحين آمين يا رب العالمين دعاء آدم عليه الصلاة والسلام قالت عائشة رضي الله عنها لما أراد الله عز وجل أن يتوب على آدم صلى الله عليه وسلم طاف بالبيت سبعا

وهو يومئذ ليس بمبنى ربوة حمراء ثم قام فصلى ركعتين ثم قال اللهم إنك تعلم سري وعلانيتي فاقبل معذرتي وتعلم حاجتي فأعطني سؤلي وتعلم ما في نفسي فاغفر لي ذنوبي اللهم إني أسألك إيمانا يباشر قلبي ويقينا صادقا حتى أعلم أنه لن يصيبني إلا ما كتبته علي والرضا بما قسمته لي يا ذا الجلال والإكرام فأوحى الله عز وجل إليه إني قد غفرت لك ولم يأتني أحد من ذريتك فيدعوني بمثل الذي دعوتني به إلا غفرت له وكشفت غمومه وهمومه ونزعت الفقر من بين عينيه واتجرت له من وراء كل تاجر وجاءته الدنيا وهي راغمة وإن كان لا يريدها دعاء علي بن أبي طالب رضي الله عنه

رواه عن النبي صلى الله عليه وسلم أنه قال إن الله تعالى يمجد نفسه كل يوم ويقول إني أنا الله رب العالمين إني أنا الله لا إله إلا أنا الحي القيوم إني أنا الله لا إله إلا أنا العلي العظيم إني أنا الله لا إله إلا أنا لم ألد ولم أولد إني أنا الله لا إله إلا أنا العفو الغفور إني أنا الله لا إله إلا أنا مبدىء كل شيء وإلي يعود العزيز الحكيم الرحمن الرحيم مالك يوم الدين خالق الخير والشر خالق الجنة والنار الواحد الأحد الفرد الصمد الذي لم يتخذ صاحبة ولا ولدا الفرد الوتر عالم الغيب والشهادة الملك القدوس السلام المؤمن المهيمن العزيز الجبار المتكبر الخالق البارىء المصور الكبير المتعال المقتدر القهار الحليم الكريم أهل الثناء والمجد أعلم السر وأخفى القادر الرزاق فوق الخلق والخليقة حديث علي إن الله تعالى يمجد نفسه كل يوم فيقول إني أنا الله رب العالمين إني أنا الله لا إله إلا أنا الحي القيوم الحديث بطوله لم أجد له أصلا وذكر قبل كل كلمة إني أنا الله لا إله إلا أنا كما أوردناه في الأول فمن دعا بهذه الأسماء فليقل إنك أنت الله لا إله إلا أنت كذا وكذا فمن دعا بهن كتب من الساجدين المخبتين الذين يجاورون محمدا وإبراهيم وموسى وعيسى والنبيين صلوات الله عليهم في دار الجلال وله ثواب العابدين في السموات والأرضين وصلى الله على محمد وعلى كل عبد مصطفى دعاء ابن المعتمر وهو سليمان التيمي وتسبيحاته رضي الله عنه

روي أن يونس بن عبيد رأى رجلا في المنام ممن قتل شهيدا ببلاد الروم فقال ما أفضل ما رأيت ثم من الأعمال قال رأيت تسبيحات ابن المعتمر من الله عز وجل بمكان وهي هذه سبحان الله والحمد لله ولا إله إلا الله و الله أكبر ولا حول ولا قوة إلا بالله العلي العظيم عد ما خلق وعدد ما هو خالق وزنة ما خلق وزنة ما هو خالق وملء ما خلق وملء ما هو خالق وملء سمواته وملء أرضه ومثل ذلك وأضعاف ذلك وعدد خلقه وزنة عرشه ومنتهى رحمته ومداد كلماته ومبلغ رضاه حتى يرضى وإذا رضي وعدد ما ذكره به خلقه في جميع ما مضى وعدد ما هم ذاكروه فيما بقي في كل سنة وشهر وجمعة ويوم وليلة وساعة من الساعات وشم ونفس من الأنفاس وأبد من الآباد من أبد إلى أبد أبد الدنيا وأبد الآخرة وأكثر من ذلك لا ينقطع أوله ولاينفد آخره دعاء إبراهيم بن أدهم رضي الله عنه

روى إبراهيم بن بشار خادمة أنه كان يقول هذا الدعاء في كل يوم جمعة إذا أصبح وإذا أمسى مرحبا بيوم المزيد والصبح الجديد والكاتب والشهيد يومنا هذا يوم عيد اكتب لنا فيه ما نقول بسم الله الحميد المجيد الرفيع الودود الفعال في خلقه ما يريد أصبحت بالله مؤمنا وبلقائه مصدقا وبحجته معترفا ومن ذنبي مستغفرا ولربوبية الله خاضعا

ولسوى الله في الآلهة جاحدا وإلى الله فقيرا وعلى الله متكلا وإلى الله منيبا أشهد الله وأشهد ملائكته وأنبيائه ورسله وحملة عرشه ومن خلقه ومن هو خالقه بأنه هو الله الذي لا إله إلا هو وحده لا شريك له وأن محمدا عبده ورسوله صلى الله عليه وسلم وأن الجنة حق وأن النار حق والحوض حق والشفاعة حق ومنكرا ونكيرا حق ووعدك حق ووعيدك حق ولقاءك حق والساعة آتية لا ريب فيها وأن الله يبعث من في القبور على ذلك أحيا وعليه أموت وعليه أبعث إن شاء الله

اللهم أنت ربي لا إله إلا أنت خلقتني وأنا عبدك وأنا على عهدك ووعدك ما استطعت أعوذ بك اللهم من شر ما صنعت ومن شر كل ذي شر

اللهم إني ظلمت نفسي فاغفر لي ذنوبي فإنه لا يغفر الذنوب إلا أنت واهدني لأحسن الأخلاق فإنه لا يهدي لأحسنها إلا أنت واصرف عني سيئها فإنه لا يصرف سيئها إلا أنت لبيك وسعديك والخير كله بيديك أنا لك وإليك أستغفرك وأتوب إليك آمنت اللهم بما أرسلته من رسول وآمنت اللهم بما أنزلت من كتاب وصلى الله على محمد النبي الأمي وعلى آله وسلم تسليما كثيرا خاتم كلامي ومفتاحه وعلى أنبيائه ورسله أجمعين آمين يا رب العالمين

اللهم أوردنا حوض محمد واسقنا بكأسه مشربا رويا سائغا هنيا لا نظمأ بعده أبدا واحشرنا في زمرته غير خزايا ولا ناكثين للعهد ولا مرتابين ولا مفتونين ولا مغضوب علينا ولا ضالين

اللهم اعصمني من فتن الدنيا ووفقني لما تحب وترضى وأصلح لي شأني كله وثبتني بالقول الثابت في الحياة الدنيا وفي الآخرة ولا تضلني وإن كنت ظالما سبحانك سبحانك يا علي يا عظيم يا بارىء يا رحيم يا عزيز يا جبار سبحان من سبحت له السموات بأكنافها وسبحان من سبحت له البحار بأمواجها وسبحان من سبحت له الجبال بأصدائها وسبحان من سبحت له الحيتان بلغاتها وسبحان من سبحت له النجوم في السماء بأبراجها وسبحان من سبحت له الأشجار بأصولها وثمارها وسبحان من سبحت له السموات السبع والأرضون السبع ومن فيهن ومن عليهن سبحان من سبح له كل شيء من مخلوقاته تباركت وتعاليت سبحانك سبحانك يا حي يا قيوم يا عليم يا حليم سبحانك لا إله إلا أنت وحدك لا شريك لك تحيي وتميت وأنت حي لا تموت بيدك الخير وأنت على كل شيء قدير

الباب الرابع في أدعية مأثورة عن النبي صلى الله عليه وسلم وعن أصحابه رضي الله عنهم

محذوفة الأسانيد منتخبة من جملة ما جمعه أبو طالب المكي وابن خزيمة وابن منذر رحمهم الله

يستحب للمريد إذا أصبح أن يكون أحب أوراده الدعاء كما سيأتي ذكره في كتاب الأوراد فإن كنت من المريدين لحرث الآخرة المقتدين برسول الله صلى الله عليه وسلم فيما دعا به فقل في مفتتح دعواتك حديث افتتاح الدعاء بسبحان ربي العلي الأعلى الوهاب تقدم في الباب الثاني في الدعاء أعقاب صلواتك حديث القول عقب الصلوات لا إله إلا الله وحده لا شريك له له الملك وله الحمد وهو على كل شيء قدير متفق عليه من حديث المغيرة بن شعبة سبحان ربي العلي الأعلى الوهاب لا إله إلا الله وحده لا شريك له له الملك وله الحمد وهو على كل شيء قدير وقل رضيت بالله ربا وبالإسلام دينا وبمحمد صلى الله عليه وسلم نبيا حديث رضيت بالله ربا الحديث تقدم في الباب الأول من الأذكار ثلاث مرات وقل اللهم فاطر السموات والأرض عالم الغيب والشهادة رب كل شيء ومليكه أشهد أن لا إله إلا أنت أعوذ بك من شر نفسي وشر الشيطان وشركه حديث اللهم فاطر السموات والأرض عالم الغيب والشهادة رب كل شيء ومليكه أشهد أن لا إله إلا أنت أعوذ بك من شر نفسي وشر الشيطان وشركه أخرجه أبو داود والترمذي وصححه وابن حبان والحاكم وصححه من حديث أبي هريرة أن أبا بكر الصديق قال يا رسول الله مرني بكلمات أقولهن إذا أصبحت وإذا أمسيت قال قل اللهم فذكره وقل اللهم إني أسألك العفو والعافية في ديني ودنياي وأهلي ومالي اللهم استر عوراتي وآمن روعاتي وأقل

عثراتي واحفظني من بين يدي ومن خلفي وعن يميني وعن شمالي ومن فوقي وأعوذ بك أن أغتال من تحتي حديث اللهم إني أسألك العافية في ديني ودنياي وأهلي ومالي اللهم استر عورتي وآمن روعتي وأقل عثرتي واحفظني من بين يدي ومن خلفي وعن يميني وعن شمالي ومن فوقي وأعوذ بعظمتك أن أغتال من تحتي أخرجه أبو داود والنسائي وابن ماجه والحاكم من حديث ابن عمر قال لم يكن النبي صلى الله عليه وسلم يدع هؤلاء الكلمات حين يمسي وحين يصبح اللهم لا تؤمني مكرك ولا تولني غيرك ولا تنزع عني سترك ولا تنسني ذكرك ولا تجعلني من الغافلين حديث اللهم لا تؤمني مكرك ولا تولني غيرك ولا ترفع عني سترك ولا تنسني ذكرك ولا تجعلني من الغافلين رواه أبو منصور الديلمي في مسند الفردوس من حديث ابن عباس دون قوله ولا تولني غيرك وإسناده ضعيف وقل اللهم أنت ربي لا إله إلا أنت خلقتني وأنا عبدك وأنا على عهدك ووعدك ما استطعت أعوذ بك من شر ما صنعت أبوء لك بنعمتك علي وأبوء بذنبي فاغفر لي فإنه لا يغفر الذنوب إلا أنت حديث اللهم أنت ربي لا إله إلا أنت خلقتني وأنا عبدك وأنا على عهدك ووعدك ما استطعت أعوذ بك من شر ما صنعت أبوء لك بنعمتك علي وأبوء بذنبي فاغفر لي إنه لا يغفر الذنوب إلا أنت أخرجه البخاري من حديث شداد بن أوس وقد تقدم ثلاث مرات وقل اللهم عافني في بدني وعافني في سمعي وعافني في بصري لا إله إلا أنت حديث اللهم عافني في بدني وعافني في سمعي وعافني في بصري لا إله إلا أنت ثلاث مرات أخرجه أبو داود والنسائي في اليوم والليلة من حديث أبي بكرة وقال النسائي جعفر بن ميمون ليس بالقوي ثلاث مرات وقل اللهم إني أسألك الرضا بعد القضاء وبرد العيش بعد الموت ولذة النظر إلى وجهك الكريم وشوقا إلى لقائك من غير ضراء مضرة ولا فتنة مضلة وأعوذ بك أن أظلم أو أظلم أو أعتدي أو يعتدى علي أو أكسب خطيئة أو ذنبا لا تغفره حديث اللهم إني أسألك الرضا بعد القضاء الحديث إلى قوله أو ذنبا لا يغفر أخرجه أحمد والحاكم من حديث زيد بن ثابت في أثناء حديث وقال صحيح الإسناد اللهم إني أسألك الثبات في الأمر والعزيمة في الرشد وأسألك شكر نعمتك وحسن عبادتك وأسألك قلبا خاشعا سليما وخلقا مستقيما ولسانا صادقا وعملا متقبلا وأسألك من خير ما تعلم وأعوذ بك من شر ما تعلم وأستغفرك لما تعلم فإنك تعلم ولا أعلم وأنت علام الغيوب حديث اللهم إني أسألك الثبات في الأمر والعزيمة على الرشد الحديث إلى قوله وأنت علام الغيوب أخرجه الترمذي والنسائي والحاكم وصححه من حديث شداد بن أوس قلت بل هو منقطع وضعيف اللهم اغفر لي ما قدمت وما أخرت وما أسررت وما أعلنت وما أنت أعلم به مني فإنك أنت المقدم وأنت المؤخر وأنت على كل شيء قدير وعلى كل غيب شهيد حديث اللهم اغفر لي ما قدمت وما أخرت وما أسررت وما أعلنت الحديث إلى قوله وعلى كل غيب شهيد متفق عليه من حديث أبي موسى دون قوله وعلى كل غيب شهيد وقد تقدم في الباب الثاني من هذا الكتاب

اللهم إني أسألك إيمانا لا يرتد ونعيما لا ينفد وقرة عين الأبد ومرافقة نبيك محمد صلى الله عليه وسلم في أعلى جنة الخلد حديث اللهم إني أسألك إيمانا لا يرتد ونعيما لا ينفد وقرة عين الأبد الحديث أخرجه النسائي في اليوم والليلة والحاكم من حديث عبد الله بن مسعود دون قوله وقرة عين الأبد وقال صحيح الإسناد والنسائي من حديث عمار بن ياسر بإسناد جيد وأسألك نعيما لا يبيد وقرة عين لا تنقطع اللهم إني أسألك الطيبات وفعل الخيرات وترك المنكرات وحب المساكين أسألك حبك وحب من أحبك وحب كل عمل يقرب إلى حبك وأن تتوب علي وتغفر لي وترحمني وإذا أردت بقوم فتنة فاقبضني إليك غير مفتون حديث اللهم إني أسألك الطيبات وفعل الخيرات الحديث إلى قوله غير مفتون أخرجه الترمذي من حديث معاذ اللهم إني أسألك فعل الخيرات الحديث وقال حسن صحيح ولم يذكر ﴿ الطيبات ﴾ وهي في الدعاء للطبراني من حديث عبد الرحمن بن عايش وقال أبو حاتم ليست له صحبة اللهم بعلمك الغيب وقدرتك على الخلق أحيني ما كانت الحياة خيرا لي وتوفني ما كانت الوفاة خيرا لي أسألك خشيتك في الغيب والشهادة وكلمة العدل في الرضا والغضب والقصد في الغنى والفقر ولذة النظر إلى وجهك والشوق إلى لقائك وأعوذ بك من ضراء مضرة وفتنة مضلة واللهم زينا

بزينة الإيمان واجعلنا هداة مهتدين حديث اللهم إني أسألك بعلمك الغيب وقدرتك على الخلق أحيني ما كانت الحياة خيرا لي الحديث إلى قوله واجعلنا هداة مهتدين أخرجه النسائي والحاكم وقال صحيح الإسناد من حديث عمار بن ياسر قال كان رسول الله صلى الله عليه وسلم يدعو به اللهم اقسم لنا من خشيتك ما تحول به بيننا وبين معاصيك ومن طاعتك ما تبلغنا به جنتك ومن اليقين ما تهون به علينا مصائب الدنيا والآخرة حديث اللهم اقسم لنا من خشيتك ما تحول به بيننا وبين معصيتك الحديث أخرجه الترمذي وقال حسن والنسائي في اليوم والليلة والحاكم وقال صحيح على شرط البخاري من حديث ابن عمر أن النبي صلى الله عليه وسلم كان يختم مجلسه بذلك اللهم املأ وجوهنا منك حياء وقلوبنا منك فرقا واسكن في نفوسنا من عظمتك ما تذلل به جوارحنا لخدمتك واجعلك اللهم أحب إلينا ممن سواك واجعلنا أخشى لك ممن سواك حديث اللهم املأ وجوهنا منك حياء وقلوبنا بك فرحا الحديث إلى قوله واجعلنا أخشى لك من سواك لم أقف له على أصل اللهم اجعل أول يومنا هذا صلاحا وأوسطه فلاحا وآخره نجاحا اللهم اجعل أوله رحمة وأسطه نعمة وآخره تكرمة ومغفرة حديث اللهم اجعل أول يومنا هذا صلاحا وأوسطه فلاحا وآخره نجاحا اللهم اجعل أوله رحمة وأوسطه نعمة وآخره تكرمة أخرجه عبد بن حميد في المنتخب والطبراني من حديث ابن أوفى بالشطر الأول فقط إلى قوله نجاحا وإسناده ضعيف الحمد لله الذي تواضع كل شيء لعظمته وذل كل شيء لعزته وخضع كل شيء لملكه واستسلم كل شيء لقدرته والحمد لله الذي سكن كل شيء لهيبته وأظهر كل شيء بحكمته وتصاغر كل شيء لكبريائه حديث الحمد لله الذي تواضع كل شيء لعظمته وذل كل شيء لعزته الحديث إلى قوله وتصاغر كل شيء لكبريائه أخرجه الطبراني من حديث ابن عمر بسند ضعيف دون قوله والحمد لله الذي سكن كل شيء لهيبته إلى آخره وكذلك رواه في الدعاء من حديث أم سلمة وسنده ضعيف أيضا اللهم صل على محمد وعلى آل محمد وأزواج محمد وذريته وبارك على محمد وعلى آله وأزواجه وذريته كما باركت على إبراهيم وعلى آل إبراهيم في العالمين إنك حميد مجيد حديث اللهم صل على محمد وأزواجه وذريته الحديث إلى قوله حميد مجيد تقدم في الباب الثاني اللهم صل على محمد عبدك ونبيك ورسولك النبي الأمي رسولك الأمين وأعطه المقام المحمود الذي وعدته يوم الدين حديث اللهم صل على محمد عبدك ونبيك ورسولك النبي الأمي رسول الأمين وأعطه المقام المحمود يوم الدين لم أجده بهذا اللفظ مجموعا والبخاري من حديث أبي سعيد اللهم صل على محمد عبدك ورسولك وابن حبان والدارقطني والحاكم والبيهقي من حديث ابن مسعود اللهم صل على محمد النبي الأمي والنسائي من حديث جابر وابعثه المقام المحمود الذي وعدته وهو عند البخاري بلفظ وابعثه مقاما محمودا قال الدارقطني إسناده حسن وقال الحاكم صحيح وقال البيهقي في المعرفة إسناده صحيح اللهم اجعلنا من أوليائك المتقين وحزبك

المفلحين وعبادك الصالحين واستعملنا لمرضاتك عنا ووفقنا لمحابك منا وصرفنا بحسن اختيارك لنا حديث اللهم اجعلنا من أوليائك المتقين وحزبك المفلحين الحديث إلى قوله صرفنا بحسن اختيارك لنا لم أقف له على أصل نسألك جوامع الخير وفواتحه وخواتمه ونعوذ بك من جوامع الشر وفواتحه وخواتمه حديث نسألك جوامع الخير وفواتحه وخواتمه ونعوذ بك من جوامع الشر وفواتحه وخواتمه أخرجه الطبراني من حديث أم سلمة أنه كان يدعو بهؤلاء الكلمات فذكر منها اللهم إني أسألك فواتح الخير وخواتمه وأوله وآخره وظاهره وباطنه والدرجات العلى من الجنة آمين فيه عاصم بن عبيد لا أعلم روى عنه إلا موسى بن عقبة اللهم بقدرتك علي تب علي إنك أنت التواب الرحيم وبحلمك عني اعف عني إنك أنت الغفار الحليم وبعلمك بي ارفق بي إنك أنت أرحم الراحمين وبملكك لي ملكني نفسي ولا تسلطها علي إنك أنت الملك الجبار حديث اللهم بقدرتك علي تب علي إنك أنت التواب الرحيم وبحلمك علي اعف عني الحديث إلى قوله إنك الملك الجبار لم أقف له على أصل سبحانك اللهم وبحمدك لا إله إلا أنت عملت سوءا وظلمت نفسي فاغفر لي ذنبي إنك أنت ربي ولا يغفر الذنوب إلا أنت حديث سبحانك اللهم وبحمدك لا إله إلا أنت عملت سوءا وظلمت نفسي فاغفر لي ذنبي أنت ربي إنه لا يغفر الذنوب إلا أنت أخرجه البيهقي في الدعوات من حديث علي دون قوله ذنبي إنك أنت ربي وقد تقدم في الباب الثاني اللهم ألهمني رشدي وقني شر نفسي حديث اللهم ألهمني رشدي وقني شر نفسي أخرجه الترمذي من حديث عمران بن حصين أن النبي صلى اللـه عليه وسلم علمه لحصين وقال حسن غريب ورواه النسائي في اليوم والليلة والحاكم من حديث حصين والد عمران وقال صحيح على شرط الشيخين اللهم ارزقني حلالا لا تعاقبني عليه وقنعني بما رزقتني

واستعملني به صالحا تقبله مني حديث اللهم ارزقني حلالا لا تعاقبني فيه وقنعني بما رزقتني واستعملني به صالحا تقبله مني أخرجه الحاكم من حديث ابن عباس كان النبي صلى الله عليه وسلم يدعو اللهم قنعني بما رزقتني وبارك لي فيه وأخلف علي كل غائبة لي بخير وقال صحيح الإسناد ولم يخرجاه اللهم إني أسألك العفو والعافية وحسن اليقين والمعافاة في الدنيا والآخرة حديث اللهم إني أسألك العفو والعافية والمعافاة وحسن اليقين في الدنيا والآخرة أخرجه النسائي من حديث أبي بكر الصديق بلفظ سلوا الله المعافاة فإنه لم يؤت أحد بعد اليقين خيرا من المعافاة وفي رواية للبيهقي سلوا الله العفو والعافية واليقين في الأولى والآخرة فإنه ما أوتي العبد بعد اليقين خيرا من العافية وفي رواية لأحمد أسأل الله العفو والعافية يا من لا تضره الذنوب ولا تنقصه المغفرة هب لي ما لا يضرك وأعطني ما لا ينقصك ربنا أفرغ علينا صبرا وتوفنا مسلمين أنت ولي في الدنيا والآخرة توفنى مسلما وألحقنى بالصالحين

أنت ولينا فاغفر لنا وارحمنا وأنت خير الغافرين واكتب لنا في هذه الدنيا حسنة وفي الآخرة إنا هدنا إليك ربنا عليك توكلنا وإليك أنبنا وإليك المصير ربنا لا تجعلنا فتنة للقوم الظالمين ربنا لا تجعلنا فتنة للذين كفروا واغفر لنا ربنا إنك أنت العزيز الحكيم ربنا اغفر لنا ذنوبنا وإسرافنا في أمرنا وثبت أقدامنا وانصرنا على القوم الكافرين ربنا اغفر لنا ولإخواننا الذين سبقونا بالإيمان ولا تجعل في قلوبنا غلا للذين آمنوا ربنا إنك رؤوف رحيم ربنا آتنا من لدنك رحمة وهيئ لنا من أمرنا رشدا ربنا آتنا في الدنيا حسنة وفي الآخرة حسنة وقنا عذاب النار ربنا إننا سمعنا مناديا ينادي للإيمان إلى قوله عز وجل إنك لا تخلف الميعاد ربنا لا تؤاخذنا إن نسينا أو أخطأنا ربنا إلى آخر السورة حديث يا من لا تضره الذنوب ولا تنقصه المغفرة هب لي ما لا يضرك وأعطني ما لا ينقصك أخرجه أبو منصور الديلمي في مسند الفردوس من حديث علي بسند ضعيف رب اغفر لي ولوالدي وارحمهما كما ربياني صغيرا واغفر للمؤمنين والمؤمنات والمسلمين والمسلمات الأحياء منهم والأموات حديث رب اغفر لي ولوالدي وارحمهما كما ربياني صغيرا واغفر للمؤمنين والمؤمنات والمسلمين والمسلمات الأحياء منهم والأموات أخرجه أبو داود وابن ماجه بإسناد حسن من حديث أبي أسيد الساعدي قال رجل من بني سلمة هل بقي علي من بر أبوي شيء قال نعم الصلاة عليهما والاستغفار لهما الحديث ولأبي الشيخ ابن حبان في الثواب والمستغفري في الدعوات من حديث أنس من استغفر للمؤمنين والمؤمنات رد الله عليه عن كل مؤمن مضى من أول الدهر أو هو كائن إلى يوم القيامة وسنده ضعيف وفي صحيح ابن حبان من حديث أبي سعيد أيما رجل مسلم لم يكن عنده صدقة فليقل في دعائه اللهم صل على محمد عبدك ورسولك وصل على المؤمنين والمؤمنات والمسلمين والمسلمات فإنها زكاة رب اغفر وارحم وتجاوز عما تعلم وأنت الأعز الأكرم وأنت خير الراحمين وأنت خير الغافرين وإنا لله وإنا إليه راجعون ولا حول ولا

قوة إلا بالله العلي العظيم وحسبنا الـلـه ونعم الوكيل وصلى الـلـه على محمد خاتم النبيين وآله وصحبه وسلم تسليما كثيرا حديث رب اغفر وارحم وتجاوز عما تعلم وأنت الأعز الأكرم وأنت خير الراحمين وخير الغافرين أخرجه أحمد من حديث أم سلمة أن رسول الـلـه صلى الـلـه عليه وسلم كان يقول رب اغفر وارحم واهدني السبيل الأقوم وفيه علي بن زيد بن جدعان مختلف فيه وللطبراني في الدعاء من حديث ابن مسعود أنه صلى الـلـه عليه وسلم كان يقول إذا سعى في بطن المسيل اللهم اغفر وارحم وأنت الأعز الأكرم وفيه ليث بن أبي سليم مختلف فيه ورواه موقوفا عليه بسند صحيح أنواع الاستعاذة المأثورة عن النبي صلى الـلـه عليه وسلم

اللهم إني أعوذ بك من البخل وأعوذ بك من الجبن وأعوذ بك من أن أرد إلى أرذل العمر وأعوذ بك من فتنة الدنيا وأعوذ بك من عذاب القبر حديث اللهم إني أعوذ بك من البخل وأعوذ بك من الجبن وأعوذ بك أن أرد إلى أرذل العمر وأعوذ بك من فتنة الدنيا وأعوذ بك من عذاب القبر أخرجه البخاري من حديث سعيد بن أبي وقاص اللهم إني أعوذ بك من طبع يهدي إلى طمع ومن طمع في غير مطمع ومن

طمع حيث لا مطمع حديث اللهم إني أعوذ بك من طبع يهدى إلى طمع وطمع في غير مطمع ومن طمع حيث لا مطمع أخرجه أحمد والحاكم من حديث معاذ وقال مستقيم الإسناد اللهم إني أعوذ بك من علم لا ينفع وقلب لا يخشع ودعاء لا يسمع ونفس لا تشبع وأعوذ بك من الجوع فإنه بئس الضجيع ومن الخيانة فإنها بئست البطانة ومن الكسل والبخل والجبن والهرم ومن أن أرد إلى أرذل العمر ومن فتنة الدجال وعذاب القبر ومن فتنة المحيا والممات اللهم إنا نسألك قلوبا أواهة مخبتة منيبة في سبيلك اللهم إني أسألك عزائم مغفرتك وموجبات رحمتك والسلامة من كل إثم والغنيمة من كل بر والفوز بالجنة والنجاة من النار حديث اللهم إني أعوذ بك من علم لا ينفع وقلب لا يخشع ودعاء لايسمع الحديث إلى قوله والنجاة من النار أخرجه الحاكم من حديث ابن مسعود وقال صحيح الإسناد وليس كما قال إلا أنه ورد مفرقا في أحاديث جيدة الأسانيد اللهم إني أعوذ بك من التردي وأعوذ بك من الغم والغرق والهدم وأعوذ بك من أن أموت في سبيلك مدبرا وأعوذ بك من أن أموت في تطلب الدنيا حديث اللهم إني أعوذ بك من التردي وأعوذ بك من الغم الحديث إلى قوله وأعوذ بك أن أموت في تطلب الدنيا أخرجه أبو داود والنسائي والحاكم وصحح إسناده من حديث أبي اليسر واسمه كعب بن عمر بزيادة فيه دون قوله وأعوذ بك أن أموت في تطلب دنيا وتقدم من عند البخاري الاستعاذة من فتنة الدنيا اللهم إني أعوذ بك شر ما علمت ومن شر ما لم أعلم حديث اللهم إني أعوذ بك من شر ما علمت ومن شر ما لم أعلم قلت هكذا في غير نسخة علمت وإنما هو عملت وأعمل كذا رواه مسلم من حديث عائشة ولأبي بكر بن الضحاك في الشمائل في حديث مرسل في الاستعاذة وفيه وشر ما لم أعمل وشر ما لم أعلم اللهم جنبني منكرات الأخلاق والأعمال والأدواء والأهواء حديث اللهم جنبني منكرات الأخلاق والأعمال والأدواء والأهواء أخرجه الترمذي وحسنه والحاكم وصححه واللفظ له من حديث قطبة بن مالك اللهم إني أعوذ بك من جهد البلاء ودرك الشقاء وسوء القضاء وشماتة الأعداء حديث اللهم إني أعوذ بك من جهد البلاء ودرك الشقاء وسوء القضاء وشماتة الأعداء متفق عليه من حديث أبي هريرة اللهم إني أعوذ بك من الكفر والدين والفقر وأعوذ بك من عذاب جهنم وأعوذ بك من فتنة الدجال حديث اللهم إني أعوذ بك من الكفر والدين والفقر وأعوذ بك من عذاب جهنم وأعوذ بك من فتنة الدجال أخرجه النسائي والحاكم وقال صحيح الإسناد من حديث أبي سعيد الخدري عن رسول الله صلى الله عليه وسلم أنه كان يقول من الكفر والدين وفي رواية للنسائي من الكفر والفقر ولمسلم من حديث أبي هريرة عن النبي صلى الله عليه وسلم أنه كان يتعوذ من عذاب القبر وعذاب جهنم وفتنة الدجال وللشيخين من حديث عائشة في حديث قال فيه ومن شر فتنة المسيح الدجال اللهم إني أعوذ بك من شر سمعي وبصري وشر لساني وقلبي وشر منيي حديث اللهم إني أعوذ بك من شر سمعي وشر بصري وشر لساني وقلبي وشر منيي أخرجه أبو

داود والنسائي والترمذي وحسنه الحاكم وصحح إسناده من حديث سهل بن حميد اللهم إني أعوذ بك من جار السوء في دار المقامة فإن جار البادية يتحول حديث اللهم إني أعوذ بك من جاء السوء في دار المقامة فإن جار البادية يتحول أخرجه النسائي والحاكم من حديث أبي هريرة وقال صحيح على شرط مسلم اللهم إني أعوذ بك من القسوة والغفلة والعيلة والذلة والمسكنة وأعوذ بك من الكفر والفقر والفسوق والشقاق والنفاق وسوء الأخلاق وضيق الأرزاق والسمعة والرياء وأعوذ بك من الصمم والبكم والعمى والجنون والجذام والبرص وسيىء الأسقام حديث اللهم إني أعوذ بك من القسوة والغفلة والعيلة والذلة والمسكنة وأعوذ بك من الفقر والكفر والفسوق والشقاق والنفاق والسمعة والرياء وأعوذ بك من الصمم والبكم والجنون والجذام والبرص وسيىء الأسقام أخرجه أبو داود والنسائي مقتصرين على الأربعة الأخيرة والحاكم بتمامه من حديث أنس وقال صحيح على شرط الشيخين اللهم إني أعوذ بك من زوال نعمتك ومن تحول عافيتك ومن فجأة نقمتك ومن جميع سخطك حديث اللهم إني أعوذ بك من زوال نعمتك وتحول عافيتك وفجأة نقمتك ومن جميع سخطك أخرجه مسلم من حديث ابن عمر اللهم إني أعوذ بك من عذاب النار وفتنة النار وعذاب القبر وشر فتنة الغنى وشر فتنة الفقر وشر فتنة

المسيح الدجال وأعوذ بك من المغرم والمأثم حديث اللهم إني أعوذ بك من عذاب النار وفتنة النار وعذاب القبر وفتنة القبر وشر فتنة الغنى وشر فتنة الفقر وشر فتنة المسيح الدجال وأعوذ بك من المأثم والمغرم متفق عليه من حديث عائشة اللهم إني أعوذ بك من نفس لا تشبع وقلب لا يخشع وصلاة لا تنفع ودعوة لا تستجاب وأعوذ بك من شر الغم وفتنة الصدر حديث اللهم إني أعوذ بك من نفس لا تشبع وقلب لا يخشع وصلاة لا تنفع ودعوة لا تستجاب وأعوذ بك من سوء العمر وفتنة الصدر أخرجه مسلم من حديث زيد بن أرقم في أثناء حديث اللهم إني أعوذ بك من قلب لا يخشع ونفس لا تشبع وعمل لا يرفع ودعوة لا يستجاب لها وصلاة لا تنفع وشك أبو المعتمر في سماعه من أنس وللنسائي بإسناد جيد من حديث عمر في أثناء حديث ﴿ وأعوذ بك ﴾ وأبو داود من حديث أنس اللهم إني أعوذ بك من سوء العمر وأعوذ بك من فتنة الصدر اللهم إني أعوذ بك من غلبة الدين وغلبة العدو وشماتة الأعداء حديث اللهم إني أعوذ بك من غلبة الدين وغلبة العدو وشماتة الأعداء أخرجه النسائي والحاكم من حديث عبد الـلـه بن عمرو وقال صحيح على شرط مسلم وصلى الـلـه على محمد وعلى كل عبد مصطفى من كل العالمين آمين

الباب الخامس في الأدعية المأثورة عند حدوث كل حادث من الحوادث

إذا أصبحت وسمعت الأذان فيستحب لك جواب المؤذن وقد ذكرناه وذكرنا أدعية دخول الخلاء والخروج منه وأدعية الوضوء في كتاب الطهارة فإذا خرجت إلى المسجد فقل اللهم اجعل في قلبي نورا وفي لساني نورا واجعل في سمعي نورا واجعل في بصري نورا واجعل خلفي نورا وأمامي نورا واجعل من فوقي نورا اللهم أعطني حديث القول عند الخروج إلى المسجد اللهم اجعل في قلبي نورا وفي لساني نورا الحديث متفق عليه من حديث ابن عباس نورا وقل أيضا اللهم إني أسألك بحق السائلين عليك وبحق ممشاي هذا إليك حديث اللهم إني إسألك بحق السائلين عليك وبحق ممشاي هذا إليك الحديث من حديث أبي سعيد الخدري بإسناد حسن فإني لم أخرج أشرا ولا بطرا ولا رياء ولا سمعة خرجت اتقاء سخطك وابتغاء مرضاتك فأسألك أن تنقذني من النار وأن تغفر لي ذنوبي إنه لا يغفر الذنوب إلا أنت

فإن خرجت من المنزل لحاجة فقل بسم الـلـه رب أعوذ بك أن أظلم أو أظلم أو أجهل أو يجهل علي حديث القول عند الخروج من المنزل لحاجته بسم الـلـه رب أعوذ بك أن أظلم أو أظلم أو أجهل أو يجهل علي أخرجه أصحاب السنن من حديث أم سلمة قال الترمذي حسن صحيح بسم الـلـه الرحمن الرحيم لا حول ولا قوة إلا بالله العلي العظيم بسم الـلـه التكلان على الـلـه حديث بسم الـلـه الرحمن الرحيم ولا حول ولا قوة إلا بالله التكلان على الـلـه أخرجه ابن ماجه من حديث أبي هريرة أن النبي صلى الـلـه عليه وسلم كان إذا خرج من منزله قال بسم الـلـه فذكره إلا أنه لم يقل ﴿ الرحمن الرحيم ﴾ وفيه ضعف

فإذا انتهيت إلى المسجد تريد دخوله فقل اللهم صل على محمد وعلى آل محمد وسلم اللهم اغفر لي جميع ذنوبي وافتح لي أبواب رحمتك حديث القول عند دخول المسجد اللهم صل على محمد اللهم اغفر لي ذنوبي وافتح لي أبواب رحمتك أخرجه الترمذي وابن ماجه من حديث فاطمة ابنة رسول الله صلى الله عليه وسلم قال الترمذي حسن وليس إسناده بمتصل ولمسلم من حديث أبي حميد أو أبي أسيد إذا دخل أحدكم المسجد فليقل اللهم افتح لي أبواب رحمتك وزاد أبو داود في أوله فليسلم على النبي صلى الله عليه وسلم وقدم رجلك اليمنى في الدخول فإذا رأيت في المسجد من يبيع أو يبتاع فقل لا أربح الله تجارتك حديث القول إذا رأى من يبيع أو يبتاع في المسجد لا أربح الله تجارتك أخرجه الترمذي وقال حسن غريب والنسائي في اليوم والليلة من حديث أبي هريرة وإذا رأيت من ينشد ضالة في المسجد فقل لا ردها الله عليك أمر به رسول الله صلى الله عليه وسلم حديث القول إذا رأى من ينشد ضالة في المسجد لا ردها الله عليك أخرجه مسلم من حديث أبي هريرة فإذا صليت ركعتي الصبح فقل بسم الله اللهم إني أسألك رحمة من عندك تهدي بها قلبي الدعاء إلى آخره حديث ابن عباس في القول بعد ركعتي الصبح اللهم إني أسألك رحمة من عندك تهدي بها قلبي الخ قد تقدم في الدعاء

كما أوردناه عن ابن عباس رضي اللـه عنهما عن النبي صلى اللـه عليه وسلم فإذا ركعت فقل في ركوعك اللهم لك ركعت ولك خشعت وبك آمنت ولك أسلمت وعليك توكلت أنت ربي خشع سمعي وبصري ومخي وعظمي وعصبي وما استقلت به قدمي لله رب العالمين حديث ابن عباس في القول في الركوع اللهم لك ركعت ولك أسلمت الحديث أخرجه مسلم من حديث علي وإن أحببت فقل سبحان ربي العظيم ثلاث مرات حديث القول فيه سبحان ربي العظيم ثلاثا أخرجه أبو داود والترمذي والبيهقي من حديث ابن مسعود وفيه انقطاع أو سبوح قدوس رب الملائكة والروح حديث القول فيه سبوح قدوس رب الملائكة والروح أخرجه مسلم من حديث عائشة فإذا رفعت رأسك من الركوع فقل سمع اللـه لمن حمده ربنا لك الحمد ملء السموات وملء الأرض وملء ما شئت من شيء بعد أهل الثناء والمجد أحق ما قال العبد وكلنا لك عبد لا مانع لما أعطيت ولا معطي لما منعت ولا ينفع ذا الجد منك الجد حديث القول عند الرفع من الركوع سمع اللـه لمن حمده ربنا لك الحمد الحديث أخرجه مسلم من حديث أبي سعيد الخدري وابن عباس دون قوله سمع اللـه لمن حمده فهي في اليوم والليلة للحسن بن علي المعمري وهي عند مسلم من حديث ابن أبي أوفى وعند البخاري من حديث أبي هريرة وإذا سجدت فقل اللهم لك سجدت وبك آمنت ولك أسلمت سجد وجهي للذي خلقه وصوره وشق سمعه وبصره فتبارك اللـه أحسن الخالقين اللهم سجد لك سوادي وخيالي وآمن بك فؤادي أبوء بنعمتك علي وأبوء بذنبي وهذا ما جنيت على نفسي فاغفر لي فإنه لا يغفر الذنوب إلا أنت حديث القول في السجود اللهم لك سجدت الحديث أخرجه مسلم من حديث علي اللهم سجد لك سوادي وخيالي وآمن بك فؤادي أبوء بنعمتك علي وأبوء بذنبي وهذا ما جنيت على نفسي فاغفر لي فإنه لا يغفر الذنوب إلا أنت أخرجه الحاكم من حديث ابن مسعود وقال صحيح الإسناد وليس كما قال بل هو ضعيف أو تقول سبحان ربي الأعلى ثلاث مرات حديث سبحان ربي الأعلى ثلاثا أخرجه أبو داود والترمذي والبيهقي من حديث ابن مسعود وهو منقطع فإذا فرغت من الصلاة فقل اللهم أنت السلام ومنك السلام تباركت يا ذا الجلال والإكرام حديث القول إذا فرغ من الصلاة اللهم أنت السلام ومنك السلام تباركت يا ذا الجلال والإكرام أخرجه مسلم من حديث ثوبان وتدعو بسائر الأدعية التي ذكرناها

فإذا قمت من المجلس وأردت دعاء يكفر لغو المجلس فقل سبحانك اللهم وبحمدك أشهد أن لا إله إلا أنت أستغفرك وأتوب إليك عملت سوءا وظلمت نفسي فاغفر لي فإنه لا يغفر الذنوب إلا أنت حديث كفارة المجلس سبحانك اللهم وبحمدك أشهد أن لا إله إلا أنت أخرجه النسائي في اليوم والليلة من حديث رافع بن خديج بإسناد حسن

فإذا دخلت السوق فقل لا إله إلا الـلـه وحده لا شريك له له الملك وله الحمد يحيي ويميت وهو حي لا يموت بيده الخير وهو على كل شيء قدير حديث القول عند دخول السوق لا إله إلا الـلـه وحده لا شريك له له الملك وله الحمد يحيي ويميت وهو حي لا يموت بيده الخير وهو على كل شيء قدير من حديث عمر وقال غريب والحاكم وقال صحيح على شرط الشيخين بسم الـلـه اللهم إني أسألك خير هذه السوق وخير ما فيها اللهم إني أعوذ بك من شرها وشر ما فيها اللهم إني أعوذ بك أن أصيب فيها يمينا فاجرة أو صفقة خاسرة حديث بسم الـلـه اللهم إني أسألك خير هذه السوق وخير ما فيها اللهم إني أعوذ بك من شرها وشر ما فيها اللهم إني أعوذ بك أن أصيب فيها يمينا فاجرة أو صفقة خاسرة أخرجه الحاكم من حديث بريدة وقال أقربها لشرائط هذا الكتاب حديث بريدة قلت فيه أبو عمر جار لشعيب بن حرب ولعله حفص بن سليمان الأسدي مختلف فيه

فإن كان عليك دين فقل اللهم اكفني بحلالك عن حرامك وأغنني بفضلك عمن سواك حديث دعاء الدين اللهم اكفني بحلالك عن حرامك وبفضلك عمن سواك أخرجه الترمذي وقال حسن غريب والحاكم وقال صحيح الإسناد من حديث علي بن أبي طالب

فإذا لبست ثوبا جديدا فقل اللهم كسوتني هذا الثوب فلك الحمد أسألك من خيره وخير ما صنع له وأعوذ بك من شره وشر ما صنع له حديث الدعاء إذا لبس ثوبا جديدا اللهم كسوتني هذا الثوب فلك الحمد أسألك من خيره وخير ما صنع له وأعوذ بك من شره وشر ما صنع له أخرجه أبو داود والترمذي وقال حسن والنسائي في اليوم والليلة من حديث أبي سعيد الخدري ورواه ابن السني بلفظ المصنف

وإذا

رأيت شيئا من الطيرة تكرهه فقل اللهم لا يأتي بالحسنات إلا أنت ولا يذهب بالسيئات إلا أنت ولا حول ولا قوة إلا بالله حديث القول إذا رأى شيئا من الطيرة يكرهه اللهم لا يأتي بالحسنات إلا أنت ولا يذهب بالسيئات إلا أنت لا حول ولا قوة إلا بالله أخرجه ابن أبي شيبة وأبو نعيم في اليوم والليلة والبيهقي في الدعوات من حديث عروة بن بن عامر مرسلا ورجاله ثقات وفي اليوم والليلة لابن السني عن عقبة بن عامر فجعله مسندا

وإذا رأيت الهلال فقل اللهم أهله علينا بالأمن والإيمان والبر والسلامة والإسلام والتوفيق لما تحب وترضى والحفظ عمن تسخط ربي وربك الله حديث التكبير عند رؤية الهلال ثلاثا ثم يقول اللهم أهله علينا بالأمن والإيمان والسلامة والإسلام ربي وربك الله أخرجه الدارمي من حديث ابن عمر إلا أنه أطلق التكبير ولم يقل ثلاثا ورواه الترمذي وحسنه من حديث طلحة بن عبيد الله دون ذكر التكبير وللبيهقي في الدعوات من حديث قتادة مرسلا كان النبي صلى الله عليه وسلم إذا رأى الهلال كبر ثلاثا ويقول هلال رشد وخير آمنت بخالقك حديث هلال خير ورشد آمنت بخالقك أخرجه أبو داود مرسلا من حديث قتادة أنه بلغه أن النبي صلى الله عليه وسلم كان إذا رأى الهلال قال هلال خير ورشد هلال خير ورشد آمنت بالذي خلقك ثلاث مرات وأسنده الدارقطني في الأفراد والطبراني في الأوسط من حديث أنس وقال أبو داود وليس في هذا عن النبي صلى الله عليه وسلم حديث مسند صحيح اللهم إني أسألك خير هذا الشهر وخير القدر وأعوذ بك من شر يوم الحشر حديث اللهم إني أسألك خير هذا الشهر وخير القدر وأعوذ بك من شر يوم الحشر أخرجه ابن أبي شيبة وأحمد في مسنديهما من حديث عبادة بن الصامت وفيه من لم يسم بل قال الراوي عنه حدثني من لا أتهم وتكبر قبله أولا ثلاثا

وإذا هبت الريح فقل اللهم إني أسألك خير هذه الريح وخير ما فيها وخير ما أرسلت به ونعوذ بك من شرها وشر ما فيها ومن شر ما أرسلت به حديث القول إذا هبت الريح اللهم إني أسألك خير هذه الريح وخير ما فيها وخير ما أرسلت به ونعوذ بك من شرها وشر ما فيها وشر ما أرسلت به أخرجه الترمذي وقال حسن صحيح والنسائي في اليوم والليلة من حديث أبي بن كعب

وإذا بلغك وفاة أحد فقل إنا لله وإنا إليه راجعون وإنا إلى ربنا لمنقلبون اللهم اكتبه في المحسنين واجعل كتابه في عليين واخلفه على عقبه في الغابرين اللهم لا تحرمنا أجره ولا تفتنا بعده واغفر لنا وله حديث القول إذا بلغه وفاة أحد إنا لله وإنا إليه راجعون وإنا إلى ربنا لمنقلبون اللهم اكتبه من المحسنين واجعل كتابه في عليين واخلفه على عقبه في الغابرين اللهم لا تحرمنا أجره ولا تفتنا بعده واغفر لنا وله أخرجه ابن السني في اليوم والليلة وابن حبان من حديث أم سلمة إذا أصاب أحدكم مصيبة فليقل إنا لله وإنا إليه

راجعون ولمسلم من حديثها اللهم اغفر لأبي سلمة وارفع درجته في المهديين واخلفه في عقبه في الغابرين واغفر لنا وله يا رب العالمين وافسح له في قبره ونور له فيه

وتقول عند التصدق ﴿ ربنا تقبل منا إنك أنت السميع العليم ﴾

وتقول عند الخسران ﴿ عسى ربنا أن يبدلنا خيرا منها إنا إلى ربنا راغبون ﴾

وتقول عند ابتداء الأمور ربنا آتنا من لدنك رحمة وهيىء لنا من أمرنا رشدا رب اشرح لي صدري ويسر لي أمري

وتقول عند النظر إلى السماء ربنا ما خلقت هذا باطلا سبحانك فقنا عذاب النار تبارك الذي جعل في السماء بروجا وجعل فيها سراجا وقمرا منيرا

وإذا سمعت صوت الرعد فقل سبحان من يسبح الرعد بحمده والملائكة من خيفته حديث القول إذا سمع صوت الرعد سبحان من يسبح الرعد بحمده والملائكة من خيفته أخرجه مالك في الموطأ عن عبد الله بن الزبير موقوفا ولم أجده مرفوعا

فإن رأيت الصواعق فقل اللهم لا تقتلنا بغضبك ولا تهلكنا بعذابك وعافنا قبل ذلك حديث القول عند الصواعق اللهم لا تقتلنا بغضبك ولا تهلكنا بعذابك وعافنا قبل ذلك أخرجه الترمذي وقال غريب والنسائي في اليوم والليلة من حديث ابن عمر وابن السني بإسناد حسن قاله كعب

فإذا أمطرت السماء فقل اللهم سقيا هنيئا وصيبا نافعا حديث القول عند المطر اللهم سقيا هنيئا وصيبا نافعا أخرجه البخاري من حديث عائشة كان إذا رأى المطر قال اللهم اجعله صيبا نافعا وابن ماجه سيبا بالسين أوله والنسائي في اليوم والليلة اللهم اجعله صيبا هنيئا وإسنادهما صحيح اللهم اجعله صيب رحمة ولا تجعله صيب عذاب حديث اللهم اجعله صيب رحمة ولا تجعله صيب عذاب أخرجه النسائي في اليوم والليلة من حديث سعيد بن المسيب مرسلا

فإذا غضبت فقل اللهم اغفر لي ذنبي وأذهب غيظ قلبي

وأجرني من الشيطان الرجيم حديث القول إذا غضب اللهم اغفر ذنبي وأذهب غيظ قلبي وأجرني من الشيطان الرجيم أخرجه ابن السني في اليوم والليلة من حديث عائشة بسند ضعيف

فإذا خفت قوما فقل اللهم إنا نجعلك في نحورهم ونعوذ بك من شرورهم حديث القول إذا خاف قوما اللهم إني أجعلك في نحورهم وأعوذ بك من شرورهم أخرجه أبو داود والنسائي في اليوم والليلة من حديث أبي موسى بسند صحيح

فإذا غزوت فقل اللهم أنت عضدي ونصيري وبك أقاتل حديث القول إذا غزا اللهم أنت عضدي ونصيري بك أقاتل أخرجه أبو داود والترمذي والنسائي من حديث أنس قال الترمذي حسن غريب

وإذا طنت أذنك فصل على محمد صلى الـلـه عليه وسلم وقل ذكر الـلـه من ذكرني بخير حديث القول عند طنين الأذن اللهم صل على محمد ذكر الـلـه بخير من ذكرني أخرجه الطبراني وابن عدي وابن السني في اليوم والليلة من حديث أبي رافع بسند ضعيف

فإذا رأيت استجابة دعائك فقل الحمد لله الذي بعزته وجلاله تتم الصالحات

وإذا أبطأت فقل الحمد لله على كل حال حديث القول إذا رأى استجابة دعائه الحمد لله الذي بنعمته تتم الصالحات تقدم في الدعاء

وإذا سمعت أذان المغرب فقل اللهم هذا إقبال ليلك وإدبار نهارك وأصوات دعاتك وحضور صلواتك أسألك أن تغفر لي حديث القول إذا سمع أذان المغرب اللهم هذا إقبال ليلك وإدبار نهارك وأصوات دعاتك وحضور صلواتك أسألك أن تغفر لي أخرجه الترمذي وأبو داود وقال غريب والحاكم من حديث أم سلمة دون قوله وحضور صلواتك فإنها عند الخرائطي في مكارم الأخلاق والحسن بن علي المعمري في اليوم والليلة

وإذا أصابك هم فقل اللهم إني عبدك وابن عبدك وابن أمتك ناصيتي بيدك ماض في حكمك عدل في قضاؤك أسألك بكل اسم هو لك سميت به نفسك أو أنزلته في كتابك أو علمته أحدا من خلقك أو استأثرت به في علم الغيب عندك أن تجعل القرآن ربيع قلبي ونور صدري وجلاء غمي وذهاب حزني وهمي حديث القول إذا أصابه هم اللهم إني عبدك وابن عبدك وابن أمتك ناصيتي بيدك الحديث أخرجه أحمد وابن حبان والحاكم من حديث ابن مسعود وقال صحيح على شرط مسلم إن سلم من إرسال عبد الرحمن عن أبيه فإنه مختلف في سماعه من أبيه قال صلى الـلـه عليه وسلم ما أصاب أحدا حزن فقال ذلك إلا أذهب الـلـه همه وأبدله مكانه فرحا فقيل له يا رسول الـلـه أفلا نتعلمها فقال صلى الـلـه عليه وسلم بلى ينبغي لمن سمعها أن يتعلمها

وإذا وجدت وجعا في جسدك أو جسد غيرك فارقه برقية رسول الـلـه صلى الـلـه عليه وسلم كان إذا اشتكى الإنسان قرحة أو جرحا وضع سبابته على الأرض ثم رفعها وقال بسم الـلـه تربة أرضنا بريقة بعضنا يشفى سقيمنا بإذن ربنا

حديث رقية رسول الـلـه صلى الـلـه عليه وسلم بسم الـلـه تربة أرضنا بريقة بعضنا يشفي سقيمنا بإذن ربنا متفق عليه من حديث عائشة

وإذا وجدت وجعا في جسدك فضع يدك على الذي يتألم من جسدك وقل بسم الـلـه ثلاثا وقل سبع مرات أعوذ بعزة الـلـه وقدرته من شر ما أجد وأحاذر حديث وضع يده على الذي يألم من جسده ويقول بسم الـلـه ثلاثا ويقول أعوذ بعزة الـلـه وقدرته من شر ما أجد وأحاذر سبع مرات أخرجه مسلم من حديث عثمان بن أبي العاص

فإذا أصابك كرب فقل لا إله إلا الـلـه العلي الحليم لا إله إلا الـلـه رب العرش العظيم لا إله إلا الـلـه رب السموات السبع ورب العرش الكريم حديث دعاء الكرب لا إله إلا الـلـه العلي الحليم الحديث متفق عليه من حديث ابن عباس

فإن أردت النوم فتوضأ أولا ثم توسد على يمينك مستقبل القبلة ثم كبر الـلـه تعالى أربعا وثلاثين وسبحه ثلاثا وثلاثين واحمده ثلاثا وثلاثين حديث التكبير عند النوم أربعا وثلاثين والتسبيح ثلاثا وثلاثين والتحميد ثلاثا وثلاثين متفق عليه من حديث علي ثم قل اللهم إني أعوذ برضاك من سخطك وبمعافاتك من عقوبتك وأعوذ بك منك اللهم إني لا أستطيع أن أبلغ ثناء عليك ولو حرصت ولكن أنت كما أثنيت على نفسك حديث القول عند إرادة النوم اللهم إني أعوذ برضاك من سخطك وبمعافاتك من عقوبتك وأعوذ بك منك اللهم لا أستطيع أن أبلغ ثناء عليك ولو حرصت ولكن أنت كما أثنيت على نفسك أخرجه النسائي في اليوم والليلة من حديث علي وفيه انقطاع اللهم باسمك أحيا وأموت حديث اللهم باسمك أحيا وأموت أخرجه البخاري من حديث حذيفة ومسلم من حديث البراء اللهم رب السموات ورب الأرض ورب كل شيء ومليكه فالق الحب والنوى ومنزل التوراة والإنجيل

والقرآن أعوذ بك من شر كل ذي شر ومن شر كل دابة أنت آخذ بناصيتها أنت الأول فليس قبلك شيء وأنت الآخر فليس بعدك شيء وأنت الظاهر فليس فوقك شيء وأنت الباطن فليس دونك شيء اقض عني الدين وأغنني من الفقر حديث اللهم رب السموات والأرض رب كل شيء ومليكه فالق الحب والنوى الحديث إلى قوله وأغننا من الفقر أخرجه مسلم من حديث أبي هريرة اللهم إنك خلقت نفسي وأنت تتوفاها لك مماتها ومحياها اللهم إن أمتها فاغفر لها وإن أحييتها فاحفظها اللهم إني أسألك العافية في الدنيا والآخرة حديث اللهم أنت خلقت نفسي وأنت تتوفاها الحديث إلى قوله اللهم إني أسألك العافية أخرجه مسلم من حديث ابن عمر باسمك ربي وضعت جنبي فاغفر لي ذنبي حديث باسمك ربي وضعت جنبي فاغفر لي ذنبي أخرجه النسائي في اليوم والليلة من حديث عبد الله بن عمرو بسند جيد وللشيخين من حديث أبي هريرة باسمك ربي وضعت جنبي وبك أرفعه إن أمسكت نفسي فاغفر لها وقال البخاري فارحمها وإن أرسلتها فاحفظها بما تحفظ به عبادك الصالحين اللهم قني عذابك يوم تجمع عبادك حديث اللهم قني عذابك يوم تجمع عبادك أخرجه الترمذي في الشمائل من حديث ابن مسعود وهو عند أبي داود من حديث حفصة بلفظ تبعث وكذا رواه الترمذي من حديث حذيفة وصححه من حديث البراء وحسنه اللهم أسلمت لك نفسي إليك ووجهت وجهي إليك وفوضت أمري إليك وألجأت ظهري إليك رغبة ورهبة إليك لا ملجأ ولا منجا منك إلا إليك آمنت بكتابك الذي أنزلت ونبيك الذي أرسلت حديث اللهم إني أسلمت نفسي إليك وفوضت أمري إليك الحديث متفق عليه من حديث البراء

ويكون هذا آخر دعائك فقد أمر رسول الله صلى الله عليه وسلم بذلك وليقل قبل ذلك اللهم أيقظني في أحب الساعات إليك واستعملني بأحب الأعمال إليك تقربني إليك زلفى وتبعدني من سخطك بعدا أسألك فتعطيني وأستغفرك فتغفر لي وأدعوك فتستجيب لي حديث اللهم أيقظني في أحب الساعات إليك واستعملني في أحب الأعمال إليك تقربني إليك زلفى وتبعدني من سخطك بعدا أسألك فتعطيني وأستغفرك فتغفر لي وأدعوك فتستجيب لي أخرجه أبو منصور الديلمي في مسند الفردوس من حديث ابن عباس اللهم ابعثنا في أحب الساعات إليك حتى نذكرك فتذكرنا ونسألك فتعطينا وندعوك فتستجيب لنا ونستغفرك فتغفر لنا وإسناده ضعيف وهو معروف من قول حبيب الطائي كما رواه ابن أبي الدنيا في الدعاء

فإذا استيقظت من نومك عند الصباح فقل الحمد لله الذي أحيانا بعدما أماتنا وإليه النشور حديث القول إذا استيقظ من منامه الحمد لله الذي أحيانا بعد ما أماتنا وإليه النشور أخرجه البخاري من حديث حذيفة ومسلم من حديث البراء أصبحنا وأصبح الملك لله والعظمة والسلطان لله والعزة والقدرة لله حديث أصبحنا وأصبح الملك لله والعظمة والسلطان لله والعزة والقدرة لله أخرجه الطبراني في الأوسط من حديث عائشة

أصبحنا وأصبح الملك والحمد والحول والقوة والقدرة والسلطان والسموات والأرض وكل شيء لله رب العالمين وله في الدعاء من حديث ابن أبي أوفى أصبحت وأصبح الملك والكبرياء والعظمة والخلق والليل والنهار وما سكن فيهما لله وإسنادهما ضعيف ولمسلم من حديث ابن مسعود أصبحنا وأصبح الملك لله أصبحنا على فطرة الإسلام وكلمة الإخلاص وعلى دين نبينا محمد صلى الـلـه عليه وسلم وملة أبينا إبراهيم حنيفا وما كان من المشركين حديث أصبحنا على فطرة الإسلام وكلمة الإخلاص ودين نبينا محمد صلى الـلـه عليه وسلم وملة أبينا إبراهيم حنيفا وما كان من المشركين أخرجه النسائي في اليوم والليلة من حديث عبد الرحمن بن أبزى بسند صحيح ورواه أحمد من حديث ابن أبزى عن أبي بن كعب مرفوعا اللهم بك أصبحنا وبك أمسينا وبك نحيا وبك نموت وإليك المصير حديث اللهم بك أصبحنا وبك أمسينا وبك نحيا وبك نموت وإليك المصير أخرجه أصحاب السنن وابن حبان وحسنه الترمذي إلا أنهم قالوا وإليك النشور ولابن السني ﴿ وإليك المصير ﴾ اللهم إني أسألك أن تبعثنا في هذا اليوم إلى كل خير ونعوذ بك أن نجترح فيه سوءا أو نجره إلى مسلم فإنك قلت ﴿ وهو الذي يتوفاكم بالليل ويعلم ما جرحتم بالنهار ثم يبعثكم فيه ليقضى أجل مسمى ﴾ حديث اللهم إنا نسألك أن تبعثنا في هذا اليوم إلى كل خير ونعوذ بك أن نجترح فيه سوءا أو نجره إلى مسلم الحديث لم أجد أوله والترمذي من حديث أبي بكر في حديث له وأعوذ بك من شر نفسي وشر الشيطان وشركه وأن نقترف على أنفسنا سوءا أو نجره إلى مسلم رواه أبو داود من حديث أبي مالك الأشعري بإسناد جيد اللهم فالق الإصباح وجاعل الليل سكنا والشمس والقمر حسبانا أسألك خير هذا اليوم وخير ما فيه وأعوذ بك من شره وشر ما فيه حديث اللهم فالق الإصباح وجاعل الليل سكنا والشمس والقمر حسبانا أسألك خير هذا اليوم وخير ما فيه وأعوذ بك من شره وشر ما فيه قلت هو مركب من حديثين فروى أبو منصور الديلمي في مسند الفردوس من حديث أبي سعيد قال كان رسول الـلـه صلى الـلـه عليه وسلم يدعو اللهم فالق الإصباح وجاعل الليل سكنا والشمس والقمر حسبانا اقض عني الدين وأغنني من الفقر وقوني على الجهاد في سبيلك وللدار قطني في الأفراد من حديث البراء نسألك خير هذا اليوم وخير ما بعده ونعوذ بك من شر هذا اليوم وشر ما بعده وأبو داود من حديث أبي مالك الأشعري اللهم إنا نسألك خير هذا اليوم فتحه ونصره ونوره وهداه وبركته وأعوذ بك من شر ما فيه وشر ما بعده وسنده جيد وللحسن بن علي المعمري في اليوم واليلة من حديث ابن مسعود اللهم إني أسألك خير ما في هذا اليوم وخير ما بعده وأعوذ بك من شر هذا اليوم وشر ما بعده والحديث عند مسلم في المساء خير ما في هذه الليلة الحديث ثم قال وإذا أصبح قال ذلك أيضا بسم الـلـه ما شاء الـلـه لا قوة إلا بالله ما شاء الـلـه

كل نعمة من الـلـه ما شاء الـلـه الخير كله بيد الـلـه ما شاء الـلـه لا يصرف السوء إلا الـلـه حديث بسم الـلـه ما شاء الـلـه لا قوة إلا بالله ما شاء الـلـه كل نعمة فمن الـلـه ما شاء الـلـه الخير كله بيد الـلـه ما شاء الـلـه لا يصرف السوء إلا الـلـه عد في الكامل من حديث ابن عباس ولا أعلمه إلا مرفوعا إلى النبي صلى الـلـه عليه وسلم قال يلتقي الخضر وإلياس عليهما الصلاة والسلام كل عام بالموسم بمنى فيحلق كل واحد منهما رأس صاحبه فيفترقان عن هذه الكلمات فذكره ولم يقل الخير كله بيد الـلـه قال موضعها لا يسوق الخير إلا الـلـه قال ابن عباس من قالهن حين يصبح وحين يمسي أمنه الـلـه من الغرق والحرق وأحسبه قال ومن الشيطان والسطان والحية والعقرب أورده في ترجمة الحسين بن رزين قال ليس بالمعروف وهو بهذا الإسناد منكر رضيت بالله ربا وبالإسلام دينا وبمحمد صلى الـلـه عليه وسلم نبيا ربنا عليك توكلنا وإليك أنبنا وإليك المصير حديث رضيت بالله ربا وبالإسلام دينا وبمحمد نبيا تقدم في الباب الأول وإذا أمسى قال ذلك إلا أنه يقول أمسينا ويقول مع ذلك أعوذ بكلمات الـلـه التامات وأسمائه كلها من شر ما ذرأ وبرأ ومن شر كل ذي شر ومن شر كل دابة أنت آخذ بناصيتها إن ربي على صراط مستقيم حديث القول عند المساء مثل الصباح إلا أنك تقول أمسينا وتقول مع ذلك أعوذ بكلمات الـلـه التامات وأسمائه كلها من شر ما ذرأ وبرأ ومن شر كل ذي شر ومن شر كل دابة أنت آخذ بناصيتها إن ربي على صراط مستقيم أخرجه أبو الشيخ في كتاب الثواب من حديث عبد الرحمن بن عوف من قال حين يصبح أعوذ بكلمات التامات الـلـه التي لا يجاوزهن بر ولا فاجر من شر ما خلق وبرأ وذرأ اعتصم من شر الثقلين الحديث وفيه وإن قالهن حين يمسي كن له كذلك حتى يصبح وفيه ابن لهيعة ولأحمد من حديث عبد الرحمن بن حسن في حديث إن جبريل قال يا محمد قل أعوذ بكلمات الـلـه التامات من شر ما خلق وذرأ وبرأ ومن شر ما ينزل من السماء الحديث وإسناده جيد ولمسلم من حديث أبي هريرة في الدعاء عند النوم أعوذ بك من شر كل دابة أنت آخذ بناصيتها وللطبراني في الدعاء من حديث أبي الدرداء أعوذ بك من شر نفسي ومن شر كل دابة الخ الحديث وقد تقدم في الباب الثاني وإذا نظر في المرآة قال الحمد لله الذي سوى خلقي فعدله وكرم صورة وجهي وحسنها وجعلني من المسلمين حديث القول إذا نظر في المرآة الحمد لله الذي سوى خلقي فعدله وكرم صورة وجهي وحسنها وجعلني من المسلمين أخرجه الطبراني في الأوسط وابن السني في اليوم والليلة من حديث أنس بسند ضعيف وإذا اشتريت خادما أو غلاما أو دابة فخذ بناصيته وقل اللهم إني أسألك خيره وخير ما جبل عليه وأعوذ بك من شره وشر ما جبل عليه حديث القول إذا اشترى خادما أو دابة اللهم إني أسألك خيره وخير ما جبل عليه وأعوذ بك من شره وشر ما جبل عليه أخرجه أبو داود وابن ماجه من حديث عمرو بن شعيب عن أبيه عن جده بسند جيد وإذا هنأت بالنكاح فقل بارك الـلـه فيك وبارك عليك وجمع بينكما في خير حديث التهنئة بالنكاح بارك الـلـه لك وبارك

عليك وجمع بينكما في خير أخرجه أبو داود والترمذي وابن ماجه من حديث أبي هريرة قال الترمذي حسن صحيح وإذا قضيت الدين فقل للمقضي له بارك الـله لك في أهلك ومالك إذ قال صلى الـله عليه وسلم وإنما جزاء السلف الحمد والأداء حديث الدعاء لصاحب الدين إذا قضى الـله دينه بارك الـله لك في أهلك ومالك إنما جزاء السلف الحمد والأداء أخرجه النسائي من حديث عبد الـله بن أبي ربيعة قال استقرض مني النبي صلى الـله عليه وسلم أربعين ألفا فجاءه مال فدفعه إلي قال فذكره وإسناده حسن

فهذه أدعية لا يستغني المريد عن حفظها وما سوى ذلك من أدعية السفر والصلاة والوضوء ذكرناها في كتاب الحج والصلاة والطهارة فإن قلت فما فائدة الدعاء والقضاء لا مرد له فاعلم أن من القضاء رد البلاء بالدعاء فالدعاء سبب

لرد البلاء واستجلاب الرحمة كما أن الترس سبب لرد السهم والماء سبب لخروج النبات من الأرض فكما أن الترس يدفع السهم فيتدافعان فكذلك الدعاء والبلاء يتعالجان وليس من شرط الاعتراف بقضاء الله تعالى أن لا يحمل السلاح وقد قال تعالى ﴿ خذوا حذركم ﴾ وأن لا يسقي الأرض بعد بث البذر فيقال إن سبق القضاء بالنبات نبت البذر وإن لم يسبق لم ينبت بل ربط الأسباب بالمسببات هو القضاء الأول الذي هو كلمح البصر أو هو أقرب وترتيب تفصيل المسببات على تفاصيل الأسباب على التدريج والتقدير هو القدر والذي قدر الخير قدره بسبب والذي قدر الشر قدر لدفعه سببا فلا تناقض بين هذه الأمور عند من انفتحت بصيرته ثم في الدعاء من الفائدة ما ذكرناه في الذكر فإنه يستدعي حضور القلب مع الله وهو منتهى العبادات ولذلك قال صلى الله عليه وسلم الدعاء مخ العبادة حديث الدعاء مخ العبادة تقدم في الباب الأول والغالب على الخلق أنه لا تنصرف قلوبهم إلى ذكر الله عز وجل إلا عند إلمام حاجة وإرهاق ملمة فإن الإنسان إذا مسه الشر فذو دعاء عريض فالحاجة تحوج إلى الدعاء والدعاء يرد القلب إلى الله عز وجل بالتضرع والاستكانة فيحصل به الذكر الذي هو أشرف العبادات ولذلك صار البلاء موكلا بالأنبياء عليهم السلام ثم الأولياء ثم الأمثل فالأمثل لأنه يرد القلب بالافتقار والتضرع إلى الله عز وجل ويمنع من نسيانه وأما الغنى فسبب للبطر في غالب الأمور فإن الإنسان ليطغى أن رآه استغنى فهذا ما أردنا أن نورده من جملة الأذكار والدعوات و الله الموفق للخير وأما بقية الدعوات في الأكل والسفر وعيادة المريض وغيرها فستأتي في مواضعها إن شاء الله تعالى وعلى الله التكلان نجز كتاب الأذكار والدعوات بكماله يتلوه إن شاء الله تعالى كتاب الأوراد والحمد لله رب العالمين وصلى الله على سيدنا محمد وعلى آله وصحبه وسلم

كتاب ترتيب الأوراد وتفصيل إحياء الليل

وهو الكتاب العاشر من إحياء علوم الدين وبه اختتام ربع العبادات نفع الله به المسلمين بسم الله الرحمن الرحيم

نحمد الله على آلائه حمدا كثيرا ونذكره ذكرا لا يغادر في القلب استكبارا ولا نفورا ونشكره إذ جعل الليل والنهار خلفه لمن أراد أن يذكر أو أراد شكورا ونصلي على نبيه الذي بعثه بالحق بشيرا ونذيرا وعلى آله الطاهرين وصحبة الأكرمين الذين اجتهدوا في عبادة الله غدوة وعشيا وبكرة وأصيلا حتى أصبح كل واحد منهم نجما في الدين هاديا وسراجا منيرا

أما بعد فإن الله تعالى جعل الأرض ذلولا لعباده إلا ليستقروا في مناكبها بل ليتخذوها منزلا فيتزودوا منها زادا يحملهم في سفرهم إلى أوطانهم ويكتنزون منها تحفا لنفوسهم عملا وفضلا محترزين من مصايدها ومعاطبها ويتحققون أن العمر يسير بهم سير السفينة براكبها فالناس في هذا العالم سفر وأول منازلهم المهد

وآخرها اللحد والوطن هو الجنة أو النار والعمر مسافة السفر فسنوه مراحله وشهوره فراسخه وأيامه أمياله وأنفاسه خطواته وطاعته بضاعته وأوقاته رءوس أمواله وشهواته وأغراضه قطاع طريقه وربحه الفوز بلقاء الله تعالى في دار السلام مع الملك

الكبير والنعيم المقيم وخسرانه البعد من الـلـه تعالى مع الأنكال والأغلال والعذاب الأليم في دركات الجحيم فالغافل في نفس من أنفاسه حتى ينقضي في غير طاعة تقربه إلى الـلـه زلفى متعرض في يوم التغابن لغبينة وحسرة ما لها منتهى ولهذا الخطر العظيم والخطب الهائل شمر الموفقون عن ساق الجد وودعوا بالكلية ملاذ النفس واغتنموا بقايا العمر ورتبوا بحسب تكرر الأوقات وظائف الأوراد حرصا على إحياء الليل والنهار في طلب القرب من الملك الجبار والسعي إلى دار القرار فصار من مهمات علم طريق الآخرة تفصيل القول في كيفية قسمة الأوراد وتوزيع العبادات التي سبق شرحها على مقادير الأوقات ويتضح هذا المهم بذكر بابين

الباب الأول في فضيلة الأوراد وترتيبها في الليل والنهار

الباب الثاني في كيفية إحياء الليل وفضيلته وما يتعلق به

الباب الأول في فضيلة الأوراد وترتيبها وأحكامها فضيلة الأوراد

وبيان أن المواظبة عليها هي الطريق إلى الـلـه تعالى

اعلم أن الناظرين بنور البصيرة علموا أنه لا نجاة إلا في لقاء الـلـه تعالى وأنه لا سبيل إلى اللقاء إلا بأن يموت العبد محبا لله تعالى وعارفا بالله سبحانه

وأن المحبة والأنس لا تحصل إلا من دوام ذكر المحبوب والمواظبة عليه وأن المعرفة به لا تحصل إلا بدوام الفكر فيه وفي صفاته وأفعاله وليس في الوجود سوى الـلـه تعالى وأفعاله ولن يتيسر دوام الذكر والفكر إلا بوداع الدنيا وشهواتها والاجتزاء منها بقدر البلغة والضرورة وكل ذلك لا يتم إلا باستغراق أوقات الليل والنهار في وظائف الأذكار والأفكار والنفس لما جبلت عليه من السآمة والملال لا تصبر على فن واحد من الأسباب المعينة على الذكر والفكر بل إذا ردت إلى نمط واحد أظهرت الملال والاستثقال وأن الـلـه تعالى لا يمل حتى تملوا فمن ضرورة اللطف بها أن تروح بالتنقل من فن إلى فن ومن نوع إلى نوع بحسب كل وقت لتغزر بالانتقال لذتها وتعظم باللذة رغبتها وتدوم بدوام الرغبة مواظبتها فلذلك تقسم الأوراد قسمة مختلفة فالذكر والفكر ينبغي أن يستغرقا جميع الأوقات أو أكثرها فإن النفس بطبعها مائلة إلى ملاذ الدنيا فإن صرف العبد شطر أوقاته إلى تدبيرات الدنيا وشهواتها المباحة مثلا والشطر الآخر إلى العبادات رجح جانب الميل إلى الدنيا لموافقتها الطبع إذ يكون الوقت متساويا فأنى يتقاومان والطبع لأحدهما مرجح إذ الظاهر والباطن يتساعدان على أمور الدنيا ويصفو في طلبها القلب ويتجرد وأما الرد إلى العبادات فمتكلف ولا يسلم إخلاص القلب فيه وحضوره إلا في بعض الأوقات فمن أراد أن يدخل الجنة بغير حساب فليستغرق أوقاته في الطاعة ومن أراد أن تترجح كفة حسناته وتثقل موازين خيراته فليستوعب في الطاعة أكثر أوقاته فإن خلط عملا

صالحا وآخر سيئا فأمره مخطر ولكن الرجاء غير منقطع والعفو من كرم الله منتظر فعسى الله تعالى أن يغفر له بجوده وكرمه فهذا ما انكشف للناظرين بنور البصيرة فإن لم تكن من أهله فانظر إلى خطاب الله تعالى لرسوله واقتبسه بنور الإيمان فقد قال الله تعالى لأقرب عباده إليه وارفعهم درجة لديه ﴿ إن لك في النهار سبحا طويلا واذكر اسم ربك وتبتل إليه تبتيلا ﴾ **وقال تعالى** ﴿ واذكر اسم ربك بكرة وأصيلا ومن الليل فاسجد له وسبحه ليلا طويلا ﴾ **وقال تعالى** ﴿ وسبح بحمد ربك قبل طلوع الشمس وقبل الغروب ومن الليل فسبحه وأدبار السجود ﴾ **وقال سبحانه** ﴿ وسبح بحمد ربك حين تقوم ومن الليل فسبحه وإدبار النجوم ﴾ **وقال تعالى** ﴿ إن ناشئة الليل هي أشد وطأ وأقوم قيلا ﴾ **وقال تعالى** ﴿ ومن آناء الليل فسبح وأطراف النهار لعلك ترضى ﴾ **وقال عز وجل** ﴿ وأقم الصلاة طرفي النهار وزلفا من الليل إن الحسنات يذهبن السيئات ﴾ ثم انظر كيف وصف الفائزين من عباده وبماذا وصفهم فقال تعالى ﴿ أم من هو قانت ﴾

﴿ آناء الليل ساجدا وقائما يحذر الآخرة ويرجو رحمة ربه قل هل يستوي الذين يعلمون والذين لا يعلمون ﴾ وقال تعالى ﴿ تتجافى جنوبهم عن المضاجع يدعون ربهم خوفا وطمعا ﴾ وقال عز وجل ﴿ والذين يبيتون لربهم سجدا وقياما ﴾ وقال عز وجل ﴿ كانوا قليلا من الليل ما يهجعون وبالأسحار هم يستغفرون ﴾ وقال عز وجل ﴿ فسبحان الله حين تمسون وحين تصبحون ﴾ وقال تعالى ﴿ ولا تطرد الذين يدعون ربهم بالغداة والعشي يريدون وجهه ﴾ فهذا كله يبين لك أن الطريق إلى تعالى مراقبة الأوقات وعمارتها بالأوراد على سبيل الدوام

ولذلك قال صلى الله عليه وسلم أحب عباد الله إلى الله الذين يراعون الشمس والقمر والأظلة لذكر الله تعالى

كتاب الأوراد وفضل إحياء الليل

الباب الأول في فضيلة الأوراد حديث أحب عباد الله إلى الله الذين يراعون الشمس والقمر والأهلة لذكر الله أخرجه الطبراني والحاكم وقال صحيح الإسناد من حديث ابن أبي أوفى بلفظ خيار عباد الله وقد قال تعالى ﴿ الشمس والقمر بحسبان ﴾ وقال تعالى ﴿ ألم تر إلى ربك كيف مد الظل ولو شاء لجعله ساكنا ثم جعلنا الشمس عليه دليلا ثم قبضناه إلينا قبضا يسيرا ﴾ وقال تعالى ﴿ والقمر قدرناه منازل ﴾ وقال تعالى ﴿ وهو الذي جعل لكم النجوم لتهتدوا بها في ظلمات البر والبحر ﴾ فلا تظنن أن المقصود من سير الشمس والقمر بحسبان منظوم مرتب ومن خلق الظل والنور والنجوم أن يستعان بها على أمور الدنيا بل لتعرف بها مقادير الأوقات فتشتغل فيها بالطاعات والتجارة للدار الآخرة يدلك عليه قوله تعالى ﴿ وهو الذي جعل الليل والنهار خلفة لمن أراد أن يذكر أو أراد شكورا ﴾ أي يخلف أحدهما الآخر ليتدارك في أحدهما ما فات في الآخر وبين أن ذلك للذكر والشكر لا غير وقال تعالى ﴿ وجعلنا الليل والنهار آيتين فمحونا آية الليل وجعلنا آية النهار مبصرة لتبتغوا فضلا من ربكم ولتعلموا عدد السنين والحساب ﴾ وإنما الفضل المبتغى هو الثواب والمغفرة ونسأل الله حسن التوفيق لما يرضيه

بيان أعداد الأوراد وترتيبها

اعلم أن أوراد النهار سبعة فما بين طلوع الصبح إلى طلوع قرص الشمس ورد وما بين طلوع الشمس إلى الزوال وردان وما بين الزوال إلى وقت العصر وردان وما بين العصر إلى المغرب وردان والليل ينقسم إلى أربعة أوراد وردان من المغرب إلى وقت نوم الناس ووردان من النصف الأخير من الليل إلى طلوع الفجر فلنذكر فضيلة كل ورد ووظيفته وما يتعلق به

فالورد الأول ما بين طلوع الصبح إلى طلوع الشمس وهو وقت شريف ويدل على شرفه وفضله إقسام الله تعالى به إذ قال ﴿ والصبح إذا تنفس ﴾ وقدحه به إذ قال ﴿ فالق الإصباح ﴾ وقال تعالى ﴿ قل أعوذ برب الفلق ﴾ وإظهاره القدرة بقبض الظل فيه إذ قال تعالى ﴿ ثم قبضناه إلينا قبضا يسيرا ﴾ وهو وقت قبض ظل الليل ببسط نور الشمس وإرشاده الناس إلى التسبيح فيه بقوله تعالى ﴿ فسبحان الله حين تمسون وحين تصبحون ﴾ وبقوله تعالى فسبح بحمد ربك قبل طلوع الشمس وقبل غروبها وقوله عز وجل ﴿ ومن آناء الليل فسبح وأطراف النهار لعلك ترضى ﴾ وقوله تعالى ﴿ واذكر اسم ربك بكرة وأصيلا ﴾

فأما ترتيبه فليأخذ من وقت انتباهه من النوم فإذا انتبه فينبغي أن يبتدىء بذكر الله تعالى فيقول الحمد لله الذي أحيانا بعد ما أماتنا وإليه النشور إلى آخر الأدعية والآيات التي ذكرناها في دعاء الاستيقاظ من كتاب الدعوات

وليلبس ثوبه وهو في الدعاء وينوي به ستر عورته امتثالا لأمر الله تعالى واستعانة به على عبادته من غير قصد رياء ولا رعونة ثم يتوجه إلى بيت الماء إن كان به حاجة إلى بيت الماء ويدخل أولا رجله اليسرى ويدعو بالأدعية التي ذكرناها فيه في كتاب الطهارة عند الدخول والخروج ثم يستاك على السنة كما سبق ويتوضأ مراعيا لجميع السنن والأدعية التي ذكرناها في الطهارة فإنا إنما قدمنا آحاد العبادات لكي نذكر في هذا الكتاب وجه التركيب والترتيب فقط فإذا فرغ من الوضوء صلى ركعتي الفجر أعني السنة في منزله حديث صلاة ركعتي الصبح في المنزل متفق عليه من حديث حفصة كذلك كان يفعل رسول الله صلى الله عليه وسلم ويقرأ بعد الركعتين سواء أداهما في البيت أو المسجد الدعاء الذي رواه ابن عباس رضي الله عنهما ويقول اللهم إني أسألك رحمة من عندك تهدي بها قلبي إلا آخر الدعاء حديث الدعاء بعد ركعتي الصبح اللهم إني أسألك رحمة من عندك الحديث تقدم ثم يخرج من البيت متوجها إلى المسجد ولا ينسى دعاء الخروج إلى المسجد لا يسعى إلى الصلاة سعيا بل يمشي وعليه السكينة والوقار حديث المشي إلى الصلاة وعليه السكينة متفق عليه من حديث أبي هريرة كما ورد به الخبر ولا يشبك بين أصابعه ويدخل المسجد ويقدم رجله اليمنى ويدعو بالدعاء المأثور لدخول المسجد حديث الدعاء المأثور لدخول المسجد تقدم في الباب الخامس من الأذكار ثم يطلب من المسجد الصف الأول إن وجد متسعا ولا يتخطى رقاب الناس ولا يزاحم كما سبق ذكره في كتاب الجمعة ثم يصلي ركعتي الفجر إن لم يكن صلاهما في البيت ويشتغل بالدعاء المذكور بعدهما وإن كان قد صلى ركعتي الفجر صلى ركعتي التحية وجلس منتظرا للجماعة والأحب التغليس بالجماعة فقد كان صلى الله عليه وسلم يغلس بالصبح حديث التغليس في الصبح متفق عليه من حديث عائشة ولا ينبغي أن يدع الجماعة في الصلاة عامة وفي الصبح والعشاء خاصة فلهما زيادة فضل

فقد روى أنس بن مالك رضي الله عنه عن رسول الله صلى الله عليه وسلم أنه قال في صلاة الصبح من توضأ ثم توجه إلى المسجد ليصلي فيه الصلاة كان له بكل خطوة حسنة ومحى عنه سيئة والحسنة بعشر أمثالها فإذا صلى ثم انصراف عند طلوع الشمس كتب له بكل شعرة في جسده حسنة وانقلب بحجة مبرورة فإن جلس حتى يركع الضحى كتب له بكل ركعة ألفا ألف حسنة ومن صلى العتمة فله مثل ذلك وانقلب بعمرة مبرورة حديث أنس في صلاة الصبح من توضأ ثم توجه إلى المسجد يصلي فيه الصلاة كان له بكل خطوة حسنة ومحى عنه سيئة والحسنة بعشر أمثالها وإذا صلى ثم انصرف عند طلوع الشمس كتب له بكل شعرة في جسده حسنة وانقلب بحجة مبرورة فإن جلس حتى يركع كتب له بكل ركعة ألفا ألف حسنة ومن صلى العتمة فله مثل ذلك وانقلب بحجة مبرورة لم أجد له أصلا بهذا السياق وفي شعب الإيمان للبيهقي من

حديث أنس بسند ضعيف ومن صلى المغرب في جماعة كان له كحجة مبرورة وعمرة متقبلة وكان من عادة السلف دخول المسجد قبل طلوع الفجر

قال رجل من التابعين دخلت المسجد قبل طلوع الفجر فلقيت أبا هريرة قد سبقني فقال لي يا ابن أخي لأي شيء خرجت من منزلك في هذه الساعة فقلت لصلاة الغداة فقال أبشر فإنا كنا نعد خروجنا وقعودنا في المسجد في هذه الساعة بمنزلة غزوة في سبيل الله تعالى حديث أبي هريرة كنا نعد خروجنا وقعودنا في المجلس في هذه الساعة بمنزلة غزوة في سبيل الله لم أقف له على أصل أو قال مع رسول الله صلى الله عليه وسلم وعن علي رضي الله عنه أن النبي صلى الله عليه وسلم طرقه وفاطمة رضي الله عنهما وهما نائمان فقال ألا تصليان قال علي فقلت يا رسول الله إنما أنفسنا بيد الله تعالى فإذا شاء أن يبعثها بعثها فانصرف صلى الله عليه وسلم فسمعته وهو منصرف يضرب فخذه ويقول وكان الإنسان أكثر شيء جدلا حديث علي أن رسول الله صلى الله عليه وسلم طرقه وفاطمة وهما نائمان فقال ألا تصليان قال علي فقلت يا رسول الله إنما أنفسنا بيد الله الحديث متفق عليه ثم ينبغي أن يشتغل بعد ركعتي الفجر ودعائه بالاستغفار والتسبيح إلى أن تقام الصلاة فيقول أستغفر الله الذي لا إله إلا هو الحي القيوم وأتوب إليه سبعين مرة

وسبحان الـلـه والحمد لله ولا إله إلا الـلـه و الـلـه أكبر مائة مرة ثم يصلي الفريضة مراعيا جميع ما ذكرناه من الآداب الباطنة والظاهرة في الصلاة والقدوة فإذا فرغ منها قعد في المسجد إلى طلوع الشمس في ذكر الـلـه تعالى كما سنرتبه فقد قال صلى الـلـه عليه وسلم لأن أقعد في مجلسي أذكر الـلـه تعالى فيه من صلاة الغداة إلى طلوع الشمس أحب إلي من أن أعتق أربع رقاب حديث لأن أقعد في مجلس أذكر الـلـه فيه من صلاة الغداة إلى طلوع الشمس أحب إلي من أن أعتق أربع رقاب أخرجه أبو داود من حديث أنس وتقدم في الباب الثالث من العلم وروي أنه صلى الـلـه عليه وسلم كان إذا صلى الغداة قعد في مصلاه حتى تطلع الشمس وفي بعضها ويصلي ركعتين حديث كان إذا صلى الغداة قعد في مصلاه حتى تطلع الشمس وفي بعضها ويصلي ركعتين أي بعد الطلوع أخرجه مسلم من حديث جابر بن سمرة دون ذكر الركعتين والترمذي من حديث أنس وحسنه من صلى الفجر في جماعة ثم قعد يذكر الـلـه تعالى حتى تطلع الشمس ثم صلى ركعتين كانت له كأجر حجة وعمرة تامة تامة تامة أي بعد الطلوع وقد ورد في فضل ذلك ما لا يحصى وروى الحسن أن رسول الـلـه صلى الـلـه عليه وسلم كان فيما يذكره من رحمة ربه يقول إنه قال يا ابن آدم اذكرني بعد صلاة الفجر ساعة وبعد صلاة العصر ساعة أكفك ما بينهما حديث الحسن أن رسول الـلـه صلى الـلـه عليه وسلم كان فيما يذكر من رحمة ربه أنه قال يا ابن آدم اذكرني من بعد صلاة الفجر ساعة وبعد صلاة العصر ساعة أكفك ما بينهما أخرجه ابن المبارك في الزهد هكذا مرسلا وإذا ظهر فضل ذلك فليقعد ولا يتكلم إلى طلوع الشمس بل ينبغي أن تكون وظيفته إلى الطلوع أربعة أنواع أدعية وأذكار ويكررها في سبحة وقراءة قرآن وتفكر

أما الأدعية فكلما يفرغ من صلاته فليبدأ وليقل اللهم صلى على محمد وعلى آل محمد وسلم اللهم أنت السلام ومنك السلام وإليك يعود السلام حينا ربنا بالسلام وأدخلنا دار السلام تباركت يا ذا الجلال والإكرام ثم يفتتح الدعاء بما كان يفتتح به رسول الـلـه صلى الـلـه عليه وسلم وهو قوله سبحان ربي العلي الأعلى الوهاب لا إله إلا الـلـه وحده لا شريك له له الملك وله الحمد يحيي ويميت وهو حي لا يموت بيده الخير وهو على كل شيء قدير لا إله إلا الـلـه أهل النعمة والفضل والثناء الحسن لا إله إلا الـلـه ولا نعبد إلا إياه مخلصين له الدين ولو كره الكافرون حديث كان يفتتح الدعاء بسبحان ربي العلي الأعلى الوهاب تقدم ثم يبدأ بالأدعية التي أوردناها في الباب الثالث والرابع من كتاب الأدعية فيدعو بجميعها إن قدر عليه أو يحفظ من جملتها ما يراه أوفق بحاله وأرق لقلبه وأخف على لسانه

وأما الأذكار المكررة فهي كلمات ورد في تكرارها فضائل لم نطول بإيرادها وأقل ما ينبغي أن يكرر كل واحد منها ثلاثا أو سبعا وأكثره مائة أو سبعون وأوسطه عشر فليكررها بقدر فراغه وسعة وقته وفضل الأكثر أكثر والأوسط الأقصد أن يكررها عشر مرات فهو أجدر بأن يدوم عليه خير الأمور ادومها وإن قل وكل وظيفة

لا يمكن المواظبة على كثيرها فقليلها مع المداومة أفضل وأشد تأثيرا في القلب مع كثيرها مع الفترة ومثال القليل الدائم كقطرات ماء تتقاطر على الأرض على التوالي فتحدث فيها حفيرة ولو وقع ذلك على الحجر ومثال الكثير المتفرق ماء يصب دفعة أو دفعات متفرقة متباعدة الأوقات فلا يبين لها أثر ظاهر وهذه الكلمات عشرة الأولى قوله لا إله إلا الـلـه وحده لا شريك له له الملك وله الحمد يحيي ويميت وهو حي لا يموت بيده الخير وهو على كل شيء قدير حديث الفضل في تكرار لا إله إلا الـلـه وحده لا شريك له له الملك وله الحمد يحيي ويميت وهو حي لا يموت بيده الخير وهو على كل شيء قدير تقدم من حديث أبي أيوب تكرارها عشرا دون قوله يحيي ويميت وهو حي لا يموت بيده الخير فإنها في اليوم والليلة للنسائي من حديث أبي ذر دون قوله وهو حي لا يموت وهي كلها عند البزار من حديث عبد الرحمن بن عوف فيما يقال عند الصباح والمساء وتقدم تكرارها مائة ومائتين وللطبراني الدعاء من حديث عبد الـلـه بن عمر وتكرارها ألف مرة وإسناد ضعيف

الثانية قوله سبحان الـلـه والحمد لله ولا إله إلا الـلـه و الـلـه أكبر ولا حول ولا قوة إلا بالله

العلي العظيم حديث الفضل في تكرار سبحان الـلـه والحمد لله ولا إله إلا الـلـه و الـلـه أكبر ولا حول ولا قوة إلا بالله أخرجه النسائي في اليوم والليلة وابن حبان والحاكم وصححه من حديث أبي سعيد الخدري استكثروا من الباقيات الصالحات فذكرها الثالثة قوله سبوح قدوس رب الملائكة والروح حديث تكرار سبوح قدوس رب الملائكة والروح لم أجد ذكرها مكررة ولكن عند مسلم من حديث عائشة أنه صلى الـلـه عليه وسلم كان يقولها في ركوعه وسجوده وقد تقدم ولأبي الشيخ في الثواب من حديث البراء أكثر من أن تقول سبحان الملك القدوس رب الملائكة والروح الرابعة قوله سبحان الـلـه العظيم وبحمده حديث تكرار سبحان الـلـه وبحمده متفق عليه من حديث أبي هريرة من قال ذلك في يوم مائة مرة حطت خطاياه وإن كانت مثل زبد البحر الخامسة قوله أستغفر الـلـه العظيم الذي لا إله إلا هو الحي القيوم وأسأله التوبة حديث تكرار أستغفر الـلـه الذي لا إله إلا هو الحي القيوم وأسأله التوبة أخرجه المستغفري في الدعوات من حديث معاذ أن من قالها بعد الفجر وبعد العصر ثلاث مرات كفرت ذنوبه وإن كانت مثل زبد البحر ولفظه وأنوب إليه وفيه ضعف وهكذا رواه الترمذي من حديث أبي سعيد في قولها ثلاثا وللبخاري من حديث أبي هريرة إني لأستغفر الـلـه وأتوب إليه في اليوم أكثر من سبعين مرة ولم يقل الطبراني أكثر ولمسلم من حديث الأعرابي لأستغفر الـلـه في كل يوم مائة مرة تقدمت هذه الأحاديث في الباب الثاني من الأذكار السادسة قوله اللهم لا مانع لما أعطيت ولا معطي لما منعت ولا ينفع ذا الجد منك الجد حديث تكرار اللهم لا مانع لما أعطيت ولا معطي لما منعت ولا ينفع ذا الجد منك الجد لم أجد تكرارها في حديث وإنما وردت مطلقة عقب الصلوات وفي الرفع من الركوع السابعة قوله لا إله إلا الـلـه الملك الحق المبين حديث تكرار لا إله إلا الـلـه الملك الحق المبين أخرجه المستغفري في الدعوات والخطيب في الرواة عن مالك من حديث علي من قالها في يوم مائة مرة كان له أمان من الفقر وأمان من وحشة القبر واستجلب به الغنى واستقرع باب الجنة وفيه الفضل بن غانم ضعيف ولأبي نعيم في الحلية من قال ذلك في كل يوم وليلة مائتى مرة لم يسأل الـلـه فيهما حاجة الا قضاها وفيه سليم الخواص وقال فيه أظنه عن علي الثامنة قوله بسم الـلـه الذي لا يضر مع اسمه شيء في الأرض ولا في السماء وهو السميع العليم حديث تكرار بسم الـلـه الذي لا يضر مع اسمه شيء في الأرض ولا في السماء وهو السميع العليم أخرجه أصحاب السنن وابن حبان والحاكم وصححه من حديث عثمان من قال ذلك ثلاث مرات حين يمسي لم يصبه فجأة بلاء حتى يصبح ومن قالها حين يصبح ثلاث مرات لم يصبه فجأة بلاء حتى يمسي قال الترمذي حسن صحيح غريب التاسعة اللهم صل على محمد عبدك ونبيك ورسولك النبي الأمي وعلى آله وصحبه وسلم حديث تكرار اللهم صل على محمد عبدك ونبيك ورسولك النبي الأمي وعلى آل محمد ذكره أبو القاسم محمد بن عبد الواحد الغافقي في فضائل القرآن من حديث ابن أبي أوفى من أراد أن يموت

في السماء الرابعة فليقل كل يوم ثلاث مرات فذكره وهو منكر قلت ورد التكرار عند الصباح والمساء من غير تعبير لهذه الصبغة رواه الطبراني من حديث أبي الدرداء بلفظ من صلى علي حين يصبح عشرا وحين يمسي عشرا أدركته شفاعتي يوم القيامة وفيه انقطاع العاشرة قوله أعوذ بالله السميع العليم من الشيطان الرجيم رب أعوذ بك من همزات الشياطين وأعوذ بك رب أن يحضرون حديث تكرار أعوذ بالله السميع العليم من الشيطان الرجيم أعوذ بالله من همزات الشياطين وأعوذ بك رب أن يحضرون أخرجه الترمذي من حديث معقل بن يسار من قال حين يصبح ثلاث مرات أعوذ بالله السميع العليم من الشيطان الرجيم وقرأ ثلاث آيات من آخر سورة الحشر وكل الله به سبعين ألف ملك الحديث ومن قالها حين يمسي كان بتلك المنزلة وقال حسن غريب ولابن أبي الدنيا من حديث أنس مثل حديث مقطوع قبله من قالها حين يصبح عشر مرات أجير من الشيطان إلى الصبح الحديث ولأبي الشيخ في الثواب من حديث عائشة ألا أعلمك يا خالد كلمات تقولها ثلاث مرات قل أعوذ بكلمات الله التامة من غضبه وعقابه وشر عباده ومن همزات الشياطين وأن يحضرون والحديث عند أبي داود والترمذي وحسنه والحاكم وصححه فيما يقال عند الفزع دون تكرارها ثلاثا من حديث عبد الله بن عمرو فهذه العشر كلمات إذا كرر كل واحدة عشر مرات حصل له مائة مرة فهو أفضل من أن يكرر ذكرا واحدا مائة مرة لأن لكل واحدة من هؤلاء الكلمات فضلا على حياله وللقلب بكل واحد نوع تنبه وتلذذ وللنفس في الانتقال من كلمة إلى كلمة نوع استراحة وأمن من الملل

فأما القراءة فيستحب له قراءة جملة من الآيات

وردت الأخبار بفضلها وهو أن يقرأ سورة الحمد حديث فضل سورة الحمد أخرجه البخاري من حديث أبي سعيد بن المعلى أنها أعظم السور في القرآن ومسلم من حديث ابن عباس في الملك الذي نزل إلى الأرض وقال للنبي صلى الله عليه وسلم أبشر بنورين أوتيتهما لم يؤتهما نبي قبلك فاتحة الكتاب وخواتم سورة البقرة لم تقرأ بحرف منها إلا أعطيته وآية الكرسي حديث فضل آية الكرسي أخرجه مسلم من حديث أبي بن كعب يا أبا المنذر أتدري أي آية من كتاب الله معك أعظم قلت الله لا إله إلا هو الحي القيوم الحديث والبخاري من حديث أبي هريرة في توكيله بحفظ تمر الصدقة ومجيء الشيطان إليه وقوله إذا آويت إلى فراشك فاقرأ آية الكرسي فإنه لن يزال عليك من الله حافظ الحديث ﴿ وفيه ﴾ فقال رسول الله صلى الله عليه وسلم أما إنه قد صدقك وهو كذوب وخاتمة البقرة حديث فضل خاتمة البقرة متفق عليه من حديث أبي مسعود من قرأ بالآيتين من آخر سورة البقرة في ليلة كفتاه وتقدم حديث ابن عباس قبله بحديث من قوله آمن الرسول وشهد الله حديث فضل شهد الله أخرجه أبو الشيخ وابن حبان في كتاب الثواب من حديث ابن مسعود من قرأ شهد الله إلى قوله الإسلام ثم قال وأنا أشهد بما شهد الله به وأستودع الله هذه الشهادة وهي لي عنده وديعة جيء به يوم القيامة فقيل له عبدي هذا عهد إلي عهدا وأنا أحق من وفى بالعهد أدخلوا عبدي الجنة وفيه عمر بن المختار روى الأباطيل قاله ابن عدي وسيأتي حديث علي بعده وقل اللهم مالك الملك الآيتين حديث فضل قل اللهم مالك الملك الآيتين أخرجه المستغفري في الدعوات من حديث علي أن فاتحة الكتاب وآية الكرسي والآيتين من آل عمران شهد الله إلى قوله الإسلام وقل اللهم مالك الملك إلى قوله بغير حساب معلقات ما بينهن وبين الله حجاب الحديث وفيه فقال الله لا يقرأ كل أحد من عبادي دبر كل صلاة إلا جعلت الجنة مثواه الحديث وفيه الحارث بن عمير وفي ترجمته ذكره ابن حبان في الضعفاء وقال موضوع لا أصل له والحارث يروي عن الأثبات الموضوعات قلت وثقه حماد بن زيد وابن معين وأبو زرعة وأبو حاتم والنسائي وروى له البخاري تعليقا وقوله تعالى ﴿ لقد جاءكم رسول من أنفسكم ﴾ إلى آخرها حديث فضل ﴿ لقد جاءكم رسول من أنفسكم ﴾ إلى آخرها أخرجه الطبراني في الدعاء من حديث أنس بسند ضعيف علمني رسول الله صلى الله عليه وسلم ما أحترز به من كل شيطان رجيم ومن كل جبار عنيد فذكر حديثا وفي آخره فقل حسبي الله إلى آخر السورة وذكر أبو القاسم الغافقي في فضائل القرآن في رغائب القرآن لعبد الملك بن حبيب من رواية محمد بن بكار أن رسول الله صلى الله عليه وسلم قال من لزم قراءة لقد جاءكم رسول من أنفسكم إلى آخر السورة لم يمت هدما ولا غرقا ولا حرقا ولا ضربا بحديدة وهو ضعيف وقوله تعالى ﴿ لقد صدق الله رسوله الرؤيا بالحق ﴾ إلى آخرها حديث فضل ﴿ لقد صدق الله رسوله الرؤيا بالحق ﴾ لم أجد فيه حديثا يخصها لكن في فضل سورة الفتح ما رواه أبو الشيخ في كتاب من حديث أبي بن كعب من قرأ سورة الفتح فكأنما شهد فتح مكة

مع النبي صلى الـلـه عليه وسلم وهو حديث موضوع وقوله سبحانه الحمد لله الذي لم يتخذ ولدا حديث فضل ﴿ الحمد لله الذي لم يتخذ ولدا ﴾ الآية أخرجه أحمد والطبراني من حديث معاذ بن أنس آية العز الحمد لله الذي لم يتخذ ولدا الآية كلها وإسناده ضعيف الآية وخمس آيات من أول الحديد حديث فضل خمس آيات من أول الحديد ذكر أبو القاسم الغافقي في فضائل القرآن من حديث علي إذا أردت أن تسأل الـلـه حاجة فاقرأ خمس آيات من أول سورة الحديد إلى قوله عليم بذات الصدور ومن آخر سورة الحشر من قوله لو أنزلنا هذا القرآن على جبل إلى آخر السورة ثم تقول يا من هو كذا افعل بي كذا وتدعو بما تريد وثلاثا من آخر سورة الحشر حديث فضل ثلاث آيات من آخر سورة الحشر أخرجه الترمذي من حديث معقل بن يسار وقد تقدم قبل هذا وللبيهقي في الشعب من حديث أبي أمامة بسند ضعيف من قرأ خواتيم سورة الحشر في ليل أو نهار فمات من يومه أو ليلته فقد أوجب الـلـه له الجنة وإن قرأ المسبعات العشر التي أهداها الخضر عليه السلام إلى إبراهيم التيمي رحمه الـلـه ووصاه أن يقولها غدوة وعشية فقد استكمل الفضل وجمع له ذلك فضيلة جملة الأدعية المذكورة

فقد روي عن كرز بن وبرة رحمه الـلـه وكان من الأبدال قال أتاني أخ لي من أهل الشام فأهدى لي هدية وقال يا كرز اقبل مني هذه الهدية فإنها نعمت الهدية فقلت يا أخي ومن أهدى لك هذه الهدية قال أعطانيها إبراهيم التيمي قلت أفلم تسأل إبراهيم من أعطاه إياها قال كنت جالسا في فناء الكعبة وأنا في التهليل والتسبيح والتحميد والتمجيد فجاءني رجل فسلم علي وجلس عن يميني فلم أر في زماني أحسن منه وجها ولا أحسن منه ثيابا ولا أشد بياضا ولا أطيب ريحا منه فقلت يا عبد الـلـه من أنت ومن أين جئت فقال أنا الخضر فقلت في أي شيء جئتني فقال جئتك للسلام عليك وحبا لك في الـلـه وعندي هدية أريد أن أهديها لك فقلت ما هي قال أن تقول

قبل طلوع الشمس وقبل انبساطها على الأرض وقبل الغروب سورة الحمد وقل أعوذ برب الناس وقل أعوذ برب الفلق وقل هو الله أحد وقل يا أيها الكافرون وآية الكرسي كل واحدة سبع مرات وتقول سبحان الله والحمد لله ولا إله إلا الله و الله أكبر سبعا وتصلي على النبي صلى الله عليه وسلم وسلم سبعا وتستغفر لنفسك ولوالديك وللمؤمنين وللمؤمنات سبعا وتقول اللهم افعل بي وبهم عاجلا وآجلا في الدين والدنيا والآخرة ما أنت له أهل ولا تفعل بنا يا مولانا ما نحن له أهل إنك غفور حليم جواد كريم رءوف رحيم سبع مرات وانظر أن لا تدع ذلك غدوة وعشية فقلت أحب أن تخبرني من أعطاك هذه العطية العظيمة فقال أعطانيها محمد صلى الله عليه وسلم حديث كرز بن وبرة من أهل الشام عن إبراهيم التيمي أن الخضر علمه المسبعات العشرة وقال في آخرها أعطانيها محمد صلى الله عليه وسلم ليس له أصل ولم يصح في حديث قط اجتماع الخضر بالنبي صلى الله عليه وسلم ولا عدم اجتماعه ولا حياته ولا موته فقلت أخبرني بثواب ذلك فقال إذا لقيت محمدا صلى الله عليه وسلم فاسأله عن ثوابه فإنه يخبرك بذلك فذكر إبراهيم التيمي أنه رأى ذات يوم في منامه كأن الملائكة جاءته فاحتملته حتى أدخلوه الجنة فرأى ما فيها ووصف أمورا عظيمة مما رآه في الجنة قال فسألت الملائكة فقلت لمن هذا فقالوا للذي يعمل مثل عملك وذكر أنه أكل من ثمرها وسقوه من شرابها قال قال فأتاني النبي صلى الله عليه وسلم ومعه سبعون نبيا وسبعون صفا من الملائكة كل صف مثل ما بين المشرق والمغرب فسلم علي وأخذ بيدي فقلت يا رسول الله الخضر أخبرني أنه سمع منك هذا الحديث فقال صدق الخضر صدق الخضر وكل ما يحكيه فهو حق وهو عالم أهل الأرض وهو رئيس الأبدال وهو من جنود الله تعالى في الأرض فقلت يا رسول الله فمن فعل هذا أو عمله ولم ير مثل الذي رأيت في منامي هل يعطى شيئا مما أعطيته فقال والذي بعثني بالحق نبيا إنه ليعطى العامل بهذا وإن لم يرني ولم ير الجنة إنه ليغفر له جميع الكبائر التي عملها ويرفع الله تعالى عنه غضبه ومقته ويأمر صاحب الشمال أن لا يكتب عليه خطيئة من السيئات إلى سنة والذي بعثني بالحق نبيا ما يعمل بهذا إلا من خلقه الله سعيدا ولا يتركه إلا من خلقه الله شقيا وكان إبراهيم التيمي يمكث أربعة أشهر لم يطعم ولم يشرب فلعله كان بعد هذه الرؤيا فهذه وظيفة القراءة فإن أضاف إليها شيئا مما انتهى إليه ورده من القرآن أو اقتصر عليه فهو حسن فإن القرآن جامع لفضل الذكر والفكر والدعاء مهما كان بتدبر كما ذكرنا فضله وآدابه في باب التلاوة وأما الأفكار فليكن ذلك إحدى وظائفه وسيأتي تفصيل ما يتفكر فيه وكيفيته في كتاب التفكر من ربع المنجيات ولكن مجامعه ترجع إلى فنين أحدهما أن يتفكر فيما ينفعه من المعاملة بأن يحاسب نفسه فيما سبق من تقصيره ويرتب وظائفه في يومه الذي بين يديه ويدبر في دفع الصوارف والعوائق الشاغلة له عن الخير ويتذكر تقصيره وما يتطرق إليه الخلل من أعماله ليصلحه ويحضر في قلبه النيات الصالحة من أعماله في نفسه وفي معاملته للمسلمين والفن الثاني فيما ينفعه في علم المكاشفة وذلك بأن يتفكر مرة في نعم الله تعالى

وتواتر آلاته الظاهرة والباطنة لتزيد معرفته بها ويكثر شكره عليها أو في عقوباته ونقماته لتزيد معرفته بقدرة الإله واستغنائه ويزيد خوفه منها ولكل واحد من هذه الأمور شعب كثيرة يتسع التفكر فيها على بعض الخلق دون البعض وإنما نستقضي ذلك في كتاب التفكر ومهما تيسر الفكر فهو أشرف العبادات إذ فيه معنى الذكر لله تعالى وزيادة أمرين أحدهما زيادة المعرفة إذ الفكر مفتاح المعرفة والكشف والثاني زيادة المحبة إذ لا يحب القلب إلا من اعتقد تعظيمه ولا تنكشف عظمة الله سبحانه وجلاله إلا بمعرفة صفاته ومعرفة قدرته وعجائب أفعاله فيحصل من الفكر المعرفة ومن المعرفة التعظيم ومن التعظيم المحبة والذكر أيضا يورث الأنس وهو نوع من المحبة ولكن المحبة التي سببها المعرفة

أقوى وأثبت وأعظم ونسبة محبة العارف إلى أنس الذاكر من غير تمام الاستبصار كنسبة عشق من شاهد جمال شخص بالعين واطلع على حسن أخلاقه وأفعاله وفضائله وخصاله الحميدة بالتجربة إلى أنس من كرر على سمعه وصف شخص غائب عن عينه بالحسن في الخلق والخلق مطلقا من غير تفصيل وجوه الحسن فيهما فليس محبته له كمحبة المشاهد وليس الخبر كالمعاينة فالعباد المواظبون على ذكر الله بالقلب واللسان الذين يصدقون بما جاءت به الرسل بالإيمان التقليدي ليس معهم من محاسن صفات الله تعالى إلا أمور جميلة اعتقدوها بتصديق عن وصفها لهم والعارفون هم الذين شاهدوا ذلك الجلال والجمال بعين البصيرة الباطنة التي هي أقوى من البصر الظاهر لأن أحدا لم يحط بكنه جلاله وجماله فإن ذلك غير مقدور لأحد من الخلق ولكن كل واحد شاهد بقدر ما رفع له من الحجاب ولا نهاية لجمال حضرة الربوبية ولا لحجبها وإنما عدد حجبها التي استحقت أن تسمى نورا وكاد يظن الواصل إليها أنه قد تم وصوله إلى الأصل سبعون حجابا

قال صلى الله عليه وسلم إن لله سبعين حجابا من نور لو كشفها لأحرقت سبحات وجهه كل ما أدرك بصره حديث إن لله سبعين حجابا من نور الحديث تقدم في قواعد العقائد وتلك الحجب أيضا مترتبة وتلك الأنوار متفاوتة في الرتب تفاوت الشمس والقمر والكواكب ويبدو في الأول أصغرها ثم ما يليه وعليه أول بعض الصوفية درجات ما كان يظهر لإبراهيم الخليل صلى الله عليه وسلم في ترقيه وقال ﴿ فلما جن عليه الليل ﴾ أي أظلم عليه الأمر ﴿ رأى كوكبا ﴾ أي وصل إلى حجاب من حجب النور فعبر عنه بالكوكب وما أريد به هذه الأجسام المضيئة فإن آحاد العوام لا يخفى عليهم أن الربوبية لا تليق بالأجسام بل يدركون ذلك بأوائل نظرهم فما لا يضلل العوام لا يضلل الخليل عليه السلام والحجب المسماة أنوارا ما أريد بها الضوء المحسوس بالبصر بل أريد بها ما أريد بقوله تعالى الله نور السموات والأرض مثل نوره كمشكاة فيها مصباح الآية ولنتجاوز هذه المعاني فإنها خارجة عن علم المعاملة ولا يوصل إلى حقائقها إلا الكشف التابع للفكر الصافي وقل من ينفتح له بابه والمتيسر على جماهير الخلائق الفكر فيما يفيد في علم المعاملة وذلك أيضا مما تغزر فائدته ويعظم نفعه فهذه الوظائف الأربعة أعني الدعاء والذكر والقراءة والفكر ينبغي أن تكون وظيفة المريد بعد صلاة الصبح بل في كل ورد بعد الفراغ من وظيفة الصلاة فليس بعد الصلاة وظيفة سوى هذه الأربع ويقوى على ذلك بأن يأخذ سلاحه ومجنته والصوم هو الجنة التي تضيق مجاري الشيطان المعادي الصارف له على سبيل الرشاد وليس بعد طلوع الصبح صلاة سوى ركعتي الفجر وفرض الصبح إلى طلوع الشمس وكان رسول الله صلى الله عليه وسلم وأصحابه رضى الله عنهم يشتغلون في هذا الوقت بالأذكار حديث اشتغاله بالأذكار من الصبح إلى طلوع الشمس تقدم حديث جابر بن سمرة عند مسلم في جلوسه صلى الله عليه وسلم إذا صلى الفجر في مجلسه حتى تطلع الشمس وليس فيه

ذكر اشتغاله بالذكر وإنما هو من قوله عما تقدم من حديث أنس وهو الأولى إلى أن يغلبه النوم قبل الفرض ولم يندفع إلا بالصلاة فلو صلى لذلك فلا بأس به

الورد الثاني ما بين طلوع الشمس إلى ضحوة النهار وأعني بالضحوة منتصف ما بين طلوع الشمس إلى الزوال وذلك بمضي ثلاث ساعات من النهار إذا فرض النهار اثنتي عشرة ساعة وهو الربع وفي هذا الربع من النهار وظيفتان زائدتان إحداهما صلاة الضحى وقد ذكرناها في كتاب الصلاة وأن الأولى أن يصلي ركعتين عند الإشراق وذلك إذا انبسطت الشمس وارتفعت قدر نصف رمح ويصلي أربعا أو ستا أو ثمانيا إذا رمضت الفصال وضحيت الأقدام بحر الشمس فوقت الركعتين هو الذي أراد الله تعالى بقوله ﴿ يسبحن بالعشي والإشراق ﴾ فإنه وقت إشراق الشمس وهو ظهور تمام نورها بارتفاعها عن موازات البخارات والغبارات التي على وجه الأرض

فإنها تمنع إشرافها التام ووقت الركعات الأربع هو الضحى الأعلى الذي أقسم الله تعالى به فقال ﴿ والضحى والليل إذا سجى ﴾ وخرج رسول الله صلى الله عليه وسلم على أصحابه وهم يصلون عند الإشراق فنادى بأعلى صوته ألا إن صلاة الأوابين إذا رمضت الفصال حديث خرج على أصحابه وهم يصلون عند الإشراق فنادى بأعلى صوته إلا إن صلاة الأوابين إذا رمضت الفصال أخرجه الطبراني من حديث زيد بن أرقم دون قوله فنادى بأعلى صوته وهو عند مسلم دون ذكر الإشراق فلذلك نقول إذا كان يقتصر على مرة واحدة في الصلاة فهذا الوقت أفضل لصلاة الضحى وإن كان أصل الفضل يحصل بالصلاة بين طرفي وقتي الكراهة وهو ما بين ارتفاع الشمس بطلوع نصف رمح بالتقريب إلى ما قبل الزوال في ساعة الاستواء واسم الضحى ينطلق على الكل وكأن ركعتي الإشراق تقع في مبتدأ وقت الإذن في الصلاة وانقضاء الكراهة إذ قال صلى الله عليه وسلم إن الشمس تطلع ومعها قرن الشيطان فإذا ارتفعت فارقها حديث إن الشمس تطلع ومعها قرن الشيطان فإذا ارتفعت فارقها تقدم في الصلاة فأقل ارتفاعها أن ترتفع عن بخارات الأرض وغبارها وهذا يراعى بالتقريب

الوظيفة الثانية في هذا الوقت الخيرات المتعلقة بالناس التي جرت بها العادات بكرة من عيادة مريض وتشييع جنازة ومعاونة على بر وتقوى وحضور مجلس علم وما يجري مجراه من قضاء حاجة لمسلم وغيرها فإن لم يكن شيء من ذلك عاد إلى الوظائف الأربع التي قدمناها من الأدعية والذكر والقراءة والفكر والصلوات المتطوع بها إن شاء فإنها مكروهة بعد صلاة الصبح وليست مكروهة الآن فتصير الصلاة قسما خامسا من جملة وظائف هذا الوقت لمن أراده أما بعد فريضه الصبح فتكره كل صلاة لا سبب لها وبعد الصبح الأحب أن يقتصر على ركعتي الفجر وتحية المسجد ولا يشتغل بالصلاة بل بالأذكار والقراءة والدعاء والفكر

الورد الثالث من ضحوة النهار إلى الزوال ونعني بالضحوة المنتصف وما قبله بقليل وإن كان بعد كل ثلاث ساعات أمر بصلاة فإذا انقضى ثلاث ساعات بعد الطلوع فعندها وقبل مضيها صلاة الضحى فإذا مضت ثلاث ساعات أخرى فالظهر فإذا مضت ثلاث ساعات أخرى فالعصر فإذا مضت ثلاث أخرى فالمغرب ومنزلة الضحى بين الزوال والطلوع كمنزلة العصر بين الزوال والغروب إلا أن الضحى لم تفرض لأنه وقت انكباب الناس على أشغالهم فخفف عنهم الوظيفة الرابعة في هذا الوقت الأقسام الأربعة وزيد أمران أحدهما الاشتغال بالكسب وتدبير المعيشة وحضور السوق فإن كان تاجرا فينبغي أن يتجر بصدق وأمانة وإن كان صاحب صناعة فبنصح وشفقة ولا ينسى ذكر الله تعالى في جميع أشغاله ويقتصر من الكسب على قدر حاجته ليومه مهما قدر على أن يكتسب في كل يوم لقوته فإذا حصل كفاية يومه فليرجع إلى بيت ربه وليتزود لآخرته فإن الحاجة إلى زاد الآخرة أشد والتمتع به أدوم فاشتغاله بكسبه أهم من طلب الزيادة على حاجة الوقت فقد قيل لا يوجد المؤمن إلا في ثلاث مواطن مسجد يعمره أو بيت يستره أو حاجة لا بد له

منها وقل من يعرف القدر فيما لا بد منه بل أكثر الناس يقدرون فيما عنه بد أنه لا بد لهم منه وذلك لأن الشيطان يعدهم الفقر ويأمرهم بالفحشاء فيصغون إليه ويجمعون ما لا يأكلون خيفة الفقر و اللـه يعدهم مغفرة منه وفضلا فيعرضون عنه ولا يرغبون فيه الأمر الثاني القيلولة وهي سنة يستعان بها على قيام الليل كما أن التسحر سنة يستعان به على صيام النهار فإن كان لا يقوم بالليل لكن لو لم ينم لم يشتغل بخير وربما خالط أهل الغفلة وتحدث معهم فالنوم أحب له إذا كان لا ينبعث نشاطه للرجوع إلى الأذكار والوظائف المذكورة إذ في النوم الصمت والسلامة وقد قال بعضهم يأتي على الناس زمان الصمت والنوم فيه أفضل أعمالهم وكم من عابد أحسن أحواله النوم وذلك إذا كان يرائي بعبادته ولا يخلص فيها فكيف بالغافل

الفاسق قال سفيان الثوري رحمه الله كان يعجبهم إذا تفرغوا أن يناموا طلبا للسلامة فإذا كان نومه على قصد طلب السلامة ونية قيام الليل كان نومه قربة ولكن ينبغي أن يتنبه قبل الزوال بقدر الاستعداد للصلاة بالوضوء وحضور المسجد قبل دخول وقت الصلاة فإن ذلك من فضائل الأعمال وإن لم ينم ولم يشتغل بالكسب واشتغل بالصلاة والذكر فهو أفضل أعمال النهار لأنه وقت غفلة الناس عن الله عز وجل واشتغالهم بهموم الدنيا فالقلب المتفرغ لخدمة ربه عند إعراض العبيد عن بابه جدير بأن يزكيه الله تعالى ويصطفيه لقربه ومعرفته وفضل ذلك كفضل إحياء الليل فإن الليل وقت الغفلة بالنوم وهذا وقت الغفلة باتباع الهوى والاشتغال بهموم الدنيا وأحد معنى قوله تعالى ﴿ وهو الذي جعل الليل والنهار خلفة لمن أراد أن يذكر ﴾ أي يخلف أحدهما الآخر في الفضل والثاني أنه يخلفه فيتدارك فيه ما فات في أحدهما

الورد الرابع ما بين الزوال إلى الفراغ من صلاة الظهر وراتبته وهذا أقصر أوراد النهار وأفضلها فإذا كان قد توضأ قبل الزوال وحضر المسجد فمهما زالت الشمس وابتدأ المؤذن الأذان فليصبر إلى الفراغ من جواب أذانه ثم ليقم إلى إحياء ما بين الأذان والإقامة فهو وقت الإظهار الذي أراده الله تعالى بقوله ﴿ وحين تظهرون ﴾ وليصل في هذا الوقت أربع ركعات لا يفصل بينهن بتسليمة واحدة حديث صلاة أربع بعد الزوال بتسليمة واحدة وفيه أنها فيها تفتح أبواب السماء وأنها ساعة يستجاب فيها الدعاء فأحب أن يرفع لي فيها عمل صالح أخرجه أبو داود وابن ماجه من حديث أبي أيوب وقد تقدم في الصلاة في الباب السادس وهذه الصلاة وحدها من بين سائر صلوات النهار نقل بعض العلماء أنه يصليها بتسليمة واحدة ولكن طعن في تلك الرواية ومذهب الشافعي رضي الله عنه أنه يصلي مثنى مثنى كسائر النوافل ويفصل بتسليمة حديث صلاة الليل والنهار مثنى مثنى أخرجه أبو داود وابن حبان من حديث ابن عمر وهو الذي صحت به الأخبار وليطول هذه الركعات إذ فيها تفتح أبواب السماء كما أوردنا الخبر فيه في باب صلاة التطوع وليقرأ فيها سورة البقرة أو سورة من المئين أو أربعا من المثاني فهذه ساعات يستجاب فيها الدعاء وأحب رسول الله صلى الله عليه وسلم أن يرتفع له فيها عمل ثم يصلي الظهر بجماعة بعد أربع ركعات طويلة كما سبق أو قصيرة لا ينبغي أن يدعها ثم ليصل بعد الظهر ركعتين ثم أربعا فقد كره ابن مسعود أن تتبع الفريضة بمثلها من غير فاصل ويستحب أن يقرأ في هذه النافلة آية الكرسي وآخر سورة البقرة والآيات التي أوردناها في الورد الأول ليكون ذلك جامعا له بين الدعاء والذكر والقراءة والصلاة والتحميد والتسبيح مع شرف الوقت

الورد الخامس ما بعد ذلك إلى العصر ويستحب فيه العكوف في المسجد مشتغلا بالذكر والصلاة أو فنون الخير ويكون في انتظار الصلاة معتكفا فمن فضائل الأعمال انتظار الصلاة بعد الصلاة وكان ذلك سنة السلف كان الداخل يدخل المسجد بين الظهر والعصر فيسمع للمصلين دويا كدوى النحل من التلاوة فإن كان بيته

أسلم لدينه وأجمع لهمه فالبيت أفضل في حقه فإحياء هذا الورد وهو أيضا وقت غفله الناس كإحياء الورد الثالث في الفضل وفي هذا الوقت يكره النوم لمن نام قبل الزوال إذ يكره نومتان بالنهار قال بعض العلماء ثلاث يمقت الـلـه عليها الضحك بغير عجب والأكل من غير جوع والنوم بالنهار من غير سهر بالليل والحد في النوم أن الليل والنهار أربع وعشرون ساعة فالاعتدال في نومه ثمان ساعات في الليل والنهار جميعا فإن نام هذا القدر بالليل فلا معنى للنوم بالنهار وإن نقص منه مقدارا استوفاه بالنهار فحسب ابن آدم إن عاش ستين سنة أن ينقص من عمره عشرون سنة ومهما نام ثمان ساعات وهو الثلث فقد نقص من عمره الثلث ولكن لما كان النوم غذاء الروح كما أن الطعام غذاء الأبدان

وكما أن العلم والذكر غذاء القلب لم يمكن قطعه عنه وقدر الاعتدال هذا والنقصان منه ربما يفضي إلى اضطراب البدن إلا من يتعود السهر تدريجا فقد يمرن نفسه عليه من غير اضطراب وهذا الورد من أطول الأوراد وأمتعها للعباد وهو أحد والآصال التي ذكرها الـلـه تعالى إذ قال ولله يسجد من في السموات والأرض طوعا وكرها وظلالهم بالغدو والآصال وإذا سجد لله عز وجل الجمادات فكيف يجوز أن يغفل العبد العاقل عن أنواع العبادات

الورد السادس إذا دخل وقت العصر دخل وقت الورد السادس وهو الذي أقسم الـلـه تعالى به فقال تعالى ﴿ والعصر ﴾ هذا أحد معنيي الآية وهو المراد بالآصال في أحد التفسيرين وهو العشي المذكور في قوله ﴿ وعشيا ﴾ وفي قوله ﴿ بالعشي والإشراق ﴾ وليس في هذا الورد صلاة إلا أربع ركعات بين الأذان والإقامة كما سبق في الظهر ثم يصلي الفرض ويشتغل بالأقسام الأربعة المذكورة في الورد الأول إلى أن ترتفع الشمس إلى رءوس الحيطان وتصفر والأفضل فيه إذ منع عن الصلاة تلاوة القرآن بتدبر وتفهم إذ يجمع ذلك بين الذكر والدعاء والفكر فيندرج في هذا القسم أكثر مقاصد الأقسام الثلاثة

الورد السابع إذا اصفرت الشمس بأن تقرب من الأرض بحيث يغطى نورها العبارات والبخارات التي على وجه الأرض ويرى صفرة في ضوئها دخل وقت هذا الورد وهو مثل الورد الأول من طلوع الفجر إلى طلوع الشمس لأنه قبل الغروب كما أن ذلك قبل الطلوع وهو المراد بقوله تعالى ﴿ فسبحان الـلـه حين تمسون وحين تصبحون ﴾ وهذا هو الطرف الثاني المراد بقوله تعالى ﴿ فسبح وأطراف النهار ﴾ قال الحسن كانوا أشد تعظيما للعشى منهم لأول النهار وقال بعض السلف كانوا يجعلون أول النهار للدنيا وآخره للآخرة فيستحب في هذا الوقت التسبيح والاستغفار خاصة وسائر ما ذكرناه في الورد الأول مثل أن يقول أستغفر الـلـه الذي لا إله إلا هو الحي القيوم وأسأله التوبة وسبحان الـلـه العظيم وبحمده مأخوذ من قوله تعالى ﴿ واستغفر لذنبك وسبح بحمد ربك بالعشي والإبكار ﴾ والاستغفار على الأسماء التي في القرآن أحب كقوله استغفر الـلـه إنه كان غفارا أستغفر الـلـه إنه كان توابا رب اغفر وارحم وأنت خير الراحمين فاغفر لنا وارحمنا وأنت خير الراحمين فاغفر لنا وارحمنا وأنت خير الغافرين ويستحب أن يقرأ قبل غروب الشمس والشمس وضحاها والليل إذا يغشى والمعوذتين ولتغرب الشمس عليه وهو في الاستغفار فإذا سمع الأذان قال اللهم هذا إقبال ليلك وإدبار نهارك وأصوات دعاتك كما سبق ثم يجيب المؤذن ويشتغل بصلاة المغرب وبالغروب قد انتهت أوراد النهار فينبغي أن يلاحظ العبد أحواله ويحاسب نفسه فقد انقضى من طريقه مرحلة فان ساوى يومه أمسه فيكون مغبونا وإن كان شرا منه فيكون معلونا فقد قال صلى الـلـه عليه وسلم لا بورك لي في يوم لا أزداد فيه خيرا حديث لا بورك لي في يوم لا أزداد فيه خيرا تقدم في العلم في الباب الأول إلا أنه قال علما بدل خيرا فإن

رأى نفسه متوفرا على الخير جميع نهاره مترفها عن التجشم كانت بشارة فليشكر الله تعالى على توفيقه وتسديده إياه لطريقه وإن تكن الأخرى فالليل خلفه النهار فليعزم على تلافي ما سبق من تفريطه فإن الحسنات يذهبن السيئات وليشكر الله تعالى على صحة جسمه وبقاء بقية من عمره طول ليله ليشتغل بتدارك تقصيره وليحضر في قلبه أن نهار العمر له آخر تغرب فيه شمس الحياة فلا يكون لها بعدها طلوع وعند ذلك يغلق باب التدارك والاعتذار فليس العمر إلا أياما معدودة تنقضي لا محالة جملتها بانقضاء آحادها

بيان أوراد الليل وهي خمسة
الأول إذا غربت الشمس صلى المغرب واشتغل بإحياء ما بين العشاءين فآخر هذا الورد عند غيبوبة الشفق أعنى الحمرة التي بغيبوبتها يدخل وقت العتمة وقد أقسم الله تعالى به فقال ﴿ فلا أقسم بالشفق ﴾ والصلاة فيه هي ناشئة الليل لأنه أول نشوء ساعاته وهو آن من الآناء المذكورة في قوله تعالى ﴿ ومن آناء الليل فسبح ﴾ وهي صلاة الأوابين وهي المراد بقوله تعالى ﴿ تتجافى جنوبهم عن المضاجع ﴾ روى ذلك عن الحسن وأسنده ابن أبي زياد إلى رسول الله صلى الله عليه وسلم أنه سئل عن هذه الآية فقال صلى الله عليه وسلم الصلاة بين العشاءين ثم قال صلى الله عليه وسلم عليكم بالصلاة بين العشاءين فإنها تذهب بملاغات النهار وتهذب آخره حديث سئل عن قوله تعالى تتجافى جنوبهم عن المضاجع ﴿ فقال ﴾ الصلاة بين العشاءين ﴿ ثم قال ﴾ عليكم بالصلاة بين العشاءين فإنها تذهب بملاغات النهار وتهذب آخره قال المصنف أسنده ابن أبي الزناد إلى رسول الله صلى الله عليه وسلم قلت إنما هو إسماعيل بن أبي زياد بالياء المثناة من تحت رواه أبو منصور الديلمي في مسند الفردوس من رواية إسماعيل بن أبي زياد الشامي عن الأعمش حدثنا أبو العلاء العنبري عن سلمان قال قال رسول الله صلى الله عليه وسلم عليكم بالصلاة بين العشاءين فإنها تذهب بملاغات أول النهار ومهذبة آخره وإسماعيل هذا متروك يضع الحديث قاله الدارقطني واسم أبي زياد مسلم وقد اختلف فيه على الأعمش ولابن مردويه من حديث أنس أنها نزلت في الصلاة بين المغرب والعشاء والحديث عند الترمذي وحسنه بلفظ نزلت في انتظار الصلاة التي تدعى العتمة والملاغات جمع ملغاة من اللغو وسئل أنس رحمه الله عمن ينام بين العشاءين فقال لا تفعل فإنها الساعة المعنية بقوله تعالى ﴿ تتجافى جنوبهم عن المضاجع ﴾ وسيأتي فضل إحياء ما بين العشاءين في الباب الثاني وترتيب هذا الورد أن يصلى بعد المغرب ركعتين أولا يقرأ فيهما قل يا أيها الكافرون وقل هو الله أحد ويصليهما عقيب المغرب من غير تخلل كلام ولا شغل ثم يصلي أربعا يطيلها ثم يصلى إلى غيبوبة الشفق ما تيسر له وإن كان المسجد قريبا من المنزل فلا بأس أن يصليها في بيته إن لم يكن عزمه العكوف في المسجد وإن عزم على العكوف في انتظار العتمة فهو الأفضل إذا كان آمنا من التصنع والرياء

والورد الثاني يدخل بدخول وقت العشاء الآخرة إلى حد نومة الناس وهو أول استحكام الظلام وقد أقسم الله تعالى به إذ قال ﴿ والليل وما وسق ﴾ أي وما جمع من ظلمته وقال ﴿ إلى غسق الليل ﴾ فهناك يغسق الليل وتستوسق ظلمته وترتيب هذا الورد بمراعاة ثلاثة أمور الأول أن يصلي سوى فرض العشاء عشر ركعات أربعا قبل الفرض إحياء لما بين الأذانين وستا بعد الفرض ركعتين ثم أربعا ويقرأ فيها من القرآن الآيات المخصوصة كآخر البقرة وآية الكرسي وأول الحديد وآخر الحشر وغيرها والثاني أن يصلي ثلاث عشرة ركعة آخرهن الوتر فإنه أكثر ما روى أن النبي صلى الله عليه وسلم صلى بها من الليل حديث الوتر ثلاث عشرة ركعة يعني

بالليل وأنه أكثر ما صلى به النبي صلى الله عليه وسلم من الليل أخرجه أبو داود من حديث عائشة لم يكن يوتر بأنقص من سبع ولا بأكثر من ثلاث عشرة ركعة والبخاري من حديث ابن عباس وكانت صلاته ثلاث عشرة ركعة يعني بالليل ومسلم كان يصلي من الليل ثلاث عشرة ركعة وفي رواية للشيخين منها ركعتا الفجر ولهما أيضا ما كان يزيد في رمضان ولا غيره على إحدى عشرة ركعة والأكياس يأخذون أوقاتهم من أول الليل والأقوياء من آخره والحزم التقديم فإنه ربما لا يستيقظ أو يثقل عليه القيام إلا إذا صار ذلك عادة له فآخر الليل أفضل ثم ليقرأ في هذه الصلاة قدر ثلثمائة آية من السور المخصوصة التي كان النبي صلى الله عليه وسلم يكثر قراءتها مثل يس وسجدة لقمان وسورة الدخان وتبارك الملك والزمر والواقعة حديث إكثار صلى الله عليه وسلم من قراءة يس وسجدة لقمان وسورة الدخان وتبارك الملك والزمر والواقعة غريب لم أقف على ذكر الإكثار فيه وابن حبان من حديث جندب من قرأ يس في ليلة ابتغاء وجه الله غفر له والترمذي من حديث جابر كان لا ينام حتى يقرأ ألم تنزيل السجدة وتبارك الذي بيده الملك وله من حديث عائشة كان لا ينام حتى يقرأ بني إسرائيل والزمر وقال حسن غريب وله من حديث أبي هريرة من قرأ حم الدخان في ليلة أصبح يستغفر له سبعون ألف ملك قال غريب ولأبي الشيخ في الثواب من حديث عائشة من قرأ في ليلة الم تنزيل ويس وتبارك الذي بيده الملك واقتربت كن له نورا الحديث ولأبي منصور المظفر بن الحسين الغزنوي في فضائل القرآن من حديث علي يا علي أكثر من قراءة يس الحديث وهو منكر وللحارث بن أبي أسامة من حديث ابن مسعود بسند ضعيف من قرأ سورة الواقعة في كل ليلة لم تصبه فاقة أبدا والترمذي من حديث ابن عباس شيبتني هود والواقعة الحديث وقال حسن غريب فإن لم يصل فلا يدع قراءة هذه السور أو بعضها

قبل النوم فقد روى في ثلاث أحاديث ما كان يقرؤه رسول الله صلى الله عليه وسلم في كل ليلة أشهرها السجدة وتبارك الملك حديث كان يقرأ في كل ليلة الزمر وبني إسرائيل أخرجه الترمذي وتقدم في حديث قبله والزمر والواقعة وفي رواية الزمر وبني إسرائيل حديث كان يقرأ المسبحات في كل ليلة ويقول فيهن آية أفضل من ألف آية أخرجه أبو داود والترمذي وقال حسن والنسائي في الكبرى من حديث عرباض بن سارية وكان العلماء يجعلونها ستا فيزيدون سبح اسم ربك الأعلى إذ في الخبر أنه صلى الله عليه وسلم كان يحب سبح اسم ربك الأعلى وكان يقرأ في ثلاث ركعات الوتر ثلاث سور سبح اسم ربك الأعلى حديث كان يحب سبح اسم ربك الأعلى أخرجه أحمد والبزار من حديث علي بسند ضعيف وقل يا أيها الكافرون والإخلاص حديث كان يقرأ في ثلاث ركعات الوتر بسبح اسم ربك الأعلى وقل يا أيها الكافرون والإخلاص أخرجه أبو داود والنسائي وابن ماجه من حديث أبي بن كعب بإسناد صحيح وتقدم في الصلاة من حديث أنس فإذا فرغ قال سبحان الملك القدوس ثلاث مرات

الثالث الوتر وليوتر قبل النوم إن لم يكن عادته القيام قال أبو هريرة رضي الله عنه أوصاني رسول الله صلى الله عليه وسلم أن لا أنام إلا على وتر حديث أبي هريرة أوصاني رسول الله صلى الله عليه وسلم أن لا أنام إلا على وتر متفق عليه بلفظ أن أوتر قبل أن أنام وإن كان معتادا صلاة الليل فالتأخير أفضل قال صلى الله عليه وسلم صلاة الليل مثنى مثنى فإذا خفت الصبح فأوتر بركعة حديث صلاة الليل مثنى مثنى فإذا خفت الصبح فأوتر بركعة متفق عليه من حديث ابن عمر وقالت عائشة رضي الله عنها أوتر رسول الله صلى الله عليه وسلم أول الليل وأوسطه وآخره وانتهى وتره إلى السحر حديث عائشة أوتر رسول الله صلى الله عليه وسلم أول الليل وأوسطه وآخره وانتهى وتره إلى السحر متفق عليه وقال علي رضي الله عنه الوتر على ثلاثة أنحاء إن شئت أوترت أول الليل ثم صليت ركعتين ركعتين يعني أنه يصير وترا بما مضى وإن شئت أوترت بركعة فإذا استيقظت شفعت إليها أخرى ثم أوترت من آخر الليل وإن شئت أخرت الوتر ليكون آخر صلاتك هذا ما روى عنه والطريق الأول والثالث لا بأس به وأما نقض الوتر فقد صح فيه نهي فلا ينبغي أن ينقض حديث النهي عن نقض الوتر قال المصنف صح فيه نهي قلت وإنما صح من قول عابد بن عمرو وله صحبة كما رواه البخاري ومن قول ابن عباس كما رواه البيهقي ولم يصرح بأنه مرفوع فالظاهر أنه إنما أراد ما ذكرناه من الصحابة وروى مطلقا أنه صلى الله عليه وسلم قال لا وتران في ليلة حديث لا وتران في ليلة أخرجه أبو داود والترمذي وحسنه والنسائي من حديث طلق بن علي ولمن يتردد في استيقاظه تلطف استحسنه بعض العلماء وهو أن يصلي بعد الوتر ركعتين جالسا على فراشه عند النوم كان رسول الله صلى الله عليه وسلم يزحف إلى فراشه ويصليهما ويقرأ فيهما إذا زلزلت وألهاكم حديث الركعتين بعد الوتر جالسا تقدم في الصلاة رواه مسلم من حديث عائشة لما فيهما من التحذير والوعيد وفي رواية قل يا أيها الكافرون لما فيها من

التبرئة وإفراد العبادة لله تعالى فقيل إن استيقظ قامتا مقام ركعة واحدة وكان له أن يوتر بواحدة في آخر صلاة الليل وكأنه صار ما مضى شفعا بهما وحسن استئناف الوتر واستحسن هذا أبو طالب المكي وقال فيه ثلاثة أعمال قصر الأمل وتحصيل الوتر والوتر آخر الليل وهو كما

ذكره لكن ربما يخطر أنهما لو شفعتا ما مضى لكان كذلك وإن لم يستيقظ وأبطل وتره الأول فكونه شافعا إن استيقظ غير مشفع إن نام فبه نظر إلا أن يصح من رسول الله صلى الله عليه وسلم إيتاره قبلهما وإعادته الوتر فيفهم منه أن الركعتين شفع بصورتهما وتر بمعناهما فيحسب وترا إن لم يستيقظ وشفعا إن استيقظ

ثم يستحب بعد التسليم من الوتر أن يقول سبحان الملك القدوس رب الملائكة والروح جللت السموات والأرض بالعظمة والجبروت وتعززت بالقدرة وقهرت العباد بالموت روى أنه صلى الله عليه وسلم ما مات حتى كان أكثر صلاته جالسا إلا المكتوبة حديث ما مات حتى كان أكثر صلاته جالسا إلا المكتوبة متفق عليه من حديث عائشة لما بدن النبي صلى الله عليه وسلم وثقل كان أكثر صلاته جالسا وقد قال للقاعد نصف أجر القائم وللنائم نصف أجر القاعد حديث للقاعد نصف أجر القائم وللنائم نصف أجر القاعد أخرجه البخاري من حديث عمران بن حصين وذلك يدل على صحة النافلة دائما

الورد الثالث النوم ولا بأس أن يعد ذلك في الأوراد فإنه إذا روعيت آدابه احتسب عبادة فقد قيل إن للعبد إذا نام على طهارة وذكر الله تعالى يكتب مصليا حتى يستيقظ ويدخل في شعاره ملك فإن تحرك في نومه فذكر الله تعالى دعا له الملك واستغفر له الله حديث قيل إنه إذا نام على طهارة ذاكرا لله تعالى يكتب مصليا ويدخل في شعاره ملك الحديث أخرجه ابن حبان من حديث ابن عمر من بات طاهرا بات في شعاره ملك فلم يستيقظ إلا قال الملك اللهم اغفر لعبدك فلان فإنه بات طاهرا وفي الخبر إذا نام على طهارة رفع روحه إلى العرش حديث إذا نام على الطهارة رفع روحه إلى العرش أخرجه ابن المبارك في الزهد موقوفا على أبي الدرداء والبيهقي في الشعب موقوفا على عبد الله بن عمرو بن العاص وروى الطبراني في الأوسط من حديث علي ما من عبد ولا أمة تنام فتثقل نوما إلا عرج بروحه إلى العرش فالذي لا يستيقظ إلا عند العرش فتلك الرؤيا التي تصدق والذي يستيقظ دون العرش فهي الرؤيا التي تكتب هو ضعيف هذا في العوام فكيف بالخواص والعلماء وأرباب القلوب الصافية فإنهم يكاشفون بالأسرار في النوم ولذلك قال صلى الله عليه وسلم نوم العالم عبادة ونفسه تسبيح حديث نوم العالم عبادة ونفسه تسبيح قلت المعروف فيه الصائم دون العالم وقد تقدم في الصوم وقال معاذ لأبي موسى كيف تصنع في قيام الليل فقال أقوم الليل أجمع لا أنام منه شيئا واتفوق في القرآن فيه تفوقا قال معاذ لكني أنا أنام ثم أقوم وأحتسب في نومتي ما أحتسب من قومتي فذكرا ذلك لرسول الله صلى الله عليه وسلم فقال معاذ أفقه منك حديث قال معاذ لأبي موسى كيف تصنع في قيام الليل فقال أقوم الليل أجمع لا أنام منه شيئا وأتفوق القرآن تفوقا قال معاذ لكني أنام ثم أقوم وأحتسب في نومتي ما احتسب في قومتي فذكر ذلك للنبي صلى الله عليه وسلم فقال معاذ أفقه منك متفق عليه بنحوه من حديث أبي سعيد وليس فيه أنهما ذكرا ذلك للنبي صلى الله عليه وسلم ولا قوله معاذ أفقه منك وإنما زاد فيه الطبراني فكان معاذ أفضل منه وآداب النوم عشرة

الأول الطهارة والسواك قال صلى الله عليه وسلم إذا نام العبد على طهرة عرج بروحه إلى العرش فكانت رؤياه صادقة وإن لم ينم على طهارة قصرت روحه عن البلوغ فتلك المنامات أضغاث أحلام لا تصدق حديث إذا نام العبد على طهارة عرج بروحه إلى العرش فكانت رؤياه صادقة الحديث تقدم وهذا أريد به طهارة الظاهر والباطن جميعا وطهارة الباطن هي المؤثرة في انكشاف حجب الغيب الثاني أن يعد عنه رأسه سواكه وطهوره وينوي القيام للعبادة عند التيقظ وكلما يتنبه يستاك كذلك كان يفعله بعض السلف وروى عن رسول الله صلى الله عليه وسلم أنه كان يستاك في كل ليلة مرارا عند كل نومة وعند التنبه منها حديث أنه كان يستاك في كل ليلة مرارا عند كل نومة وعند التنبه منها تقدم في الطهارة وإن لم يتيسر له الطهارة يستحب له مسح الأعضاء بالماء فإن لم يجد فليقعد وليستقبل القبله وليشتغل بالذكر والدعاء والتفكر في آلاء الله تعالى وقدرته فذلك يقوم مقام قيام الليل وقال صلى الله عليه وسلم من أتى فراشه وهو ينوي أن يقوم يصلي من الليل فغلبته عيناه حتى يصبح كتب له ما نوى وكان نومه صدقة عليه من الله تعالى حديث من أتى فراشه وهو ينوي أن يقوم يصلي من الليل فغلبته عيناه حتى يصبح كتب له ما نوى وكان نومه صدقة من الله عليه أخرجه النسائي وابن ماجه من حديث أبي الدرداء بسند صحيح الثالث أن لا يبيت من له وصية إلا ووصيته مكتوبة عند رأسه فإنه لا يأمن

القبض في النوم فإن من مات من غير وصية لم يؤذن له في الكلام بالبرزخ إلى يوم القيامة يتزاوره الأموات ويتحدثون وهو لا يتكلم فيقول بعضهم لبعض هذا المسكين مات من غير وصية وذلك مستحب خوف موت الفجأة وموت الفجأة تخفيف إلا لمن ليس مستعدا للموت بكونه مثقل الظهر بالمظالم الرابع أن ينام تائبا من كل ذنب سليم القلب لجميع المسلمين لا يحدث نفسه بظلم أحد ولا يعزم على معصية إن استيقظ قال صلى الله عليه وسلم من أوى إلى فراشه لا ينوي ظلم أحد ولا يحقد على أحد غفر له ما اجترم حديث من آوى إلى فراشه لا ينوي ظلم أحد ولا يحقد على أحد غفر له ما اجترم أخرجه ابن أبي الدنيا في كتاب النية من حديث أنس من أسبع ولم يهم بظلم أحد غفر له ما اجترم وسنده ضعيف الخامس أن لا يتنعم بتمهيد الفرش الناعمة بل يترك ذلك أو يقتصد فيه كان بعض السلف يكره التمهيد للنوم ويرى ذلك تكلفا وكان أهل الصفة لا يجعلون بينهم وبين التراب حاجزا ويقولون منها خلقنا وإليها نرد وكانوا يرون ذلك أرق لقلوبهم وأجدر بتواضع نفوسهم فمن لم تسمح بذلك نفسه فليقتصد السادس أن لا ينام ما لم يغلبه النوم ولا يتكلف استجلابه إلا إذا قصد به الاستعانة على القيام في آخر الليل فقد كان نومهم غلبة وأكلهم فاقة وكلامهم ضرورة ولذلك وصفوا بأنهم كانوا قليلا من الليل ما يهجعون وإن غلبه النوم عن الصلاة والذكر وصار لا يدري ما يقول فلينم حتى يعقل ما يقول وكان ابن عباس رضي الله عنه يكره النوم قاعدا وفي الخبر لا تكابدوا الليل حديث لا تكابدوا الليل أخرجه أبو منصور الديلمي في مسند الفردوس من حديث أنس بسند ضعيف وفي جامع سفيان الثوري موقوفا على ابن مسعود لا تعالوا هذا الليل وقيل لرسول الله صلى الله عليه وسلم إن فلانة تصلي بالليل فإذا غلبها النوم تعلقت بحبل فنهى عن ذلك وقال ليصل أحدكم من الليل ما تيسر له فإذا غلبه النوم فليرقد حديث قيل له إن فلانة تصلي فإذا غلبها النوم تعلقت بحبل فنهاهن عن ذلك الحديث متفق عليه من حديث أنس وقال صلى الله عليه وسلم تكلفوا من العمل ما تطيقون فإن الله لن يمل حتى تملوا حديث تكلفوا من العمل ما تطيقون فإن الله لا يمل حتى تملوا متفق عليه من حديث عائشة بلفظ اكلفوا وقال صلى الله عليه وسلم خير هذا الذين أيسره حديث خير هذا الدين أيسره أخرجه أحمد من حديث محجن بن الأدرع وتقدم في العلم وقيل له صلى الله عليه وسلم إن فلانا يصلي فلا ينام ويصوم فلا يفطر فقال لكني أصلي وأنام وأصوم وأفطر هذه سنتي فمن رغب عنها فليس مني حديث قيل له إن فلانا يصلي ولا ينام ويصوم ولا يفطر فقال لكنني أصلي وأنام وأصوم وأفطر هذه سنتي فمن رغب عنها فليس مني أخرجه النسائي من حديث عبد الله بن عمرو دون قوله هذه سنتي الخ وهذه الزيادة لابن خزيمة من رغب عن سنتي فليس مني وهي متفق عليها من حديث أنس وقال صلى الله عليه وسلم لا تشادوا هذا الدين فإنه متين فمن يشاده يغلبه فلا تبغض إلى نفسك عبادة الله حديث لا تشادوا هذا الدين فإنه متين فمن يشاده يغلبه ولا تبغض إلى نفسك عباده الله أخرجه البخاري من حديث أبي هريرة لن يشاد هذا الدين أحدا إلا غلبه

فسددوا وقاربوا وللبيهقي من حديث جابر إن هذا الدين متين فأوغل فيه برفق ولا تبغض إلى نفسك عبادة الـلـه ولا يصح إسناده السابع أن ينام مستقبل القبلة والاستقبال على ضربين أحدهما استقبال المحتضر وهو المستلقي على قفاه فاستقباله أن يكون وجهه وأخمصاه إلى القبلة والثاني استقبال اللحد وهو أن ينام على جنب بأن يكون وجهه إليها مع قبالة بدنه إذا نام على شقه الأيمن الثامن الدعاء عند النوم فيقول باسمك ربي وضعت جنبي وباسمك أرفعه إلى آخر الدعوات المأثورة التي أوردناها في كتاب الدعوات حديث الدعاء المأثور عند النوم باسمك اللهم رب وضعت جنبي الحديث إلى آخر الدعوات المأثورة التي أوردناها في الدعوات تقدم هناك وبقية الدعوات ويستحب أن يقرأ الآيات المخصوصة مثل آية الكرسي وآخر البقرة وغيرهما وقوله تعالى وإلهكم إله واحد لا إله إلا هو إلى قوله لقوم يعقلون يقال إن من قرأها عند النوم حفظ الـلـه عليه القرآن فلم ينسه ويقرأ من سورة الأعراف هذه الآية إن ربكم الـلـه الذي خلق السموات والأرض في ستة أيام إلى قوله

قريب من المحسنين وآخر بني إسرائيل قل ادعوا الله الآيتين فإنه يدخل في شعاره ملك يوكل بحفظه فيستغفر له ويقرأ المعوذتين وينفث بهن في يديه ويمسح بهما وجهه وسائر جسده كذلك روى من فعل رسول الله صلى الله عليه وسلم حديث قراءة المعوذتين عند النوم ينفث بهن في يديه ويمسح بهما وجهه وسائر جسده متفق عليه من حديث عائشة وليقرأ عشرا من أول الكهف وعشرا من آخرها وهذه الآي للاستيقاظ لقيام الليل وكان علي كرم الله وجهه يقول ما أرى أن رجلا مستكملا عقله ينام قبل أن يقرأ الآيتين من آخر سورة البقرة وليقل خمسا وعشرين مرة سبحان الله والحمد لله ولا إله إلا الله و الله أكبر ليكون مجموع هذه الكلمات الأربع مائة مرة التاسع أن يتذكر عند النوم أن النوم نوع وفاة والتيقظ نوع بعث قال الله تعالى الله يتوفى الأنفس حين موتها والتي لم تمت في منامها ﴿ وقال ﴾ وهو الذي يتوفاكم بالليل فسماه توفيا وكما أن المستيقظ تنكشف له مشاهدات لا تناسب أحواله في النوم فكذلك المبعوث يرى ما لم يخطر قط بباله ولا شاهده حسه ومثل النوم بين الحياة والموت مثل البرزخ بين الدنيا والآخرة وقال لقمان لابنه يا بني إن كنت تشك في الموت فلا تنم فكما أنك تنام كذلك تموت وإن كنت تشك في البعث فلا تنتبه فكما أنك تنتبه بعد نومك فكذلك تبعث بعد موتك وقال كعب الأحبار إذا نمت فاضطجع على شقك الأيمن واستقبل القبلة بوجهك فإنها وفاة وقالت عائشة رضي الله عنها كان رسول الله صلى الله عليه وسلم آخر ما يقول حين ينام وهو واضع خده على يده اليمنى وهو يرى أنه ميت في ليلته تلك اللهم رب السموات السبع ورب العرش العظيم ربنا ورب كل شيء ومليكه حديث عائشة كان آخر ما يقول حين ينام وهو واضع خده على يده اليمنى اللهم رب السموات السبع ورب العرش العظيم الحديث تقدم في الدعوات دون وضع الخد على اليد وتقدم من حديث حفصة الدعاء إلى آخره كما ذكرناه في كتاب الدعوات فحق على العبد أن يفتش عن ثلاثة عند نومه أنه على ماذا ينام وما الغالب عليه حب الله تعالى وحب لقائه أو حب الدنيا وليتحقق أنه يتوفى على ما هو الغالب عليه ويحشر على ما يتوفى عليه فإن المرء مع من أحب ومع ما أحب

العاشر الدعاء عن التنبه فليقل في تيقظاته وتقلباته مهما تنبه ما كان يقوله رسول الله صلى الله عليه وسلم لا إله إلا الله الواحد القهار رب السموات والأرض وما بينهما العزيز الغفار حديث كان يقول عند تيقظه لا إله إلا الله الواحد القهار رب السموات والأرض وما بينهما العزيز الغفار أخرجه ابن السني وأبو نعيم في كتابيهما عمل اليوم والليلة من حديث عائشة وليجتهد أن يكون آخر ما يجري على قلبه عند النوم ذكر الله تعالى وأول ما يرد على قلبه عند التيقظ ذكر الله تعالى فهو علامة الحب ولا يلازم القلب في هاتين الحالتين إلا ما هو الغالب عليه فليجرب قلبه به فهو علامة الحب فإنها علامة تكشف من باطن القلب وإنما استحبت هذه

الأذكار لتستجر القلب إلى ذكر الـلـه تعالى فإذا استيقظ ليقوم قال الحمد لله الذي أحيانا بعد ما أماتنا وإليه النشور إلى آخر ما أوردناه من أدعية التيقظ

الورد الرابع يدخل بمضي النصف الأول من الليل إلى أن يبقى من الليل سدسه وعند ذلك يقوم العبد للتهجد فاسم التهجد يختص بما بعد الهجود والهجوع وهو النوم وهذا وسط الليل ويشبه الورد الذي بعد الزوال وهو وسط النهار وبه أقسم الـلـه تعالى فقال والليل إذا سجى أي إذا سكن وسكونه هدوه في هذا الوقت فلا تبقى عين إلا نائمة سوى الحي القيوم الذي لا تأخذه سنة ولا نوم وقيل إذا سجى إذا امتد وطال وقيل إذا أظلم وسئل رسول الـلـه صلى الـلـه عليه وسلم أي الليل أسمع فقال جوف الليل حديث سئل أي الليل أسمع قال جوف الليل أخرجه أبو داود والترمذي وصححه من حديث عمرو بن عنبسه وقال داود صلى الـلـه عليه وسلم إلهي إني أحب أن أتعبد لك فأي وقت أفضل فأوحى الـلـه تعالى إليه يا داود لا تقم أول الليل ولا آخره فإن من قام

أوله نام آخره ومن قام آخره لم يقم أوله ولكن قم وسط الليل حتى تخلو بي وأخلو بك وارفع إلي جوائجك وسئل رسول الـلـه صلى الـلـه عليه وسلم أي الليل أفضل فقال نصف الليل الغابر حديث سئل أي الليل أفضل قال نصف الليل الغابر أخرجه أحمد وابن حبان من حديث أبي ذر دون قوله 2 الغابر وهي في بعض طرق حديث عمرو بن عنبسة يعني الباقي وفي آخر الليل وردت الأخبار باهتزاز العرش وانتشار الرياح من جنات عدن ومن نزول الجبار تعالى إلى سماء الدنيا الأخبار الواردة في اهتزاز العرش وانتشار الرياح من جنات عدن في آخر الليل ونزول الجبار إلى سماء الدنيا أما حديث النزول فقد تقدم وأما الباقي فهي آثار رواها محمد بن نصر في قيام الليل من رواية سعيد الجريري قال قال داود يا جبريل أي الليل أفضل قال ما أدري غير أن العرش يهتز من السحر وفي رواية له عن الجريري عن سعيد بن أبي الحسن قال إذا كان من السحر ألا ترى كيف تفوح ريح كل شجر وله من حديث أبي الدرداء مرفوعا إن الـلـه تبارك وتعالى لينزل في ثلاث ساعات بقين من الليل يفتتح الذكر في الساعة الأولى ﴿ وفيه ﴾ ثم ينزل في الساعة الثانية إلى جنة عدن الحديث وهو مثله وغير ذلك من الأخبار وترتيب هذا الورد أنه بعد الفراغ من الأدعية التي للاستيقاظ يتوضأ وضوءا كما سبق بسننه وآدابه وأدعيته ثم يتوجه إلى مصلاه ويقوم مستقبلا القبلة ويقول الـلـه أكبر كبيرا والحمد لله كثيرا وسبحان الـلـه بكرة وأصيلا ثم يسبح عشرا وليحمد الـلـه عشرا ويهلل عشرا وليقل الـلـه أكبر ذو الملكوت والجبروت والكبرياء والعظمة والجلال والقدرة وليقل هذه الكلمات فإنها مأثورة عن رسول الـلـه صلى الـلـه عليه وسلم في قيامه للتهجد اللهم لك الحمد أنت نور السموات والأرض ولك الحمد انت بهاء السموات والأرض ولك الحمد أنت رب السموات والأرض ولك الحمد أنت قيوم السموات والأرض ومن فيهن ومن عليهن أنت الحق ومنك الحق ولقاؤك حق والجنة حق والنار حق والنشور حق والنبيون حق ومحمد صلى الـلـه عليه وسلم حق اللهم لك أسلمت وبك آمنت وعليك توكلت وإليك أنبت وبك خاصمت وإليك حاكمت فاغفر لي ما قدمت وما أخرت وما أسررت وما أعلنت وأسرفت أنت المقدم وأنت المؤخر لا إله إلا أنت حديث القول في قيامه للتهجد اللهم لك الحمد أنت نور السموات والأرض الحديث متفق عليه من حديث ابن عباس دون قوله أنت بهاء السموات والأرض ولك الحمد أنت زين السموات والأرض ودون قوله ومن عليهن ومنك الحق اللهم آت نفسي تقواها وزكها أنت خير من زكاها أنت وليها ومولاها حديث اللهم آت نفسي تقرأها وزكها أنت خير من زكاها أنت وليها ومولاها أخرجه أحمد بإسناد جيد من حديث عائشة أنها فقدت النبي صلى الـلـه عليه وسلم من مضجعه فلمسته بيدها فوقعت عليه وهو ساجد وهو يقول رب أعط نفسي تقواها الحديث اللهم اهدني لأحسن الأعمال لا يهدي لأحسنها إلا أنت واصرف عني سيئها لا يصرف عني سيئها إلا أنت حديث اللهم اهدني لأحسن الأعمال لا يهدي لأحسنها إلا أنت واصرف عني سيئها لا يصرف عني سيئها إلا أنت أخرجه مسلم من حديث

علي عن رسول اللـه صلى اللـه عليه وسلم أنه كان إذا قام إلى الصلاة فذكره بلفظ لأحسن الأخلاق وفيه زيادة في أوله أسألك مسألة البائس المسكين وأدعوك دعاء المفتقر الذليل فلا تجعلني بدعائك رب شقيا وكن بي رءوفا رحيما يا خير المسئولين وأكرم المعطين حديث أسألك مسألة البائس المسكين وأدعوك دعاء المضطر الذليل الحديث أخرجه الطبراني في الصغير من حديث ابن عباس أنه كان من دعاء النبي صلى اللـه عليه وسلم عشية عرفة تقدم في الحج وقالت عائشة رضي اللـه عنها كان صلى اللـه عليه وسلم إذا قام من الليل افتتح صلاته قال اللهم رب جبريل وميكائيل وإسرافيل فاطر السموات والأرض عالم الغيب والشهادة أنت تحكم بين عبادك فيما كانوا فيه يختلفون اهدني لما اختلف فيه من الحق بإذنك إنك تهدي من تشاء إلى صراط مستقيما حديث عائشة كان إذا قام من الليل افتتح صلاته قال اللهم رب جبريل وميكائيل وإسرافيل فاطر السموات والأرض الحديث رواه مسلم ثم يفتتح الصلاة ويصلي ركعتين خفيفتين ثم يصلي مثنى مثنى ما تيسر له ويختم بالوتر إن لم يكن قد صلى الوتر ويستحب أن يفصل بين الصلاتين عند تسليمه بمائة تسبيحة ليستريح ويزيد نشاطه للصلاة وقد صح في صلاة رسول اللـه صلى اللـه عليه وسلم بالليل أنه صلى أولا ركعتين خفيفتين ثم ركعتين طويلتين ثم ركعتين دون اللتين قبلهما ثم لم يزل يقصر بالتدريج إلى ثلاث عشرة

ركعة حديث أنه صلى بالليل أولا ركعتين خفيفتين ثم ركعتين طويلتين ثم صلى ركعتين دون اللتين قبلهما ثم لم يزل يقصر بالتدريج إلى ثلاث عشرة ركعة أخرجه مسلم من حديث زيد بن خالد الجهني وسئلت عائشة رضي الله عنها أكان رسول الله صلى الله عليه وسلم يجهر في قيام الليل أم يسر فقالت ربما جهر وربما أسر حديث سئلت عائشة أكان يجهر رسول الله صلى الله عليه وسلم في قيام الليل أم يسر فقالت ربما جهر وربما أسر أخرجه أبو داود والنسائي وابن ماجه بإسناد صحيح وقال صلى الله عليه وسلم صلاة الليل مثنى مثنى فإذا خفت الصبح فأوتر بركعة حديث صلاة الليل مثنى مثنى فإذا خفت الصبح فأوتر بركعة متفق عليه وقد تقدم وقال صلاة المغرب أوترت صلاة النهار فأوتروا صلاة الليل حديث صلاة المغرب أوترت صلاة النهار فأوتروا صلاة الليل أخرجه أحمد من حديث ابن عمر بإسناد صحيح وأكثر ما صح عن رسول الله صلى الله عليه وسلم في قيام الليل ثلاث عشرة ركعة حديث القيام من الليل ثلاث عشرة ركعة فإنه أكثر ما صح عنه تقدم ويقرأ في هذه الركعات من ورده من القرآن أو من السور المخصوصة ما خف عليه وهو في حكم هذا الورد قريب من السدس الأخير من الليل

الورد الخامس السدس الأخير من الليل وهو وقت السحر فإن الله تعالى قال ﴿ وبالأسحار هم يستغفرون ﴾ قيل يصلون لما فيها من الاستغفار وهو مقارب للفجر الذي هو وقت انصراف ملائكة الليل وإقبال ملائكة النهار وقد أمر بهذا الورد سلمان أخاه أبا الدرداء رضي الله عنهما ليلة زاره حديث زار سلمان أبا الدرداء فلما كان الليل ذهب أبو الدرداء ليقوم فقال له سلمان نم فنام الحديث وفي آخره فقال صدق سلمان أخرجه البخاري من حديث أبي جحيفة في حديث طويل قال في آخره فلما كان الليل ذهب أبو الدرداء ليقوم فقال له سلمان نم فنام ثم ذهب ليقوم فقال له نم فنام فلما كان عند الصبح قال له سلمان قم الآن فقاما فصليا فقال إن لنفسك عليك حقا وإن لضيفك عليك حقا وإن لأهلك عليك حقا فأعط كل ذي حق حقه وذلك أن امرأة أبي الدرداء أخبرت سلمان أنه لا ينام الليل قال فأتيا النبي صلى الله عليه وسلم فذكرا ذلك له فقال صدق سلمان وهذا هو الورد الخامس وفيه يستحب السحور وذلك عند خوف طلوع الفجر والوظيفة في هذين الوردين الصلاة فإذا طلع الفجر انقضت أوراد الليل ودخلت أوراد النهار فيقوم ويصلي ركعتي الفجر وهو المراد بقوله تعالى ومن الليل فسبحه وإدبار النجوم ثم يقرأ شهد الله أنه لا إله إلا هو والملائكة إلى آخرها ثم يقول وأنا أشهد بما شهد الله به لنفسه وشهدت به ملائكته وأولو العلم من خلقه وأستودع الله هذه الشهادة وهي لي عند الله تعالى وديعة وأسأله حفظها حتى يتوفاني عليها اللهم احطط عني بها وزرا واجعلها لي عندك ذخرا واحفظها علي وتوفني عليها حتى ألقاك بها غير مبدل تبديلا فهذا ترتيب الأوراد للعباد وقد كانوا يستحبون أن يجمعوا مع ذلك في كل يوم بين أربعة أمور صوم وصدقة وإن قلت وعيادة مريض

وشهود جنازة ففي الخبر من جمع بين هذه الأربع في يوم غفر له حديث من جمع بين صوم وصدقة وعيادة مريض وشهود جنازة في يوم غفر له وفي رواية دخل الجنة أخرجه مسلم من حديث أبي هريرة ما اجتمعن في امرىء إلا دخل الجنة وفي رواية دخل الجنة فإن أنفق بعضها وعجز عن الآخر كان له أجر الجميع بحسب نيته وكانوا يكرهون أن ينقضي اليوم ولم يتصدقوا فيه بصدقة ولو بتمرة أو بصلة أو كسرة خبز لقوله صلى الله عليه وسلم الرجل في ظل صدقته حتى يقضي بين الناس حديث الرجل في ظل صدقته حتى يقضى بين الناس تقدم في الزكاة ولقوله صلى الله عليه وسلم اتقوا النار ولو بشق تمرة حديث اتقوا النار ولو بشق تمرة تقدم في الزكاة ودفعت عائشة رضي الله عنها إلى سائل عنبة واحدة فأخذها فنظر من كان عندها بعضهم إلى بعض فقالت ما لكم إن فيها لمثاقيل ذر كثير وكانوا لا يستحبون رد السائل إذ كان من أخلاق رسول الله صلى الله عليه وسلم ذلك

ما سأله أحد شيئا فقال لا ولكنه إن لم يقدر عليه سكت حديث ما سأله أحد شيئا فقال لا إن لم يقدر عليه سكت أخرجه مسلم من حديث جابر وللبزار من حديث أنس أو يسكت وفي الخبر يصبح ابن آدم وعلى كل سلامى من جسده صدقة يعني المفصل وفي جسده ثلثمائة وستون مفصلا فأمرك بالمعروف صدقة ونهيك عن المنكر صدقة وحملك عن الضعيف صدقة وهدايتك إلى الطريق صدقة وإماطتك الأذى صدقة حتى ذكر التسبيح والتهليل ثم قال وركعتا الضحى تأتي على ذلك كله أو تجمعن لك ذلك كله حديث يصبح ابن آدم وعلى كل سلامى من جسده صدقة الحديث أخرجه مسلم من حديث أبي ذر

بيان اختلاف الأوراد باختلاف الأحوال

اعلم أن المريد لحرث الآخرة السالك لطريقها لا يخلو عن ستة أحوال فإنه إما عابد وإما عالم وإما متعلم وإما وال وإما محترف وإما موحد مستغرق بالواحد الصمد عن غيره الأول العابد وهو المتجرد للعبادة الذي لا شغل له غيرها أصلا ولو ترك العبادة لجلس بطالا فترتيب أوراده ما ذكرناه نعم لا يبعد أن تختلف وظائفه بأن يستغرق أكثر أوقاته إما في الصلاة أو القراءة أو في التسبيحات فقد كان في الصحابة رضي الـلـه عنهم من ورده في اليوم اثنا عشر ألف تسبيحة وكان فيهم من ورده ثلاثون ألفا وكان فيهم من ورده ثلثمائة ركعة إلى ستمائة وإلى ألف ركعة وأقل ما نقل في أورادهم من الصلاة مائة ركعة في اليوم والليلة وكان بعضهم أكثر ورده القرآن وكان يختم الواحد منهم في اليوم مرة وروى مرتين عن بعضهم وكان بعضهم يقضي اليوم أو الليل في التفكر في آية واحدة يرددها وكان كرز بن وبرة مقيما بمكة فكان يطوف في كل يوم سبعين أسبوعا وفي كل ليلة سبعين أسبوعا وكان مع ذلك يختم القرآن في اليوم والليلة مرتين فحسب ذلك فكان عشرة فراسخ ويكون مع كل أسبوع ركعتان فهو مائتان وثمانون ركعة وختمتان وعشرة فراسخ فإن قلت فما الأولى أن يصرف إليه أكثر الأوقات من هذه الأوراد فاعلم أن قراءة القرآن في الصلاة قائما مع التدبر يجمع الجميع ولكن ربما تعسر المواظبة عليه فالأفضل يختلف باختلاف حال الشخص ومقصود الأوراد تزكية القلب وتطهيره وتحليته بذكر الـلـه تعالى وإيناسه به فلينظر المريد إلى قلبه فما يراه أشد تأثيرا فيه فليواظب عليه فإذا أحس بملالة منه فلينتقل إلى غيره ولذلك نرى الأصوب لأكثر الخلق توزيع هذه الخيرات المختلفة على الأوقات كما سبق والانتقال فيها من نوع إلى نوع لأن الملال هو الغالب على الطبع وأحوال الشخص الواحد في ذلك أيضا تختلف ولكن إذا فهم فقه الأوراد وسرها فليتبع المعنى فإن سمع تسبيحة مثلا وأحس لها بوقع قلبه فليواظب على تكرارها ما دام يجد لها وقعا وقد روى عن إبراهيم بن أدهم عن بعض الأبدال أنه قام ذات ليلة يصلى على شاطىء البحر فسمع صوتا عاليا بالتسبيح ولم ير أحدا فقال من أنت أسمع صوتك ولا أرى شخصك فقال أنا ملك من الملائكة موكل بهذا البحر أسبح الـلـه تعالى بهذا التسبيح منذ خلقت قلت

فما اسمك قال مهلهيائيل قلت فما ثواب من قاله قال من قاله مائة مرة لم يمت حتى يرى مقعده من الجنة أو يرى له والتسبيح هو قوله سبحان الـلـه العلي الديان سبحان الـلـه الشديد الأركان سبحان من يذهب بالليل ويأتي بالنهار سبحان من لا يشغله شأن عن شأن سبحان الـلـه الحنان المنان سبحان الـلـه المسبح في كل مكان فهذا وأمثاله إذا سمعه المريد ووجد له في قلبه وقعا فليلازمه وأيا ما وجد القلب عنده وفتح له فيه خير فليواظب عليه الثاني العالم الذي ينفع الناس بعلمه في فتوى أو تدريس أو تصنيف فترتيبه الأوراد يخالف ترتيب العابد فإنه يحتاج إلى المطالعة للكتب وإلى التصنيف والإفادة ويحتاج إلى مدة لها لا محالة فإن أمكنه استغراق الأوقات فيه فهو أفضل ما يشتغل

به بعد المكتوبات ورواتبها ويدل على ذلك جميع ما ذكرناه في فضيلة التعليم والتعلم في كتاب العلم وكيف لا يكون كذلك وفي العلم المواظبة على ذكر الله تعالى وتأمل ما قال الله تعالى وقال رسوله وفيه منفعة الخلق وهدايتهم إلى طريق الآخرة ورب مسألة واحدة يتعلمها المتعلم فيصلح بها عبادة عمره ولو لم يتعلمها لكان سعيه ضائعا وإنما نعني بالعلم المقدم على العبادة العلم الذي يرغب الناس في الآخرة ويزهدهم في الدنيا أو العلم الذي يعينهم على سلوك طريق الآخرة إذا تعلموه على قصد الاستعانة به على السلوك دون العلوم التي تزيد بها الرغبة في المال والجاه وقبول الخلق والأولى بالعالم أن يقسم أوقاته أيضا فإن استغراق الأوقات في ترتيب العلم لا يحتمله الطبع فينبغي أن يخصص ما بعد الصبح إلى طلوع الشمس بالأذكار والأوراد كما ذكرناه في الورد الأول وبعد الطلوع إلى ضحوة النهار في الإفادة والتعليم إن كان عنده من يستفيد علما لأجل الآخرة وإن لم يكن فيصرفه إلى الفكر ويتفكر فيما يشكل عليه من علوم الدين فإن صفاء القلب بعد الفراغ من الذكر وقبل الاشتغال بهموم الدنيا يعين على التفطن للمشكلات ومن ضحوة النهار إلى العصر للتصنيف والمطالعة لا يتركها إلا في وقت أكل وطهارة ومكتوبة وقيلولة خفيفة إن طال النهار ومن العصر إلى الاصفرار يشتغل بسماع ما يقرأ بين يديه من تفسير أو حديث أو علم نافع ومن الاصفرار إلى الغروب يشتغل بالذكر والاستغفار والتسبيح فيكون ورده الأول قبل طلوع الشمس في عمل اللسان ووورده الثاني في عمل القلب بالفكر إلى الضحوة وورده الثالث إلى العصر في عمل العين واليد بالمطالعة والكتابة وورده الرابع بعد العصر في عمل السمع ليروح فيه العين واليد فإن المطالعة والكتابة بعد العصر ربما أضرا بالعين وعند الاصفرار يعود إلى ذكر اللسان فلا يخلو جزء من النهار عن عمل له بالجوارح مع حضور القلب في الجميع وأما الليل فأحسن قسم فيه قسمة الشافعي رضي الله عنه إذ كان يقسم الليل ثلاثة أجزاء ثلثا للمطالعة وترتيب العلم وهو الأول وثلثا للصلاة وهو الوسط وثلثا للنوم وهو الأخير وهذا يتيسر في ليالي الشتاء والصيف ربما لا يحتمل ذلك إلا إذا كان أكثر النوم بالنهار فهذا ما نستحبه من ترتيب أوراد العالم الثالث المتعلم والاشتغال بالتعلم أفضل من الاشتغال بالأذكار والنوافل فحكمه حكم العالم في ترتيب الأوراد ولكن يشتغل بالاستفادة حيث يشتغل العالم بالإفادة وبالتعليق والنسخ حيث يشتغل العالم بالتصنيف ويرتب أوقاته كما ذكرنا وكل ما ذكرناه في فضيلة التعلم والعلم من كتاب العلم يدل على أن ذلك أفضل بل إن لم يكن متعلما على معنى أنه يعلق ويحصل ليصير عالما بل كان من العوام فحضوره مجالس الذكر والوعظ والعلم أفضل من اشتغاله بالأوراد التي ذكرناها بعد الصبح وبعد الطلوع وفي سائر الأوقات ففي حديث أبي ذر رضي الله عنه أن حضور مجلس ذكر أفضل من صلاة ألف ركعة وشهود ألف جنازة وعيادة ألف مريض حديث أبي ذر حضور مجلس علم أفضل من صلاة ألف ركعة الحديث تقدم في العلم وقال صلى الله عليه وسلم إذا رأيتم رياض الجنة فارتعوا فيها

فقيل يا رسول الله وما رياض الجنة قال حلق الذكر حديث إذا رأيتم رياض الجنة فارتعوا فيها الحديث تقدم في العلم وقال كعب الأحبار رضي الله عنه لو أن ثواب مجالس العلماء بدا للناس لاقتتلوا عليه حتى يترك كل ذي إمارة إمارته وكل ذي سوق سوقه وقال عمر بن الخطاب رضي الله عنه إن الرجل ليخرج من منزله وعليه من الذنوب مثل جبال تهامة فإذا سمع العالم خاف واسترجع عن ذنوبه وانصرف إلى منزله وليس عليه ذنب فلا تفارقوا مجالس العلماء فإن الله عز وجل لم يخلق على وجه الأرض تربة أكرم من مجالس العلماء وقال رجل للحسن رحمه الله أشكو إليك قساوة قلبي فقال أدنه من مجالس الذكر

ورأى عمار الزاهدي مسكينة الطفاوية في المنام وكانت من المواظبات على حلق الذكر فقال مرحبا يا مسكينة فقالت هيهات هيهات ذهبت المسكنة وجاء الغنى فقال هيه فقالت ما تسأل عمن أبيح لها الجنة بحذافيرها قال وبم ذلك قالت بمجالسة أهل الذكر وعلى الجملة فما ينحل عن القلب من عقد حب الدنيا بقول واعظ حسن الكلام زكي السيرة أشرف وأنفع من ركعات كثيرة مع اشتمال القلب على حب الدنيا الرابع المحترف الذي يحتاج إلى الكسب لعياله فليس له أن يضيع العيال ويستغرق الأوقات في العبادات بل ورده في وقت الصناعة حضور السوق والاشتغال بالكسب ولكن ينبغي أن لا ينسى ذكر الله تعالى في صناعته بل يواظب على التسبيحات الأذكار وقراءة القرآن فإن ذلك يمكن أن يجمع إلى العمل وإنما لا يتيسر مع العمل الصلاة إلا أن يكون ناظورا فإنه لا يعجز عن إقامة أوراد الصلاة معه ثم مهما فرغ من كفايته ينبغي أن يعود إلى ترتيب الأوراد وإن داوم على الكسب وتصدق بما فضل عن حاجته فهو أفضل من سائر الأوراد التي ذكرناها لأن العبادات المتعدية فائدتها أنفع من اللازمة والصدقة والكسب على هذه النية عبادة له في نفسه تقربه إلى الله تعالى ثم يحصل به فائدة للغير وتتجذب إليه بركات دعوات المسلمين ويتضاعف به الأجر الخامس الوالي مثل الإمام والقاضي والمتولي في أمور المسلمين فقيامه بحاجات المسلمين وأغراضهم على وفق الشرع وقصد الإخلاص أفضل من الأوراد المذكورة فحقه أن يشتغل بحقوق الناس نهارا ويقتصر على المكتوبة ويقيم الأوراد المذكورة بالليل كما كان عمر رضي الله عنه يفعله إذ قال مالي وللنوم فلو نمت بالنهار ضيعت المسلمين ولو نمت بالليل ضيعت نفسي وقد فهمت بما ذكرناه أنه يقدم على العبادات البدنية أمران أحدهما العلم والآخر الرفق بالمسلمين لأن كل واحد من العلم وفعل المعروف عمل في نفسه وعبادة تفضل سائر العبادات يتعدى فائدته وانتشار جدواه فكانا مقدمين عليه السادس الموحد المستغرق بالواحد الصمد الذي أصبح وهمومه هم واحد فلا يحب إلا الله تعالى ولا يخاف إلا منه ولا يتوقع الرزق من غيره ولا ينظر في شيء إلا ويرى الله تعالى فيه فمن ارتفعت رتبته إلى هذه الدرجة لم يفتقر إلى تنويع الأوراد واختلافها بل كان ورده بعد المكتوبات واحد وهو حضور القلب مع الله تعالى في كل حال فلا يخطر بقلوبهم أمر ولا يقرع سمعهم قارع ولا يلوح لأبصارهم لائح إلا كان لهم فيه عبرة وفكر ومزيد فلا محرك لهم ولا مسكن إلا الله تعالى فهؤلاء جميع أحوالهم تصلح أن تكون سببا لازديادهم فلا تتميز عندهم عبادة عن عبادة وهم الذين فروا إلى الله عز وجل كما قال تعالى لعلكم تذكرون ففروا إلى الله وتحقق فيهم قوله تعالى وإذ اعتزلتموهم وما يعبدون إلا الله فأووا إلى الكهف ينشر لكم ربكم من رحمته وإليه الإشارة بقوله إني ذاهب إلى ربي سيهدين وهذه منتهى درجات الصديقين ولا وصول إليها إلا بعد ترتيب الأوراد والمواظبة عليها دهرا طويلا فلا ينبغي أن يغتر المريد بما سمعه من ذلك فيدعيه لنفسه ويفتر عن وظائف عبادته فذلك

علامته أن لا يهجس في قلبه وسواس ولا يخطر في قلبه معصية ولا ترعجه هواجم الأهوال ولا تستفزه عظائم الأشغال وأنى ترزق هذه الرتبة لكل أحد فيتعين على الكافة ترتيب الأوراد كما ذكرناه وجميع ما ذكرناه طرق إلى اللـه تعالى قال تعالى قل كل يعمل على شاكلته فربكم أعلم بمن هو أهدى سبيلا فكلهم مهتدون وبعضهم أهدى من بعض وفي الخبر الإيمان ثلاث وثلاثون وثلثمائة طريقة من لقى اللـه تعالى بالشهادة على طريق منها دخل الجنة حديث الإيمان ثلاث وثلاثون وثلثمائة طريقة من لقي اللـه بالشهادة على طريق منها دخل الجنة أخرجه ابن شاهين واللالكائي في السنة والطبراني والبيهقي في الشعب من رواية المغيرة بن عبد الرحمن بن عبيد عن أبيه عن جده االإيمان ثلثمائة وثلاثة وثلاثون شريعة من وافى شريعة منهن دخل الجنة وقال الطبراني والبيهقي ثلثمائة وثلاثون وفي إسناده جهالة وقال بعض العلماء الإيمان ثلثمائة وثلاثة عشر خلقا

بعدد الرسل فكل مؤمن على خلق منها فهو سالك الطريق إلى الله
فإذن الناس وإن اختلفت طرقهم في العبادة فكلهم على الصواب أولئك الذين يدعون يبتغون إلى ربهم الوسيلة أيهم أقرب وإنما يتفاوتون في درجات القرب لا في أصله وأقربهم إلى الله تعالى أعرفهم به وأعرفهم به لا بد وأن يكون أعبدهم له فمن عرفه لم يعبد غيره والأصل في الأوراد في حق كل صنف من الناس المداومة فإن المراد منه تغيير الصفات الباطنة وآحاد الأعمال يقل آثارها بل لا يحس بآثارها وإنما يترتب الأثر على المجموع فإذا لم يعقب العمل الواحد أثرا محسوسا ولم يردف بثان وثالث على القرب انمحى الأثر الأول وكان كالفقيه يريد أن يكون فقيه النفس فإنه لا يصير فقيه النفس إلا بتكرار كثير فلو بالغ ليلة في التكرار وترك شهرا أو أسبوعا ثم عاد وبالغ ليلة لم يؤثر هذا فيه ولو وزع ذلك القدر على الليالي المتواصلة لأثر فيه ولهذا السر قال رسول الله صلى الله عليه وسلم أحب الأعمال إلى الله أدومها وإن قل حديث أحب الأعمال إلى الله أدومها وإن قل متفق عليه من حديث عائشة وسئلت عائشة رضي الله عنها عن عمل رسول الله صلى الله عليه وسلم فقالت كان عمله ديمة وكان إذا عمل عملا أثبته حديث سئلت عائشة عن عمل رسول الله صلى الله عليه وسلم فقالت كان عمله ديمه وكان إذا عمل عملا أثبته رواه مسلم ولذلك قال صلى الله عليه وسلم من عوده الله عبادة فتركها ملالة مقته الله حديث من عوده الله عبادة فتركها ملالا مقته الله تقدم في الصلاة وهو موقوف على عائشة وهذا كان السبب في صلاته بعد العصر تداركا لما فاته من ركعتين شغله عنهما الوفد ثم لم يزل بعد ذلك يصليهما بعد العصر ولكن في منزله لا في المسجد كيلا يقتدي به حديث شغله الوفد عن ركعتين فصلاهما بعد العصر ثم لم يزل يصليهما بعد العصر في منزله متفق عليه من حديث أم سلمة أنه صلى بعد العصر ركعتين وقال شغلني ناس من عبد القيس عن الركعتين بعد الظهر ولهما من حديث عائشة ما تركهما حتى لقي الله وكان النبي صلى الله عليه وسلم يصليهما ولا يصليهما في المسجد مخافة أن يثقل على أمته و الله الموفق للصواب روته عائشة وأم سلمة رضي الله عنهما فإن قلت فهل لغيره أن يقتدي به في ذلك مع أن الوقت وقت كراهية فاعلم أن المعاني الثلاثة التي ذكرناها في الكراهية من الاحتراز عن التشبه بعبدة الشمس أو السجود وقت ظهور قرن الشيطان أو الاستراحة عن العبادة حذرا من الملال لا يتحقق في حقه فلا يقاس عليه في ذلك غيره ويشهد لذلك فعله في المنزل حتى لا يقتدي به صلى الله عليه وسلم
الباب الثاني في الأسباب الميسرة لقيام الليل وفي الليالي التي يستحب

إحياؤها وفي فضيلة إحياء الليل وما بين العشاءين وكيفية قسمة الليل فضيلة إحياء ما بين العشاءين

قال رسول الله صلى الله عليه وسلم فيما روت عائشة رضي الله عنها إن أفضل الصلوات عند الله صلاة المغرب لم يحطها عن مسافر ولا عن مقيم فتح بها فقضى صلاة الليل وختم بها صلاة النهار فمن صلى المغرب وصلى بعدها ركعتين بنى الله له قصر في الجنة

الباب الثاني في الاسباب الميسرة لقيام الليل حديث عائشة إن أفضل

الصلاة عند الله صلاة المغرب لم يحطها عن مسافر ولا عن مقيم الحديث رواه أبو الوليد يونس بن عبيد الله الصفار في كتاب الصلاة ورواه الطبراني في الأوسط مختصرا وإسناده ضعيف قال الراوي لا أدري من ذهب أو فضة ومن صلى بعدها أربع ركعات غفر له ذنب عشرين سنة أو قال أربعين سنة وروت أم سلمة وأبو هريرة رضي الله عنهما عن النبي صلى الله عليه وسلم أنه قال من صلى ست ركعات بعد المغرب عدلت له عبادة سنة كاملة أو كأنه صلى ليلة القدر حديث أم سلمة عن أبي هريرة من صلى ست ركعات بعد المغرب عدلت له عبادة سنة أو كأنه صلى ليلة القدر أخرجه الترمذي وابن ماجه بلفظ اثنتي عشرة سنة وضعفه الترمذي وأما قوله كأنه صلى ليلة القدر فهو من قول كعب الأحبار كما رواه أبو الوليد الصفار ولأبي منصور الديلمي في مسند الفردوس من حديث ابن عباس من صلى أربع ركعات بعد المغرب قبل أن يكلم أحدا وضعت له في عليين وكان كمن أدرك ليلة القدر في المسجد الأقصى وسنده ضعيف وعن سعيد بن جبير عن ثوبان

قال قال رسول الـلـه صلى الـلـه عليه وسلم من عكف نفسه فيما بين المغرب والعشاء في مسجد جماعة لم يتكلم إلا بصلاة أو قرآن كان حقا على الـلـه أن يبني له قصرين في الجنة مسيرة كل قصر منهما مائة عام ويغرس له بينهما غراسا لو طافه أهل الدنيا لوسعهم حديث سعيد بن جبير عن ثوبان من عكف نفسه ما بين المغرب والعشاء في مسجد جماعة لم يتكلم إلا بصلاة أو قرآن كان حقا على الـلـه أن يبني له قصرين في الجنة لم أجد له أصلا من هذا الوجه وقد تقدم في الصلاة من حديث ابن عمر وقال صلى الـلـه عليه وسلم من ركع عشر ركعات ما بين المغرب والعشاء بنى الـلـه له قصرا في الجنة فقال عمر رضي الـلـه عنه إذا تكثر قصورنا يا رسول الـلـه فقال الـلـه أكثر وأفضل أو قال أطيب حديث من ركع عشر ركعات بين المغرب والعشاء بنى الـلـه له قصرا في الجنة فقال عمر إذا تكثر قصورنا يا رسول الـلـه الحديث أخرجه ابن المبارك في الزهد من حديث عبد الكريم ابن الحارث مرسلا وعن أنس بن مالك رضي الـلـه عنه قال قال رسول الـلـه صلى الـلـه عليه وسلم من صلى المغرب في جماعة ثم صلى بعدها ركعتين ولم يتكلم بشيء فيما بين ذلك من أمر الدنيا ويقرأ في الركعة الأولى فاتحة الكتاب وعشر آيات من أول سورة البقرة وآيتين من وسطها وإلهكم إله واحد لا إله إلا هو الرحمن الرحيم إن في خلق السموات والأرض إلى آخر الآية وقل هو الـلـه أحد خمس عشرة مرة ثم يركع ويسجد فإذا قام في الركعة الثانية قرأ فاتحة الكتاب وآية الكرسي وآيتين بعدها إلى قوله أولئك أصحاب النار هم فيها خالدون وثلاث آيات من آخر سورة البقرة من قوله لله ما في السموات وما في الأرض إلى آخرها وقل هو الـلـه أحد خمس عشرة مرة حديث أنس من صلى المغرب في جماعة ثم صلى بعدها ركعتين ولا يتكلم بشيء فيما بين ذلك من أمر الدنيا ويقرأ في الركعة الأولى بفاتحة الكتاب وعشر آيات من أول البقرة وآيتين من وسطها وإلهكم إله واحد الحديث أخرجه أبو الشيخ في الثواب من رواية زياد بن ميمون عنه مع اختلاف يسير وهو ضعيف وصف من ثوابه في الحديث ما يخرج عن الحصر وقال كرز بن وبرة وهو من الأبدال قلت للخضر عليه السلام علمني شيئا أعمله في كل ليلة فقال إذا صليت المغرب فقم إلى وقت صلاة العشاء مصليا من غير أن تكلم أحدا وأقبل على صلاتك التي أنت فيها وسلم من كل ركعتين واقرأ في كل ركعة فاتحة الكتاب مرة وقل هو الـلـه أحد ثلاثا فإن فرغت من صلاتك انصرف إلى منزلك ولا تكلم أحدا وصل ركعتين واقرأ فاتحة الكتاب وقل هو الـلـه أحد سبع مرات في كل ركعة ثم اسجد بعد تسليمك واستغفر الـلـه تعالى سبع مرات وقل سبحان الـلـه والحمد لله ولا إله إلا الـلـه و الـلـه أكبر ولا حول ولا قوة إلا بالله العلي العظيم سبع مرات ثم ارفع رأسك من السجود واستو جالسا وارفع يديك وقل يا حي يا قيوم يا ذا الجلال والإكرام يا إله الأولين والآخرين يا رحمن الدنيا والآخرة ورحيمهما يا رب يا رب يا رب يا الـلـه يا الـلـه يا الـلـه ثم قم وأنت رافع يديك وأدع بهذا الدعاء ثم نم حيث شئت مستقبل القبلة على يمينك وصل على النبي صلى الـلـه عليه وسلم وأدم الصلاة عليه حتى

يذهب بك النوم فقلت له أحب أن تعلمني ممن سمعت هذا فقال إني حضرت محمدا صلى اللـه عليه وسلم حيث علم هذا الدعاء وأوحى إليه به فكنت عنده وكان ذلك بمحضر مني فتعلمته ممن علمه إياه حديث كرز بن وبرة أن الخضر علمه صلاة بين المغرب والعشاء وفيه أن كرزا سأل الخضر ممن سمعت هذا قال إني حضرت محمدا صلى اللـه عليه وسلم حين علم هذا الدعاء الحديث وهذا باطل لا أصل له ويقال إن هذا الدعاء وهذه الصلاة من داوم عليهما بحسن يقين وصدق نية رأى رسول اللـه صلى اللـه عليه وسلم في منامه قبل أن يخرج من الدنيا وقد فعل ذلك بعض الناس فرأى أنه أدخل الجنة ورأى فيها الأنبياء ورأى فيها رسول اللـه صلى اللـه عليه وسلم وكلمه وعلمه وعلى الجملة ما ورد في فضل إحياء ما بين العشاءين كثير حتى قيل لعبيد اللـه مولى رسول اللـه صلى اللـه عليه وسلم هل كان رسول اللـه صلى اللـه عليه وسلم يأمر بصلاة غير المكتوبة قال ما بين المغرب والعشاء حديث عبيد مولى رسول اللـه صلى اللـه عليه وسلم وقيل له هل كان رسول اللـه صلى اللـه عليه وسلم يأمر بصلاة غير المكتوبة قال ما بين المغرب والعشاء رواه أحمد وفيه رجل لم يسم وقال صلى اللـه عليه وسلم من صلى ما بين المغرب والعشاء تلك

صلاة الأوابين حديث من صلى ما بين المغرب والعشاء فذلك صلاة الأوابين تقدم في الصلاة وقال الأسود ما أتيت ابن مسعود رضي الله عنه في هذا الوقت إلا ورأيته يصلي فسألته فقال نعم هي ساعة الغفلة وكان أنس رضي الله عنه يواظب عليها ويقول هي ناشئة الليل ويقول فيها نزل قوله تعالى ﴿ تتجافى جنوبهم عن المضاجع ﴾ وقال أحمد بن أبي الحواري قلت لأبي سليمان الداراني أصوم النهار وأتعشى بين المغرب والعشاء أحب إليك أو أفطر بالنهار وأحيي ما بينهما فقال اجمع بينهما فقلت إن لم يتيسر قال أفطر وصل ما بينهما فضيلة قيام الليل

أما من الايات فقوله تعالى ﴿ إن ربك يعلم أنك تقوم أدنى من ثلثي الليل ﴾ الاية وقوله تعالى ﴿ إن ناشئة الليل هي أشد وطأ وأقوم قيلا ﴾ وقوله سبحانه وتعالى ﴿ تتجافى جنوبهم عن المضاجع ﴾ وقوله تعالى أمن هو قانت آناء الليل الآية وقوله عز وجل ﴿ والذين يبيتون لربهم سجدا وقياما ﴾ وقوله تعالى ﴿ واستعينوا بالصبر والصلاة ﴾ قيل هي قيام الليل يستعان بالصبر عليه على مجاهدة النفس ومن الأخبار قوله صلى الله عليه وسلم يعقد الشيطان على قافية رأس أحدكم إذا هو نام ثلاث عقد يضرب مكان كل عقدة عليك ليل طويل فارقد فإن استيقظ وذكر الله تعالى انحلت عقدة فإن توضأ انحلت عقدة فإن صلى انحلت عقدة فأصبح نشيطا طيب النفس وإلا أصبح خبيث النفس كسلان حديث يعقد الشيطان على قافية رأس أحدكم إذا هو نام ثلاث عقد الحديث متفق عليه من حديث أبي هريرة وفي الخبر أنه ذكر عنده رجل ينام كل الليل حتى يصبح فقال ذاك رجل بال الشيطان في اذنه حديث ذكر عنده رجل نام حتى أصبح ذاك رجل بال الشيطان في أذنه متفق عليه من حديث ابن مسعود وفي الخبر إن للشيطان سعوطا ولعوقا وذرورا فإذا أسعط العبد ساء خلقه وإذا ألعقه ذرب لسانه بالشر وإذا ذره نام الليل حتى يصبح حديث إن للشيطان سعوطا ولعوقا وذرورا الحديث أخرجه الطبراني من حديث أنس إن للشيطان لعوقا وكحلا فإذا لعق الإنسان من لعوقه ذرب لسانه بالشر وإذا كحله من كحله نامت عيناه عن الذكر ورواه البزار من حديث سمرة بن جندب وسندهما ضعيف وقال صلى الله عليه وسلم ركعتان يركعهما العبد في جوف الليل خير له من الدنيا وما فيها ولولا أن أشق على أمتي لفرضتهما عليهم حديث ركعتان يركعهما العبد في جوف الليل خير له من الدنيا وما فيها ولولا أن أشق على أمتي لفرضتهما عليهم أخرجه آدم بن أبي إياس في الثواب ومحمد بن نصر المروزي في كتاب قيام الليل من رواية حسان بن عطية مرسلا ووصله أبو منصور الديلمي في مسند الفردوس من حديث ابن عمر ولا يصح وفي الصحيح عن جابر أن النبي صلى الله عليه وسلم قال إن من الليل ساعة لا يوافقها عبد مسلم يسأل الله تعالى خيرا إلا أعطاه إياه وفي رواية يسأل الله تعالى خيرا من الدنيا والآخرة وذلك في كل ليلة وقال المغيرة بن شعبة قام رسول الله صلى الله عليه وسلم حتى تفطرت قدماه فقيل له أما قد غفر الله لك ما تقدم من ذنبك وما تأخر فقال أفلا أكون

عبدا شكورا حديث المغيرة بن شعبة قام رسول الله صلى الله عليه وسلم حتى تفطرت قدماه الحديث متفق عليه ويظهر من معناه أن ذلك كناية عن زيادة الرتبة فإن الشكر سبب المزيد قال تعالى ﴿ لئن شكرتم لأزيدنكم ﴾ وقال صلى الله عليه وسلم يا أبا هريرة أتريد أن تكون رحمة الله عليك حيا وميتا ومقبورا ومبعوثا قم من الليل فصل وأنت تريد رضا ربك يا أبا هريرة صل في زوايا بيتك يكن نور بيتك في السماء كنور الكواكب والنجم عند أهل الدنيا حديث يا أبا هريرة أتريد أن تكون رحمة الله عليك حيا وميتا ومقبورا قم من الليل فصل وأنت تريد رضا ربك يا أبا هريرة صل في زوايا بيتك يكن نور بيتك في السماء كنور الكواكب والنجوم عند أهل الدنيا باطل لا أصل له وقال صلى الله عليه وسلم عليكم بقيام الليل فإنه دأب الصالحين قبلكم فإن قيام الليل قربة إلى الله عز وجل وتكفير للذنوب

ومطردة للداء عن الجسد ومنهاة عن الإثم حديث عليكم بقيام الليل فإنه دأب الصالحين قبلكم الحديث أخرجه الترمذي من حديث بلال وقال غريب ولا يصح ورواه الطبراني والبيهقي من حديث أبي أمامة بسند حسن وقال الترمذي إنه أصح وقال صلى الله عليه وسلم ما من امرئ تكون له صلاة بالليل فغلبه عليها النوم إلا كتب له أجر صلاته وكان نومه صدقة عليه حديث ما من امرىء يكون له صلاة بالليل يغلبه عليها نوم إلا كتب له أجر صلاته وكان نومه صدقة عليه أخرجه أبو داود والنسائي من حديث عائشة وفيه رجل لم يسم سماه النسائي في رواية الأسود بن يزيد لكن في طريقه ابن جعفر الرازي قال النسائي ليس بالقوي ورواه النسائي وابن ماجه من حديث أبي الدرداء نحوه بسند صحيح وتقدم في الباب قبله وقال صلى الله عليه وسلم لأبي ذر لو أردت سفرا أعددت له عدة قال نعم قال فكيف سفر طريق القيامة ألا أنبئك يا أبا ذر بما ينفعك ذلك اليوم قال بلى بأبي أنت وأمي قال صم يوما شديد الحر ليوم النشور وصل ركعتين في ظلمة الليل لوحشة القبور وحج حجة لعظائم الأمور وتصدق بصدقة على مسكين أو كلمة حق تقولها أو كلمة شر تسكت عنها حديث إنه قال لأبي ذر لو أردت سفرا أعددت له عدة فكيف بسفر طريق القيامة ألا أنبئك يا أبا ذر بما ينفعك ذلك اليوم قال بلى بأبي وأمي قال صم يوما شديد الحر ليوم النشور وصل ركعتين في ظلمة الليل لوحشة القبور الحديث أخرجه ابن أبي الدنيا في كتاب التهجد من رواية السري بن مخلد مرسلا والسري ضعفه الأزدي وروى أنه كان على عهد النبي صلى الله عليه وسلم رجل إذا أخذ الناس مضاجعهم وهدأت العيون قام يصلي ويقرأ القرآن ويقول يا رب النار أجرني منها فذكر ذلك للنبي صلى الله عليه وسلم فقال إذا كان ذلك فآذنونى فأتاه فاستمع فلما أصبح قال يا فلان هلا سألت الله الجنة قال يا رسول الله إني لست هناك ولا يبلغ عملي ذاك فلم يلبث إلا يسيرا حتى نزل جبرائيل عليه السلام وقال أخبر فلانا أن الله قد أجاره من النار وأدخله الجنة حديث أنه كان على عهد رسول الله صلى الله عليه وسلم رجل إذا أخذ الناس مضاجعهم وهدأت العيون قام يصلي ويقرأ القرآن ويقول يا رب النار أجرني منها فذكر ذلك للنبي صلى الله عليه وسلم فقال إذا كان ذلك فآذنوني الحديثلم أقف له على أصل ويروى أن جبرائيل عليه السلام قال للنبي صلى الله عليه وسلم نعم الرجل ابن عمر لو كان يصلي بالليل فأخبره النبي صلى الله عليه وسلم بذلك فكان يداوم بعده على قيام الليل حديث أن جبريل قال للنبي صلى الله عليه وسلم نعم الرجل ابن عمر لو كان يصلي بالليل الحديث متفق عليه من حديث ابن عمر أن النبي صلى الله عليه وسلم قال ذلك وليس فيه ذكر لجبريل قال نافع كان يصلي بالليل ثم يقول يا نافع أسحرنا فأقول لا فيقوم لصلاته ثم يقول يا نافع أسحرنا فأقول نعم فيقعد فيستغفر الله تعالى حتى يطلع الفجر وقال علي بن أبي طالب شبع يحيى بن زكريا عليهما السلام من خبز شعير فنام عن ورده حتى أصبح فأوحى الله تعالى إليه يا يحيى أوجدت دارا خيرا لك من داري أم وجدت جوارا خيرا لك من جواري فوعزتي وجلالي يا يحيى لو اطلعت إلى الفردوس اطلاعة لذاب شحمك ولزهقت نفسك

اشتياقا ولو اطلعت إلى جهنم اطلاعة لذاب شحمك ولبكيت الصديد بعد الدموع ولبست الجلد بعد المسوح وقيل لرسول الـلـه صلى الـلـه عليه وسلم إن فلانا يصلي بالليل فإذا أصبح سرق فقال سينهاه ما يعمل حديث قيل له إن فلانا يصلي بالليل فإذا أصبح سرق قال سينهاه ما يعمل أخرجه ابن حبان من حديث أبي هريرة وقال صلى الـلـه عليه وسلم رحم الـلـه رجلا قام من الليل فصلى ثم أيقظ امرأته فصلت فإن أبت نضح في وجهها الماء حديث رحم الـلـه رجلا قام من الليل فصلى ثم أيقظ امرأته فصلت الحديث أخرجه أبو داود وابن ماجه من حديث أبي هريرة وقال صلى الـلـه عليه وسلم رحم الـلـه امرأة قامت من الليل فصلت ثم أيقظت زوجها فصلى فإن أبى نضحت في وجهه الماء وقال صلى الـلـه عليه وسلم من استيقظ من الليل وأيقظ امرأته فصليا ركعتين كتبا من الذاكرين الـلـه كثيرا والذاكرات حديث من استيقظ من الليل وأيقظ امرأته فصليا ركعتين كتبا من الذاكرين الـلـه كثيرا والذاكرات أخرجه أبو داود والنسائي من حديث أبي هريرة وأبي سعيد بسند صحيح وقال صلى الـلـه عليه وسلم أفضل الصلاة بعد المكتوبة قيام الليل حديث أفضل الصلاة بعد المكتوبة قيام الليل أخرجه مسلم من حديث أبي هريرة وقال

عمر بن الخطاب رضي الله عنه قال صلى الله عليه وسلم من نام عن حزبه أو عن شيء منه بالليل فقرأه بين صلاة الفجر والظهر كتب له كأنما قرأه من الليل حديث عمر من نام عن حزبه أو عن شيء منه فقرأه بين صلاة والفجر والظهر كتب له كأنه قرأه من الليل رواه مسلم الآثار روى أن عمر رضي الله عنه كان يمر بالآية من ورده بالليل فيسقط حتى يعاد منها أياما كثيرة كما يعاد المريض وكان ابن مسعود رضي الله عنه إذا هدأت العيون قام فيسمع له دوي كدوي النحل حتى يصبح ويقال إن سفيان الثوري رحمه الله شبع ليلة فقال إن الحمار إذا زيد في علفه زيد في عمله فقام تلك الليلة حتى أصبح وكان طاوس رحمه الله إذا اضطجع على فراشه يتقلى عليه كما تتقلى الحبة على المقلاة ثم يثب ويصلي إلى الصباح ثم يقول طير ذكر جهنم نوم العابدين وقال الحسن رحمه الله ما نعلم عملا أشد من مكابدة الليل ونفقة هذا المال فقيل له ما بال المتهجدين من أحسن الناس وجوها قال لأنهم خلوا بالرحمن بالرحمن فألبسهم نورا من نوره وقدم بعض الصالحين من سفره فمهد له فراش فنام عليه حتى فاته ورده فحلف أن لا ينام بعدها على فراش أبدا وكان عبد العزيز بن رواد إذا جن عليه الليل يأتي فراشه فيمو يده عليه ويقول إنك للين ووالله إن في الجنة لألين منك ولا يزال يصلي الليل كله وقال الفضيل إني لأستقبل الليل من أوله فيهولني طوله فأفتتح القرآن فأصبح وما قضيت نهمتي وقال الحسن إن الرجل ليذنب الذنب فيحرم به قيام الليل وقال الفضيل إذا لم تقدر على قيام الليل وصيام النهار فاعلم أنك محروم وقد كثرت خطيئتك وكان صلة بن أشيم رحمه الله يصلي الليل كله فإذا كان في السحر قال إلهي ليس مثلي يطلب الجنة ولكن أجرني برحمتك من النار وقال رجل لبعض الحكماء إني لأضعف عن قيام الليل فقال له يا أخي لا تعص الله تعالى ولا تقم بالليل وكان للحسن بن صالح جارية فباعها من قوم فلما كان في جوف الليل قامت الجارية فقالت يا أهل الدار الصلاة الصلاة فقالوا أصبحنا أطلع الفجر فقالت وما تصلون إلا المكتوبة قالوا نعم فرجعت إلى الحسن فقالت يا مولاي بعتني من قوم لا يصلون إلا المكتوبة ردني فردها وقال الربيع بت في منزل الشافعي رضي الله عنه ليالي كثيرة فلم يكن ينام من الليل إلا يسيرا وقال أبو الجويرية لقد صحبت أبا حنيفة رضي الله عنه ستة أشهر فما فيها ليلة وضع جنبه على الأرض وكان أبو حنيفة يحيي نصف الليل فمر بقوم فقالوا إن هذا يحيى الليل كله فقال إني أستحي أن أوصف بما لا أفعل فكان بعد ذلك يحيى الليل كله ويروى أنه ما كان له فراش بالليل ويقال إن مالك بن دينار رضي الله عنه بات يردد هذه الآية ليلة حتى أصبح أم حسب الذين اجترحوا السيئات أن نجعلهم كالذين آمنوا وعملوا الصالحات الآية وقال المغيرة بن حبيب رمقت مالك بن دينار فتوضأ بعد العشاء ثم قام إلى مصلاه فقبض على لحيته فخنقته العبرة فجعل يقول حرم شيبة مالك على النار إلهي قد علمت ساكن الجنة من ساكن النار فأي الرجلين مالك وأي الدارين دار مالك فلم يزل

ذلك قوله حتى طلع الفجر وقال مالك بن دينار شهوت ليلة عن وردي ونمت فإذا أنا في المنام بجارية كأحسن ما يكون وفي يدها رقعة فقالت لي أتحسن تقرأ فقلت نعم فدفعت إلى الرقعة فإذا فيها أألهتك اللذائذ والأماني عن البيض الأوانس في الجنان تعيش مخلدا لا موت فيها وتلهو في الجنان مع الحسان تنبه من منامك إن خيرا من النوم التهجد بالقرآن وقيل حج مسروق فما بات ليلة إلا ساجدا ويروى عن أزهر بن مغيث وكان من القوامين أنه قال رأيت في

المنام امرأة لا تشبه نساء أهل الدنيا فقلت لها من أنت قالت حوراء فقلت زوجيني نفسك فقالت اخطبني إلى سيدي وأمهرني فقلت وما مهرك قالت طول التهجد وقال يوسف بن مهران بلغني أن تحت العرش ملكا في صورة ديك براثنه من لؤلؤ وصئصئة من زبرجد أخضر فإذا مضى ثلث الليل الأول ضرب بجناحيه وزقا وقال ليقم القائمون فإذا مضى نصف الليل ضرب بجناحيه وزقا وقال ليقم المتهجدون فإذا مضى ثلثا الليل ضرب بجناحيه وزقا وقال ليقم المصلون فإذا طلع الفجر ضرب بجناحيه وزقا وقال ليقم الغافلون وعليهم أوزارهم وقبل إن وهب بن منبه اليماني ما وضع جنبه إلى الأرض ثلاثين سنة وكان يقول لأن أرى في بيتي شيطانا أحب إلي من أن أرى في بيتي وسادة لأنها تدعو إلى النوم وكانت له مسورة من أدم إذا غلبه النوم وضع صدره عليها وخفق خفقات ثم يفزع إلى الصلاة وقال بعضهم رأيت رب العزة في النوم فسمعته يقول وعزتي وجلالي لأكرمن مثوى سليمان التيمي فإنه صلى لي الغداة بوضوء العشاء أربعين سنة ويقال كان مذهبه أن النوم إذا خامر القلب بطل الوضوء وروى في بعض الكتب القديمة عن الله تعالى أنه قال إن عبدي الذي هو عبدي حقا الذي لا ينتظر بقيامه صياح الديكة

بيان الأسباب التي بها يتيسر قيام الليل

اعلم أن قيام الليل عسير على الخلق إلا على من وفق للقيام بشروطه الميسرة له ظاهرا وباطنا فأما الظاهرة فأربعة أمور الأول أن لا يكثر الأكل فيكثر الشرب فيغلبه النوم ويثقل عليه القيام كان بعض الشيوخ يقف على المائدة كل ليلة ويقول معاشر المريدين لا تأكلوا كثيرا فتشربوا كثيرا فترقدوا كثيرا فتتحسروا عند الموت كثيرا وهذا هو الأصل الكبير وهو تخفيف المعدة عن ثقل الطعام الثاني أن لا يتعب نفسه بالنهار في الاعمال التي تعيا بها الجوارح وتضعف بها الأعصاب فإن ذلك ايضا مجلبة للنوم الثالث أن لا يترك القيلولة بالنهار فإنها سنة للاستعانة على قيام الليل حديث الاستعانة بقيلولة النهار على قيام الليل أخرجه ابن ماجه من حديث ابن عباس وقد تقدم الرابع أن لا يحتقب الأوزار بالنهار فإن ذلك مما يقسى القلب ويحول بينه وبين أسباب الرحمة قال رجل للحسن يا أبا سعيد إني أبيت معافى وأحب قيام الليل وأعد طهوري فما بالي لا أقوم فقال ذنوبك قيدتك وكان الحسن رحمه الله إذا دخل السوق فسمع لغطهم ولغوهم يقول أظن أن ليل هؤلاء ليل سوء فإنهم لا يقيلون وقال الثورى حرمت قيام الليل خمسة أشهر بذنب أذنبته قيل وما ذاك الذنب قال رأيت رجلا يبكي فقلت في نفسي هذا مراء وقال بعضهم دخلت على كرز بن وبرة وهو يبكي فقلت أتاك نعي بعض أهلك فقال أشد فقلت وجع يؤلمك قال أشد قلت فما ذاك قال بابي مغلق وستري مسبل ولم أقرأ حزبي البارحة وما ذاك إلا بذنب أحدثته وهذا لأن الخير يدعو إلى الخير والشر

يدعو إلى الشر والقليل من كل واحد منهما يجر إلى الكثير ولذلك قال أبو سليمان الداراني لا تفوت أحدا صلاة الجماعة إلا بذنب وكان يقول الاحتلام بالليل عقوبة والجنابة بعد وقال بعض العلماء إذا صمت يا مسكين فانظر عند من تفطر وعلى أي شيء تفطر فإن العبد ليأكل أكلة فينقلب قلبه عما كان عليه ولا يعود إلى حالته الأولى فالذنوب كلها تورث قساوة القلب وتمنع من قيام الليل وأخصها بالتأثير تناول الحرام وتؤثر اللقمة الحلال في تصفية القلب وتحريكه إلى الخير ما لا يؤثر غيرها ويعرف ذلك أهل المراقبة للقلوب بالتجربة بعد شهادة الشرع له ولذلك قال بعضهم كم من أكلة منعت قيام ليلة وكم من نظرة منعت قراءة سورة وإن العبد ليأكل أكلة أو يفعل فعلة فيحرم بها قيام سنة وكما أن الصلاة تنهى عن الفحشاء والمنكر فكذلك الفحشاء تنهى عن الصلاة وسائر الخيرات وقال بعض السجانين

كنت سجانا نيفا وثلاثين سنة أسأل كل مأخوذ بالليل أنه هل صلى العشاء في جماعة فكانوا يقولون لا وهذا تنبيه على أن بركة الجماعة تنهى عن تعاطي الفحشاء والمنكر

وأما الميسرات الباطنة فأربعة أمور الأول سلامة القلب عن الحقد على المسلمين وعن البدع وعن فضول هموم الدنيا فالمستغرق الهم بتدبير الدنيا لا يتيسر له القيام وإن قام فلا يتفكر في صلاته إلا في مهماته ولا يجول إلا في وساوسه وفي مثل ذلك يقال

يخبرني البواب أنك نائم

وأنت إذا استيقظت أيضا فنائم

الثاني خوف غالب يلزم القلب مع قصر الأمل فإنه إذا تفكر في أهوال الآخرة ودركات جهنم طار نومه وعظم حذره كما قال طاوس إن ذكر جهنم طير نوم العابدين وكما حكى أن غلاما بالبصرة اسمه صهيب كان يقوم الليل كله فقالت له سيدته إن قيامك بالليل يضر بعملك بالنهار فقال إن صهيبا إذا ذكر النار لا يأتيه النوم وقيل لغلام آخر وهو يقوم كل الليل فقال إذا ذكرت النار اشتد خوفي وإذا ذكرت الجنة اشتد شوقي فلا أقدر أن أنام وقال ذو النون المصري رحمه اللـه

منع القرآن بوعده ووعيده

مقل العيون بليلها أن تهجعا

فهموا عن الملك الجليل كلامه

فرقابهم ذلت إليه تخضعا

وأنشدوا أيضا

يا طويل الرقاد والغفلات

كثرة النوم تورث الحسرات

إن في القبر إن نزلت إليه

لرقادا يطول بعد الممات

ومهادا ممهدا لك فيه

بذنوب عملت أو حسنات

أأمنت البيات من ملك المو

ت وكم نال آمنا ببيات

وقال ابن المبارك :

إذا ما الليل أظلم كابدوه

فيسفر عنهم وهم ركوع

أطار الخوف نومهم فقاموا

وأهل الأمن في الدنيا هجوع

الثالث أن يعرف فضل قيام الليل بسماع الآيات والأخبار والآثار حتى يستحكم به رجاؤه وشوقه إلى ثوابه فيهيجه الشوق لطلب المزيد والرغبة في درجات الجنان كما حكى أن بعض الصالحين رجع من غزوته فمهدت امرأته فراشها وجلست تنتظره فدخل المسجد ولم يزل يصلي حتى أصبح فقالت له زوجته كنا ننتظرك مدة فلما قدمت صليت إلى الصبح قال و الـلـه إني كنت أتفكر في حوراء من حور الجنة طول الليل فنسيت الزوجة والمنزل فقمت طول ليلتي شوقا إليها

الرابع وهو أشرف البواعث الحب لله وقوة الإيمان بأنه في قيامه لا يتكلم بحرف إلا وهو مناج ربه وهو مطلع عليه مع مشاهدة ما يخطر بقلبه وأن تلك الخطرات من الـلـه تعالى خطاب معه فإذا أحب الـلـه تعالى أحب لا محالة الخلوة به وتلذذ بالمناجاة فتحمله لذة المناجاة بالحبيب على طول القيام ولا ينبغي أن يستبعد هذه اللذة إذ يشهد لها العقل والنقل فأما العقل فليعتبر حال المحب لشخص بسبب جماله أو لملك بسبب إنعامه وأمواله أنه كيف يتلذذ به في الخلوة ومناجاته حتى لا يأتيه النوم طول ليله فإن قلت إن الجميل يتلذذ بالنظر إليه وإن الـلـه تعالى لا يرى فاعلم

أنه لو كان الجميل المحبوب وراء ستر أو كان في بيت مظلم لكان المحب يتلذذ بمجاورته المجردة دون النظر ودون الطمع في أمر آخر سواه وكان يتنعم بإظهار حبه عليه وذكره بلسانه بمسمع منه وإن كان ذلك أيضا معلوما عنده فإن قلت إنه ينتظر جوابه فليتلذذ بسماع جوابه وليس يسمع كلام الله تعالى فاعلم أنه إن كان يعلم أنه لا يجيبه ويسكت عنه فقد بقيت له أيضا لذة في عرض أحواله عليه ورفع سريرته إليه كيف والموقن يسمع من الله تعالى كل ما يرد على خاطره في أثناء مناجاته فيتلذذ به وكذا الذي يخلو بالملك ويعرض عليه حاجاته في جنح الليل يتلذذ به في رجاء إنعامه والرجاء في حق الله تعالى أصدق وما عند الله خير وأبقى وأنفع مما عند غيره فكيف لا يتلذذ بعرض الحاجات عليه في الخلوات وأما النقل فيشهد له أحوال قوام الليل في تلذذهم بقيام الليل واستقصارهم له كما يستقصر المحب ليلة وصال الحبيب حتى قيل لبعضهم كيف أنت والليل قال ما راعيته قط يريني وجهه ثم ينصرف وما تأملته بعد وقال آخر أنا والليل فرسا رهان مرة يسبقني إلى الفجر ومرة يقطعني عن الفكر وقيل لبعضهم كيف الليل عليك فقال ساعة أنا فيها بين حالتين أفرح بظلمته إذا جاء وأغتم بفجره إذا طلع ما تم فرحى به قط وقال علي بن بكار منذ أربعين سنة ما أحزنني شيء سوى طلوع الفجر وقال الفضيل بن عياض إذا غربت الشمس فرحت بالظلام لخلوتي بربي وإذا طلعت حزنت لدخول الناس علي وقال أبو سليمان أهل الليل في ليلهم ألذ من أهل اللهو في لهوهم ولولا الليل ما أحببت البقاء في الدنيا وقال أيضا لو عوض الله أهل الليل من ثواب أعمالهم ما يجدونه من اللذة لكان ذلك أكثر من ثواب أعمالهم وقال بعض العلماء ليس في الدنيا وقت يشبه نعيم أهل الجنة إلا ما يجده أهل التملق في قلوبهم بالليل من حلاوة المناجاة وقال بعضهم لذة المناجاة ليست من الدنيا إنما هي من الجنة أظهرها الله تعالى لأوليائه لا يجدها سواهم وقال ابن المنكدر ما بقي من لذات الدنيا إلا ثلاث قيام الليل ولقاء الإخوان والصلاة في الجماعة وقال بعض العارفين إن الله تعالى ينظر بالأسحار إلى قلوب المتيقظين فيملؤها أنوارا فترد الفوائد على قلوبهم فتستنير ثم تنتشر من قلوبهم العوافي إلى قلوب الغافلين وقال بعض العلماء من القدماء إن الله تعالى أوحى إلى بعض الصديقين إن لي عبادا من عبادى أحبهم ويحبونني ويشتاقون إلي وأشتاق إليهم ويذكرونني وأذكرهم وينظرون إلي وأنظر إليهم فإن حذوت طريقهم أحببتك وإن عدلت عنهم مقتك قال يا رب وما علامتهم قال يراعون الظلال بالنهار كما يراعى الراعي غنمه ويحنون إلى غروب الشمس كما تحن الطير إلى أوكارها فإذا جنهم الليل واختلط الظلام وخلا كل حبيب بحبيبه نصبوا إلى أقدامهم وافترشوا إلى وجوههم وناجوني بكلامي وتملقوا إلي بإنعامي فبين صارخ وباكي وبين متأوه وشاكي بعيني ما يتحملون من أجلي وبسمعي ما يشتكون من حبي أول ما أعطيهم أقذف من نوري في قلوبهم فيخبرون عني كما أخبر عنهم والثانية لو كانت السموات السبع

والأرضون السبع وما فيهما من موازينهم لاستقللتها لهم والثالثة أقبل بوجهي عليهم أفترى من أقبلت بوجهي عليه أيعلم أحد ما أريد أن أعطيه وقال مالك بن دينار رحمه الـلـه إذا قام العبد يتهجد من الليل قرب منه الجبار عز وجل وكانوا يرون ما يجدون من الرقة والحلاوة في قلوبهم والأنوار من قرب الرب تعالى من القلب وهذا له سر وتحقيق ستأتي الإشارة إليه في كتاب المحبة وفي الأخبار عن الـلـه عز وجل أي عبدي أنا الـلـه الذي اقتربت من قلبك وبالغيب رأيت نوري وشكا بعض المريدين إلى أستاذه طول سهر الليل وطلب حيلة يجلب بها النوم فقال أستاذه يا بني إن لله نفحات في الليل والنهار تصيب القلوب المتيقظة تحظىء القلوب النائمة فتعرض لتلك النفحات فقال يا سيدي تركتني لا أنام بالليل ولا بالنهار

واعلم أن هذه النفحات بالليل أرجى لما في قيام الليل من صفاء القلب واندفاع الشواغل وفي الخبر الصحيح عن جابر بن عبد الله عن رسول الله صلى الله عليه وسلم أنه قال إن من الليل ساعة لا يوافقها عبد مسلم يسأل الله تعالى خيرا إلا أعطاه إياه حديث جابر إن من الليل ساعة لا يوافقها عبد مسلم يسأل الله خيرا من أمر الدنيا والآخرة إلا أعطاه إياه وذلك كل ليلة رواه مسلم وفي رواية أخرى يسأل الله خيرا من أمر الدنيا والآخرة إلا أعطاه وذلك كل ليلة ومطلوب القائمين تلك الساعة وهي مبهمة في جملة الليل كليلة القدر في شهر رمضان وكساعة يوم الجمعة وهي ساعة النفحات المذكورة و الله أعلم

بيان طرق القسمة لأجزاء الليل

اعلم أن إحياء الليل من حيث المقدار له سبع مراتب الأولى إحياء كل الليل وهذا شأن الأقوياء الذين تجردوا لعبادة الليل وتلذذوا بمناجاته وصار ذلك غذاء لهم وحياة لقلوبهم فلم يتعبوا بطول القيام وردوا المنام إلى النهار وفي وقت اشتغال الناس وقد كان ذلك طريق جماعة من السلف كانوا يصلون الصبح بوضوء العشاء حكى أبو طالب المكي أن ذلك حكى على سبيل التواتر والاشتهار عن أربعين من التابعين وكان فيهم من واظب عليه أربعين سنة قال منهم سعيد بن المسيب وصفوان بن سليم المدنيان وفضيل بن عياض ووهيب بن الورد المكيان وطاوس ووهب بن منبه اليمانيان والربيع بن خيثم والحكم الكوفيان وأبو سليمان الداراني وعلي بن بكار الشاميان وأبو عبد الله الخواص وأبو عاصم العباديان وحبيب أبو محمد وأبو جابر السلماني الفارسيان ومالك بن دينار سليمان التيمي ويزيد الرقاشي وحبيب بن أبي ثابت ويحيى البكاء البصريون وكهمس بن المنهال وكان يختم في الشهر تسعين ختمة وما لم يفهمه رجع وقرأه مرة أخرى وأيضا من أهل المدينة أبو حازم ومحمد بن المنكدر في جماعة يكثر عددهم المرتبة الثانية أن يقوم نصف الليل وهذا لا ينحصر عدد المواظبين عليه من السلف وأحسن فيه أن ينام الثلث الأول من الليل والسدس الأخير منه حتى يقع قيامه في جوف الليل ووسطه فهو الأفضل المرتبة الثالثة أن يقوم ثلث الليل فينبغي أن ينام النصف الأول والسدس الأخير وبالجملة نوم آخر الليل محبوب لأنه يذهب النعاس بالغداة وكانوا يكرهون ذلك ويقلل صفرة الوجه والشهرة به فلو قام أكثر الليل ونام سحرا قلت صفرة وجهه وقل نعاسه وقالت عائشة رضي الله عنها كان رسول الله صلى الله عليه وسلم إذا أوتر من آخر الليل فإن كانت له حاجة إلى أهله دنا منهن وإلا اضطجع في مصلاه حتى يأتيه بلال فيؤذنه للصلاة حديث كان رسول الله صلى الله عليه وسلم إذا أوتر من آخر الليل فإن كانت له حاجة إلى أهله دنا منهن وإلا اضطجع في مصلاه حتى يأتيه بلال فيؤذن بالصلاة أخرجه مسلم من حديث عائشة كان ينام أول الليل ويحيي آخره ثم إن كان له حاجة إلى أهله قضى حاجته ثم ينام وقال النسائي فإذا كان من السحر أوتر ثم أتى فراشه فإذا كان له حاجة إلى أهله ولأبي داود كان إذا قضى

صلاته من آخر الليل نظر فإن كنت مستيقظة حدثني وإن كنت نائمة أيقظني وصلى الركعتين ثم اضطجع حتى يأتيه المؤذن فيؤذنه بصلاة الصبح فيصلي ركعتين خفيفتين ثم يخرج إلى الصلاة وهو متفق عليه بلفظ كان إذا صلى فإن كنت مستيقظه حدثني وإلا اضطجع حتى يؤذن بالصلاة وقال مسلم إذا صلى ركعتي الفجر وقالت أيضا رضي اللـه عنها ما ألفيته بعد السحر إلا نائما حديث عائشة ما ألقيته بعد السحر الأعلى إلا نائما متفق عليه بلفظ ما ألفى رسول اللـه صلى اللـه عليه وسلم السحر الأعلى في بيتي أو عندي إلا نائما لم يقل البخاري الأعلى وقال ابن ماجه ما كنت ألقى أو ألفى النبي صلى اللـه عليه وسلم من آخر الليل إلا وهو نائم عندي حتى قال بعض السلف هذه الضجعة قبل الصبح سنة منهم أبو هريرة رضي اللـه عنه وكان نوم هذا الوقت سببا للمكاشفة والمشاهدة من وراء حجب الغيب وذلك لأرباب القلوب وفيه استراحة

تعين على الورد الأول من أوراد النهار وقيام ثلث الليل من النصف الأخير ونوم السدس الأخير قيام داود صلى الـلـه عليه وسلم المرتبة الرابعة أن يقوم سدس الليل أو خمسه وأفضله أن يكون في النصف الأخير وقبل السدس الأخير منه المرتبة الخامسة أن لا يراعي التقدير فإن ذلك إنما يتيسر لنبي يوحى إليه أو لمن يعرف منازل القمر ويوكل به من يراقبه ويواظبه ويوقظه ثم ربما يضطرب في ليالي الغيم ولكنه يقوم من أول الليل إلى أن يغلبه النوم فإذا انتبه قام فإذا غلبه النوم عاد إلى النوم فيكون له في الليل نومتان وقومتان وهو من مكابدة الليل وأشد الأعمال وأفضلها وقد كان هذا من أخلاق رسول الـلـه صلى الـلـه عليه وسلم حديث قيامه أول الليل إلى أن يغلبه النوم فاذا انتبه قام فإذا غلبه عاد إلى النوم فيكون له في الليل نومتان أخرجه أبو داود والترمذي وصححه وابن ماجه من حديث أم سلمة كان يصلي وينام قدر ما صلى ثم يصلي قدر ما نام ثم ينام قدر ما صلى حتى يصبح وللبخاري من حديث ابن عباس صلى العشاء ثم جاء فصلى أربع ركعات ثم نام ثم قام وفيه فصلى خمس ركعات ثم صلى ركعتين ثم نام حتى سمعت غطيطه الحديث وهو طريقة ابن عمر وأولى العزم من الصحابة وجماعة من التابعين رضى الـلـه عنهم وكان بعض السلف يقول هي أول نومة فإذا انتبهت ثم عدت إلى النوم فلا أنام الـلـه لي عينا فأما قيام رسول الـلـه صلى الـلـه عليه وسلم من حيث المقدار فلم يكن على ترتيب واحد بل ربما كان يقوم نصف الليل أو ثلثه أو سدسه حديث ربما كان يقوم نصف الليل أوثلثه أو ثلثيه أو سدسه أخرجه الشيخان من حديث ابن عباس قام رسول الـلـه صلى الـلـه عليه وسلم حتى انتصف الليل أو قبله بقليل أو بعده بقليل استيقظ الحديث وفي رواية للبخاري فلما كان ثلث الليل الآخر قعد فنظر إلى السماء الحديث ولأبي داود قام حتى إذا ذهب ثلث الليل أو نصفه استيقظ الحديث لمسلم من حديث عائشة فيبعثه الـلـه بما شاء أن يبعثه من الليل يختلف ذلك في الليالي ودل عليه قوله تعالى في الموضعين من سورة المزمل إن ربك يعلم أنك تقوم أدنى من ثلثي الليل ونصفه وثلثه فأدنى من ثلثي الليل كأنه بصفه ونصف سدسه فإن كسر قوله ونصفه وثلثه كان نصف الثلثين فيقرب من الثلث والربع وإن نصب كان نصف الليل وقالت عائشة رضي الـلـه عنها كان صلى الـلـه عليه وسلم يقوم إذا سمع الصارخ حديث عائشة كان يقوم إذا سمع الصارخ متفق عليه يعني الديك وهذا يكون السدس فما دونه وروى غير واحد أنه قال راعيت صلاة رسول الـلـه صلى الـلـه عليه وسلم في السفر ليلا فنام بعد العشاء زمانا ثم استيقظ فنظر في الأفق فقال ربنا ما خلقت هذا باطلا حتى بلغ إنك لا تخلف الميعاد ثم استل من فراشه سواكا فاستاك به وتوضأ وصلى حتى قلت صلى مثل الذي نام ثم اضطجع حتى قلت نام مثل ما صلى ثم استيقظ فقال ما قال أول مرة وفعل ما فعل أول مرة حديث غير واحد قال راعيت صلاة رسول الـلـه صلى الـلـه عليه وسلم في السفر ليلا فنام بعد العشاء زمانا ثم استيقظ فنظر في الأفق فقال ربنا ما خلقت هذا باطلا سبحانك حتى بلغ إنك لا تخلف الميعاد ثم استل من فراشه سواكا فاستاك وتوضأ وصلى حتى قلت صلى مثل ما نام الحديث

أخرجه النسائي من رواية حميد بن عبد الرحمن بن عوف أن رجلا من أصحاب النبي صلى الله عليه وسلم قال قلت وأنا في سفر مع رسول الله صلى الله عليه وسلم و الله لأرقبن رسول الله صلى الله عليه وسلم فذكر نحوه وروى أبو الوليد بن مغيث في كتاب الصلاة من رواية إسحاق بن عبد الله بن أبي طلحة أن رجلا قال لأرمقن صلاة رسول الله صلى الله عليه وسلم فذكر الحديث وفيه أنه أخذ سواكه من مؤخر الرجل وهذا يدل أنه أيضا كان في سفر المرتبة السادسة وهي الأقل أن يقوم مقدار أربع ركعات أو ركعتين أو تتعذر عليه الطهارة فيجلس مستقبل القبلة ساعة مشتغلا بالذكر والدعاء فيكتب في جمله قوام الليل برحمة الله وفضله وقد جاء في الأثر صل من الليل ولو قدر حلب شاة حديث صل من الليل ولو قدر حلب شاة أخرجه أبو يعلى من حديث ابن عباس في صلاة الليل مرفوعا نصفه ثلثه ربعه فواق حلب ناقة فواق حلب شاة ولأبي الوليد بن مغيث من رواية إياس بن معاوية مرسلا لا بد من صلاة الليل ولو حلبة ناقة أو حلبة شاه فهذه طرق القسمة فليختر المريد لنفسه ما يراه أيسر عليه وحيث يتعذر عليه القيام في وسط الليل فلا ينبغي أن يهمل إحياء ما بين العشاءين والورد الذي بعد العشاء ثم يقوم قبل الصبح وقت السحر فلا يدركه الصبح

نائما ويقوم بطرفي الليل وهذه هي المرتبة السابعة ومهما كان النظر إلى المقدار فترتيب هذه المراتب بحسب طول الوقت وقصره وأما في الرتبة الخامسة والسابعة لم ينظر فيهما إلى القدر فليس يجرى أمرهما في التقدم والتأخر على الترتيب المذكور إذ السابعة ليست دون ما ذكرناه في السادسة ولا الخامسة دون الرابعة

بيان الليالي والأيام الفاضلة

اعلم أن الليالي المخصوصة بمزيد الفضل التي يتأكد فيها استحباب الإحياء في السنة خمس عشرة ليلة لا ينبغي أن يغفل المريد عنها فإنها مواسم الخيرات ومظان التجارات ومتى غفل التاجر عن المواسم لم يربح ومتى غفل المريد عن فضائل الأوقات لم ينجح فستة من هذه الليالي في شهر رمضان خمس في أوتار العشر الأخير إذ فيها يطلب ليلة القدر وليلة سبع عشرة من رمضان فهي ليلة صبيحتها يوم الفرقان يوم التقى الجمعان فيه كانت وقعة بدر وقال ابن الزبير رحمه الله هي ليلة القدر وأما التسع الأخر فأول ليلة من المحرم وليلة عاشوراء وأول ليلة من رجب وليلة النصف منه وليلة سبع وعشرين منه وهي ليلة المعراج وفيها صلاة مأثورة فقد قال صلى الله عليه وسلم للعامل في هذه الليلة حسنات مائة سنة حديث الصلاة المأثورة في ليلة السابع والعشرين من رجب ذكر أبو موسى المديني في كتاب فضائل والأيام الليالي أن أبا محمد الحباري رواه من طريق الحاكم أبي عبد الله من رواية محمد بن الفضل عن أبان عن أنس مرفوعا ومحمد بن الفضل وأبان ضعيفان جدا والحديث منكر فمن صلى في هذه الليلة اثنتي عشرة ركعة يقرأ في كل ركعة فاتحة الكتاب وسورة من القرآن ويتشهد في كل ركعتين ويسلم في آخرهن ثم يقول سبحان الله والحمد لله ولا إله إلا الله و الله أكبر مائة مرة ثم يستغفر الله مائة مرة ويصلي على النبي صلى الله عليه وسلم مائة مرة ويدعو لنفسه بما شاء من أمر دنياه وآخرته ويصبح صائما فإن الله يستجيب دعاءه كله إلا أن يدعو في معصية وليلة النصف من شعبان ففيها مائة ركعة يقرأ في كل ركعة بعد الفاتحة سورة الإخلاص عشر مرات كانوا لا يتركونها كما أوردناه في صلاة التطوع وليلة عرفة وليلتا العيدين قال صلى الله عليه وسلم من أحيا ليلتي العيدين لم يمت قلبه يوم تموت القلوب حديث من أحيا ليلتي العيدين لم يمت قلبه يوم تموت القلوب أخرجه بإسناد ضعيف من حديث أبي أمامة وأما الأيام الفاضلة فتسعة عشر يستحب مواصلة الأوراد فيها يوم عرفة ويوم عاشوراء ويوم سبعة وعشرين من رجب له شرف عظيم روى أبو هريرة أن رسول الله صلى الله عليه وسلم قال من صام يوم سبع وعشرين من رجب كتب الله له صيام ستين شهرا حديث أبي هريرة من صام يوم سبع وعشرين من رجب كتب الله له صيام ستين شهرا وهو اليوم الذي هبط فيه جبريل على محمد صلى الله عليه وسلم رواه أبو موسى المديني في كتاب فضائل الليالي والأيام من رواية شهر بن حوشب عنه وهو اليوم الذي أهبط الله فيه جبرائيل عليه السلام على محمد صلى الله عليه وسلم بالرسالة ويوم سبعة عشر من رمضان وهو يوم وقعة بدر ويوم النصف من شعبان ويوم الجمعة

ويوما العيدين والأيام المعلومات وهي عشر من ذي الحجة والأيام المعدودات وهي أيام التشريق وقد روى أنس عن رسول الله صلى الله عليه وسلم أنه قال إذا سلم يوم الجمعة سلمت الأيام وإذا سلم شهر رمضان سلمت السنة حديث أنس إذا سلم يوم الجمعة سلمت الأيام وإذا سلم شهر رمضان سلمت السنة تقدم في الباب الخامس من الصلاة فذكر يوم الجمعة فقط وقد رواه بجملته ابن حبان في الضعفاء وأبو نعيم في الحلية من حديث عائشة وهو ضعيف وقال بعض العلماء من أخذه مهناة في الأيام الخمسة في الدنيا لم ينل مهناة في الآخرة وأراد به العيدين والجمعة وعرفة وعاشوراء ومن فواضل الأيام في الأسبوع يوم الخميس والاثنين ترفع فيهما الأعمال إلى الله تعالى وقد ذكرنا فضائل الأشهر والأيام للصيام في كتاب الصوم فلا حاجة إلى الإعادة و الله أعلم وصلى الله على كل عبد مصطفى من كل العالمين